周远廉教授近照

作者简介

周远廉，1930年生，四川省资中县人，1955年毕业于四川大学历史系。中国社会科学院历史研究所研究员，1992年享受国务院"政府特殊津贴"。清史专家。出版学术专著：

《清太祖传》（独著），人民出版社，2004。

《清摄政王多尔衮全传》（与赵世瑜合著，1993年获吉林省长白山优秀图书二等奖），吉林文史出版社，1986；陕西人民出版社，2008（再版）。

《顺治帝》（独著，1993年获吉林省长白山优秀图书二等奖），吉林文史出版社，1993（初版），2004（再版）；陕西人民出版社，2008（再版）。

《康熙新传》（独著），故宫出版社，2013。

《乾隆皇帝大传》（独著，获"中南五省市优秀图书奖"和"全国畅销图书优秀奖"），河南人民出版社，1990；台湾大行出版社，1993；陕西人民出版社，2008（再版）。

《清高宗弘历》（独著），台湾万卷楼图书公司，2000。

《乾隆画像》（独著），中华书局，2005。

《清朝开国史研究》（独著），辽宁人民出版社，1981；故宫出版社收入《明清史学术文库》，2013（再版）。本书获辽宁出版局1981年优秀图书一等奖。

《清朝兴起史》（独著），吉林文史出版社，1986；广西师范大学出版社，2006（再版）。

《清代八旗王公贵族兴衰史》（与杨学琛合著，1986年获"第一届北方十五省市自治区哲学社会科学优秀图书一等奖"），辽宁人民出版社，1986；故宫出版社（收入《明清史学术文库》），2013（再版）。

《清代租佃制研究》（与谢肇华合著），辽宁人民出版社，1986。

《中国通史》（白寿彝总主编）之17卷、18卷《清》分卷（主编），上海人民出版社，1996。

《清朝通史》之《乾隆朝》分卷（独著），紫禁城出版社，2003。

《中国封建王朝兴亡史》（总主编，1998年获第十一届"中国图书奖"），广西人民出版社，1996。

《金川风云》（独著），中国电影出版社，2013。

《岳钟琪传》（独著），中国电影出版社，2013。

另出版长篇历史小说《香妃入宫》（独著，华艺出版社，1993）、《乾隆皇帝下江南》（独著，北京燕山出版社，1996）、《天下第一清官：清代廉臣张伯行》（独著，河南人民出版社，1999）、《宁远大将军岳钟琪》（独著，中国电影出版社，2013）。

周远廉◎主编

清朝兴亡史

【第六卷｜三千年一大变局】

周力农　著

北京燕山出版社

图书在版编目（CIP）数据

清朝兴亡史/周远廉主编. — 北京：北京燕山出版社，2016.3

ISBN 978-7-5402-4103-2

Ⅰ. ①清… Ⅱ. ①周… Ⅲ. ①中国历史－研究－清代 Ⅳ. ①K249.07

中国版本图书馆CIP数据核字（2016）第056637号

清朝兴亡史

周远廉　主编

第六卷《三千年一大变局》

周力农　著

责任编辑：满　懿

封面设计：一言文化传媒

责任校对：赵　媛　扈二军

出版发行：北京燕山出版社

社　　址：北京市丰台区东铁营苇子坑路138号C座

电　　话：010-65240430

邮　　编：100054

印　　刷：成都鑫成发印务有限公司

开　　本：889mm×1194mm　1/32

字　　数：483千字（第六卷）

印　　张：15.75（第六卷）

版　　次：2016年3月第1版

印　　次：2019年11月第2次印刷

定　　价：860.00元（全套）

目　录
contents

第一编 两次鸦片战争

一、广州行商

清后期即近代中国大致经历了三个主要阶段，外力开放和内乱，稳定恢复和局部近代化，然后是最后的打击，来源于内外合力的致命打击。由乾隆至嘉庆、道光朝的转换过程，不仅是当朝皇帝的执政能力和视野问题，更是局势隐患使然，简单的原因是承平日久，官僚机构功能弱化和行政能力明显下降，令当政者面对巨大的压力。

道光皇帝1820年即位时，已三十七岁，虽然有振兴朝政的雄心，但避不开高峰之后朝政中的重重阻碍，挫折失败之后心灰意冷，安于维持现状。道光朝同前朝前代一样，面对着类似的农业社会经济的难题，例如财政税收、人口大幅增长、军备废弛、治河无效、各地农民起义等。在历朝统治者当中，道光皇帝并非属于昏庸之辈，除了执政能力弱外，并没有得过且过，放任自流，仍然试图改变不尽如人意的现状。道光皇帝的施政和努力有机会让他在一定程度上复制雍正皇帝的成功，但清后期整个经济逐渐放缓甚至恶化，令人找不到跳出"高水平均衡陷阱"的新方式，社会矛盾冲突日益激烈深重。如果没有外来的大力冲击，道光朝及其之后的中国近代前社会很有可能继续在既定的朝代兴衰的轨道上缓慢运行。

清朝的财政方面，依靠土地赋税而来的固定财政收入，在面对重大事件时明显不足，常令清廷陷入匮乏困顿的境地。嘉庆年间平定五省白莲教起义便花费了两亿两白银，相当于朝廷四年的财政收入，几乎耗尽了之前数朝积累起来的财富，财政漏洞之后再难补上。道光皇帝刚刚即位，西北新疆就爆发了"张格尔叛乱"，迫使道光皇帝调兵遣将，先后全国调兵近四万人，由东向西输送大量物资，保障粮饷供给。此时清政府尚有杨遇春等名将，因而获得全胜，收复回疆诸城，打败叛军数十万，擒获张格尔，午门献俘，完成平定边疆的艰难任务。这些频发事件令户部财政入不敷出，面临窘迫状况，白银储备降至两千万两，一般年份只有不足五百万两白银的财政盈余，甚至亏损。

清王朝的统治危机更多地表现在行政能力的大幅度弱化上。官场腐败更为普遍深化，捐纳盛行，吏治败坏，贪污索取无限，庞大官吏队伍碌碌无为，逃避官守责任，积重难返。在军事方面，旗兵旗人趋于颓废，贪图享乐，游手好闲，早已失去清军入关时的骁勇之气和技能。汉族绿营官兵也同样久疏战阵，军备废弛，尽管在面对入侵的张格尔叛军时取得远征战场上的胜利，但在国内其他和平地方，仍然属于不擅长军伍的乌合之众，更加毫不熟悉近代战争的进展和经历。此时平定西北叛乱，离英国人蓄意挑起的鸦片战争不过数年，也许是道光朝廷忽视外来威胁的原因之一。

西方新兴海外殖民国家开始来到中国的领海领域，不是之前偶尔到来的、不成气候的传教士和商人，而是以殖民国家和近代海军的身份背景而来。在18世纪康雍乾高峰期，这一新的现象尚且不足以威胁清廷和现有秩序，而到了19世纪的道光朝，已经成为朝廷无法忽视的影响力，迫使中央和地方政府做出历史上前所未有的调整和变化。

即使在嘉庆道光朝国民经济发展放缓的趋势下，近代前中国仍然在世界上占据领先地位，并在中外关系上处于主动地位。18世纪时，少数在华西方传教士所掌握和传播的技术知识，寄托在他们来华之前原始积累时期西欧国家的经济科学发展基础之上，与当时中国所处的最高级的近代前发展阶段相比，并不能突出地显示其先进和超越性，更多地被视为带有某些特殊功能的"奇技淫巧"，不值得清廷和社会正式地去大力推广。相反，真正涉及国计民生的农业技术，如番薯和商品作物的推广，则更受欢迎，在明清之际普遍推广，直接地促成和支撑着清代的人口增长。

在18世纪，西方国家对中国尚且不能直接以武力取胜，无从采取强硬的政策和施行殖民计划。英国基于在亚洲贸易的利益，急于尽早打开中国市场和通路，因此于乾隆五十七年，即1793年，派出以马戛尔尼勋爵为首的使团到访中国，试图与清朝中央政府进行首次正式谈判。独揽中英贸易的东印度公司在背后推动和提供资金，包括购买部分礼品，总耗费七万八千多英镑，英国政府则为这一使团提供正式文件，授予马戛尔尼官方身份和使命。在这一官方和海外贸易公司合作的背后，是为英帝国谋取最大利益的明确企图，在亚洲打开印度之外的又一庞大市场。

马戛尔尼勋爵的使团自1792年9月26日启程，于1793年5月抵达中国的天津港，直接到达离北京帝都最近的地方，不经由广州，这在当时清朝的贡使制度下是不寻常的。两广总督向朝廷禀报，一个新的贺寿使团为乾隆皇帝的八十三岁大寿远道而来，得到乾隆皇帝的特旨，允许其经由天津入境，再抵达承德。到了天津后，中央和地方政府承担了接待英国使团的任务，出动了三千多人搬运英国人卸下的礼品和货物。

英国政府发给马戛尔尼的指示中，已经包括了在不伤害本国君主尊严的情况下，尽力遵循中方要求、规矩和礼仪行事，不必由于某些细节琐事而影响到获得中国皇帝的信任，以及破坏建立双方关系的机会。但是海外殖民时代的英国人已经习惯了在世界各地让其他民族习惯和改用自己的规矩制度，对被视为落后东亚帝国的礼节，自然不愿自愿遵循。西方国家的国王只在相当近的时间内才成为稍具实权的一国君主，历来礼仪就没有那么复杂和权威性，半跪和吻手礼已经足够，自然对中国皇帝历来遵循的九叩首跪拜大礼难以接受，因此马戛尔尼拒绝了清朝大臣的劝告，引发礼仪之争。

西方国家人士出现于中国，并非绝无仅有的现象，虽然金发碧眼，也并不罕见。如葡萄牙人在澳门，荷兰人在马六甲和巴达维亚，西班牙人在马尼拉，以及每年固定在广州从事海外贸易的西方人等，他们都未给清廷造成麻烦，也让皇帝和朝臣对他们不以为意，意识不到这些执拗的英国人所具有的特殊背景。[1]早期西方殖民国家已经开始在中国南部海域活动经商，更何况之前同样来自西欧、金发碧眼的荷兰使节，已经依照清朝廷的要求行过三跪九叩大礼，并无执意纠缠不从之举。[2]

---

[1] Cohen, Joanna Waley, *The Sextants of Beijing: Global Currents in Chinese History*, Norton, New York, 1999, p93.

[2] Sir George Staunton, *An Authentic Account of an Embassy from the King of Great Britain to the Emperor of China*, volume 2, W. Bulmer and Co., London, 1798, pp304-305; Pritchard, E.H., "The Crucial Years of Early Anglo-Chinese Relations", *Research Studies of the State College of Washington*, 4:3-4, 1936, p29.

面对驱逐威胁的情况，马戛尔尼勋爵愿意做出一定让步，也得到清廷方面的对等让步，分为几个步骤场合行礼，掺杂西方半跪式和中方跪拜礼，特别是在正式祝寿大典时，可以跟从其他藩属国使节共行官式礼仪，混在人群当中含糊而过。乾隆皇帝考虑到英国使团确实来自远洋，也同意了这一安排，实际上已经表明他和朝廷并未将这次使团的英国人完全视为传统藩属之国的属臣。[①]

马戛尔尼为了达到谈判和通商的目的，必须借助于他们带来的礼品物品，在中国人面前展示当时英国掌握的高超生产技术和英国在世界上真正的领袖地位，但是效果并不如预期，英国人就此归咎于中国人的愚昧无知，而另一重要原因却是英国人自己判断错误。由于马戛尔尼带来的许多礼品都是奢侈奢华品，以显示英国王室的尊贵和高尚地位，但其他欧洲和亚洲的王室同样可以做出类似的、甚至更加令人惊叹的专用奢侈品。对应马戛尔尼的炫耀举动，朝廷特意派人带英国使团的人去游览皇家庭院，向他们展示那里无数的艺术品、珠宝天体仪和西洋钟表乐盒，甚至比英国使团带来的那些还要奢华精致，令英国人感到抬不起头来。

即使英国名匠所造的带优雅瓷器人体造型的豪华钟表，在当时的清朝上层中也并不少见。这是因为连英国使团的礼品中，都有不少是在澳门和广州临时购买的，而长期由东印度公司经手的中西贸易，已经把很多西方生产的精致奢侈产品带到了中国和皇室，不足为奇，也并不为英国所独有。那张礼品单上的主打产品，一具庞大复杂的天象仪，实际上是在德国制造的。那些英国近代化之下的新式工业产品，既难以在现场展示，也不包括英国人最为自豪的蒸汽机，虽然马戛尔尼行前查看过瓦特生产的蒸汽机，却没有把它列在礼品名单上，而蒸汽船"印度斯坦"号也没有给中国人留下深刻印象。这样一来，使团带来的多数礼品就与清代中国人已经见识过的西洋产品十分相近。不少来自英国的著名产品并不实用，如烛台、蜡烛熄灭器或刀叉，只适合于完全西式生活的家庭，对中国有能力的消费阶层缺乏吸引力，顶多作为有限的装饰品。[②]

---

① 黄一农：《印象与真相——清朝中英两国的觐礼之争》，《中央研究院历史语言研究所集刊》，第七十八本，第一分册，2007年6月，第54页。

② Berg, Maxine, "Macartney's Things: Were They Useful? Knowledge and the Trade to China in the Eighteenth Century", *Emory Endeavors in World History*, Volume 2: China in World History, 2008, pp1–35.

礼仪纠纷过后，英国人还在等待乾隆皇帝或者朝廷重臣单独与他们就英国政府的要求进行谈判。乾隆皇帝这才意识到，这些勉强行礼、表现恭谦的英国人，背后的目的却是要求清廷做出贸易上的实质性让步。作为一个初次来访的使团，即使不是清朝的藩属国，它所提出的要求也格外出格了，而且涉及的完全是单方面的优惠，其中包括向英国产品开放中国市场，达成在全国通商贸易的协议，划出中国领土的几处地方，如宁波、天津，或舟山，作为英国商人专用的基地和商品集散地，施行英国管辖权，降低对广州商行的限制，在北京设立英国外事机构。他们的主要目的，是通过开放中国市场和加大对华出口，使中英贸易转为对英国有利。这些在首次正式交往时就提出来的无理要求，理所当然地被乾隆皇帝拒绝了。

使命失败之后，马戛尔尼使团被迫离开北京，由陆路返回广州，一直在广州、澳门徘徊不归，直到次年9月，将近一年之后，才勉强离开中国回国。所带使团一无所获，马戛尔尼勋爵感到无法面对殷切期待的英国政府和东印度公司。东印度公司的人虽然同样感到失望，但是认为清朝政府以最好的礼节迎接了使团，事无巨细地照顾，然后以最客气的方式让英国使团离开。[1]法国被废皇帝拿破仑日后在被囚的海伦娜岛上会见了第二次英国使团首领阿默斯特勋爵，对英国人抱怨嘉庆皇帝因英国人不愿进行叩拜礼仪而将其驱离中国，拿破仑的回应则是，马戛尔尼和阿默斯特都应该按照中国的惯常礼仪行事，不能因为英国本地的礼仪而拒绝中国人的规矩。既然是派到中国的使节，如果能够达到目的，行叩拜礼仪就是必须的，拒绝向中国皇帝行礼是十分荒谬的行为。作为刚被英国人打败的法国伟人，拿破仑的中肯评论对当时志得意满的英国人不起任何作用。[2]

西方人对马戛尔尼使团访华这一中西交往中的开创性事件，一向耿耿于怀，"叩头"一词至今仍然被西方人认为是向中国投降的特殊用词。马戛尔尼事件被他们视为清朝自高自大、毫无道理和傲慢的集中表现，简单化地描述中国为粗鲁已成为定见。令西方人更为不爽的是，乾隆皇帝之后居然按照惯常的外交礼节，直接致书英王乔治三世，解释中

---

[1] Hsu, I., *The Rise of Modern China*, Oxford University Press, New York, 1970, p206.

[2] Ireland, William Henry, and Cruikshank, George, *The Life of Napoleon Bonaparte,* John Cumberland, London, 1828, p512.

国的立场，却又被西方人抓住其中的某些言辞，视为对它们国家和文明的侮辱，如"天朝物产丰富，无所不有，原不藉外夷货物以通有无"。对积极谋求世界霸权和正在自信地实现这一目标的英国来说，这种"贬低"大英帝国的言语，是绝不能接受的。但是乾隆皇帝诏书中所表达的观点是建立在他所在的国力和实力基础之上的，与当时的世界现实确实相差不远。英国虽然在海外扩张上进展顺利和迅速，仍然不具备完全压倒中国的经济和军事力量。马戛尔尼使团访华之后不久的1800年，英国制造业的产出只占世界总额的4.3%，而中国占33.3%。[①]

尽管英国人对马戛尔尼使团访华的结果不满意，英国无法也无力采取强硬措施，英国政府和马戛尔尼勋爵并没有按照北京传教士坚持书信往来的建议行事，于1816年又派出阿默斯特使团，拒绝遵行叩拜大礼，而继位的嘉庆皇帝也缺少乾隆皇帝的宽容大度，命令该英国使团尽快离开，英国通过他们所熟悉的谈判方式来打开中国贸易大门的计划又落空了。与此同时，亚洲的另一个古老大国印度已经落入英国之手，变为世界上人口最多的殖民地。这给了英国一个重要的基地和格外的动力，在今后对中国采取更为强硬的措施。

在19世纪时，中国和英国之间的跨洋贸易，并非人们常说的"闭关锁国"惨淡状况，反而是频繁往返的常态。中国产品在对英出口上占有绝对优势，不仅仅是中国传统的茶叶、丝绸和瓷器，也包括各种民间手工产品，大量出口，双方得益，毫无疑问地加入到当时完全正常的世界贸易循环过程当中。仅在1721年，中国就向英国出口了七百万件瓷器，而在17、18两个世纪期间，西欧的商人将大约七千多万件中国瓷器出口到他们自己的国家，导致英国全国上下的家庭都多少拥有一些来自中国的瓷器。[②]这些精致的手工产品在一般家庭中是珍贵的奢侈品。

清代中期以降，中国商人还开创了世界上最早的出口加工贸易模式（"made to order"），即按照西欧买家提供的特定图形规格要求，在中国加工制造，再出口到西欧，到达买家的手里。这种方式特别适合于英国贵族和上层社会家庭的要求，在本来就高雅珍贵的成套精致瓷器上

---

① Kennedy, Paul, *The Rise and Fall of the Great Powers*, Unwin Hyman, London, 1988, p149, table6.

② Berg, Maxine, "Macartney's Things: Were They Useful? Knowledge and the Trade to China in the Eighteenth Century", *Emory Endeavors in World History*, Volume 2: China in World History, 2008, p4.

印制自选的家族徽章和图案，以示排场，传之后代。最为明显的例子，就是1735年通过广州出口的一整套带徽章图案的彩色瓷器，是按照英国的William Jephson家族提供的订单特制生产，比马戛尔尼使团到达中国的时间，早了半个多世纪。

诸如此类的中国出口瓷器样品，在大英博物馆和维多利亚阿尔伯特博物馆里比比皆是。经由这些程序出口到西欧国家的清代加工产品，已经截然不是为了中国国内的买家和消费者而生产的，自然而然地变成当时中国国内工商业者从事的庞大国际贸易的一个组成部分，属于一般性货物贸易之外的加工贸易，国内的加工作坊由此承接了大批订单，而广州的商人们利用贸易和商业网络将国内生产能力与海外需求有效地联结起来。英国著名的Wedgewood作坊要到1759年才得以创立，开始批量生产具有英国特色的瓷器，被马戛尔尼勋爵带到中国进行展览，当然无法取代中国国产瓷器的已有地位和可观数量，也很难在中国内地顺利销售。

这里就出现了一个问题，近代前中国是否是一个所谓的"闭关自守"的经济体系，政府是否主动禁锢了与西欧新兴国家之间的正常贸易往来。从中英贸易的现实情况中可以看出，这个庞大的农业社会在面对英国这一近代新兴工业国时，其手工制造商品大量进入国际贸易渠道，并未受限于广州一口通商的限制，而英国产品因其自身原因，难以进入中国市场。新兴英国当时在世界各地追求的是自由贸易(free trade)，而不是公平贸易(fair trade)，优先考虑为本国产品开拓海外市场，因此需要以自由贸易的理由迫使其他国家开放门户，允许本国产品自由进入和在市场上居于领先甚至垄断地位，进而构建一个以英国为中心的全球商业殖民帝国。按照一个英国议员的话来讲，世界各地的市场都要向英国工业制造品开放，而那里的货物资源也必须源源不断地流向英国，供他们消费。①

清代中国从事的海外贸易，则是古已有之的公平贸易方式，在既有需求又有供给的情况下，买卖双方进行完全情愿的交易，既出口本国特产和需求极大的物品，又进口在国内可能有销路的国外产品，如美国的皮毛、英国的钟表等，英国商品能否进入中国市场，完全看它们是否适合中国消费者的要求。中国商人和制造商们具有较高的专业素质，按照

---

① Jevons, William Stanley, *The Coal Question*, chapter 16, Macmillan and Co., London, 1866.

既定协议加工交货，并无拖欠，向西欧英国的客户按时、按设计、按质按量地提供了充足的产品。这类海外贸易以补农业收入不足为目的，尚没有受到英国重商政策下全力出口的贸易方式的影响，也没有以几个单独的海外市场为手工制造业的唯一目标。这一传统公平海外贸易与西方国家自由贸易概念和方式上的明显差异，导致日后英国为了自己追求的贸易自由而必须争取打开中国的海关大门。

英国马戛尔尼使团所提要求之一，就是改变广州的行商制度，将英国对华贸易推进到中国的其他口岸及内地，不必一定要经由官府指定的商号进行交易，以此作为中国市场是否开放的最主要特征。除了东北、西北的边境贸易外，清代中国对外贸易的主要出口就是广州沙面的十三行，远道而来的西欧商人即使到达葡萄牙控制的澳门，他们的货物也必须经由珠江，过了黄埔，到达十三行，在粤海关纳税过关，才算合法进入中国市场。中国内地的产品也通过这一关口，集中运往西洋，因此必须在沙面地方设立专供进出口的商行和仓库，经营相关业务，而身在澳门的海外商人也必须在沙面居住和工作，才能够应付庞大业务量的需要。广州港口的过关其实是相当大的，每年2月都有千余名茶商到广州交易和运送茶叶出关出洋。[①]

在广州沙面地段，清政府实施垄断性的"行商"制度，贸易的一方是来自外洋的各国商人，另一边是数量基本不变的十三行商，从官府（粤海关）获得执照的行商，承销承购进出口商品，因此在一般情况下利润极为丰厚。外国商人不能直接面见地方官员，只有经过这些行商，外国商人才能将他们的要求和投诉递送到广州官府。行商负有一定的管理外商的职责，他们对自己的海外客户必须给以相当程度的特殊照顾，形成了双方互惠互存的紧密关系。相对于清代中国的广州十三行制度，英国的对华贸易在两个多世纪的时间内，则为一个单一商行所控制垄断，即皇家特许的东印度公司，即使是广州和印度之间的两地贸易，也必须获得东印度公司的特许才能合法进行，而印度至英国的贸易则由该公司独家经营。[②]

东印度公司的权限比广州十三行还要广泛得多，可以代表英国政府发放中国贸易的执照，为商船队武装护航，在与贸易有关的地区自

---

① Hsu, I., *The Rise of Modern China*, Oxford University Press, New York, 1970, p93-94.

② Warren, Samuel, *The Opium Question*, London, James Ridgeway, 1840, p19.

行发动战争，并操纵贸易货品的全部生产销售过程。东印度公司这一贸易机构，就是一个放大了无数倍的广州十三行。只是到了19世纪30年代，英国政府才终结了东印度公司的特许权和独享垄断，放开限制，允许其他英国公司或个人进入对华贸易领域，从而同时打开了正常贸易和非法贸易的大门。这一变化也顺带地成了英国要求清政府放开广州贸易关口的理由，因为之前它在双边贸易中采取的也是类似的垄断方式，据此而指责中国的"闭关自守"和贸易限制，特别是在马戛尔尼使团访问过程中向清廷提出完全不对等的要求，明显缺乏足够的资格和依据。

在广州沙面地段租用仓库经营贸易的主要是英国商人，还有老牌的荷兰洋商和来自美国的商人。鸦片商人渣甸本是药剂师，坐东印度公司的船来到广州，与马地臣合作开设"Jardine Matheson"公司，主要从事鸦片贸易，另外一个鸦片巨头是颠地(Dent)。渣甸和马地臣发现了鸦片这个有利可图又供销稳定的物品，大批从印度买进，再销售到中国内地，为此投资购买为数不少的新型快船，尽力缩短航运时间，其他商品贸易被迫居于次位。

美国独立之后不再隶属于英国，美国人得以在英国东印度公司的垄断和管辖之外进行对华贸易，起步于1784年驶往中国的"中国皇后"号，开启了一个新的商帮，也在广州十三行区内获得立足之地，但仍然要仰仗更为庞大的英国商帮。来自美国波士顿的福布斯家族，就发家于广州的中美贸易，他们从美国发出货船运送美国产品(主要是皮毛)，又从中国贩运茶叶、瓷器和丝绸回国，从中赚取超额利润。美国商人难以免俗，后来也跟随英国人的步伐，贩运鸦片。这时中美贸易是民间私人贸易性质，双方获利，与英国相比，利益冲突不显，所以在纠纷麻烦之中的取向略有不同。

早期驻足广州的福布斯家族与中方的行商维持着格外良好的关系，始终保持了与行商首领伍秉鉴的特殊互惠关系。伍氏拥有"怡和"商行，曾经是世界上最富有的人之一，而"怡和"这一老派品牌，却被鸦片大枭渣甸和马地臣拿去作为他们公司的中文名字，日后发展成为亚洲和香港的一个超级商业集团。罗伯特·福布斯在其所著的《中国贸易》一文中，还特意提到伍秉鉴，称其"一向对美国人非常热情"，同他们进行大手交易。[①]罗伯特的弟弟默里(Murrey)在年幼时就被带到广州，置于伍秉鉴的监督管教之下，并学习中文。伍秉鉴视其如子，信任有加，私下里将部分生意交给这个能说中国话的美国人经营。后来默里退出广州贸易业务，从伍秉鉴那里拿到十万两白银的回报，返回美国发展，投资于贯穿美国的干线铁路，成为早期的铁路大亨，也建立起世代相传的著名福布斯大家族，从此政商皆通，一直通到21世纪初的美国国务卿克里。

二、鸦片贸易和林则徐禁烟运动

虽然18世纪的广州口岸并没有影响商品流通，或扰乱供求关系，中英贸易的状况仍然不能令英国政府满意，这也是马戛尔尼出使的主要诱因，无关礼仪或诚意。乾隆皇帝给英国国王的复函，不仅反映了中国经济整体的真实实力，也建立在中国对外出口中的强势之上，不仅"天朝物产丰盈，无所不有"，而且外销有余。处在弱势的英国政府必然要尽力扭转这一劣势，但基本上苦无良策，只有不断地抱怨中国的"闭关"。

19世纪初的英国虽然已是世界性帝国，但在对中国的贸易中却处于相当不利的地位，与其贸易大国的称号颇不相称。中国对英国出口的大宗商品是茶叶和丝绸，1784年英国政府降低茶叶进口的关税，由百分之百降到15%，自此以后，茶成为英国大众都可以享受的饮料，形成饮茶的习惯。19世纪初期，英国每年平均进口两千五百万磅左右的中国茶叶。独营此项贸易的英国东印度公司发了大财，英国政府也从关税中获取巨额收入，但是英国在整个对华贸易中持续处于劣势，每年大约有两千万两白银的逆差，要用黄金和墨西哥鹰洋支付，令英国返回广州的商船不得不大量承载这些硬通货。[②]尽管英国机器工业已获得相当显著的发展，但基本上是质不佳而价高，尚未达到以大规模生产的优势压倒中国本土手工业的地步，英国对华出口的毛织品更加未能被中国消费者所接受。

对华贸易处于下风形成对大英帝国全球殖民体系的隐性威胁，长期

---

① Forbes, Robert Bennet, *Remarks on China and the China Trade*, Bameul Dickson Printer, Boston, 1844, p14.

② Hsu, I., *The Rise of Modern China*, Oxford University Press, New York, 1970, p194.

的贸易逆差不仅损害英国在海外的威望威信，让殖民地人民怀疑英国人的真正实力，而且损害他们的殖民地建设维护，削弱殖民机构所能动用的财力，特别是急需财源去巩固新获取的殖民地，如印度，实际上只有在通过对华鸦片贸易扭转了贸易逆差之后，东印度公司才有财力和硬通货将英国工业品大批量地输入到印度，增加十倍以上。[①]所有这些因素都促使英国政府和东印度公司尽力去打开中国市场的大门，不惜任何手段，只要是在他们认可的商品之列。

这并不容易，因为中国广大国土内各种物产和加工产品都有，不少是世界闻名的产品，如茶叶、丝绸和瓷器，英国能够拿出手的产品甚少。[②]用英国出产的羊毛产品替代中国人常用的皮毛用品和棉织品，更是非常的困难。英国商人和政府因此推广了一种非正常贸易性产品，即鸦片，一种能够长久地大批量销售的商品，前提是上瘾的消费者持续购买而免受政府管制。这一特殊产品当时的地位相当于今日西方社会的可卡因，既是可以交易的商品，也是政府禁品。长期作为软性药物的鸦片成为中国爆炸性的贸易和社会问题，实源于英国东印度公司，在其急切寻找能够抵消银元流向中国的手段时，发现了这一特殊产品，于1773年由东印度公司的副主席维勒（Wheeler）实施向中国运送鸦片，从此开始了经常性的鸦片贸易。[③]

1830年，印度有近一亿三千万的人口，只有约四万欧裔人在那里统治这片次大陆，其中有三万六千人在印度军队中。[④]这个庞大顺从的次大陆成为东印度公司进行鸦片生产和贸易的重要基地，印度的英国人和部分印度商人成为主流鸦片生意人，大面积种植和生产鸦片，并且组织技术人员专门研究和提升鸦片质量，这一切全部处于英国印度政府的管

---

① Forbes, Robert Bennet, *Remarks on China and the China Trade,* Bameul Dickson Printer, Boston, 1844,p50.

② Greenberg, Michael, *British Trade and the Opening of China,* 1800－1842, Cambridge University Press, Cambridge, 1951, p5.

③ Forbes, Robert Bennet, Remarks on China and the China Trade, Bameul Dickson Printer, Boston, 1844,p45；Warren, Samuel, *The Opium Question,* London, James Ridgeway, 1840, p51.

④ Forbes, Robert Bennet, *Remarks on China and the China Trade*, Bameul Dickson Printer, Boston, 1844, p33.

辖、鼓励和保护之下，每箱鸦片在孟买或加尔各答港口向英国政府支付175卢比的关税，然后登上英国商船直驶中国广州，英国印度政府由此每年获得两百万左右英镑的收入。[1]印度生产的鸦片出口到中国，英国鸦片商人再从中国拿到丝绸、茶叶等产品，返航后出口到英国，形成一个遍及欧亚大陆的三角贸易。

这一贸易太具暴利，超过茶叶、丝绸或瓷器，很快扭转了英国的贸易逆差，以普遍受禁的鸦片替换以上那些真正有价值的制造业产品。英国政府因此每年至少增加了六百万英镑的收入。[2]由于贩卖鸦片的利润惊人，其他英国商业集团开始觊觎东印度公司的垄断地位和独吞暴利，急于在海外市场上分一杯羹，而在经济理论和政治理念方面，所谓的自由贸易派逐渐占了上风，迫使英国政府改变策略，于1834年终止了东印度公司的特许经营权，允许其他英国利益集团进入这一有利可图的贸易领域。对华鸦片贸易一发不可收拾，在造成严重社会问题时，也由此造成清政府财政的巨大空洞，每年流出白银千万两。完全因为中国当时的整体实力和在广州的英国商帮人数有限，才没有在那里出现另一个东印度公司，即有财力、授权和军事实力的庞大实体。

吸食鸦片对中国社会造成巨大伤害，特别是在南方各省，鸦片通过口岸和内地水运网络，渗入到中国内陆。清廷同样希望扭转对己不利的贸易状况，同时改变日益恶化的各种深刻社会问题。鸦片本是国内问题，一般只需朝廷颁布诏令即可，但是如同清后期的其他长期性社会矛盾一样，鸦片问题很难得到显著改善。此外，鸦片这一特殊问题又牵涉到中外贸易和关系，触动重大的商业利益和国家利益，特别是大英帝国的重大利益。英国政府希望借着鸦片议题解决更为重要而之前又一直悬而不决的中国市场开放问题，因此才积极支持广州鸦片商人的贸易活动和对抗行动，将清廷面对的一个国内问题转化为国际问题。

清政府在18世纪才开始意识到鸦片泛滥引发的灾害，尝试各种不同的禁烟措施。19世纪初英国和西方商人爆发性的贩运进口活动，令禁烟问题随之愈加突出。如同今世西方国家在面对严重的毒品问题时表现出来的犹疑和胆怯，道光朝的清政府内部也争议涌现，"弛禁"呼声并不

---

① *Warren, Samuel, The Opium Question*, London, James Ridgeway, 1840, p52, p55.

② Forbes, Robert Bennet, *Remarks on China and the China Trade*, Bameul Dickson Printer, Boston, 1844, p51.

微弱，位列一派，代表着国内相关商人集团和外商的利益。这些"弛禁"派人士主要来自当时唯一对外贸易口岸的广东，贸易收益可观，商人因利推动，官员从中收取利益，各自背后都存在着十分明显的动机。在这一问题上，地方利益主动出击，回避问题实质，反对采用强硬措施，与中央政府及其所代表的全国性利益发生冲突。

身为广东按察使的许乃济，受到本地特殊环境和官商意向的直接影响，在他的奏折中明确提出"弛禁"，将鸦片的种植、消费和贩卖合法化，减轻鸦片商人的相关责任，又可借鸦片正式加税而增加官府岁入，一举两得或多得。两广督抚对此暗中支持，其中的主要因素就是地方性利益的驱使。许乃济所上奏折和类似的"弛禁"提议，即使在一个半世纪之后的美国西欧国家，也可算作大胆新颖之举，因为西方社会主流和政府并未公开允许毒品合法化，经常有意略过和回避这一棘手、有关基本道德的议题。

如果清廷采用许乃济的建议，放开鸦片进口和消费，中国的白银继续大量外流，毒品社会问题如旧，而在对外方面，满足了鸦片商人的要求，但仍然没有解决英国人自马戛尔尼以来就翘首以待的首要问题，即开放广州口岸之外的贸易活动。即使英国人在总体贸易中处于有利地位，他们仍然会在广州十三行的各种问题上发难，所求更多，令清廷面对的难题依然如故。许乃济的"弛禁"论点之后也被广州的鸦片商人所利用，在回国推动英国政府采取强硬行动时，他们雇用的文人大为宣传造势，推动对华动武的主要依据之一，就是中国官员也对鸦片吸食和贩卖不持坚决反对的立场，禁烟只是蔑视英国而已。[1]

清道光皇帝中年即位，仍然精力充沛，志向远大，宵衣旰食，属于勤政一类的帝王，但执政十余年之后，已感劳顿疲乏，渐渐充满暮气。面对禁烟或"弛禁"这一重大问题，道光皇帝的基本出发点是期望财政和贸易状况好转，并对鸦片泛滥深感不安。道光皇帝和朝臣都深知禁烟不易，其中弊端丛生，即使痛下重手也难见成效，内有抵制敷衍，利欲难遏，外有毒枭鼓动，财力雄厚，如果当政者稍微疲懒，得过且过，将问题推到下一朝代去解决，就很有可能畏惧责任和行政之艰难，顺从一些官员的建议，"弛禁"放行，并从中取利。道光皇帝则从传统社会维

---

[1] Warren, Samuel, *The Opium Question*, London, James Ridgeway, 1840, p65.

持朝政的基本原则出发，不愿放弃管制责任，不愿放弃做最后的努力，从应对危机的角度出发，站在了禁烟派的一边。

道光皇帝在这一政策讨论过程中获得了一些地方大员的支持，特别是湖广总督林则徐，而原先有意"弛禁"的两广总督邓廷桢也转为支持，甚为宝贵，令道光皇帝的禁烟政令摆脱了无人响应、无法在地方上落实的困境。道光皇帝特意将林则徐由湖广总督南调为钦差大臣，监督禁烟重点地区广东省，支持邓廷桢等地方官员在沿海省份的禁烟活动，并且就近亲自处理在十三行与英国和西方商人发生的纠纷问题。随着林则徐的到来，广东省内气氛一变，之前沟通行商和鸦片烟枭的地方官员开始转向，打击鸦片的走私贩运。

林则徐并非不了解禁烟阻力之大，但做出重大表态，"若鸦片一日未绝，本大臣一日不回，誓与此事相始终，断无终止之理"。[①]对于那些坐等观望、期望风暴很快过去的地方官员，林则徐以此断绝了他们的侥幸念头。自首位禁烟钦差大臣林则徐始，禁烟运动才开始呈现出与前不同的征候和获得成功的希望。林则徐没有料到的是，导致他禁烟使命失败的并非朝内和地方上的传统抵制力量，而是那些他并不熟悉、但执意追求海外市场和利益的英国人，后者给禁烟运动和清朝国运带来非同寻常的后果。

英国推动开放中国市场的持续努力，循常理并不应该受到鸦片贸易纠纷的影响和左右，而应放弃对鸦片生意的关注，只涉及国内工商集团从事的正常贸易。但是由于鸦片贸易带来的巨大回报确实易得，政府附带着收益十分可观，在正常对华贸易中又难以取得平衡，因此19世纪初急于扩张和格外自信的英国政府恰恰选择了以败坏名誉的鸦片问题，作为英国工商业占领中国市场的突破口，采取激进的官方行动，包括军事行动。

英国政府解除东印度公司的特许权之后，指派了驻在广州的英国官员，头衔为英国驻华贸易监督，其中的戴维斯与广州的鸦片商人不和，因此辞职，继任者罗宾森本人就反对鸦片贸易，曾向英国政府建议停止在印度的鸦片种植和向中国出口鸦片，为此而触犯了东印度公司和鸦片商人集团的根本利益，于1836年被英国政府解职，大约是在清廷开始辩

论禁烟还是"弛禁"的同一时刻。

继任贸易监督一职的义律船长（Elliot），当年三十五岁，父亲曾任印度马德拉斯总督，家族关系遍布英国政府和海军。义律自己并不吸食鸦片，也在对英国政府的报告中承认鸦片贸易和即将来临的禁运将会影响英国的正常贸易。[①]这一自制态度在当时从事鸦片贸易的英国人中并不少见，即使是鸦片巨枭渣甸，本人也不吸食鸦片，而在华传教士们也依从本国的主流道德准则，鄙视吸食鸦片的中国人和中国信徒。[②]这些英国商人和官员只是希望中国人继续上瘾，以扩展鸦片贸易，而义律则是履行公职，以保护英国海外贸易利益为主。这些驻外官员本身起初也许并不想让英国政府直接卷入与中国的战争，但是他们无力抵抗鸦片商人的巨大影响力，只能服务于英国政府海外扩张的基本政策。

英国国内将在广州进行的鸦片贸易视为英国正常海外贸易的一部分，对中国的禁烟运动不以为然，而广州的鸦片商人和英国官员义律也低估了那些与他们有共同利益的广州行商传递过来的紧急信息。既然过去的禁烟法令没有发生效力，此次的新禁令也同样不会得到认真执行，广州地方官员在收受贿赂之后仍然会对他们睁一眼闭一眼，令他们能够继续埋头于生意和利润。这一被动心态和轻描淡写日后反而被英国政府列入对华宣战文告中，作为起因之一，即中国政府事先未给以广州的英国商人足够的警告，而事实则是英国商人和政府都犯了估计不足、经验主义的错误。渣甸已于1839年初离开广州，返回伦敦。来自对华鸦片生意的巨额收入已经足以满足他的各种需求，他打算在英国买下乡村豪宅，并晋身国会，终身享受英国上层绅士的待遇。与此同时，他还准备继续为鸦片贸易从事游说活动，包括面见外相帕麦斯顿（Palmerston），留下他的合伙人马地臣和其他鸦片商人自行对付林则徐的禁令。

1839年初，在采取了收缴烟具、惩罚烟贩等国内措施之后，林则徐

---

① Cassan, Benjamin, "William Jardine: Architect of the First Opium War", *Historia*, Eastern Illinois University, volume 14, 2005, p109.

② Fay, Peter Ward, *The Opium War, 1840-1842: Barbarians in the Celestial Empire in the Early Part of the Nineteenth Century and the War by Which They Forced Her Gates Ajar*, Chapel Hill, the University of North Carolina Press, 1975, p269.

转而致力于解决鸦片的来源问题，于3月18日发出指令，要求英国商人交出他们所拥有的鸦片储存，从事正常贸易的商人当然可以安然渡过而不必忧虑，在具结永不从事鸦片生意之后，仍然能够继续经营。广州十三行的外商感到他们的生意受到空前的直接威胁，开始出现严重的意见分歧。鸦片贸易商在广州商人群体中仍然占多数，又以英国人居多，而另一些外商则愿意签约具结，以免他们的贸易主业受到损害，尤其是他们正在进行的茶叶、丝绸和谷物生意。美国人福布斯的商号听从了他们的好友伍秉鉴的劝告，决定退出鸦片贸易，不再从印度购进鸦片，并同意按照清朝政府的规定具结，其他几个外国商行跟随其后。

但以英国商人为主的外商群体仍然未能决定是否服从林则徐的指令，讨论妥协的结果是只交出一千箱鸦片先作敷衍，再图后计。而林则徐按照自己搜集到的情报，估计珠江沿岸停泊的外商船上至少储存了两万多箱的鸦片，这也是历年鸦片进口量的一半，另一半将在下一个贸易季节抵达广州。另外，被林则徐点名的鸦片巨枭颠地也拒而不出，形同拒捕。

对外商们的这种敷衍态度和违抗行动，林则徐手中只拥有有限的反制手段，无力进行武力驱赶或采取军事行动，因为英国炮舰在此次巨变之前已经数次窜入内地水路，充分展示了他们船上炮火的威力，清军那些既装备低劣又士气低落的水师只能被动挨打和被炮火摧毁。林则徐实际上对"夷人"能够采取的只能是一些被动的措施，即隔离外商业务区和居住区，断绝与洋人的交易和往来，撤离在那里工作的中国苦力、用人和厨师等服役人等，试图以生活不便和生意困难迫使英国人屈服，或者自动离开。为了进行隔离，林则徐于3月23日派绿营兵丁沿十三行区界驻防，并没有进入该区，但禁止洋人和华人出入。许多本地人聚集在附近的建筑物上观看这一隔离行动以及区内洋人的活动，如同观戏。

至此，英国商务监督义律清楚明白了林则徐与之前的清朝官员不同，坚决禁烟并且对鸦片商人采取一些强硬措施，而不是只作表面文章。义律收到林则徐给外商的禁令译本，随之命令附近水域内数目有限的英国炮舰做好准备，加强英国普通商船上的炮火力量，让许多沿江停泊的鸦片船只尽快移往外洋，前往伶仃洋外或大屿山，以避开广州，同时被置于英国炮舰的保护之下。两艘美国炮舰也在赶往澳门的途中。义律自己于3月24日离开澳门，乘船前往十三行区，试图以英国政府官员的身份进行交涉，迫使林则徐让步。

英国鸦片商人向义律表明，尽管林则徐要求他们交出鸦片并要加以销毁，但他们拒绝了这一要求，主要理由是他们声称自己只是代理人，存放在沿江船只上的鸦片实际上属于远在印度或英国的其他商人集团，他们无权交出不属于他们的鸦片。这一点以后也为英国政府所利用，宣称广州英商并无义务交出那些鸦片，林则徐没收和销毁那些鸦片实际上侵犯了英国人的财产权，在私有产权制下的英国是不能被容忍的。其实广州当地的鸦片商们拥有鸦片贸易的最大份额，最有名的鸦片商人渣甸、颠地，在那里囤积了大量鸦片，这几家就占有鸦片贸易一半以上的份额，而本地权力机构销毁非法违禁毒品的行动，自然不受产权所有的限制。

因为无法逮捕渣甸，颠地是林则徐所要逮捕的主要英国鸦片巨枭，而义律前往广州的另一个目的就是保护颠地以及马地臣等人，视他们为正规合法商人，并试图把他们偷运出被封锁的广州十三行区。这一举动更加被林则徐视为英国鸦片商人违抗清朝法令，必须加以惩治。

林则徐采取高压手段包围广州地面的外国商人业务区，撤除之前在那里向英国和其他外商提供的各种服务，这被英国商人和政府日后形容为监禁，被扣作人质，是大英帝国海外人员不能忍受的待遇，特别是商务监督义律也在那里受到监禁。实际上这些只是暂停贸易的临时措施，其间广州的行商向他们输送了大量的食品物资，令他们不致于被饿死，两百多名西方人在封锁的时间内基本上无所事事。没有从事过鸦片贸易的荷兰商人、一些美国商人和法国传教士，也被牵扯在其中，被迫驻守在十三行区内。外商们开始做一些他们从来没有做过的杂务，美国人福布斯被分配到厨房准备早餐，由于厨艺太差，令人难以下咽，马上被其他手艺也好不了多少的美国人替换。[1]从日后的事态发展看，外商们受到实际限制的时间并不长，之后随着双方立场的变化，十三行的限制被逐步解除。

---

① Fay, Peter Ward, *The Opium War, 1840-1842: Barbarians in the Celestial Empire in the Early Part of the Nineteenth Century and the War by Which They Forced Her Gates Ajar*, Chapel Hill, the University of North Carolina Press, 1975, p180.

　　义律身在进退失据的困境中，面对两个方向的压力，既感受到外商们的不满，特别是他们不能进行正常商业活动，又要与林则徐对抗，尤其是那些从钦差大臣发出的公告，指责义律既然不能管制鸦片贸易，他这个所谓的英国商务监督又在监督什么。经过反复思考，义律最后决定把那些责任揽在身上，也就是揽在英国政府身上，以自己的官方身份和英王的名义，于3月27日向鸦片商人发出通告，指示他们交出那些已经退至外伶仃洋和香港岛附近的鸦片船上的违禁品箱子。鸦片商人们经过讨论，最后认为这是一个很好的解决办法，不仅在市场低迷、贸易停顿时把手中囤积的鸦片按照比较高的价格出手，不必再忧虑之后是否能够完全卖出去，而且有英国政府插手提供和担保，以后不管以何种方式，英国必然会拿出资金赔偿自己眼下的损失。

　　义律的这一做法解决了眼前的问题，满足了林则徐的要求和缓解了双边的紧张关系，但这一立场转变却导致英国政府直接卷入这一地方性贸易纠纷，为他们提供了一个现成的借口，在令其长期不满的广州贸易口岸问题上对清政府施加压力，在国家名誉和支持商业发展的"高尚"理由之下，英国政府自然倾向于对中国采取强硬措施。

　　接到义律提供的鸦片总数表格后，林则徐甚感欣慰，立即大度回应，允许输送250头牛进十三行区，供仅几百人的外商们食用。[1]他同时指令按阶段交出鸦片，交到一定数量时，对十三行的封锁限制就会降低级别，如交到四分之一数量时，外商就可恢复享受中国仆役的服务，如此类推，以防英国方面推延反悔，或者借机逃遁。4月10日，林则徐和邓廷桢巡视了沿江的外国商船，缴纳鸦片的过程从11日正式开始。在此之前，英国人的商会首脑已经可以离开广州，返回澳门。而在12日，那些为外商服务的买办和仆役们开始返回十三行区，到5月5日，所有边界障碍都被撤除，绿营兵丁撤离，部分西方人得以安全离开，区内的生活也恢复正常。因此英美商人在区内被封锁的时间自23日起，在三周左右的时间内陷入一些生活困难，并没有受到骚扰或侵入，之后的焦急等待延续到所有鸦片都已交清为止。

　　由于缴烟过程缓慢，令急于离开的十三行内外商反过来催促义律和

---

　　① Hanes, W.T., *The Opium Wars: the Addiction of One Empire and the Corruption of Another*, Sourcebook Inc., Illinois, 2002, p51.

鸦片船长们加快速度。到5月21日，义律交出了最后一箱鸦片，达到了给林则徐的鸦片数量。之前鸦片商人试图以交出少量鸦片，让林则徐有理由向道光皇帝汇报禁烟成果，然后一切如旧。由于林则徐不受其诱惑或者行贿，鸦片商人大为失望，结果被迫交出当时遍布珠江两岸船中承载的大量鸦片，成果甚至出乎林则徐的想象。当时被林则徐没收的鸦片，达到两万零两百八十三箱，按照箱数计算占到每年流入中国的鸦片总量的一半。①据英国商人自报价值，达两百四十万英镑，故意按照市场高价计算，而不是当时市场低迷时的时价，实际上是过分高估的。这些被没收的鸦片都被英国人当作财产损失，盘算着今后如何把这些损失捞回来，并借此机会利用商业损失的借口，迫使本国政府采取行动。但是毒品没收和销毁是现代国家海关机构的职能之一，没有"补偿"之说，此外还要依法重罚违法之人，加罚判刑。

对林则徐来说，禁烟运动至此已经获得基本成功。对这一绝大批量的鸦片的处理，林则徐决定不再像之前的官府那样，换地储藏或私下转让，给官员以任何受贿机会，令整个禁烟运动受损。林则徐采取了前所未有的公开销毁鸦片行动，从6月3日开始，在虎门海边将两万多箱鸦片加以销毁，最后流入大海，至6月底结束。为此，林则徐还采用了少见的公正公开方式，邀请外商参观和监督销烟过程，以免被加以私藏鸦片的罪名，也让之前抵制禁烟行动的外商见证他的禁烟决心。十三行里的鸦片商人已经大部离去，不愿出席，只有美国商人查尔斯·金（Charles King）和传教士翻译俾治文（Bridgman）应邀前来，他们对中国的"异教徒"在现场居然能够有效地清除毒品感到惊讶。他们也恰好有机会同正在虎门监督销烟的林则徐商谈了一段时间，询问他们生意损失的事，而林则徐则对如何同英国女王互通公文很感兴趣，以便得到英国本国政府的支持，使英国商人不再从事违法的鸦片贸易。②

鸦片消费量据信跌至焚烟之前的十分之一或者十五分之一，英国鸦

---

① Forbes, Robert Bennet, *Remarks on China and the China Trade*, Bameul Dickson Printer, Boston, 1844, p44, p49.

② Forbes, Robert Bennet, *Remarks on China and the China Trade*, Bameul Dickson Printer, Boston, 1844, pp190-191.

片商人的鸦片输入变为在广东之外沿海地区零打碎敲的走私活动。[①]鉴于林则徐在广州的禁烟销烟活动取得初步成功，道光皇帝于1839年6月15日颁布全国性的严禁鸦片条例，督促其他地方督抚以广东和林则徐为禁烟典范。

至此，林则徐要求的只是停止和收缴被禁鸦片，而不是英国商人运到中国的其他传统贸易商品。基于这一概念，他对大多数英国人都离开了广州感到困惑不解，因为他只是命令那些鸦片商人离开，永远不要回来，并没有限制守法外商和两国间的正常贸易。"虎门焚烟"之后，林则徐期望恢复广州的正常海外贸易，为此还规划了一些鼓励措施，外商每交纳一箱鸦片，赏茶叶五斤，总数预计达茶叶十余万斤，在此给以外商示范鼓励，从事合法商品贸易，杜绝鸦片贸易。

禁烟活动的下一步是让外商具结，承诺永不携带鸦片入境，并同意接受中国法律的惩罚。基于中西对国际国内法的不同理解，特别是对中国法律"野蛮"的认识看法，英国商人拒绝签立字据，特别是那些终止鸦片生意的条款，将对他们的业务和利润产生毁灭性的打击。义律也完全明白，无可避免地会有一些英国商人再次从事获利巨大的鸦片贸易，即使冒着违法的风险，甚至面临被处死的威胁。义律和鸦片商人并不想为他们将来从事的非法贸易设置任何障碍，因此对具结中的这一条款格外抗拒，以致直接拒绝林则徐提出的整体具结建议。其他国家的商人则同意具结，包括美国商人，他们在鸦片贸易中的份额完全不能与英国人相比，而且在一般货物贸易中已经能够获得相当可观的利润，因此并不愿意因为英国鸦片大枭的行动而导致他们自己的正规生意受到影响。至这一阶段，中国与西方的正常贸易并未遭到禁止，仅仅是非法的鸦片贸易遭到取缔。

从英国的角度看，英国政府肯定不会为被销毁的鸦片支付资金，特别是两百多万英镑的总额，当时处于财政困难中的英国政府更不可能拨出预算，所以唯一的出路，就是要中国政府支付，也就不可避免地要通过对华动武才能做到。由于英国政府和商人视鸦片为正常贸易，不承认中国政府的禁烟法令和行动，因此就必须在舆论和公众意见中回避鸦片的危害和毒品性质，尽量不承认或不提及。所以后来发动战争的借口就

---

① Forbes, Robert Bennet, *Remarks on China and the China Trade*, Bameul Dickson Printer, Boston, 1844, p199.

是为英国人认可的自由贸易主流思维，和英国尊严受辱，而鸦片战争的实际背景则是鸦片贸易的巨大利益和英国政府面临的财力局限。

在义律的指令下，英国商人和其他一些外商退到澳门或人烟稀少的香港岛，即使他们在鸦片之外还有其他生意，也不得自行前往广州进行交易。汇聚于香港的英国商人，包括其中绝对不愿意具结的鸦片商人，陷入孤立状态，不知所措，在具结与不具结之间游移。义律则在等待来自英国或者印度的炮舰支援，在这一点上他得到鸦片商人如马地臣、颠地的支持。①10月中旬，一艘从印度承载棉花的英国船只"托马斯考茨"号开来广州，船长沃纳（Warner）并不认可义律反对具结的僵硬立场，而且他的船并没有携带鸦片，死刑的威胁与他丝毫无关，因此堂皇驶入虎门，在沙面过关卸货，然后欣然同意具结。

林则徐对此非常高兴，原来英国人也不是铁板一块的，竟然有英国的船只反对鸦片贸易和对抗鸦片商人的强大势力。林则徐借此机会委托沃纳船长捎回一封给英国维多利亚女王的信函，请求英国禁止对华鸦片贸易，从根源上切断毒害中国的违禁品。沃纳船长信守了他对林则徐许下的诺言，尽其所能地把信件带回英国，交到英国外相帕麦斯顿的办公室，而该外相对沃纳船长违背义律关于船只不得驶入广州从事正常贸易的规定之事，仍在耿耿于怀，因此毫无回复的意愿。沃纳船长被迫将该信转投伦敦《泰晤士报》，登了出来。林则徐和沃纳船长的努力没有产生预期的效果，无法改变英国强力介入鸦片贸易纠纷的主流意向，也无力消弭英国政府正在推动的对华战争。

义律理所当然地认为所有英国船只都应该处在他的管辖之下，因此对有英国船只公然违背他的指令而同中国进行正常贸易的做法分外不满，恼羞成怒地把沃纳船长称为"卑劣小人"，然后派出英国炮艇巡视广州外海，部署于东莞水域的狮子洋，横踞珠江之中，以防更多英国船只闯入。当另一只英国船"皇家萨克森"号之后也试图驶入珠江时，义律早先部署在此的英国炮艇开始了拦截行动，发炮警告，企图迫使该船返回，到香港岛停泊，不要背叛自己的国家，加入到清朝官府的一方。

这就爆发了第一次"穿鼻之战"——中英双方的第一次正式海上冲突，开启两国之间的战端。英军的炮艇堵截英国船只，而狮子洋上的清

---

① Hanes, W.T., *The Opium Wars: the Addiction of One Empire and the Corruption of Another,* Sourcebook Inc., Illinois, 2002, p59.

军水师在提督关天培的指挥下，行驶到有利的位置，以保护有意驶入珠江进行正常通商活动的英国商船。按照义律本人的理解和英国人的思维方式，英国的炮艇到东亚和中国水域来，本是为了自由贸易而战，而他们在狮子洋采取的炮击和截击行动，却是不折不扣的海盗行为，正在打断中英双方的正常货物贸易，根本目的是为了维持非法的鸦片贸易。义律发给英国商人的不得与中国人交易的严令，打断了两国间的合法贸易，而清军水师的被动回应，反而是在保护正常的国际海运水运贸易。

事已至此，义律已经没有太多的选择，除了用武力和军舰维持封锁状况、实际中断当地对外贸易，只有等待英国国内的反应。由于他本人并不真心认可鸦片贸易的正当性，如果来自英国国内和他的直接上司帕麦斯顿勋爵的指令是避免冲突，义律就不必频繁驱使炮舰攻入珠江，扩大战端甚至挑起全面战争。况且当时他手下已有的海军力量，仅仅能够保护退居香港岛的英国商船，尚且不足以全面扫荡珠江沿岸的清军水师和岸防工事。

英国政府的意向决定了下一阶段或战或和的分界线，是以军力支持义律保护鸦片贸易的态度，或者指示他寻求对话谈判解决贸易纠纷，与林则徐找到一个汇合点。由于鸦片贸易的巨大利益和鸦片毒枭在英国商界不可忽视的强大势力，英国政府同意放弃鸦片生意而举行和平谈判的可能性极小。无论如何，义律在等待来自国内的指示，只要没有更多的英国商船突破他的禁令，瓦解他与林则徐的对抗立场，他就有可能拖到事态发生重大转变的一天。

在中国官府与英国鸦片商人纠缠于具结保证期间，双方又为另一事件发生尖锐甚至无法解决的冲突，直接为英国政府日后发动战争提供了一个借口。英国商人聚集在狭窄的香港岛港湾地带，实际上是无法独立生存的，要依靠来自对岸九龙半岛村落的各种食用物品供给，因此难免与中国村民和地方官府有所联系和发生冲突。在尖沙咀村，中国村民林维喜被醉酒的英国水兵殴打致死，之后英国、美国水手互相推诿责任。义律按照当时英国人在海外的惯例，认定中国法律制裁对他们不公正，特别是一命还一命的裁决，拒绝把该名水兵交给清朝官府处理，而由英国人自己进行了一个遮人耳目的审判，宣判后直接把受到轻罚的嫌疑犯送回英国，实际上是脱离中国司法惩处的范围。由于英国本土政府和法院并不承认义律远在广州的司法权，这些逃离广州的英国水手在英国登岸之后就成为自由人，刑事案件不了了之。

这一对中国法律的误解和抗拒，成为以后近一百年内外国人在中国享受和力保治外法权的起因。林则徐对这种中国境内的外国人拒不服从中国法律约束的行为十分恼怒，进而宣布停止在广州与英国人的贸易，不只是鸦片贸易，希望进一步孤立和击垮停留在香港岛的英国人，迫使义律做出让步。而其他国家的商人们只要不违反中国的法律，仍然得以继续他们的贸易活动。这一行动才是广州中英双方贸易停止的时刻，之后被英国人抓住作为开战的理由之一。

英国人实际上并没有完全闲着，在服从义律指令的同时，仍在从事间接贸易活动。当时只有英国商人没有具结，龟缩在香港岛和狮子洋之外，所以他们转而依靠已经同意具结的美国商人继续对华进出口的生意。美国商人在7月份就接受了林则徐的条件，同意具结，由此获得从事贸易经营的权利。虽然英国人对美国人放弃盟友表示不满，但美国已经独立于英国，义律对美国人并无实质管辖权，只有听之任之。美国人知道他们并不享受英国女王和大英帝国的保护，周围也没有大批舰队支援，本国炮艇威力有限，因此被迫采取实用主义的对策，接受中国的法律和贸易规则。如果英国当时拥有的海军力量与美国近似，英国人在鸦片纠纷上的取向也会与美国人相似，不会在鸦片贸易和具结上持续纠缠，林则徐的使命也早已完成。英国人的坚持，还是基于他们对本国军事实力的信心。

当英国商人在英国炮艇的监督之下困守香港岛一角时，美国商人则继续从事非鸦片类的正常贸易，而且业务比平时更加繁忙。福布斯作为美国商行的首领，继续进出口各种货物，负责为数不少的船只的装载和卸货的工作，把大量棉花运上黄埔，而把藤器和其他物品运出广州。马地臣等英国商人决定借用美国人的商船，打着美国和其他国家的旗号，让他们经手代营英国商人的茶叶生意。当时的现实状况是，虽然英国人在名义上被禁止参与广州贸易，但他们只不过是面子上放不下来，不愿为鸦片具结，也不好违背义律的指令，但在鸦片之外的其他贸易领域，实在不愿放弃，就由避开鸦片生意的美国商人经手，悄然进行。义律为此特别向福布斯致谢，将英国人的合法货物带进广州，又将茶和丝绸运出该地。即使曾经被义律和英国炮艇截停的"皇家萨克森"号，也趁圣诞节期间溜进了黄埔港口，然后带着货物离开。①

香港岛附近的英国商人表面上消极无为，一副在对华贸易中备受歧视和欺压的形象，给义律和英国政府提供插手干预的公开借口，实际上正常货物贸易仍在进行且批量巨大，英国商人的规避行为充分证明了他们从事鸦片贸易的强大意愿，不愿接受对那一非法贸易施加的任何限制，包括死刑。发生在广州的贸易纠纷完全是由英国商人经手贩卖鸦片而来，中英贸易的症结仍然是鸦片贸易，而不是一般正常贸易纠纷，更非所谓的"闭关锁国"。

三、英国政府发动鸦片战争

英国政府此时处在墨尔本子爵为首相的政府之下，对华关系实际上由外相帕麦斯顿勋爵直接操作。他外派义律到广州，所收到的信息也主要是义律的报告。基于帕麦斯顿热心推进英国海外殖民体系的基本态度，他必然十分容易接受来自鸦片商人的信息，包括鸦片损失、中方的压制行动和被迫迁离广州、外移至香港岛，等等。帕麦斯顿事先已经指令在印度的英军先行开往广州。当时的印度总督奥克兰是身在广州的义律的亲戚，与墨尔本和帕麦斯顿之间，也存在着通过婚姻而形成的紧密关系。奥克兰收到来自广州的消息后，甚为关心，不仅是义律个人的境况，更重要的是对华鸦片贸易与英属印度经济福利的直接联系。取得阿富汗战役顺利进行的成果之后，奥克兰总督转向广州的贸易纠纷，趋向于直接干预的对策，按照来自英国的指示，开始纠集远征军中的海军陆军部分，提前派出驻泊于印度的军舰，率先驶往广州，并且通知义律等待来自印度的增援，这也是义律在广州一直不愿在具结问题上对林则徐妥协的真正原因。

但是1839年的英国并非只有与中国的贸易关系这一外交要务，而是面对着多个棘手问题，特别是与法国人在地中海的活动和与俄国人的争端，在亚洲地区的重点则是印度和阿富汗，需要从印度派兵前往阿富汗

---

① Fay, Peter Ward, *The Opium War, 1840-1842: Barbarians in the Celestial Empire in the Early Part of the Nineteenth Century and the War by Which They Forced Her Gates Ajar*, Chapel Hill, the University of North Carolina Press, 1975, p230.

应对。此时意欲把对华贸易纠纷提高到一个英国政府必须认真应对的优先地位，也不是一件十分容易的事情。预谋动武的英国人士，为此必须打出国家尊严和"文明"牌，以打动政府高层和国会议员，并鼓动社会舆论倾向于自己一方。

义律发回国内的报告在左右国民舆论的过程中发挥了重要作用，特别是他所形容的丧失尊严的遭遇，他同林则徐的交锋往来过程，被许多英国人视为充满屈尊辱国的行为，从而赢得他们的同情，包括威名远扬的威灵顿勋爵。义律曾经写信抗议林则徐把英国人视为下属而发布指令，而非以对等官员的待遇相待，而实际上林则徐是清朝钦差大臣，义律是商务监督，低于领事，所以双方的地位本来就不对等，林则徐等同于甚至高于英国的印度总督，当然是比义律高几等的上级。①义律私下反对鸦片消费和对华鸦片贸易，甚为反感，承认必须采取措施禁止和清除鸦片罪恶，但作为政府官员和英国商人利益代表，却在促进非法贸易和鼓动英国为鸦片而战方面，发挥了重大作用，实属人格分裂的典型事例。②

对于广州鸦片贸易状况和禁烟过程，英国人得到的信息主要来自政府发布和新闻报道，渠道十分有限，而且基本上拒绝了中国方面的信息。年仅二十岁的英国维多利亚女王没有收到林则徐直接写给她的两封官函中的任何一封，因此对中国人及其政府关注鸦片贸易和英国人卷入其中，毫无概念，反而完全听从在任首相和外相的建议和解释，因此也对英国人在海外受辱感到不忿。站在林则徐一方的只是英国国内同样主张禁止鸦片消费的一些群体，以及身在广州的美国商人查尔斯·金，自费出小册子宣传禁烟。这些活动都缺乏强势的工业商业集团的支持，只能靠道德呼吁和人们的自律，根本无法对抗势力强大的众多利益集团和强硬推进海外殖民主义的英国政府。

英国政府，主要是外相帕麦斯顿，重点考虑的是利用这一难得的机会打开中国市场的大门，推动许久以来都未能达到的英国贸易扩展的目的。帕麦斯顿还十分关注和重点考虑广州贸易对印度经济的影响，即英国在印度殖民地的巨大利益，否则他们在那里的统治将陷入多重麻烦甚

---

① Waley, Arthur, *The Opium War through Chinese Eyes*, Stanford University Press, 1968, p76.

② Hanes, W.T., *The Opium Wars: the Addiction of One Empire and the Corruption of Another*, Sourcebook Inc., Illinois, 2002, p74.

至危机之中，特别是依靠对华鸦片贸易的经济部分和相关财政收入。对英国政府来说，来自印度重要港口孟买和加尔各答的英印商会的请愿，比来自义律个人的请求更具实质意义。

帕麦斯顿事先已于1839年10月就发布命令，从印度派兵到中国水域，以武力解决鸦片贸易问题，然后为了回答国会质询，需要国会的批准拨款，才提出向中国派兵的事项，由此引起国会辩论和舆论的卷入。英国国内深厚的重商传统和强大利益集团，发挥了重要作用，其中包括其他行业的商会以及媒体。英国的其他主要工业集团虽然与鸦片商们并无直接的利益关系，但也乐于看到中国被迫向他们的产品开放市场，得以搭顺风车，所以对这股潮流也参与其中，由各地方商会出面向政府提出请愿。这些请愿配以殖民时代高峰期内的强烈爱国主义情绪，对政府特别是国会形成显著的影响。据说连他们的政府支薪外派的外交官吏都受到了人身和生命威胁，被围困时期英国人所遭受的生活不便和闲极无聊，被夸大为被中国人困住而几乎饿死。为了煽动本国民意，英国报纸报道中还出现了特意捏造的传言，说钦差大臣林则徐在推行禁烟的同时，却拥有数千亩的土地种植鸦片，供自己享用和贩卖牟利。[1]

远在广州的鸦片商人预先开始在政府部门中下功夫，组成强大的游说团体，包括回英的有名鸦片商人、东印度公司首脑，和与他们利益相关的本地商人和国会议员。鸦片大枭渣甸早已返回伦敦，请求面见帕麦斯顿，提出详细的军事行动建议，与帕麦斯顿的基本计划一拍即合。渣甸不仅为英军未来打击中国领土提供了自己制作的比较详细的地方地图，而且毫不吝惜地投资于对华动武的宣传攻势，在英国各大报纸登载偏向出兵的文章。渣甸特意回避鸦片贸易中的道德问题，而是利用爱国主义情绪，强调英国君主、制度和公民在海外遭受的羞辱。渣甸起先还担心英国国内一些人对鸦片贸易持怀疑和否定态度，但之后迅速得到一些对华贸易商行的大力支持，称不管有没有鸦片贸易，都要求尽早解决广州贸易的问题，从此更加肆无忌惮地为自己从事的非法鸦片贸易辩护。

渣甸还特别资助了一位英国律师和作家瓦伦（Warren），将他写作的小册子散发给国会议员、政府部门和社会组织，为动武派做出最有影响

---

[1] Hanes, W.T., *The Opium Wars: the Addiction of One Empire and the Corruption of Another,* Sourcebook Inc., Illinois, 2002, p54.

的宣示。瓦伦以律师的精密思维，大量利用义律提供的资料，反驳谴责鸦片贸易的派别，把责任完全推到清朝政府和林则徐身上，包括鸦片消费在中国长久存在，地方官员受贿放行，英国人只是无辜的普通商人，以此证明英国鸦片大枭实际是中国暴行的受害者，因进行正常贸易而备受扣押伤害，等等。瓦伦的文字影响了许多人的观感和社会舆论的倾向。与此相对应的是，渣甸和马地臣威胁撰写反对鸦片及其贸易的小册子的美国人查尔斯·金，要断绝与他的生意往来，不支持他的慈善活动，并于之后不久就兑现了他们的威胁，迫使金离开广州，返回美国。①

对英国民众来说，最不能忍受的，是由一个异教徒国家打击基督教国家所带来和散播的罪恶，因此必须反击和抵制，反其道而行之，而不必考虑正义或公认的道德规范。瓦伦特意把那些鸦片商人比喻为英国最杰出的商界领袖，最有尊严、信誉和身份的人，即渣甸、马地臣、颠地等人，英国人根本不应该怀疑他们的"高尚"操守，相反，英国政府必须回应这些"高尚"英国商人的要求，切实保障他们的海外商业利益。因为鸦片商人在对华贸易中份额太大，与英国政府和经济状况关系甚巨，其他行业的英国商人确实没有办法同这些财雄势大的鸦片商人比较。②

瓦伦视清廷禁烟政策的主要目的为扭转对外贸易不平衡，防止白银外流，而不是考虑本国公民的身体健康。如果中国能够用货物出口抵消进口的鸦片，就不会再如林则徐般大力禁烟了。瓦伦自然不会反过来考虑这一问题，如果中国向英国出口鸦片而收受白银或者其他英国能够进入中国的产品，英国是否愿意主动接受和大力推动鸦片？美国人甚至怀疑，如果没有鸦片对华出口，其他正常贸易产品，特别是英美制造品，仍然会保持在大致相同的水平上，因为中国人消耗在鸦片上的钱，减少了他们对英美制造品的购买能力，而中国的大宗出口商品茶和丝绸仍然大量流出，因此贸易平衡的前景并不乐观。在英美制造的设备和产品确实改进，而中国又有真实购买需求之前，传统中西贸易的格局不会有太大的改变，除了鸦片的进口，所以真正依赖鸦片支撑整体贸易平衡的是英国，而不是中国。

① Forbes, Robert Bennet, *Remarks on China and the China Trade,* Bameul Dickson Printer, Boston, 1844,p267.

② Warren, Samuel, *The Opium Question*, London, James Ridgeway, 1840, pp77-78.

即使是为鸦片贸易辩护的瓦伦也承认，如果印度对中国的鸦片出口大减甚至终止，英国商人将不会有足够的硬通货购买中国的茶叶等产品，而用鸦片交换回来的银元促进了英属印度的生存和人口增长，更不要说英国政府的收入增加。①由此而来，瓦伦认为动用武力保证大英帝国这一巨大财源是合理的，鸦片贸易是英国整体殖民经济体系不可或缺的一环，特别是对于英国海外最大殖民地印度来说，更是格外重要。既然英国政府公开支持鸦片贸易并从中获取重利，就没有必要遮遮掩掩，在利益受损时，完全应该站出来为鸦片而战，不必顾忌中国的利益和国内那些看重道德正义、反对鸦片贸易的自由派人士。瓦伦论文所揭示的正是19世纪英国人的固定思维方式，以经济和财政因素为优先考虑，即使由于鸦片生意而在道德公义方面表现欠缺，也在所不惜。

在这些关键经济因素之外，促使帕麦斯顿和英国政府采取对华强硬的另一主因，是难以避免的财政困境，他们的政府每年承受着大约百万英镑的财政赤字，自然不愿意向鸦片商人额外支付两百多万英镑的赔款，而让东印度公司代为赔付的建议也被否决，只有寻求从中国获得这些赔款，为此必须发动对华战争。②他们不愿承认，由政府销毁毒品是必然的结果，与一般财产不同，放在现代国家，没收销毁毒品是最起码的处理方式，自然没有让英国鸦片商人领回这一财产或者得到赔偿的理由。

经过反复的酝酿和协调，英国国会在5月份对帕麦斯顿调动军队开往中国的行动展开辩论。近代政治制度之下毕竟存在着反对党这一特征，在野党派必然会在某些问题上同执政党唱反调。出于各种原因，当时的反对党托利党(Tories)向执政的辉格党(Whigs)政府提出鸦片问题，按照社会上一些团体的要求，对墨尔本勋爵的辉格党政府，特别是帕麦斯顿外相的对华强硬政策和动武倾向，表达反对意见，对他在未经国会同意的情况下发动对外战争提出谴责案。这些反对党的言论和质询在一定程度上揭露了英国政府推动和进行鸦片贸易的丑恶行径。反对鸦片贸易的迪斯雷利(Disraeli)把渣甸称为"毒品先生"而加以嘲弄。格莱斯

① Forbes, Robert Bennet, *Remarks on China and the China Trade*, Bameul Dickson Printer, Boston, 1844, p56.

② Hoe, Susanna, *The Taking of Hong Kong: Charles and Clara Elliot in China Waters*, Hong Kong University Press, Hong Kong, 2009, p107.

顿(Gladstone)议员抨击政府的动机，"我还从未听说过或读到过(比这一计划中的战争)更不公正、更使英国永远蒙受耻辱的战争。坐在我对面的可敬的先生们谈到英国国旗骄傲地飘扬在广州上空，但是那面旗子是海盗旗，它在那里升起，是为了保护可耻的走私贸易"。①

一位执政党的议员麦考雷(Macaulay)，同时也是墨尔本政府的战争部长，则在鸦片问题之外高调声称："英国人属于一个不曾经历战败、投降或耻辱的国家，英国对施加在它的子民身上的错误进行如此强烈的报复，使听到英国这个名字的人都要震颤不已，这个国家使阿尔及利亚湾谦恭地伏在受辱的英国使节脚下，这个国家自从伟大的护国公(克伦威尔)发誓要让英国人的名字得到罗马人那样的尊敬以来，就没有衰落过。英国人确信，虽然面对敌人和为大洋大陆所隔离，即便伤害了他们的一根头发，也要受到惩罚"。②如此明确无误的大国沙文主义腔调适用于任何对外战争之前的号召令。在奥斯特里斯战役中打败拿破仑的英军统帅威灵顿公爵，虽然身为前托利党首相，却在上院极力称赞义律，认为即使义律犯下一些错误，也应该原谅他，并全力支持他进行与中国的斗争。③

这一类情绪高昂的论调在国会中占了上风，也很容易地在英国社会中取得共鸣，因为普通公众得到的信息基本上是英国人在海外受到侮辱和不良待遇，对鸦片贸易和遥远中国的复杂国内关系绝不了解，也没有兴趣去了解。即便他们在日常生活中享受来自中国的茶叶、丝绸和瓷器，也只会认为那是英国积极推行国际自由贸易的结果，同某些本国人从事的鸦片贸易没有多少联系，对英国当时的出名大亨中就有不少其实是鸦片大枭的事实毫不知情，因此对鸦片巨商投资在舆论引导上的事也不感兴趣，无形中跟随当下的舆论主流走。在政府和国会中，保护鸦片商人和打开中国市场是主流意向和共识，虽然一些教会和慈善团体发出了基于道德考虑的呼吁，反对向禁烟的中国动武，但在最后决定时刻，

---

① Hanes, W.T., *The Opium Wars: the Addiction of One Empire and the Corruption of Another,* Sourcebook Inc., Illinois, 2002, pp78-79.

② Hoe, Susanna, *The Taking of Hong Kong: Charles and Clara Elliot in China Waters,* Hong Kong University Press, Hong Kong, 2009, p125.

③ Hoe, Susanna, *The Taking of Hong Kong: Charles and Clara Elliot in China Waters,* Hong Kong University Press, Hong Kong, 2009, p126.

还是败给了主战的英国政府和主流民意。

最后的国会投票，为271对262，仅有九票多数票，只是效力非常有限的简单多数，但是已经确认了帕麦斯顿之前做出的开战决定，中国与西方列强的武力冲突已经不可避免。按照英国议会政党制度，一党的议员必须支持本党的立场和议案，因此议会表决基本上是两党各自拥有的议员人数的对决，很少有突发的变化。墨尔本首相的政府本来只享有为数有限的议会多数地位，此次反对党提出的帕麦斯顿谴责案，自然只以微小差距被否决，但两党议员都非常高兴和轻松，终于完成了他们必须遵循的程序责任，完整认真地走过了整个国会议事程序，并且展示了一些人的雄辩才能，如年轻的格莱斯顿发表了出色的演说，反对鸦片贸易和战争，建立起他善辩的名声。但这些常见的议会辩论投票形式，并未制止英国对外宣战，而远在中国发生的事态，其实与这些议员并无多少直接切身的关系，特别是殖民地时代的远东事端，因此按既定程序投票之后，就完成了他们对本国公民的义务责任。

帕麦斯顿外相在他之后致清朝政府的宣战照会中，着重强调英国人在广州遇到的两个"不公正"对待，一是没有得到足够的警告，关于中国禁烟政策的变化；二是禁烟法令不应只针对外国商人，而应同时针对中国境内的吸毒贩毒者，即一视同仁。由此可见，帕麦斯顿故意忽略事实，即英国鸦片商人承受拒绝中国行商劝告的结果，以及林则徐先前在湖北和广东省界内都已严厉整治地方官员和贩毒者，以致英美商人发现，他们以往见识过的无能地方官员，在林则徐的严厉监督下都像是洗心革面。帕麦斯顿的照会同时提出"扩大通商"的要求，以及永远占据领土，以利英商居住和经商之便，似乎按理中国商人为了在英国经商，可以永久占据伦敦南岸一样。这些公开要求和当年马戛尔尼使团的通商条件颇为相似，表明英国力图重新推动对华单边贸易的真实本意，林则徐的禁烟活动和鸦片纠纷只是为英国政府和激进的帕麦斯顿外相提供了一个极好的契机而已，而且他也并不在意这些官方要求会与鸦片贸易紧密地联系在一起。

当时的英国人和西方人倾向于把这场战争称为英中战争(Anglo-Chinese War)，以免与鸦片扯上关系，多有回避，特别是战争的起源。英国人更愿意把鸦片纠纷作为英国扩张海外利益和领地时引发的冲突之一，并由此建立了一个对外征服的模式，无论借口，冠冕堂皇地为贸易而战，为开放海外市场而战。这一模式和心态为西方列强所沿用和大力捍卫，一直延续到今日，仍然是他们在海外挑起冲突的主要借口之一。

四、鸦片战争进程

进犯中国南方的英国军队主要来自英国统治下的印度，于国会辩论之前就已接到帕麦斯顿的指令，他们派出的炮舰行驶在前往中国的海路上。英国国会的辩论在5月份进行，而英国海军的军舰已经于5月30日离开新加坡前往广州，事先做好了开战的准备。[①]如果英国国会因故否决帕麦斯顿做出的决定，这些海军舰只就必须被召回，这一消极后果不仅造成军费和军力的浪费，而且是对军人士气和国民情绪的巨大打击，因此英国政府和国会都面临着无形的压力，即在政治争端中不能被对方形容为损害军队和国家利益之人。即使公开谴责鸦片贸易的格莱斯顿，也避免提及召回炮舰和终止战争，其他议员更没有勇气出面反对对外战争。

英国在进行鸦片战争的两三年中，还要面对世界其他地方的挑战和麻烦，与法国在地中海的对立，和由印度出兵，对阿富汗动武，比在中国的战争规模更大，因此必须平衡兵力集结和调动，并非集全国之力进行对华战争。但另一方面，英国必须依赖就近的印度军力和印度军人，运输时间又长，所以战争经历时间较长，实际上清朝军队和地方官府是在以逸待劳，有充分的时间进行准备，如果他们认真进行准备的话。林则徐本人尽量了解与他对立的西方人，以及武力方面的优势，为此特意从美国人那里转手购买了一艘英国炮艇，由于义律事先已有防备，拆除所有枪炮，该船只能停泊在虎门附近，再装上中式西式火炮，作为固定炮台使用，虽然实力大减，但也试图让其在即将到来的武力冲突中发挥一定作用。

英国政府除了印度外，又从英国本土和南非调动兵力，在新加坡会合，然后前往广州水域。长途远征和兵力调动并非必然顺利无碍，时间长达数月，而且海洋上风云莫测，事故频发，容易沉船。一些帆式运输船难免被强劲的季风刮回了加尔各答，无法加入中国海战。深受自然季

---

① Hoe, Susanna, *The Taking of Hong Kong: Charles and Clara Elliot in China Waters*, Hong Kong University Press, Hong Kong, 2009, p128.

候条件影响的近代海军，长途征战既费时又危险，非常容易遭到攻击和损失，令他们对陆攻击实力大降。在双方军队大致相等的情况下，一方的某些弱点增加了对方获胜的几率。即使当时的清军在海战和防卫方面漏洞甚多，如有初步准备和动员，仍然握有击退进攻一方的机会。但是清政府和军队已经陷入深度腐败混乱的危机之中，完全没有面对近代海军陆军的体验，也没有进行全面海防作战的准备，特别是离开海岸一段距离的城镇，基本上完全没有准备。当时道光皇帝和朝廷趋向于认为广州的英国人已经受到控制，林则徐完成了他的使命，由钦差大臣改任两广总督，当地禁烟活动基本结束，国内其他沿海地区也不必担忧，因此沿岸基础防务极度松懈，特别是缺乏对英国海军突击的必要预防准备。

英军的主要战略是放弃广州，主力北上，逼近天津，以直接向清廷递交战书和各项要求。这和当年马戛尔尼的策略基本一致，也是英国政府多年来与清政府打交道得出来的经验。英军将领认为林则徐在广州是他们此次远征的麻烦所在，既态度强硬又更有准备，难以轻松征服，因此决定向北突击，令清政府和军队猝不及防。英军的另一个考虑是进犯长江地区，既是觊觎富庶的江南省份，又符合他们和商人一向期望得到舟山或其他沿海地方，是他们的第二选择。作为常年征战、经验丰富的英国海军，他们分兵调遣，自主选择打击目标，对清朝防务造成巨大而不易判别的冲击。英国人又从澳洲悉尼召来"德鲁伊"号护卫舰等数艘军舰，还包括美国人派出的两艘舰艇，"寇兹阿斯寇"号和"巴拿马"号，进入珠江水域和黄埔，用以增强英军在那里的军事实力。①

义律和懿律海军准将作为英国全权代表率领英军的其他舰只沿海岸北上，包括蒸汽船"马达加斯加"号，短暂骚扰厦门之后，继而北上攻击长江三角地区，到达舟山群岛附近。在镇海口岸，他们遇到定海水师张朝发总兵，其不愿替他们代交国书。英国人将其请到英军舰船上，既酒水款待，又向其展示英军火炮武器的威力，直接施压。张总兵不为所动，自认英国人力强而自弱，但职责所在，只有一战，以致英军的传教士兼中文翻译郭士立(Gutzlaff)认为他疯了。

---

① Fay, Peter Ward, *The Opium War, 1840-1842: Barbarians in the Celestial Empire in the Early Part of the Nineteenth Century and the War by Which They Forced Her Gates Ajar*, Chapel Hill, the University of North Carolina Press, 1975, p246.

劝降不成，英海军将领伯麦（Bremer）勒令清军于次日午后2时交出定海。在限期到来之前，清守军试图将大量充满石块的船只翻倒在水中，以在定海港外数个小岛之间的水域中铺设障碍物，在火力不及的情况下拖慢英军占领的速度。定海本为孤岛，得不到来自大陆对岸的炮火支援，相距甚远，清军拥有的落后火炮根本不具备这么远的射程和威力，因此守军在面对强大英军舰队时基本无胜算。在七十门火炮的近距离轰击之后，英军开始登陆。负责海岸防御的张朝发总兵在炮台上被击中腿部，之后不治而亡，其他守军溃散而放弃炮台防御。几十分钟之后，登陆的爱尔兰士兵升起了他们的军旗，西方列强在中国领土上升起的第一面军旗，象征着对华入侵和瓜分的开始。

英军在第二天才攻占定海县城，拖延的部分原因是英军士兵战后饮酒而醉和某些定海守军火力的影响。实际上定海县城已成空城，知县姚怀祥投水自尽，作为失去领土的第一个中国地方官员，只有自裁以尽责。这里也是英国人以女王的名义占领的中国的第一块土地，因此他们尽其所能地掠取当地的资源，包括谷仓中储藏的谷物，还有个人的"合法掠夺"和私吞。一个叫凯恩的上尉被任命为定海的地方行政长官。英军在舟山群岛恢复和等待适当的时机，包括他们的主力战舰的到来，再向北方的直隶进军。

依靠长期积累起来的航海经验，英军战舰勉强驶进北河河口，直逼大沽和天津。在反复周旋和交流之后，当时的直隶总督琦善代表道光皇帝接受了义律带来的"英国宰相致中国宰相书"。他之所以能够这样做，是因为道光皇帝事前知悉英舰已经临近大沽口，焦急之际，匆忙授命，"倘有投递禀帖情事，无论夷字汉字，即将原禀进呈"，不再纠缠于之前关于承接英人文件的禁令，由此解除了琦善承受的重压，即因违背圣旨而背上"交通外夷"的罪名。

英国政府通过义律递交文件提出的条件，割岛赔偿等都成为主要问题，对于战争起源的核心鸦片问题，琦善询问是否英国女王有意禁止鸦片从英国及其属地输出，义律特意回避而不予作答。琦善只有采取拖的办法，希望英方代表再返回广州谈判。这对义律来说等于又回到了原点，当初他在广州的遭遇和麻烦再现，因此不能同意。除了拖延策略之外，琦善还采用了贬低林则徐的办法，以取得英国人的同情和让步。

英国方面原先就将林则徐在广州的禁烟和防务视为中英冲突的源头

和导因，将责任甩给中方，以推卸英方鸦片商人和义律的责任，因此他们关于林则徐的申诉，给道光皇帝以英国来北京申冤的印象，也令琦善借机提出处置林则徐而平息事件的提议。道光皇帝为了令全副武装的夷人赶紧离开京畿附近，已经决定开启正式谈判和舒缓禁烟政策，同时把林则徐作为替罪羊推出去。道光皇帝态度的改变和对近在京畿的夷人的惧怕，已经预示着林则徐的命运。林则徐让外夷军队逼近京城，直接向他示威，证明钦差大臣没有为皇帝分忧。

琦善秉承道光皇帝的旨意，出面与义律在8月底开始会面谈判，相互虚实相对，至9月初结束。虽然义律对林则徐被免职的信息感到很受鼓舞，但仍然坚持赔偿等核心要求，只有在琦善同意日后再议赔偿并暗示让步之后，义律才认为他的要求得到了部分的满足。英军同样急于避免在秋冬之季在北方省区内作战，至今尚无类似经验，之前都是在中国的南方进行，义律和他的海军将领对率军进入狭窄平坦的内河感到忧虑，目前拥有的远洋军舰不适于这类作战行动，担心搁浅，困守在英军船只上的水兵也深受痢疾和陌生自然环境之苦，驻守在舟山的英军已有不少人由于痢疾而病倒，甚至病死。此外，义律本人也对控制广州更感兴趣。因此义律和琦善双方同意签订"照会"，做出某些承诺，然后义律率领他的舰队离开北河口南下。

由于英军在定海和镇海地区肆意活动和造成伤亡，少数英军士兵包括一个上尉成为清军的俘虏，两江总督伊里布此时出面在镇海同在南下过程中的义律会面，面对义律的放人要求，反问义律，是否清军也可以到英军驻扎地扫掠一空，放任而行，义律自然无话可说，转而请求伊里布给英军俘虏以合理的待遇。双方通过谈判达成了临时协议，互不骚扰对方，义律也急于南下广州和尽快在广州开启正式谈判。英军此时占领和统治舟山已达数月，建立起早期的殖民体系，包括地方官衙和兵营，但仍然没有逃脱地方性瘟疫的袭击，部队大批减员。

回到广州之后的谈判一直无显著进展，琦善本来以为把责任推给远在广州的林则徐即可了事，但道光皇帝却错误地认为琦善在对付英国人方面独有所长，居然能够把逼近京城的外国军队劝走，因此以琦善取代林则徐出任钦差大臣。琦善无法，只有到广州上任，继续以拖延敷衍和讨好方式与义律谈判，甚至学会了西方人的握手之礼，但在实质性问题上，却并不敢擅自做出道光皇帝授权之外的让步，因此除了罢免林则徐外，在割地和赔款方面并没有达到英国人的要求。义律既然放弃了在北河的谈判，自然期望在广州的谈判中取得突破和显著的进展，接受来自琦善的让步，那些在天津附近暗示允诺的让步。因此义律不愿过久等待，在1841年1月初发动了所谓的"第二次穿鼻之战"。

英国军舰击毁了几座清军炮台，在之后的短暂停战期内，琦善被迫与义律达成初步协议，即"穿鼻草约"，向英国人支付六百万两白银，割让香港岛，同时英国人放弃已占领的舟山岛。琦善一直否认允许割让香港岛，而英国人则以英文版本的字句为由，自行获取，其实并未得到琦善的明确许可，即在中文版本中并无此等文字，而琦善在禀报朝廷的呈文中，以模糊的词句描述英国人在香港岛的存在，如同澳门与朝廷的关系，并未割离。由于中英双方政府都未正式批准这一草约，英方认为获得利益远远不足，因此这一草约并无效力，事后均以续签正式条约为准。但义律和在广州的英军已经迫不及待，英军于1月26日在香港岛上的水坑口升起英国国旗，自行宣示主权，告谕当地村民，香港已经是英国女王的领土，并开始勘测策划，储藏鸦片和其他货物。琦善在广州体验到了对付英国人的困难之处，只有使用拖延和欺骗的方式，敷衍义律，同时又欺骗道光皇帝，说英国人既恭顺又尊敬皇上，极力压缩英国诸项要求的严重性，并私下活动调离广州，谋求它职。

在舟山方面，两江总督伊里布已经交回被扣的英国船员，包括一名上尉，因此舟山英军开始从定海撤离，返回广州。驻舟山的英军原有2300人，其中600人病亡，1000人成为伤兵，[1]因此全军上下都盼望早日撤离，义律签订"穿鼻草约"，其中也有将定海驻军撤出困境的考虑。其中一部分伤兵在休整之后，又加入到广州的战局。

2月26日，义律再次动用武力，以迫使琦善按约缴纳赔款和履行其他草约条款。在这次袭击中，水师提督关天培战死在炮台，而其他很多军官早已逃跑，大批兵丁投降。林则徐事前购买的英国炮舰"剑桥"号没有发挥作用，作为固定炮台，既火力不足，又无熟练兵丁操作，事后被英军士兵焚毁。

---

① Hoe, Susanna, *The Taking of Hong Kong: Charles and Clara Elliot in China Waters*, Hong Kong University Press, Hong Kong, 2009,p154.

此役之后，英军舰只基本上可以任意沿珠江上下，毫无限制，甚至深入内河小河，并未遇到有意义的抵抗。义律自己乘坐平底明轮舰只"复仇女神"号，经由内陆的支流小河到达广州水域，以此向当地人证明，没有什么能够阻挡英国人的进军，即使广阔的内陆和沿途的堡垒城镇都无法阻止他们。

广州实际上已经失陷，成为空城，只是清朝官府尚在留守，并未撤离，被拘押的林则徐也留在广州城内。私下割让香港已经让琦善失去了道光皇帝的信任，他派遣三名官员前往广州，以取代琦善。琦善先被披枷戴锁地押送京城，早于林则徐。琦善离开后，广州守城之责落到三员清军将领身上，最早到达的是提督杨芳，之后是"靖逆将军"奕山和文隆。他们是比林则徐和琦善更无战争经验之人，只有杨芳拥有之前平定回疆、俘获张格尔的经验，而在如何对付英军方面，则毫无头绪，只有推出广州知府余保纯与英军交涉，请求停火。义律出于洋人在广州的鸦片和货物贸易的原因，同意暂停攻击。但双方都在做下一步的交锋准备。

在当时军事形势基本无望的情况下，道光皇帝仍然决定发起进攻，分路进剿，赶走洋人，杨芳等也只有采取传统的火攻策略，完全没有考虑到之前英军攻克沿江堡垒炮台的兵锋之利。道光皇帝下令调遣的清军正在向广州进发，这些临时召集来的绿营部队，虽然总数达到两万人，却并没有做好面对英军的准备，同其他地区的绿营一样，深受腐化无能之苦，战斗力甚至不如林则徐当年部署备战时的兵丁，最后也会像那些炮台上的兵丁一样，遇战即逃，一哄而散。杨芳对这些聚集而成的绿营也无办法，在巡视了敌我双方的阵营形势后，承认没有办法击退英军，而在道光皇帝的督促下，只有采取夜袭和火战的传统方式。

英军将领连续换人，由懿律到伯麦，均已因病离开，之后海军由森浩斯（Senhouse）带领，远征军则由高夫（Gough）统领。在5月21日晚，停泊在广州沿岸的舰只遭受到清军的夜袭，火船前发，小艇上的清军士兵随后，而有限的火炮也从沙面位置向江边的英舰轰击。英舰受到一些损失，但主要舰只都及时撤离，未给进攻的清军以近距离攻击和烧毁的机会。这次夜袭的效果远不如预期，而奕山之后也预期英国人必定会带兵返回，大举报复。

在打退杨芳等发动的夜袭之后，英国人开始组织反攻，由军舰轰击广州官府和珠江沿岸，又派出由高夫和森浩斯率领的一支两千人的分遣队，利用明轮平底的"复仇女神"号，经由复杂的水路网络，绕道至广州北方，抵达增埗，之后到达越秀山，夺取那里的四方炮台，从高地上得以俯视和炮击广州全城，并向南挺进，攻入城内。由于在广州巡抚衙门的奕山已经下令求和，升起白旗，义律开始了与奕山的谈判，于26日达成停战协议，即《广州和约》，条件包括清军退出广州、缴交六百万英镑、赔偿商馆损失等。奕山的战役已经结束，广州防务成为空白，但毕竟名义上英军也撤出了广州，退到珠江下游和他们的新基地香港岛。

占领越秀山的高夫和森浩斯等将领，无疑对义律停止攻击和之后的停战命令感到非常不满，丧失了一个让他们的部队占领广州城、赢得胜利荣誉的机会。由于他们的部队驻守在广州北方，不可避免地将侧翼和背后暴露给周围乡村中的各种地方武装，共有九十六乡，包括三元里。英军将领对这些乡村不以为意，之前击败过各种清军部队，也在广州附近地区任意巡逻和出击，尚未遇到过像样的麻烦或抵抗。既然清朝地方官府已经降服，这些隐藏起来的地方武装自然更不在话下。

但是九十六乡的情况却不同于珠江沿岸由包括林则徐在内的清朝官员组织的防卫。他们是由乡绅族长组织的乡勇，虽然可能一定程度上响应地方官府打杀洋人的号召，但对广州的正式防卫不感兴趣或者逃避，基本上是旁观者，而先后在任的钦差大臣也不把阻挡英军进城的希望放在这些临时召集的乡勇身上。但是英军正在逼近广州背后的腹地，进入各个村子当中，出现一些掠夺行为，甚至亵渎当地居民的祖先崇拜。而官府已经明显无力阻挡，奕山、杨芳都已出城躲避，广州城也空了，情况至此发生了变化，地方乡绅就有可能以地区和家族利益相号召而组织起来，填补某些空间，积极参与抵抗活动。

各乡的乡勇多少不一，加起来约有一万余众，如果像汇集在一起的绿营军那样，他们同样会很快就败于英军之手，在集中炮火轰击之后，溃散而去。与远道而来的绿营不同，他们承担的是保卫乡土的责任，而地方乡绅之下的乡勇队伍之间配合行动，互相呼应，从而减少了绿营队官先逃、兵丁跟随而散的危险。他们缺少正式的武器，多是使用刀剑，甚至农用工具，少有火枪，都在讨伐英夷的檄文下聚集起来，目标就是处在广州北部、由高夫和森浩斯率领的英军部队。

5月30日，大批乡勇聚集在离高夫营地四五公里的高地上，他们在白天行动，而不是英军更加容易陷入混乱的黑夜，所以很容易被英军察觉。但他们的行动还是很有节奏和配合的，敌进我退。高夫命令两三个营的英军部队出击，驱赶气势渐涨的乡勇，他们就退后回避，退出英军火枪的射击范围；英军返回营地，他们又再次向前推进，诱使英军进入到不利地形内。这些活动令高夫和其他英军军官十分气馁，而英军士兵疲劳不堪，以致一名少校衔军需官当场累热而死。[①]

在倾盆大雨下，英军官兵苦不堪言，在稻田中艰难跋涉，无法看清目标，连他们的火枪手枪也失去平常的效力，火药湿了无法射击。大雨之下路径难辨，容易失去联系和出现掉队，后方又有乡勇的追击，不时伏击散落各处的英军士兵。第37团的一个印度兵连落在后面，与其他单位失去联系，成为乡勇的主要攻击目标，只有聚集在一起，构成一个方形的防御区域，才避免被乡勇找到弱点突破入内，后被另一队英军营救而去。无论如何，英国人在暴雨中落败而逃的场面，给乡勇和村民极大的鼓舞，特别是击退英军的战果，使他们显得比地方官府和绿营更为有效和强大。英军只得退回到四方炮台坚守，被乡勇们继续包围，而更多人出来加入到三元里的战线中。

陷入重围而无法脱身的英军将领，自然想到向清朝地方官府求援，当时双方还处在停战阶段，因此可以威胁当地官员出来解围，否则日后英军必定会再次返回广州，甚至不再受协议的约束，进行屠杀。在此威胁之下，已经逃离广州的督抚命令广州知府余保纯出面，劝阻本地乡绅，约束乡勇，放英国人一马。乡绅们退缩之后，乡勇们也逐渐离去，英军才得以顺利离开四方炮台，经由原路乘船返回广州水面。此后双方继续按照义律和奕山的《广州和约》行事，而余保纯被视为背叛民众和出卖广州的罪人，被迫辞职。自三元里事件之后，初步形成之后长期存在的局面，即官怕洋人，洋人凡事揪官处理，而百姓则不时由于纠纷而

---

① Fay, Peter Ward, *The Opium War, 1840-1842: Barbarians in the Celestial Empire in t he Early Part of the Nineteenth Century and the War by Which They Forced Her Gates Ajar*, Chapel Hill, the University of North Carolina Press, 1975, p330.

反洋人和官府，最后都只能由官府强硬施压、赔偿息事而结束，直至清朝终结。

在英国方面，义律开始营造香港，于5月7日公开拍卖香港地块，最大的地段为鸦片商渣甸所得。英军在中国海域也遇到很多困难，包括长期服役、疾病和疲劳，海军将领森浩斯于6月13日病逝，被葬于澳门。为数不少的英军舰只已经找不到足够的水手操作和作战。义律本人也已病倒，后被迫离开香港回国。

道光皇帝认为危机已经过去，没有必要批准《广州和约》，而是对先后负责广州防卫的几位大臣加以惩处，林则徐发配新疆，琦善也受到惩罚，交部严议，定"斩监候"。为了节省经费，道光皇帝下令开始裁减沿海防务。在另一方面，英国政府也对义律的处置和收获感到不满，虽然得到香港岛和六百万两白银，仍然远未达到英国政府派出远征军到中国的主要目的，即开放中国市场、外交使节驻京、占据主要贸易地点，以及数额更大的赔款。经过近两年的远征，英军到达和征服了中国的不少地方，仍未促成签订符合最初要求的条约。帕麦斯顿对义律十分不满，认为义律自我行动，甚至过多地考虑中国方面的感受和观点，因此不愿意过度使用武力，而是倾向于展示武力，促使对方让步。当义律正在率军攻击广州时，帕麦斯顿已经决定替换义律，转而寻找一个敢于使用武力和忠实执行指令的使节同中国打交道。鸦片问题在英国国内已经不再被提起，政府和媒体的注意力集中在这次远征到底能够达到什么目的，能够为英国捞取到多大的利益。

英国方面也全面调整了远征军的领导层，改派璞鼎查（Pottinger）为全权代表，取代义律，由帕克（Parker）代替病逝的森浩斯为舰队总司令，已在中国的高夫继续统领地面部队。两位新统帅于8月9日到达香港（现在已经成为英国人在远东的新基地），而义律乘船回国，英国人普遍认为他的中国使命遭到失败。在中英双方于广州达成临时协议之后，英国政府予以自行否决，英军准备重新开战。

1841年8月21日，英军舰队再次出航，向北方进发，目的不再是毫无抵御能力的广州，而是北方的港口和北京。在福建厦门，英军再次轰击清军炮台，而清军同样仍然缺乏近代新型火炮相对，所设炮台继续在密集火力下被击毁，英军登陆后占领厦门，闽浙总督颜伯焘逃亡。英军之后无意久留，高夫只留下少数士兵守在鼓浪屿，大部队继续北上，令颜伯焘意外地得以向道光皇帝报告，居然收复了厦门。英军的目标是长江流域，也就是他们曾经占领而又放弃的舟山，虽然他们的部队在舟山占领的经历并不令人鼓舞，伤病惨重，但璞鼎查的目的是通过侵入长江三角洲而威胁中国南部重镇，进而签订更为有利可图的条约。

10月1日，高夫率领的部队再次攻击定海，而定海防卫仍然忽略侧翼，让英国人在炮轰之后顺利登陆，重新回到他们曾经占领的地盘。在镇海，浙江的防务现在由两江总督满洲人裕谦负责，他自认能够打败英军，修筑防御工事和增加守军力量，并且充分利用镇海的地形。10月10日英军发起总攻，仍然采用舰炮轰击和陆军登陆迂回袭击清军后方的策略，攻陷炮台，然后直逼镇海县城。裕谦看大势已去，试图投水自尽，最后在余姚县服鸦片自杀殉国，成为鸦片战争中阵亡的最高级别清朝官员。由于已经无可战之兵，只有溃败之军，宁波无法可守，当地官员和军官闻风而逃，英军乘胜而进，于10月12日占领宁波，未遇任何抵抗，之后以宁波为基地，建立起对浙江周围地区的统治，以此胁迫清朝政府就范。

尽管清军在各地均遭到惨败，损失总督和数名提督总兵，特别是在定海阵亡的三位总兵，江南之地均受威胁，外敌入侵的警号不止，道光皇帝仍然决定最后一试，宣示派兵讨伐，不顾现实情况和之前在广州奕山、杨芳大军惨败的教训。此次讨伐，朝廷于10月中旬派出了奕经为"扬威将军"，实际上他时任吏部尚书，为道光皇帝所信任，但并无军事经验和经历，实在不是讨伐和击退英军的合适人选。奕经到了苏州就止步不前，盘桓近两个月，享受那里的繁华世界，而不以军备为务，未战即露出惰气。虽然此次战役汇集了近两万人，与奕山率领的大军规模相近，但作战计划是分散出击，攻击宁波、镇海、定海三处城池，组织协调也甚为困难，非手下的平庸将领们所能承担。

英国人在连续作战和占领州县的过程中，实际作战能力下降，高夫手下自香港出发的两千五百人的部队，只剩下七百士兵可供作战，其他都在守卫阵地或病倒。[1]因此英军占领宁波后，开始驻扎该地，实施行政管理，由名声不佳的普鲁士籍传教士兼翻译郭士立任地方事务官，以粗暴蛮横手段行事，在宁波征收什一税，但他通识中文，宁波英军中仅此一人，无可替代。郭士立在那里组建了中国第一个由本地人构成的巡防和奸细机构，也就是最早的"伪军"。郭士立本人矮壮肥胖，其貌不扬，眼神邪恶，但在英国人为他所作的人物画像里，却是身材清瘦，面色愉快，又身着华服，以示对中国人友善和具亲和力。英国人开始有秩序地掠夺，将有价值的物件运走，作为战利品，如宁波钟楼的大钟和在镇海搜集到的铜，以及官库里价值十六万美元的铜钱，都被运往加尔各答。[2]这些早期的活动，成为之后西方军队在中国进行私人或总体的肆意掠夺的先例。

迟至1842年3月10日，奕经所属的军队才开始对英军的反击。在宁波的反击是最有可能成功的地方，离清军聚集的地方最近，通过里应外合等方式，清军扫除了英军外围哨兵而进入到内城的市场，之后城内的英军反应过来，再次将清军赶出宁波。对镇海和定海的反击基本没有什么效果，在开始之后不久就被驻守的英军击败。清军的有限攻击力量，如火船，在远离英军阵地的地方就被击毁。奕经统帅之下准备良久的清军反击，在一天之内就不幸被终结，作为惩罚，奕经于次年被革职。

在长江口地区的战争进行之时，英国的墨尔本政府垮台，皮尔（Peel）当上首相，帕麦斯顿外相自然也被阿伯丁取代。英国政府的轮换更替，尽管已由当初在下院对出征中国投反对票的政党上台执政，仍然决定继续进行在中国的战争，因为那里承担着扩大英国海外贸易的重任，超出了政党主张分歧的范围，而且墨尔本的政府并不是因为中国战

---

① Fay, Peter Ward, *The Opium War, 1840-1842: Barbarians in the Celestial Empire in the Early Part of the Nineteenth Century and the War by Which They Forced Her Gates Ajar*, Chapel Hill, the University of North Carolina Press, 1975, p346.

② Fay, Peter Ward, *The Opium War, 1840-1842: Barbarians in the Celestial Empire in the Early Part of the Nineteenth Century and the War by Which They Forced Her Gates Ajar*, Chapel Hill, the University of North Carolina Press, 1975, p348.

争而下台，不过是由于西方国家常见的财政赤字问题，所以皮尔政府同样使用帕麦斯顿的语言，指令远在中国的璞鼎查、帕克和高夫继续执行前政府发布的命令，因此获得更多的增援和补给，步兵达到一万人，海军多了几艘蒸汽动力船。

新的远征军于5月16日开始，先后进攻乍浦和吴淞，江南提督在吴淞督战。英军所遇到的最大抵抗来自乍浦的八旗驻防地，在佐领隆福的率领下，连续击退高夫指挥的英军登陆部队，虽然失去全部三百余名兵丁，但用古老的火绳枪击毙英军上校、上尉各一名，还有十二名英军士兵。[①]英军的主攻方向是南京，因此撤出被严重损毁的乍浦，集中军舰和运输船沿长江而上，于6月13日进攻黄浦江的吴淞，英军主要依靠平底蒸汽船如"复仇女神"号突进内河，陈化成战死，其他地方的兵丁很快逃亡。英军随后花了三十多天才逼近到离南京几十英里的地方，于7月21日在镇江再次遇到顽强抵抗，登陆的英军击破城门，两江总督牛鉴逃往南京，但驻守镇江的八旗兵奋力抵抗人数远超过自己的英军主力，在副都统海龄的指挥下，大部战死。

这是英军在华战争的最后一仗，镇江丢失，英军已逼近江南重心南京。这些都迫使清廷内出现妥协倾向。之前双方交手的各次战役，英军基本上没有遇到像样的抵抗，而清军展开的数次大反攻都迅速溃败，毫无效果，以致江南实力空虚，乏兵可调，令道光皇帝束手无策。如果临时停战之后，英国人仍然达不到既定的目的，依其军力，完全有可能占领南京或广州这样的重要城市，作为索取巨额赎金的砝码。南京被占，则浙江、江苏两省份将为英军所据，进而脱离清廷的管制。如果兵锋指向北方，进逼和占领北京，则满清的全国统治会完全崩溃。

这令道光皇帝十分恐慌，丧失战意，匆忙派出耆英为特派全权大臣，赶去和英国人谈判，其意图是让耆英和伊里布重演琦善在北河的一幕，依靠耆英或伊里布与英国人交往无碍、交流甚欢，即所谓的"羁縻"，再对夷人出让一些轻微利益，让英国人尽快撤走，解决京城面临

---

① Fay, Peter Ward, *The Opium War, 1840-1842: Barbarians in the Celestial Empire in the Early Part of the Nineteenth Century and the War by Which They Forced Her Gates Ajar*, Chapel Hill, the University of North Carolina Press, 1975, p373.

的眼前之危和国土被占的重大危机。这些都是耆英和伊里布无法做到的，缺乏实力，只靠空谈，拖延时间。

8月10日，双方在南京的静海寺开始正式谈判，英军的舰队和登岸列阵于城墙之外的炮队，随时准备开始轰击，对耆英和伊里布造成巨大的压力，很难施展之前的敷衍拖延手段，直到最后达成《南京条约》。主要内容包括两千一百万两白银的赔款，比之前的协议金额翻了几倍，其中英军远征军费就占了总额的一半；正式永久割让香港岛，取消广州的口行制度，开放五个通商口岸，广州、福州、厦门、宁波和上海，由英国派遣领事驻守管理，形同外交使节，与中国大臣地位平等，平行照会；英国货物进出口税费，协商议定规则等等。由于该条约中对英国不设置任何应负责任和权益限制的条款，又未给予中国对等的待遇，因此是典型的不平等条约，是只有在武力威胁下才能达成的不平等条约。

1842年8月29日，中英双方正式签订《南京条约》，在英国舰队旗舰"康沃利斯"号(Cornwallis)上举行，由耆英、伊里布代表清政府，璞鼎查代表英国政府签字。由于事前已经获得道光皇帝的许可，与琦善和义律两人签订的《广州和约》不同，清政府和英国政府事后都批准了这一条约，次年条约正式生效。

双方在条约的正式文件中，都没有提及中英冲突的最早起源的鸦片问题，连耆英都不愿提起，英国人认为这已包括在平等自由贸易的条款中，给予英国人将各种货品进口到中国的权利。鸦片商人在战争中始终参与其中，英军进攻广州时，鸦片贸易仍然生意兴旺，来自印度的鸦片船陆续驶来，而鸦片巨枭渣甸等均派出公司船只，伴随着远征的英军，至少作为运输补给船，也派出武装帆船参与英军部队的军事行动。[①]

英国的阿什利勋爵(Ashley)于1843年曾在国会提出动议，若继续进行鸦片贸易和英属印度对这一贸易的垄断，会摧毁英中两国之间的良好关系，但皮尔政府不仅否决了此项动议，而且透露之前曾经指令璞鼎查

① Fay, Peter Ward, *The Opium War, 1840-1842: Barbarians in the Celestial Empire in the Early Part of the Nineteenth Century and the War by Which They Forced Her Gates Ajar*, Chapel Hill, the University of North Carolina Press, 1975, p344.

全力促使中国政府将鸦片合法化，完全不再是当年反对墨尔本政府为鸦片向中国发兵的立场了。[①]其实此时的英国人已经意识到，在与鸦片直接有关的战争中惨败后，中国人必然不会再继续禁烟政策，当时广州的鸦片贸易已经完全恢复正常，蒸蒸日上，官府毫不在意。但璞鼎查仍然遵命向清朝钦差大臣提到这一问题，按照英国政府的说法，既然中国有人消费鸦片，就无法禁止，还不如立法解禁，放任种植消费，对鸦片征税，可增加国家税入。[②]虽然不少传教士以翻译身份伴随英军远征，但在中国公开传教的议题却被忽略。对英国人最为感兴趣的两个议题，基督教和鸦片贸易，《南京条约》中均没有触及，而英国政府和媒体则倾向于以"英中战争"称呼这次英国在东亚进行的大规模远征。

在落实《南京条约》条文的谈判中，中英之间又达成了《虎门条约》，其中危及中国利益的条款更加深入具体，包括超低税率，定出详细准则，如对钟表等许多英美特长的工业产品的关税，一律降到百分之五，甚至更低，[③]另外包含领事裁判权、片面的最惠国待遇、允许英国人在通商口岸的土地使用和居住等。最后这一条，既促成外国"租界"的丛生，全面保护英国人和其他西方势力在中国的利益和存在，也为其日后在中国市场的更大扩张提供先决条件，得以利用任何可能的机会，如地方纠纷和事件，从中获得更大的利益。中英鸦片战争打开了中国的大门，英国人希望大门不再关上，直至他们能够像控制印度那样牢固控制这个东亚的最大国家。

---

① Forbes, Robert Bennet, *Remarks on China and the China Trade*, Bameul Dickson Printer, Boston, 1844, p54.

② Hanes, W.T., *The Opium Wars: the Addiction of One Empire and the Corruption of Another*, Sourcebook Inc., Illinois, 2002, pp153-154; Fay, Peter Ward, *The Opium War, 1840-1842: Barbarians in the Celestial Empire in the Early Part of the Nineteenth Century and the War by Which They Forced Her Gates Ajar*, Chapel Hill, the University of North Carolina Press, 1975, p391.

③ Forbes, Robert Bennet, *Remarks on China and the China Trade*, Bameul Dickson Printer, Boston, 1844, p61.

五、鸦片战争的后果

英国在远东的第一次全面战争，以清政府和清军的惨败而告结束，树立了英军在东亚的第一个征服样板。这场战争的结果出乎中国人和清廷的意外，败局惨痛，令人深感震惊。对于清军遭遇的反复失败，应该客观评价，战略战术上的失败，无可避免，当时的水师绿营，承平日久，久不经战阵，甚至深受鸦片之害，缺乏战斗力。他们完全没有和英军接战的经验，攻击和防务武器均远为不及，战败不足为奇。更何况，英军当时在世界上已经建立起了不败的战绩和威望，不仅广大殖民地国家纷纷投降，实际上连当时的西方国家都敌不过英国，如强大的拿破仑法国、以往的殖民强国荷兰或西班牙，不是战败就是退居一隅，与中国香港相似的西班牙属下的直布罗陀，1704年就被英国武力夺走，至今未拿回来。在东亚，荷兰人早期建立的殖民地曾经受到英国海军的威胁，只是因为他们不再干扰英国海军和商船队的运作，才被置之不理。既然使用相近武器装备水平和军事组织的其他西方国家也败于英军之手，虚弱无力又陷于内陆平叛的清朝水师步营，敌不过英国远征海陆军，也不足为奇。

在纯粹军事技术方面，鸦片战争期间英军与清军的实际差距并不如人们所想象的那么大。英军当时虽然拥有蒸汽推动的明轮船只，但主要是作为运输船，舰上火力并不强，远征舰队仍以木制帆船为主。作为蒸汽船，需要大量煤炭的供应，远航时不敢离海岸过远。一艘主力蒸汽轮船"马达加斯加"号，在前往广州的航程中，燃煤即将烧尽，只有把桅杆和船板都拿去烧了，才勉强撑到槟榔屿，获得紧急添加燃煤的机会，能够赶在6月10日抵达广州湾，之后仍然运气不佳，在香港附近毁于火灾，船员逃生。[1]装甲蒸汽动力舰"复仇女神"号自3月离开英国，11月底才到达广州，沿途麻烦多多，毛病不断，多次大修，几乎不能复航，

---

[1] Fay, Peter Ward, *The Opium War, 1840-1842: Barbarians in the Celestial Empire in the Early Part of the Nineteenth Century and the War by Which They Forced Her Gates Ajar,* Chapel Hill, the University of North Carolina Press, 1975, p243, p356.

特别是消耗大量煤炭。只有它的平底船吃水浅的特殊设计和不需风力的特点，才适合于在中国近海和内河进行军事行动。[1]而七十四门炮的"马尔维"号主力战舰，是以风帆为动力的传统舰只，在定海港内触礁而被迫停用大修。[2]

英军的主要优势，还是在于舰上安置的大量火炮的威力，和开花炮弹的使用，令一艘英舰可以同时对付多艘清水师的传统战船，摧毁清军炮台。每次英军战役之初，都必然依靠排好位置的战舰，先展开猛烈密集的炮轰，才由步兵登陆占领。

英军陆军使用的滑膛枪，自然强于只拥有少量火绳枪的清军绿营，但仍然不具备快速密集射击的能力。他们的步兵武器与不久之后美国南北战争中双方使用的枪支，操作方式类似，士兵必须分两队轮换，一队开枪，另一队装填火药弹丸，然后换列射击。在宁波城内，英军遇到一队被围困在某处街道上的清军士兵，对方无处可逃，他们才有可能从容地轮流进行射击和装弹，打死大批清军士兵，否则他们仍然只有在退出一段距离之后再进行装弹。在广州三元里遇到倾盆大雨时，火药受潮，装弹困难，英军士兵的作战效率大跌，处于被围歼的境地，只是因为周围的乡勇们完全没有适用的步兵武器，连绿营中的抬枪都无，才未能给英军造成大量杀伤。

英国远征军的主要优势，在于多年海外征战积累起来的实战经验。精而愈精，积累了丰富的实战经验，心理和物质准备均充足可靠。英国远征军得到英国政府的绝对授权，得以调动国内和海外殖民地的力量，就是在驶往中国的海路上，也在不断进行操练、准备和补给。总数不超过一万人的英军，依靠其海军的机动性能和运输能力，总是处在攻击的位置上。几次战役中，他们都是集中兵力攻击一地，然后利用海军舰只尽快转移，展开另一次进攻。即使在英军从北河撤退、返回广州的航程中，他们都能够随意在山东选择地点登陆，取得给养。英军舰队选择和转换作战地点的能

① Fay, Peter Ward, *The Opium War, 1840-1842: Barbarians in the Celestial Empire in the Early Part of the Nineteenth Century and the War by Which They Forced Her Gates Ajar,* Chapel Hill, the University of North Carolina Press, 1975, pp292-293.

② Fay, Peter Ward, *The Opium War, 1840-1842: Barbarians in the Celestial Empire in the Early Part of the Nineteenth Century and the War by Which They Forced Her Gates Ajar,* Chapel Hill, the University of North Carolina Press, 1975, p254.

力，掌握作战的主动权，令处于固定防卫的大陆守军防不胜防。

英军在长期的海外征战中，培养起深厚的军事素养和规范，在广州城下，在其他城镇，无论海战或陆战，居然比当地清军都更为熟悉地形，避实就虚，利用侧翼夹击，以攻占重要据点。每次战役中，英军几乎可以聚集起与中方相等数量的军队，有时甚至掌握局部优势，以超出对方的兵力展开进攻。①在基本战略方面，英军放弃进攻广州，舰队主力直向北方推进，占领了几个清军毫无防备的沿海城市，并直逼天津、北京，又再次返回广州，炮击清军阵地和攻入城市，充分发挥了海军机动突击的特长，使清廷措手不及，自己又避免深入内地和陷入沿途持续陆战的困难。

应该指出的是，道光皇帝所进行的防卫战争并非全民防卫，或全面战争，而是遇险时临时招募兵丁，在敌方选择的地点设置临时防卫，去抵御来去自由的英国远征军。即使决定筹备大规模的反击，都要从其他地方和省份调兵，需时甚久，比英国海军的转运时间还要长，而且各营互不统属，难以协调。清军之前在亚洲并未遇到过水平相近的对手，长期的境内和平环境导致懈怠状态，因循守旧，缺乏竞争意识，武器装备不再锋利，只有依靠个别将领的单独努力和顽强抵抗，比如葛云飞、郑国鸿、王锡朋"镇海三总兵"，而其他临时凑齐的队伍则极易溃散逃逸。

英军在此次战争中的损失不仅限于他们在大陆上各港口和水路的作战损失，还包括大批的伤病士兵，海军司令森浩斯本人在香港病逝，驻守鼓浪屿的英军部队一半都在病房里，而香港守军也经常有因病而死的事例，包括英国医生昆西的儿子，该医生为了证明鸦片无毒而持续大量食用鸦片，因此是鸦片商人渣甸等在英国鼓动对华军事行动的最大帮手。载运英国军队进攻台湾的军舰"安妮"号和"纳尔布达"号，被驻守台湾的姚莹率兵击退而沉没，舰上的数百名英军士兵，最后只有船长和欧洲人生还，其他印度士兵之后被清朝当地官府绞杀净尽。②英国远

---

① Fay, Peter Ward, *The Opium War, 1840-1842: Barbarians in the Celestial Empire in the Early Part of the Nineteenth Century and the War by Which They Forced Her Gates Ajar*, Chapel Hill, the University of North Carolina Press, 1975, p377.

② Fay, Peter Ward, *The Opium War, 1840-1842: Barbarians in the Celestial Empire in the Early Part of the Nineteenth Century and the War by Which They Forced Her Gates Ajar*, Chapel Hill, the University of North Carolina Press, 1975, p396.

征军在中国的作战时间长达两年，对英军士兵造成长期的损害，如果战争推延，英军将领和士兵将承受更大压力和损失，但是对英国政府和商人集团来说，战争带来的收益远远大于前线作战部队的实际损失。

鸦片问题浮现之初，不为国人所认知，之后鸦片吸食和贩卖的范围扩大，成为全国性的经济社会灾难，中间经历了不短的时间。从1729年（雍正七年）的第一个禁令开始，到鸦片战争，历经一百余年的时间，鸦片为害日渐明显而成为社会痼疾。林则徐禁烟时，当时的英国尚且处在少数人把鸦片当作偶尔享受的麻醉品的阶段，英国人因此并不认为鸦片是个值得注意的大问题，著名的昆西医生还特意每日大量食用，以证明无害，不过之后被迫强制自我禁烟，以图残喘延命。

从英国发动鸦片战争时起，到20世纪60-70年代西方国家毒品泛滥，形成惯瘾，在英国及其他西方国家衍生出严重的社会问题，也不过一百年左右的时间。这一对比证明，让某个社会和政府意识到毒品泛滥的严重性，确实需要时间，直到社会中富裕程度足够，积累了相应的道德和政治动力，将原本视为合法的特殊商品贸易视为非法。当欧美国家开始意识到毒品的社会危害和采取严厉的反制措施时，比道光朝的中国清代政府的周边环境要好得多，没有其他国家用武力强迫它们继续毒品消费和贩运贸易，或者不得阻止毒品按照正常货物渠道进入本国，这才在一定程度上避免了毒品的泛滥无忌。清代后期在鸦片问题上与英国西方国家对抗的性质，与20世纪60年代以后西方国家打击毒品生产贸易的强制行动，并无根本区别，区别在于当时的中国面对着对毒品毫无认识而又急于推进单边利己贸易的西方强权，没有道理好讲，以武力为后盾，导致一项正义的事业变成了失败的努力，而且被英国和西方列强贴上"愚昧野蛮"的标签，压倒了本就非常微弱的对鸦片毒品贸易的道义谴责。

一个多世纪之后，当英美西方各国中的吸毒问题和有组织犯罪日益严重，西方人才有可能比帕麦斯顿时代的英国人更加客观地看待和理解中国清朝后期的禁烟政策及其断然措施。一个当代美国学者十分恰当地描述了19世纪的状况和现代社会之间的鲜明对比，"巴拿马的诺尔列加将军被布什总统制止巴拿马毒品销往美国各地的严厉措施所激怒，采取军事行动永久地占领了美国的长岛，随后利用这一基地把他的异国政治意识形态强加在纽约州的部分领土和居民之上"。①

　　这段相对客观的描述还缺少了一个重要部分，即动用武力的中心理由，竟然是自由贸易，即把毒品视为正常贸易货品，因此打击毒品贩卖和贸易就是对自由贸易原则的侵犯和亵渎，禁毒的一方自然毫无道理。其实英国贸然进行的鸦片战争，与它的其他海外殖民活动，性质基本相同，都是以贸易为名的"早期维多利亚时代的维京海盗"行为。②

　　发生在20世纪的现实与鸦片战争截然相反，美国政府派遣大批军队入侵巴拿马，把贩毒的将军押往美国，按照本国法律，将其判处监禁服刑。林则徐实际上是所有近现代各国禁毒活动的先驱，但是作为近代国家典范的英国，却在19世纪中确实按照以上虚拟的诺尔列加将军的方式，做出强硬武力反应，剥夺鸦片进口国的权益，以补本国财政亏空。这一事例足以证明西方所尽力推崇的所谓"公正"和"自由"本质的虚伪性，武力干涉或者维护人权，完全以特定情况下的现实核心利益为转移，在19世纪的殖民扩张高峰时期，尤其赤裸裸地不加掩饰。

　　鸦片战争的长期后果之一，是首次充分暴露了清朝政府的懦弱无能，在西方近代制度文明挑战的强力冲击之下，再也无法保持之前绝对权力和强盛的形象，在原本是边远外夷的强横面前束手无策，屡败溃逃，连神圣至尊的皇帝也被迫签订赔款割地的屈辱条约。这让普通国民深切感受到巨大的精神冲击，对皇权的权威崇拜大为削弱。另外，主持鸦片战争防务和经略夷人的大臣和将领们，大多是旗人官僚，特别是身为满族贵族的钦差大臣，表现令人大失所望，充分展示了他们的昏庸无能，空有其名，而禁烟有效的则是少数汉族官僚，如林则徐。这种满族高层的低下表现，已然预示着清朝统治的衰落，最先表现在太平天国运动上，必然进入一个逐渐被汉族官僚大臣所取代的阶段，成为清朝政府走向瓦解的开端，外力影响之巨，大于常见的国内叛乱和反清力量。

　　英国人挑起沿海战乱和侵入内地，直接造成对农村和城镇普通民众的冲击，引起他们的反感和抵抗，不再完全依靠官府和清军。虽然他们不满清朝官员的欺凌压榨、行政无能，仍然会参与抵抗英军的行动，包

---

① Overholt, W, *China, the Next Economic Superpower, Weidenfeld & Nicolson,* 1993, London, p134.

② Fay, Peter Ward, *The Opium War, 1840-1842: Barbarians in the Celestial Empire in the Early Part of the Nineteenth Century and the War by Which They Forced Her Gates Ajar,* Chapel Hill, the University of North Carolina Press, 1975, p398.

括在三元里和其他地方的活动。英国人原来期盼，在占领区展示某些"善意"和实施有效行政之后，沿海的汉族人会站出来欢迎英国人的到来，起而反抗残暴的满族统治者。①这些预期都落空了，本地人对英军继续保持敌对的基本态度，虽然无力抵抗和消灭英军，但也拒绝合作，而那些为英国人服务的国人，则经常受到或明或暗的惩罚。有鉴于此，英国人特意在《南京条约》中加入个别条款，那些由于为英国人服务而被监禁的中国本地人，都将得到清廷的赦免，以此为今后在中国大批扶植汉奸提供特别的保护。

鸦片战争向清廷和国民残酷无情地证明，在军力方面无法取得相近或平等的地位时，谈判就无法平等地进行。西方殖民征服过程中对中国进行的远征，双方实力相差甚远，不同于两个基本平等的国家之间对立谈判的情况。中方实际上并不愿让步，而被迫让步，必然在战争或谈判之间反复徘徊，无决定权。这些策略上的左右摇摆，和一些无奈之下的讨好拖延伎俩，反而容易被英国人视为欺骗和出尔反尔，更加倾向于采用武力手段和强硬立场，在中方看来就是更加蛮不讲理。认清军事实力不可替代的作用之后，人们必然在中国的近代现代化过程中，极力强调增强军力，国依兵存，甚至把国防军队排在社会发展中的其他需求之上，简而言之，就是有国防才有国家，才有最基本的立足之地和生存权。

在对外交往方面，清政府对外部世界的认识仍然十分愚昧，办理"夷务"蒙混过关，甚至落入西方外交官和西方的中国通们设下的陷阱，并不了解条约签订的真正意义和对国家利益的真实危害。特别是从以往对"夷人"的固执抵制态度，走向了另一个极端，因为害怕冲突和纠缠，对外国人的所求所请，无不应允，以出让部分利益而换得朝廷的暂时安宁平静，久而久之，在丧失领土主权和权益的路上积重难返。

---

① Fay, Peter Ward, *The Opium War, 1840-1842: Barbarians in the Celestial Empire In the Early Part of the Nineteenth Century and the War by Which They Forced Her Gates Ajar,* Chapel Hill, the University of North Carolina Press, 1975, p251；Hoe, Susanna, *The Taking of Hong Kong: Charles and Clara Elliot in China Waters*, Hong Kong University Press, Hong Kong, 2009,p132.

六、"亚罗"号事件

中英《南京条约》签订之后，英国人把香港视为英国属地，开始拍卖土地和修路之类的经营活动，香港岛的人口于第二年就达到八千之众，设立了为数不少的妓院。[①]英国商人商船也从澳门搬到香港岛，充分利用那里的港口条件，装卸鸦片和其他货物。既然英国已经在紧邻中国的边界上建立起一个新的殖民地，就难免与近在咫尺的清朝地方官府发生冲突纠纷。香港作为一个小岛，对面就是广东官府仍然控制的九龙，而附近水域海域也难以分辨，两岸的居民原本就是同一个地区内的居民，在新安县(今宝安县)管辖之下，生活生产方面相互依赖甚多。虽然英国人在香港岛找到一个坚实的基地，但仅靠当时贫瘠的港岛一岛，几乎无法生存下去，他们仍然在积极谋划向对面的半岛和陆地扩张。

在托利党之下的英国政府，感到鸦片问题对英国本国的危害，也是他们之前攻击帕麦斯顿的辉格党政府的理由之一，所以由新外相阿伯丁指令璞鼎查，不再为在香港岛海域的非法鸦片走私船提供保护和支持。[②]在取得《南京条约》这样的巨大成就之后，远在香港的璞鼎查对此置之不理。在鸦片生产和出口的大本营英属印度，当地政府也全力支持极为重要的"鸦片收入"(opium revenue)，同样不理会来自英国外相的指令。既然这些象征性的微小修正措施在香港和印度均属无效，英国的托利党政府也就放弃了对鸦片贸易的指责，放任不管。

《南京条约》的其他条款都在英国人的武力强迫之下得到执行，赔款开埠，但广州入城一事始终令英国人头疼，僵持不下。时值帕麦斯顿出任首相，处理克里米亚战争，1856年是克拉兰顿(Clarendon)任外相，英国的对华政策相对平和，没有尽力逼迫清朝政府和广东官府解决这一次要问题，而广州民众士绅继续强烈反对，英国人对贸然进入广州城内

---

① Fay, Peter Ward, *The Opium War, 1840-1842: Barbarians in the Celestial Empire in the Early Part of the Nineteenth Century and the War by Which They Forced Her Gates Ajar,* Chapel Hill, the University of North Carolina Press, 1975, p352。

② Hanes, W.T., *The Opium Wars: the Addiction of One Empire and the Corruption of Another,* Sourcebook Inc., Illinois, 2002, p156.

会带来的各种麻烦骚扰，也感到难以预测，在这三方面的因素作用之下，广州入城之事一直拖了下来。

数年开放之后，英国等西方列强开始对19世纪40年代签订的条约感到失望，没有达到他们预期的大举突入中国市场的目的，虽然几个新的开放口岸顺利建立和正常运转，但结果主要是促进了中国产品的输出，特别是茶叶出口，而英国产品在中国市场仍然不受欢迎，包括他们十分自豪的纺织品，令兰开斯特工厂主们和其他行业的厂商集团甚为不满，对打开中国市场持更加强硬的态度。此外，中国进出口结构也发生重大转变，原先经由广州口岸的生意转到以上海口岸为主，如茶叶出口，上海的总量已经超过了广州。① 除了鸦片，英国对华出口前景仍然不容乐观，再次令英国这个当时世界上最大的工业贸易国和海上强权感到困惑和不满。

英国政府意图利用任何机会推进他们的条约权益，开始积极酝酿，联合其他西方国家，推动修改和扩大之前签订的条约。清咸丰四年（1854），英法美驻华使节不约而同地向清廷提出修约的要求，这些忙于修约活动的西方人，所能利用的仅仅是中美《望厦条约》第34款中含混不清的词句，"所有贸易及海面各款，恐不无稍有变动之处，应俟十二年后两国派员公平酌办"，即若有补充之处，"稍有变动"，则再行做出适当修改。美国人之后将这些并非必须的模棱两可词句极力延伸，私自篡改为十年之后一定要谈判全面修约，等同于签订新约。英国人随后加入美国人的投机活动，通过最惠国待遇条款，他们同样得以享受新条约提供的权益。1853-1856年之间，英法美三国的外交使节公开合作，反复向清廷施压，令修约成为一个重要议题，试图以此获得突破，加入他们早已期望的新条款，特别是外交使节驻京和更多开放优惠的内容。至于如何达到修约的目的，平等谈判或是使用武力，英法美政府并不十分在意和认真考虑，之后发生的任何偶发事件都将有利于英国的立场。

与此相关的是，继续在英国政界十分活跃的帕麦斯顿，就曾提出建议，每隔八年或十年就要敲打落后国家一次，用武力让它们记住英国人的训斥，而再次打击中国的时间很快就要再来。② 之后再次出任首相的帕

---

① Hsu, I., *The Rise of Modern China*, Oxford University Press, New York, 1970, p148.

② Fairbank, John K., *Trade and Diplomacy on the China Coast, the Opening of the Treaty Ports, 1842-1854*, Harvard University Press, Cambridge, 1953, p380.

麦斯顿，于1850年底和1856年初在伦敦专门接见了英国驻广州临时领事巴夏礼（Parkes），对于这位低级政府职员来说，非同寻常，很有可能借此机会给巴夏礼以特别指示，即不能在中国人面前保持低调，做出让步，失去之前获取的权益，要让中国人明白，任何来自中方的攻击行为，都会导致英国人把他们全部杀死。[1]

1856年的香港总督是包令（Bowring）。包令本人是位政治经济学家、语言学家、前国会议员和企业主，在国内曾经反对奴隶贸易，善待工人。包令没有海外军事经验，也没有担任过殖民地的地方首脑，只具有清流派的高傲和学者的见识，但在生意失败之后，迫于生计窘境，于1849年匆忙接受了帕麦斯顿的提议，出任驻广州领事和贸易代表，之后转任香港总督，变身为英帝国海外官员。正因为如此，包令更加在意他在广州和香港的政绩，以期回报帕麦斯顿。

包令上任之初就在广州入城一事上，执着不已，当作自己的使命，野心勃勃，打算取得比他的前任更大的进展，甚至是突破性的进展，以维持帕麦斯顿对他的信任。由于收获甚微，他跑到泰国去拿到一份当地通商协议，发出由衷的感叹，"没有大批舰队的支持，任何谈判都只能以失望和挫折而告终"。[2]他在香港的所作所为，与他之前的开明知识分子身份和职业生涯及声望完全不符，一个在国内从事活动时的所谓进步派人士、自由主义者，或者人道主义者，在欧洲声名远播，而到了远东，就变成一位失去常理判断和蛮横的普通英国外交官，与其他英国狂热殖民分子并无不同，肆无忌惮地侵犯中国权益。

包令存在着矛盾的性格特点，"亚罗"号事件时包令已年届六十四岁，处在一个头脑开始发昏的岁数，由于他的年岁，包令更多地依赖年轻和精力充沛的巴夏礼，几乎失去对事态的控制。包令患得患失，也无法预测事件如何发展，特别是自己和巴夏礼的所作所为的后续影响，那些诉诸武力的过度措施，是否经得起证据和时间的考验，是否犯下了无可挽回的错误，甚至罪行。在采取了逐步升级地攻击广州的军事行动之

---

① Wong, John, *Deadly Dreams: Opium, Imperialism and the Arrow War in China,* Cambridge University Press, Cambridge, 1998, p82.

② Wong, J. Yeh Ming-chen, *Viceroy of Liang Kuang (1852-8),* Cambridge University Press, Cambridge, 1976, p163.

后，包令担心他、巴夏礼和海军将领能否避免战争的持续，防止把这一偶发事件变成两国之间的全面战争。[1]在得到英国政府的明确支持和实质鼓励之下，包令才得以放心，不再受到那些忧虑和罪责感的困扰，继续全力推行之前的冒进强硬政策。

英法美等国使节提出的修约要求，让清廷和咸丰皇帝感到奇怪和猝不及防。他们很自然地认为西方人此举完全没有必要，事态并未发生重大变化，当时的中国近乎全面地履行了条约全部条款的责任义务，除了广州的地方民情外，并无其他难解之结。在国内方面，1850年道光皇帝病逝，咸丰皇帝即位，时年二十岁，尚未做好迎接外国挑战的准备，应付"外夷"毫无经验，随着时光流逝而忘掉英军之前在广州虎门、长江三角地区征战的惨痛教训，开始轻视英国和西方国家的现实威胁和军事实力，基本态度趋向强硬。清廷内基本上认为《南京条约》及其他后续条约，已经解决了中国与英国和西方关系的中心问题，除了广州入城之外。太平天国夺取清朝半壁江山，又于1853年进军到京畿附近，清廷深感威胁，忙于调兵堵截和抵御太平天国农民军的冲击，专注于内患，忽视对外关系，也无暇为即将到来的英法联军侵略做最基本的准备，在十几年的时间内都未进行必要的武器更新和部队训练。

此时的两广总督已是叶名琛，他1848年任广东巡抚，之后在镇压境内太平军时，采取了残酷无情的措施，包括屠杀平民冒充，至少平息了那里的骚乱。叶名琛在广州的一个重要贡献，就是在他任内，广东省克服了重重困难，维持了向中央政府提供巨额数量的赋税军饷，是叶名琛得以升任总督和通商大臣的主要原因。相对其他省份，叶名琛治理地方有方，手段残酷但有效，在对内追剿方面显示了自己的能力，就是不顾一切地疯狂屠杀，血腥镇压，无论是天地会或是匪盗团伙。

在英军挑起进城纠纷和爆发"亚罗"号争端之前，广东方面局势动荡，但叶名琛得以维持相对稳定，因此受到朝廷嘉奖和信任，在广东巡抚和两广总督任上长期坐稳，加太子太保、体仁阁大学士、一等男爵等荣衔，并承担应对外国使节的责任，成为清政府里对外关系的第一人，以致咸丰皇帝将所有外国使节晋见和谈判的事务，都推到广州的叶名琛那里。叶名琛日后的遭遇境地，既有英国人对他的恶意丑化，也承受了

---

[1] Wong, John, *Deadly Dreams: Opium, Imperialism and the Arrow War in China*, Cambridge University Press, Cambridge, 1998, p84.

巴夏礼后来被称为中国人最为憎恨的外国人，曾经在早期德国传教士郭士立、马儒翰（John Morrison）之下学习中文，对其管制甚严，从事大量繁重的翻译和公文工作，劳苦不堪。他并没有受过正规学校教育，也未通过英国公务员的职业途径，这养成了之后巴夏礼专横暴躁、好勇斗狠的脾气性格。巴夏礼恰恰也是最早的"中国通"之一，在学习这一困难语言的过程中吃了不少苦头，不由得格外憎恨关于中国的一切，在对付他所仇视鄙视的中国人时，又把所学中文发挥到极致，通晓对方的弱点和不做防备之处，特别熟悉切实羞辱对方之道，以此为自己和英国服务。在此次"亚罗"号事件中，也是巴夏礼自行其是，从中看到获利机会，跳出来与中方官员无理纠缠，并做出激烈过度的反应。

收到肯尼迪的报告之后，巴夏礼立即亲自前往广州码头，要求清朝军官放掉抓捕的船员。清军水师千总梁国定拒绝了他的要求，脾气暴躁而又自以为是的巴夏礼试图自行为被扣嫌犯松绑，双方发生肢体冲突，巴夏礼被迫离开。为了找到理据，刺激香港总督包令采取强硬对策，巴夏礼回报包令时，故意制造了两个谎言，一是"亚罗"号上飘扬的英国国旗在肯尼迪在场的情况被清军士兵扯下来，构成侮辱英国国旗罪行，二是声称他本人被清军军官扇了一记耳光。实际上"亚罗"号在停泊于广州的五天内，按照当时航海界惯例，国旗都被收起来，出港时才会再次升起，所以清军不可能扯下"亚罗"号上的英国国旗，而且肯尼迪在附近岸上喝酒，根本不在船上。[1]被扇耳光一事，完全是巴夏礼一面之词，无现场证人可言，更为可能的是，在清军士兵阻止巴夏礼亲自动手释放被捕嫌犯时，双方发生肢体冲突。

但事后巴夏礼和包令都把这两个虚假证据列在向广州叶名琛提出的要求之中，一口咬定叶名琛必须对此做出正式道歉。而英国政府也在之后的国会辩论和国内舆论中，特意大肆宣扬，把这两个事项作为对华开战和迷惑国民的重要借口。英国国内的主要媒体都不愿挑战这些假证和胡编乱造，宁愿采用政府的说法，制造开战舆论。有此前例，国家荣誉和国旗尊严就一以贯之地成为西方国家发动对外战争时最为常用的借口。

在没有得到上司指示之前，巴夏礼就自行向在广州的两广总督叶名琛发出正式信函，充满情绪化和威胁语言，要求立即放人、正式道歉和

---

[1] Wong, John, *Deadly Dreams: Opium, Imperialism and the Arrow War in China*, Cambridge University Press, Cambridge, 1998, p9.

解途径，以便为英军正式使用武力铺平道路。

10月14日，得到包令的许可后，英军在虎门附近劫持了一艘中国民船，以展示武力和决心，但因为并非清军水师船只，叶名琛不闻不问，没有上英国人的当，给他们以发动武力袭击的借口。此时身在香港的包令才想起来审核一下"亚罗"号的注册文件，惊奇地发现该船在香港的注册过期已达一周。这令包令极为不安，眼前的证据明显不利于他和巴夏礼，即使"亚罗"号之前确实是英国船只，英国保护此时业已失效，在此前提下再向叶名琛施压就变得十分荒谬，未来动武的理据也不复存在。包令意识到，真相一旦曝光，他们近来从事的都属于违法行为，起码违反中英条约的条款和英国在香港岛实施的法律，他们应该为此向叶名琛做出道歉，和允许广州官府按照中国法律处理"亚罗"号上的嫌犯。

对包令来说，继续坚持英国船只注册有效，实际上很大部分是为了掩盖自己之前的错误判断和行政失当。如果他让英国人在中国人面前丢脸，将会影响自己今后的官场升迁前景。虽然包令已经六十多岁，他仍然不希望在香港未能做出任何显著的成绩之前，就面临不良声誉远播的后果，这对在英国国内以开明学者和自由派政客闻名的包令来说，是不可接受的。

包令在匆忙考虑过此事的前因后果之后，违背良心地决定将这一骗局进行到底。从这一时刻起，包令的所作所为实际上都属于政治诈骗性质。他把注册过期一事告诉巴夏礼，也向英国外交部汇报，但并不打算让叶名琛知道此事。"船不在我们的保护之下，不过中国人并不知道这一点。看在上帝的面上，千万不要把这一点透露给他们"。[1]在明知依据不足的情况下，包令指使巴夏礼于10月21日向叶名琛发出最后通牒，不接受所提要求就动武。巴夏礼和包令把对付广州官府的任务交给海军少将西摩尔处理，而西摩尔的策略就是以军舰炮轰清军炮台。

事隔半年之后，包令于1857年初从澳门当局那里得知"亚罗"号进行的多次海盗活动，证明肯尼迪船长的证词和人格变得不再可信，也让巴夏礼和包令在广州的强硬立场失去依据。包令对此深感羞愧，忧虑不已，被迫向英国外交部汇报事实真相。但对中英两国来说，已为时过

---

① Cobden, Richard, *Speeches on Questions of Public Policy*, T. Fisher Unwin, London, 1908, Volume II, "China War", House of Commons., February 1857, p26.

晚，特别是对已经决定对华开战的英国帕麦斯顿政府来说，更是马后炮而已，不值得考虑，也无意公开纠正错误，而是将错就错，继续推涨高尚的爱国主义情绪和帝国尊严的自豪感，维护英帝国在远东的势力范围。但是英国政府已经对包令感到失望，即让额尔金到位任全权特使，随即召包令回国，使包令不致插手之后的征伐和谈判。

叶名琛对英国人发出的最后通牒置之不理，英国军舰随后驶入虎门。巴夏礼此时的地位已经自临时领事升级，有权指挥香港水域的英国海军，于10月23日下令炮轰清军炮台，之后进入黄埔，直接炮轰广州城和总督衙门。他们特别以叶名琛的衙门为主要目标，每次炮轰后，留下十分钟的间隙再发炮，目的是摧垮叶名琛和清军的意志。叶名琛虽然没有受伤，也无力进行实质性的抵抗，那些在镇压本地太平军时发挥过重大作用的绿营官兵，此时面对英军则是完全崩溃，即使炮台上的火炮，也无力与英军进行对射。英军地面部队次日成功进入广州城内，没有遇到像样的抵抗，象征性地解决了长期以来悬置不决的入城问题。叶名琛留守城中，并未投降，继续与巴夏礼文书往来。西摩尔的舰队和陆战队基本控制了广州城和珠江水域，出入自如，只是陆战队人数太少，西摩尔担心无力控制广州这样一座庞大城市，在密集散乱的街道中遭受损失，因此下令退出。包令知道目前的军力仍然不能彻底解决进城问题，香港岛的防务又限制了能够用于进攻和占领广州的部队数量，因此停下来等待来自英国国内的指令和英属印度的部队增援。

清廷再也无力聚集兵力，组织与第一次鸦片战争时类似的大规模反攻，更何况叶名琛手下能够调动的一些兵力，还要用于对付广州附近的大批太平军。在英军进攻之前，广州几乎就落入太平军之手，即使勉强镇压下去，部分剩余太平军也参与了日后英军的攻城之役，更有700名广西太平军散兵和几百名本地苦力到包令处要求协助英军攻城，要拿叶名琛的人头。[1]因此，叶名琛只有依靠数量不足的广东兵丁和义勇，虚张声势，发出杀敌赏银，实际上无济于事。叶名琛在广州的防务，并未得到当地社会民间的全力支持，义勇不足恃，效果有限。他们出于激愤，焚毁了成为英军主要据点的广州十三行，迫使英军移回舰只之上，将少数洋人赶走。而在香港发生的投毒事件，连包令家人都中毒，反而

---

[1] Hanes, W.T., *The Opium Wars: the Addiction of One Empire and the Corruption of Another*, Sourcebook Inc., Illinois, 2002, p183, p202.

2月24日谴责包令在中国采取非法行动，把"亚罗"号事件称为"迄今为止最为卑鄙无耻的战争起因"。[1]格莱斯顿再次在议会做出精彩发言，谴责巴夏礼作为临时领事，根本无权自行决定采取军事行动和炮轰广州，走到战争这一步，完全出于英国政府的纵容和误导。柯布顿议员详细分析了包令发回的报告，指出如果同样的事情发生在美国，英国公使必然会接受美国外交人员的解释，为"亚罗"号船长和领事的错误和违法行为做出道歉，而不是立刻诉诸武力。只有出自傲慢自大而又好战的巴夏礼、包令这样的海外官员，才会发生广州局部战争这样荒唐的事。在广州的美国执法官库克(Cook)也承认，英国人经常放任在鸦片船和走私船上飘扬着英国国旗，因此借用"亚罗"号被扣挑起与中方的争端，是根本站不住脚的。[2]事实证明，包令、巴夏礼和帕麦斯顿政府在"亚罗"号事件上完全没有法律根据，事情的是非曲直对当时的英国人来说都是十分清楚的，并不需要日后的历史学家再去考据和辨伪。

英国法律界的领袖林德赫斯特(Lyndhurst)勋爵在上院否决了包令文件和证据的真实性，认为包令应为开启战争直接负责，因为拘捕清水师战船和摧毁几座炮台，已经是对"亚罗"号扣船事件的适当回应，即使不考虑巴夏礼的捏造欺诈，此时包令理应停下来考虑下一步的行动，而不是扩大战端和战争。[3]在远离本国的情况下，包令更应该等待来自国内政府的指示，当时无论是香港或是广州的英国人都没有受到威胁，包令无法以事态紧急为由自行诉诸武力。受到意外炮击的美国炮舰在击毁相关清军炮台和阵地后，主动撤离，没有像英军那样谋划对广州的全面攻势，因为当时美国政府对在华军事行动不持积极鼓励对策。[4]但是林德赫斯特勋爵的判断太过法理性，与英国政府的对华要求和在华英国人的欲望大相径庭，也不符合英国海外殖民主义扩张的基本原则，无论

---

① Hanes, W.T., *The Opium Wars: the Addiction of One Empire and the Corruption of Another,* Sourcebook Inc., Illinois, 2002, p183, p186.

② Cobden, Richard, *Speeches on Questions of Public Policy*, T. Fisher Unwin, London, 1908, Volume II, "China War", House of Commons., February 1857, p26.

③ Wong, John, *Deadly Dreams: Opium, Imperialism and the Arrow War in China,* Cambridge University Press, Cambridge, 1998, p9.

④ Wong, John, *Deadly Dreams: Opium, Imperialism and the Arrow War in China,* Cambridge University Press, Cambridge, 1998, p24.

对与错，英国政府都会利用偶发争端，全力争取他们认为应得的海外利益，无论是哪个政党执政。

按照西方的基本法治精神，英国人之前在广州进行的军事行动是非法的，应该取消，并且为在广州炮轰造成的损失做出赔偿。但帕麦斯顿政府业已指令增派军队前往香港，以图完全占领广州。在本国政府无意采取行动纠正错误时，英国国内政治体制应该有机会改变这一切，即更换政府。这在与国内议题有关时，尚有发生的可能，但是基于殖民地问题上的错误而更换政府和修改政策，在19世纪几乎是不可能的。虽然当时的反对党在法律基础上足以向帕麦斯顿政府提出挑战，甚至扳倒现任政府，他们仍然无力做到取消对华再次远征讨伐。即使反战的政党日后推翻了帕麦斯顿政府，但对华远征仍将继续进行，甚至加倍努力，直到战争完全结束。这里主导一切的不是法律基础上的政治行动，而是西方政体特殊的灵活性，不必依照常规法律精神和公平原则行事。

帕麦斯顿政府对不信任案的反应如常，出于缺乏证据，并没有做出法律意义上的反驳，但仍然支持包令和巴夏礼的行动，坚持英国人在海外受辱的借口，为之后的军事行动开路。包令的证据是如此的薄弱和虚假，帕麦斯顿被迫求助于利益交换，如许诺议员爵位，以避免在议会落败。具有影响力的艾士利爵士虽然私下反对鸦片贸易和对华动武，但因为帕麦斯顿许诺给他选择主教的特殊权力，他公开表示与帕麦斯顿的见解一致，支持政府立场。①

即便如此，帕麦斯顿仍然无法自圆其说，用那些假证让大多数议员信服。达比勋爵在上院提出对帕麦斯顿政府的不信任案，柯布顿在下院提出同样的议案，并称现届英国政府是欺凌弱小的强盗。②帕麦斯顿未能像第一次鸦片战争中那样顺利度过危机，执政党在上院获得相对多数票，以140对110票勉强过关，而在更为重要的下院，柯布顿议员的不信任案在1857年3月5日以263对247票通过，帕麦斯顿以16票落败。反对党赢得议会辩论，也赢得议会投票，部分地挽回了它在以往推动鸦片战争的过程中失去的名誉。帕麦斯顿政府失去有效管治权力，只有解散议

---

① Hanes, W.T., *The Opium Wars: the Addiction of One Empire and the Corruption of Another,* Sourcebook Inc., Illinois, 2002,p187.

② Cobden, Richard, *Speeches on Questions of Public Policy*, T. Fisher Unwin, London, 1908, Volume II, "China War", House of Commons., February 1857, p26.

会，求助于下一次大选。

帕麦斯顿按照殖民帝国时期的精神原则行事，再次求助于利用国家尊严和民众的爱国情绪，以及英国的巨大海外利益。面对普罗大众，帕麦斯顿的煽动特长就发挥了出来，对那些人不需要提供真实繁琐的证据，只需强调"亚罗"号是英国船，而叶名琛总督是魔鬼，通过这样的明确对比告诉英国选民，政府是在为英国国家荣誉而战，为受到"野蛮人"侮辱的英国人格而战，就很容易得到支持，而反对出兵的政客则为此被形容为意志软弱和出卖国家利益的人，属于"非英国人"，遭到一些无知选民的敌意对待。那些与鸦片无关而又幻想扩大对华出口的厂商集团们，自愿地站在帕麦斯顿一边，联署公开信要求帕麦斯顿尽快出兵。维多利亚女王也对议会投票结果不满意，痛恨那些毫无爱国心的议员们。结果，英国大众普遍认同帕麦斯顿的强硬对华立场，使他在3月28日的大选中获得了多达85席的议会多数，重新执政和出任首相，而法理正确、态度公正的柯布顿议员则失去了他的议席，退出政界。英国对华第二次鸦片战争，就此由两个殖民地官员利用虚假借口发起的有限度地方性事端，演变为经由英国政府正式授权、全国上下动员的一场全面战争。战争不仅是民主制度所无法制止的，在当时的帝国殖民时代，还是一项高尚和荣誉的事业。

帕麦斯顿于3月份派出额尔金勋爵(Lord Elgin)为全权特使，负责英军远征。额尔金勋爵的父亲与掠夺移走雅典帕德嫩神庙的大理石雕刻的丑闻有关，一个世纪之后仍然构成希腊与英国的外交纠纷，而额尔金日后也与发生在中国的文物洗劫有着直接关系。额尔金本人与包令有很多相似之处，在国内和海外任职期间享有相对平和、推崇公平自由的声誉，有机会在帕麦斯顿政府中就任某个部长，也并不支持辉格党政府的对华政策，其实并不是派去中国指挥战争的合适人选，但出于他的爱国心和寻求公职的需要，最终接受了帕麦斯顿的任命，变身为英国政府海外武力殖民扩张的重要人物。

此次额尔金的任务比英军在第一次鸦片战争中要简单许多，攻入和占领广州之后，英国、法国远征军的目标是北上，避开长江，抵达天津甚至北京，给清廷以直接威胁，达到修约的目的。

在额尔金赶赴中国的旅途中，亚洲发生了印度兵变，事态重大，直接关系到英属印度的存亡，而且此次印度人反抗英国殖民统治的活动从军队内部开始，更显得可怕。在第一次鸦片战争中，印度军队是英国远征军的主力之一，在地面战斗部队中占有相当大的比例，其中就有在三元里被围的那一部分印度士兵，当然另外一些则是为英国军官服务和负责运输的印度士兵。作为一个整体，英属印军对英国的海外扩张做出了不可低估的贡献。但是在1857年，印度中部和北部一些地方的印度士兵开始起来反对他们的西方主子，杀死英国军官和其他欧洲人。英属印度政府采取了他们惯用的分而治之策略，对付中部北方的印军起义，维持住了沿海地区孟买、加尔各答、孟加拉和马德拉斯的稳定，加上旁遮普锡克族的支持，才没有失去对印度的殖民统治。

来自以上这些忠诚地区的印军是英军海外征服的骨干，那些地区都是英国人向中国派兵的重要基地，如果当时这些地区的印度部队也参与起义，额尔金远征中国的计划将直接泡汤，英国政府将被迫派出更多来自英格兰、苏格兰和爱尔兰的部队，必然手忙脚乱，防不胜防。这些地方武装起义延续了一年，令英国政府和军队十分纠结，也直接影响到额尔金勋爵的对华军事行动计划。额尔金被迫指派随同他前往香港的部分部队紧急改道返回印度应急，先对付、打败和惩罚叛乱的印度人。虽然他于7月份即已抵达香港，但手下无兵可用，无所事事，干脆从香港又经新加坡转道前往印度，试图助英印当局一臂之力，远征中国之事被迫暂时搁下。只有在英军大肆屠杀、平定印度事态之后，额尔金才在9月底重返香港，之后仍然被迫等待援兵，直到12月份，来自印度的援兵才抵达香港，做好攻击广州的军事准备，其时已是他首次到达香港的半年之后。

1857年接近一年的时间之内，身在广州的叶名琛和北京的咸丰皇帝理应做好一定的防务准备，在英军炮轰广州但又未进城的空隙中，像林则徐一样，做好最基本的水上陆地防备措施，至少有时间从邻省调兵和增强火力。但叶名琛之下的广州官府并未做相应准备，而英军因等待援兵，选择暂缓出兵，也令叶名琛盲目地认为来自英国的威胁并不明显。他对远在海外的英国国内的变动和政治纠纷，茫然不知，未能适当利用一些偶然的有利条件，特别是英军大本营印度发生大规模叛乱的绝好机会，因此一直处于坐以待毙的位置。

"亚罗"号事件期间，清政府正在全力对付烽火连天的太平天国运动，面对香港岛英军的叶名琛，施政重心却放在广东境内的平叛和屠杀叛军，包括平定太平天国起源地广西境内的农民起义。形势确实不容乐观，在英法军队接近发动总攻之时，来自广西的"大成国"农民军对叶名琛的威胁更大，迫使他派出广东提督昆寿开往广西，率领陆上部队一万多人和大批水军，携带大量火炮辎重，以进攻"大成国"盘踞的梧州。这些大规模军事行动分散了兵力，无法调回。其他各种叛军则在广州城外建立了多个相当规模的根据地，合共数十个府县，曾经于1854年包围了广州，叶名琛以一万余兵对抗二十万起义军，几乎城陷。身处广州的叶名琛实际上是两面受敌，不是败于火力强大的英国人，就是某一天被大批太平军攻入广州城，而这两种敌对势力很有可能合作并进。双重威胁在一定程度上令叶名琛在对付包令和巴夏礼时反应过慢，但即使叶名琛及时反应和做出让步，也于事无补，必然无法满足英国人的过高期望，也难以令好战心切的巴夏礼和包令妥协止步。

在广州无端挑起战祸的包令和巴夏礼，对额尔金来到香港都感到紧张，生怕受到新全权特使的申斥，尤其是包令，他的可信度已经在英国议会辩论中遭到反复质疑，名声扫地，被"欺诈好战盲动"的恶名所取代。英国政府派来一个比他年轻很多的官员作为特使，无疑表明了对他的不信任，实际上是来监视包令和巴夏礼的所有行动。巴夏礼更加担心额尔金会废止他之前采取的强硬动武立场，对广州官府改为采取和缓立场。包令不仅对外严厉对待叶名琛，也不服从他的顶头上司额尔金的指示，被额尔金视为抗命，双方失去互信。但英国外相克拉伦顿听从了包令私下传给国内报告中的建议，指示额尔金先占领广州，而不是北上京津。[1]额尔金对此感到失望，这与他赴任之际接到的任务内容不同，但只有执行来自国内政府的直接指令。

12月27日，过完圣诞节之后，英法军队开始了对广州的正式攻势，在舰队炮轰中首次使用了燃烧弹，通过火箭发射到广州城内，烧毁大批房屋。守卫清军主要使用弓箭和火绳枪，基本无力抵抗。大部分清军已经撤出广州，逃到周围的郊区和山地中。英法军队的伤亡在一百人左

---

① Hanes, W.T., *The Opium Wars: the Addiction of One Empire and the Corruption of Another*, Sourcebook Inc., Illinois, 2002, pp190-200.

右，而清军由于逃避抵抗伤亡人数也不过五百。[1]英法军队士兵开始在广州城内掠夺洗劫，主要目的是获得战利品和战争纪念品，连额尔金都因无法约束军纪而放任不管。与此同时，他派出自己的军官前往广州督府库藏，运走大量金银币和铜钱，价值超过一百万美元，装船运回印度。

英法军队总数此时已超过八千人，于1858年1月5日全面开进广州，广东巡抚柏贵、广州将军穆克德讷向英法军队献城投降。英法军队在粤华书院俘获毫无抵抗能力的叶名琛，并夺取了总督府内的全部官方文件，运回伦敦。额尔金之后设立所谓的"联军委员会"，把广州变成第一个外国势力控制下的中国大城市，出现第一个地方傀儡政权。虽然额尔金不认同巴夏礼对本地人的暴戾态度，但出于语言沟通的紧急需要，仍然任命他为管理广州的首位官员，加上一位英军上校和法军上尉为副手，巴夏礼终于获得了一项正式的重要政府任命，拥有管理地方事务的实权，相当于广东巡抚，开始真正地出人头地，而不仅仅作为英国官员的翻译或秘书。

额尔金派军舰押送叶名琛到印度加尔各答实施拘禁，是英法联军捕获的最高级别清政府官员。鉴于第二次鸦片战争的虚假丑恶起源，英国政府和媒体特意散布了大量关于这个"野蛮"总督的恶言恶行，把他塑造为引发整场战争的唯一责任人，从而掩盖巴夏礼和包令的严重错判和任意妄为，为英军攻打和占领广州洗清恶名，其中许多描述都是虚构的，明显受到国内媒体舆论的操纵。帕麦斯顿之前的煽动性言论为叶名琛定性，在刚刚过去的大选中格外有效，现在"恶人"叶名琛已经被英军抓住，成为英国人战胜"野蛮人"的实证。由于叶名琛在被拘押期间拒绝更衣和修剪，更被英国媒体多方描述为中国人不良生活习惯的典型。

在清政府方面，投降和服务于占领军的柏贵和穆克德讷也把广州失守的责任全部推给叶名琛，加以其他罪名。不可思议的是，在柏贵已经屈辱地服务于外国占领军的情况下，咸丰皇帝仍然擢升柏贵署理两广总督，取代已经被英国人逮捕和被他撤职的叶名琛，而实际上柏贵既对失

---

① Hanes, *W.T., The Addiction of One Empire and the Corruption of Another,* Sourcebook Inc., Illinois, 2002,p205.

城有责，理论上又不能同时在两个交战国家为官任职。另一方面，自称懂中国人的巴夏礼，却对英军武力占领广州后又转交由柏贵管理的举措，自吹自擂为史上前所未有的"仁慈"行为，完全不理解中国人特有的"傀儡"概念。①

1859年，叶名琛在被拘禁一年之后，因从广州带去的本国粮食已尽，仿行"不食周粟"的古例，绝食而死。对于广州防卫，叶名琛非不为也，实不能也，在对付英国官员时拒绝其非法要求，基本合理，如英国达比勋爵所说，彬彬有礼，对应得当，只是碰上了一意试图修约的英国政府和狂妄自大的巴夏礼、包令这样的海外官员，后者除了傲慢就是虚妄。所以叶名琛凭个人之力，无法避免冲突升级，令一次原本毫无异议的海盗拘捕行动，演变为英军的大举进攻和炮轰，成为英国强取第二个对华不平等条约的丑陋借口。在战争大局已定的情况下，英国人仍然害怕广州人欣赏叶名琛的勇气和决心，为此，必须制造出关于叶名琛的恶劣印象，"把叶名琛的名声搞臭"，②否则无法向"文明"的本国人民交代。

额尔金率领少数炮舰离开广州北上，于1858年4月到达北河，会同法国、俄国特使向北京的咸丰皇帝投递照会。法国在拿破仑失败之后，就彻底地承认了英国在欧洲和世界上的领袖地位，由于在第一次鸦片战争中没有参与，只获得有限利益，这次不愿意再次错过机会，借口一个法国传教士在根本不对外国人开放的广西被害，加入到英军序列中，使第二次鸦片战争成为英法联军推动的战争。俄国刚刚结束与英法对手之间的克里米亚战争，仍然是潜在的对手，对英法的行动保持一定警觉，主要着眼于本国在中国北方和东北的利益，会受到对手过大过快扩张的消极影响。但俄国还是派出使节随行，并在北方海域保留了一定海军力量，见机行事，暗中图利。美国政府表明不参加联军，不谋求从中国获得领土或政治让步，但同样通过最惠国待遇的一视同仁条款，得到了英国法国从中国获得的权益，所以派出全权代表里德（Reed，也称列卫廉），与军舰随行，既旁观又中立。

当时的直隶总督谭廷襄收到咸丰皇帝的旨意，接受了额尔金的照

---

① Poole, Stanley Lane, *The Life of Sir Harry Parkes*, Macmillan and Co., New York, 1894, p283.

② Wong, *Yeh Ming-chen, Viceroy of Liang Kuang (1852-8)*, p188.

会。咸丰皇帝首次直接感受到道光皇帝当年曾经面对的外夷威胁，比太平军进逼京畿更加危险悚然。咸丰皇帝允许在京的一位俄国传教士前往北河，劝谕各国特使，但是后者却顺便把沿途搜集到的军事部署情报转给了英法将领。在双方礼节往来期间，英法联军的后续炮舰陆续到达北河，增加至26艘。他们于5月20日开进内河，向南北两岸的炮台发炮轰击，而清军的古老火炮设于固定炮位上，所以威力有限，只有老式的火绳枪造成英法士兵的一些伤亡。大沽炮台因一些守军恐慌溃散而失守，英法军舰继续上行至天津城下。总督谭廷襄为此被贬谪至东北边域。咸丰皇帝一度考虑到热河避难，但还是派出了正式使节，由大学士桂良和吏部尚书花沙纳作为谈判特使。

此时的额尔金不再是之前的和平主义者和自由派人士，已经习惯了在中国进行武力相逼恐吓的一套伎俩，认同巴夏礼的手法，甚至变本加厉。第一次会面时，额尔金就演了一场戏，尽管桂良两人的官衔资历都比他高，他却假装对清方代表的资格和授权证书不满，叫嚣要进军到北京，随后马上离开会场。①额尔金故意把之后的高层谈判都留给了他的弟弟普鲁斯(Bruce)，而实际都是由李泰国(Lay)主持。李泰国没有任何全权代表资格，仅是一个年轻的中文翻译，而且是传教士郭士立培养出来的翻译，自然像巴夏礼一样脾气暴躁和鄙视中国人。额尔金故意利用李泰国的语言技巧和蛮横态度，粗暴对待年老的桂良和无能的花沙纳，从他们那里得到他想要的条件，特别是在对付年老的耆英时，更是毫不留情地折磨羞辱。当耆英试图再次展示他以往与洋人亲近的"羁縻"技巧时，李泰国拿出从广州官府中搜到的一封奏折，耆英在里面向道光皇帝自夸如何将"夷人"戏弄于股掌之间，耆英因受辱自愧而逃离会谈现场。李泰国和另一位中文翻译威妥玛(Wade)在天津谈判中成为真正的主角，大显身手，日后皆受到重用，成为英国外交官员和在中国有重要影响的英国人。

额尔金和李泰国在谈判中反复使出最为有效的手法，如果不同意某项条款，英法大军立即开拔，打到京城，令桂良和花沙纳实际上无可推敲和争辩，讨价还价完全失败。额尔金自己也承认，他的所谓外交谈判手法，不过是强霸地逼使清朝钦差大臣做出一项又一项地让步。当咸丰

---

① Hanes, W.T., *The Opium Wars: the Addiction of One Empire and the Corruption of Another*, Sourcebook Inc., Illinois, 2002, p216.

皇帝看到清朝特使拿回的条约条款，同李泰国早先提出的初稿如出一辙，一切条件都按英国人的意思书写，反复谈判变得毫无意义。虽然深怀愤恨，咸丰皇帝最终被迫同意签订《中英天津条约》。其他与法国、美国、俄国签订的条约，按照最惠国待遇，允许他们享受与中英条约内容同等的对待。

1858年6月26日达成的《天津条约》，允许外国公使常驻北京，邻近朝廷中枢，又开放多个城市作为开放口岸，包括大城市天津、南京，允许外国传教士在国内自由传教，外国人自由通行和经商，外国商船和军舰得以进入和巡视开放口岸，向英法支付六百万两白银。这一条约正式认可了鸦片的贸易和它在整体贸易中的地位，在之后续谈的"上海协约"中更加明确详细地规定了鸦片贸易的细节，同其他货物一样，征税率百分之八，由此获得了英国人一直声称的普通贸易货品地位。因此这次英法对华战争可以毫无疑问地被称为"鸦片战争"，而不是如西方人一般所称的"亚罗战争"或"英中战争"。

八、大沽京津战役与火烧圆明园

此时英国国内政局又发生变化，之前出面谴责帕麦斯顿处理"亚罗"号事件严重失误的托利党的达比勋爵，成为新首相，外相也换了人，但新政府的对华政策毫无变化，仍然指令额尔金继续武力施压，从咸丰皇帝那里获取在中国的更多特权。这让之前极力主战的帕麦斯顿和克拉伦顿感到十分不忿，对立政党其实更加好战，令他们为此大肆嘲笑，英军现在应该向被俘的叶名琛就以往的蛮横和虐待道歉。[1]对额尔金而言，他的中国远征事业现在得到了整个英国政府和议会的全面支持，更加名正言顺，无后顾之忧。正式签署《天津条约》后，额尔金公开宣称他是中国的朋友，因为英国当时从中国取得了自认最大的权益，需要对方履行条约义务，由此确认了与清廷互相依赖的关系。额尔金自然认为他的远征目的已经达到，似乎不会像第一次鸦片战争那样出现多次反复和南北征战，预示两国在开放通商之后将交往

---

[1] Hanes, W.T., *The Opium Wars: the Addiction of One Empire and the Corruption of Another*, Sourcebook Inc., Illinois, 2002, p213.

顺利。

在广州方面，英国人并没有彻底解决占领城市之后的民间抵抗活动问题，此时他们所面对的，已经不是广州官府或者叶名琛一类的总督，而是广东地方的团练乡勇，而他们设立的临时傀儡地方政府对乡勇们毫无影响力，最后还是要动用驻城英军以武力解决。巴夏礼对乡勇们公开在广州城外大肆出没表示十分不满，一直急于派兵镇压。咸丰皇帝新近指派的两广总督黄宗汉，不像傀儡巡抚柏贵那样对英军采取合作态度，反而积极支持地方士绅指挥下的团练，特别是由在籍的侍郎罗惇衍、太常寺卿龙元僖和给事中苏廷魁组建的广东三团练，在佛山、惠州附近召集乡勇自保，既对抗流窜的太平军，又防范开出广州城的英军。这些地方活动也是日后曾国藩回湖南家乡创办团练的先声。

三团练的活动包括1858年上半年一次对巴夏礼率领的英军的伏击，令其伤亡损失不小，事后巴夏礼调集了三千英军，返回报复，扫平团练据点，并动用炮舰上溯西江，以威吓沿岸城镇的居民和潜在的团练乡勇。签订《天津条约》之后，额尔金就广东仍然不稳定的局势向咸丰皇帝施压，迫使清廷下令于当年解散团练，连黄宗汉也被撤职查办。面对规模广泛的内地民间抵抗活动，英军依然采用压迫清朝官府的手段，通过官方途径解散消弭他们在管制地方时面对的重重麻烦，这一三角循环久而久之，民间蓄积的怨气和愤怒，就难免转移到遵从西方列强意志的清廷身上，由外患而至内乱。

而在另一方面，英国人强制清朝官府下令豁免那些支持英军占领和为其服务的本地人，类似于那些曾被姚莹在台湾俘获的"广东汉奸"。五千英法军队支撑的广州"管委会"，安然统治着这个百万人口的大城市，其中难以避免地会有大批本地人协助的因素。广东省内的义军、乡勇、匪患和纪律崩溃的官军，令当地人滋生"清政府不可恃"的感受，不得不求助于英国人治下的广州或者香港岛，逐渐疏远清廷而效忠英国人。

额尔金于1859年上半年返回英国后，进入帕麦斯顿的政府，成为内阁成员之一。1859年6月，英法使节于一年之后返回中国换约。英国使节是额尔金的弟弟普鲁斯，原先是香港总督府内负责殖民事务的行政秘书，沾了额尔金的光，此次获得重要任命，雄心勃勃地带领16艘军舰随行，而且自行决定将军舰驶入中国内河，直行上溯到北京，在咸丰皇帝面前完成换约仪式。这对他来说意义重大，连他的哥哥、著名的额尔金特使，都没有做到这一点。大概广州英军的炮舰在广东省水域内的大规模入侵和搜索行动，向普鲁斯做出了充分的示范，令其相信英国海军不仅可以远渡大洋作战，而且有能力进入中国内河，无论是否得到对方的允许。如果此次仍然是由额尔金作为特使来京，是否会减少许多无谓的纠纷呢？此时的额尔金也早已不是最初到达广州时更多考虑谈判方式和减少伤亡的那个英国官员，他被自己拥有的丰富中国经历所淹没，在巴夏礼和包令的持续诱导和示范之下，按照英国海外殖民官员的欺蛮惯例行事，毫无悔意。

普鲁斯的舰队在天津附近的北河口外徘徊，一年前的军事行动经验对他们来说十分重要，特别是突破拦河水障的经验，大有帮助，值得再试。包括新任直隶总督恒福在内的清朝官员，早已在那里迎接他们，清廷也已安排好在北塘的迎接工作和北京城内的使节住所，这些都证明，咸丰皇帝最终意识到已经无法阻止英法美使节到京城换约了。

恒福建议英法美使节放弃走大沽线那一可以直达天津的路线，而从北塘上岸，然后经由陆路到达北京。这并不是出于清朝方面的故意刁难或挑衅，即使从北塘走，最后结局也是换约，清廷至此虽不情愿，也已确定要接受这一现实。要求外国使节走北塘，实际上是为了减少外国军事力量直接驻扎在京城城墙之下的可能。若从水路走，外国军舰携带大批军人，舰炮火力太猛，在中国内河航行，对主权国家威胁太大，也不符合外国使节前来为两国和约换约的本意。如果走陆路，人数较少（咸丰皇帝希望限制在每国20人左右），又由清军派人陪同，以尽力降低对朝廷造成直接威胁的程度。

虽然当时清军在僧格林沁亲王的指挥下，已经增强了大沽炮台的防务和火力，特别是在被击毁的基地上重新部署了新的铜炮火炮和老式的铁炮，约60门，但做出这些防卫准备的目的，是阻止"外夷"再次进入内河，而不是主动进行伏击。如果英法使节按照预先的安排，走北塘和陆上路线，则所有这些清军的作战准备完全可以弃而不顾。1859年中，对咸丰皇帝来说，确实不是一个积极防卫外敌的好时间，太平军横扫南方各省，占领了鱼米之乡的南京、杭州、苏州等大城市，直逼上海，而积极活动于北方的捻军，也吸引了大批清军围追堵截，包括僧格林沁手下的精锐蒙古骑兵，令清廷和清军首尾难顾，在防守大沽炮台和进京通道方面，实力相当有限，十分为难，只有尽其所能。

在英法美方面，他们提出的改道理由完全不充分，外国使节来到北京的本源是正式换约，而不是争论由哪一路径到达北京，或者挑剔主人的行程安排。普鲁斯随带大批炮舰到来，其真实企图早已超出了赴京换约这么一个简单的目的。经由恒福传达给英法使节的请求应该说是相当合理的，因为任何主权国家都有权利安排外来者的行程，和平时期外国军队军舰无权随意进入主权国家的内河。更何况走陆路确实要比走水路路途更短，更为便捷，[①]而且当时北河上已经布满障碍物，船只无法通行。按照西方国家承认的国际公认准则，清政府的这一要求不仅无意挑衅，而且理由充足，并不违反惯常的待客之道。

此时的美国使节已换成沃德(Ward)，按照本国政府的指令，避免不必要的冲突，因此坦然接受了清政府的劝告，自行由北塘上岸，经陆路进京，被安置在宽敞的官邸中，受到符合规格的款待，虽然在面见咸丰皇帝时的叩头问题上最终毫无进展，仍然将美国总统布坎南的亲笔信交给桂良，同总督恒福换约后，返回到天津港外的美国军舰上。但是英国使节普鲁斯却嘲笑沃德被骗，认为走北塘是清政府故意为难，因此执意拒绝恒福的请求。英军士兵早前已经潜入内河并炸毁河中障碍物，等同向清军开火。6月25日，普鲁斯以维护英国名誉的理由，下令英军在大沽口岸登陆。英法船只将五六百名英法士兵拖进内河，他们下船之后站在浅水河中拆除清军布置下的三重障碍物，一旦部队就位，就准备在炮火支援下登陆和占领附近的清军炮台。

新任英国舰队司令海军少将何伯(Hope)信心十足，全副戎装，站在舰桥上监察部下的行动，期望一切顺利。基于上次进攻大沽的经验，英军舰只预先向大沽炮台实行火力压制，以清除清军枪炮对河中士兵的潜在威胁。这在一年之前的冲突中，无疑是正常的举动，英军自由行动，炮台守军只能听任英军前行和冲到上游，难以做出有效反抗。

---

① Sir Edmund Robert Fremantle, *The Navy as I Have Known It, 1849-1899*, Cassel, London, 1904, p411.

这一次的军事行动却非同寻常，清军不仅事先修复了被击毁的炮台，沿岸部署了火炮和四千左右的部队，而且在英法军队接近防卫地点时，毅然执行守土命令，开炮还击。英法军舰上的火力强度实际上大为减弱，那种配备七十二门火炮的巨型战舰并不在场，而是被低潮的浅水隔在外海，进入内河的都是一些四门、六门炮的轻型炮舰，其中又有已经搁浅的舰只，对清军炮台的压制作用受到限制，因此双方首次形成了大致对等的火力对射，为第一次鸦片战争以来所仅见。英军惯用的那种密集长时间炮轰之后再由步兵冲击包围的战术，此时不再适用，反而在未能有效摧毁对方火炮阵地之前，就贸然向前推进，置步兵、工兵于被动挨打的不利境地。这不仅出于英军过于自信，而且由于清军呈现出少有的战场纪律，对英军先前的挑衅和破坏活动不予回应，隐蔽自己的火炮位置，令英军军官看不到任何敌意行为，错误地认为清军已经放弃了抵抗，自己可以放心推进，按照既定计划清除障碍和占领炮台。

时至下午，英军顺利前行到清除第二道拦河锁的位置。清军火炮开始反击后，突如其来地压制住了英军火炮，在近距离上击中英舰。海军少将何伯在旗舰上的突出位置和色彩鲜明的将军礼服，使他轻易成为清军的射击目标，被一炮击中，大腿受伤倒地，旗舰舰桥被毁，副将和舰长毙命，船员非死即伤。虽然清军火炮仍然处在固定炮位上而不能转动或移动，但是英法军舰正好前行至清军火炮的射程之内而无法移动，反过来提高了清军的炮火打击效率。令轻敌的英军大感意外的是，清军的炮击持续了几个小时，即使一些炮位被轰击遭受损失，仍然火力不减，与之前多次交锋中清军炮台一两轮对射之后就熄火的情况，大为不同。英军舰炮始终未占优势，继续遭到对方猛烈还击，连在军舰上进行救火救伤的人手和机会都没有，伤亡人数不断上升。首次面对这种被动胶着的状态而不能脱身，令何伯和他的手下都感到吃不消，进退不得。

到傍晚时分，进入到第二道拦河锁附近的六艘英军军舰都被击中瘫痪，无法移动，成为靶标。何伯再次受伤，只好把指挥权交给另一船长，被后来赶到的美国军舰及时救出。当时在场的美国海军准将不愿看到同为白人的英国士兵受到"劣等民族"的屠杀，下令美国军舰开进战区，把受到损伤的英军炮舰拖了出去，救出不少联军士兵。他的行动破坏了美国政府号称的"中立"，也留下了"血浓于水"的名言，在这一关键时刻减轻了英军所受打击的力度。

虽然英军炮舰严重受损，无力压制清军炮台的火力，何伯还是期望陆战队冲上滩头后，清军就会投降，重演一年前的战况。随舰而来的一千两百名陆战队士兵接到命令，勉强登陆，发起攻击，试图武力夺取炮台，然后再清除河中障碍物。由于深陷泥泞，行动缓慢，清军古老的火绳枪也少有地发挥了作用，将登陆进攻的英法士兵压制在炮台之外的泥滩之上。英法部队自己携带的步枪或者军舰上的火炮都无法提供足够强大的火力，压制清军枪炮，而还能冲锋向前的士兵人数下降，完全没有攻到炮台外墙的希望，在到达那里之前就被击倒在地，整个登陆行动陷入泥潭，停滞不前，将近四百名英法士兵伤亡于此。

当继续进攻已经无望时，英军军官要求增援，而此时英军舰队自顾不暇，无力增兵。鉴于天色已晚，又无足够后备兵力，特别是英军炮舰在黑暗中更易遭遇噩运，何伯被迫向普鲁斯提出后撤的请求。普鲁斯在河口外的军舰上，未曾料到如此结果，束手无策，勉强下令将这些陆战队员撤出清军火力射程之外，返回军舰，结束了当天的作战行动。过了半夜一点，英法联军才将他们的最后一名士兵撤了出来。

当日战役结果，何伯身受重伤，接替何伯指挥的副将遭到同样命运，参与登陆攻击炮台的一名法军舰长阵亡，伤亡总数在1000名左右，519名毙命，457名受伤。在装备方面，何伯之前乘坐的旗舰被击沉，另有五艘英舰也陷在河中。英军在这场战斗中未能正常发挥他们通常拥有的炮火优势和技术特长，部队困在河滩和泥潭之中，加上清军炮台火力较准，令英军遭受了自第一次鸦片战争以来在中国的首次惨败，特别是损失了为数不少的中高级海军陆军军官，更是少见。事后英国人对清军炮火的准确度提出疑问，执着地认为是俄国人或者一些欧洲人混在炮台中，操作火炮，而不是由愚昧无能的中国人操作，才能准确击中击毁英舰，而且坚持不退，炮轰数小时，造成敌方如此大的损失。[①]大沽口炮战后，英国海军将领何伯失去统军能力，全军缺乏后援，普鲁斯只得于

---

① Hanes, W.T., *The Opium Wars: the Addiction of One Empire and the Corruption of Another,* Sourcebook Inc., Illinois, 2002, pp231-233；《1859年大沽口之战英军人员亲历报道》，《近代史资料》第93号，1998年，第26-32页。

7月1日下令退出北河，十分不情愿地撤兵到上海，以恢复生气，再图他径。

中国在这一冲突中是被动防卫的一方，普鲁斯无视他前来换约的主要职责，利用技术性原因引发武力争端，让英国政府和军队卷入其中。挑起大沽口冲突的责任在英方，身在现场的外国观察员都可以证实这一点。美国传教士和语言学家丁韪良(Martin)作为美国使团的翻译，随同美国前后两位使节谈判和到北京换约，在邻近战场的美国军舰上目睹了英军的行动和遭遇，"看到较为文明的一方(英国)总是作为犯错的一方，令我感到十分痛苦"。①英国时任外相罗素(Russell)勋爵指责普鲁斯完全没有必要在路径问题上轻率强行，一意较真，因为中英《天津条约》并没有指明必须走哪条路线换约，而按照国际惯例，外国军舰不能在和平时期驶入他国内河。这些恰恰就是当时直隶总督恒福劝告普鲁斯的话，但普鲁斯只把它视为中国人的诡计而不予理会。鉴于普鲁斯在理由不充分的情况下滥用武力，未经准许，不符合外交使节的身份，英国外交部不得不发文给予训斥。②普鲁斯不仅是个失败的英国官员，更是个失败的外交家，名不副实，仅仅依靠额尔金的名望，难免野心膨胀，却严重缺乏领导和判断能力。

毫无疑问，英国政府承认普鲁斯节外生枝，将一个寻常的换约使命，演变为重大军事冲突和失败，错无可赦。但事已至此，英国政府必须强调继续进行换约仪式，强迫清政府承担和履行《天津条约》责任义务。为了该条约不致成为一纸空文，特别是为英国在亚洲遭遇的少有惨败做出报复，再次对华远征成为唯一选项，不仅困于上海的残余英军不能撤回，而且必须进行大规模的调动和征召兵力，确保能够成功。

英军在北河意外遭受重创，对其世界强国的威望是个沉重的打击，直接影响到它在中国的地位和权益。联系到之前惨烈的印度兵变和在那里损失的英军部队，英国政府不得不对华采用强硬对策，以更强大的武

---

① Shen Wei-tai, *China's Foreign Policy, 1839-1860,* Columbia University Press, New York, 1932, p169.

② Hsu, I., *The Rise of Modern China*, Oxford University Press, New York, 1970, p263.

力维护他们在亚洲的殖民帝国，不致在亚洲两大古国的分别挑战下趋于崩溃。这一使命得到两大政党的支持，无论他们是执政或在野。此时达比首相的托利党政府再次垮台，帕麦斯顿重新出任首相，外相变为罗素。英国政府实际上处于非常混乱的境地，短时间内两党之间互相变换位置，经常因为某个议案通不过而被迫下台，在议会议席上只占少数，却仍然得以组阁政府执政，主要政党人物又在对方的政府之下出任内阁职务，如格莱斯顿就在帕麦斯顿的政府中任财政大臣，同时又是反对出兵的少数派政治人物。

这些相互混杂的政治关系和政党互换，实际上更加有利于推动对中国的远征，两个主要政党在其执政时期内都不约而同地推动对华战争，在帕麦斯顿—达比—帕麦斯顿政府你上我下的两三年中，英国政府启动和完成了第二次鸦片战争，而格莱斯顿作为一直反对鸦片贸易和包令、巴夏礼挑起事端的政界要人，在本党达比首相的政府中，也未真正提出中止对华战争的提议，仅限于强调谈判和以条约方式结束敌对状态，与额尔金的早期对策相近。这些折中措施不仅在遥远的中国战役中迅速失去约束效力，敌不过好战派的鼓动和战场上将领们的自行其是，包括巴夏礼、李泰国和普鲁斯这些狂妄人物的折腾，而且格莱斯顿在政府大举发兵为大沽惨败复仇的过程中，已无能为力，提不出有力的抗辩，只有听之任之。再次上台的帕麦斯顿政府认为他们之前的鹰派观点获得足够授权，向中国远征投入最大资源，要求从中国得到最好的回报条件，不会再允许清政府从已经商定的《天津条约》后退。

在英国国内，大沽口的重大挫折带来的不仅是英国政府的继续远征，而且挑起普遍的报复情绪高潮，遍布国内舆论媒体。这一次挫败确实让英国民众和媒体难以容忍，损失之大超出想象，战役进行完全违背之前中英军队交手的惯例，英军在落后的清军手中遭到惨败。为此，英国媒体特意强调清军不宣而战，恶意偷袭，又受到阴险的俄国人的暗助，才侥幸成功，愚蠢的中国人自己是不可能做到的，更加需要加以严厉惩罚。与两次鸦片战争的最初起因相比，这一次英军的远征，倒确实是为了英国国家荣誉和帝国秩序而战，将近一千人的伤亡提供了足够理由，无可回避和掩饰。

英法两国政府最终抽调汇聚了14000名英军和7000名法军，海军包括70艘炮舰和120艘运输船。[1]完成这些庞大的远征准备，需要充足的时间和资源，英法政府花费了近一年的时间，才把这些舰只和部队转运到中国边境，然后直赴天津，开展正式的军事行动。

此次中国远征显然不能再指望普鲁斯，帕麦斯顿只得指派已经出任内阁部长的额尔金出任全权特使，重返中国，取代他的弟弟普鲁斯，收拾其留下的残局，鼓励那些在大沽口遭受重创而心有不甘的英军残部。海军少将何伯仍然留在远征军内，但刚刚结束印度征伐的格兰特将军接过了军队指挥权，他以残酷镇压手段，包括将叛军士兵绑在炮口上开炮处死，平定了印军的反叛。在英军序列中，就有印度旁遮普步兵营，在印度兵变被平定之后不久，就被那些无情平叛的英国将领又派来中国，担任地面进攻的主力，这是因为印度各个不同地方的武装力量被英国人分别利用，分而治之，即使在印度境内互相残杀，在英国对外征服中却尽心尽力，毫无怨言。

同第一次鸦片战争中的经历类似，清廷在这一年多的时间内，军事准备仍然不足，对遭受挫折而撤离的敌军不再重视，认为外来威胁已经远去，英法再来换约时仍按前例进行即可，"以抚局为要"。1860年清朝政府和清军的注意力仍然放在肆意燃烧的太平天国运动上，太平军盘踞在江南大地，江苏、浙江、安徽、上海，都在太平军的兵锋所指之下，时局十分紧张。曾经对普鲁斯的舰队造成重大杀伤的僧格林沁将军，也把兵力和注意力放在北方的捻军上面，而不是天津附近的北河方面。更加不幸的是，清军在大沽口之战一次得手之后，认为战事已去，防备松懈，特别是大沽口北方的北塘，原本就被用作接待英法美使节的地点，防务更差于大沽。

英法军队抵达北河口外，决定避开曾令他们遭受沉重损失的大沽炮台，转而集中兵力进攻偏北十公里外、并无防卫抵抗迹象的北塘镇，清军已经从那里退出。这是僧格林沁的一个重大错误，连英军都认为，如果当时在北塘炮台和狭窄要道上部署一些火炮，英法联军快速推进的可

---

[1] Colonel Wolseley, *Narrative of the War with China in 1860*, Longman, London, 1862, pp191-192.

能性不大，必定承受相当数量的伤亡。法军新添的蒸汽平底炮舰，足以驶入中国内河和大运河，提供火力支援和运输兵员，弥补了前次战败中一个重要缺陷。英法军队于8月1日在北塘顺利登陆和渡过泥潭地段，到达大股部队能够快速推进的地段。此时，一个英军少校率领的随军中国苦力营来到前线，有两千五百名在广州和香港征召而来的华人，他们为这些参与作战的外国士兵搬运饮用水，让他们得以度过艰难的第一天。[1]英法联军军官都怀有一定程度的困惑，在中国进行的侵略征服战争，为何能轻易征召到大批的中国苦力，在每月九美元的报酬和配以服装食物的条件下，为外国军队提供大量随军服务，搬运各种物资。[2]

作为第一个被占领的乡镇，英法军队在北塘镇进行了大肆的清除和洗劫，两万多居民中的大部分都被强迫驱逐，大批房屋被摧毁。[3]占领了基本不设防的北塘后，英法联军得以从背后威胁大沽炮台。英军从当地居民那里得到情报，知道前边将会遇到大约两万名清军，包括蒙古骑兵，是僧格林沁事先部署在那里的。此次战役中，清军的侧翼再次被忽略，连英军派出的侦察分队都没有截击到，令其顺利获得中方部署及其缺陷的情报。[4]当英法联军于8月12日向大沽进发时，清军被迫在新河出动蒙古骑兵，采用传统的骑兵战术，勇猛冲锋。但这是他们首次面对近代西方军队，吃了苦头，联军使用了新式的25磅的阿姆斯特朗火炮，以密集火力阻挡击杀骑兵，同时印度锡克族骑兵加入冲锋，迫使清军后退，然后突破到了塘沽附近。

8月14日，英法军队进攻大沽，吸取了前一年失败的教训，尽量发挥舰炮和陆上火炮轰击的威力，打击清军炮位和阵地，很快见效，引发弹药库爆炸，给英法步兵进攻和突破创造了条件。此时大沽背后和外围都被敌军占领，守卫阵地的清军陷入困难，炮台毁坏严重，无法坚守，

---

[1] Colonel Wolseley, *Narrative of the War with China in 1860*, Longman, London, 1862, p196.

[2] Poole, Stanley Lane, *The Life of Sir Harry Parkes,* Macmillan and Co., New York, 1894, p359.

[3] Loch, Henry, *Personal Narrative of Occurrences during Lord Elgin's Second Embassy to China in 1860*, John Murray, Albemarle Street, London,1869, p29.

[4] Colonel Wolseley, *Narrative of the War with China in 1860,* Longman, London, 1862, p197.

最终陷落。清军在那里损失了两千人马，而英法联军伤亡约三百人。[①]英军洗刷了前一年在此遭受的耻辱，打开通往天津、北京的大门。僧格林沁丢掉了大沽，遭受严重挫折和损失，包括精锐蒙古骑兵，无心再战，带着残兵逃往京城附近。

总督恒福主动与联军联系，愿意撤出仍在大沽附近的清军，英法联军在22—23日顺利进入。就在清军投降和放弃阵地的当天，天降暴雨，淹没了北河地区，令英法联军的行动十分困难，清军本可以再多坚持几天，延误联军的进展。但恒福在僧格林沁战败之后已无心无力抵抗，过早放弃，遗弃了沿岸新近建好的炮台和天津的防卫，令联军舰队之后的行程平安无事，溯河而上，直达天津城下。[②]

在天津城下的暂时停火期间，双方转而谈判进京换约事宜，重现了之前谈判《天津条约》的情况。此时香港总督包令已经被罗宾森所取代，但"亚罗"号事件的主角之一巴夏礼仍然在位。额尔金特意把巴夏礼从广州调来，目的就是充分利用他喜好惹是生非、冲击力强的特点，震慑那些不愿屈从的清朝官员，附带施展其在远征军中独有的翻译职能。巴夏礼来到天津，也说明额尔金和其他英国官员早已原谅了他的鲁莽妄为，反而欣赏他为大英帝国不辞劳苦地提供宝贵扩张机会的坚韧精神。除了"亚罗"号事件，巴夏礼还在香港逼迫广州官府以每年160英镑的代价，获得了九龙永久租约，这笔值钱的交易，可以同美国人用仅值24美元的小饰物购买曼哈顿岛的交易相媲美。国内形势大乱，朝廷屡向"外夷"让步，远在南方的广州官府毫无选择，只有屈从。巴夏礼的这些业绩令额尔金更加看重他在中国远征军中的特有作用。

巴夏礼的对手仍然是桂良加恒福，之后因为谈判破裂，换为怡亲王载桓和兵部尚书穆荫，对额尔金做出根本性让步，于9月14日达成了与1858年类似的协议条款，允诺道歉赔偿等等。额尔金提出的第一项条款就是要清政府为大沽炮击和英法军队失败而道歉，其中自然包含推掉大沽事件责任的用心，掩盖外军侵入中国内河和首先开火的事实，认为清

---

① Colonel Wolseley, *Narrative of the War with China in 1860*, Longman, London, 1862, p208.

② Loch, Henry, *Personal Narrative of Occurrences during Lord Elgin's Second Embassy to China in 1860*, John Murray, Albemarle Street, London,1869, p116.

朝一方违反了《天津条约》条款，从而免除了自己弟弟普鲁斯盲动无能的罪责。条款中的重要一项是英法联军将进军到京城附近驻扎，直到换约结束之后，而额尔金等外国使节可以在大批护卫部队陪同下进京换约。此时已经失去抵抗意志的咸丰皇帝，在留守和逃亡热河的选择之间彷徨，游移不定，虽然京城附近尚有僧格林沁的残余部队，但连续落败的阴影和英法联军进驻通州的巨大威胁，仍然令咸丰皇帝着手准备逃亡，"驾幸木兰"。

在这种十分不利的形势之下，僧格林沁又犯了一个重大错误，在得知天津知府被英军驻军拘禁后，他下令逮捕前来探路和商谈细节的巴夏礼及其卫队，加以拘禁和酷刑，导致部分人员死亡，平白给占领天津的英法联军一个攻进京城的适当借口，把赴京换约演变成全面占领，几乎导致清王朝的垮台。

巴夏礼身上固然带有近代史上英国海盗特有的全部特性，在谈判中充满暴力和威吓，令清朝高官先后受辱，包括怡亲王，但他的所作所为都得到额尔金的授权和认可。额尔金和其他英国官员将领，都不清楚翻译官巴夏礼是如何以中文与中方特使交涉折中的，只有他本人知道自己发泄性的侮辱言辞和威吓详情。对巴夏礼令人痛恨的粗鲁乖张，只认结果的额尔金自然包容不究。各个事件的有关情节和经历，多出自巴夏礼一人自述，包括他与怡亲王的最后一次会谈，只有他一位洋人在场，所以他关于怡亲王蛮横地威胁对联军开战的言辞，只出自他一人之口，随行的英国和印度官兵不通中文，对此茫然一无所知，只是盲目地跟随着他骑马离开通州的东岳庙，向英法联军的方向逃窜。[①]巴夏礼夸张自吹的口头和文字描述，可信度存疑，却成为西方记载的主要信息来源。

像巴夏礼这样的英国海外官员，如之前在香港、广州的表现所示，毫不顾忌礼节和程序，一味向前，即使自己置身于险境中，作出牺牲，也要制造出来一些事端，让英帝国有恰当借口实施干预和夺取实际利益。怡亲王和僧格林沁的逮捕行动，当时固然多少出了口气，但却落入巴夏礼的圈套——这正是他求之不得的，造就巴夏礼的英雄形象，又于事无补，落人以"野蛮无理"的口实，最终付出巨大赔偿。

① Loch, Henry, *Personal Narrative of Occurrences during Lord Elgin's Second Embassy to China in 1860*, John Murray, Albemarle Street, London, 1869, pp148-149.

巴夏礼之所以节外生枝，固是其习性使然，又因为巴夏礼声称探测到僧格林沁的部队聚集在英法联军的预期驻扎地张家湾附近，感受到潜在的威胁，因此建议额尔金紧急调动军队，发动进攻。巴夏礼同时自己赶往通州，提出更多的要求，特别是让僧格林沁撤离该地，放英法使节带同部队进京面见皇帝，亲递国书。实际上僧格林沁当时部署兵力的目的十分有限，即在英法联军主力和京城之间设立阻挡前者的隔离地带，而不是在协议即成的时候挑起战端和趁机歼灭敌军。巴夏礼和怡亲王之前达成的协议，并不包括将清军完全撤离额尔金的预定入京路线，仅规定允许随行的联军部队数量，只是巴夏礼感受到清军正在自己周围集中，才向格兰特将军发出受到威胁的信号，而通州本来就是清军在京城之外的最主要集结地带。

额尔金的私人秘书洛克(Loch)被巴夏礼派回去给格兰特将军报信，他和随行官兵顺利通过多重清军队列，根本没有受到阻挠或者被逮捕，说明清军并没有准备阻截联军人士或者违反已经准备签订的协议。此时咸丰皇帝正在准备离开北京，对京城防卫已经弃之不顾，更无策划主动进攻的动机和气魄。但来自这位最为中国人所憎恨的英国人的诸多要求，明显带有故意挑衅的意味，令僧格林沁不可忍受，导致逮捕、圈禁和之后洋人的毙命，已经达成的协议也不复算数。

额尔金事先收到巴夏礼的情报，得知巴夏礼被捕之后，即下令格兰特将军展开进攻，向北京进军，于9月21日同僧格林沁部队爆发八里桥之战。清军获得来自河北和察哈尔的增援，对英法联军占数量优势，但英法军队步兵装备了新式的恩菲尔德来复枪，击发装置更为可靠，发射速率加快，对清军的步兵和骑兵都带来更大的杀伤力。英法联军愈发依赖炮兵部队中的新式阿姆斯特朗火炮，集中轰击僧格林沁所依赖的那些仍然主要以弓弩刀箭为武器的蒙古骑兵，令马队的勇猛冲锋在密集炮火轰击之下陷入混乱。英法联军同时以锡克骑兵冲击清军的左翼，法军步兵进攻张家湾，最用炮火扫平了溃退的清军部队，占领张家湾和八里桥。由于缴获大量战利品历来都是英法官兵积极加入战斗的动机之一，他们随后在当地展开了毫无顾忌的洗劫活动，掠夺大量财富，一路延续到通州，其中一位英国军官独吞了五十万磅的茶叶，运回天津保存，日后运回本国家乡。①英法军官互相指责对方军纪更差，对当地居民扫荡得更为彻底。

在这一英法联军攻进京城之前的最后一战中，英法联军伤亡甚微，仅数十人，而清军损失数千人，特别是历来被视为精锐的蒙古骑兵，依然兵败如山倒，勇气和速度不足以取得战场上的胜利。僧格林沁的指挥才能也受到质疑，在敌方枪炮凶猛和己方缺乏足够火力掩护的情况下，仍然命令部下进行无望的传统式正面冲锋，即使冲到敌方阵地附近，也难逃被枪炮击倒的命运，招致大量伤亡。虽然一些比较客观的英法军官日后对清军作战表现的评价并不低，赞其勇气可嘉，但清军战略战术和武器装备方面的重大缺陷，令他们无法取得一场决定性的胜利，反而遭遇惨败溃退。

这一战的失败，彻底击垮了清廷仅存的抵抗作战信心，迫使咸丰皇帝仓皇逃往热河方向，留下恭亲王奕訢主持北京和局，桂良、文祥为协办。南方太平天国势力依然强大，各地的"勤王"兵马远不济事，在蒙古骑兵都遭受惨败的前提下，这些紧急赶到的清军的作战能力丝毫不容乐观，由恭亲王主持和谈成为清廷的唯一选择。

由于巴夏礼拒绝致信额尔金促成停火，双方持续纠缠于交还人质的事项，均不愿先做出让步。恭亲王的迟疑，源于他仍然把手中人质当作谈判停火的筹码，而额尔金同样把交出人质视为停止攻城的前提。在这段时间内，有一些英法人质毙命，对恭亲王的谈判立场非常不利，也给额尔金以更多的借口日后进行洗劫和破坏。额尔金决定等待来自天津的轰城重炮，以攻破北京的厚重城墙，因此在八里桥战役之后两个星期的时间内，北京逐渐被英法联军包围，但未破城，恭亲王仍然得以维持着同额尔金的谈判。

在北京城墙之外，英法联军以郊外的圆明园为主要目标，调动部队向其进发，以威胁仍然留在城内的恭亲王。法军在10月6日下午最先抵达圆明园，只遇到少数留守的太监。法军司令孟托邦将军辩称他的部队未发生破坏抢劫圆明园的行为，但他直至当天晚上才部署了两个连的士兵守卫圆明园大门，实际上并不设防，任何联军官兵都可以自由进入。大批后期到达的法军士兵闻讯而来，冲破临时守卫线而进入园内轮番抢

① Hanes, W.T., *The Opium Wars: the Addiction of One Empire and the Corruption of Another*, Sourcebook Inc., Illinois, 2002, p267.

劫，持续24小时。作为英军先锋的国王龙骑兵，于10月7日中午才到达圆明园，为时已晚，给以法国官兵足够时间，率先洗劫空旷无人而又宝藏遍地的圆明园。英军部队抵达时，圆明园内几乎所有的房间都已经被法军官兵翻过。除了负有执勤责任者外，后到的英军官兵都尽量离开自己的营地，紧急冲入园内，参与抢劫剩余的财物。[1]英军司令格兰特将军对孟托邦将军的说法十分不满，迫使孟托邦将军拿出一些自己掠夺的宝物，自称将分别献给法国皇帝和英国女王。

英法联军士兵迫不及待地塞满他们的口袋，搬走任何能够移动的物件，而砸毁那些无法搬走的家具。一名英军军官宁肯自己步行，也要把尽可能多的财物放在他的战马上驮走。[2]洗劫的狂热席卷联军部队，贪婪本性令军纪荡然无存，英法军队当天只有不到十分之一的士兵能够听从命令，站立在集合线上，大部分人都投入到园内的洗劫过程而不愿出来，通常在占领一处地方后例行的部队检阅仪式也无法举行。由于宝物遍地，联军官兵懒惰到拿不走的东西就随意破坏砸毁，特别是那些珍贵瓷器和古典藏书。[3]伴同额尔金进入圆明园的英军军需官沃斯利中校（Wolseley）却说他看到的是各个房间都是咸丰皇帝离开时的状况，原封不动，以此掩盖联军官兵的疯狂抢劫行为和大量财物被盗，但他也不得不提到被糟蹋毁掉仅剩两百卷的《永乐大典》。沃斯利中校把主要罪责推到先行抵达的法军官兵那里，以减轻英军应当承担的责任，并承认抢劫暴露了人性原本的卑鄙粗鲁，即使那些号称纪律严明的西方军队，也抵制不了财富的诱惑和洗劫的狂喜。[4]

英法军队的这些行为可能也算不上是盗窃，因为是在光天化日之下进行的，普通士兵和军官不再听从命令，见到上司也不再回避，安然自得，满载而归。英法将领对此予以默认，放弃强力禁止发生在眼皮下的疯狂掠夺行为，更何况他们自己也获取了足够价值的宝物，所以整个场面只能以洗劫来形容。联军最高官员额尔金，在英军先遣部队之后抵达

---

[1] Swinhoe, Robert, *Narrative of the North China Campaign of 1860, London*, 1861, p305.

[2] Swinhoe, Robert, *Narrative of the North China Campaign of 1860*, London, 1861, p309.

[3] Hanes, W.T., *The Opium Wars: the Addiction of One Empire and the Corruption of Another,* Sourcebook Inc., Illinois, 2002,pp273-274.

[4] Colonel Wolseley, *Narrative of the War with China in 1860*, Longman, London, 1862, , pp225-226;Low, *A Memoir of Lieutenant General Sir Garnet J.* Wolseley , p223.

遭受洗劫的圆明园时，他实在无法形容自己的震惊和罪责感，但其中更多的是感叹很大一部分奇珍异宝竟然被急于掠财的官兵任意毁坏，造成极大的财富浪费和价值损失，减少了他的军队能够带回本国的珍贵宝物数量。额尔金很快就意识到，他今后的名声必定会等同甚至超过他的那位以掠夺希腊雅典神庙雕刻而出名的父亲。

这些圆明园大洗劫的失落价值无法估计，光是英军所谓的宝物"拍卖"就进行了三天，"群分"的方式令每个最低等的列兵得到四英镑的正式回报，而军官们的份额高了数十倍以上，还不算他们私下获得的财物，很多人都以极为便宜的价格拿到中国皇家的无价之宝，再以几十倍以上的价钱转卖出去以致富，而那些采用自行抢夺方式的法国官兵，各自都有众多宝物向他人兜售。[①]这些从圆明园劫走的宝物，极大地增加了英法两国官方和民间财富的拥有水平，全国上下普遍受益。咸丰皇帝在圆明园的龙椅，被运回伦敦，放在维多利亚和阿尔伯特博物馆展览，而普通英法士兵家中都拥有极为值钱的皇家物件，多少年后成为家传财宝，不时在各国的拍卖会上化身为高价卖品，造福他们的子孙后代。

10月8日，巴夏礼等被拘留人质返回英法联军驻地，已经死亡的有19人。额尔金于18日下令将整座圆明园焚毁，声称是为了报复巴夏礼等人被拘禁虐待，以此恐吓羞辱咸丰皇帝和恭亲王，其实也是为了灭迹，以掩盖英法联军在那里进行的疯狂洗劫，一举达到两个目的。执行这一任务的英军军官之一，就是后来赫赫有名的"常胜军"首领戈登，当时是一名27岁的上尉和工程兵副连长，没有赶上大沽炮战和八里桥战役，但有幸加入圆明园抢劫，收获不菲，他从圆明园运回英国的一座龙椅，被置放在他所属部队的营房内。

米歇尔少将麾下的英军第一师，奉命纵火焚毁遭受洗劫的圆明园，由于命令下得十分紧急，园内的抢劫活动仍未完成，焚毁活动随之也进行得十分仓促，不仅令他们惋惜地错过了攫取更多值钱宝物的机会，例如把黄金物件当作黄铜抛掉了，而且草率纵火导致周围的民房也连带被焚毁。[②]圆明园附近地区变得昏天黑地，占地广阔的园区在三天大火中被

---

① Colonel Wolseley, *Narrative of the War with China in 1860*, Longman, London, 1862, p322.

② Boulger, Demetrius, *The Life of Gordon*, Library of Alexandria, 1896, chapter 3, pp45-46; Colonel Wolseley, *Narrative of the War with China in 1860*, Longman, London, 1862, p278.

毁为平地。一些日后的中文记载，特意形容当地人也负有一部分责任，趁机入内偷盗和挖掘，但毫无疑问的是，1860年10月6日起闯入园内洗劫的英法联军官兵，引发了这场将东方艺术文化宝殿化为废墟的浩劫，只有在这片皇家园林和宫殿被烧毁和遗弃之后，无人管理，才有他人随意进入的可能，变成建筑无存的空地废墟。

英法军队被他们在圆明园的劫掠和分赃活动耽误了行程，直到10月9日才转过方向，向北京城区进发。他们聚集在安定门外，额尔金提出了13日开放城门投降的要求。此时的恭亲王，既遭遇兵临城下的恶劣局面，也获悉圆明园被焚毁的惨痛消息，知道同样的噩运即将发生在京城之内，清廷的统治十分可能至此结束，他无法向躲在热河的咸丰皇帝和满族统治阶层交代。拖延到最后的时刻，即格兰特将军最后通牒给出的10月13日中午，恭亲王屈服，派出恒琪同意额尔金的要求，让出安定门，英法联军顺利进入北京城，接管了清军让出的阵地，不费一枪一弹，北京和清廷正式投降。

之后恭亲王继续与额尔金谈判，试图让英法联军退出京城。在联军的强大压力之下，又得到咸丰皇帝的谕旨，中英双方很快于10月24日达成《北京条约》。在赔偿军费、开放港口水路和外国使节驻京等条款之外，英国还趁机得到了九龙。额尔金在来中国之前就接到指令，增添割让九龙的条文，为香港英国殖民政府提供更大生存空间，而英军在向北京进军之前，已先在九龙半岛登陆、集结和补充给养。[1]谈判《北京条约》时，额尔金废除了巴夏礼从广州当局那里夺得的"九龙租约"，直接改成英国永久占有九龙，将英国港府边界直推到接近新界狮子山下的界限街。

签约当日，额尔金和格兰特将军在北京进行了大规模的军事检阅和调动，实施武力示威，在本地居民的围观下，以征服者的姿态，由安定门横穿北京，到达紫禁城，与恭亲王见面。如当时在场的英国军官沃斯利中校所说，占领京城和公开武力示威，比签署任何一个条约，都更能显示英国的真实实力和对清皇朝的优越性，保证日后清廷不得轻易违约或者恶意对待在华西方人士。[2]

① Hanes, W.T., *The Opium Wars: the Addiction of One Empire and the Corruption of Another*, Sourcebook Inc., Illinois, 2002,p244; Colonel Wolseley, *Narrative of the War with China in 1860*, Longman, London, 1862,p2.

② Colonel Wolseley, *Narrative of the War with China in 1860*, Longman, London, 1862, p293.

恭亲王的迅速让步，是为了让咸丰皇帝尽快返回京城，以维持清廷危在旦夕的法理存在和统治全国的权威性。当时的清廷满族统治阶层确实正在遭遇立朝以来从来没有过的噩运，面对一个从来不曾痛击过的外来敌人，后者可以任意攻入京城和毁掉清朝宫殿，对清朝皇帝予取予求。这一残酷现实与清朝历代皇帝所遇到的困境完全不同，即使康雍乾盛朝的君主此时在位，也难以应对，威胁之大远超三藩之乱和其他边境叛乱，以及南方的太平天国，危及朝廷根本，前所未有。当时围困肆虐北京的英法联军，实际上已经推翻了清朝统治，酿成前所未有的执政危机。若恭亲王处理不当，则清朝将终止于咸丰朝，而他将是最后一代的满族亲王。

英国政府已经意识到中国政权的脆弱，以当时西方国家标准评判，行政能力低下，军事上落后无力，虚弱不堪一击，更承受满族少数民族统治和太平天国农民运动冲击这些结构性的负面条件，统治前景非常不乐观。英法政府和联军面对如此局面，虽胜亦忧，选项之一是一举击倒北京的清廷后取而代之，像在英属印度一样，进而对付太平天国和其他地方政权，之二是以现有中央政权为对手，通过条约和武力，保证对英权益输出，减少自己的行政费用和可能遭遇到的管制麻烦，让中国中央政府去对付国内的乱局。

以军事实力而论，当时聚集在北京的两万英法联军或者加上继续征召的援军，有相当大的机会盘踞北京和北方，并打入内地，之后像统治印度一样统治中国，至少是中国广大领土的一部分。英法之所以未这样做，并不是出自他们的怜悯之心，更多的还是一种无能心态，自认管理如此之大的人口群体和领土，将不堪重负，所以自行退缩。投入英伦岛国拥有的人力军力于推翻清廷和控制中国省区，对当时的英国来说是不可承担的重责，前景实为难测。尽管当时英国的政客们并不畏惧掀起海外战争，但由英国同时控制印度、中国两大亚洲国家，还是超出了他们的想象和实际管控能力。

从功效角度看，这样做对英国人来说似乎也无利可图，因为他们将无法实施之前与北京朝廷签订的条约，均属无效，前功尽弃。太平天国已经占领了中国多数富裕省份，如果英国以武力消灭了北京的清朝政权，马上就要面对拥有南方和中部的洪秀全政权，再次处理各项条约问题，有可能被迫再次动用本国军队，在很多地区重复之前在广州和北京进行的军事行动，以击败太平军和签署相关条约，事倍功半。更为困难的是如何控制中国全境，中南部尚存的大量清军部队和地方力量，在清朝中央政府消失后，他们将作出何种反应，更是未知之数。英国人已经开始担忧太平天国会给他们带来的麻烦，位于南京的太平军曾经向贸然闯入的额尔金乘坐的船队开炮，招来四艘英军炮舰的回击，在对射中击毁太平军的火炮，带有讽刺意味的是，其中一艘英舰名为"和平鸽"号。直到将近九十多年之后，才会再有中国军队不畏向英国军舰开火。如果英军正式将太平军作为攻击目标，无疑将增加他们的作战区域和压力，必须深入内地，直接面对农民起义军，耗费大量资源。

在全面威吓羞辱清廷之后，英国人转而放弃这一推翻满清王朝的极好机会，两相权衡，倒不如与清朝现政权签订协议，达到其中国远征的有限目的，建立在中国的权力基础。签约之后，他们反而不愿让他们与之谈判和征服的政治对象马上垮台。在勒索到驻军赔偿和确认清廷彻底屈服于联军武力之后，他们于11月开始撤军，将部队转移到长江流域和香港。挑起大沽炮战而失败的普鲁斯，再次得到重用，被任命为英国驻京公使。太平军和英法联军，一南一北，两个势力都有可能单独推翻清朝廷，割裂中国，而它们加在一起的合力，将是推动清朝走向灭亡的最后一击。但结局却不是这样，现实让危难缠身的清廷先渡过眼前的一个危机，然后再平息另外一个。

与第一次鸦片战争略有不同，第二次鸦片战争，即英国人所谓的"亚罗号战争"，是以一个人为制造的借口挑起整场战争，达到争端本身之外的目的，战争的起源也就变得不再重要了。英国政府早在事件发生之前就已准备借事生非，借机修约，因此即使中方官员或者咸丰皇帝在广州被迫采取措施和让步，以平息洋人的怒火，都无济于事，最终必须做出巨大的让步和出让权益。巴夏礼等在广州的炮击行动和普鲁斯进攻大沽炮台，这些偶然事件当时并没有得到本国政府的授权，被视为"领事沙文主义"的典型事例，待到他们挑起零星冲突以致战端，大英帝国随之介入，从中得益，趁机推动海外扩张和权益。由巴夏礼借"亚罗"号的微小纠纷在广州开启战端的这一方式，以后为西方国家所广泛采用，屡试不爽。

英国人在第二次鸦片战争中的表现比在第一次更加丑陋，在"亚罗"号事件、大沽炮台冲突和圆明园洗劫中，充分显示了英国人中最为疯狂可鄙的一些特性。英国人在第一次鸦片战争中获得经验和信心，建立起对中国人的轻蔑态度，更加愿意选择强硬策略和武力手段，也更少对"野蛮国家"抱有宽容客观和平等的态度。这些冲突都是由一些正好处在特定的位置和场合的英国人所引起的，怀有各自不同的目的，无一例外地野心勃勃，巴夏礼、包令、李泰国、普鲁斯，如果当时他们不在场，或态度不同，中英双方交往中的后果可能会有显著的不同，至少事态不会升级到大规模战争。这些个别人物暴露出一个近现代国家和殖民帝国所无法掩饰的恶劣性质，特别是张扬的自我中心论和以武力解决问题的倾向。

英国政府的对华政策是更具决定性的因素，以能否获得足够令其满意的权益来操作谈判或挥师远征。像义律和额尔金最初谈判签订的那些条约，由于未能达到本国利益集团的要求而被否决，导致近一步扩大军事行动，动用军队也由几千人上升为几万人。在英国殖民帝国这一特殊历史背景之下，才会出现巴夏礼、包令和普鲁斯这样犯下低级错误、却因挑起战争而受惠的英国人，登上世界舞台，成为英国外交官的典范人物。

在第二次鸦片战争中，英国对华交涉的两个著名人物包令和额尔金，都落入到良心折磨的陷阱。这些西方19世纪出现的所谓开明进步派人士，在英帝国的殖民海外扩张浪潮中，变身为高效工具，受过良好近代教育的高层人士，所进行的却是虚假欺骗和启动战争。他们作为个人偶尔感受到的良心谴责，毫无例外地被开拓业绩、帝国勋位和征服的快感所淹没。他们在本国的地位达到了贵族一列，而在中国的名声同样突出，特别是恶意欺骗和蛮横行为，很难被纳入文明人的行列，而确实沦落为"早期维多利亚时代的维京海盗"。

起源于"亚罗"号事件的第二次鸦片战争，再次证明西方民主制度无力也不可能制止发动对外战争，可能从来也没有做过。第一次对华鸦片战争的动议仅以9票之差在议会获得通过，而第二次鸦片战争以16票被议会否决，但这个相对中立的议会随即被解散，由一个更为鹰派的议会之后授权发动复仇远征。议会辩论和投票最终无法阻止英国发动远征，某些议员的良心和宽容态度，必然敌不过公众舆论对国家荣誉的狂热和政府既定的海外扩张政策。即便是被认为鸽派人士的格莱斯顿，也在对华战争无可避免之后，出于他财政大臣的身份，积极要求把中国的赔偿额再提高一百万英镑。多年之后，他又用另一篇雄辩的演讲，击败了下院辩论中的一项谴责对华鸦片贸易的动议。在英国政治和政党体制下，人们有机会选用一些表面公正的理由来掩盖他们的实际动机和利益追求，而事实上的合法与不合法都是相对的。

在外来侵略和威吓之下达成的所谓条约，不具真实法律效力，只具有以实力为背景的实施效力，所谓规则的背后，是无处不在的强权意识，而推翻这些所谓国际条约的办法，自然同样是武力和实力。当西方列强拥有强制实行这些条约的实力时，依靠武力而不是依据，那些条约才在被签约国内具有法律上的效力和尊严；而一旦西方列强的实力不济，难以为继，不平等条约被废除或者被自愿放弃，即变得指日可待。19世纪的历次中外战争中，中国都未能获得任何优势，特别是在面对数个西方强国合围时，束手无策，狼狈退让，那些不平等条约似乎也毫无疑问地得以长久维系。但是在20世纪初期至中期之内，西方列强最有效的武力威胁手段失去效力，劳师远征不再轻易成为他们的第一选项，那些所谓的合法中外条约随之立即陷入实质失效的境地，同时失去在本国占有的道德高地，理所当然被一概废除，与它们本身是否平等、合理或严谨无关。

自两次鸦片战争之后，中国人方才切实认识到，语言或者道理对英法毫无作用，不论如何自认有理和争辩，也得不到承认，基于平等地位上提出的外交要求，只能被认为是示弱表现，直接被火炮和来复枪打掉威风，无立足之地。以此而来，掌握近代水平武装力量成为最基本的生存条件，不惜代价和牺牲很多其他东西，也要致力达到不被外来势力武力打败的境地。这一重视程度体现在之后洋务运动的重大"强兵"项目和20世纪初的新军和军阀。这些是完全不得已的做法，鉴于清后期和晚清的情况，实在是用血换来的教训。靠钱消灾也只能起暂时作用，强盗日后还会再来，喂不饱，胃口更大，无法满足，割地赔款成为常事，非有强大武力，势不能解决哪怕是很小的外交争端。

第二次鸦片战争，或称"亚罗"号战争，签订的《天津条约》，才是真正对清廷的打击和打开国门的历史事件，因为第一次鸦片战争中的军事失败，通过退让和赔偿而结束，南方城市受损，但北方基本没有动静，打击较少，特别是英国人到了北京附近，但又返回南方去进行谈判，那些军事行动对清廷的震动仍然不够强烈。而第二次鸦片战争中，不仅广州毁灭，总督被抓走，破坏了地方官府的权威，令中国国土残破，而且连最高权威的皇帝都被从京城赶走。英法联军以武力向中国民众宣示，中国的皇上并非天授，非常无能，皇朝的权威倍受打击，开始衰落。如果英法联军驻而不走，建立起长期的统治机构，逃到承德的咸丰皇帝及其清政府就走到末路了，进而带来整个清朝统治的崩溃。如此沉重的外力打击，虽然再次通过妥协而没有造成真正崩溃，但也令清廷满族统治者面临绝境，战战兢兢，即使没有南部中国太平天国和其他地方叛乱的麻烦，清廷的统治范围，以及广大汉族民众和官僚集团的忠诚度，都处在深度危机之中。

除了经济政治权益的损失和外国势力的侵入，清廷在咸丰皇帝在位期间，政府财政捉襟见肘，失去来自江南富庶省份的税入，损失惨重，而在军费支出等方面迅速飙升，仅广州城的防卫，每日耗费超过一千二百两白银。[①]历年对内平叛和对外防务，给地方财政和中央财政带来巨大负担，政府实际上已经无力承担多余的支出和勒索，濒临破产，在失血的同时被大力抽血，内外交困。

第二次鸦片战争也是英法联军中首次出现随军记者，伦敦的《泰晤士报》派出一位沙文主义情绪高涨的记者库克(Cooke)，任特派中国记者，专门报道了广州攻城和逮捕押运叶名琛之事，之后又有另一位记者包尔比(Bowlby)随额尔金和格兰特将军进军北京，成为僧格林沁手中的人质之一。他们发回国内的文字报道，激起英国国民的极大信心，确认政府的选择和军事行动都是合理的，是惩罚"野蛮"的中国人的必要之举，绝对不能容许那里再发生侮辱英国国旗和尊严的事情。这些随军记者报道的信息深入人心，像巴夏礼和英国国旗在广州受辱，普鲁斯试图和平地到北京换约这样的报道，都令英军官兵深信不疑，绝对不会置疑他们为那些所谓的"英雄"所骗，军事征伐和焚毁圆明园也由此必然是正义之举。格兰特将军的助手沃斯利中校日后升为英军元帅，在他远征中国的记载中反复为英军的行动做出真诚的辩解，甚至义愤填膺，代表了当时英军普通官兵的心态，再次证明了舆论媒体对国家和公众的巨大影响力。

---

① Wakeman, Fredrick, *Strangers at the Gate, Social Disorder in South China*, 1839-1861, University of California Press, London, 1966, p159.

关于两次鸦片战争，英国人历来不愿过多提及，对自己国家"鸦片贩子"的名声忌讳甚深，而私下里却对轻易打开中国大门沾沾自喜，不著文字。在毒品成风的20世纪末，为鸦片而引发战争，毕竟会带来一些西方人的负罪感，特别是在临近1997年中国收回香港的时间。但是到21世纪初，却连续出现了一些为英国人发动鸦片战争辩护的论著，在英美和西方博得好评，潜在的西方优越感找到一个爆发的机会。这些畅销论著的基本论点论据与19世纪英国人的观点，包括鸦片巨枭渣甸的言论，相距有限，沙文主义内涵甚至更甚，认为英国应该堂堂正正地启动战争和推动战争。

这里面既有英国老牌殖民主义者自我感觉良好的因素，视中国文明和社会为"野蛮"社会，拯救中国是替天行道，又有新的世界形势的大背景。美国人推崇的"历史终结论"，和国际强权政治在21世纪的复起，正是那些重新解释两次鸦片战争的论著的大背景，信心爆棚，导致他们的潜意识里，对19世纪祖先们的海外战争怀有莫名钦佩，也增加了辩护的底气和论据，即两个世纪以来西方都在进行正义的战争，对方无力反抗，这就是正当理由。即使鸦片和现代毒品同样丑恶，但英美帝国主义、殖民主义的情绪依然不断，再起波澜。[1]

重新获得高涨的自信心之后，英国人和西方人甚至忘记了一个多世纪前格莱斯顿在议会辩论中的某段文字，这场鸦片战争会令英国的名誉永久蒙受耻辱。一些英国人当时就承认，鸦片贸易与英国这个基督教国家的荣誉和责任完全不相容。[2]但是很多英国人执着地认为，成功的军事征服和正式签订的不平等条约，毕竟最终会抹去那一丝残存的道德耻辱感，而19世纪的现实，确实是清代中国对英法联军和各个中外条约的

---

[1] 黄宇和（John Wong）：《21世纪初西方鸦片战争研究反映的重大问题》，《清华大学学报》2013年1月。其中一本畅销书为，Julia Lovell（洛威尔），*The Opium War: Drugs, Dreams and the Making of China,* Picador, London, 2011。此书的史料学术价值并不突出，基本上引用其他已出版论著，全书中的大量篇幅实际上用于分析中国人为什么如此重视鸦片战争，强烈的爱国情绪和1949年后中国官方的宣传，所有的研究重心不在于鸦片战争本身，而是推出一本现代西方"中国通"们借用重新审视的理由而著的畅销书，而就是这一主题赢得了西方学界和媒体的热情支持和赞赏。

[2] Hanes, W.T., *The Opium Wars: the Addiction of One Empire and the Corruption of Another,* Sourcebook Inc., Illinois, 2002,p158.

完全屈服，放开了鸦片进口，甚至允许国内种植消费鸦片。这些被迫做出的让步，减轻了一些英国人在鸦片问题上的负罪感，也不在乎以鸦片罂粟花作为纪念一次大战的标志。即使英国人日后再也无法尽情享受军事和条约方面的优越时代条件，他们也要尽量避开在道德上处于被动和受到谴责的地位，因此更加无视当年格莱斯顿偶尔发出的良心呼唤。说到底，他们整体上属于一个特殊时代——"维多利亚时代的维京海盗"中的部落，那种滥杀无忌、散布血色恐怖的海盗，也就是格莱斯顿所形容的"海盗旗"下的高度有组织的武装团伙。

第二编 太平天国运动

一、洪秀全、"拜上帝会"与太平天国

两次鸦片战争巨大外来冲击的直接后果，是英法等西方强国以武力征服和示威的方式，与清廷之间建立起对等甚至高压式的关系，清廷逐渐弱化为无以反抗的附庸，直至20世纪都无力改变不断屈从西方列强的局面，从来怯于主动违反那些被迫签订的对外条约，相反却是继续签订更多让权割地的条约，朝廷中枢的施政余地日见缩小，蜕变为中国版图上的局部统治者，而不再是全面有效的统治者。

鸦片战争的间接后果，就是西方势力如水银泻地般地渗入国界之内，掀起内地叛乱和孵化分裂因素，愈加切割分化中国既有领土和现存体制。英国人首次尝试征用中国本土的庞大人力资源，为其在华征战和扩张服务，不仅召集那些从事商业生意的早期买办和中介，走广州行商伍秉鉴的路，又开始像他们利用印度的资源和士兵一样，在中国境内建立起听从他们指挥的最早的汉人军队，首先是那些来自香港、广州的苦力团队，跟随英法联军征伐中国。在这一标杆作用之下，日后出现英国军官指挥的汉族雇佣兵，加入中国内战，而清廷几乎难以避免军权旁落和发生武装内战的前景。由鸦片战争失败而引发的危险结果，还在于严重的管治危机，削弱了朝廷原有的统治权威，地方官府依靠这一天下一统的权威而推行施政的过程被打断，面对层出不穷的地区性反抗群体，而像广州三元里爆发的武力抗英事件，则引发了广泛的蔑视官府权威的情绪。

鸦片战争打开了外来思想教义的闸门，南方各地产生了受西方影响

的非正统势力的环境，引进同中国传统朝纲体制并行甚至超越的西方思想体系和宗教，从根本上分化了已经处于末期的宋明理学和中央集权体制。这一微妙的间接作用具体表现在太平天国运动，发端于最早接触西方势力和传教士的两广地区，又面对着英国在中国的重要基地香港岛，外来西方体系轻易渗入两广，最终引发史上最大规模的农民起义和内战。

洪秀全是广东花县客家人，1828年开始秀才考试，失败四次。洪秀全本可以循士人认可的路径，成为清朝政府的一名普通官员，但科考落榜令其毫无所得，只有改求他途，正常仕途之外的途径。鸦片战争之后的各种现象，让洪秀全这样的有学之士开始意识到清朝统治的脆弱，以及那些在他们顶礼膜拜的传统体系之外的强大势力，足以抵制甚至压倒中国人世代以来的忠君思想和对皇朝权威的畏惧。

第二次赴广州赶考失败后，洪秀全在街上拿到一本华籍传教士梁阿发自己编写的《劝世良言》。当时国内已经有外籍和本地的传教士，主动外出向路人发放教会印制的中文基督教会材料，以吸引更多人入会转信基督教。洪秀全当时尚未脱离中国儒家体系和客家传统，对基督教所知甚少，也意识不到它对自己命运的重大意义。按照中国士子的惯常生活轨迹，洪秀全之后第三次赴广州赶考，以求改变客家出身带来的不利地位，但照常落榜，大病四十天，醒来之后改名为洪秀全，自认天王，无人承认，自己也不确信，既不承认自己科考历程至此完全失败，也未承认自己产生了起义叛乱的念头。直到1843年，他做最后一次尝试，再次到广州应考，照样落榜，希望彻底破灭，这才完全放弃科考，改换门庭，发誓今后自己当朝做主，开科取士。

《劝世良言》此时才产生真正的影响，为洪秀全提供了实现自己做"天王"的思想宗教体系，足以取代中国士大夫多个世纪以来一直遵循不悖的固有体系。对洪秀全来说，来自西方的基督教是完全彻底的一神论，其他均为异教邪说式，绝对的宗教服从和信仰，完整的阶梯式遵从系统，从上帝耶稣到普通教民，从教皇主教以下到一般信众。最值得注意的是，来自基督教世界的政府和军队已经充分证明了它们压倒现有中华传统体系的真实实力，如果洪秀全借此机会掌握来自西方的神力，将足以改变社会和寰宇，获得比一般农民起义更为辉煌的历史性成就，取代他当时十分憎恨的清廷。

洪秀全自1844年开始进行传教活动，并于1847年赴广州，面见美国传教士罗孝全（Issachar Roberts）。罗教士属于美国南方浸信会，与满腹经纶的洪秀全相比，这位美国传教士所受教育却是十分有限，除了圣经教义外，知之不多，曾经受到所属教会的严厉斥责，因为他故意夸大信徒数量，行为鲁莽，私扣教会募捐款等，麻烦不断，最终于1855年被教会开除。[①]洪秀全在那里花了两个多月的时间向罗孝全学道，阅读理解《圣经》教义。

与梁阿发不同，洪秀全的目的并不在钻研教义和为外国教会传道上，也并不在意罗孝全个人的各种性格缺陷，只专注于自己臆想的宏大事业，对基督教教义只要粗略领会、能够为己所用即可。虽然洪秀全加入了罗孝全的培训班，却未接受新教教士的正式洗礼，他最初准备接受罗孝全主持洗礼，却自行取消，赶回家乡自立教会，为起义做实质性的思想和组织准备工作。接受基督教主旨的洪秀全，既没有正常归属的教区教士，也未正式接受洗礼，结果未能被香港、广州或内地的西方基督教会所接受，日后成为太平天国与西方列强之间的一个纠缠不清之处，他所领导的政治组织也从未与基督教团体合作，更无从形成一个西方在华势力和本地政权的共同体。

洪秀全自定的拜上帝说，以基督教为主，采用"上帝"的概念，扫除人间的"魔鬼""阎罗妖"，似乎得到了神授权力，借此压倒和践踏清廷赖以执政的传统中国儒家、法家体系。但仅有"上帝"的模糊概念还不够，间隔甚远，因此洪秀全便把自己提升到仅次于"上帝"之子耶稣兄弟的地位，以此确认自己独特的"天王"身份，之后延续这一神话而不能自拔。此时洪秀全利用的工具是"拜上帝会"，一种变形的基督教组织，他对基督教教义的利用转移，本质上也类同佛教背景的白莲教，或者道家背景的"黄巾军"，并无实质上的不同。以某种宗教为背景的农民起义，目的更为明确，持久力强，组织更为严密。

为了达到这一聚合群众的目的，洪秀全过分强调基督教的独一地位，为此必须把中国社会的儒家、佛教、道教传统一概踩在脚下。洪秀全与那些传统观念彻底决裂，开始摧毁周围的儒家牌位和象征，以示与

---

① Rapp, John A., "Clashing Dilemmas: Hong Rengan, Issachar Roberts, and a Taiping "Murder", *Journal of Historical Biography*, No.4, Autumn, 2008, p38.

朝廷决裂，并鼓励他的信徒们肆意攻击那些传统象征。这类做法吸引到一些陷入失望的群体和社会下层人士，同时却把另外一些群体推到自己的反面，失去来自他们的必要支持，日后带来巨大的危机。

洪秀全和冯云山在广东创立"拜上帝会"后，最初选择自己的家乡广东为传教区，离外国传教士的活动中心广州和香港较近，但却邻近两广总督叶名琛的辖区中枢，阻力压制甚大。叶名琛由布政使到1848年任广东巡抚，一向严格控制麻烦区县，剿捕平定各地匪患，甚有成效，令洪秀全和其他地方起义组织困难重重。虽然洪秀全和冯云山充分利用了两广地区的乱局而创立最初的宗教性起义会社，但最后却选择远离清朝南方统治重心的广东，转移到邻近的广西境内进行拜上帝会的传教活动，开启武装起义的事业。

洪秀全的传教活动带有中国的特定传统，即从最近的家庭或家族成员开始传播宗教理念，最先加入的是堂弟洪仁玕和表弟冯云山，成为三位领袖人物。之后的经历证明，这是洪秀全的明智之举之一，因为太平天国政权的起始和发达，主要依靠这些最早加入的核心成员，各自证明了他们的不同领导能力。洪秀全本人必须依靠其他类型领袖的倾力襄助，那些能够成功组织民众和维持政权运作的领袖人物。

洪仁玕在清远教书，后避难逃往香港，同洪秀全失去联系。此时的"拜上帝会"，主要依靠的是冯云山，在创始的关键时期，他的传教活动更为成功，实际有效，深入到广西金田县的紫荆山区传教和发动群众，直接联系起义活动主体的下层群体。"创为天律十六条款，太平制诏军书，各处习诵，晨夕跪诵，令富者助银入教"。[①]洪秀全本人偏重于撰写理论体系和整体教义，建立起自己的领袖形象和地位，放手让冯云山大力进行实地的传教活动。冯云山成为"拜上帝会"的实际行政首脑，不仅自己对洪秀全的教义解释深信不疑，而且全力推动支持，代表洪秀全去做艰苦细致的传教工作。

此外，冯云山为洪秀全的起义找到一个具备多种有利条件的基地，金田县的紫荆山区，那里遍布洪秀全起义的最早支持者，农民、烧炭工人和会党分子，他们最容易接受新式教义和未来起义领袖的鼓动。虽然

---

① 楚园退叟编辑：《粤寇纪略》，《太平天国》，《中国近代史资料丛刊》，上海人民出版社，1957，第四册，第354页。

洪秀全来自广东发达地区，离广州很近，但为了自己所设想的远大事业和策动起义，他宁愿选择更为适合起事的广西客家人聚居区。两广地区并不缺乏农民起义的丰厚土壤，零星爆发但延续不断，出自会党分子和客家人的反抗活动更为频繁，即使"拜上帝会"并不存在，那些活跃分子也会追随其他方式类型的起义组织。

在最早的两千余名信徒中，冯云山发展了第二批的重要领导人物，包括杨秀清、萧朝贵、石达开等，这在洪秀全创教初起、毫无名声威望时，是非常难得的。杨秀清原是湖南人，移居到广东嘉应，自愿入会，与洪秀全结为兄弟。由于共同的客家文化家族背景，洪秀全、冯云山得以接触到当地客家富户，如石达开和韦昌辉，从而比在广东时更加容易扩大"拜上帝会"的影响。石韦两家与前述洪冯两人出身清贫的背景完全不同，他们本身是当地的客家大户，志向高远。如果那些社会底层的贫苦民工愿意接受一个普通人洪秀全为"天王"的话，已在当地拥有一定地位并且与地方官府关系良好的石韦两人，决心加入这一新的秘密会社，他们必须考虑当前面对的巨大风险，所做选择无疑证明其早有抱负和承担，被"拜上帝会"的叛逆起义性质所吸引，愿意加入而变身为早期的高层领导人物。

他们的加入，为洪冯两人的传教和组织活动提供了更多资金支持，并且有能力调动当地人力资源，特别是来自大批客家人的支持。这些在贫苦阶层之外的人们的参与，极大地鼓舞了洪秀全，证明他的清贫和科考失败的悲惨背景，并未成为聚众起义的障碍，仍然能够招揽到家境地位比他更好的人们，心甘情愿地以他为起义核心。这些都极有利于扩大"拜上帝会"的信徒规模，促成地方农民起义和他的反清立国大业，"天王"身份有望。

这些聚集起来的民众团体，只是两广地区众多民间组织之一，也面对清政府组织的团练和地方势力的包围，所以发生纠纷冲突是早晚之事。扩张迅速的"拜上帝会"信众与当地地主武装团练发生冲突，官府侥幸抓获冯云山。这只是不同地方势力之间的纠纷所致，广西地方官府对规模不大的"拜上帝会"实际上并不重视，视其为各地民间无谓争端之一，不属于完全干预，因此在本地"拜上帝会"筹措到足够资金之后，允许他们赎出被关押的冯云山，大事化小，并未认真对待，更没有趁机摧毁这一偏僻地区的聚合之众。争端化解之后，"拜上帝会"的损失可以忽略不计，但这一微不足道的地方性事件，却关系甚巨，造成对日后太平天国运动的最大打击。

洪秀全为营救冯云山而专门赶回广州活动，而冯云山出狱之后，随后赴广东寻找领袖洪秀全，无谓地浪费时间。洪秀全、冯云山的活动，令"拜上帝会"早期最高层人物全部缺席，紫荆山起义基地群龙无首，面临溃散之危。在没有得到洪秀全授权的情况下，杨秀清挺身而出，冒用洪秀全的名义和教义，替"天父、天兄"代言，假装附体"下凡"，但却自我提升到"天父"的身份。他们假托的"天父"语言对一般民众却十分有效，比洪秀全的传教更易为普通民众接受，所以迅速见效，稳定了开始动摇混乱的会众，挽回当时如鸟兽散的危局。当洪秀全、冯云山赶回紫荆山时，形势已经与他们离开时大不相同，无可挽回，被迫承认杨秀清"天父"代言的宗教地位，从理论上讲还在洪秀全之上。这一变化搅乱了"拜上帝会"本来的高层排位，埋下无穷长期隐患，有意无意之中制造出一个重大而又几乎无解的矛盾，为起义组织和太平天国带来极大混乱。不仅洪秀全的绝对权威受损，会内高层人物之间，特别是洪秀全和杨秀清之间的矛盾，不断紧张直至破裂，而其他怀有野心的人物也会不安于位。

洪秀全等人发明的大量宗教语言名词，十分深奥，而最后却落实在推翻满族朝廷，起义建立"太平天国"之上。这些类似历代农民起义的口号，对那些普通信众具有更大的吸引力，改朝换代的前景无限，洪秀全起义立国的目的已然明确无疑。至1849年底，各地"拜上帝会"信众奉命前往金田会合，公开操练和打造武器，准备实施武装起义，而洪秀全已将远在长江流域的南京作为太平天国的第一重大目标。洪秀全试图以宗教戒律来约束义军，达到纪律严明的目标，同时宣传基督教的"天国"，上帝的神权相授，以达到"太平"的终极目的。基于这些新式宗教的威力和洪秀全的平均平等理想，"拜上帝会"属下的农民军自始就有纪律严明和目标明确的特点，更主要的是怀有推翻现政权、建立天国的热切愿望。

这一地方起义事件最初并没有引起清朝官府的特别注意，只是在金田附近聚集的近两万义军，规模过大，难以遮人耳目，地方官府难免要动用清军和地方力量，加以清剿。其时广西局势大乱，各地骚乱数以十计，地方官府焦头烂额，依洪秀全之命的农民军趁机起事，以1851年

1月11日记为金田起义日。他们击败了当地清军将领李星沅和向荣，进攻象州、武宣一带，并正式建国，洪秀全登基"天王"，授衔五主将，早期的高层将领开始各就各位，形成了初步的正式国家军队机构。只有在积聚了足够的军力之后，洪秀全才领军杀出，进入广西永安，休整将近半年。在太平军被清军围困在永安县境期间，洪秀全着手确立了一些太平天国的法则规制，以约束贫困农民为主的义军，规划未来政权的蓝图，明确推翻满清朝廷的使命，以示与之前各种其他地方农民武装力量的不同。鉴于天国的重大历史使命，洪秀全进一步完整了天朝体制结构，赏封"五王"，杨秀清为东王，萧朝贵为西王，冯云山为南王，韦昌辉为北王，石达开为翼王，由于杨秀清的特殊宗教身份，他有权节制他王，成为洪秀全之下的第二人，取代了冯云山之前的突出地位。

碍于日益恶化的困城状况，洪秀全被迫突围，闯到省城桂林城下，但当时的义军并不具备攻城实力，背后清军尾随威胁，只有放弃桂林，但却由此采用了正确的战略决定，转向北方，闯入湖南，反而令清中央政府和地方官府措不及防，突破了清将江忠源部的围堵，于1852年中进入湖南境内，最终离开了"拜上帝会"的大本营，一路北上东进，不再返回已被放弃的广西。此举可被称为"流寇"行动，也可被视为灵活的战略转移，脱离了受困局面，转而掌握战略主动，避免了许多农民起义组织被迅速歼灭于地方的悲剧。

在突围湖南的过程中，洪秀全遭遇天国命运上的又一挫折，西王萧朝贵和南王冯云山战死。不仅太平天国损失两员主将，更致命的是，冯云山这一洪秀全的最早追随者，实际上是"拜上帝会"的创建者，地位不下洪秀全，又是出色忠实的天国组织者，应该不会站在洪秀全的对立面，或与其他高层人物共谋反洪。这一重大损失令洪秀全日后面临天国统治中的孤立局面，缺少值得信任的要员的支持，疑心加重，在杨秀清已经占据关键性的第二位、又代表"天父"发言传旨的情况下，"拜上帝会"的第一领袖洪秀全逐渐陷入一种在太平天国事业中微妙而危险的境地。

洪秀全的窘境在进入湖南之后很快就显示出来，地位被架空，享受"天王"的尊崇，但由杨秀清经手太平军的指挥和策略。太平军进入湖南——他的祖地，本来就是杨秀清的主意。在北上东进的过程中，杨秀清再次展示出比洪秀全更好的策略判断，认为不宜强攻长沙，但洪秀全予以拒绝，派兵进攻和围城，导致兵败和损失两王。洪秀全多次失算，威望受损，也证明他自己并非是一个明智出色的战略家和军事将领，他的贡献主要在于确立天国的理论基础和基本原则，而杨秀清的威望提升，成为日后军国大事的重要决策人。

太平军因其剪辫留长发的特点，也被称为"长毛"军，进入湖南后，充分利用了内地地方清军兵力空虚之利，又由杨秀清的讨清檄文召集到更多的民众加入，恢复到十万之众，同时势如破竹，连克城池州县，逼近湖北、安徽。此时的太平天国，已经不再是"拜上帝会"的地下宗教组织，而是实实在在的反叛清朝的大军，有望成为清廷的主要对手。天国初具雏形，反清号召力强，正在从"流寇"转变为实体的地方政权。

长沙围城失败后，太平军将领们全面接受了杨秀清的"专意金陵"的大战略，北上为优先选择，直至长江边，占领岳阳，开始组建水军，然后顺江而下，直扑武汉，于1853年1月初夺取著名的武汉三镇，击毙湖北巡抚常大淳。太平军在此获得大批银两、枪炮和船只，水师兵营暴增，军队规模迅速扩大，包括水陆两军，大量兵员来自周围地区的船夫和矿工，统共号称五十万之众。

这是广东士人洪秀全麾下的太平军占领的第一个重要省城，之前众多农民起义都没有做到的成就，距他创建"拜上帝会"不过五年，立国仅一年，进展惊人。对清廷来说也是如此，这一来自南方的重大威胁，成为清军的主要镇压对象。既然已经取得湖北属地，太平天国也可以在这一华中重地聚集盘踞，立为基地，但此时杨秀清制定的战略规划已为天国高层全面接受，休整近一个月之后，太平大军即顺江而下，沿岸望风披靡，直取南京（江宁）。在任两江总督陆建瀛为避其兵锋，放弃沿江防务，退入南京城固守。但失去沿江重要城市，如九江、安庆，南京变为孤地，被太平军密集包围，再无破围的机会。太平军顺利攻入内城，击毙两江总督陆建瀛、安徽巡抚蒋文庆、江宁将军祥厚等地方大员，自抵达南京到3月20日南京城破，仅历时十五日。杨秀清的军事才能在此充分体现，以洪秀全之名，指挥大军若定，一帆风顺，在相当短的时间内就完成了洪秀全粗略规划的天国北上任务，将南京拿到手中，整个天国大业，已臻近半。

以清军当时的真实实力，难以经受住新兴太平军的巨大冲击。清军在第一次鸦片战争中就原形毕露，只够勉强一战，战后依然散漫腐败如常，对付零散小规模骚乱和地方会社，尚有余力清剿，一旦遇上也是由农民组成的太平军，纪律严明，作战勇猛，拥有早期杰出的战将，历经战阵，实战中攻守能力迅速提高，懈怠糜烂的地方清军自然不堪一击，连失城池，损兵折将。南方两个重要省会都城武汉和南京，接连被太平军踏平占领，清廷在江南的局面岌岌可危，不仅麾下无可用善战将领和庞大军营，而且紧急调动而来的清军也难免遭遇常大淳、陆建瀛的悲惨命运，连自保都困难，何谈夺回已经失去的大片地域。

在这一关键节点上，出现了两个事态，令北京的满清朝廷可以稍缓一口气。一是太平天国的高层在下一步的战略上出现严重分歧。与明末北方的李自成义军不同，自南部广西起事的太平军，深切感受到发动北伐至京城的难度，路途遥远，北方自然政治环境与他们所熟悉的南方环境大不相同，还要面对沿途必然遇到的清军袭击阻截，前途莫测。太平军已经打入清廷的命脉之处，江南的中心南京，整个苏浙富庶之地都在太平天国的兵锋之下，掌握这一广大地区的统治权，足以维持新近建立起来的农民政权，又有威胁朝廷命脉的京杭大运河，预示着清廷全国统治的极大削弱，彼消此长，即便驻守南京，满清政权的末日似乎也指日可待。

有鉴于此，很大一部分太平天国高层对北伐持消极态度，既出于巩固江南统治的即时需要，也受到初期迅速胜利之后自满情绪的影响，难免满足于在江南和中国南部的稳定生活，而对分兵北伐持有异议。洪秀全进入南京城后，正式建都于此，改名为"天京"，与北京并列甚至有取代其地位之意，明确昭示了太平天国以南京为中心的意图，北伐自然有可能在其总体规划中被置于次要地位。

太平军高层之中很多都强调南京的所谓"王气"，虚无缥缈的"虎踞龙蟠"，但在实际考虑因素中，无法忽视南京在江南地区的突出位置，确实具有统合周边省份的便利条件和宏伟气势，被鱼米之乡包围，富裕程度普遍高于中国其他地区，通过征伐而将这些地区纳入股中，新政权将拥有强大的财力维持政权运转和充足的军力。太平军之前依靠庞大的水师沿长江顺流而下，连取要塞和名城，他们自然担心到了河流有限的北方，水师将无用武之地，而向北跨越东西方向的河流，对步骑兵来说难度甚大，很有可能被敌军拦腰截断。对于那些来自广西"拜上帝会"的老兄弟和太平军早期成员，建都南京具有绝对的吸引力，对于动身北伐和转移到寒冷的北方，特别是公认贫穷的河南河北省份，自然难以认同，更加不希望再次大规模征战带来不可避免的损兵折将，甚至连立都南京的老本都会输掉。

支持北伐的太平天国官员，则是着眼于天国宏伟计划的第二部分，即直捣北京，推翻满清王朝，完成历史使命。安居于南京而放弃北伐，最后结果极有可能是失去南京和其他已经占领的地区，而只派出一小部分军队向北京进发，既难以达到预定目的，也会在途中遭遇失败，对处在南京的天国毫无意义。所以太平天国必须做好准备，大军向北京进发，趁清廷缺乏准备的时候，征服北方省份，直捣北京，才有可能成功。洪秀全最后在两派意见中做出妥协，坚持在南京建都，基本上满足于维持在中国南方的统治，稳定"天京"之下的地域，而只是象征性地派出一些北伐部队。

另一个影响到太平天国命运的重要因素，是当年清廷并未面对严重的外来武力威胁，因此有余力聚集资源和清军，重点对付立足南方的太平天国。英国等西方列强尚未找到出兵的合适借口，除广州入城问题外，其他中英交往和贸易方面并无大障碍可言，特别是上海口岸的贸易发展甚快，商民聚集，有超过广州之势。虽然英国工业产品进入中国市场的速度缓慢，但整体贸易活跃，形势还没有发展到令英国商人集团去积极推动本国政府启动战端的地步，英法美使节要求修约的时间也要在此之后。因此，清廷有几年的时间，动用残存的财力军力，独自对付太平军的挑战。

从长远来看，太平天国的命运决定于1853年建都南京的重大决策，否定了主力北伐的计划，洪秀全及其天国领袖们在之后年份中的主要任务，就是为了巩固和维持设于南京这一地方政权，对清廷全国统治的威胁开始逐步减轻，失去了当年连取武汉、南京的宏大气势，更多地限于自保自卫，将战场和角力的主动权交回给满清朝廷，并进而走下坡路。由于自愿偏居一隅，太平军再没有可能像李自成一样，挥师占领北京和推翻明朝。

清廷对太平天国的反应，略显迟钝，因为太平军的流动作战，令地方清军无法预测，防不胜防，无法在太平天国正式建都之前，就将其摧毁剿灭。洪秀全正式立都南京之后，清廷才真正聚集全力对付这一重大威胁。第一步是开始围困南京，由向荣任钦差大臣，建立江南大营，拥兵数万，驻扎于南京城东孝陵卫外，十分逼近明城墙，两军经常短兵相接，令杨秀清必须在南京保持相当的兵力，并被迫召回征战其他战场的太平军部队。而年老的朝臣琦善被勒令出山，建立江北大营，拥兵万余，驻扎于城北江边的扬州附近。清军在此阶段仅仅忙于设置包围线，困住新兴的太平军，尚无真正实力正面攻陷南京和摧毁天国政权。

在此情况下，洪秀全还是于1853年中派出了北伐偏师，借此表明他仍然守住自己和天国的承诺，而不是半途而废。太平天国并没有派出"王"一级的高层人物领导北伐偏师，而是以新任命的丞相级官员林凤祥和李开芳率领，都是精明强干的太平军将领，但级别明显略低，林凤祥本人又是加入太平军的"天地会"首脑，证明这一北伐行动没有受到天国中枢的足够重视。为了巩固南京地位和扩大统治腹地而先后发动的西征，就是由"翼王"石达开亲自指挥，水陆军兵员和资源充足，达到了预期的目的，为太平天国争取到更多生存空间，也极大地增加了清军围剿南京的困难程度。

林凤祥等人所率领的两万余名太平军，只能依北伐路径沿途的情况而随机行动，完全依靠自己的力量，不能再像之前攻陷武汉、南京之役，及时得到大量兵员补充，形同孤军深入，左右翼及后方均属空虚。林凤祥等部先向西北方向进军，经亳州入河南境内，沿途消耗兵力，还有可能被迫分兵，而为了直击北京又不得延误行程，被迫绕一些城池地方而折行。他们一路向西迁回，甚至辗转到了山西境内，转而向东，又返回河南，再次转北，进军至河北保定一带。北伐太平军采用灵活机动的战术，避实就虚，令各省清军猝不及防，轻易冲破现有防线，不停向北突进，以致清军既无法防备，又无从追踪尾随。

清廷之前忽视这支飘忽不定的轻骑兵部队，直到它进入河北境内，威胁到北京，清廷才匆忙调动手边可用兵力进行围堵，主要是僧格林沁的蒙古骑兵和清朝大臣胜保率领的绿营。为了避开这些拦截清军，继续北上，林凤祥率军转向东北方向，几乎攻陷天津。他们兵锋所至，与数年之后英法联军的入侵登陆地点相距并不远，但此时北伐军已经无力快速推进，反而受阻于城外，只有固守待援，不愿在已经向北突进这么远的距离、离京城又如此之近时，放弃折回。

历时半年之久，这支北伐偏师跨越了多个省份，单兵独力逼近京城，由此可以设想，如果太平天国出动主力北伐，极有可能直逼北京城门，而不致在寒冷的北方地域止步不前。林凤祥被迫派信使返回南京报信求援，洪秀全最终于1854年初派出援兵北上，试图与林凤祥的部队会合。前后分别发兵的后果，令增派的援军力量几乎没有发挥预期的合力作用，被清廷紧急调动的部队分头阻隔剿灭。援军进击到山东临清时，因故被迫折返，沿途不断被歼，余部逃回南京。林凤祥的部队在失去会合的希望之后，孤军奋战，被僧格林沁的清军分割包围，所剩兵员越来越少，最后林凤祥和李开芳均被俘遇害，北伐太平军最后被平定。北伐的失败源自洪秀全等高层的消极态度和短视，太平天国设想取代清王朝的最后希望破灭，只能局限在南方各省，安于现状，日后主要仰仗流动作战的捻军在北方对清王朝构成一定的威胁。

太平天国在南京建都，成为公开与北京清廷对立的政权实体，具备了基本的执政功能和势力范围，特别是涵盖富庶的江南地区，令清王朝的实际管辖地域大为缩小，税赋收入堪忧。形势不饶人，清中央政府只能依靠现有的清军绿营，去对付已然成势的太平军，胜算不大，譬如叶名琛在广东采取的无情杀戮手段，用来对付能够进行大规模攻城防守的太平军时，效力全无，清军绿营不占任何明显优势。

清军设立的江南、江北大营从东面和北面卡住南京，太平军被迫派兵西征，以维护长江流域的畅通和南京后方地域的安全。他们东下攻占南京时，武汉不留守军，之后又被清军顺利收回，"齐赴下游，不留一贼，官军乘势收复省城，所失府县亦同时收复"，[①]太平军无可避免地需要重新攻打那些随意失掉的地方。西征始自1853年5月19日，与北伐出征时间相近，成为实际上的重大分兵。在江南、江北大营未除的情况下，这些重要军事行动确实带有相当的危险。

太平军顺长江返程而上，回攻先前已经攻占过的城池。先是"拜上帝会"老人胡以晃、赖汉英和曾天养带队出征，之后又由翼王石达开亲自统帅，实力大增。西征军在一年左右的时间内，先后攻占武昌、南昌、九江、芜湖、安庆等重要城市，在湖北、江西、安徽与清军和后起的湘军缠斗争夺，反复攻防厮杀拉锯，形同正规军交战的正面战场。太平军中的杰出将领声名鹊起，而原本作为朝廷正统的清军则吃尽了苦头。

---

① 樗园退叟编辑：《粤寇纪略》，《太平天国》，《中国近代史资料丛刊》，上海人民出版社，1957，第四册，第367页。

太平军的西征基本上巩固了南京都城的大后方，将洪秀全的天朝事业推进到少有的高峰期，击败当时清廷紧急调动聚集的武装力量，剿灭天国计划破灭，从而在第二次鸦片战争之前奠定了中国南北对立的基本局面，令中国之后的走势更加迷离难判，即便是清王朝在短期内寿终正寝，也由此变成一个有可能出现的转机。

二、曾国藩与湘军的兴起

太平天国运动发展至此，已经证明，清廷不能再依赖满洲八旗和绿营的兵力去压制这一强大农民起义风暴，甚至难于剿灭地方上相当规模的骚乱，为了平定这一相当于"三藩之乱"的大规模反叛运动，必然要更多地依靠汉族士民的力量。恰值此时，汉族士绅阶层仍然维持着他们对满清朝廷的效忠和支持，并且模仿之前广州附近抵制英国人进城的"三团练"，在接近太平天国辖区的省份地区，出现地方士绅筹办团练的情况，首先是工部侍郎吕贤基奉旨回安徽原籍筹备团练，引发之后曾国藩在其家乡湖南兴办团练和湘军之举。

作为农家子弟，曾国藩原本的社会地位和家境，尚且不如广东花县客家村中的洪秀全，成名之后也始终不忘这一背景和农家传统。关键的不同之处，是曾国藩利用传统中国社会内部人才流动的利器——科举制度，发奋勤学，考中秀才，24岁中举，之后也曾落榜两次，但27岁会试中进士，殿试第42名，钦点翰林，成为登上科举仕途顶峰的新人，由境况极为一般的湖南农家子弟，一跃而为京城朝廷官员，位列士绅和社会中坚，由此怀抱"修身、齐家、治国、平天下"的远大抱负，与洪秀全屡考屡败、被迫求助于外来宗教以谋事的窘境相比，有天壤之别。

登入官门的曾国藩，自然清楚知道儒家规制和朝廷体制关系到他的仕途和身家，如果清廷垮掉，他必将随之失去身处官府之中给他带来的一切，而他对儒家思想的尊崇信服，令他完全无法接受洪秀全天国信仰背后的基督教因素。如果洪秀全掀起推动的是通常意义上的农民起义，创立与满清对立的汉族地方政权，延续现存中国体系，曾国藩或许有可能依形势而变，从视"长毛"为"匪"，转而视其为窃夺朝堂、改朝换代的又一尝试，进而在适当时候转投即将登基的新王朝。但洪秀全的太平天国理念行为，对儒、佛、道统，以及祖先传统，一概打击摧毁，弃之如无物，强加一些不知所云的"上帝""耶稣"观念，拜服于外来基督教。这些都断然超出了曾国藩所属的传统士大夫阶层的接受程度，反应强烈，如曾国藩日后在公开讨伐檄文中所示，把太平天国的异教传播视为大逆不道之举，纲常伦理毁灭，行将导致朝代更替的社会动乱，因此持极度仇视的态度，不仅继续效忠清后期日益瘫痪无能的中央政权，而且以实际行动力阻太平天国继续蔓延扩张。

这不仅仅是曾国藩个人的看法和忧虑，其他积极参与平叛的清朝士人，如郭嵩焘和左宗棠，也抱有同样的坚定意志，其明确目标既是平"匪"，也是平"邪教"，在镇压"长毛"、清除异端时下手毫不留情。洪秀全日后面对的重大挑战，不仅来自被他视为"妖魔"的满清朝廷，更来自于那些热衷于维护自身利益和信仰的本土士绅，作为现存政权的重要构成部分，起而与失意文人和贫苦农民团体对抗，发动护"道"反"上帝"的武装斗争。之前在太平军大举攻城略地之下危不保夕的地方政府和士绅们，起而自保，利用任何机会将其遏制扼杀。达到这一目的的主要方式之一，就是回乡自办团练，组织地方武装，而像曾国藩这样获得中央政府授命，拥有深厚儒家理学学养和众多追随者的高级官员，自然适时而出，被奉为地方领袖和抵御太平军的可靠力量之一。

曾国藩在京之际，已经升为朝廷二品大员，清流上层，但他并未出任过地方职务，更无从担任封疆大吏，最多为省城乡试考官，因此其京官职位未能给他以最基本的相关经历，去组建和指挥一支武装力量，更何况是一支能够有效抵抗当时已经攻陷南京的剽悍太平大军的地方队伍。曾国藩因母亲去世而被迫丁忧，返回湖南原籍。但形势急剧发展，甚至恶化，迫使这位当时已经成名的儒家理学大师，典型的诗书文章圈中的中国士人，于42岁时变身为领军之将。

曾国藩集中于在自己的家乡吸收人才和学生，充分利用地方上的人力资源，特别是那些急着等他出山的地方官员和他的同乡同事。地方名士郭嵩焘和左宗棠已经被湖南官府雇用，守城卫土，但他们非常需要官衔和名望更高的曾国藩出头领导即将组成的地方武装，愿意在曾国藩手下行事。这对曾国藩造成格外的压力，他严重缺乏军事经验，本人为手不能提的文人，出来办团练，勉为其难，不一定能成事。曾国藩还担心兴办团练带来的麻烦，作为临时非正规的武装，日后可能得不到承认，被朝廷下令解散，对于那些曾经参与团练筹办和统领的地方士绅将是沉重打击。但事态已急不可待，太平军进入湖南境内，攻打各处地方，人心惶惶，地方官府焦虑彷徨，曾国藩必然要以卫道忠君的姿态出来拯救残局，以求一逞。

曾国藩最初只有一千余名湘勇可带可用，无军事纪律可言，无地方实职实权，无法协调指挥，境地十分窘迫，令习惯于当清闲京官的曾国藩无所适从，萌生退出之念。在湖南官府的排挤之下，曾国藩不得不退到家乡衡阳自行招募乡勇，选择本地农民和招募地方知识分子，所谓"读书人"和农民兵的组合，他自己亲自训练，自做统帅，只具虚名的"团练大臣"，等于从头做起。曾国藩全靠昔日学生追随帮忙，分担领兵责任，才得以坚持下去。虽然创始艰难，前景未明，但曾国藩却于无意中利用这一段时间奠定了自己统帅军队的牢固基础，一个具有稳定核心的独特结构，开始拥有属于自己和只听命于自己的湘勇队伍。日后即便湘勇急剧扩张规模至正规形式的湘军，曾国藩仍然保持了自组建时起的核心地位和属下的忠诚可靠度，以乡族和师生的紧密关系维系这一庞大军政结合体。

唯一与他相处尚可的是满将塔齐布属下的标军，其他湘勇部队都由曾国藩自己招募、发饷、训练和指挥，从此不再听命于地方官府，在地方上成为必要的维持安定和平叛的独立队伍。曾国藩出于痛恨绿营无能和官府愚昧而自组湘勇，带有私人军队性质，由此开启了中国近代军阀时代，打破了清王朝历来中央集权体制的完整性，作为八旗绿营之外的第三支重要武装力量，其作用变得不可忽视。此举意义重大，以"忠君"自居的曾国藩忙于应付眼前的危局，无暇顾及地方军阀兴起会对清廷未来造成的致命危机。

曾国藩忙于训练养兵，对清廷下令湘勇出兵平叛的命令，故意拖延不出，让绿营去应付局面和损兵失地，从而证明湘勇的价值和作战能力，以免受到清廷轻视，或者被恶意派遣而遭遇失利。太平军建立起"天京"政权和从事北伐西征，重夺长江中游城市，击毙曾国藩好友江忠源和湖广总督吴文镕，湖南备受威胁。此时湘勇初具规模，兵力已接近两万，自信心增强，曾国藩此时无理由继续拒绝朝廷的指令，为此决定出征。1854年2月，湘勇脱离一般地方团练的角色，迈进到对抗太平军的正面战场。

出征湘勇侥幸地获得一场主要胜利，击败湘潭附近的两万太平军，挽救了曾国藩因其他地方失败而招致的不良名声，建立起湘勇的声誉，不负众望，由此获得朝廷信任，稍微压抑地方官府对湘勇的敌意和不配合的态度。朝廷为此下令以曾国藩信任的塔齐布接任湖南提督，在那个重要位置上给曾国藩以适当的官方支持。湖南地方稳固之后，湘勇向湖北进发，顺利攻占武昌。湘勇的实力和战绩完全超出朝廷和其他绿营将领的预期，解除了部分地区面临的军事威胁，逐渐成为战场上的主力部队。

面对如此杰出的战绩，清廷也不得不向曾国藩和湘勇颁发书面褒奖，但非实权实职，对曾国藩帮助不大，反而受命立即东进，尽早镇压太平军主力。这成为日后曾国藩与朝廷之间持续存在的中心矛盾，即朝廷并未视湘勇为正规部队，只希望它尽力征战，收复太平天国地域，而不愿由临时召集而来的湘勇取代正规编制下的八旗绿营。由回籍官员自筹的乡勇团练，只属于非正式武装组织，平定叛乱之后，依例均可解散归田，不致遗为满清朝廷大害。曾国藩对咸丰皇帝和朝臣们抑制湘勇的明显意图极为不满，忠君起事，却得不到应有的支持和回报，被猜疑的感觉如芒刺背，唯有小心从事。

缺饷而又被迫进军，成为曾国藩的大忌和心病，朝夕惶然，在违旨和真实困境之间挣扎。身份仅为团练大臣的曾国藩仍然缺乏调动地方资源和指派地方官员的实权，反而遭遇完全不合作的态度甚至有意排挤。随着湘勇规模的扩大，曾国藩被迫采用郭嵩焘的建议，开始设卡，收取值百抽一的厘金，以补充军饷需求。这一举措是清代后期财政制度的重大新举措，事关政府命脉和存亡，在太平天国运动高涨时期，厘金紧急资助了清廷平叛的众多努力。这一新税源的积极效用，反过来证明，以往农业为主的社会经济中商人获利之巨和政府抽税之轻，直到资源紧缺时，才开始吸取西方重商国家通行税收制度的精华，将商业税入视为比田赋更为重要的财政正税。如没有从抽取厘金而获得的大量军饷，湘勇极有可能因为缺饷而弱化以致崩溃。

但曾国藩属下采取的抽取厘金行动，不可避免地遭到江西巡抚陈启迈一类官员的阻挠和刁难，挑战曾国藩在他省境内的行政权威，进而阻止厘局运作，扣押负责抽税之人。率军进入江西讨伐太平军的曾国藩，却没有权力辖制地方巡抚和官员，只有通过直接向咸丰皇帝上奏，以朝廷下旨的方式，借中央权威来扫除这些地方上的行政阻碍，既时时掣肘，又耽误时机。

迈出湖南、进入江西省的湘勇，自然改名为湘军，承担更多野战攻城的任务。这对曾国藩的直接影响，就是在远离本地的情况下，与他省督抚的矛盾愈益加深，协调更加困难，经常要看地方督抚的眼色和顾及相互关系，甚至令曾国藩感到羞辱。最为有效的方法，自然是由主持战局的曾国藩自己获得管制征战省份的实权，而不必为军饷等实际问题依托祈求地方官府。虽然湘军已然成为大规模战役的主体，北京满清朝廷仍然未能真正信任曾国藩和他手中的地方武装力量，双方经常要在军饷和其他重要议题上发生争执，互相妥协。

最重要的因素是战局发展，太平军大举进攻时，清廷也不得不屈服于巨大压力，倚重曾国藩的湘军和其他地方武装力量，有选择地授以某些实权，以鼓励湘军奋勇作战，而军饷、事权等问题则持续缠扰湘军，直至太平天国终结之时。遇到曾国藩这样的理学大师，不曾幻想过违背祖训体制，其下的湘军在朝廷的偏见排挤之下，仍然按照既定战略方针回击围攻太平军，如若换作他人，很有可能就此放弃，对清廷的困局灾难听之任之。

湘军进入江西，开始从西部方向威胁南京，但西征中进展顺利的石达开于1856年6月率军返回南京，与本地太平军合力打击本已空虚的江南大营，击溃向荣和张国梁的部队。其中张国梁原为"天地会"首领，"拜上帝会"在广西曾经招募他加入即将到来的起义，但张国梁却选择加入清军做官，后被提升为江南提督，站到太平天国的反面，一度颇有战力。但此时面对昔日"天地会"兄弟罗大纲，他却在太平军手中遭遇惨败，随江南大营残部逃窜。同年4月初，清军的江北大营已被秦日纲、陈玉成、李秀成率军攻破，领钦差大臣衔的江宁将军托明阿被撤职，清军几乎全部被驱离南京附近地区，逼困"天京"约三年之久的两大营盘被一举扫除。

湘军有胜有败，至少已经逼近太平军大本营南京，并限制了太平军在其他地方的快速进展，特别是南京以西地区。但此时的太平天国正处于鼎盛期，被封为王的首领们各守其责，军中拥有如石达开、陈玉成、李秀成这样的杰出将领，太平军的精锐部队尚未遭受重大挫折，因此其正常状态下的强大战力，仍然令清军和湘军深感震撼和畏惧。江南、江北大营被破之后，孤立的湘军实际上处于非常困难的境地，曾国藩困守南昌孤城，在其他地方也难止退败，与太平军交手时经常处于下风，看不到胜利的前景，极为失望颓丧。按此趋势发展下去，太平军不仅有望牢固控制长江流域，在南方站稳脚跟，令曾国藩自湖南练兵出兵的远大目标化为空影，而且有可能彻底割断湘军与北京朝廷属下其他武装力量之间的有效联系，对游荡于南方的湘军来说，是非常危险的。

挽救湘军、令其重起的，既是曾国藩本人执着不屈的本性，更是来自敌方阵营的愚蠢自残行为和重大分裂。清军围困南京，迫使洪秀全的太平天国政权发生内部冲突，甚至内乱，由此改变了洪秀全和曾国藩之间的整体力量对比，给了曾国藩一个少有的机会，从太平军的持续重击之下恢复过来。不是战场上的胜利，而是内乱，破坏了太平天国的机会，间接令曾国藩最终成就起兵的大业。

三、"天京"之变

1856年太平军首次击溃江南、江北大营，对太平天国事业的延续生存，影响甚巨，在天国内部发生剧烈动乱之前，打碎了两个紧守在门口的敌营，恰逢其时，否则当南京城墙之内大肆杀戮和极度混乱之际，任何一个大营内的清军都可以趁乱进攻，兴风作浪，甚至占据直接威胁政权核心的位置。在"天京"之外东征西讨的太平军主将，此时作战目标明确，尚能服从东王杨秀清的统一指挥调遣，完成所赋予的各项艰巨难测的作战任务，令南京在外部兵荒马乱之时，保持相当程度的内部稳定，直至重大危机爆发。

身为"天王"的洪秀全，具有名义上的绝对权威，但实际统治权力受到局限，而身为"天父"代言人的杨秀清，则掌握了天国的全面军政大权，即使在当时的文字中，太平天国运动也常被清廷和其他人称为"洪杨""逆匪"等等。洪秀全实现了他自己发明的"天国"梦想，享受着金田起义和南京夺权的成果，建立起洪氏王朝，等级礼节规制都与北京的满清政权差异有限，包括续用代表皇室的明黄色和聚集后宫的妃姬，"他的侍从都是女性，除了因其至尊的地位而拥有的68个妻子外，共有300人，除了诸王，任何人都从未见过他，他的人身被视为神圣，不可冒犯"。①天国朝廷内外官员等级分明，洪秀全本人把自己锁在宫殿之中，沉溺于女色，偶尔发布些教谕，几乎完全不过问国事。

只有支撑太平军继续作战的精神元素，与其他农民起义军略有不同，部分来源于"天国""上帝"等异教概念，但那些早期"拜上帝会"的成员越来越少，后期不同性质的起义者加入进来，还有众多投降之后被吸纳进来的普通士兵们，战斗的动力不是饷银就是抢劫。"江宁城内之贼约十余万人，广西老贼不过十之二三"。②基督教义的神力效应愈加薄弱，连高级将领都很少涉及那些空洞无关的基督教经文，而专注于权力、地盘和战况。在南京的外国人士也没有见到过西方式的教堂，很少有人像西方人那样做祈祷，"天王"发出的教谕戒律被隆重地挂在显眼的公众位置，但很少有人理会，基督教色彩褪色，而农民政权的本色充分显露出来。③

在这一宗教性质逐渐淡化的情况下，杨秀清仍然不愿放弃基督教义赋予他的特殊身份，以及其他由此而来的特殊权力。身为天国行政首脑，第二位领袖，杨秀清明白他的局限和优势，局限在于很难取代洪秀全独一无二的创教教主地位，而优势在于他能够通过独特的"天父"代言方式，贬低最高领袖洪秀全的地位。杨秀清的军事才华和政治能力无人质疑，独揽天国军政大权，指挥各地太平军苦战，并获得可观战绩，由此不再满足自己止步于实际行政首脑的地位。1856年8月，南京建都三年之后，杨秀清不愿再等，逼迫洪秀全封其为"万岁"，以与洪秀全齐肩，一举夺得最高权力。虽然洪秀全为了促成金田起义而放弃了他在"拜上帝会"中独一的教主地位，让杨秀清以"天父"名义行事，但在南京都城里万人之上的现实世界中，他并不甘心再交出手中的君权，对杨秀清逼他让位，绝难忍受，决定铲除这一宗教世界中的敌人和太平天国的主要创立者。

封"万岁"仪式之后，洪秀全秘密召集领兵在外的北王韦昌辉和翼王石达开，返回东王杨秀清严密控制的南京，将其逮捕，以除后患。韦

① 《西方关于太平天国的报道选择》，《亚历山大·米切的一封信》，《近代史资料》，第98号，1999，第147页。

② 樗园退叟编辑：《两江纪略》，《太平天国》，《中国近代资料丛刊》，上海人民出版社，1957，第四册，第383页。

③ Colonel Wolseley, *Narrative of the War with China in 1860*, Longman, London, 1862, p343-344.

昌辉与杨秀清之间存在着尖锐矛盾，认为这是一个极好的机会，所以紧急从江西战场率属下部队返回南京，冲入东王府，当场杀死杨秀清及其家小，又不听洪秀全劝告，继续在南京城内放手屠杀大批太平军老兵，损失惨重。韦昌辉至此是否有心最后铲除洪秀全，自己称"天王"上位，难以判断，但天王府已经加强保卫，而城内反韦的其他势力也起来抵抗韦昌辉的屠杀。

在僵持不下之际，翼王石达开由湖北对湘军胡林翼部的战场返回，在劝和不成后，又匆忙逃出南京，紧急召集自己的部队进军南京。南京城内的其他力量在洪秀全的号召下，一道平息了韦昌辉的叛乱，将其击毙。韦昌辉最初率兵冲进东王府的行动够不上叛乱，奉"天王"洪秀全的旨意而行，之后屠杀东王部下、图谋"天王府"和石达开时，性质发生变化，无法再在南京容身。韦昌辉没有率领部队离开南京，或下令在江西的所属部队转投清军或湘军营地，表明他的主要目的是篡位天国，而不是叛变投敌，与天国公开决裂。

"天京"之乱，打乱了太平天国创建、巩固、发展的长期计划，仅在立都三年之后就走到如此惨烈的互相屠杀的地步，即使对中国史上频繁兴起的农民起义运动来说，也是来得过早，剧烈震荡几乎摧垮了整个政权。太平天国的内乱并没有完结，洪秀全除掉了杨秀清在基督教方面对自己的威胁，不再会因为"天父"代言而自甘受辱，但在军国大政方面，他仍然要严重依赖他人。石达开进南京后，受到众人欢迎，也是最早的"五王"中唯一存活下来之人，洪秀全将其加封为"义王"，以弥补南京政府内乱后遗留下来的巨大空洞。

石达开辅政，太平天国勉强重建政权高层，之前与他紧密合作过的陈玉成和李秀成也被提拔为统军主帅。但对洪秀全来说，这似乎不过是重复了之前杨秀清主政时的格局，现在换作石达开而已。由于石达开并无宗教方面"天父"代言人的特殊身份，洪秀全本应满足这一架构安排，以此巩固大乱之后的天国政权。但相继平定杨秀清和韦昌辉之后，洪秀全的统治基础被极大削弱，担心大权再次旁落，不再相信所谓的外臣，自己感到较为放心的是那些具有客家、"拜上帝会"老人和洪姓家族背景的人，以他们作为天国核心和最为可靠的部分。

在对石达开深怀戒心的同时，洪秀全任命自己两位庸碌的族兄为王。虽然石达开屡次击败曾国藩的湘军，守住南京西部的地域，但在猜忌和排挤之下，石达开最后被召回南京，处在监视之下，再无指挥部队的权力。即便石达开暂时没有生命危险，洪秀全尚未决定是否除掉他，他已经如惊弓之鸟，吸取杨秀清、韦昌辉的教训，在"天京"之乱半年之后，被迫秘密逃离南京，以求生存。

离开南京之后，石达开可以选择向清廷投诚，按照他的战绩和清军对他的高度重视，他应该可以得到非常高级的职位，至少超过张国梁，再转身与太平军作战。但石达开坚持了太平军的传统，继续对抗清军、湘军，而非叛变投诚。他当时所做的，是别树一帜，成为太平军之外、属于自己的又一支农民起义军，而不愿再服务于充满血腥屠杀的天国政权。由于石达开在太平天国内威望极高，被视为杨韦之乱后唯一值得信赖的统帅，当他离开南京时，大批对当前局势失望的太平军官兵跟随石达开离去，远离南京的洪秀全政权。加上驻守其他地区的部队，石达开带走了约二十万久经战阵的太平军士兵，极大地摧残了已趋疲弱的天国实力，失去大批军政要员，洪秀全的政权根基变得破碎不堪。

四、湘军系统和淮军

"天京"之乱的受益者，自然是在战场上本不占优势的清军和湘军，特别是曾国藩，第一次感受到敌对方开始失去主动权，而湘军在战场上扬威的机会即将到来。如果天国保持之前的进攻态势，湘军不仅获胜机会渺茫，自己能否生存都值得怀疑。洪秀全和太平军高级将领的自相残杀首先放过了被困于南昌的曾国藩，石达开的部队纷纷撤离，令湘军死里逃生，恢复生机，拿回武汉，收回江西地盘，之后又重建江南、江北大营，卷土重来，再度围困南京。"天京"之乱，太平天国由鼎盛走向相持胶着阶段，然后一路衰落下去，而本已焦头烂额、被迫求助于地方团练的清廷，却侥幸稳定了局面，渡过难关，更为泰然地应对太平天国，以及同时发难的英国政府和英军。

曾国藩统领的湘军无形中沿袭了太平军当年顺江而下直取南京的路线，由西向东下攻，其进展扩张速度也可与太平军的气势相比，攻占一些城市，并且在与太平军的反复交锋中，保持了一定均势。这首先是因为太平军的流动战略，特别是在夺取南京的过程中，集中攻击一些关键地点，以求突破，进展神速，但之后经常因为留守兵力不足，重视不够，很快又被赶来的湘军包围夺回，令太平军奔波不已，忙于援救，甚至顾此失彼，连续军事行动的实际收效令人失望。特别是南京作为都城的关系甚重，洪秀全、杨秀清等中央领袖经常被迫召唤在外征战的太平军将领，紧急率军驰回南京救驾，就此放弃了在重大关键战场上的主动权。这对同样进行流动作战的湘军非常有利，因为江南和长江流域是他们的主要作战区域，但没有必须死守不得放弃的城市，除了后期上海要求曾国藩派兵保护外，其他地方都是地方官守土有责的城市，湘军主力则可攻可守。

湘军以曾国藩挑选的士人为军营首领，与他关系最近的左宗棠，其实却是曾国藩做人做官的一个反面实例，科考不利，功名只限于举人，但才华出众，精明干练，又精通兵事，成为地方名士。在太平天国初期，左宗棠被湖南巡抚张亮基纳入幕府，以图保全湖南之事，找到机会发挥他领兵打仗的异人才能。防卫长沙之役，左宗棠参与军事，太平军围城不果，被迫撤离北上，左宗棠初露锋芒。之后继续辅佐骆秉章，长达数年，以致有"湖南不可一日无左宗棠"之语。他所发挥的更大作用，还在于鼓动曾国藩出山，同时向朝廷担保曾国藩能够成事。

曾国藩出山统帅湘军之后，左宗棠本人却不在曾系湘军序列之中。以左宗棠心怀天下、志向高远的性格，他也不愿居于曾国藩之下，特别是后者官运亨通的仕途，尤令左宗棠嫉妒不已。左宗棠继续在官府中任职行事，虽然贡献不小，但深受局限和内斗之苦。直到1856年"天京"之乱的一年，他才获得朝廷所授兵部郎中的空职，对此难免心有不甘。当时已经荣封钦差大臣和两江总督的曾国藩，于1860年派左宗棠出征浙江，获授权办理乡勇事宜，自己招募和统领湖南乡勇，却称为"楚军"，从此真正自成一统，与曾系湘军互为依靠，但不相统属。

在太平天国晚期的1862年，左宗棠又受曾国藩之举，被朝廷任命为浙江巡抚，获得正式官职，受命督统一方。从仕途成就来说，高傲自负的左宗棠仍然输于曾国藩，甚至要仰仗后者才得以升为督抚大员。左宗棠在浙江组建了与法国人合作的"常捷军"，与英美官兵组成的"常胜军"相对，在夺取太平军控制的浙江市县方面进展显著，进而控制浙江全境，被提升为闽浙总督。在组建湘军和镇压太平军的过程中，左宗棠获得难得的机会展示其施政治军之才，然后才历任督抚，成为清末重臣之一。

最早劝告曾国藩出山的，还有他的湖南姻亲郭嵩焘，他比左宗棠的科考仕途顺利，升为进士翰林，与曾国藩交往甚密，因此当湖南受到太平军威胁时，他极力推动曾国藩出来领头筹办团练，打消曾国藩的退意，最终成功。郭嵩焘之后参与最早的湘军组建过程，任曾国藩幕僚多年，却未曾率军独当一面，只是在太平天国最后一年才就任广东巡抚，但他之所以在清末历史中出名，主要源于他被派驻西方国家任公使。

早期曾系湘军的一个重要部分，是他的好友胡林翼属下的队伍。胡林翼中进士授庶吉士，考途与曾国藩近似，故两人相知甚深。但胡林翼先在地方任职，从贵州的知府做起，利用他广泛的政务平叛经验，获益匪浅。胡林翼同曾国藩和其他湖南士绅一样，起而兴办团练和拒绝太平军入境，由诗书文人转为领兵将帅。胡林翼较早在湖南官府做事，其获授湖北巡抚的时间也早于朝廷任命曾国藩为封疆大员的时间，是湘军系将领中第一个正式升为督抚大员的人，但他在官位上仍然积极支持一度境遇艰难的湘勇和曾国藩。

胡林翼身为湖南人，日后却长期主政湖北，稳居太平军基地的上游，令其不得安生，被迫发动攻势以夺回武汉等要地。胡林翼颇有理财之能，在湖北不少地域常为太平军占据的情况下，仍然维持督抚官衙的正常收入，苦心经营，养兵用武，接济他省，特别是其他湘军支系，功劳甚巨。胡林翼1861年去世时，太平天国已近末年，不足为虑，故此虽然他未竟全功，但统兵将近十年的努力毕竟没有白费，早期积累起来的经世知兵之学有幸用在平定动乱之世。

李鸿章在北京被授翰林庶吉士，与当年曾国藩的身份相似。虽然他本人不是湖南籍，但在翰林院中为曾国藩弟子，又有其他多重关系，因此联系往来不断。李鸿章一直在做清闲的京官，曾国藩初创湘军时，他并不在其帐下，对湖南的防卫也不感兴趣，办团练的地点是自己的家乡安徽，在吕贤基手下帮办军务，屡败于太平军之手，碌碌无为，直到"天京"之乱后，仍然败于陈玉成之手。此时的李鸿章，处境十分艰难窘迫，帮办军务多年，无功无衔无禄，前景苍凉，毫无迹象之后会由他击败太平军，总揽清朝军务国政。李鸿章如同左宗棠，真正有望发迹，还要靠师长曾国藩，被其兄李翰章带往曾国藩衙门做幕僚，投入湘军，才算有了依附之地。

在被曾国藩雇用之前，李鸿章不名一文，未成一事，自然难受曾国藩重用。在曾国藩的幕府中磨炼求学，李鸿章逐渐获得曾国藩信任，但仍然不脱幕僚的身份，并无显示军事指挥才能和政治手段的机会。直到太平天国后期的1861年，他才得到曾国藩的准许，自行在安徽老家招募淮勇，以呼应援助湘军。至此，李鸿章不必再受困于湘军体系，有了组建自己独立武装力量的极好机会，因此他对这一转折的反应格外积极踊跃。延续到1862年上旬，淮军才正式成军，因袭湘军体制，扩大到近七千人的规模，其中包括曾国藩特意赠与的湘军营队，以壮大弱小淮军的声势。

李鸿章不仅就此获得掌军的实际权力，而且得到朝廷正式授官的机会。当时南京被围，李秀成等太平军将领转向长江下游的东南方向大力发展，进而威胁上海，迫使当地官府和商绅向已任两江总督的曾国藩紧急求援。曾国藩本想借机拿到江苏巡抚的位置，以利于他对江南重要地区的辖制，但自己并无兵丁派驻在那里，行事不便，又感到李鸿章不可能久居人下，故此推出淮军，既解上海商绅之忧，得以调兵救急，又可以觊觎江苏巡抚一职，让李鸿章的淮军辅助自己的湘军。此事一举多得，势在必行，最大受益者是李鸿章，日后淮军日强，他的职位随之高涨，被受命出任江苏巡抚，正式节制一方。

直到1860年中，曾国藩才从朝廷那里正式被授予两江总督的职位，获得实权，他的湘军属下也逐步就任地方督抚职位，左宗棠为浙江巡抚，胡林翼为湖北巡抚，郭嵩焘为广东巡抚，沈葆桢为江西巡抚，刘坤一继为江西巡抚，刘蓉为陕西巡抚，等等，[①]而淮军的李鸿章为江苏巡抚，控制上海。这些独立作战的将领官员，兼掌军政大权，凭借他们，曾国藩掌握的湘军实际控制了长江沿岸及下游的广大省份区域，成为真正的南方军队，气势和实际作用都超过了朝廷指派和供养的绿营清军，双方虽有合作与麻烦纠纷，但湘军势头向上，承担剿灭太平军的重任，取代绿营清军的趋势已不可逆转。

从广义上讲，中国南方都被置于曾国藩的势力范围之下，令太平天国这一激发清政权危机的农民运动，衍生出清朝建立以来重大转变的后果，造成对清廷延续存在的又一个严重威胁。只有清朝廷的认真应对和妥善处理，才能破解这一危局，调和激烈矛盾，缓和各种势力的冲突。

---

① 郭廷以：《近代中国史纲》（上册），中文大学出版社，香港，1980，第五章，第185页。

五、太平天国保卫战

身处南京的洪秀全屡遭打击，愈发不信任外姓大臣和外王。石达开之后，李秀成被封为忠王，陈玉成为英王，又在洪秀全心中投下威胁在侧的阴影。虽然洪秀全的绝对权威此时已确定无疑，杨秀清一类的致命威胁已经消逝，但在天国的严酷现实中，洪秀全的施政错误有目共睹，也确实存在着对洪秀全任命的同姓王的质疑和不满，因此洪秀全必须继续争取信众和高层人物的支持。

洪秀全多次催促洪仁玕到南京辅助他的事业。洪仁玕占有特殊的地位，既是最早的"拜上帝会"高层，又不受太平天国内部诸王之争的消极影响，而对名义上秉持基督教义的天国信众来说，洪仁玕的资深宗教经历也值得他们信任。洪仁玕一直在太平军之外游荡，未能及早加入起义大军东进和建都的过程，身无分毫战功，又与洪秀全失去联系，只有躲在香港避难，在传教士韩山文（Hamberg）、罗孝全、马儒翰之下研习教义和传教。即便受在华基督教会之托，试图进入太平天国辖地，也被阻于上海，滞留于租界内的传教士团体之中，只好返回香港，再图他径。但"天京"之乱之后，洪仁玕赴南京的紧迫性大为上升，特别是从洪秀全的角度来说，自感孤立无援的他特别需要来自近亲洪仁玕的协助。

鉴于太平天国形势的恶化，最终洪仁玕历尽艰辛，穿越清军、湘军的防线，于1859年4月抵达天国的地域和南京，结束了他在外长达八年的流亡生活。洪秀全对此大为振奋，急于授予洪仁玕各种执政权力和头衔，以致将军政大权都交到他的手中。洪仁玕在一个月之内就被封为"干王"，加"军师""扶朝纲"等前缀词，实际上成为太平天国的宰相，也就是之前杨秀清的主政角色，一下子跃居李秀成、陈玉成等王之上。这对太平天国的其他将领来说，是非同寻常的，甚至是极不公平的，特别是在军事为先的天国中，洪仁玕作为文人，军事经验极度欠缺，在指挥部队和实施战略方面，必须寻求李秀成、陈玉成等的意见，甚至合作。升迁过快，洪仁玕必然难以应付，唯一的应对方法是让他尽快展示自己军事方面的突出能力。但洪仁玕的表现并不如所愿，以致

1861年之后洪秀全让他转而主要负责对外关系，也就是利用他西方教育和传教士的特殊背景，改善太平天国与西方国家的关系，争取将他们拉到自己一边，共同对付满清朝廷。

洪仁玕借用洪秀全的权威，着手实行自己的建国计划，将之前自己的理想和传教士理念付诸实施，写出《资政新篇》等著作。他所提出的制度纲领与太平天国已经实施的一些平均主义项目并无多大不同，更多的是强调宗教信仰的纯真性质和虔诚态度，实实在在地学习模仿西方宗教国家。洪仁玕更为重要的贡献则是提出一些实际应用西方近代技术科学的建议，如铁路、邮政、航运、银行等，在当时的中国属于先发之举。

但那些需要大量资金和充分准备的近代实业项目，在当时的太平天国境内是完全没有办法做到的，不仅资金严重缺乏，军事支出浩繁，而且整个政权也没有脱离农业社会体制，缺乏进行近代工业建设的动力。如西方人在太平军控制的地区所见，战乱时期人烟稀少，连最基本的农业生产生活和日常贩运贸易，都由于不断的军事行动而无法进行，城市衰败不堪。而在清军、湘军夺回的地方，如接近武汉的地方，秩序开始恢复正常，商业活动明显增多，包括房屋重建。①这些客观恶劣条件，令洪仁玕所倡议的振兴新式近代工业，成为无的放矢之言。

至少在对外关系方面，洪仁玕尽其所能地做了一些相关的工作，包括把他的老师罗孝全教士请到南京住下，出任他的副手，也就是外交部副部长，成为在太平天国任职最高的西方人。当时有其他一些西方人在中国的两个对峙政府中任职，接受中方官位，包括英国上校戈登和忠王李秀成麾下的英国人、"太平军上校"吟唎（Lindley），但均不如罗孝全的官衔为高。他前往南京的原因之一，是他在广州的传教活动让人失望，所以决定到自己学生掌权的天国寻找出路。如果罗孝全能够讲足够好的中文官话，效果必然会更好，但他仍然要依靠华人助手传教，而自己所学的零星广东话非常糟糕，在南京地区更是无人能懂。②英军的沃斯利中校，在被调往上海后，前往南京巡视太平天国地域，罗孝全曾经向

---

① Colonel Wolseley, *Narrative of the War with China in 1860*, Longman, London, 1862, p351; Wilson,*The Ever-Victorious Army:a History of the Chinese Campaign under Lieutenant Colonel Gordon and of the Suppression of the Taiping Rebellion*,William Blackwood,Edinburgh,1868,p71.

② Rapp, John A., "Clashing Dilemmas: Hong Rengan,Issachar Roberts, and a Taiping "Murder"", *Journal of Historical Biography*, No.4, Autumn, 2008,pp42-43.

他介绍解释过太平天国的有关思想制度，传递有关讯息。①但呤唎对罗孝全的评价极低，认为他完全是个文盲，态度偏激，行事作风恶劣，令人生厌，情绪不稳定，牢骚满腹，因此在所有在华传教士中，罗孝全是最没有资格担任这一重要官方职务的人，他的存在对太平天国的事业只会弊大于利。②

1862年1月，罗孝全和洪仁玕之间发生了一次严重冲突，之后罗孝全离开南京，他在天国境内的传教使命彻底失败，他也由此转化为太平天国的激烈抨击者之一，进而影响到其他对太平天国将信将疑的西方人。既然洪秀全的美国老师都如此看待太平天国，至少对西方传教士来说，这个新的国内宗教政权已不值得信任。洪仁玕在对西方关系方面的努力，至此效果十分有限，更由于西方国家开始放弃所谓的中立立场而协助清廷，他在天国政府中的实际作用自然大为降低。

太平军后期的重要统帅陈玉成，1862年去世时年仅26岁，1859年封英王时才过22岁，所以说在杰出将领方面，太平军和湘淮军实际上不相上下，各有神奇般的、大局在握的统帅，在两军对垒中展现异常风采。陈玉成位列杰出统帅之列，坚韧神勇，"近世罕有其匹"，若非误入背叛将领苗沛霖之手，他对其后两军相持局面的独特影响实难预测。更为巧合的是，忠王李秀成和英王陈玉成都来自广西滕县，1859年封王，两人成为洪秀全后期建立起来的新王系统的核心。这一新机制虽然不能与天国前期诸王系统的莫大权威相比，但在军事指挥方面仍然具有十分强大的能量，也是洪秀全在政权困难后期所能做出的较佳选择，说明洪秀全并未完全丧失领导能力和战略意识。

以湘军和清军为一方，太平军为另一方，敌对双方在江南和长江沿岸地区进行了多次大战，进退征伐，各自争锋。在太平军和湘军之间，更突出体现了广西和湖南这两支地方军队之间的残酷对垒，较量各自的战术素养和作战风格。清军一方利用"天京"之乱的机会向南京推进，重建江南、江北大营，由和春与胜保统领，逼近孝陵卫，再次将天国政权置于艰难境地。为此，新近提拔的李秀成、陈玉成所部的中心任务，就是努力打破清军两大营的围堵。太平军先集中兵力，收回长江下游江

---

① Colonel Wolseley, *Narrative of the War with China in 1860*, Longman, London, 1862,p337.

② Lindley,A.,*Ti Ping Tien Kwoh:the History of the Ti Ping Revolution*,Day&Son,London, 1866,vol.2,p566.

北的浦口和扬州。而曾国藩的湘军则趁机由西向东发起进攻，推进到合肥三河镇附近，意图从西面威胁南京，就此引发"三河之战"。

陈玉成足智多谋，捕捉战机，在东部稍微稳定之后，紧急调拨三万部队，迅速挥兵西进，而李秀成则领兵与陈玉成会合，试图夹击湘军。陈玉成绕过金牛镇，进入到三河湘军李续宾部的背后，将其包围。尽管形势对李续宾十分不利，面临包围被歼的局面，但作为湘军悍将，李续宾拒绝了部下退兵的请求，不愿放弃长途出击后落入手中的地域，只要求曾国藩从江西紧急派兵增援，但缓不济急，李续宾只有独力应对周围超过十万之众的太平军主力。1858年11月15日，李续宾派兵向南攻打金牛镇，正好落入陈玉成设下的圈套，主力部队在大雾中混战无序，被动挨打，而李秀成所部此时赶到，当地三河镇太平军守军也适时冲出，湘军四面临敌，冲不出重围，激战之后被大部击毙，包括领军的李续宾。

三河之战，湘军惨败，近七千人的部队被全歼，虽然按总人数来说，损失并不特别严重，却对湘军造成彻骨的创痛，因为李续宾所部是湘军创建以来的精锐核心，集中了一些苦战之后获得清廷正式授予官衔的高级军官，而曾国藩的弟弟副将曾国华也在此役中战殁，一说潜逃，令曾国藩痛心不已。湘军精锐前锋和惯战老兵在三河一役中大批阵亡，湘乡哀声动地，迫使曾国藩重整军伍，补充兵员，一时丧失了对太平军的攻击力。而湖广总督满人官文趁湖北巡抚胡林翼丁忧在籍的机会，拒绝下令距离湘军最近的绿营部队紧急增援，坐视陷入重围的李续宾部最终被全歼。曾国藩就此对绿营和满人将领更加不满，增强了自己所属的湘军一定要独立于那些官方部队的决心。对于太平军来说，此战大伤湘军元气，沉重打击了他们的上升势头，夺回之前在南京以西失去的领土，更扭转了"天京"之乱以来的颓势，陈玉成、李秀成居功至伟，之后因功封王。

1860年，太平军发动攻势，试图再次打破江南、江北大营，以"围魏救赵"之计解除"天京"之困。此时洪仁玕已就宰相高位，军事上由李秀成和陈玉成辅助，进行全面的战略调动，主力进军浙江，打击江南大营背后供应军饷赋税的重要地区。李秀成、李世贤分兵进入浙江，攻打杭州和湖州，制造城破在即的危急局面。江南大营的和春被动地派清军部队驰援，以解救杭州和保障供应，而李秀成却在此时反向而行，撤兵解围，大幅度迂回至南京附近，与其他地方调集来的太平军会合，趁大营兵力外调的机会，展开猛烈攻击，在数天内攻破清军营垒，歼灭守军，逼迫和春和张国梁逃离南京近郊，不久后都死于非命，长期扼制南京的江南、江北大营就此第二次被击破粉碎。

由绿营部队拼凑起来的两大营盘反复被破，主将战殁，清廷手中严重欠缺可资一战的兵力，此后只有完全依靠曾国藩的湘军和随后的淮军，不再自以为是，维护绿营剿匪主力的形象，而是心服口服地放任曾国藩为朝廷出力和为湘军争地方权力，无力再加严格限制。所以太平军在大规模运动战中破营策略的巨大成功，曾国藩和湘军间接获利，令清廷的讨价还价的能力大为降低，权威双重受损。

南京上游的安庆，是事关南京安危存亡的重镇，扼制长江水运和南京供应，双方军队都非常重视。曾国藩在江南、江北大营被击破之后，就图谋夺回安庆，引发安庆之战。曾国藩于1860年春把他的大本营移到黄山附近的祁门，离李秀成的进攻重点杭州、苏州路途并不十分遥远，但他的主要目标却是位于自己营地北方的安庆和南京，虽然内心感激朝廷终于任命他为两江总督，却仍然对朝廷命他援救苏浙敷衍塞责，不为所动，既不认可朝廷的总体战略，又对援救绿营毫不关切，隐然对三河之役的刺痛耿耿于怀。

曾国藩命令自己的弟弟曾国荃率领近万人的荃字营包围安庆，筑壕隔绝，防止安庆的太平军外逃，直至饿死或投降，又筑外壕抵御身后的太平军援军。荃字营在安庆既攻又守，配合湘军其他部队，以图困死城内守军，占据这一长江沿岸重镇。曾国藩把湘军的作战重心放在安庆和南京以西，一直不再东进，把太平军在江浙方面的攻势放在次要地位，任其形势恶化。

以洪仁玕为首的太平军看到大举东进并未如预想中地吸引曾国藩的主力离开南京，之前击溃江南大营的策略此次失效，被迫筹划了更大规模的战略计划，展开第二次西征。南京毕竟是这些太平军统帅的命门，不能远离，一旦有事，必然被召回救急，以免南京陷落。这对太平军高层是个极为不利的限制条件。此次为了打开安庆僵局，解除南京威胁，李秀成、陈玉成筹划派出大军，包抄到安庆附近湘军的背后，直取武汉，以调动曾国藩分兵救援武汉，由此解安庆之围。太平军以往采用"围魏救赵"之计，屡试不爽，战果辉煌，故此以发动西征来推动战局的好转。这些超大规模的军事行动，横穿数个省份，由东进大幅度地调头转向西征，虽然大军野战气势惊人，疾进如风，但实际上浪费了大量的资源，失去了战场上的主动权，在实际战略执行之中也遇到无数不确定因素和阻碍，再遭逢曾国藩这样顽固的对手，成功机会大减。

此次战役又以忠王、英王会合武汉为目的，其中陈玉成进军神速，自长江北岸向西挺进，但在接近桐城以威胁安庆时，遭遇清军堵截，未获成功，只得按照原先计划，转兵西进，直逼武汉，于1861年3月18日占领离城仅数十公里的黄州。这一突如其来的威胁令武汉三镇人心惶惶，大批人们开始逃亡，出城避难，以免被太平军困在城里。[1]远在安庆督战的胡林翼急得吐血，为自己后方兵力空虚、无法抵挡而懊悔不已，急调其他湘军部队回援，为时已晚。远在安徽祁门的曾国藩更无力解围，只有坐等武汉陷落，下一步的问题将是是否为此放弃安庆之围。如果回师武汉夺城，必然落入陈玉成设下的圈套，让太平军解围安庆，并解南京之困。太平军的西征确实令曾国藩的湘军一时陷入困局，无法首尾兼顾，难以取舍，东西两边受敌。

但此时已经签订《北京条约》和返回中国南方的英军恰好出现在武汉附近，并及时进行干预。少数英国海军部队刚刚早于陈玉成的部队抵达武汉，否则在太平军已经占领武汉的情况下，他们势难有所作为，只能听任太平军清除清军残余。[2]早前英军先遣情报军官沃斯利（Wolseley）中校途经南京，向太平天国领袖们要求遵守英国人、法国人与北京清朝廷的协议，允许外国军舰和船只在长江上下自由航行。当他抵达武汉时，湖广总督官文举行盛大迎接仪式，沃斯利中校上岸后乘坐官轿抵达衙门，湖北的重要官员都出面陪同。[3]英国海军司令何伯随后也率舰逆长江而上，抵达武汉。英国海军原先的计划是直达长江上游，巡视长江全程，但何伯对此意兴阑珊，急于返回上海，因此取消行程，率随行炮舰驻泊武汉。

与此同时，何伯随员之一的巴夏礼已经从武汉官府拿到慷慨租约，获得沿江大批土地，作为未来英国领馆和租界之用，以致巴夏礼这样尖刻贪婪的人都甚感满意。[4]巴夏礼又率人前往黄州面见太平军的英王陈玉

[1] Poole, Stanley Lane, *The Life of Sir Harry Parkes*, Macmillan, London, 1894, pp426-427.

[2] Poole, Stanley Lane, *The Life of Sir Harry Parkes*, Macmillan, London, 1894, p340.

[3] Low, Charles, *A Memoir of Lieutenant General Sir Garnet J. Wolseley*, Richard Bentley, London, 1878, p234.

[4] Poole, Stanley Lane, *The Life of Sir Harry Parkes*, Macmillan, London, 1894, p427.

成。据巴夏礼说，陈玉成出于英国人已经抵达武汉而对攻城犹豫不决。巴夏礼进一步警告陈玉成不要向武汉进军，因为那样无疑会扰乱英国人的贸易活动和造成他们的人员伤亡。陈玉成同意将前往武汉的部队转向北部的麻城，或者只由太平军占领汉阳地区，不踏足武昌和汉口。这一宽宏大度的让步也被巴夏礼拒绝，尽管陈玉成承认自己手下拥兵十万，也没有再坚持进军武汉。①

巴夏礼本人的个性难免会令他在回忆录中夸大自己"片言退万军"的劝说力和改变战局的突出作用，以陈玉成的嗫嚅让步，反衬自己立场坚定，通情达理，而随同巴夏礼前往的英国海军官兵根本不可能理解他与陈玉成的对话内容。但作为此次会谈的结果，英王陈玉成确实不再命令太平军向武汉进发，仅留下赖文光部守黄州，自己则率大部队扭头向东，再次试图直接解围安庆。如此大规模的军事行动，由于少数英军和舰只在场，就断然放弃，改变太平军高层的全面规划，完全不像陈玉成的行事作风和果断性格。这其中暴露出太平天国在面对西方国家时的矛盾心态，既期望与"洋兄弟"保持良好关系，又戒惧西方军队的武力，尽管在这一具体对比中，在场英军的真实实力微不足道，倘若太平军断然攻入武汉，何伯和巴夏礼所率少数英军只能被动旁观。陈玉成在武汉和李秀成在上海，都充分表现了这一典型的矛盾心态。

在长江南岸西向推进的李秀成部，比陈玉成部的进展更为缓慢，但是在行进途中偶然地撞到曾国藩大营祁门附近，几乎从另一方面达到洪仁玕等领袖策划的解围南京的宏大战略目标。曾国藩完全没有料到南路的太平军会路经黄山、祁门地区，自己手下多为幕僚人士，野战兵力奇缺，毫无抵抗能力，面对李秀成的大军，只能束手就擒。连曾国藩自己都完全绝望，写好遗书，静待灭亡时刻。但李秀成的部队遇到湘军鲍超部的袭扰阻截，不明军情，不知何故，竟然轻易退去，让曾国藩和湘军逃过灭顶之灾。李秀成在此小小阻碍之后，径直退兵浙江，不顾天国西征的全面计划，令人难以解释。直至次年初，李秀成才再次出动大军西行，仍然绕过之前曾经遇阻的安徽祁门等地，取道江西，如此谨慎小心、遇险即退的李秀成，实属少见。

当李秀成部迂回曲折地最终到达武汉南部时，已经不见陈玉成的踪影，两军会合的希望落空，整个太平军高层谋划的西征计划至此完全失

---

① Poole, Stanley Lane, *The Life of Sir Harry Parkes*, Macmillan, London, 1894, pp430–431.

去意义。尽管如此，湘军援军未到，以李秀成当时率领的庞大太平军力量，仍然足以威胁和完全占领武汉。此时已经不再是西方军队的存在阻止了李秀成攻城，而是他的心思并不在此，西征武汉会合解围的大战略并不符合他的心意，实际上仍然以江浙地区作为自己真正的辖区，即便南京的安危也不在他的战略中占最重要的地位，所以态度十分勉强，并不积极。面对武汉一座空城，李秀成轻易放弃进攻占领的机会，主动率大军向东撤退，竟然不顾仍在黄州驻守的赖文光所部。数十万大军的来回机动往返，途经无数州县，最终一事无成，既未实现天国高层原先制定的宏大战略，贻误战机，又未攻占重要城市，李秀成指挥若定的领袖才能完全无用武之地，造成极大的浪费。

无论是李秀成的私心和计谋，还是陈玉成的犹豫不决，都表明这些带兵统帅们对在南京的洪秀全、洪仁玕制定的大战略，热忱不足，勉强而行，缺乏围城攻坚的毅力和投入。这表现了太平军高层在东进和西进之间的矛盾选择，也间接反映"天京"之乱后军政方面陷于瘫痪状态，人心涣散，石达开在西南部分立，陈玉成暗中与清军将领接触，而李秀成则宁愿在江浙立足。

既然太平军几十万部队的迂回机动都没有产生预期的解围效果，曾国藩自然更加积极地加强对安庆的围攻，特别是击退陈玉成部的解围努力。各地的湘军奉曾国藩之命聚集于安庆附近，与陈玉成大军对抗，而由曾国荃死守城外阵地。双方在安庆附近陷入混战，历时数月，太平军各部基本上处于守势，即使发动攻势也是以解围为目的。在进攻安庆集贤关的过程中，湘军悍将鲍超的"霆军"营与太平军猛将刘玱林部，势均力敌，虽然自身损失惨重，但"霆军"最终歼灭了太平军精锐，击毙刘玱林，报了三河惨败的一箭之仇。

湘军严密包围安庆，内外隔绝，攻守兼备，而杰出太平军统帅陈玉成此时失去了机动作战的优势，被迫进入残酷无情的壁垒战，在调集动用无限资源的湘军面前并不占据优势。湘军士兵大力挖建的城壕发挥了决定性作用，阻碍太平军的解围攻势，令其在反复攻势中损失惨重而进展有限。而在内壕，被围经年的太平军守将叶芸来，手下实力有限而虚弱不堪，曾国荃部下猛烈攻击之下，最终在9月5日破城，攻城战一年之后夺取安庆，尽屠残余太平军官兵。

安庆一战，曾国藩的湘军在与陈玉成、李秀成的太平军的对抗中最终获得胜利，以阵地战一举击败以运动战闻名的太平天国两王，令曾国藩成为清廷的唯一希望。曾国藩打破了太平天国领袖们精心谋划的西征战略，由此向清廷证明了自己的实力，全面取代了清廷依赖的绿营部队，令他们无所选择。夺取长江上游的重镇安庆，曾国藩证明他的总体战略优于朝廷的集中围困南京的战略，只有在击败太平军中的陈玉成、李秀成主力部队之后，湘军才有把握将太平军压制在南京及其以东的地区，逐步剿灭。

安庆之战基本上解除了陈玉成对湘军和清廷的威胁，迫使陈玉成退往安徽地区。陈玉成不愿返回南京，担心重复石达开的教训，所以也试图向西发展，既然李秀成已经在南京以东建立了自己的势力范围，贵为英王的陈玉成只能选择其他地区作为自立的基地。由于同其他太平军失去联系，陈玉成部下的力量日减，无力建立自己的地方势力范围。陈玉成残部逐步堕入清军的陷阱，被绿营中的胜保部包围，出于对苗沛霖部地方势力的幻想，受到突围投靠的诱惑，最后被胜保逮捕。与石达开相同，陈玉成也不愿降清，为清军作战，因此最后为胜保所杀，最终遭遇悲惨下场。

太平军已经分为三大部分，石达开、陈玉成和李秀成，位于南京的洪秀全和洪仁玕只能依靠这些统帅，本身军力有限。洪秀全此时只相信同姓人和奉承之臣下，失去了指导农民运动的能力，也令手下将领心怀不满。石达开坚持了很长一段时间，在西南各省流动，曾经攻入湖南，令顾念家乡的湘军将领大为震惊，不得不分兵回援，之后又响应陈玉成之邀，试图解围安庆，派出重兵北上，本身实力下降。石达开一度回到家乡广西，再率部向四川进发，灵活机动，避实击虚，令清军不胜其烦，只是最后在大渡河受阻，部下大部被歼，石达开被俘时仍着太平天国官服。他遭遇最终失败的时间，距南京失陷、太平天国政权终结也不过一年，所以这支单独在外、支撑多年而没有投降的太平军力量，还是起到了困扰清军的一定作用。

陈玉成作为石达开走后余下的太平军主力，误失时机，犹豫不决，故在安庆遭遇重大失利，再也未能对湘军造成巨大威胁。李秀成军之后成为太平军主力，安危所系。但李秀成的弱点与陈玉成类同，虽被封为忠王，仍然怀有自己的计划和自立的嫌疑，对南京洪氏政权基本失望，不再作新朝成功延续之想，只是最终没有公开分立和离弃南京政权而已。太平军最后的主要战役，都由李秀成指挥，洪秀全别无所依。

李秀成在西征中犹疑闪躲，步履迟缓，所获甚微，回到江浙战场，形态立变，说明他在南京以西征战时的心不在焉，心无所属，心系东南，暗地里谋划自己的实际控制地域。在太平天国这一面大旗之下，其他两王或已外奔，或在与清军、湘军的血拼中损兵折将，李秀成也必然要考虑保存自己所属部队的实力。实际上在西征过程中，李秀成并非毫无所获，沿途往返中召集了许多地方兵员，又没有进行残酷的城市攻坚战，以及在野战中落败，所以在返回江浙时，他手下的部队规模格外庞大，号称七十余万，势力超过任何一位天国将领。李秀成起而出任掌握实权的又一领袖，以东南地区提供天国粮赋，撑住太平天国末期的阵脚，在北上改朝换代的幻想破灭之后，抱残守缺，延续残命。

李秀成部下的攻势非常顺利，在1861年已经基本占据浙江全省，攻克杭州，击败浙江巡抚王有龄。太平军在江浙地区几乎没有相应的对手，除了上海外，大城市均落入李秀成之手。两江总督何桂清曾经在他的上疏中要求与英法合作镇压太平军，以减江浙地方沦陷的危险。[1] 1860年8月16日，李秀成开始进攻上海，事先发出通知，不会骚扰那里的外国人，之后直接打到上海城下，却被守卫那里的英法正规军队和炮舰开火击退。李秀成原先期待城内刘丽川"小刀会"的起义能够削弱上海方面的抵抗，但效果并不如预想。

8月22日太平军离开了上海，退往松江。1861年2月，英军将领何伯与忠王达成协议，太平军不得跨越上海周围三十英里的界限，停止进攻上海一年，避免双方冲突。[2]之后李秀成被迫按照洪秀全、洪仁玕的命令，进行西向远征，与英王陈玉成会师武汉。那场大规模运动战以失败告终，李秀成急于返回江浙，继续追求他在太平天国的"苏福省"这一富庶地区内的统治地位。

六、西方干预与"常胜军"

太平天国末期的战争局势发生了重大转折，由之前简单明了的敌对

① Wilson, *The Ever-Victorious Army: a History of the Chinese Campaign under Lieutenant Colonel Gordon and of the Suppression of the Taiping Rebellion,* William Blackwood, Edinburgh, 1868, p62.

② Wilson, *The Ever-Victorious Army: a History of the Chinese Campaign under Lieutenant Colonel Gordon and of the Suppression of the Taiping Rebellion,* William Blackwood, Edinburgh, 1868, pp70~71.

双方局面演变出第三方力量的介入，西方武装力量的多方面干预，英法联军参与的第二次鸦片战争，改变了战场上和政治上双方的力量平衡。第一次鸦片战争的后续影响肇端洪秀全的"拜上帝会"和太平天国农民运动，按此规律，第二次鸦片战争中西方军队攻入京城，任意横行，焚毁皇家园林，生动活现地展示了中国民众世代畏惧的清廷，实际不堪一击，这一剧变引发的后果应该是更多民众起而叛乱，天下大乱，或者太平天国取代清廷，或者更多类似天国的地方起义撕裂全国。与此合理预期相反，第二次鸦片战争结束后，清廷治下的国内局势转而趋于平静稳定，直至太平天国的消失。

出现这一怪异现象的关键，是英法等西方国家已然达到了他们发动为时数年的海外远征的主要目的，从而采取了与主要东方政权维持正常关系的对策，而不愿意轻易放弃那些条约规定的广泛权利。太平天国尚未成为全国性政权，前途未明，也极有可能无法保护外国在华利益通行全国。两相比较，劳师远征北京得来的权益明显地更具吸引力。因此，英法等政府开始确认他们与清廷的对等关系，变为在中国的重大利益相关者。他们对中国发生的民众暴乱或官方平叛并不感兴趣，不像对待他们属下的印度殖民地，而是只关注中央政权能否按约承担所负义务，开放市场。

西方传教士自然对初期的"拜上帝会"和太平天国极感兴趣，仅仅经过一次鸦片战争，就能在中国掀起一场似乎按照西方基督教精神行事的宏大农民运动，建立起一个实质性的地方政权，这让他们感到振奋，认为发现了一个更为方便的驱动中国平民皈依基督教、甚至在中国建立信教国家的途径。所以支持太平天国运动的西方人并不在少数。在英国国内，议会中也有议员提出承认太平天国为正式政权的议案，主要是苏格兰籍的议员，他们对中国内部存在着两个并立政权并不介意。[1]对于这些国内舆论，沃斯利上校在他的回忆录中就花了不少篇幅阐述自己的观点，如果西方国家内的教会人士亲眼看到太平天国境内现实的话，他们就不会为中国转信基督教的光明前景感到激动不已了，因为这次的农民运动表现出许多与以往中国政权相同的特性。[2]

---

[1] Platt, Stephen, *Autumn in the Heavenly Kingdom: China, the West, and the Epic Story of the Taiping Civil War,* Alfred Knopf, New York, 2012, pp234—236.

[2] Colonel Wolseley, *Narrative of the War with China in 1860*, Longman, London, 1862, p234, p352.

由于英法国家放弃中立政策，在1860年以后，西方政府和其他势力基本上都站在了清廷一方。太平天国的事业已经进入末路，1859年以后，忠诚于天国的高层人物四分五散，太平军从战场上的一帆风顺变为失手频繁，敌军不再望风而逃，天国地盘多数被围和被分割，如英国军官白伦（Brine）所述："太平天国在1859年春的前景是非常黯淡的"。[①]力量天平早已向曾国藩和清廷倾斜，在英军开始在清廷一边的天国末期，现实情况只能变得更为糟糕。

英法军队在北方对清廷的沉重打击，十分不利于江南的清军和湘军。南京发生了激烈内乱、大屠杀和致命分裂，无端损失大量太平军主力部队，湘军由此才得以坚持下去，转入进攻。但之后洪秀全治下的太平天国同样获得了一次恢复生气的难得机会。英法联军对大沽口惨败采取大规模报复行动，全力向北京进军，危及清朝廷和帝国根基，在南方作战的清军和湘军都受到极大影响，不仅朝廷分派重兵于北方的防务，而且清军将领和曾国藩等人都必须对咸丰皇帝的"勤王"旨意作出反应，或急或缓。整个清廷和地方督抚们的注意力，已经由败相渐露的太平军转到了严重的外来威胁之上，至少在攻打京城和《北京条约》签订之前，全局前景未明，清军将领和曾国藩都不清楚下一步的局势将会如何，直接影响到他们的军事行动和作战计划，特别是正在部署切断太平军干道和围困南京的湘军。如果英国人决定推翻满清朝廷，这些与太平军苦战的地方军队将即刻失去方向，入京"勤王"、与太平军合作，或拥兵自立，存在着多种选择。

英法联军迅速击败京城守军和强签条约，结束了清军、湘军统帅们的犹疑徘徊困境，他们重新获得进行军事行动的主动权。更为有利的是，他们开始得到西方军队直接或间接的援助，加大了湘军战场获胜的机会，推动反攻大局。英法西方国家当时公开宣称的中立政策，并不排除他们在各个开放口岸受到威胁时以武力应对，不管这种威胁来自何方。

尤其是新兴口岸上海，与太平军统辖地域距离甚近，容易遭受太平军向东发动的攻势。上海不像广州那样受"入城"问题的困扰，当地原先属于松江府，人烟稀少，对凭借《天津条约》条款进入该地的西方人来说，类似香港，无地方民众群起抵抗之忧，他们得以任意进入和居

---

① Wilson, *The Ever-Victorious Army:a History of the Chinese Campaign under Lieutenant Colonel Gordon and of the Suppression of the Taiping Rebellion*, William Blackwood, Edinburgh, 1868, p45.

住，占据条件优越的地段，因此迅速成为西方人的领地。之后上海商业、进出口业发达，甚至超过广州，呈现良好的发展前景。广州受到水系流域的限制，虽然本地河流繁多，但向北不出省界，地域性极强，当年没有通往武汉的铁路时，偏于南方一隅，深入内地困难。上海则不仅周边同样是水乡、鱼米之乡，更重要的是一旦进入上海，即可沿江而上，依长江水路直达武汉、重庆，贯穿数省，横穿中国东西和中部，任何一个西方商人来到中国，都可以清楚看到这一骨干航路对扩展商业的重要性。所以西方商人转而集聚上海，抢占比广州更佳的贸易通商口岸，而英法军队在北上进攻大沽北河的时候，仍然分派兵力保护上海领事馆、租界和商业区，拒绝来自西边的太平军进入。

1860年中，忠王李秀成率军进攻江南、苏州等，逼近上海，导致太平军与西方军事力量之间的直接冲突。如果上海的西方人士就此接受太平天国的统治和法规，继续经商，就意味着他们认可了这一地方政权而视北京满清朝廷为非法，这无疑与他们本国政府远征北京以订立新约的本意相违背，北方的那场大规模军事行动将变得毫无意义，英法联军必须返回南方，再度与太平天国打交道。与此相比，英法守军不如以武力尝试抵制太平军侵入上海租界和城区，等候北征大军归来。与太平军逼近上海相呼应的上海"小刀会"刘丽川起义，威慑上海地方官府，涉及西方商业利益，加剧了他们对太平军的敌视态度。英国等外国势力要求清朝地方官府对境内的西方人提供保护，以致在京城宫廷被围的情况下，上海和江南的清朝官府却要与那些洋人积极合作，听从他们的指令，保护他们的利益，而不是趁机将那里的洋人赶出去。

李秀成在江浙地区的攻势，威胁到上海中外商人的利益，因此他们在组织本地洋人武装力量的同时，向已任两江总督的曾国藩求援。曾国藩坚持自己的既定战略，以攻陷南京为重心，正在调动属下各部向南京进发，但是江南官僚、士绅、富商们急于获救，承诺自费运送湘军部队经水路赴上海。曾国藩也不愿轻易放弃这些赋税收入极为诱人的江南重要地区，而且他刚刚获得新帝同治和议政大臣们授权节制江、浙、皖、赣四省军务，辖下地域失陷于太平军之手，将是他管治之失，必受朝廷申斥，影响他的官运仕途。曾国藩也在觊觎江苏、上海大员之位，希望以自己手下取代朝廷任命的江苏巡抚苏焕，便于指挥调动。因此，派出李鸿章领兵援沪，对曾国藩来说是一举多得，负面因素大概只有他之后会失去对此时仍为幕僚的李鸿章的实际控制。

李鸿章从中看到重大契机，既有利于自己拥兵自重，执政一方，又符合他将要采取的与曾国藩不同的总体战略，即连曾国藩都没有意识到的重大战略意义，将在太平军的身后打下一个楔子，由下游击上游，在江浙等地丰富财力物力的支撑下，由东向西就近打击太平天国的根基南京。之前太平军在苏南浙江常取攻势，也有军力援救南京，但淮军在一隅之地上海立足之后，必将令太平军东西难顾，东南沿海不再是他们可以完全依赖之地，双方在这一局部战场上逐渐走到平局，然后反攻。太平军失去安庆和西部诸多重镇之后，李鸿章再控制经营江浙，势必击破太平天国最后的希望。

李鸿章的淮军于1862年3月底登上来自上海的轮船，赶赴上海，沿水路行进，利用洋人轮船和炮舰的掩护，避开了太平军在沿途占领地区的拦截。淮军未经战阵，李鸿章威望不高，多少令上海绅商失望。李鸿章治军又差于曾国藩，淮军官兵并无湘军初起时原始形态的卫道精神，到上海后开始抢劫，骚扰市民，影响不佳。但李鸿章依靠这支新军，加上曾国藩的提拔，被任命为江苏巡抚，按照曾国藩的规划，取代了苏焕，从而有望建立自己的势力范围和管治班底。即便如此，上海是个局面形态极为复杂的地方，李鸿章要对付的不仅是太平军，还有西方军队和势力、地方官府绅商，李鸿章要在其中游移自如，需要高超技巧和真实实力。获得宦途上的关键性提拔和地方辖制权力之后，李鸿章建立了最早属于自己的战功和政绩，构成他日后执掌全国军政大权的基础。

上海本地的基本防卫力量中，知府手下的清军实力不足为靠，上海境外的数十万太平军可以轻易踏平他们，之后上海唾手可得。在这一严峻形势之下，在淮军抵达之前，上海出现了上海绅商筹备组织的洋人武装，其中江苏布政使吴煦和苏松粮道杨坊，出资组建洋枪队，以美国冒险家华尔（Ward）为首，雇用招募上海的各种人士，西方人、印巴人、马尼拉人，等等，人数开始只有数百人，却自称"常胜军"。此外，留守上海的英法正规军队也加入战局，和清军一道守卫当地，阻击李秀成的太平军。他们之前在长江流域的活动，主要目的是保护水路航运，直至武汉和长江上游，所以沃斯利中校、何伯和巴夏礼等先后溯江而上，与太平军将领接触，划分利益范围。但忠王李秀成的太平军在1860年兵临上海城下，促使这些外国军队介入城市攻防战。这就形成了战场上的奇特现象，英法军队在中国南北同时进行着两场局部战争，目的相同，即外商的重大利益和外国势力范围。

李秀成大军第一次逼近上海，直抵青浦，击败当时还是乌合之众的华尔洋枪队，前锋逼近徐家汇，之后遭遇额尔金留下来驻守上海的英法正规军，在上海老县城下被逐回。虽然英法军队拥有当时先进的步枪和火炮，江上炮舰也发炮支援，但太平军的后退还是源于统帅李秀成的犹豫不定，另有干王洪仁玕对向英法"洋兄弟"开火交战的畏惧。以李秀成麾下约二十万的兵力和横扫江浙的无比锐气，少数驻沪西方队伍并不能构成严重的障碍。撤退之后，李秀成与何伯签订了休兵一年的协议，李秀成就此领兵展开西征，以避洪秀全追究之祸，而李鸿章的淮军也在此期间开往上海，同时华尔的洋枪队得以重组。从此之后，本地军队与西方武装力量在上海共同抵抗太平军，当李秀成西征失败返回江浙时，他的部队必须同时对付两支强大武装力量。这是一个新的起点，改变了总体力量对比，令李秀成独力复兴天国的愿望最终落空。

李鸿章的淮军在上海享有各种优越条件，新式洋枪洋炮的装备令淮军从叫花子的形象，一变而升为西式枪炮俱齐的部队，洋将教官对其提供系统军伍训练，脱胎换骨，以及与西方正规军队并肩作战，这些都是当时曾国藩草创湘军时所绝难企望的。就此而言，虽然太平军数量惊人，统帅李秀成神勇异常，李鸿章却已经拥有战场获胜的基本条件。他面对的是解决与上海地方官府的纠纷以及洋人部队的指挥权问题。由于李鸿章实任江苏巡抚，位列重要地方大员，他得以顺利解除本地实力派官僚吴煦和杨坊的职务，消除他们的势力，夺回对上海地方的实际控制权。一直屈在曾国藩幕府中的郭嵩焘，也被调来任江苏按察使，辅助李鸿章。恰恰因为江苏巡抚失去了自己的正常衙府驻地南京，被迫暂居于上海，反而有利于李鸿章就地整治，挤掉本地官员的势力。

全面掌握上海丰厚财源之后，李鸿章得以大力扩充淮军，兼收并蓄，将各种地方队伍并入自己属下，包括投降的前太平军将领，如在安庆集贤关失败的程学启，转身为淮军悍将。李鸿章对扩充淮军一事格外重视，他们不仅是镇压太平军的主力，而且日后必然构成李鸿章遍布全国各地军政要枢的网络核心。尽管当时曾国藩只把淮军视为翼军，仅为救急，不抱奢望，在上海偏居一隅也难有作为，但经过李鸿章的大力经营和扩充，淮军基本上在湘军之外自行其是，独立控制江南大局，不仅配合东西夹击南京的大战略，而且显露出取代业已登顶的湘军的势头。

虽然西方军队的介入并没有可能取代曾国藩湘军在之前近十年压制太平军的巨大努力和成就，但在南京以东的江沪浙地区战场上，他们协助李鸿章的淮军扮演了平叛的重要角色，也使那里的战争平定过程充满了矛盾冲突，事件不断，成为最为西方社会所了解和媒体集中报道的地域。李鸿章在上海奠定其崛起的基础，正式成为朝廷大员，也正式走上国际舞台，成为西方报道中的著名人物，不仅建威于平定叛乱，也在亲身接触西方制度和人物之后，成为日后推动宏大广泛洋务运动的主将。

西方武装力量在上海地区已经成形，其中华尔的洋枪队在李鸿章抵沪之前，跃然而起，一时成为当地的主力队伍。华尔本人是来自马萨诸塞州的水手，来华之前已在世界不少地方游荡和当雇佣兵。1860年7月，华尔率领洋兵和马尼拉兵攻下松江，拿到杨坊承诺支付的款项。青浦的太平守军中，也有一名洋人水兵参战，华尔在此地落败。尽管他之后得到支援，包括野战炮和来自意大利和希腊的雇佣兵，但这次李秀成的大军轻易地把华尔的洋枪队从青浦打回松江。

华尔的洋枪队仍然控制着青浦，但他们能否维护"常胜军"的名声，取决于富商们的持续财力支持、上海城区安全和在战场上攻城略地。洋枪队同样扩大了规模，招募大批本地兵丁和少数洋人雇佣兵，以高报酬和任意掠夺来鼓励洋枪队士兵投入战斗。首领如华尔每月饷银多至85英镑，少校上尉每月40至70英镑，尉官30英镑，士兵每日一先令六便士。士官、士兵都是华人，只有一名军官是华人，其他都是欧美人。[①]即便如此，华尔部下之后的战绩仍然不稳定，不断夺取城镇又丢失。1861年4月，华尔召集了更多洋兵，加上已在松江的白齐文部，准备进攻青浦。但因为英法军队与李秀成之间为期一年的休战，上海的英法领事和军队司令们担忧华尔的自行其是会给他们带来麻烦，特别是华尔洋枪队给出的高薪会影响英法军队现役官兵的士气，引发逃兵现象，因此他们逮捕了华尔和他的一些部下。华尔被迫放弃美国国籍，成为中国公民，以避免入狱。

1862年初，李秀成准备再次进攻上海，一直紧逼到浦东。鉴于形势紧急，英国海军将领决定起用华尔的洋枪队，正式命名为"常胜军"，之后

① Wilson, *The Ever-Victorious Army:a History of the Chinese Campaign under Lieutenant Colonel Gordon and of the Suppression of the Taiping Rebellion*, William Blackwood, Edinburgh, 1868, p89.

得到清廷的正式授命，和英法军队共同作战。当时受过训练的洋枪队员也不过一千人左右，所以英法军队正式加入了对上海附近地区太平军的作战，像他们之前攻打天津的清军阵地一样，例如在攻占嘉定时，英军第31团、67团、99团和第5孟买团的官兵都加入到战斗中。[1]英法军队的损失也不小，何伯腿部受伤，法国海军将领卜罗德（Protet）被击毙。

5月中旬的太仓之战，是太平军和英法军队的正面交锋。五千淮军和一部分英军在占领嘉定后试图趁势占领更为偏北的太仓，但忠王李秀成从苏州率领一万多精锐部队赶到，于5月16日迂回包抄敌军，大败淮军和洋枪队，歼其大部，趁势夺回嘉定。之后李秀成再次包围上海，此时他手下三分之一的太平军队伍已经配备滑膛枪，由上海外商私下提供，所以战力大增，并不劣于淮军。[2]接下来的青浦之战，佛罗斯特上校的部队被迫撤退，在慌乱之中被太平军俘获，此时斯本斯上校手下的第31步兵团和华尔的洋枪队，加上蒸汽兵船，前来增援，但青浦已经陷落。佛罗斯特上校于两个月后被太平军放回，用来交换一些枪支火药，但此举仍然显示了忠王李秀成善待洋将的基本策略。

以这些战场上的顺利进展而言，李秀成这次完全有可能突破上海的防卫，当地现有的英法军队、洋枪队加上淮军，即便装备较强，多数情况下也无法抵御太平大军的攻势，势必连续丢城失地。但李秀成再次在关键时刻被迫离开这一十分有希望的局部战场。曾国藩手下的湘军逼近芜湖，而曾国荃的营队则更加争功心切，孤军两万直击南京，逼近雨花台布营，形成包围之势，南京形势十分吃紧。洪秀全为此紧急召回李秀成，严令他击退曾国荃的湘军。不愿在成功在即时就此离开的李秀成，转而提议以充足的资源加强南京防务，坚守两年，以便让他有足够时间平定苏南浙江，然后再回师打败湘军。但是惊惧之下格外多疑的洪秀全严厉否决了这一建议，以天国法令刑律相威胁，李秀成不得不十分不情愿地率军离开上海，上海官绅和李鸿章由此逃过一劫。[3]

---

[1] Wilson,*The Ever-Victorious Army:a History of the Chinese Campaign under Lieutenant Colonel Gordon and of the Suppression of the Taiping Rebellion*,William Blackwood,Edinburgh,1868,p84.

[2] Wilson,*The Ever-Victorious Army:a History of the Chinese Campaign under Lieutenant Colonel Gordon and of the Suppression of the Taiping Rebellion*,William Blackwood,Edinburgh,1868,p85.

[3] Wilson,*The Ever-Victorious Army:a History of the Chinese Campaign under Lieutenant Colonel Gordon and of the Suppression of the Taiping Rebellion*,William Blackwood,Edinburgh,1868,p88.

虽然曾国荃两万湘军在数量上远远不敌李秀成的20万大军，但湘军部队已经深筑工事壕沟，易守难攻，李秀成的部队在进攻湘军阵地中伤亡惨重，却收获甚微，因此开始畏缩不前。他们勉强而来，离开苏南本来就非其本意，救援不如夺城，南京孤城不如江浙富庶之区。李秀成既然在前次西征中不顾大好前景而轻易放弃征战，此次攻垒打硬仗自然不合他的心意，意志不坚，以致大军压境竟然没有奏效，未能赶走少援缺兵的曾国荃孤军。

南京解围不顺令李秀成受到申斥和降职，失去洪秀全的信任。洪秀全又让李秀成军再次向西进发，以解南京之围。洪秀全此时完全是依仗君权任意指挥，只知重复之前试过的西征策略，以图一逞。李秀成虽然心怀异议，但谏之不听，不得已在严令之下上路，目标不明，整体条件比他与陈玉成共谋武汉时，相差不可以里计，故随意向西攻击安徽地方，以拿下武汉为目的，结果毫无收获，遭遇反复阻截，攻至六安后就被迫返回南京，以此交差，而部队损失惨重，由援救之初的20万大军减至数万。

洪秀全在连续惨败之下，仍然不考虑迁都别走，另寻战场，使南京不再成为太平军将领的沉重包袱，或者放手让唯一有全面威望的李秀成统一指挥，夺回主动权。与此相反，李秀成少有机会离开南京，陪着多疑的"天王"坐困愁城，惨对必败之局。原已成功有望的苏南浙江地区，李秀成缺位后，再无领军统帅，慕王谭绍光等均无统辖全局的权力和威望，呈现群龙无首之象，各自为战，极易众叛亲离。李秀成原先重点经营这一区域的战略，在洪秀全的偏执之下，完全失败，因南京之小而失大局。

上海附近的形势在李秀成离开后呈现相对缓和，华尔的洋枪队扩充到5000人左右，枪炮装备齐全。上海绅商继续提供充裕的财政支持，所以官兵薪饷丰厚。当时中国存在着两类西方雇佣兵，一类为了钱和报酬而受雇作战，包括因多种原因流荡到中国的外籍人士，另一类是从英法等军现有部队借用或调用，得到清廷和所在营地驻军将领的准许，如戈登就得到驻上海英军司令布朗的准许，而美国人华尔则是受到上海富商支持后才自行招募兵丁而组成的，可以不用对英军或美军部队负责，自行其是。在后来的洋枪队中，情况有所改变，军官都是洋人，底层士兵来自本地华人，甚至太平军降兵，按照西方军队的特点，按时支付军饷，补给及时，招募而来的士兵因欠饷而逃亡的机会也较低。[1]

同时，太平军也在他们的辖区之内得到外籍人士的帮助。安庆包围战进行时，有大批外国商船经由长江向该城运送各种物资，特别是粮食，以维持太平军守城，而试图将大批西方军火运往太平军控制区的洋船不计其数。[2]太平军将领们自行雇用前来投奔的各种西方人士，利用他们使用西方新式武器枪炮的技能，在围攻和防守方面取得实效。不少洋人自愿加入太平军，怀抱理想，或者为钱而战，即使在华尔的洋枪队里边，也有一些外籍军官并不认为转过去为太平军而战，对他们会是个严重的问题。一个前英国海军下级军人呤唎（Lindley），同情太平天国的基督教内涵，于1860年投到太平天国的李秀成手下，另有两名英国人同行，为忠王训练过炮兵。[3]

呤唎的主要任务是为太平军购买军火，利用英籍身份前往上海活动和采购。他似乎并不满足于只当个外籍军火商，而是主动出击，于1863年11月中突袭缴获了英国蒸汽明轮船"萤火虫"号（Firefly），一艘戈登属下攻打过吴江之外夹浦寨的炮船，被他劫往无锡后，改名为"太平"号，载有两门英式大炮，成为李秀成之下太平军水师的主力舰，据说呤唎为此得到两万美元的奖赏。这条炮船参加了南京九洑洲和无锡的战斗。

在"萤火虫"炮船之外，另外一艘被太平军使用的是"高桥"号螺旋桨轮船（Kajow），于8月2日被前来投奔的美国人白齐文从松江带往苏州，是太平军拥有的第一艘轮船。这两艘太平军中的蒸汽炮船，短暂服役之后，或被淮军击毁，或被戈登部下夺回。这些外籍兵将的加入，使太平军与淮军比肩，不再完全依靠冷兵器作战，掺杂了能够到手的各种洋枪、洋炮、洋船，从而在战场上打出与以前不同的风格，并创造出打退洋人队伍的战绩，令人刮目相看。太平天国运动的双方都掺加进了

---

[1] Forbes, Archibald, *Chinese Gordon: a Succinct Record of His Life,* George Routledge, London, 1884, p46.

[2] Platt, Stephen, *Autumn in the Heavenly Kingdom: China, the West, and the Epic Story of the Taiping Civil War,* Alfred Knopf, New York, 2012, p212,p267.

[3] Wilson,*The Ever-Victorious Army:a History of the Chinese Campaign under Lieutenant Colonel Gordon and of the Suppression of the Taiping Rebellion,*William Blackwood,Edinburgh, 1868, pp390-391.

西方因素，虽然所占比例不大，不能决定战争最后的胜败，但在战争尾段无疑增加了争持的烈度，也加快了太平天国运动终结的速度。

七、江浙战役中的淮军、戈登洋枪队与太平军

对李鸿章来说，他的麻烦是上海的"常胜军"这支主要军事力量，仍然处于半独立的地位，并不完全听从他这个江苏巡抚的指挥。华尔利用他的名声和影响力做到这一点，其军职也升为将军，自行其是。但华尔在1862年9月宁波慈溪之战中被流弹击中腹部，不久阵亡，他对洋枪队的绝对控制和威望也随之消失。洋枪队之后由白齐文指挥，一个来自北卡罗莱纳的水手，他自小就抱有在东方建立一个王朝的梦想，中国现在成为他的一个可行选择。①他上任后指挥的第一次战役，遇到来自苏州的慕王谭绍光，在淮军的协助下将其击退。

这场胜利并没有消除白齐文与李鸿章之间在指挥权和战功方面的矛盾，特别是来自淮军悍将程启学的嫉妒心态。华尔和白齐文均有意把洋枪队视为在中国土地上由自己掌握的武装力量，在本质上等同于李鸿章把淮军当作私人军队，但李鸿章是朝廷正式任命的高官，而洋枪队至此仍然完全是雇佣军，得到上海富商的财政援助，达到每月三万英镑，但不受官府约束，维持独立状态，特别是在他们已经占领一段时间的松江。这对清廷和李鸿章都是不可容忍的。为此，李鸿章试图通过英国将领免去白齐文的职务。这对李鸿章来说，无疑是一个非常艰巨的任务，以一个地方大员清除一名具有相当规模武装力量的首领，而且是一名美国军人。

李鸿章为此而被迫求助于英国在华总司令斯塔夫利将军（Staveley），投诉白齐文不服军令，难以调动指挥。英国驻沪军队也对这支已经变得庞大的部队感到担忧，领队军官均非正规军官，游荡于正规军之外，同样不听命于驻华英军，等同于初起的湘勇、淮勇，又担心洋枪队会诱惑在职军官离职，所以必须采取某种手段加以控制。李鸿章除掉白齐文的交换条件，是以英国军官率领这支队伍，这样英国将领

---

① Wilson, *The Ever-Victorious Army: a History of the Chinese Campaign under Lieutenant Colonel Gordon and of the Suppression of the Taiping Rebellion*, William Blackwood, Edinburgh, 1868, p91.

比较容易接受。斯塔夫利将军虽然不愿直接干预，但向北京的英国公使普鲁斯汇报了此事。

之后发生了洋枪队欠饷和白齐文袭击杨坊的事件，李鸿章作为江苏巡抚无法回避，向斯塔夫利将军和美国领事投诉，决心解雇白齐文，并下令缉捕。白齐文最初依仗手下兵力，宣称不归李鸿章管辖，无权解雇他。斯塔夫利将军终于放弃保护白齐文，同李鸿章签订"统带常胜军协议"，明确责任，之后以自己的参谋长奥伦上尉暂时带领洋枪队。以白齐文最初创建帝国的野心，又是美国人，对来自英国将领的解职命令，自然深表不满，径直北上京城，找美国、英国公使活动复职。

在这一与李鸿章和中国政府较量的关键时刻，李鸿章坚持己见，不在洋人的威吓下退缩，直到斯塔夫利将军出面，提名他在克里米亚战争中的老部下、工程兵营的戈登少校作为洋枪队的正式下任首领。以英军军官带领一支雇佣军，本质上违反了英国本国军队的规定，斯塔夫利将军必须得到本国政府的允许。[1] 之后尽管这支部队仍然是以华人士兵为主的洋枪队，却固定以"常胜军"为名称。

在奥伦上尉暂时带兵之际，洋枪队于1863年2月在太仓被守将会王蔡元隆击败，虽然有淮军悍将程学启部的协助，仍然损失惨重，同时在福山也被击退。这些挫败令人怀疑这支被称为"常胜军"的部队的真实价值。斯塔夫利将军以此为契机解除了奥伦上尉的职责。戈登少校此时正在上海进行工程勘测，收到英国驻北京公使普鲁斯的确认信件后，他于1863年3月24日正式上任，作为洋枪队新统领，他的饷银升到每月160英镑。

由于洋枪队是由华尔组建的，队里军官中美国人占多数，还有英国人、德国人、法国人、西班牙人、意大利人等，在选择军官时确实没有什么要求，几乎是西方人即可就任。[2] 戈登上任后，不少英美正规军中的人离开部队，到洋枪队任职，如英军第67步兵团的斯泰克上尉任副统领，第99团的史蒂文森任副官长，炮兵中尉伍德任炮兵司令。当时洋枪

---

① Wilson, *The Ever-Victorious Army: a History of the Chinese Campaign under Lieutenant Colonel Gordon and of the Suppression of the Taiping Rebellion*, William Blackwood, Edinburgh, 1868, p94

② Forbes, Archibald, *Chinese Gordon: a Succinct Record of His Life,* George Routledge, London, 1884, p48.

队约有150名军官，兵力达到五千人。洋枪队之前临时紧急雇佣的兵丁素质参差不齐，不少地痞流民，贪图饷银而来。但1863年之后，太平军攻势减弱，洋枪队得以从被俘的太平军中挑选合格士兵入伍，转回头同太平军作战，这些士兵之前的战场经验和作战精神都大大强于临时招聘的士兵，在洋人军官指挥训练之下，辅以按时支付的墨西哥鹰洋饷银，战斗力大为增加。[①]步兵的装备包括滑膛枪、普鲁士步枪和新式的恩菲尔德步枪，每人五十发子弹，带有约四十门火炮。[②]与众不同的是，这些华人士兵受训时听从英语指令，但估计只有士官们需要懂些英语。在洋将训练和指挥下，这支中国境内奇特的队伍已经具有英属印度军队的特色，与中国社会性质格格不入，后日势必作出改变。

从华尔到戈登，不仅是从雇佣军到正规军官的变化，而且整个武装力量也更加附属于李鸿章的管辖之下，戈登对李鸿章负责，脱离英军之后也不再对斯塔夫利将军负责。1863年时，李鸿章40岁，戈登30岁，均属斗志旺盛、当打之年，但从日后的历程看，李鸿章更加具有领袖才能和统帅风范。戈登家里上三代都是英国军官，其父军衔最高，死前为少将，因此戈登本人自小遵循父愿，加入英国皇家炮兵，培养起职业军人素质，耿直而不留情面，是一员专注作战的战将。这与文人出身、身兼军政高职的李鸿章，恰成对比，两人的合作过程中既有纠纷，又各取其长。

李鸿章为这支混合队伍提供正常的军饷军需支持，就此减少了之前因依靠上海富商供饷而表现出来的明显的雇佣兵性质，在很大程度上实现了李鸿章控制和收回这支部队的目的。但戈登少校本人对这一变化的理解似乎并不十分到位，不时按照自己统领部队的方式行事，加上西方人蔑视中国官员的惯常心态，时常与他的实际上司发生矛盾，而愤懑不已。但戈登下辖的洋枪队在苏南作战，必须与扩大整编后的淮军合作配合，寻求支持，才能不断取得战场上的胜利，已无独力取胜的客观条件。只不过英国人惯于强调戈登的个人作用和神勇战绩，而李鸿章和淮

---

① Wilson,*The Ever-Victorious Army:a History of the Chinese Campaign under Lieutenant Colonel Gordon and of the Suppression of the Taiping Rebellion,*William Blackwood,Edinburgh,1868, p127.

② Wilson,*The Ever-Victorious Army:a History of the Chinese Campaign under Lieutenant Colonel Gordon and of the Suppression of the Taiping Rebellion,*William Blackwood,Edinburgh,1868, p131.

军将领则向朝廷为自己的部属报功。

按照总体力量对比，淮军也已压倒洋枪队，武器提升、西式训练之后，拉近了与洋枪队的战力距离，如程学启部即已设有自己的洋枪营队和开花炮队，行军作战方式与戈登的部下相似。洋枪队的作战区域限于上海和苏南城镇，出自西方国家保卫通商口岸的愿望，并非以大规模运动战为目的，也不得进攻太平天国中心南京，再加上戈登率领部队投入战斗的总体时间仅为一年有余，所以其真实贡献应属于一般水准，与华尔手下的雇佣兵之前救急守城不同，更多的是象征洋人已正式参战，太平军将更加孤立。

戈登的第一次战役是1863年3月夺取福山和常熟，因为常熟守将骆国忠已经暗中投向李鸿章，主动献城而抵御随之而来的慕王谭绍光的太平军，因此福山、常熟都落入淮军手中。戈登初战告捷，抵消了之前奥伦上尉的失败，李鸿章为此上疏朝廷为戈登请得总兵之衔，等同于西方军队的准将，高于华尔。李鸿章同时也为自己的淮军争功，认为此战稳固了淮军在苏南的阵脚。这一现象成为之后的常态，洋枪队和淮军在攻城夺地的过程中不时发生冲突，同时邀功。

之后布朗少将取代斯塔夫利将军任在华英军司令，作为斯塔夫利亲自提拔的将领，戈登失去最有力的支持，之后更加需要以战绩来表现自己的才能和保护自己的地位。发生于5月2日的太仓之战，也是在洋枪队和淮军合作而又争功的状态下进行。太仓位于上海至苏州的通道上，由太平军的会王蔡元隆固守。他故意以献城为诱饵，与淮军将领联系洽谈，甚至要去一些清朝官员的顶戴服饰，似乎投降在即。在李秀成离开苏南、不少太平军守将叛变的情况下，蔡元隆的这一举动看来是非常合理的。当4月26日部分淮军按约入城后，城门关闭，枪炮齐鸣，一千五百名淮军被陷城中，或被砍头，或被编入守军。

李鸿章在此地严重失算，但不顾损失，继续发动猛攻，并调令戈登部下约三千人前往助阵，由布朗将军指挥的部分英国正规军占据侧翼攻击的位置。戈登的炮兵部队进行了长时间的炮轰，但在蔡元隆指挥下，太平军堵住了敌方火炮在城墙上轰出的大洞。持续苦战之后，太平军被迫后退，逃离太仓。洋枪队在此战中失去班能少校，伍德炮兵上尉和一些高级军官受伤，而太平军死亡两千人，其中包括为他们而战的法国、美国和印度籍官兵七人。[①]夺回太仓，为李鸿章打通了向苏州进军的路。

但刚刚上任和获胜的戈登马上面临着一场兵变，来自洋枪队内的少校们，他们要求戈登把他们都晋升为中校，被戈登拒绝后集体辞职。也许他们对一个英国军官担任洋枪队司令感到不满，也许他们只是想获得等同于正规军的军衔，因为他们是在这一地区实际作战的洋人军官，而不是那些正规军军官，但在军队纪律之下，他们只得到饷银而非战利品，连华尔时期允许他们拥有的仆人苦力都无法享受。之前作为雇佣军的福利消失了，又未被授予更高军衔，让他们十分不满，以致违背军令，拒绝向昆山开拔，戈登实际上成了一个光杆司令。[②]

勉强平定这一军官们的集体抗命后，戈登还要与淮军的程学启部并肩作战。作为工程兵军官，戈登善于利用他的专业知识在运动战和攻城战中占据有利位置和寻找弱点突破。为此，他拒绝了程学启的建议，不去攻击昆山东门，而选择了城外的堡垒和导向苏州的唯一运河河堤，便于戈登利用兵船从水路袭击陆地上的太平军。5月30日淮军进攻昆山，八千太平军对是否向苏州退却犹豫不决，洋枪队利用这一机会占领昆山以西，与昆山、苏州等距离的正仪，截断太平军的退路，导致恐慌，然后以蒸汽浅底炮船"海生"号（Hyson）炮轰扫射射程之内混乱不成队列的太平军。"海生"号顺水直驶至苏州附近再返回，沿途不断杀伤所遇太平军。此时昆山太平守军已丧失正常的抵抗能力，在淮军和洋枪队的夹击下，损失惨重，东门被攻破，昆山失陷。[③]淮军在城内占领太平军设置在此的军火库，缴获大批弹药和军火制造机械，这对已经陷入苦战而资源不足的苏南太平军是个沉重打击。

戈登少校此时面临又一次兵变，来自那些担任士官的华人，他们不愿意将洋枪队总部移至昆山，而中意离上海更近、纪律更加松弛的松江，因此戈登再次面对队伍集合时人数不齐的尴尬局面。他对这些华人

① Wilson, The Ever-Victorious Army: a History of the Chinese Campaign under Lieutenant Colonel Gordon and of the Suppression of the Taiping Rebellion, William Blackwood, Edinburgh, 1868, p152; Forbes, Archibald, Chinese Gordon: a Succinct Record of His Life, George Routledge, London, 1884, p59.

② Wilson, The Ever-Victorious Army: a History of the Chinese Campaign under Lieutenant Colonel Gordon and of the Suppression of the Taiping Rebellion, William Blackwood, Edinburgh, 1868, p157.

③ Wilson, The Ever-Victorious Army: a History of the Chinese Campaign under Lieutenant Colonel Gordon and of the Suppression of the Taiping Rebellion, William Blackwood, Edinburgh, 1868, pp159—163.

士官采取了严厉的惩罚措施，当场枪毙领头喧嚣者的一位，把其他人关了禁闭，如果不交出写抗议书的作者，将在每五个人中选择一个拉出去执行枪决。靠这一铁腕手段，戈登渡过了他上任后的第二次兵变，继续扭转和改变华尔时期的习惯做法。[1]

戈登与淮军根深蒂固的矛盾随时浮出水面，而他与李鸿章之间的暗斗也时隐时现。在昆山之战中，淮军程学启部开炮击中邻近地区两位英籍少校领兵的洋枪队，戈登为此直接找到李鸿章交涉，要求道歉和不再犯错，如果达不到目的，冲动不已的戈登少校开始调动洋枪队向程学启的阵地出发，准备实施攻击。原英军第99团的军医马格里（Macartney），是乾隆末年访华的马戛尔尼勋爵的家族成员之一，现已为李鸿章淮军下属。他认为戈登的行为极为不妥，劝说他停止部队行动，在程学启作出道歉之后，不再纠缠此事。[2]此次事件表明，戈登尚未完全明了自己的位置，依然视洋枪队为自己私人队伍，与李鸿章的淮军并立而不相统属，因此采取了类似兵变的激烈行动。戈登的这一误解和冲动性格，使他与淮军的矛盾潜在而深化，直至洋枪队的解散。

戈登本人虽然有战绩相辅，但仍然未能摆脱部队纪律松懈和兵变的困扰，他在洋枪队的领导地位经常受到威胁。李鸿章实际上成为他的上司和保护者，特别是在前统领白齐文活动英国驻华公使普鲁斯，以求官复原职之际，出于对职业军官戈登的欣赏和对雇佣兵白齐文的厌恶，力陈白齐文之弊，声言没有替换戈登的必要。白齐文的复职活动一开始就受到恭亲王和李鸿章的反对。[3]

华尔、白齐文的阴影不断困扰着戈登，在上任后的短期内遭遇到第三次集体抗命。炮兵部队的军官们拒绝接受新任炮兵首领的指挥，戈登在威胁无效的情况下，只好下令炮手在无军官指挥下自行将火炮运往前线。炮兵军官事后又恳求戈登忘掉此事，基于战场上对炮兵的迫切需

---

[1] Wilson, *The Ever-Victorious Army:a History of the Chinese Campaign under Lieutenant Colonel Gordon and of the Suppression of the Taiping Rebellion,* William Blackwood,Edinburgh,1868,p164.

[2] Wilson, *The Ever-Victorious Army:a History of the Chinese Campaign under Lieutenant Colonel Gordon and of the Suppression of the Taiping Rebellion,* William Blackwood,Edinburgh,1868,p165.

[3] Wilson, *The Ever-Victorious Army:a History of the Chinese Campaign under Lieutenant Colonel Gordon and of the Suppression of the Taiping Rebellion,* William Blackwood,Edinburgh,1868,pp147-148.

要，戈登同意了他们的请求，以此渡过了又一次抗命或兵变危机。[1]

攻占夹浦寨之战，淮军和洋枪队均使用火炮猛轰壁垒，压制太平军骑兵、步兵，然后进攻，在占领同里后逼近吴江。来自苏州的太平军援军，近在咫尺，却被阻于夹浦寨之北，而来自南部嘉兴的荣王廖发寿部，也未赶到，所以程学启部的淮军加紧以压倒优势的兵力攻城，戈登手下继续炮轰屠杀，吴江城破后俘获数千名残余太平军。戈登的私人记载中对此次重大惨烈的战斗叙述有限，只涉及自己部队的活动，似乎以两千人的洋枪队就顺利地拿下了吴江，对淮军攻城中的血战和损失并不提及，更因为与程学启之间的矛盾而急忙赶赴上海，以求讨其公道，不惜辞职。[2]欠饷问题也变得更为严重，令那些习惯掠夺的士兵感到不满，他们中的半数已经在昆山之战后逃离洋枪队，迫使戈登更多更急地从太平军降兵中选取士兵。[3]

但戈登赴沪申诉的计划被中途打断，白齐文来到上海后，竟然前赴苏州，投奔到太平军的一方，令淮军和洋枪队在苏南的攻势为之一挫。白齐文在当时的选择已然不多，复职洋枪队统领无望，无法实现他的强烈野心。好勇斗狠、不甘寂寞而又曾周游世界的他，同样不愿退出雇佣兵行业，回国另谋生路。他把希望转而寄托在太平天国身上，于7月底带走他在上海召集的150名外籍官兵（一说300名），其中包括戈登手下出色的军官，外加轮船"高桥"号。戈登担心局面失控，昆山的洋枪队被白齐文劫持，有损他的声誉，只好急赴昆山稳定部队。[4]苏州的慕王谭绍光拨给白齐文一些太平军士兵接受训练，带给他些许希望，试图通过这一方式建立起太平军自己的外籍军团，再次掌握一支属于自己的武装力量。

丢失吴江后，李秀成严令太平军败兵和增援部队尽快夺回吴江。李

① Wilson, *The Ever-Victorious Army:a History of the Chinese Campaign under Lieutenant Colonel Gordon and of the Suppression of the Taiping Rebellion*, William Blackwood, Edinburgh, 1868, p167.

② Wilson, *The Ever-Victorious Army:a History of the Chinese Campaign under Lieutenant Colonel Gordon and of the Suppression of the Taiping Rebellion*, William Blackwood, Edinburgh, 1868, p168.

③ Forbes, Archibald, *Chinese Gordon: a Succinct Record of His Life,* George Routledge, London, 1884, p70.

④ Forbes, Archibald, *Chinese Gordon: a Succinct Record of His Life,* George Routledge, London, 1884, p70.

鸿章同时聚集己方部队，在吴江附近进行至关重要的夹浦会战。吴江一地，不仅汇聚了苏南太平军和淮军的主力，而且有三支外籍队伍投入战斗，直接厮杀，有戈登的洋枪队，有李鸿章由浙江紧急调来的法属"常捷军"一部，由自己信赖的英国军官马格里率领，直袭荣王廖发寿的大本营，以及由白齐文的外籍军官领队的一部分太平军（他本人并未参战），三支外籍队伍纠缠在一起。更为奇特的是，白齐文部动用了琼斯船长手中的炮船"高桥"号，反过来猛烈炮轰淮军占据的夹浦寨，而戈登特意把"海生"号调开以避敌方的强大炮火，战场局面似乎完全扭转了过来。严峻形势证明了李鸿章的预见，有必要集中兵力打赢这一仗，以彻底打破太平军的反攻和困死苏州。

由于来自苏州的太平援军迟疑和退却，夹浦会战最后被淮军和洋枪队占了上风。太平军失利后损失惨重，贵王陈德胜被俘遇害。之后苏州太平军多次奉命反攻，以图夺回吴江，双方形成拉锯战，但沪苏通道已被淮军打通。这一不利太平军的混乱局面，令刚刚加入攻打吴江的白齐文都萌生退意。

在淮军与太平军反复厮杀的十月中，白齐文决定离开苏州回沪，部下登上"海生"号开往洋枪队驻地。苏州的慕王谭绍光并没有阻拦白齐文和他的部下，避免了同"洋兄弟"的一场血拼，虽然承受了相当大的损失，在两军交战的紧急时刻失去作战好手，但他仍然让白齐文安全抵达戈登部队所在地域，之后开往上海。[1]对于翻手为云、覆手为雨的美国人白齐文，任何一方都无法完全信任他，更不愿雇用他，因此白齐文被遣送回美国，不准再返中国。

下一个重大战役是苏州之战，淮军主力和洋枪队都奉命前往苏州。按照李鸿章的部署，程学启直攻苏州，刘传铭和潘鼎新等部副攻，包括戈登的四千洋枪队兵。统领中军的程学启，时年三十四岁，与三十岁的戈登均属年轻高级军官，又久经战阵，但各自遵循本国的军事传统和惯例，故此暗藏着矛盾纠纷，只在打硬仗恶仗和争战功方面十分类似。

李秀成面对敌军合围苏州，也调遣剩余太平军前来增援，集中兵力投入到一场大决战中。苏州周围的战场局势走向完全依赖各部将领的果断指挥。城外淮军、洋枪队加起来为一万四千人左右，城内外慕王手下

① Wilson,*The Ever-Victorious Army:a History of the Chinese Campaign under Lieutenant Colonel Gordon and of the Suppression of the Taiping Rebellion*,William Blackwood,Edinburgh,1868,pp176-177.

却有四万人左右，足以守城，但邻近地区的淮军李翰章部还有两万五千人，无锡驻兵两万人，而李秀成派出援救苏州已经抵达附近地区的援兵又有一万八千人。[1]

如果指挥得当，各部将领齐心协力，太平军尚有反包围、解围或挫败淮军的希望。但李秀成再次令人失望，在9月底的军事会议上所作决定并未得到认真执行，兵力调动不及，沿途遇到淮军刘铭传、李鹤章部的多重堵截，太平军的整体战略过早失去动力。而李鸿章统帅下的淮军则统一指挥，各部相互配合，防守包抄，稳扎稳打，令李秀成的部队无法打破淮军布下的围城阵。洪秀全勉强给予李秀成的四十天时间很快到期，李秀成痛心地离开指挥岗位，不得已劝告驻守的慕王谭绍光主动撤离，之后匆匆突围而去，留下的各部太平军失去协调，陷入各自为战、消极防御的窘境，大势已去。

身为广西人又是金田起义者的慕王谭绍光仍然决心死守，即便程学启部淮军已攻至孤城苏州内城边，仍然身先士卒，连续打退程学启和戈登的猛烈进攻，保持苏州城防不破。在11月27日的一场战斗中，戈登亲率两连洋枪队兵进攻东门，而慕王谭绍光也在20名外籍官兵的伴随下，亲临战场，指挥太平军击退戈登所部的冒死冲锋。[2]

慕王谭绍光先后几次成功击退淮军，连洋枪队的外籍军官都伤亡惨重，进展非常有限。苏州防卫不可谓不严密坚固，太平军军力并不薄弱，但被围困的前景无疑十分惨淡，形势严峻，迫使慕王部下心生他念。除了谭绍光外，城中太平军队伍分属主持防务的四王四将，主要人物为纳王郜永宽和康王汪安钧。由于攻城淮军主将程学启自己就是由安庆太平军守将投降而来，之前苏南几处地方的降将归顺李鸿章之后安然无恙，例如常熟守将骆国忠，因此苏州城内以纳王郜永宽为首的八员将领开始背着慕王谭绍光，与城外的淮军接触，准备投降。

纳王郜永宽等私下前往苏州城东北的阳澄湖与程学启会面，商讨投降条件。唯一的阻碍是太平军悍将和守城主将谭绍光，另外忠王李秀成

---

[1] Wilson, *The Ever-Victorious Army: a History of the Chinese Campaign under Lieutenant Colonel Gordon and of the Suppression of the Taiping Rebellion,* William Blackwood, Edinburgh, 1868, p187.

[2] Forbes, Archibald, *Chinese Gordon: a Succinct Record of His Life,* George Routledge, London, 1884, p84.

本人于11月29日循小路进入苏州，只带四百名亲兵卫队，督战苏州，又有援军一万八千人在后，所以四王四将的计划被迫推迟。同时他们也在等待李鸿章对他们所提条件的回复，主要是其各自所率降兵继续在苏州城内驻守，定为编制二十营并由官府拨饷，以及向清廷奉请总兵、副将衔，一定要明确指定所派省份地方。李鸿章要求他们杀掉李秀成作为进献之礼，但这些人多是李秀成旧部，尽管李秀成亲兵数量十分有限，仍然不敢或不愿对李秀成下手。他们退一步只答应杀谭绍光进献，令李鸿章对他们起疑。程学启对这些条件则一概答应，并以受邀到场的英国人戈登作为证人，发誓兑现投降条件。

12月4日，康王汪安钧在军事会议上刺死谭绍光，之后四王四将开城向淮军投降。按照苏州城内外太平军各部的实力分配，四工四将拥有三万余部队，足以压倒慕王自己的属下，只不过谭绍光坚不投降，并有可能调兵弹压，致使必须除掉他，否则不可能实施预定的投降计划。

12月5日，戈登的洋枪队离开苏州，移往昆山，程学启的淮军进驻苏州，因此行单力孤的戈登无法控制之后发生在那里的局面。直到6日中午，纳王等投降将领都未受到触动，并当面对戈登承认一切顺利，之后将把自己所属的小部分降兵转交给戈登的洋枪队。①但李鸿章和程学启之后在苏州进行了一场迅速的杀降行动。以一万余名的淮军，应付三万余名隶属于四王四将的太平军，程学启自然感到为难和紧张。这些降王降将进而要求原地驻守，不予解散，似有准备抗命、尾大不掉之嫌，而要求朝廷授予总兵、副将衔，指定防地，也让李鸿章很难给以满足，因为他自己手下淮军将领的官衔都不高，且都是记名性质的虚职待补，朝廷眼下根本没有办法实地安置他们，这些降将的过高期望要求完全不合实际。更何况李鸿章已经怀疑到他们的易变性，不愿杀李秀成进献，已暗示其诚意忠心不足。

程学启更感忧虑，他的部队入城之后，实际上落入了数万降兵的包围之中，一旦有事，难以应对。之前为了减少伤亡，尽早攻下苏州，李鸿章同意接受投诚，降王降将答应刺杀慕王，现在加入诸多条件，一旦无法兑现，会立即出现麻烦，特别是放降将回至其各自营地后，其部下

---

① Wilson, *The Ever-Victorious Army: a History of the Chinese Campaign under Lieutenant Colonel Gordon and of the Suppression of the Taiping Rebellion*, William Blackwood, Edinburgh, 1868, p198.

的反应委实难测。加上之前在太仓战役中被会王蔡元隆诱骗中伏、杀掉几千淮军的遭遇，记忆犹新，加深了李鸿章对眼下这些降将是否真心归降的怀疑。这些紧迫情形迫使李鸿章和程学启在6日中午决定改变方针，大举杀降。[①]

在与戈登交谈之后，四王四将出城面见李鸿章，正式投降，而李鸿章则在酒席上将八人拿下，迅速押往江边斩首。与此同时，程学启部在城内开始屠杀分散的降兵，其中一些人正在抢劫，以致把前往视察局面的戈登都堵在纳王宫中。从6日下午到7日上午，戈登都被太平军降兵包围，不得脱身，所隶洋枪队远在他处，无从伸以援手，唯一的希望是南门外的炮船。即使在这种情况下，戈登还是给炮船发出命令，要他们入城逮捕李鸿章，释放被押的各王。[②]这一命令并没有发出，送信的华人翻译被半路拦截，而之后脱离看押的戈登也被淮军士兵阻止，把他误认为是帮助太平军的外籍雇佣兵。戈登最后回到自己控制的东门，下令部下保护投降的各王，斥责前来进行劝解的程学启以及英籍军官贝雷（Bailey）少校。

戈登终于得知真相，之后找到四王四将被斩首的地方，证实他们已被处死。之后事态的演变颇具戏剧性。重新掌握了两艘洋枪队炮船之后，异常冲动的戈登在苏州四处追索李鸿章，手持左轮手枪，意图报复。戈登威胁李鸿章辞去巡抚一职，否则率洋枪队攻击淮军。事情一旦闹大，戈登就失去了行为的合理性和中英官方的支持，他对苏州杀降无可遏制的暴怒，来源于道德谴责和个人感情的宣泄，并不具备官方授予的权力，而为此要求他的上司去职，清廷绝无理由应允，也缺乏正式展开刑事责任追究的合法性。

李鸿章甩脱了戈登的纠缠，避免双方直接的冲突，直到戈登冷静下来，并且通过报捷奏章为戈登请功，以朝廷隆重赏赐的方式公开宣扬戈登的贡献。因为顾及戈登对个人名誉的高度重视，李鸿章特意致函驻沪英法美使节，将杀降一事归于自己和淮军，与戈登无关，以平息事件，

---

① Wilson, *The Ever-Victorious Army:a History of the Chinese Campaign under Lieutenant Colonel Gordon and of the Suppression of the Taiping Rebellion,* William Blackwood, Edinburgh,1868,pp203-204; 费树杰，《李鸿章苏州杀降事件还原》，《清史研究》，2012年第4期。

② Wilson, *The Ever-Victorious Army:a History of the Chinese Campaign under Lieutenant Colonel Gordon and of the Suppression of the Taiping Rebellion,* William Blackwood, Edinburgh,1868,pp199-200.

当然另一层的意思就是杀降平叛都应由身为主帅的他来决定。

因为没有合法的授权，洋枪队并没有遵照统领戈登的个人命令就出发攻打淮军或击毙李鸿章，又或把苏州再交回给太平军。驻华英军司令布朗将军于12月11日从上海赶来，命令戈登不得贸然行动，包括与淮军交火，更不得投向太平军一方，静观待命，等候来自北京的决定，也就是清廷和西方驻华使节之间的商讨。戈登的反应是消极抵抗，既不率军出战，又不放弃对洋枪队的控制。

为杀降一事就解除李鸿章江苏巡抚一职，在清廷完全依赖曾国藩的湘军和李鸿章的淮军之时，完全不可行。驻北京的英国公使普鲁斯对此表示十分理解，专门写给戈登一封长信详加解释，对专于军务、疏于了解中国朝政全局的戈登耐心地指点迷津。[①]海关总税务司赫德（Hart）也积极居中调解，认为李鸿章所为可以谅解，基本无大错，并亲身赶往昆山劝说戈登出山，尽早结束苏南地区的军事行动，恢复正常秩序。[②]

这一突然出现的中西外交僵局延续了一段时间，但戈登逐渐冷静下来，在多方努力之下，以大局为重，压抑私人情绪，最终同意再度接受李鸿章的指挥。"昨已拟就示稿寄交赫德阅看，斟酌定后即行缮发，决不致误。以后攻剿各城，遇有贼匪实系真心投诚，无论何省人民，均应禀由本部院资遣回籍……如果诚心归命，尽可贷其一死，遣散安置也。此复。会带常胜军戈总兵"。[③]双方妥协的结果之一，就是李鸿章承诺不再出现苏州杀降一类的事情，今后要先征得戈登的同意，才着手处理破城和俘虏问题。直到1864年2月19日，戈登才再次率手下的洋枪队从昆山出征。[④]

戈登继续向西进发，在金坛遇到顽强的抵抗，洋枪队常用的炮轰滥炸策略未能奏效，反复冲锋也未能攻破城防，连戈登本人也被击中腿

---

① Wilson, *The Ever-Victorious Army: a History of the Chinese Campaign under Lieutenant Colonel Gordon and of the Suppression of the Taiping Rebellion,* William Blackwood, Edinburgh, 1868, p215.

② Wilson, *The Ever-Victorious Army: a History of the Chinese Campaign under Lieutenant Colonel Gordon and of the Suppression of the Taiping Rebellion,* William Blackwood, Edinburgh, 1868, pp212--213.

③《英国收藏的有关近代中国的部分文献资料选》，《近代史资料》，第93号，1998，第18-19页。

④ Forbes, Archibald, *Chinese Gordon: a Succinct Record of His Life,* George Routledge, London, 1884, p98.

部，失血过多，手下数名外籍军官阵亡，被迫后撤。队中的华人士兵之前以为戈登受到神灵保佑，即使冲锋在前也毫发无损，但这一次戈登在战场上的运气神秘地消失了。[1]李秀成部下的太平军发起灵活机动的反攻，在解围常州未成的情况下，大幅度沿江迂回到淮军身后，向东攻击常熟、福山和洋枪队的大营昆山，迫使李鸿章紧急调兵回防，戈登也被迫放弃金坛和溧阳，率三千洋枪队向常州移动，加入已经围困常州的淮系大军。

常州这一太平军的重要据点由护王陈坤书坐镇，拥兵数万，包括常州城内两万，而且李秀成对此地极为重视，命令陈坤书力保。身为广西人和金田起义参加者的陈坤书，1862年就移驻常州，大力扩建护王府，占地面积达四万余平方米。陈坤书之前尚存游移，对李秀成让其增援苏州的命令置之不理，隐含向淮军乞降之意，但苏州杀降事件之后，陈坤书断然改变主意，一力死守。

此时淮军悍将程学启已于4月15日在攻打嘉兴的战斗中阵亡，李鸿章率张树声、刘铭传等十余万人围攻常州。戈登的部队于3月底再次遭到太平军的痛击，两个团在江阴华墅乡被太平军步骑兵包围，虽然多数仅手持刀剑，却打得洋枪队溃退将近五公里，直到陆家桥才勉强收住，被留守的洋枪队员救出。此次遭遇战中，四百多人战死或被俘，外籍军官中三名上尉和四名中尉阵亡，团长上校罗德（Rhode）侥幸逃生，被认为是洋枪队成立以来最具灾难性的挫败，令有伤在身的戈登大为恼怒。[2]戈登"常胜"的神话已被打破，忙于救伤和调集后续部队，以及与邻近的淮军联络合作，行军作战也更为谨慎小心，直到4月11日才再次向华墅乡发起进攻。

淮军和洋枪队之后继续围困常州，力图不让那里的太平军撤往南

---

① Forbes, Archibald, *Chinese Gordon: a Succinct Record of His Life*, George Routledge, London, 1884,pp102~103.

② Wilson,*The Ever-Victorious Army:a History of the Chinese Campaignunder Lieutenant Colonel Gordonand of the Suppression of the Taiping Rebellion,*William Blackwood,Edinburgh, 1868,pp225~226;洋枪队的"团"，兵力约相当于营，"团"之下即为连。洋枪队内的上校或少校军衔，是统领军官自封的，非正式军衔。戈登本人只是英军的少校军衔，获清廷封总兵衔，等同准将，以便于领兵。直到他返回英国之后，才正式升为中校，去世前被授军衔为少将，等同于其父。

京。由于欧美籍官兵一般不善于或不屑于掘壕和坑道作业，所以主要的围城和破城工程都由淮军士兵完成。[①]4月27日开始攻城，太平守军异常英勇，冒着炮火堵住被轰开的城墙缺口，在双方的血肉相拼中，迫使戈登和淮军士兵后退。洋枪队近二十名军官伤亡，其中一名上校、四名上尉、五名中尉阵亡。洋枪队之前本已连遭挫败，外籍军官人数渐少，面对如此惨重的损失，连戈登这样的职业军官都感到胆寒。[②]

李鸿章同时采用软性攻势，用大字写成布告向城墙上的守军士兵展示，声明除了护王陈坤书之外，其他投诚的官兵都可以获得赦免。即使之前发生了苏州的杀降事件，再加上淮军对两广太平军一贯的严厉对待，还是陆续有守城士兵到淮军阵地投降，个中原因当然是常州孤城难免陷落，再也无可能寄希望于来自南京或其他地方的援军，大伤士气。

护王陈坤书之下的太平守军人数锐减，守城部队大量减员，投降官兵外流频率更增加到每日三百人左右，几乎一个营队的规模。延至5月11日，淮军和洋枪队再次发动总攻，击败城内残存的守军，最终攻陷该城，陈坤书退守护王府，肉搏之后被俘处死。[③]太平军控制常州长达四年，是他们的一个稳固基地和南京的屏障，至此方才被荡平。

常州之战也是洋枪队的最后一仗，预示着戈登的离去。英国政府已经终止允许英军官兵为清政府服务的命令，就此基本上断绝了戈登这一类英国军官继续在洋枪队或其他中国武装力量中服役的机会。太平军对上海的威胁也早已消散，装备西式枪炮的淮军正在全面胜利进军，洋枪队的存在已变得不再必要，这支独特武力量的解散，也随之被提上日程，这一点英国公使普鲁斯在致戈登的长信中就曾有所暗示。[④]常州之战后，丹阳和金坛相继陷落，淮军几乎可以和围困南京的曾国荃部顺利

---

① Wilson, *The Ever-Victorious Army: a History of the Chinese Campaign under Lieutenant Colonel Gordon and of the Suppression of the Taiping Rebellion*, William Blackwood, Edinburgh, 1868, p137.

② Wilson, *The Ever-Victorious Army: a History of the Chinese Campaign under Lieutenant Colonel Gordon and of the Suppression of the Taiping Rebellion*, William Blackwood, Edinburgh, 1868, p237.

③ Forbes, Archibald, *Chinese Gordon: a Succinct Record of His Life*, George Routledge, London, 1884, p110.

④ Wilson, *The Ever-Victorious Army: a History of the Chinese Campaign under Lieutenant Colonel Gordon and of the Suppression of the Taiping Rebellion*, William Blackwood, Edinburgh, 1868, p216.

携手作战。就此而言，苏南地区已经平定，仅有湖州还在太平军之手，洋枪队失去下一步的攻击目标，它的军事使命已经完成，拥有超过十万之众和四万多支枪的淮军，完全有能力承担防卫江南和荡平太平军的任务。

在此之外，李鸿章还承受着向洋枪队支付巨额饷银的负担，洋枪队从最初组建到最后解散，据估计耗费了至少一百三十万两白银。[①]至1864年中，基本上没有必要再支付这种巨额款项。李鸿章借此巧妙地向戈登提出商议如何处理洋枪队的问题。戈登有其自己的考虑，既然本国政府指令已经明确杜绝了继续任职统领的可能，这支雇佣兵队伍落在其他外籍人士手中是非常危险的，遇到白齐文式的人物，连英国在华利益都可能受到威胁。洋枪队官兵在连续苦战中遭遇磨难，为钱而战的基本动机有时不能完全压倒对伤亡的恐惧，整支队伍都深感疲惫，期望休整和获得金钱支付。

基于这些理由，戈登自己都认为当时最好的选项就是解散洋枪队，在给以金钱赔偿后将官兵遣散。[②]此举正合李鸿章之意，利用戈登之口，顺理成章地达到解散洋枪队的目的，无需经过北京英国公使和当地英军司令的批准，因此他在答应筹集遣散款项后同意了戈登的请求，双方达成协议，尽快解散洋枪队。

李鸿章及时拨出相应款项，遣散为数几千的洋枪队官兵，包括那些受伤阵亡者。李鸿章提供了格外优厚的遣散条件，上校和受伤的军官获得900英镑，最多者为一名失去双眼的普鲁士军官，得到1600英镑，而一般士兵拿到一个月的饷银加上回家路费。洋枪队各部向昆山汇集，至6月1日，戈登完成了整个遣散活动，淮军接收了所有武器军火，洋枪队正式从中国大地上消失了。[③]李鸿章的淮军随后接收了前洋枪队的炮兵部队，300名步兵，"海生"号炮船，外加一些外籍军官，

① Wilson, *The Ever-Victorious Army:a History of the Chinese Campaign under Lieutenant Colonel Gordon and of the Suppression of the Taiping Rebellion*, William Blackwood, Edinburgh, 1868, p139.

② Wilson, *The Ever-Victorious Army:a History of the Chinese Campaign under Lieutenant Colonel Gordon and of the Suppression of the Taiping Rebellion*, William Blackwood, Edinburgh, 1868, pp243-244.

③ Wilson, *The Ever-Victorious Army:a History of the Chinese Campaign under Lieutenant Colonel Gordon and of the Suppression of the Taiping Rebellion*, William Blackwood, Edinburgh, 1868, p245.

用于训练和作战。

　　戈登本人拒绝了清廷发给他的赏银，但清廷还是赐封他提督衔，赏黄马褂和孔雀花翎。英军也相应地把他的正式军衔提升为中校。[①]戈登于1864年底离开上海回国，如同他最初上任时在家信中预期的，一年多后得以返回英国，不到三十二岁，仍然是位年轻军官，但他来中国之前只是一名普通工程兵军官，统领上海的洋枪队16个月之后（其中有几个月按兵不动），离开中国时已成为"中国的戈登"，英国人心目中的"英雄"。后世著名的"阿拉伯的劳伦斯"，也属于追随戈登的传奇，进行海外冒险和积累战功的事例。

　　据英国人统计，戈登统领洋枪队期间，夺取了四座城市和十几个乡镇，歼灭大批太平军，与它通常不到五千人的部队规模相比，战绩惊人。[②]在戈登的记忆中，他所攻占的城镇，或是由他独力完成，或是攻下之后转交给辅助的淮军，似乎几千人的洋枪队横扫苏南，代替清朝军队完成了他们应做的任务，不愧为"常胜军"。英国媒体刻意制造了戈登"战神"的形象，一名优秀英国军官就可扭转战局，打败数以万计的太平军，结束规模庞大的太平天国运动。这是出于推高戈登"常胜军"名誉的目的，进而维护大英帝国的声誉，但却完全不符合事实。

　　当年太平军的实力已经不容轻视，他们在进攻或防守中多次击败洋枪队和装备得到改善的淮军，忠王、慕王和护王指挥下的部队，都曾经成功阻止戈登部队的强攻，特别是金坛一战，戈登在太平军的抵抗反攻之下彻底失败，失去其"常胜军"的威风。继续如此血拼下去，整个洋枪队都会拼光。因此兵员有限的洋枪队亟需更具规模的淮军和其他队伍的支援，才能维持攻势和攻陷城池，否则不仅攻城受损，而且攻下来也守不住。更何况戈登作为地区战将，不具全局视野，并不理会大战区内敌对两军的进退攻防，所接触到的淮军部队仅限于程学启部，对淮军其他各部在苏南地区进行的战役基本上缺乏印象，导致英国媒体误以为戈登本人的作战经历就包含了太平天国末年淮军整体在苏南的所有军事行动。没有英国媒体的喧嚣和对本国公众的巨大影响，戈登作为大英帝国

---

　　① Forbes, Archibald, *Chinese Gordon: a Succinct Record of His Life*, George Routledge, London, 1884, pp113-114.

　　② Forbes, Archibald, *Chinese Gordon: a Succinct Record of His Life*, George Routledge, London, 1884, p112.

海外人物之一，其角色的重要性无疑将会极大降低。①

两次鸦片战争之后，清朝官员已视洋人如虎，生怕惹上麻烦，在与洋人的争端中频频落入下风和作出让步。当英军沃斯利中校抵达武汉时，湖广总督官文亲率阖城官员隆重迎接和款待，即便是统帅湘军的重臣曾国藩，也尽量不与洋人交涉，而后起淮军的李鸿章则在这方面异于他人。他不像广州、上海的买办一样有应对洋人的经验，本人是来自内地安徽的进士翰林，不通外文，国学远优于西学，但他本人精于学习，入门极快，掌握事务精髓，推衍而成内行。他赶赴上海就任后，与当地英法等军政人士有过密切接触，进而认清洋人也是人，参差不齐，既有快速扫平清军的优秀将官，也有百无一是的流民无赖，人的基本性格特质中必有他可资利用之处，即如上海绅商出资，即可雇佣各种各样的洋人为己而战，令李鸿章增强了驾驭洋人、为己所用的信心。此外，李鸿章本人已经掌握规模日增的淮军，在武器装备上向洋枪队和英法驻军看齐，不仅在战场上显示威力，也促使李鸿章开始明了近代军队的强大威力和构建指挥精要，致力于建成与当年横扫绿营的西方军队比肩的武装力量。

此一重大转变之后，倚仗正在近代化的淮军，李鸿章对戈登统领的洋枪队也就不再视若神明，充分利用他们的战斗力，但并不十分畏惧洋枪队的犯难和逆反。戈登屯兵昆山不动时，李鸿章自认淮军兵力足以防剿，无须祈求洋枪队协助。这是湘军等其他武装力量所做不到的，即使是北京的总理衙门，也碍于英美公使的纠缠压力，放任白齐文带官方文件赴上海试图复职，再掌洋枪队，而身任巡抚的李鸿章则断然拒绝，不受朝命，不为洋人私有武装开路。面对态度强硬而有据的李鸿章，即使驻华英军司令布朗对苏州杀降事件表示懊恼，也忌讳公开站在戈登一边，攻击淮军，而在两次鸦片战争期间，一旦两军兴起纠纷争端，英军都主动对清军开战而制胜。当时国内形势和外交关系也让李鸿章占了上风，英国政府不可能允许戈登少校在此时刻投向太平军，反过来打击淮军，进而破坏刚与清廷达成的协议，为走入末路的太平天国出头作战。因此布朗将军立即前来镇住洋枪队，避免戈意气用事，造成上海苏南

---

① Laffer, Stephanie, "Gordon's Ghosts: British Major-General Charles George Gordon and His Legacies, 1885-1960", PhD Thesis, The Florida State University, 2010-5-2, p37.

局势大乱，英军在当地无所适从。

无论如何，李鸿章做到了他人无法做到之事，包括他的老师曾国藩在内，严拒英国官员将领的各种要求，如布朗将军提出的交出洋枪队管辖权和正式书面认错的要求，也不向戈登的个人威胁屈服，并顶住一些西方人从他们的道德高地出发而施加的巨大舆论压力，只按自认合理的方式行事，与英国各种势力周旋，有进有退，甚至拖下去，挫败了戈登的反叛意图，打消了英军将洋枪队收为己有、取代淮军地位的企图，最终结束事件，此后更顺利解散洋枪队，消弭这一潜在威胁。之后李鸿章反而与戈登保持了在战场上建立起来的紧密合作关系不衰，"情真意笃，患难之交，在远不遗，尤征古道，感荷曷胜。前存常胜军旗帜仍照常收储，每一展视，如见故人之面，聊慰七万里相思"。[①]

在短短两年的时间内，前为博学书生幕僚的李鸿章，不仅在上海苏南成功建立起一支相当规模和颇具战斗力的淮军，达到他和曾国藩的预期，战功卓著，顶戴功名俱全，而且更进一步，在首次面对西方在华势力和代表人物时，没有狼狈落败，以圆滑的手段把西方军队和洋枪队都拉进自己在苏南的整体战略和攻势中。李鸿章面对突发事件和通商口岸错综复杂的局面，大显其在对外关系方面的才能和毅力，从华尔、白齐文到戈登，逐渐掌握精通驾驭洋将之术，"设法笼络"，倾力"羁縻"，但"权自我操"，坚持自己作决定，不因对方的洋人身份即甘于退让，反而主动出击，尽力争取实际控制洋人队伍，为剿灭太平天国的大业服务，手段决心都远胜于湘淮绿营中的其他将领，经历磨炼，为日后全盘主持国家对外交涉，打下良好基础。

八、"天京"陷落和太平天国覆灭

在李鸿章的淮军和洋枪队把太平军驱逐出苏南之后，太平天国东南部的辖区尽失，威胁不再，淮军的战略任务已经完成。最后攻陷南京及以西的残余地区，则仍然需要由曾国藩的湘军来完成。湘军与洋枪队等西方势力并无直接联系，部队装备西式枪炮的比例也低于淮军，其最重要的优势在于同南京天国政权的最后据点近在咫尺，是最有希望给以洪

---

① 《李鸿章函戈登》，《近代史资料》，第93号，1998，第20—21页。

秀全政权最后一击的部队。

曾国藩在派出李鸿章赴沪之后，全力指挥其他部队扼杀天国中心。李鸿章的杰出战绩令曾国藩感到意外和惊喜，解除了他对李秀成割据苏南、支撑天国的担忧，得以专心对付南京守军。曾国荃的营队已在南京近郊扎营达两年，坚守不退，拼死扼住南京的咽喉，即便耗时长久，耗费惊人，却多次发挥重大战略作用，每当李秀成的太平军威胁淮军和朝廷关税重地上海时，曾国荃部下的猛攻必然导致洪秀全火急召回李秀成，令攻势凌厉的苏南地区太平军锐气大减，有效地协助淮军稳住阵脚，逐步转入反攻。无论曾国荃所部规模大小，损失是否惨重，他们所占据的关键位置和环城重围都掐住了太平军的命门，令李秀成这样的军事天才都无所适从。湘军和淮军的左右夹攻，令太平军所剩唯一主帅李秀成独力难撑，既放不下富庶的江浙地区，又顶不住洪秀全以君主和教主身份发出的严令，有限的太平军余部在被动转移的过程中被逐渐消灭掉，失去了进行战略决战的主动权。

曾国藩虽然对曾国荃孤军深入南京地区甚感担心，但另一方面也认识到，这是自己亲信湘军部队创造历史的绝好机会，部分源自朝廷内部的传言，攻下南京者将会封王。这对掌握湘军的曾氏兄弟来说，意味着绝世荣耀，极有可能以此惊人战绩让朝廷封王。以当时的军事形势看，湘淮军之外实力最强的是蒙古亲王僧格林沁，但他的主力部队被阻挡在北方和中部，包括被朝廷诏命阻挡英法联军向北京进军，因而无缘染指南京攻城。余下的选择只能是曾国藩的湘军，或者李鸿章的淮军，一旦实现梦想，将是清初吴三桂以来首次非满族亲贵封王。封王的传言之后证明不实，而曾国藩在连续报捷之后，朝廷仍然吝于给以实缺和勋衔，令曾氏兄弟一直极为不满和怨恨。这一直是曾国藩的一块心病，虽然他保持着对朝廷的忠心，却生怕得不到朝廷的信任，即使战功赫赫，之后也会被朝廷抛弃，贬官削权，回家养老。

与谨慎小心的曾国藩不同，九弟曾国荃却是莽撞冒进成性。1862年中，他的吉字营突发猛进，连续攻占多个城市，从安徽直奔南京，依城边的雨花台扎营驻垒，决心拿下攻陷南京的首功，而湘军水师也沿长江水域封锁住南京对外的关键水路。此后曾国荃尽其所有地维持部队在南京城外的阵地。他面临着两个最基本的难题，一是抵抗其他太平军部队的解围努力，二是围困南京。前者关系吉字营的安危，南京城内就有数万太平军，总人数超过吉字营，而南京东西方向太平军数量均极为庞大，单单忠王李秀成部就拥有号称七十万太平军，而陈玉成余部等仍然散布在南京以西的地区。曾国荃看来基本上毫无胜算，随时可能被太平军反包围，城内城外的太平军夹击吉字营，绝对有机会合力将其剿灭。一向保守持重的曾国藩认为，吉字营处境极为危险，甚至可能重蹈李续宾精锐部队在三河之战中被全歼的悲惨命运。但曾国荃拒绝了曾国藩暂时撤离南京、以避兵锋的建议，决心死守直至破城，或全部战死。

他的第二个难题是围困和攻破南京。作为历朝古都，南京占地广阔，城墙出名的坚固高厚，城门众多，城内外防守部队即使在最后阶段也战意不衰，按照太平军的惯例，加筑工事堡垒，特别是"天堡城"和"地堡城"，令南京城防更加易守难攻。以吉字营仅两万士兵包围南京，围无可围，本身就是个几乎不可能完成的任务，如果曾国荃真的施行全线包围，必然会令个别位置防守格外薄弱而易被攻破。

果然，吉字营的突破和威胁，立即招来猛烈回应，洪秀全紧急诏命各地征战的太平军回援，特别是实力极为雄厚的李秀成部，聚集了号称20万太平军，部队来自天国诸王、忠王李秀成、侍王李世贤、慕王谭绍光、护王陈坤书等，以达到解围南京这一单一目的。这些大规模军事行动很快危及到吉字营的安全，依照战场上两军对垒攻防的一般规律，在多支敌方大军的合力之下，南京城下的这支孤军腹背受敌，必定会在突破南京城防之前就被无情地碾碎。曾国荃也知道自己厄运即将临头，所属部队境况极不乐观，只有拼死命抗击，两面作战。

太平军援军于1862年10月13日逼近曾国荃部的营地，对吉字营构成反包围，并开始清除南京包围圈的行动。此时的太平军，拥有一些西式火炮和大量老式火炮，把从江浙战役中缴获的洋枪都集中在围攻吉字营的太平军中，因此火力甚强，硝烟冲天，从精神上极大地震骇湘军，吉字营的官兵只有躲在之前构筑好的工事坑壕中，才能避过敌军炮火带来的致命伤亡。太平军的进攻非常英勇，突破了吉字营第一道防线，而湘军士兵依靠有利地形，据壕固守，打退太平军的反复冲锋。交战形势似乎又回到安庆之战，双方犬牙交错，在湘军所筑外壕边死拼，吉字营死伤累累，又遭遇瘟疫，大量减员，似乎面临必亡之结局。如果是一般湘军或清军部队，遭遇如此惨烈的战斗，可能早已退却或投降了，但在曾国荃的坚持之下，身陷重围的部队居然没有垮掉，其中因素自然有拿下南京的金钱回报和战功对官兵们的强烈诱惑。

太平军方面的弱点是不相统属，最高层由洪秀全、洪仁玕督战，救援大军主帅名义上是李秀成，而其下诸王太多，各自辖制自己的部队，互相掣肘，指挥系统陷入混乱。湘军水师控制了南京北面、西面的水路，太平军只能集中兵力从东面进攻，地域狭小，限制了自己兵力优势的发挥，也不利于包抄作战。李秀成在南京城下解围的做法类似于洋枪队的戈登，尽量利用自己拥有炮火优势震慑湘军，然后依仗人多势众的优势，发动轮番冲锋，充分利用人海战术。

曾国藩为了弟弟及其部队的安全，只有加紧催促其他部队向南京进发，以解曾国荃之围，特别是通过长江上的水师，为吉字营输送给养和随时赶到的援兵。各路湘军增援吉字营缓急不同，如湘军主力之一的鲍超部，其主要战场在江西，无从抽身，也有就近赶到的，如扬州的都兴阿部，曾国藩自己也紧急从安庆拨出数百名士兵到南京附近救急。当时的军情是太平军救援南京，而湘军也在救援南京城外的曾国荃部，事态的进展要看哪一方的援军赶到及时，而湘军也担心落入与太平军一样的困局，为了救援某地而放弃可以轻易占领的其他重要城池。由于曾国荃拒不为保存实力而暂时后撤，曾国藩只有倾全力解围，以图避免三河惨败再演。久攻不下之后，李秀成在损失惨重的情况下停止了进攻，不忍再无谓地消耗自己宝贵的兵力。整场战役延续了44天，吉字营自身难保，无力拿下南京，太平军援军也疲惫不堪，囤积重兵于"天京"城下，却无力扫除近在咫尺的顽敌。

之后的战局充分显示了太平军高层的深刻内部矛盾。为保住自己命名的"天京"，洪秀全不愿让李秀成的大军就此离开南京，再返江南，所以主张让他领兵西征，召集安徽、湖北境内的其他反清队伍，再反攻南京。李秀成的计划则与此完全相反，仍然执迷于撤兵至江南重地，以南京吸引湘军主力，自己则率所余大军先打败淮军和经营"苏福省"，再找机会解南京之困。在洪秀全看来，李秀成计划的背后是对南京的不重视，大概即使失去该城也无妨太平军的作战和转移，也就意味着他对"天王"的轻视，麾下大军一去，恐怕从此不再服从南京政权的调遣，彰显逆心。

洪秀全自己绝不愿意失去"天朝"之都，这一他的天国的最高象征，如果连"天京"都被他放弃，天国的信众将会更加明白，所谓的

"上帝"和"天兄"其实根本就没有什么无边的法力，更加速他们的信仰破灭。洪秀全把"天京"看得如此重要，既有宗教教义的束缚，也有世俗世界现实权力的考虑，绝难放弃已经到手的世袭王朝。如果只把南京看作一座重要城市，不背包袱，主动放弃，尚有可能争取到其他战略机会。曾国藩等敌军统帅其实也怕洪秀全弃城而去，或者李秀成这些大军名为驰援解围，实为突然占据其他重要城市而另立中心，将再难找到目前被吉字营围困而聚歼的绝好机会。

李秀成所部大军云集，仍未能歼灭南京城外的吉字营，令后者逃过一劫，曾国荃经历这一艰难战役而没有垮掉，更加增强了围困南京以致破城的信心。之后的局势对他更为有利，勉强从西征归来的李秀成余部，实力大减，几乎不能再对死战而余生的吉字营构成威胁。与第一次西征的结果不同，李秀成未能从西部、北部带回数十万大军，反而损兵折将，被迫派遣自己劫后余生的部队，返回苏南去恢复生气，连失望的洪秀全也无法、无理由阻挡。曾国荃现在的主要任务变为攻破南京城防，不再担心太平援军从背后袭击和将其全歼。在此之后，曾国荃的部队逐渐恢复实力，变得更为凶狠，攻城意志更坚，不顾一切地要达到湘军击败太平天国的最终目的。

太平军余部之后对吉字营攻破城防的可能性极为敏感，每当曾国荃试图进一步向南京城中心压迫推进时，洪秀全都会惊慌失措地召集手下再次解围。1863年6月中，吉字营获得充分补给和补充兵员之后，再次发起进攻，主力部队占领了雨花台，水师在苦战之后占领了九洑洲，湘军进逼到中华门下，及至年底，又陷孝陵卫等堡垒，洪秀全政权的权威所及，只剩下内城中十分有限的地盘，无以为继。

一如以往，陷入绝境的洪秀全紧急召集李秀成前来增援。此时一向稳固的苏南基地已经处在淮军和洋枪队的猛烈攻击之下，属于太平军的城镇所余无几，即将发生苏州杀降事件，唯一让李秀成及其部下可以缓一口气的，是戈登在意气用事之下的按兵不动。李秀成业已自身难保，连续失去大批军队和广大辖区，即使援救南京，也是勉力而为，再无解围希望。他甚至被迫允许侍王李世贤率部逃离南京，到江西地方去寻粮自给，狭小的南京地域已经无法养活这些太平军部队。就此而言，太平军在东西两线都面临绝境，毫无希望在任何一线获得生机，更谈不上由一线军队援救另一线军队，那只是洪秀全脑中的幻想，完全不顾现实。

在南京周围相当距离的范围之内，洪秀全已经绝难发现具规模的太平军，李秀成也是在洪秀全严令之下，只带少数部队进入南京，基本上是让他在南京陪洪秀全至死，其他入城防卫的各王也深知必死命运即将临头。洪秀全的迷乱思维继续发作，他再次拒绝李秀成"让城别走"的建议，坚持死在城内，令屈服于君权教权的忠王束手无策，别无选择，只有坐以待毙。

曾国荃的下一步的作战是击破南京的城墙，对此不仅依靠大批湘军士卒，而且更加依靠湘军工程部队的爆破手段。在外无敌军压境的情况下，他们得以专心从事战壕坑道作业。当已经卸任洋枪队的戈登前来拜访曾国藩并到南京城下视察军情时，作为职业工程兵出身的军官，他也对吉字营在修建坚固工事和掘坑道填炸药方面作出的巨大努力和坚韧精神，深感震惊。[1]与此同时，湘军水师严密封锁水路，阻止外来粮食物资进入南京内城，以此扼杀城内太平军的战斗力，令部队军纪涣散，难以维持下去。南京城内所余人口剧减，能战兵丁不及一万，不少街道荒草丛生，长高过米。[2]但另一方面，剩下不走的都是精兵和诸王的亲兵，作战累赘减少，以致战力相对提高，决心血拼到最后一刻，为吉字营攻城带来了巨大麻烦。

作为节制四省军务的两江总督，曾国藩在调动奔赴南京的援军方面却遇到不小的困难，不仅湘军其他部队要阻截往来于援救南京路上的太平军，而且湘军之外实力最为强大的淮军也在是否前来增援的问题上进退两难。作为湘军的主干分支，李鸿章的淮军已经自立，虽然仍然遵循来自老师的指令，或者作为江苏巡抚遵循来自上级两江总督的指令，但李鸿章更愿意从淮军的利益出发作出自己的决定。湘淮众将都知道曾国荃决心独力拿下南京，不愿与其他将领或部队分享这一殊荣，特别是在南京城外长期驻守和奋力攻城之后，遭遇如此巨大的损失，却被他人夺去战功，是他及其部将所不能接受的，即便不得不分享战果，至少也是其他湘军增援部队，而不是主战江浙的后起淮军。李鸿章出于对老师的尊重，以及避免曾国荃的敌意，故意集中兵力清扫苏南太平军据点，在

---

① Wilson, *The Ever-Victorious Army:a History of the Chinese Campaign under Lieutenant Colonel Gordon and of the Suppression of the Taiping Rebellion*, William Blackwood, Edinburgh, 1868, p283.

② Wilson, *The Ever-Victorious Army:a History of the Chinese Campaign under Lieutenant Colonel Gordon and of the Suppression of the Taiping Rebellion*, William Blackwood, Edinburgh, 1868, p334.

南京以东停滞不前，明显地是在给曾国荃以足够的时间攻入南京。

但南京久攻不下，受阻在最后一击上，清廷紧急催促江南各部向南京进发，以求了断。曾国藩同时也担心曾国荃独享战功，令曾氏兄弟功高震主，必然招来朝廷的猜疑，导致不可测后果。曾国藩转而要求李鸿章派出部队前往南京，协助曾国荃部。这将李鸿章置于两难境地。在朝廷严令下，李鸿章被迫先行派出淮军中由洋将带领的炮队，刘铭传等营步兵随后，以敷衍朝廷，并向曾国荃施压。

在南京方面，面对绵延不断的城墙和堡垒，吉字营吃尽了苦头，必须清除外围据点，然后突破坚固内墙，境况艰苦异常，疲惫不堪，损兵折将之惨，特别是在"天堡城"和"地堡城"下，令人气馁。破城攻势开始后，湘军主力的鲍超部赶到增援，洋枪队余下的炮兵部队也在窦尔（Doyle）上校和贝雷少校指挥下赶往南京，以加强湘军的攻城火力，掩护地下进行坑道作业的湘军士兵。[1]连续不断的坑道作业和炸药引爆，震惊南京和蜗居其中的洪秀全，精神压力剧增，丧失最后的信心，再也无法有效执政，加上疾病缠身，最后于1864年6月1日去世，终年五十一岁。

虽然清廷和其他湘淮军将领对吉字营久攻南京不下感到不满或不解，但曾国藩利用手中的军政权力，尽力支持曾国荃，围堵外突之敌，稳扎稳打，步步为营，不给城内守敌任何机会，又在精神上打击对方士气，直到最后击溃城内残余的太平军。7月19日，吉字营在东门下引爆了四万磅的火药，轰倒了一大段城墙，让朱洪章为首的湘军敢死队蜂拥攻入内城。[2]曾国荃围困南京逾两年，艰辛备至，至此南京全城陷落，他才克竟全功，大喜过望欲狂。作为战将，拔掉最后一颗钉子，而非功亏一篑，就是对之前所有艰难历险的最大回报。

洪秀全离世之后，其子洪天贵福继位，由这一悲剧带来重大转变，李秀成得以在南京城内可怜的天国政权中全面执政，作为一位杰出的军事统帅，他终于可以不受阻碍地执行自己的既定计划。湘军攻入南京内城后开始大屠杀和大掠夺，李秀成则利用这些混乱情形，裹挟幼天王逃

① Wilson, *The Ever-Victorious Army:a History of the Chinese Campaign under Lieutenant Colonel Gordon and of the Suppression of the Taiping Rebellion,* William Blackwood, Edinburgh, 1868, p322.

② Wilson, *The Ever-Victorious Army:a History of the Chinese Campaign under Lieutenant Colonel Gordon and of the Suppression of the Taiping Rebellion,* William Blackwood, Edinburgh, 1868, p326.

离南京，身边约有一千名亲兵拼死护行。李秀成试图前往湖州投奔仍在那里坚守的残余太平军，却在南京之南不远的方山被追兵俘获。

陪同幼天王逃亡的洪仁玕，一度顺利逃脱，但最终在江西广昌被俘，随后在江西省会南昌被杀害。洪仁玕死前留下简短文字，虽然并不后悔加入到洪秀全的反清事业中，却难逃诱惑，深陷于中国传统王朝体系内不能自拔，坐享深宫富贵，黄袍珠宝，西式珍奇，生活食用完全皇室风派，器皿镶金镀银。①洪仁玕出宫，"离开时的场面颇为显赫，王府外聚集了一大群随从，他手下的一批要员则进入王府向他致敬。在他准备出发一切就绪之际，他们一并跪在他的面前，齐呼'祝干王千岁千岁千千岁'。干王随后走下宝座，坐进八抬大轿，他身穿一件华丽的黄袍，头戴金冠"。②

洪仁玕仅靠洪秀全的宠信而身居庙堂之高，执政才能非常有限，嫉贤妒能，先后失信于陈玉成、李秀成，在天国高层中十分孤立，没有李秀成的命令和合作，他单身前往丹阳和湖州调兵，当地将领都拒不从命。③基于洪仁玕在有限数年内所发挥的实际作用，无论是制度建设还是军事战略，他对这一宏大起义运动作出的积极贡献非常有限，应被视为可有可无的一位领袖，一些论史者基于他所著的一些文献而强调他的历史作用，更多地是对他的拔高和夸大，而一些西方人士对他的过分评价和怀念，其中更多地是对他在中国传播基督教和向西方开放上的失败而表现出来的由衷遗憾。

对于曾国藩来说，最为重要的是俘获李秀成，因为其他残余的天国领袖和将领，不值得他为之担忧，没有再次挑起太平军高潮的可能，只有李秀成才具有这一潜能和号召力，如果洪秀全早逝或者早些让权，李秀成完全有可能多少挽救太平军的落势而延长天国存在的时间。曾国藩对李秀成极为重视，亲自审讯，而李秀成也抓紧时间撰写自己的"自述"，八天之内草书洋洋数万言，超出一般人笔墨书写的速度，清楚描

---

① Platt, Stephen, *Autumn in the Heavenly Kingdom: China, the West, and the Epic Story of the Taiping Civil War*, Alfred Knopf, New York, 2012, p54,p142.

② 《西方关于太平天国的报道选择》，夏春涛选译，《慕维廉牧师（Miurhead）的一封信"》，《近代史资料》，第98号，1999，第127页。

③ Platt, Stephen, *Autumn in the Heavenly Kingdom: China, the West, and the Epic Story of the Taiping Civil War*, Alfred Knopf, New York, 2012, p54,p344.

述太平军兴衰和亲身经历的战事，为后世留下有关这一宏大运动的信史，是对他这个只有有限初级教育水平的太平天国重臣的一次考验。[①] 李秀成愿意以自己的威信号召散落在各地的太平军放下武器，以避免屠杀和无谓的死亡。另外他在"自述"中隐约提到在南京被掠夺的天国财富和湘军的绝世战功，令曾国藩隐约感到不安，生怕朝廷追究他奏报不实的责任，并视庞大的湘军为下一个潜在威胁。李秀成即使身在囚禁之中也能召集数以万计的太平军，令曾国藩胆寒。为了剪除后患，防止太平军东山再起，即便李秀成确有可利用之处，也只有将其处死。李秀成于8月7日被斩首，之后在北京朝廷颁布的圣旨中，处以凌迟。

李秀成的才智和勇气一向令敌对双方都极为钦服，他在经营江南期间的成熟行政管理和宽和态度，同样让当地的西方人非常佩服。他在军事方面则是湘军、淮军的噩梦，具备指挥百万大军若定的统帅气魄，顺利时战功赫赫，窒碍困窘时坚忍不拔，确实是当世少有的军事天才，与分立前的石达开比肩，而后期独撑天国、跛脚盘旋于江南的业绩，更是前期太平军高峰时的统帅们绝对难以并提的。总体来看，李秀成在东线作战成效远好于西线，似乎他对西部战事不甚感兴趣，身列最高层统帅之后，若非领圣命西征，则不过南京，这其中既有其他将领已占据西部地盘的因素，也因江南富庶地区前景诱人，令他始终割舍不下。濒临天国末期，仅剩李秀成这一员大将，仍不求分立，不谋黄袍加身，而是陪洪氏小朝廷至终，忠于教权君权。简而言之，洪秀全在天国运动早期成功地让当时的信众相信他本人代表了理想社会、天命和领袖品质，而这一角色在运动后期已完全被李秀成所取代。无论后世对太平天国运动作出何种评价，李秀成作为其中格外杰出的领袖和军事统帅，无他人可比。

九、太平天国余波

李秀成未能成为太平军残部的新领袖，其他太平军将领只有自求多福，各自逃亡。他们缺少李秀成的崇高威望和军事才干，以及太平天国之下基于宗教信仰的凝聚力和支撑力，虽然仍然以太平军自称，但逐渐沦落为地方武装力量，甚至背离太平天国的初衷。其中比较强大的是侍

---

① Wilson, *The Ever-Victorious Army: a History of the Chinese Campaign under Lieutenant Colonel Gordon and of the Suppression of the Taiping Rebellion*, William Blackwood, Edinburgh, 1868, p328.

王李世贤和康王汪海洋。他们突破湘军、淮军在浙江的封锁线，进入福建，击败当地清军，占领漳州，临近通商口岸厦门。

在此低潮时期，绝望的李世贤自然不吝追求任何能够维持太平军存在的力量，于1865年向当地英法美领事发出公告，以宗教信仰的名义，号召外国"洋兄弟"站在他的一边，派出军事力量与他的太平军残部合作，打败湘军、淮军，重新建立一个亲西方的天国。为了引诱西方势力与他并肩作战，李世贤提出非常优厚的条件，本质上是平分中国，所有西方军队在沿海沿江占领的地区和资源，都由他们自由拥有，由他属下的太平军残部夺得的内陆地区和资源，则与西方势力平分，而他无意染指的所有边远省区，都将交给西方势力去自行获取和占领。粗略计算，西方国家有权占有和统治中国四分之三的领土，剩下四分之一则被他作为重建太平天国的基地。①

由于本国政府的既定政策，英法美使节对李世贤的焦急请求不作答复，对平分中国领土的邀请也置之不理，只有一些原先在戈登洋枪队中服务的外籍官兵，被遣散后历经失业，此时闻讯赶到漳州投入太平军残部，包括在华墅一战中被击溃的罗德。白齐文听到这一消息，也试图在漳州重操他雇佣兵的旧业，却被当地清军截获而未成功。李世贤最后只得孤军作战，以漳州为中心，活动范围局限于福建、广东境内地区，远征北京以重建天朝的幻想彻底破灭。

清廷已不再视这些偏居华南的太平军残部为心腹大患，曾国藩的湘军正在裁减，李鸿章的淮军接下来要对付北方的捻军，因此清除太平军余部的任务就交给左宗棠的楚军。左宗棠在推出曾国藩创办湘军之后，一直置身于官府之中，因功提升，之后奉命招募乡勇，自立为楚军，辅助湘军，得获授浙江巡抚，在两江总督曾国藩的辖制之下，用兵浙江。与李鸿章相同，他这个浙江巡抚也没有自己的衙门府地，要从太平军手中夺回杭州，以及收回浙江境内的其他失地。

左宗棠效法淮军和戈登的洋枪队，在战斗中利用法国人成立的洋枪队，由法国人德克碑（D'Aiguibelle）、日意格（Giquel）统领，与楚军协同攻占绍兴等城镇，最后于1864年初攻陷杭州，打败康王汪海洋

---

① Wilson, *The Ever-Victorious Army: a History of the Chinese Campaign under Lieutenant Colonel Gordon and of the Suppression of the Taiping Rebellion*, William Blackwood, Edinburgh, 1868, pp339–340.

部。左宗棠此时已就任闽浙总督，在职位官衔上超过了统领淮军的李鸿章。汪海洋和李世贤部退往漳州后，左宗棠奉命率军由浙江南下清剿，包括郭松林部、法国"常捷军"、英国人雷纳德（Reynolds）的洋枪队和贝雷少校的炮队。[①]他们与驻厦门的外国部队一同进攻漳州，击败李世贤，郭松林部则进攻漳浦太平军，基本扫清了福建境内的李世贤部，那些随同李世贤的外籍雇佣兵也四分五散。残存的汪海洋部于1866年初被最后歼灭于广东嘉应地区。流散于华南的太平军余部被基本清除，太平天国运动的残存一息也就此被扑灭。

　　曾国藩在攻陷南京之后，面临一个至关重要的重大决策。如果按照手下一些湘军将领的建议，他在国内的崇高地位无人能及，手中军政力量都达到巅峰，足以挑战名义上统治全国的满清朝廷，所以在面临朝廷猜忌和特意压制时，转而起兵反清也是一个可行的选择。当时也有不少在华西方人寄望于曾国藩起兵，其中英国驻北京使馆参赞威妥玛（Thomas Wade）尤其热心而不馁，早在攻陷南京之前，就反复向赫德宣讲他的狂热想法，试图让曾国藩继续太平天国的事业，推翻迂腐的清廷，但赫德避而不答，私下里认为威妥玛不应再行干预此事。双方私人关系一度有些微妙。[②]

　　但对曾国藩来说，背叛满清朝廷，就是将其在创办湘勇之初依为精神支柱、大肆宣扬的卫道之说，抛之脑后，变身为又一个洪秀全，必然在道义上失去对其他将领的号召力，起兵反叛易，持续征伐难。南京刚刚陷落，此时再起刀兵，必然引发更大规模的内战，继续血流成河，令之前交战重地的数个省份绝无喘息恢复之望，不仅民间资源耗尽，而且官兵均已疲乏不已，让曾国藩难以仅靠一己登基的借口，去贸然发动新的战乱。曾国藩很清楚，在清廷之下，已经存在着几支武装力量，若湘军独自采取行动，则不再享有全面优势，虽有数十万人在编，但已有强大的淮军在侧，绿营力量仍然散布各方，曾国藩无法确认他们必然会选

---

　　① Wilson,*The Ever-Victorious Army:a History of the Chinese Campaign under Lieutenant Colonel Gordon and of the Suppression of the Taiping Rebellion,*William Blackwood,Edinburgh,1868,p338.

　　② *Robert Hart and China's Early Modernisation, His Journals* 1863-1866, p150, 28 June, 1864; p172, 8 August, edited by Richard Smith, John K. Fairbank, Katherine Bruner, Harvard East Asia Monographs, 1991.

择站在自己一方，听从统一号令。

更为微妙的是，当时英法美等西方国家已经与北京的清廷达成《北京条约》，按照条约的规定，享有开放中国市场的权利，因此早已在南京陷落之前就已派兵参与镇压太平军的军事行动。他们之后会否支持湘军反抗北京朝廷，直至建立一个新的汉人曾家王朝，完全是个未知数。既然英法联军放弃了之前打垮清廷、扶植太平天国的绝好机会，那么为了维护现有条约赋予的权利，他们对又一次地方叛乱极有可能采取相同对策，放弃地方势力而维护北京政权的地位，支持清王朝而镇压反叛的湘军。虽然曾国藩的湘军已经开始装备西式武器，淮军的武器近代化程度更高，但曾国藩深知，当时中国本土的军队，包括他的湘军，应该无力全面抵抗西方国家军队或者联军。除非西方国家决定公开站在曾国藩一边，他的湘军在几支武装力量的合力压制下，成功的机会并不如他的一些将领所预期的那么乐观。

即使他亲手创建的湘军，也不再是当年那些拼死奋战的可靠队伍。湘军在攻破南京、基本结束太平天国政权之后，已经完成它的历史使命，本身也迅速丧失战斗力。湘军官兵在南京和其他城市大肆掠夺，之后搬运财富返回湖南家乡，起屋置田，大肆挥霍，太平天国十余年收集起来的财富，大部流向湖南，出现江浙皖赣财富流转湖南的现象，极大地推动了近现代湖南的兴起。大肆掠夺在物质上造福湖南，同时却令一度勇于作战的湘军官兵，快速堕落颓废，苦战血战之后达致富足，从而怯于舍身忘死，冲锋陷阵。湘军的堕落速度，比当年满汉八旗入关后的经历有过之无不及，曾国藩很难再依靠这支严重腐化的队伍去建功立业了。

有鉴于此，曾国藩作为理学大师，拒绝了黄袍加身的强大诱惑，决心作朝廷重臣，而非史载逆臣。下一个问题就是平抚朝廷的担忧，虽然曾国藩获封一等毅勇侯，加太子太保，曾国荃为一等伯，太子少保，但朝廷却同时追究他们两人的各种过失，包括放走幼天王和洗劫南京各"王宫"，令曾国藩深感战栗不安。对北京的满族朝廷来说，曾国藩的湘军现在已经变得比之前的太平天国政权更具威胁性，有可能失去整个南方地区，令如何控制曾国藩和他的湘军构成清廷面对的一个严重问题。曾国藩被迫采用非常极端的减压措施，主动上奏，请求裁减湘军，立即获得北京朝廷的准许，从曾国荃的吉字营开始，逐步裁撤，或将部分湘军转归其他将领的统辖之下，再加上那些携带财富返乡不归的湘军官兵，湘军整体实力遽然大减，从平剿太平军的主力，到远远不如李鸿章的淮军，以致曾国藩这一两江总督几乎成为光杆司令，手下无可靠军队为其所用。其弟曾国荃虽有攻陷南京之首功，却被开缺回籍，悲愤不已，曾国藩也深感不公，但为了维护自己忠臣的形象，绝不心软，直至将自己亲手创建的整个湘军再度削弱到它初起阶段的地方武装的实力水平，才基本消解了朝廷对汉官掌握强大武力的深度难解的担忧。

在李世贤和汪海洋之后，太平军剩余将领中只有遵王赖文光找到了延续反清事业的有效方式。由于他所属的部队位于江北，更为接近捻军的活动地区，他很快与捻军部队建立联系，成为正式首领，并加以整编，按照太平军的方式，将流寇性质的捻军改组为纪律更为严明、指挥系统更为明确的反清队伍。之后由遵王赖文光指挥的战斗，或许仍然可以被视为太平天国运动的一部分。赖文光率领捻军部队取得了一些惊人的战果，包括于1865年中在山东曹州附近伏击朝廷重臣、蒙古亲王僧格林沁，将其击毙，歼灭大批蒙古马队和清军。这次战役再现了太平军高峰期的一些精彩获胜战例。捻军一部曾经从陕西进军直隶，逼近到北京的卢沟桥附近，如同之前太平军北伐部队抵达京津地带，再次招致清廷的极大恐慌。

清廷调派曾国藩去应付和镇压捻军，曾国藩利用他在剿平太平军中获得的丰富经验和战略智慧，提出对付捻军的最好办法，以静制动，以严密河防和坚固据点对付流动无常的捻军，直至将他们困死。计谋虽好，但曾国藩指挥不动各地清军，地方将领各行其是，让捻军突破河防包围线而去，清廷只有派李鸿章接替曾国藩。曾经在江南取得杰出战功的淮军将领，并不愿意再赴沙场，远赴北方作战。由于清廷刚刚顺利处理了湘军遣散的问题，压服头等功臣曾国藩，对李鸿章具有一定的震撼力，为了各自的顶戴花翎，淮军将领最后被动出兵，转移到北方与捻军交战。

剿捻形势在获得来自淮军主力的支持和李鸿章的统一协调指挥之后，才有所转变，曾国藩的河防战略开始发挥效力。赖文光率领的东捻军于1868年1月被淮军击败，他在扬州被俘后被害，在张宗禹带领下的西捻军也于1868年8月在山东境内遭到最后失败。至此，捻军基本被平定，而爆发于咸丰同治年间中国南北广泛地区内的大规模农民起义运动，进入尾声。

　　太平天国在多个方面对中国社会造成深刻的历史影响。两次鸦片战争无疑形成对中国的巨大外部冲击，但太平天国农民起义在内政方面的影响深远无比，也是近代社会的最后一次。首先，太平天国运动的规模无与伦比，超出以往任何一次，波及十六个省份，600多座城市，在主要战场的几个省份内，特别是原先富庶的江浙省份，太平军与清军、湘军和淮军在交战中都不遗余力地摧毁对方，烽烟血腥千里，加上近代火炮和炸药的威力，城市攻防战的结果惨不忍睹，战役结束之后所在城镇基本上变为废墟。如此大规模的战争破坏，举国深受创痛，原已脆弱的农业社会实在难以承受，而中国最富裕的江南地区荒废无收，令朝廷失去之前最主要的赋税来源。

　　洪秀全所在的两广省份是地方起义频发的地区，民间反抗活动此起彼伏，但洪秀全比其他反叛首领更为成功，相当顺利地建立起自己的王朝，关键在于他引进了外来基督教，作为反清事业的强大护身，吸引信众和杰出将领自愿加入残酷的起义战争，又以教义约束民众和官兵，令纪律严明、斗志高昂的太平军连续取胜，太平天国政权顺利达到顶峰，与清廷南北对峙。太平天国运动前半段的巨大成功与洪秀全发明的拜上帝教有着紧密的联系。

　　洪秀全建都称王之后的走向，一直是个争议问题，即他所向往的天国究竟会是何种形式内容。洪秀全是否会在太平天国成为全国政权后减少宗教色彩，或是强迫民众都接受基督教义和教廷一类的全国统治机构，使中国成为东方的基督教大国？从西方国家政府之后的行动可以看出，他们宁愿与并不信基督教的清廷打交道，而与太平天国保持距离，表明他们并不认可这一农民起义性质的运动，原因之一就是只信上帝和耶稣的他们，视拥戴"天父"的太平军为异教，另外洪秀全政权的传统农民政权的特征暴露无遗，本质难变。以此为据，西方国家政府自然选择已经与他们签约的北京全国政权，而非时时面临威胁的一个地方政权。

太平军与清军湘军对阵时，仍然采用传统战法，以大量人力和少量枪炮对付敌人，并未积极引进和使用当时英法军队使用的武器战术，没有获得作战效率的提高。太平军与湘军发生巨大冲撞和残酷争夺，双方各自损失惨重，所以当拥有先进武器和战术的西式军队加入战事时，即便是以华人为主的洋枪队和装备改善的淮军，使已经走下坡路的太平军很快面临败局，无法再长期坚持下去。陈玉成、李秀成等大军东征西讨，荡平湘军、淮军据点，但天国辖区之内的经营恢复工作，乏善可陈，除了使用一些西方洋枪洋炮之外，并未在引进西方近代先进作战方式方面作出过任何值得注意的努力。只有原本就是富庶之区的"苏福省"，为天国政权提供足以支撑一段时间的最后财源，但李秀成统帅下的太平军，却在淮军和洋枪队的共同阻击下，同样止步不前，不得喘息，以致整个天国的经济财政状态每况愈下。

太平天国运动的历史意义之一，在于激发了中国社会内部的活力。两次鸦片战争期间，满清政权的严重惰性和腐败，表露无遗，内部行政无能，对外虚弱无力，满清政权面临严重的执政合法性危机，也无力解决中国社会低潮期甚至停滞所带来的各种深度问题。即使英法军队强加的不平等条约开放了多个通商口岸，中国内部的改变仍然相当有限，因为朝廷上下按照传统惯例行事，因循守旧。但是狂风暴雨般的太平天国运动却强力打碎了这一传统秩序，横扫占据官僚机构要职的满汉官员将领，绝望的军事事态反而促生了新兴的湘军和淮军系统，曾左李等杰出军事政治领袖取代了官府中的尸位素餐者，在相当程度上消除内部惰性，培养出相当勇悍、富有近代作战经验的湘军、淮军人物，而新近被提拔任职的官员也提高了机构行政能力。新兴的军事势力必然拥有与前朝不同的一些特性，才能在血腥无情的战场和官场上生存，取得成功，这与满汉八旗部队刚刚入关时的情形极为类似。所以太平天国的猛烈冲击消除了社会中的某些消极因素，转化为积极特性，增强了活力，间接延长了满清朝廷的寿命。没有太平军的催动，将仍是死水一潭。

在太平天国农民运动的猛烈撞击之下，清朝满族统治阶层失去了他们对大多数重要省份的直接有效控制，迫不得已地把权力下放给任何能够夺回太平军占领区的地方势力。满洲八旗和绿营在众多战役中一败涂地，被太平军如秋风扫落叶一般驱离辖地，只能让位给汉族官僚自行建立和自主掌握的新兴军事力量。清朝江南、江北大营的溃散，迫使北京的皇帝更为依靠曾国藩手下的湘军，使他成为清朝中期以后首位实掌兵权的汉族官僚。

这一汉官占位的趋势愈演愈烈，以致在太平军和捻军都被剿平之后，各省份的督抚之位多被湘淮两军将领占据，清廷已经无力和无理由收回战争时期的任命。同时，新兴汉人地方武装力量自行筹饷养军，在中央政府面临严重财政困难时，获取由新的征税方式（厘金和海关税等）而来的应急财力，得以采用新式武器装备他们的部队，加大了他们军事力量的相对独立性，即使之后改为支用官饷，也无碍他们尽力谋取中央财政资源去构建自己的势力范围。满族官员在地方上的代表人物数量大为减少，满清朝廷陷入难觅可靠将领的困局，如此一来，中央朝廷的绝对权威不可避免地受到影响，终清朝之日，无时不担忧汉人官僚将领消极抵抗、不予配合之举，倚仗实力分庭抗礼，觊觎中央权位。这是满洲入关承继明皇之位后从来没有发生过的现象。

地方军阀集团之始，始于曾国藩的卫道之战，之后由李鸿章发扬光大，派系清晰凛然，势力日增，盘根错节，尾大不掉。理性灵活地处理这一复杂局面，就有机会开启所谓的"同光中兴"，若举措失当，合作失败，对清廷的打击是致命的。汉族官僚开始拥有政治和经济决策上的发言权，加上军阀逐渐成势，构成贯穿之后数十年的尖锐矛盾，直至清末危机爆发和轰然瓦解。

太平天国运动也是西方势力正式加入干预的一场事变，成为19世纪中叶之后中国政局的固定模式，清廷内外困局中挥之不去的外部因素。干预主要来自西方国家政府，目的是维护西方利益和名义上的文明社会规则，以驻华外交官为主要工具，经常在麻烦事态初起时就施压于清中央政府，威胁以武力解决冲突，以儆效尤，并向本国政府提供出动兵力兵舰的理据。这一更加常态化的外来干预自然令清中央政府以及地方官府频繁受制，平息事态焦头烂额，甚至多次面临以追求权益为由的外来武装侵略。

鉴于第二次鸦片战争带给清军的惨痛教训，令西方军队不畏主动发起进攻，而正在近代化的湘军、淮军却怯于开战反击。外国干预模式和凛凛兵威，延续到后代，以致袁世凯的新练陆军，从来就没有认真地对外军作战。西方和日本列强日后干预施压的方式，经常借地方事件从中央政府处敲诈获得额外利益，更甚者是选择支持某些地方势力，即日后的地方军阀，作为维护各国在华权益和势力范围的工具。

第三编 洋务运动与外交开放

一、开办洋务与"同光中兴"

第二次鸦片战争期间活跃于中国战场的沃斯里中校，三十年后晋升为英军总司令和元帅，他在19世纪末对未来中国的评价是："世界其他国家都不如中国人口众多，中国自有的习惯方式贯穿这一庞大帝国。在我看来，他们是地球上最令人赞叹的种族，我一向认为和坚信，他们会是未来世界的强大统治者。他们只需要一个中国的彼得大帝或者拿破仑一样的人物，就可以做到这一点。中国人拥有成为优秀士兵和水兵的所有必要素质。在我对这个世界随意作出的预测中，我一直选择中国人作为世界末日大战中的参战一方，而他们的对手是美利坚合众国，后者正在迅速成为世界上最大的强国，感谢上天，他们（美国人）说的是英语！"①

中国军队能够以实力与西方军队正面作战，要到半个世纪之后，而沃斯里元帅关于中美大战的惊人预测，要到21世纪初才开始渐有迹象，而在殖民强权的19世纪，作出这一预测是需要一些勇气的。沃斯里元帅按照一般西方人，特别是西方军人的思维推论，如此庞大的一个单一帝国，在掌握了西方人当时拥有的军事、工业和科技要素之后，将是难以想象的强大和可怕。中国人所应该做的，就是起而更新，有组织有秩序地引进这些必要的西方因素而达至自强。

---

① Field Marshal Viscount Wolseley, *The Story of a Soldier's Life*, The Book Supply Company, Toronto, 1904, vol. 2, p2.

在当时的战乱中国，这一艰难进程确实已经启动，出现为时数十年的"洋务运动"，或被称为"同光新政"。与第一次鸦片战争的结果不同，北京的清廷此时完全屈服于西方列强的压力，深切感受到西方军队的威力，从而不再傲慢不睬，犹豫不决。这场战争对清廷的震撼力之大，无法想象，不仅如前一样被迫签订城下之盟，开放口岸和支付赔款，更出现了令人震惊悚然的朝廷覆灭征兆，外军攻入京城，焚毁皇家园林，导致在位皇帝仓皇外逃，再因受惊而驾崩。按照常理，满清王朝本应在当时当地终结，竟能侥幸求生，实属大不幸中之万幸。清廷劫后余生，迫不得已地做出相当程度的改变和调整。

改变的基本条件之一是最高统治者的更换。病弱无能的咸丰皇帝许久不愿返京回銮，怯于面对洋人，最后于1861年8月22日在承德避暑山庄驾崩。这无疑在客观上是为已近晚期的清王朝提供了一个转而复苏的有利条件，如果刚愎自用和拒绝改变的他继续执政，结果可能会很不一样，转向过程难免会缓慢得多。咸丰皇帝遗命其子载淳继位，其生母懿贵妃为慈禧太后，与慈安太后并列西东太后，朝政由顾命辅政八大臣执掌，其中肃顺为实际核心。辅政大臣体制与新皇继位形成矛盾，之后被迫由一次惊心动魄的宫廷政变来打破僵局，即1861年11月2日的"辛酉"政变，肃顺等辅政大臣被清除和斩首，两宫太后"垂帘听政"，朝政改由她们与新被封为议政王的恭亲王奕䜣共同主持。她们将肃顺时的"祺祥"年号改为"同治"，以昭示新帝朝政的特点。

这一由宫廷政变而来的惊人变化，确实在地方上带来一些混乱，英国人赫德（Hart）在造访身在武汉的官文总督时，告诉他们新帝的年号是"同治"，令只知旧年号的湖北官府万分惊奇，生怕触犯朝廷大忌，最后得到确认，随即按照新帝与英国签署的条约，允许他在武汉设立海关关卡。[1]

恭亲王奕䜣之前在承继道光皇位之争中不幸负于其兄奕詝，即咸丰帝，才干超过咸丰帝的奕䜣之后屡遭冷遇，无实职实权。只是在英法联军攻入北京、咸丰帝逃往承德后，奕䜣才临危受命，在京城与洋人周旋和谈判屈辱的投降条件。奕䜣本人同样对西方列强不甚了解，心存抗

---

[1] Bredon, Juliet, *Sir Robert Hart, the Romance of a Great Career, Told by His Niece Juliet Bredon*, London, Hutchinson, 1909, p62, p63.

拒，在额尔金提出过分条件时，也发过皇族大爷脾气，逃离接触，但他毕竟是留在京城的重臣，亲眼目睹了西方人的强大军力，特别是焚毁圆明园之举，令他十分绝望，态度转变，认识到清廷毫无选择，清代中国优于西方国家的观念彻底破灭，之前对洋人的"羁縻"、回避、自大等常用手段，已经全无用处，即使是琦善之类的厚颜讨好，曲意奉承，在洋人的枪炮威力面前，形同空气。恭亲王等人只有绝地求生，为清廷世续着想，在付出赔款、联军撤离天津之后，开始了与洋人接触了解的实质性过程。其他满族统治阶层成员与汉族学者官僚，也都深切意识到利用西方经验和技术的必要性，产生向其学习和模仿的想法。

才干出群但被久置而闲散的恭亲王奕䜣，从1862年起掌握重大机遇，从而在近代中国历史上发挥了独特的作用。他执掌最为重要的中枢机构军机处，又专权办理"总理各国事务衙门"。恭亲王奕䜣汇聚了一些与他怀有共同意愿的大臣作为其核心班底，如军机大臣文祥和宝鋆。通过军机处和总理衙门，恭亲王奕䜣成为新起的"洋务运动"在中央政府中的主持人和总指导。

总理衙门被特意设置于传统的六部之外，与各国驻华公使和通商口岸领事打交道，以这一新的政府机构悄然取代了以往"理藩院"经营外"藩"关系的职能，给依仗武力强迫中国让步的西方各国以名义上的对等地位，虽然设立之初尚且不是正式的外交部门，日后却承担了越来越多的职能，反而超出通常意义上的外交部。总理衙门（总署）专办外交，下设大臣和章京等人，随时从其他中央机构选用，格局类同军机处，再设南北通商大臣。总理衙门同时也监管海关总税务司，以控制关税这一清廷的主要财源，提供支撑日后各项洋务项目的重要款项。除了这些外交通商的基本功能之外，总理衙门还需开办语言学校，培养外语通译人员，增强对外交涉能力。

随着洋务运动的展开，总理衙门的权限不断扩大，督抚们在地方上欲有所建树，巨额资金的统筹还要由总理衙门经手，重大项目如江南制造局、福州船厂、北洋水师等，都需要大笔资金，由总理衙门筹措，并协调各地方之间的权益之争。总理衙门为了适应重大浩繁的海防工程，于1880年代又增设了海防股，控制与此有关的各项事务，包括水师舰队、炮台、军火制造、军事学堂等，不仅全面负责中国近代史上首次规模庞大的海军建设，而且事无巨细，一概监管，权力极大。当然海防股只是一个具体经手机构，有关重大事务最终要通过总理衙门大臣和军机处才能兑现和切实实施，因此依然完全视恭亲王奕䜣和两宫太后的意愿和决定而定。

清廷在京城建立了"京师同文馆"，目的是不必再让精通中文的西方人控制谈判局面，在条约条款中大作手脚，避免巴夏礼、李泰国之类的通中文洋人再行欺蒙之举。同文馆聘请洋人担任教习，当时的主要选择是懂中文的传教士，由美国人丁韪良（Martin）出任总教习，开设诸多课程。在丰厚津贴之下，同文馆招收到一些学员，但在朝廷允许翰林院士进入同文馆学习时，引起传统人士的不满，认为降低了他们通过科考得来的尊贵身份，违背科考举士的本意。此一派保守人物的代表倭仁受到恭亲王驳斥，又得不到两宫太后的支持，长于清议理学而不擅朝政，成为他的致命弱点，只有在同文馆的问题上作出让步。他们显然没有意识到清代余下岁月中的仕途必然分成两大部分，科举和洋务，分道扬镳，而洋务之热会更甚于科举。虽然同文馆出身的人并未有望成为朝廷高官，但在培养语言和外交人员方面开辟先例，略有成效，之外又从事了一些早期的翻译工作，扩充国人的海外知识。

自1861年同治帝即位开始的变化引发了之后历时三十余年的洋务运动，清廷中枢和汉族地方实力派的基本目的一致，政策的提出和贯彻迅速得到地方的响应，"中枢主政者倡导于内，各省有力督抚同时呼吁于外"。[①]这些所谓的有力督抚，即是那些经历战乱和剿灭太平天国运动的前湘淮军将领。清朝满族统治阶层在太平天国农民运动的猛烈冲击之下，失去了他们对大多数省份的直接有效控制，迫不得已，把权力下放给能够夺回太平军占领区的地方势力，即曾国藩的湘军和李鸿章的淮军。恭亲王治下的军机处拔授曾国藩为协办大学士，督办四省军务，而左宗棠和李鸿章各自升至巡抚职位，所以就实际情势而言，曾国藩能够走出兴兵之初事权分离的窘境，是在同治皇帝继位和恭亲王奕䜣统筹军机处之后，朝廷明确表明将更加不吝赏擢汉人官僚，有鉴于此，湘淮军将领觉得功名有望，更加卖力，而剿灭太平军的形势愈益向好。

平定太平天国之后，这些战将已经占据各重要省份的官位，清中央政府若无缘故，即难以将其清除，重新安置满汉八旗的官员将领，结果遗留下一副中央地方的两重结构。恰恰是这些累积战功而掌地方实权的

① 郭廷以：《近代中国史纲》（上册），中文大学出版社，香港，1980，第六章，第192页。

督抚们，在强兵方面最为积极，间接地推动了清代中国在三十年左右的时间内的改变和洋务运动。曾国藩、李鸿章和左宗棠以及其他辖制一方的地方督抚在客观上与朝廷新政主持人恭亲王奕䜣遥相呼应，谋划新政，甚至在自己辖区内用权先行，为推行新政张目和验证实效。

　　曾国藩本人是最为典型的传统儒生，理学大师，但经世致用之学影响其一生，因而不腐儒不化。他虽然不如李鸿章那般与西方人接触频繁，但对英法等西方国家军队的威力早有体会，特别是征伐北京、焚毁圆明园，无疑对他震撼极大。曾国藩深刻明白中国已经无力成功抵御外来入侵，只有着力更新，推行各项洋务措施，庶几达致平等而不再受辱。他曾回复英国人赫德的提问，凡是对中国和西方都有利的，他都支持；对西方有利但不伤害中国的，他也会批准；但对中国不利的，无论如何有利于外国人的利益，他宁死不允。[1]

　　即使是为了开放和与西方强国正常公平交往，也必须拥有合理强大的武装力量，作为所有这一切对外关系的基本安全保障，更何况当年的国家安全形势极其严峻，没有最基本的安全环境，其他各项近代化的过程都难以进行。基于这些初步认识，曾国藩开展了最早的强兵进程，"师夷长技""兴洋务"，支持最初的军火制造过程，也尽其所能地利用他的崇高地位和地方实权推动一些洋务活动，进而推广到西学的众多领域。曾国藩的开放态度还表现在鼓励他的儿子曾纪泽学习英语，令其日后出任驻英公使时，能够顺畅地同英国外交部官员相互交谈，后者甚感惊喜。[2]

　　另外一名朝廷重臣左宗棠，本为知兵之人，甚为变通达理，敢于任事，又在浙江剿太平军时，与法国军官带领的"常捷军"并肩作战，收复城池，颇有感悟，对强兵和洋务绝不陌生，也不会加以反对，反而十分用心。左宗棠对于兴造船厂十分积极，剿灭太平军余部之后，于闽浙总督任内推动开办福州船政局，获得朝廷批准，位于马尾。即使他离开西南部的福建，就任西北部的陕甘总督，沈葆桢出任船政总理大臣，同样对自主造船十分热心，实际上将左宗棠留下的事业发扬光大。日后左宗棠在其他任职地方，如陕西，仍然不忘兴办工业和军火企业，在推进

---

　　① Bredon, Juliet, *Sir Robert Hart, the Romance of a Great Career, Told by His Niece Juliet Bredon*, London, Hutchinson, 1909, p64.

　　② 郭嵩焘：《伦敦与巴黎日记》，《走向世界丛书》，岳麓出版社，1984，第857页。

洋务方面与李鸿章并行不悖。

淮军统帅李鸿章在上海和江南作战时与西方军队有过直接接触，因此在引进学习上疑心最小，下力最大，理所当然地成为日后洋务运动的重要领袖，成就地位均超过他的老师曾国藩和另一领袖左宗棠。持有开放心态的李鸿章对一些守旧派的怀疑言论进行了毫不留情的驳斥，表现出对西方科学和世界局势的了解，显示早日改进以富强中国的迫切心态，丝毫不亚于日本明治维新时期的领袖们。

李鸿章明智判断当时局势为"三千年一大变局也"，以警世人，改变势所必然，而"中国士大夫沉浸于章句小楷之积习，武夫又多粗蠢而不加细心，以致所用非所学，所学非所用，无事则嗤外国之利器为奇技淫巧，以为不必学，有事则惊外国之利器为变怪神奇，以为不能学"。 ①对西方国家的动态和强盛原因，李鸿章又言道："中国称弱，由于患贫，西洋方千里数百里之国，岁入财赋动以数万万计，无非取资于煤、铁、五金之矿、铁路、电报、信局、丁口等税。酌度时势，若不早图变计，择其至要者逐渐仿行，以贫交富，以弱敌强，未有不终受其弊者"。 ②

这些看法在19世纪70年代基本封闭的中国是难能可贵的，领士大夫之先。林则徐可以勉强称为中国睁开眼看世界的第一人，他当时所收到的主要还是西洋和武器方面的信息，受限于广州局部战争，完全感受不到后来清朝皇帝被西方联军逐出京城所带来的巨大震撼。而经历过那一重大事变、与英法军队并肩作战，又成功驾驭洋人兵将的李鸿章，则在了解西方和更始变革方面大为进步和远远领先了，出现本质上而不仅仅是形式上的变化，自觉地推动引进西学思潮，令其逐渐开始压倒保守的传统思想。

综合清中央政府和地方督抚的言行和倡导活动，同治年间肇端的洋务运动拥有相当的舆论基础和实施机遇，那些认为洋务运动初期的政治局势可归结为统治阶层态度犹疑、保守自封的一般性判断，其实并不符合当时的现实。最基本的情况是，主要领导人物和执行者意识一致，注重西方的优点而改进中国的弱点，增强安全形势，为此引进了当时几乎所有可资利用的西方先进技术和装备。

---

① 《筹办夷务本末》，同治朝，卷25，第9页。

② 《复丁稚璜宫保》，《李文忠公全集·朋僚函稿》，卷16，第25页。

二、引进近代军工制造

新建的总理衙门推出的重要举措之一，就是允许西方军队介入镇压太平军的军事行动，以及向明显落后、被困于冷兵器时代的国内军队提供新式枪炮和组建训练。李鸿章的淮军首当其冲，率先装备洋枪和各种火炮，并接收了戈登洋枪队遗留下来的炮兵分队，在战力方面接近于洋枪队这类洋人军官监督指挥下的华人队伍。湘军更为落后，拥有少量新式步枪，但也开始使用新式火炮，由于他们在平叛事成之后被大批裁撤，其在国内军队中所发挥的作用相对减弱。无论湘军、淮军或者绿营的将领们，都不再对引进使用西式近代枪炮持反对态度，好处显而易见，因此军备近代化成为他们大体一致的目标，处于最为优先的地位。为此，各类西方人士受到清朝政府的雇用，加入到各个军事机构，特别是陆海军中。

同治年间洋务运动的起点是军火工业，重点生产枪炮军舰。真正开始机器制造，中国人才开始涉及近代机器工业的具体过程，之前都是利用人力、畜力来解决物资运输问题和进行军队调动，而转到轮船和蒸汽机之后，就进入到一个全新的领域，对当时的中国人来说，必然很难理解和掌握复杂的机器和过程，必须经过专门的培训学习，从零开始，才有可能完成最基本的制造活动。同治年初，了解机器制造和有实际经验的中国人自然少之又少，曾国藩也是在日后巡视江南制造局时，才首次目击和初步了解了一台加工机床和一座厂房之内是如何操作运转的。制造业的基础是必要的机器和原料，而蒸汽轮船的制造又格外复杂，需要更为高级的人才和专业机器。无论如何，这些看起来有些幼稚的努力都是曾国藩追求"强兵"的开端。

占领安庆之后，曾国藩下令设立"安庆内军械所"，是中国最早的火药厂，目的是为他的湘军提供枪械弹药，特别是为曾国荃部最后攻陷南京准备必要的武器弹药。湘军、淮军抛弃了弓箭长矛，逐步配以步枪、火炮等装备，快速转变。在幕僚杨国栋的经办之下，安庆的小兵工厂开始仿造西式枪炮，尤其是洋兵使用的后膛枪，而不是中国传统的前膛枪。后膛枪，特别是恩菲尔德步枪，对英法联军在第二次鸦片战争中击败大规模清军步兵、骑兵队伍，起到了关键作用，而当时美国内战中的对阵双方，仍然有大批士兵在使用非常麻烦的前部装药的步枪。所以如果曾国藩的湘军大部装备后膛恩菲尔德步枪，杀伤力将极为强大。同理，开花炮对打退敌军冲锋和攻破城墙十分有用。安庆军械所制造的这些枪炮，有助于提高湘军装备水平，也是中国军队近代化的第一步。

在非常重视水师的湘军中，从曾国藩以下都希望安庆军械所能够造出近代轮船，以在长江上下自由航行，协助围剿太平军，而曾国藩更进一步寄望于本国水师日后会拥有能与西方军队抗衡的舰队，不仅止于平叛，而且用于海防。曾国藩召集到当时中国少有的拥有一些近代制造知识的人员，变为他的科技幕僚，如徐寿、华蘅芳等。在他们共同努力之下，仿造西式轮船，先是造出一部船用蒸汽发动机，令曾国藩异常激动，"窃喜洋人之智巧，中国亦能为之，彼不能傲我以其所不知矣！"[1]

从相对简单的枪炮到蒸汽发动机，进步显著，下一步制造船舰本身，花费了更多时间。这个小规模的枪械制造所移到上海，并入江南制造局，使用清代中国最早赴美留学生之一容闳从美国采买回来的制造母船后，在徐建寅等人的努力下，才造出了一艘小型轮船"黄鹄"号，虽然载重只有25吨，但已经能够如西方轮船一样逆水而行，适合于内河航行，"为中国自造轮船之始"，手工打造的第一艘蒸汽轮船。[2]

正式的造船工程只有在太平天国被剿平之后，才得以上马。曾国藩、李鸿章等挪用一些资金用于江南制造局，得到北京恭亲王为首的总理衙门的许可，促进大型制造企业的建立成形。曾国藩此时从外部得到容闳提供的一些实质性帮助，以采买外国机器的方式弥补了国内自造模仿的缺陷不足，加快了军火制造的速度。

容闳来自广东，先后在澳门、香港的传教士学校学习，然后转到美国，经其老师撮合佐治亚州萨瓦纳的"贵妇会"，及时获得资助，进入耶鲁大学，成为该校第一个来自中国的学生。[3]容闳于1854年获授耶鲁大学文学学士学位，以其耶鲁教育的高贵资格和传教士学校的良好背景，取得美国政府的足够信任，还在大学期间就获得美国国籍，正式成为美国公民，这与当时在美华人绝大多数是在各地艰辛劳作的苦力们的悲惨

---

① 《曾文正公手书日记》，同治元年（1862年）七月四日。

② 《为徐建寅等请恤折》，《张文襄公奏议》卷52，光绪二十七年三月二十五日。

③ Yung Wing（容闳），*My Life in China and America*, Henry Holt, New York, 1909, p36.

状况，极为不同。[1]

回到中国后，容闳先依靠自己的美国公民身份，在西方驻华机构求职，包括李泰国刚刚建立的中国海关，因在华洋人毕竟不把这位华人视为真正的美国人，容闳转而选择去了南京，试图在太平天国那里推行自己设想的新政，找到发挥一己所长的机会。以其基督教和美国教育的特殊背景，容闳与洪秀全的太平天国基本原则有着相当多的共通之处，也在一定程度上受到洪秀全、洪仁玕的重视，特别是他所提出的一些建议与洪仁玕的《资政新编》可作相互比较。但是已经完全西化的容闳很快就发现这些计划在当时的南京基本上就是空谈，在长期战争的恶劣情况下毫无实现理想的希望。

感到失望的容闳离开南京，从事茶叶生意将近三年，之后通过旧识张思桂，以及翻译西方著作、制造枪炮的徐寿和华蘅芳等人的关系，才于1863年中太平天国衰势已定之时，辗转联系上了名动天下的曾国藩，转投其门下，为他原本憎恨的清廷服务，在那里开始实现他的部分理想。容闳在著名的耶鲁大学得到的是文学学士学位，实用性非常有限，特别缺乏中国急需的近代工业、商业方面的知识和经验，本来对曾国藩的近代军队和工业的梦想不会有太大帮助，但容闳明智地采取了近代中国买办的习惯做法，集中于当时曾国藩最为关注的机器制造厂一事，涉及造枪造炮等专业知识，避而不谈他自己的宏大教育计划。[2]

容闳自己也对军火工业制造业一窍不通，但他的优势是能够更为方便地利用自己的美国关系为湘军服务。曾国藩特意为他拨用了68000两白银，作为首次采买的费用，容闳得以前往自己的国家美国采办军火制造母机等器材，最后把这笔订单交给了马萨诸塞州菲茨伯格的一家工厂。

容闳的第一次官方使命不负众望，所订购的机器于1865年顺利到达上海，完整无损，用在被李鸿章迁往上海的江南制造局中，但此时曾国藩早已完成平定太平天国的大业，离开江南。容闳并没有亲身经办江南制造局，把海运而来的美国机器交给厂方完事，又缺乏制造管理的相关知识，所以他主要是为朝廷高官作翻译和与他人合作翻译一些英文书籍，加上一般洋行买办所做的部分业务，包括他为天津清军从美国购买

---

[1] Yung Wing（容闳），*My Life in China and America*, Henry Holt, New York, 1909, p158.

[2] Yung Wing（容闳），*My Life in China and America*, Henry Holt, New York, 1909, p151-152.

到最新式的盖特林机枪。[1]把容闳称为江南制造局的创办人和主要经办人，显然过于夸张，是后人出于容闳的名声和特殊背景而附加在他身上的荣誉。

在李鸿章的全面监督之下，制造局中的具体操办者中有他极为信任的英国人马格里医生（Macartney Halliday）。马格里原在英军第99团服役，到中国后下苦功学会了中文，能够与当地人沟通，由此同上海的杨坊和华尔建立起联系，之后被李鸿章招揽过去，能够讲中文无疑是他受聘的原因之一。马格里不仅长期在淮军中训练士兵，而且实际上救了李鸿章一命，在戈登发疯地寻找李鸿章以图报复之时，作为李鸿章信使的马格里并没有袖手旁观，而是紧急骑马抄小路前往李鸿章营地，警告后者戈登可能会对他不利，而且有可能调派洋枪队攻击淮军和投向太平军。[2]有了这些前线战场上患难之交的经历，加上马格里在技术及军队方面的专业知识，李鸿章认为足以让他先期负责设立苏州洋炮局。

马格里开始购进机器和生产炮弹火药，并在此首次向李鸿章展示一个近代工厂和机器生产是如何进行的，引来李鸿章对军火工业和日后的江南制造局的强烈兴趣。马格里管理的洋炮局之后演变为"金陵军械局"，马格里在那里大权在握，任总办长达十年，为李鸿章的部队提供枪炮弹药，以及大沽炮台的防卫武器，马格里在军械局里甚至保持了一支专门为他设立的三十人的私人卫队。[3]

早在容闳购买的美国机器运回上海之前，总办军火制造的李鸿章已经怀有更大胃口和远大计划，抓住机会尽快展开施建工程，抢购上海虹口一间美国人出售的旗记铁工厂，器械齐全，之后转到城南高昌庙更为宽广的厂址上，适合于日后大规模军火制造和造船过程。安庆内军械所和虹口铁厂，与新到的美国机器一起并入江南制造局，生产能力大增。在丁日昌总办之下，徐寿、华蘅芳分任管理职务。

江南制造局在继续生产步枪、火炮之外，于1868年造出更大排水量的明轮蒸汽船"恬吉"号，属于真正的近代轮船，近400匹马力和600吨排水量，规模适中，与那艘被戈登洋枪队十分有效地用于镇压太平军的"海生"号炮船相比，长度超过两倍以上，也配备了更多门炮，从而可以有效对付岸上目标。这是在剿平太平军之后仅仅四年的时间之内，可

---

① Yung Wing（容闳），*My Life in China and America,* Henry Holt, New York, 1909, p191.

② Boulger, D. C., *The Life of Gordon,* vol. 1, p109.

③ Boulger, D. C., *The Life of Sir Halliday Macartney,* John Lane Company, London, 1908, p149.

以想象如果被湘军、淮军用于打击太平军阵地，将比"海生"号更为犀利难挡，若用于抗衡戈登手下的洋枪队，结果也难说会遭遇败退。对曾国藩来说，几年之内形势就已扭转过来了，至少在武器舰船方面势均力敌，不必再万般惊诧于洋人轮船独霸长江上下。

到1873年，该局制造出暗轮的"海安"号，载重量达到2800吨，马力1800匹，装配26门火炮，载兵500人，足以用于实战。这些炮舰是中国近代造船业的先驱，达到或超过了曾国藩当年启动和鼓励自主造船业时的标准。江南制造局出厂的炮船数量不断增加，可惜的是它们仍然属于木壳蒸汽船，必然很快就会被铁甲战舰所取代。由于李鸿章等洋务派领袖转而直接向西方国家购买重型铁甲舰，以尽早成立世界水平的近代舰队，这一引进方式取代了国内船厂的出品，江南制造局的造船事业步入放缓的阶段。

位于南方的福州船厂是洋务运动中的另外一个重大项目，左宗棠任命原在法国"常捷军"中的日意格（Giquel）和德克碑为福州船政局正副监督，全面负责，设定章程，主持大局，1868年开工。这一重大工程中也存在着法国有意与英国在上海协建的江南制造局相竞争的背景，不甘人后，因此对福州船政局作出大量投入，得到来自法国国内的支持，至少在教育制造方面表现得不遗余力，尽力将法国和西式模板移植到这一中国南部的船政事业之上。

福州船政局自1863年起投入大笔资金，雇用为数不少的法国工匠和技师，七十年代初已初具规模，开始制造轮船。它在造船过程中培养了一批能够胜任工作的中国工人，逐步接收了原先由洋人工匠操作的车间。日意格说："铸造车间已于1873年9月3日由欧洲员工转交，两个引擎的几乎所有部件都被送到装配车间，被认为是最困难的部件，气缸，也已经成功地浇铸成形"。[1] 1874年后，洋人工匠撤走或是回国，由中国工人继续建造军舰和商用船只。船厂所出首艘轮船为"万年清"号，是1500吨排水量的炮舰/运输两用船。至1879年，船厂共造出21艘木壳装甲船，其中12艘的排水量超过一千吨。[2]这些都超过了当年李泰国从

---

[1] Giquel Prosper（日意格，法），*The Foochow Arnenal, and Its Results: from the Commencement in 1867, to the End of the Foreign Directorate*, Shanghai Evening Courier, 1874, p26.

[2] Consul General David H. Bailey from Shanghai, to Hon. Charles Payson, Third Assistant Secretary of State, Washington, D.C., August 10, 1879, reprinted in Irvin McDowell, "The Future Influence of China", *The Overland Monthly* (San Francisco), April 1886, p425.

英国买回的最大舰船，但其中只包括一艘轻护卫舰和两艘炮船，其余为运输船。

1883年由该局设计制造的"开济"号巡洋舰，已经出自洋人工匠走后由船政局自己培养的技术人员之手，工艺精良，1888年又自行设计制造出第一艘钢甲巡洋舰"龙威"号。以福州船厂与日本当时最好的造船厂相比，福州船厂占有多项优势，它投入的资金更多，雇用更多的外国技师和工匠，船厂所设学堂成立更早，学科设置也更为全面，充分显示了中国人学习西方的努力并不亚于日本。[①]

更为重要的是，福州船厂附设福州船政学堂，成为国内培养船政专业人才的大本营，与北洋水师的人才中心南北相对，是当时洋务运动的重要基地，不仅培养船政专业人才，而且传播各类近代科技知识，开中国近代海军教育的先河。福州船政学堂培养了第一批职业海军军官，他们出洋深造后，成为中国第一支近代海军的骨干。福州船厂这一项目在洋务运动中无疑具有重要意义。学堂的教育遵循西方教育方式，不在造而在学，补贴丰厚，考试严格，重点在西学上，教学用法语或英语，教员都为洋人，先由法国提供，后来逐渐有英国等其他国家教员，再往后则由学堂毕业生和海外海军学校回来的留学生，取代了洋教员，结果是大幅减少洋人教员，本国培养的专才全面接手本国人才的培训，形成近代化教育的良性循环。

船政学院之内形成一个西式教与学的环境，学生目的明确，专业方向明确，学以致用。学业优秀者再被选派远赴西欧军事学校进修，从1877年起由清政府正式派出，去法国学习造船理论和技术，去英国学习舰船驾驶，有序分批进行。学生们在法国每年有两个月的时间巡游各船厂铁厂，增加见识，观察西方制造的实际程序，而在英国学习驾驶的学生，每年也有两个月用于观看英舰实地演练。[②]即使身在国内的学生学徒，也注重实际操作，安装和拆卸机器，或在船上练习，这些学习制造中积累起来的现实经验，非常珍贵，是对学生们的实地考验，明显提高了培养教育专业人才的实际效果。

---

① Pong, David, *Shen Pao-chen (沈葆桢) and China's Modernisation in the Nineteenth Century*, Cambridge University Press, Cambridge, 1994, p241.

② 《海防档》（乙）《福州船厂》（二），第505页，引自苏小东、陈美慧，《福州船政学堂在中国近代海军教育中的地位》，《军事历史研究》2006年第4期，第79-85页。

多年之后，福州船政学院的学生学徒已经学成而出，参与船厂的实际造船活动，驾驶操作南洋舰队舰船，赴欧留学的学生在获取西方院校授予的职业资格之后返国服务。首批学员当中，日后名声远扬的严复，在学习和舰船实习之后，被洋人教习推荐为船长。[①]日后这一中国南方的制造基地变得格外重要，军舰下水连续不断，合格学员掌握舰队，进而成为法国海军的心病，迫使其在中法战争中先行打击南洋舰队和摧毁福州造船厂，也令后世很多人认为是船厂被毁的原因，忽视了这一重大项目和附属学堂在整体洋务运动中的实效深远作用。

李鸿章到北方出任直隶总督和北洋大臣后，原先由三口通商大臣崇厚开办的天津机器局早已成形，大批生产莱明顿步枪，作为守卫京畿部队的主要军备工厂，日后八国联军占领天津时，缴获了大批枪炮弹药。江南、福州和天津这三大军火工厂构成清代同治年间及以后军事制造业的主体，之后再加上汉阳兵工厂。

江南制造局、福州造船厂这样的近代企业发挥着更为重要的作用，即把新的生产方式引进到古老的中国，向人们实地展示了比传统手工业效率高得多的机器生产，以及证明中国人控制和掌握新技术的潜在能力。即使生产最简单的西式枪炮弹药，也需要引进西方机器和技术，这种引进本身就代表着一个新的开端。像江南制造局这样的大规模工厂，虽然是官营企业，但机器厂房供应设备全套搬用西方技术和方式，对工人和当地社会不能不产生一种强烈震荡效果。

从当时留下来的黑白相片中可以看到，尽管工人们仍然身着传统服装，留满式辫发，但他们正在操作巨大的新式机床，进行典型的工业生产。这种巨大反差代表了19世纪70年代的中国正在发生潜移默化的变化。这些机器在当时的西方国家中也可能是比较先进的了，现在为本地中国工人所操作和掌握，将有利于提高中国工业生产的水平，同时证实中国人学习和掌握西方近代科技的能力。

除了洋务运动重臣曾、左、李之外，一些积极做事的地方官员也在各自辖区之内推动建立机器制造机构，以图进入近代军火枪炮生产领域。山东巡抚丁宝桢开办了山东机器局，1876年建成，其特点是不雇用洋匠，而以熟悉制造的中国人统领，曾经在江南制造局的徐建寅前来主

---

① Giquel Prosper (日意格，法), *The Foochow Arsenal, and Its Results: from the Commencement in 1867, to the End of the Foreign Directorate*, Shanghai Evening Courier, 1874, p31.

持，进行仿制，由此可以看出江南制造局的先行传播作用。山东机器局在枪炮生产方面支持地方军队，甲午战争中也为加强山东防卫而加紧生产，由后任巡抚李秉衡扩大规模，增加德国进口的机器，进而带有明显的德式风格。丁宝桢日后调去出任四川总督，继续从事近代制造业，建立起四川制造局。

像江南制造局、福州船政局这样的早期大型企业，除了维持军火生产之外，还是一个巨大的训练学校，从中培训出中国最早的一批机械制造技术人员和工人。随着这些人的流动和技术传授，这些早期近代企业为在中国培养更多技术工人作出了特别的贡献，可以称得上是中国的"工厂之母"。洋务运动中官营企业的长期影响，远远超过它们当时生产出来的枪炮对提高清军作战能力的影响，当时也只有清政府有能力和财力兴办这些新型企业，在中国工业化的过程中走出了关键的第一步。

三、海军建设与北洋水师

洋务运动之极端重要性，在于当时中国的海防薄弱无比，任外敌侵入巡弋，当务之急就是建立自己的近代舰队，以强兵强国。基于获得与西方军队相近水平舰队的迫切性，恭亲王奕䜣等听从了英国人赫德的建议，利用海关总税务司李泰国回国休假的机会，在英国采买军舰和直接招雇英国海军官兵，期望为中国带回来一支完整的舰队。总理衙门拨款八十万两白银，让李泰国得以购买炮舰七艘，运输船一艘，并雇用了600名英国官兵，以参加过两次鸦片战争的阿思本舰长为新舰队司令。这支舰队于1863年抵达中国，但李泰国擅自行事，视中国政府出钱的舰队为私有，出于他对中国人和清政府的蔑视，将中国人视为劣等民族，绝对不能与英国人或欧洲人平等，他也绝对不愿屈尊于野蛮人，将自己置于服务清廷的官员身份，听从指令。[①]

考虑到李泰国在历次对华谈判中利用熟知中文之便，肆意侮辱谩骂中方使节的恶劣行径，他的这种沙文主义的傲慢态度不足为奇。而阿思本等人则要求多多，拒绝服从清朝中央政府的辖制和指挥。在总理衙门和地方督抚的有力坚持下，所谓的阿思本舰队最后被解散，遣送回国，

---

① Platt, Stephen, *Autumn in the Heavenly Kingdom: China, the West, and the Epic Story of the Taiping Civil War,* Alfred Knopf, New York, 2012, p298.

拍卖之后，清政府损失了三十八万两白银，但为了排除外国人对中国舰队的控制，只有放弃。这一最早购买近代舰队的努力，在多重意外中遭遇失败，主要是过于急迫而被西方人士恶意利用。曾国藩等洋务重臣之后决定，或是自己造船，或是按照自己的要求购买军舰，成立由自己控制的舰队。

清朝中央政府于光绪十一年（1885年），按照朝廷旨意设立海军衙门，"九月初五日奉慈禧……皇太后懿旨，……著派醇亲王奕譞总理海军事务，所有沿海水师，悉归节制调遣，并派庆郡王奕劻、大学士直隶总督李鸿章会同办理，正红旗汉军都统善庆、兵部右侍郎曾纪泽帮同办理。现当北洋练军伊始，即责成李鸿章专司其事"。[1]朝廷的海军衙门就此在名义上统一事权，统协海军事业，以完成洋务运动中强兵事业的重要部分。

但在海军衙门之下，各个地区舰队仍然自行其是，但必须依赖对总理衙门和海军衙门的影响力而得到来自海关和厘金税收中的拨款。几个主要造船基地都受本地督抚的支持和控制，带有地方特色，依靠督抚们向海军和总理衙门争取拨款，如福州船厂就依靠左宗棠和沈葆桢的庇护，从福建省和粤海关获得资金。作为沿海巡弋的水上力量，福州造船厂出产的舰船已经能够完成既定任务，超出了曾国藩最早的自造军舰以对抗游弋于沿海的外国海军的目标。但用于"争夺海权"则显然不够，中国沿海海岸线过长，之前多次被从海上侵犯，中国海军需要更为强大和重装的铁甲，现有军舰无力参加重大海战，执行机动长距离的紧急作战任务，必然十分吃力。

江南制造局在造出数艘军舰之后，即转为以生产枪炮为主，但其附属的江南造船厂后期仍然从事造船业务，如1885年造成的"保民"号铁甲舰有一千五百吨，一千九百马力，装八门大炮，被上海的西方人戏称为"西方国家的恐惧"，[2]吨位炮数已经超过北洋舰队购自英国的"超勇""扬威"号巡洋舰，按刘坤一之语，真实实力也超过南洋舰队从外国购买的"南琛"号，"南锐"号，由此可见该舰的实力。[3]在很长一

---

①周馥：《醇亲王巡阅北洋海防日记》，《近代史资料》，第47期，1982，第2页。

② Rawlinson, John L., *China's Struggle for Naval Development*: 1839–1895, Harvard University Press, Cambridge, 1967, p145.

③《清末海军史料》，第127页，引自苏小东、陈美慧，《福州船政学堂在中国近代海军教育中的地位》，《军事历史研究》，2006年第4期，第79–85页。

段时间内，自行稳步造船的福州船政局是中国造船业的中心，八十年代成立的北洋舰队也采用了数艘福州船厂建造的军舰。

为了达到尽快增强海军力量的目的，清政府和李鸿章转而以采购外国制造的军舰为主。英国自李泰国—阿思本舰队时起，就是中国舰船订单的主要目标，但七十年代之后，德国船厂后来居上，得到总理衙门和海军衙门的青睐。作为军舰制造的后来者，德国原本缺乏造舰经验，自己也依靠从英国等国购买军舰，但励精图治多年，在普法战争中大胜拿破仑三世的法国，一举成为军事强国。在造舰方面，德国船厂力争跨过帆船木舰而直接进入铁甲舰阶段，利用新兴的钢铁工业基础，加上著名的克虏伯大炮，大力发展造舰工业。在具体的竞争中，是以伏耳锵（Vulcan）造船厂（在今波兰什切青）直接对抗英国的阿姆斯特朗船厂。

李鸿章和海军衙门把建立中国海军主干北洋舰队的重点放在德国的船厂上，德国陆军击败法国后，在欧洲大陆没有主要对手，海军建设也正在赶上英国。对德国来说，中国给德国下的订单是他们造船厂最早的外国订单和大盘生意，所以德国政府和工业人士都非常重视，尽力以质量、价格弥补声誉方面的弱势，充分利用这一机会给自己国家和工业企业积累造舰经验。[1]

德国制造商和政府官员对华销售积极的攻势，连身在北京的海关总税务司赫德都有切身感受。中国人当时对克虏伯大炮久闻其名，早在首次非官方的斌椿外访团留下的《乘槎笔记》中，就提到克虏伯"造炮甲于泰西"。[2]赫德知道李鸿章本人也一直偏好德国的军事技术和克虏伯大炮，包括德国一举晋升为欧洲强国的宝贵经验，所以当克虏伯派人到北京的总理衙门和海军相关部门活动，特别是面见李鸿章，以比英国更低的价格对华出售军舰时，让英国人赫德都感到不安。[3]

赫德早期替清朝政府购买的小型战舰，来自阿姆斯特朗，事故不断，令总理衙门不满，之后不再单一依靠英国船厂，更增加了从德国采购军舰的积极性。至八九十年代，德国船厂依靠来自中国的大笔订单，

① Eberspaecher, C., "Arming the Beiyang Navy: Sino-German Naval Cooperation 1879-1895", *International Journal of Naval History*, April 2009, vol. 8, No. 1.

② 斌椿：《乘槎笔记》，同治八年版，第42页。

③ *Robert Hart and China's Early Modernisation*, p321.

已经积累了极为重要的造舰经验，成功发展本国重工业和军火工业，有助于德国成为欧洲大国。只是由于英国人逐渐醒悟，之后对总理衙门施加了强大压力，才在北洋舰队基本就绪之后，获得英德两国船厂平分新巡洋舰订单的结果。[①]从另一方面看，总理衙门成功地在西方两大强国和它们的船厂中制造竞争，从中得益，双方都怕落后于人，所以格外注意质量和威力，以及按期交货。[②]

福州船厂为舰队制造了一定数量的舰船，用于沿海防御，但是为了达到尽快增强海军力量的目的，李鸿章等重臣努力为北洋舰队进行海外购买，特别是向德国的伏耳铿船厂订购了"定远""镇远"两艘重型铁甲战列舰。清朝驻德公使李凤苞全程跟随两舰的建造过程，而德国海军总监也亲自参加两舰的试航试炮，确保德国制造的军舰能够令中国皇帝感到满意。[③]

这两艘北洋舰队主力舰于1885年春启程返回中国，加入舰队。通过购买和自造，北洋舰队于1888年正式成立，以"定远"舰为旗舰。在德国建造的这两艘主力舰为同一等级战列舰，排水量接近七千五百吨，拥有四座十二吋口径的巨炮，射程近八公里，时速可达15节，覆盖十四吋铁甲，它们代表了当时世界上军舰建造和装备的先进水平，绝对不落后于英法美的军舰实力。

八艘巡洋舰中，"超勇""扬威""济远""经远""来远""致远""靖远""平远"，由一千多吨到三千吨不等，建造时间有早有近，"平远"为福州船政局造，其他为阿姆斯特朗、伏耳铿和伯根海德（Birkenhead）造。再加上炮船、鱼雷艇、辅助船、运输船等，北洋舰队初具规模。以当时最大铁甲战列舰为首，北洋舰队位于亚洲第一的位置，是在世界上排到第八或第六位的庞大舰队（主要按吨位计算）。清政府的购买计划达到了预期的目的，在较短的时间内掌握了西方现有军事技术的先进成果，在重工业基础欠缺的条件下缩短了军事近代化的过程。

① Eberspaecher, C., "Arming the Beiyang Navy: Sino-German Naval Cooperation 1879-1895", *International Journal of Naval History*, April 2009, vol. 8, No. 1.

② Eberspaecher, C., "Arming the Beiyang Navy: Sino-German Naval Cooperation 1879-1895", *International Journal of Naval History*, April 2009, vol. 8, No. 1.

③ Eberspaecher, C., "Arming the Beiyang Navy: Sino-German Naval Cooperation 1879-1895", *International Journal of Naval History*, April 2009, vol. 8, No. 1.

铁甲舰队对清廷和有关军事人员是个绝对的新鲜事物，是比枪炮制造和其他制造更为复杂的过程，更加需要西方专业军事人才的培训甚至指挥。清廷的海军衙门并没有抗拒这一进程。北洋舰队以丁汝昌为海军提督，聘请英国海军军官琅威理（Lang William）为总教习，又有德国军官汉纳根（von Hanneken）负责北方海岸防卫。这一指挥组织结构存在着潜在的中外之间矛盾。丁汝昌是淮军老将，对海军业务一窍不通，只是李鸿章派到北洋舰队的官僚，目的是将舰队置于直隶总督和北洋大臣李鸿章之下，与其他南洋、广东舰队区别开来。丁汝昌的忠诚不需置疑，上任后也主动学习海军事务，但先天不足的相关海军经验始终是丁汝昌的严重弱点，令他必须依赖琅威理和其他外籍教习的专业人士去管理和操作这一庞大舰队。更为严重的是，作为舰队司令，丁汝昌缺少近代海战理念，把手下的远洋舰队视为扩大化的水师，对英国等老牌海军强国利用舰队对外获取实际利益的经验，毫无认识，因此缩手缩脚，故步自封，把威力强大、足以扫平一个国家的北洋舰队等同于海岸防卫部队，导致日后海上交锋遇到挫折即坐以待毙。

琅威理在华经历和地位与当年的戈登相似，他拥有英国正规海军军官的资格和实战经验，也曾受雇于阿思本舰队，返回英国海军服役之后，最后接到中国清朝政府的正式邀请而赴华。海关总税务司赫德为英国船厂争取到四艘炮舰的订单，完工之后返航中国，被南洋舰队分别命名为"龙骧""虎威""飞霆"和"策电"号。赫德让他在英国的亲信金登干（James Duncan Campbell）招雇英籍船员，随船到华。由于金登干考虑不慎，最早受雇的船员水手们素质低下，行为不当，令赫德感到难堪，"从来没有见过比这伙人更为不堪的了"，而且发生枪支走火事故，差点打伤前来视察的李鸿章和德璀琳。[①]

为了挽回局面和英国的声誉，必须向李鸿章证明英国海军确有人才，能够担当协助建立北洋舰队的重任，赫德决定再选贤能，经由金登干而搜寻到琅威理。1877年，英国船厂出品的后两艘新炮舰抵达中国福州，它们的吨位只有数百吨，容易操控，是在赫德近海防卫的概念影响下采购的，虽然日后很快被其他类型舰只超过，海战效用有限，但身为"飞霆"舰长的琅威理当时的驾船指挥表现，却受到相关清朝官员的赞

---

① *The I. G. in Peking*, p242.

赏，以致惊动了李鸿章，表达了聘用琅威理的想法。

李鸿章为了将琅威理招揽过来，不仅准备在薪酬上给予其超乎常规的待遇，而且考虑到琅威理在英国海军内的升迁前景，即当时只是海军中校的琅威理，极为希望在本国系统内依序升为提督，英国的海军少将，"若准假后，本国停俸断资，未免耽误升阶"。所以李鸿章特意去信当时的驻英公使曾纪泽，替琅威理向英国海军部求情，通过加高薪酬和恳请英国海军放人等关节，"恳由敝处转至执事，与水师部长官商调，中国借用三年，仍与在本国当差劳绩一般"，称得上是求贤心切。①

经过赫德和李鸿章的不懈努力，英国海军部许诺不久就会提升琅威理为海军上校，令其可以在中国安心服役几年。直到1882年9月，赫德在阿姆斯特朗为北洋舰队预订的四艘新炮舰完工，开赴中国，琅威理作为那支小舰队的指挥官来到中国，才算正式上任，作为提督丁汝昌在北洋舰队的副手，既是总教习，也拥有实地指挥军舰的权力。为了聘请一位英国普通海军官，耗时数年，费尽周折，说明李鸿章等洋务派官员对北洋舰队和中国海军力量的极度重视，求贤若渴，不惜代价，后来的情况也证明，引进这一专业军事人才，确实是当时建立近代舰队所必需的。

琅威理在中国出出进进数次，一直是北洋舰队的重要人物。他充分利用在华服役的时间，监督北洋舰队的近代化，事必躬亲，在操作、训练、装备、出航等方面都非常尽心，对整饬军纪、提高作战效率，起到重大作用，被公认为勤恳称职。清政府按照琅威理的表现，赏加清军提督衔，令琅威理在清朝中国得到了他在英国海军都无法得到的军衔。至1890年，琅威理基本完成了他的在华使命，将北洋舰队整治提升为一只可以在东亚南洋广大海域内巡行作战的强大舰队。

琅威理后因故辞职回国，但在1894年，因为紧急战争局势，又接到清廷请求，计划召他回中国，参与对日作战，最后因他企图从清朝政府那里获得海军最高职衔，附带其他许多权力，要价太高，未获朝廷批准，故未成行。琅威理在各方面都极像戈登，作为职业军官，戈登在陆军，琅威理在海军，受雇于清朝政府，在训练指挥中国近代军队方面取

---

① 《复曾劼刚星使》，《朋僚函稿》卷21，光绪五年十月二十四日。

得重大进展，为此都得到清朝政府授予的高级军衔。琅威理在本国海军中却并不得意，升迁缓慢，到19世纪末的1898年，才获授退役海军准将衔。

汉纳根是另一个在北洋海军中任要职的西方军人，其名字中的von在德国代表贵族，是位典型的德国陆军军官，进过军校，当过炮兵少尉，并具备修建炮台工事的经验。汉纳根得力于已任天津税务司的德璀琳的推荐，来到中国，训练李鸿章的陆军，任天津武备学堂教官，之后负责北方海防，特别是与北洋舰队有关的大沽、大连、旅顺和威海卫炮台和工事。他并非海军军官，却与北洋舰队紧密相关，与琅威理互为表里，但国籍不同，时有纠纷。作为陆军军官和海防工程总监，汉纳根并不熟悉海上作战，所以他后来被李鸿章任命为舰队总教习和副提督，有些勉为其难，登上北洋舰队旗舰出海作战，更非一个发挥其特长的机会，但汉纳根忠实地执行了命令，在旗舰"定远"号上与丁汝昌和北洋舰队官兵并肩作战，抵抗住日本联合舰队的猛烈攻势。

海上以重型铁甲舰为中心的舰队和连续成形的海防工程，使北洋舰队基本处于有利的态势。而在南方，南洋舰队的实力也在增长，虽然未能购进"定远"级的重型战舰，福州船政局自行建造的军舰也逐步入伍，最大为巡洋舰级，有六艘，多不足三千吨排水量，两千多吨的"寰泰"号为旗舰，江南制造局出产的"保民"号也在其中，而再次一级的舰船多为几百吨，所以南洋舰队的主要作战目标是防卫本土的东南海域。

按照近代英国海军的传统，一支强大的海军必须不断地在海外巡行征战，占据和控制海上优势，以切实维护国家利益。这些简洁直率的理念深入到海军将领军官的血液当中，像琅威理这样的职业军官，必然难以遏制投入战斗和建功立业的渴望。而清朝初建的北洋舰队，不仅谨慎保守，训练和实战经验不足，而且极度缺乏世界流行的海军战略意识，局限于初级的被动"海防"观念，类似于派兵固守的陆上边防，无法设想外出攻击，进行最具威胁力的远洋海战。清廷和洋务运动领袖手握强大海军而不知所用，容易自满，甚至习惯于畏缩退让，对琅威理这样拥有近代传统的海军军官，自然有无用武之地之感，他的强烈期望也演变为事实上的过分要求。

四、近代外交和对外往来

清政府在对外条约的压制下，接受了西方使节驻京和驻通商口岸的现实，屈服于英法联军焚园逐帝的巨大威力，允许今后的各国使节驻京任事。为此，清朝中央政府必须像各通商口岸的租界一样，拨出相当面积的土地，用于使馆建筑和使节居住。当时的皇城，被西方人称为所谓的满洲城（Manchuria city），西方各国为了不再被清廷拒之于北京城墙之外，又拥有足够的自我控制和防卫的空间，因此向总理衙门要到了紧临皇宫城墙的绝好地段，作为所有在华使馆的聚集区，朝廷实在是无可再避了，洋人有事即可直达皇宫，占尽地利，比一般汉族官员和北京市民还要更处于京城中心。

使馆区占地宽广，东西为崇文门到东单一线至正阳门边，南北为前三门大街到长安大街，西面和北面都紧挨皇城墙，区内的东交民巷是主要的东西方向通路。这几个大街区内，仅有的几个西方国家使馆各自占有面积非常可观的地段，英国使馆为首，次为俄国，而美国、德国等馆则面对使馆区南边城墙下的污水渠。区内还有赫德为首的海关总税务司、教堂和洋人建立的酒店。使馆区内为驻华人员提供了充分的活动空间，又为他们与清朝中央政府的联系提供了便利条件，十分接近皇城东南角的各部衙门，离王府井附近的总理衙门也相距不远。区内仍然留下的华人建筑包括翰林院和肃王府，但这一大区之内，基本上成为西方人和日本人的居住活动区。

随着外国公使馆的设立，恭亲王奕䜣也随之考虑外派清朝使节的问题，认为只让洋人进入中国探听消息，驻华往来，而中国当时对西洋朦胧不清，处于被动，完全没有必要，反不如主动派使节出洋，对西方国家进行考察，探听情况，由此而产生派团出国赴西洋的想法。

自总理衙门设立之初，就开始寻找派团出洋的机会，但一直没有合适的机会、可信任的西方人引导，以及愿意被派出国的清朝官员。一般官员对在本国接待西方使节尚且避之不及，更何况远涉重洋，去危险陌生之地，身陷洋人社会之中，令人闻之却步。数年之后，才出现了一个符合以上各种条件的适当机会。1866年，刚到三十一岁的海关总税务司赫德回英国探亲结婚，他主动向恭亲王提出派一些清朝官员随同前往，顺便巡视西欧国家。鉴于恭亲王等大臣对赫德印象颇佳，值得信任，故此同意这一建议，征询各部意见，让官员自愿报名加入这一非官方而又无特定使命的赴西洋使团。结果只有身为旗人的退休官员斌椿愿往，既无仕途压力，又愿意增多游历见识，官费出洋，何乐而不为？（赫德在他的日记里也开玩笑地写下中文"游乐"的字眼）斌椿的身份十分符合这一使团的特性，又有赫德带领，获得朝廷批准，得以成行。

斌椿确实不负众望，游历欧洲数月，访问西欧多国，有幸受到拿破仑三世和普鲁士国王威廉一世的接见，顺利回京复命，将其所记整理成书《乘槎笔记》。斌椿代表了当时中国人的强烈好奇心，作为"中土西来第一人"，详细记载了沿途所见所闻，西方各国的新鲜事物，事无巨细，娓娓道来，凡是他认为与中国不同的现象，都加以记载，将西方近代文明的成果向国人展示一番，达到了赫德倡议他随行的目的，就是带着愉快的心情返国，有助日后更多清朝官员与西方国家交流互访。虽然他的笔记属于海外探奇，但在当时却是对西方国家形态形色最直接的描述，即使是国内较为开明的洋务派领袖，在1866年时都对这些西方社会的繁华景象和经济实力，只有耳闻，绝无真实见闻。团员中还包括才十九岁的同文馆学生张德彝，日后著述游记颇丰，并出任过驻英国公使。

清朝政府的正式使团于1868年出使欧美，以卸任美国公使蒲安臣（Burlingame）为首席使节。蒲安臣原是林肯总统派驻北京的第一位公使，在职期间周旋于欧洲强国英国、法国驻华使节之间，被恭亲王视为尚属处事平和之洋人，加上美国政府态度表面中立，以美国人为首席使节代表中国出访，应较容易得到西欧国家的礼貌相待。使团秘书也是洋人，但既然是中国政府派出的使团，清廷指派海关道员、总理衙门总办章京志刚和礼部侍郎孙家谷两人，名为副使，一同前往，身份与首席使节平等，以方便随时维持中国权益，不完全放任美国人行事。

该使团出使的目的之一就是主动修约，原本期望在之前被迫签订的《天津条约》之上为中国稍微夺回些权益。中国使团先赴美国，作为中国首次官方使团，引来各方兴趣和普遍热烈的欢迎，接触到各界人士。正式收获是与美国政府签订了《中美天津条约续增条约》，加入八个条款，要点是中美之间给以互惠条件，如美国派驻华使节，之后中国也将向美国派出领事公使。针对美国要求中国政府保护来自美国的传教士和其他人士，中方也要求美国政府保护在美华侨，双方对等待遇，均负有责任，"嗣后中国人在美国，亦不得因中国人民异教，稍有屈抑苛待，以昭公允"。因为当时在美华人"每受洋人欺辱，而该处所收丁税，每名二元，各国俱免，惟华人不免。如有争端，华与洋讼，如无洋人作证，即不为华人仲理，此皆显然不公之事"。①这一点在《续增条约》中特意申明，是为该使团的一项成果，多少争回些权益。

时任美国总统约翰逊（Johnson）对使团虚与委蛇，"中国与美国仅隔一水，实为近邻，将来交往日久，自必愈见和洽"。②但美国政府事后是否有诚意和兴趣切实遵守已经与中国政府签订的条约，翻脸不认账，甚至掀起歧视驱逐华人的浪潮，则不是该中国使团所能彻底担保之事。《续增条约》中的第七条又规定，"嗣后中国人欲入美国大小官学学习各等文艺，须照相待最优之人民一体优待"。中国使团当时显然有意引用西方强国在中国强加的"最惠国待遇"，为中国人在海外争取相应权益，颇有远见，实际上为日后容闳的幼童赴美留学计划，事先打开了通路。

蒲安臣—志刚使团在西欧各国继续访问行程，虽然受到各国政府礼遇，如获英国维多利亚女王接见，但未达成实质性结果，因为西方强国当时并不想轻易放弃以往不平等条约中规定的权益。当时中国内地扬州发生教案，英国军舰开赴南京，就近实施武力威胁，蒲安臣—志刚使团就此赶赴英国，经过谈判达成协议，英国政府同意不再干预中国政府办理有关事宜，英国驻华领事们应将处理情况报北京总理衙门，若官府未能妥善处理之后，再禀报本国政府，不得擅自调动英国在华军舰介入地方争端，这在一定程度上约束了一些英国驻华官员的莽撞行为。③

蒲安臣在俄国圣彼得堡因病去世，清廷闻讯后，特意下旨，"著加恩赏给一品衔，并赏银一万两，由出使经费项下拨给"，令他成为继戈登之后第二位服务于清朝政府的外国高官名人。④志刚继续外访行程，

---

① 志刚：《初使泰西记》，1877，文海出版社再版，沈云龙主编，1975，第64、42页。

② 志刚：《初使泰西记》，1877，文海出版社再版，沈云龙主编，1975，第57页。

③ 志刚：《初使泰西记》，1877，文海出版社再版，沈云龙主编，1975，第127页。

④ 志刚：《初使泰西记》，1877，文海出版社再版，沈云龙主编，1975，第289-290页。

以他领衔的中国使团如今名副其实，在访俄和其他余下国家时，均以与外国政府平等的地位出发，谈判沟通，在各种双方文件中未再如鸦片战争中一般的屈辱让步，放弃更多权益。中国外派使团在海外巡行两年有余，涉足主要欧美国家，从事官方访问和谈判活动，通过正常外交往来，在一定程度上缓和了各国因误解而与中国形成的紧张局势，成果不容忽视。

1870年的天津教案发生后，英法政府要求清朝政府派出使节去法国道歉，由此引至中国正式向欧美国家派出公使和常驻使节。作为清朝政府对法国妥协的结果，三口通商大臣崇厚于1871年被派往法国。这一短期政府使团出行之时，比其更早的蒲安臣—志刚使团尚未结束行程。1875年发生马嘉理案后，清朝政府被迫再次派出道歉使团，赶赴英国，原先意图与之前的崇厚使团相同，只是后来使命有所变化，在道歉使命结束后，使团随之留下，派驻当地，变为正式驻外使团，同其他西方国家驻华公使馆相似，成为清朝政府派驻外国的公使馆。

被派往英国的道歉使团以郭嵩焘为首，他已从湘军系统中脱身，不再署理广东巡抚，又获授户部侍郎，在马嘉理事件发生时，已不再担任督抚和中央政府职务，接近退休年龄，适合于外派。1876年底，郭嵩焘奉命领团赴英，于1877年初到达英国，向维多利亚女王递交以同治皇帝名义而写的道歉书，完成这一艰难使命。

与崇厚不同，郭嵩焘并没有随后回国，而是继续执行访英任务，被清朝政府任命为驻英公使。这是近代中国向外派出的第一个正式常驻外交代表，由于之前英国等西方国家已经在北京派驻了公使，郭嵩焘此举是对等的回应举动，礼尚往来，公平待遇，是总理衙门在多次外派使团之后采取的符合当时国际惯例的行动，扭转了之前单方面无使节的尴尬局面。在伦敦等西方国家首都设有使节，便于中方使节就近与该国政府打交道和传递信息，从而降低诸如威妥玛等在华使节任意妄为、挑起事端、大闹总理衙门而又向国内政府邀功的可能性。循此之例，清朝驻欧洲各国的公使馆相继建立，驻美公使也由陈兰彬出任。至此，清朝政府完成了中国对外关系中的重要一环，驻外使节，打开对外通道，同总理衙门一样，是建立正常平等国际关系的必要一步。

与对外派驻使节相关的，是公派海外留学的开端。为了开启新学，充实洋务运动兴建项目人员，清政府开始做早期必要的人才准备，肇端官派海外留学。曾经与曾国藩联系和为他采办制造机器的归化美国人容闳，回国时已然怀有送中国学生赴美学习的想法，暂时未得机会实施。容闳日后利用他被朝廷所授的五品官衔，在上海为清廷工作，又与李鸿章亲信、原籍广东的上海道台丁日昌相交联络。容闳就留学计划向当时的军机大臣文祥上书，却碰到文祥先丁忧后去世，由此受挫，但在天津教案中，他找到机会直接向曾国藩求助，朝廷很快于1870年批准了两位重臣曾国藩、李鸿章的奏折，下旨"考选幼童、派遣留学美国"，命容闳与翰林陈兰彬共同启动这一官派计划。

容闳设计的计划，是从1872年开始向美国外派十二岁左右的中国幼童，预期十五年后返国，以此而言，他们在美国的生活时间要长于在中国的时间，回来时更有可能变为像容闳一样的美国人。因为容闳正式为清朝政府服务，负责幼童赴美学习业务，由此被授予中国驻美副使。作为一个美国公民，容闳出任这一职位当然能够得到美国人的充分信任，美国耶鲁大学正是看中了容闳当时身负中国驻美副使的正式官职，按照该校推崇各界名人的一贯做法，于1876年授予他荣誉法学博士学位。

容闳于1878年试图让一些高年级留美学生进入西点军校和安纳波利斯海军学院，接受正式的大学教育，却被美国国务院以一句话断然拒绝，他们可以接受来自美国保护国日本的学生，但不愿意接受中国学生，特别是在美国国内开始兴起驱逐华人的浪潮时，变得更加不可能。美国政府歧视华人的政策，连美国教育出来的归化公民容闳都感到难以接受，陷入进退失据的境地，一直未曾预料到会有这种结果，事到临头，束手无策。

美国人又完全不遵守于1868年才同中国蒲安臣—志刚使团签订的《续增条约》，其中第七条完全适用于眼下的情况，但容闳对这一清朝外派使节努力争取来的有利于己的国际法基础文件，弃之不顾，悄然放弃。虽然美国大学和友人对容闳作出不少空洞的承诺和无谓的同情之语，但在美国政府面前，容闳的努力和诉求不值一提，以致他在其著名的回忆录中都无从涉及当年到底进行了何种向美国政府争取应得权益的积极活动。

容闳好不容易说服中国高官和政府同意把幼童派到美国培养学习，

却很晚才发现不能由中国政府和自己选择最想去的、对中国强兵事业最为关键的美国军事院校，进退两难。容闳特别无法向一直支持他的李鸿章作出交待，曾国藩、李鸿章原先之所以同意幼童出洋计划，看重的就是获得军政船政方面的专才，即便要等待长达十五年之久，等到当初的幼童成长到三十岁左右，仍然着眼于长远回报。李鸿章即使面对国内保守派的压力，来自那些比他更为守旧的国内官员，之前一直以拖待变，等到中国外派学生学成回国，作出成就，李鸿章自然就有理据回击那些怀疑者。

现在的冷酷现实则是，容闳连中国学生进入美国重要军事院校这一基本的要求都无法保证，他所大力推行的海外教育事业面临难堪境地，连带着李鸿章也在国内官场和两派相关辩论中落入下风和守势。同在1878年，赴英国学习兵法的六名学员进入著名的格林威治皇家海军学院，那里原无外国学生，此时特许中国学员入读，其中包括严复、方伯谦、萨镇冰等杰出学生，另有林泰增，都有机会被派到英国军舰上实习驾驶，让他们回国后可以从事相关专业。而在法国人日意格的精心统筹之下，九名来自福州船政局的学员也已进入法国各大学院开始专业课程，进展顺利。[1]

与这些在其他国家的中国人取得的切实留学成就相比，容闳那个耗资巨大、耗时长久的赴美留学计划，却效果不彰，甚至被美国人断然打回。李鸿章对此深感失望不快，方才意识到赴欧计划"速则三年，迟则五年"，"较之赴美学生十五年、需银一百二十万余两，似觉事半功倍"。[2]但美国留学幼童一事，既已至此，只有尽力挽救。

此一意外事故，令李鸿章不免判定容闳这一海外杰出人才，名气大于才干，其实并不足以承担重任，特别是在与美国政府交涉事宜方面，能力极为欠缺，在就日本侵犯台湾而求助于美国一事上，同样毫无作为。另外一件事也令李鸿章对这位耶鲁毕业生有所保留。清朝政府曾经委托容闳在美国查询购买军舰事宜，容闳回称找到一艘未完工的铁甲舰，报价一百七十万美元。李鸿章又作多方咨询，美国驻天津领事和赫德都认为这艘军舰并不合用，"不甚可靠"，迫使李鸿章再度致函容

---

① 郭嵩焘：《伦敦与巴黎日记》，第313、650、846页。

② 《议选员管带学生分赴各国学习》，《李文忠公选集》，光绪二年八月十五日。

阅，务必"切实考较，再行禀核"，缘于诸多各国代理前来兜售，远隔大洋不知底细，"诚恐误买旧船，未敢遽订，似须委员前往该国议购为妥"。容闳经手此事，或是不明所以，或是敷衍了事，难免令远在天津的李鸿章放心不下。①

来自国内的官员陈兰彬公使和副使美国人容闳之间经常发生冲突，陈兰彬这些外派官员的表现必然是谨慎保守、循规蹈矩的，难以达到容闳期望他们所要达到的境界和水平。对于留学生中冒出的各种新现象，陈兰彬的担心是那些年幼学生还没有进入到正式的大学学习，就沾染各种恶习，荒废学业，除了美国人的语言风俗，学不到其他有用的东西。容闳视幼童赴美计划为自己一人的创造和独有权利，认为对学生们的逐渐美国化勿需大惊小怪。

容闳本人其实是有亲身领受的经验教训，当年他从美国留学归来再次登上香港土地时，居然已经不会讲自己家乡的广东话了，让期待他帮忙翻译的洋人船长着实嘲笑了一番。他离开中国时已18岁，八年后回国，全然丢掉了中文书写和口语技能，只得在广州花了六个月的时间恶补，才勉强能够重新以广东话同他人交谈。②对于那些没有受过正规国学传统教育就远赴美国的年幼学童，长达十五年后，自然比当年的容闳更加容易失去本国文化的根，在两边文化中挣扎，甚至改信基督教，最终被美国人培养为对华传教士，从而抛弃学业本身，不再以国家需要为学习目的。

幼童管理中出现的各种问题，都很容易地被容闳视为先进与落后之争，在两方的持续争执中，印象恶化，关系冷淡，令容闳在日后出版的回忆录中严词谴责甚至痛骂与他共事的清朝外派官员。

连其他一些非幼童教育的问题也成为互相攻击的起点。陈兰彬虽长期为刑部主事，但也在广东办理过洋务事宜，因此受命于曾国藩共办幼童官费留洋计划，但容闳却从一开始就视其为国内文笔老吏而已，不通英语，不识海外大事，无资格参与他最初构想的宏大留洋计划。陈兰彬受朝廷之命去古巴调查华工苦力待遇，向总理衙门提交报告，以应对西班牙驻华使节的无理纠缠，一般都被认为是他为海外华工做了一件实在好事，特别是首次达成平等协议，没有屈服于一个西方国家的压力。但

① 《筹办铁甲兼请遣使片》，《李文忠公选集》，同治十三年十一月初二日。

② Yung Wing（容闳），*My Life in China and America*, Henry Holt, New York, 1909,p48, p52.

容闳在向李鸿章个人作出的报告中，却说陈兰彬推迟去古巴考察，工作全由手下人完成，不负责任，而他自己则亲自带领美国人去秘鲁调查华工状况，拍了相片作为证据，效率更佳，出力更大。①这些内部争吵和交恶，都令李鸿章头疼不已。

对于容闳未能解决西点军校入学的遗留问题，李鸿章采取实事求是的态度，既然不能进入西点军校和海军学院，中国学生可以寻找其他与工业技术有关的大学进修，逐步学成回国，如詹天佑就进入耶鲁大学的土木工程系，直至获得专业学位。但是这一重大挫折却给整个留学计划带来负面影响，美国人公开的歧视做法和立法鼓励的排华浪潮，也令国内官员担心在美留学的前景，形成召回舆论，以后极大可能不会再由政府官费派出留洋学生。李鸿章仍然全力争取只召回部分幼童，而已经进入其他美国大学学习的，则待其完成学业后再归国。可惜清中央政府首先征求了驻美公使陈兰彬的意见，他当时已经对幼童教育计划毫无兴趣，认为容闳把持下的这一计划麻烦多多，又专注于他的驻美公使职务，所以支持立即结束计划和撤回在美学生。

李鸿章早已从驻美官员处获得幼童留学计划的准确信息，作出了自己的判断，直接致信陈兰彬，"学徒抛荒中学，系属实情，由于纯甫（容闳）意见偏执，不欲生徒多习中学，……弟拟致函纯甫，嘱勿固执己见，尚祈执事便中劝勉，令其不必多管"。②容闳自西点军校事端时起，就不再涉及赴美幼童的工作，仅限于由他经手前后招收的120名幼童，之后只从事华盛顿公使馆的工作，所以总理衙门征询意见时并没有把他包括在内。即使作为幼童留学计划的创议者，容闳此时已经失去曾国藩（已去世）和李鸿章的坚定支持。

幼童官费赴美留学计划于1881年终止，有些中国学生因各种原因继续留在美国，其余不到一百人分批归国。李鸿章出于洋务运动急需人的良好愿望，对他们格外关注，尽量将回国学生安排在他手下经营统筹的各项军工企业当中，

"九十四名均于光绪七年分作三批回华，头批学生二十一名，均送电局学传电报，二三批学生内有由船政局、上海机器局留用二十三名，

① Yung Wing（容闳），*My Life in China and America*, Henry Holt, New York, 1909,p206.

② 《复陈荔秋星使》，《李文忠公全集·朋僚函稿》，光绪六年四月二日。

其余五十名，经臣扎敕津海关道周馥，会同机器电报各局逐加考验，分拨天津水师机器鱼雷水雷电报医馆等处，学习当差，迄今又逾四年，叠经月课季课，并由臣屡次亲临考校，试以所习各艺，均能融会贯通，各有心得。……臣查，选募学生出洋肄习西学，培养人才，实为中国自强根本。……准予照拟破格从优给奖，以昭激励"。①

这些从美国回来的所谓"留学生"，实际上当时绝大多数只有普通中学学业资格，或许学到了一些美国社会风俗、语言、常识，等等，却并无固定进修钻研的专业知识以及国际认可资格可言，并非即时可用人才，而属于可造之才，李鸿章为他们提供的职位并非让其学非所用，反而令他们很快成为所在制造企业和水师中的骨干。"美国调回学生洋文洋语，多已精熟，唯洋气既深，华文太浅，现拨归后学堂，有名师严立规矩，似须二三年后，水师稍入门径，乃可再派出洋"。②其中"课成肄业美国回华学生王凤喈等九名，获充（水师）学堂帮教，获经分派各船，成效历有可稽"。③

就以来自汕头的黄开甲为例，他是从美国招回的幼童之一，在耶鲁的学业刚进入第二年时，就已丢弃了本人所讲的潮州话。他在耶鲁所学专业不详，却以课余时间在校园内打美式棒球而出名，对于此时被勒令回国，自然非常不满，又完全没有按照学生的个人志趣及所学知识，故此埋怨多多，其写信向原住宿地美国监护人诉苦的凄惨文字，经常被后世报刊评论并反复加以引用，作为留学回国人才在清朝恶劣境遇的突出例证。

但在清朝官府或李鸿章掌握的洋务项目之下，为这些回归年轻人事先安排好了一定位子和工作，黄开甲也不例外。黄开甲之后当过道台翻译，日后成为盛宣怀的秘书，出任电报局总办，其中固然有其个人才干的作用，但洋务运动领袖和各个洋务项目实际操作人，并没有故意浪费他的才华，也没有特别慢待冷遇那些回国的留学幼童。黄开甲一向受到重用，待遇地位环境发生变化，受此影响，黄开甲不仅极为重视他年幼时在美国曾经十分不屑的清朝官服和辫发，重新着装，而且在率团出席1904年美国圣路易斯博览会时，亲身感受到美国政府全面的排华政策和

---

① 《肄业西学请奖折》，《李文忠公奏稿》，光绪十一年三月初三日。

② 《复黎召民京卿》，《李文忠公全集·朋僚函稿》，光绪八年正月二十三日。

③ 《水师学堂请奖折》，《李文忠公奏稿》卷52，光绪十年十一月初五日。

当地社会中公开无忌的种族歧视，对他曾经愉快地生长就学于斯的那个国家，不禁表示极度失望，转而积极投入到国内发起的"抵制美货"运动当中。[1]

另一位几乎拿到耶鲁大学文凭的梁敦彦，也被招回国，在天津电报局做事，初始不顺，但获朝廷重臣张之洞的赏识和推荐，从幕府逐步跃升，"候补道梁敦彦，宅心正大，虑事精详，前以出洋学生在美国留学十年，得有大学堂优等文凭，熟于公法交涉之学，经臣委派洋务兼充议约随员，上年商订英约及此次酌定宁沪铁路合同，争回中国权利不少，实于大局有裨。其品学为各国洋员所推重，通方守正，洵洋务中罕觏之才。……朱批：梁敦彦著送部引见，钦此"。[2]借此有力一荐，梁敦彦进入北洋袁世凯集团，之后出任驻美国等国公使，再任新成立的外务部负责官员（右侍郎及会办大臣），从事与其留学背景和职业夙愿完全相配的工作，正是当年容闳所竭力争取而不可得的。

与此类似的是梁诚，被召回国，但进入总理衙门就职，随张荫桓回到美国公使馆，成为正式驻外官员，有幸继任驻美国公使一职，同样是容闳可望而不可即的官职地位。梁诚更是不畏美国强势、力争国家权益之人，一力促成美国自1909年起对庚子赔款的退款过程。

以往史论倾向于偏重描述一些留美幼童最初被召回国时的痛苦回忆，以此作为晚清洋务及留学项目遭遇失败的佐证，却有意无意地忽略了另外一些与此相对照的其他事例和日后人物事态的演变，特别是回国学生得以发挥个人才能、为国效力的事例。

幼童留学计划结束后，容闳的相关官职以及驻美副使职位自然不复存在。从1883年到1894年冬，容闳失去中国政府代表这一官方职位和特殊背景，又与国内一些高层人士交恶，几乎杜绝了他在国内从事活动的渠道，只有暂时休隐，幽居美国，另找机会。身为美国公民和虔诚的基督徒，负有中国使节的盛名，容闳在美国国内逐步建立起必要的声誉和关系网络，交上一些权重人士和大腕人物做朋友，如马克·吐温。

作为中国学生出国留洋的老前辈，容闳创办的幼童出洋事业，半途而废，但其后却不断有人追随其海外留学之路。此后，清政府仍然不断

---

[1] 张伟：《西风东渐：晚清民初上海艺文界》，台湾要有光出版社，2013，第187页。

[2]《敬举廉能折》，《张文襄公奏议》卷60，光绪二十九年二月十九日。

地派人去国外学习，1875年李鸿章派出卞长胜等七名军官到柏林的德国军校学习，[①]而福州船政学堂早在容闳赴美幼童计划之前，就已向欧洲国家派出官员考察工业项目，据赴法国的崇厚谢罪使团中的张德彝所记，"（四月）二十七日（1871年6月14日），…… 军功蓝翎提举衔、广东尽先州判王斌，字芝友，福州人，候选从九品李镛，字辅廷，苏州人，同来拜，二人皆随福建船政监督法人德克碑公干者"。[②]福州船厂从1877年起持续地、有目的地派出学生赴欧洲留学，为船舰制造培养专业人才，均属目的明确，专业清楚，学生也非幼童，无需花费数年的时间在适应海外生活习惯之上。容闳的远大留学计划，费时长久，在十五年的时间内与国内正在蓬勃兴起、急需人才的洋务运动严重脱节，令他的支持者曾国藩、李鸿章在很长时间之内都看不到巨额财政支出的微小回报和效果，而在左宗棠、沈葆桢的大力支持下，福州船厂立足本土，又分批派遣船政学员赴欧，部分解决了曾国藩担心的军政船政人才问题，实效无疑更为明显。

容闳备受后人称道的两件洋务大事，江南制造局和幼童官费留美，前者并非他的关注重点，他的贡献在整个制造局事业中仅占极其微小的一部分，不外乎海外采办机器和提供翻译服务，与江南制造局设置生产建造中的成就并无重大关联。

在幼童出洋赴美计划之前，容闳主要在江苏官场中耐心地寻找出洋教育计划的支持者，曾国藩、李鸿章或丁日昌均可。他对这一段切身的官场经历，记忆尤其深刻、怀念不已。作为耶鲁大学的文学学士，容闳本人的著述，仅限于1909年出版的英文回忆录式的《西学东渐记》，在该书首页上，他郑重其事地标出"江苏候补道员"，这一清朝官府的中层级别的虚衔，对当时已是人革命家的容闳来说，本不应特意彰显。而在他真正熟悉的教育领域内，幼童赴美计划原本对中国洋务运动和近代化具有潜在益处，长远而言回报不菲。容闳作为开创者，贡献非凡，但他具体处理不当，操之过急，失于细节，麻烦不断，与清代中国官僚机构脱节，格格不入，一旦失去重臣援手，为保守派提供借口，仅靠美国

---

① Roger B. Jeans, *Democracy and Socialism in Republic China: the Politics of Zhang Junmai (Carson Chang), 1906-1941,* Rowman & Littlefield Publishers, Lanbam, Maryland, 1997, p28.

② 张德彝：《三述奇》卷6。

人的扶助，必然难免整体计划的失败。

容闳开启了后世中国人对海外留学的无尽幻想和热烈追求潮流，但他本人推行的计划并未成功，多方面显示其有限的真正实施政务的能力。特别应该指出的是，后人不能以容闳这一个留美计划的终止，就否认清代政府在洋务运动期间，允许其他多个赴西欧留学的项目循序进行，多条渠道中收获人才良多，只是留学国家不同，方式不同，实际效果也大为不同，因此以容闳之偏，必难以概全。

五、赫德与近代海关

1869年以后，清政府在传统土地税之外开始更多地依赖厘金和海关税等新税种，作为固定的财政来源。这两项税源每年可达数千万两白银，成为政府的可靠财政收入。洋务运动期间，清政府基本上是依靠自身财源推行新政，而甚少采用兴借外债的方式，所以"值百抽一"的厘金和通商口岸的海关税意义更为重大。厘金收入每年约为一千三百万两，而海关税年平均两千万两。[①]清朝政府利用这些有限的资源办事，令中国社会和经济得以勉强渡过这一内忧外患的特殊时期，更在大体上维持了洋务运动中不断翻新的各项兴建项目，从广义上说是自力更生，由此而拥有推进近代化的自主权，所需要的就是时间。到了洋务运动末期，清中央政府因背负庞大战争赔款而入不敷出，才被逼更多地采用借外债的方式，债上加债，从此走上恶性循环的轨道，每况愈下。

财源问题在洋务运动中具有如此决定性的作用，一向保守无为的清廷不得不求助于外来支持和专业人士的参与。这里就不能不论及一位关键人物的独特历史地位。英国人总税务司赫德爵士（Sir Robert Hart），实为爱尔兰人，自幼显示其聪睿的一面，是爱尔兰贝尔法斯特女王大学名列第一的优等生，本来在其国内也应有良好的发展机会，但恰好于1854年春，由克拉莱顿勋爵主持的英国外交部特意给了女王大学一个在亚洲的实习领事名额，赫德自愿加入到与其他优等毕业生的竞争，但是基于他一向毫无瑕疵的优秀学业成绩，女王大学主动免试，把这个名额

---

① Feuerwerker, A. (费维恺), *China's Early Modernisation: Sheng Xuan Huai (1844-1916) and Mandarin Enterprise*, Harvard University Press, Cambridge, 1958, p42, table 4.

送给了赫德。他于当年坐上轮船，长途跋涉来到英国殖民地香港，时年二十岁。这样，赫德在尚不熟悉英国首都伦敦的情况下就直接来到亚洲和中国，虽然他开始走上英国社会中前景颇佳的文官外交官之路，却没有受到伦敦恶习的影响，即那些海外征服的传统和对英国之外民族的普遍蔑视和不屑一顾的心态，反过来增强了他深入接触异地民族文化的动力。

赫德到了香港才开始学习中文，接触当地广东话和官话（普通话）。他接受了时任香港总督、语言学家包令的建议，在生活中学习外语，为此赫德出没于香港的街头巷尾，听别人讲话和自己主动讲，观看街头招牌和各式各样的文字，因此进步极快，口笔皆通。在绝大多数英国人和西方人极为不愿接触异地文化的情况下，赫德极其认真地把当地语言学到手，因为他一向学习、办事均极为认真，心无旁骛，即便不久他就可能被英国外交部调往其他外事驻地，也全力以赴，很快达到翻译水准，正式为英国驻华机构服务。

赫德的首次外事工作，是被派往英国驻中国宁波领事馆工作并实习中文，经由上海，见过刘丽川和江苏巡抚吉尔杭阿，对中国官员有了初步印象，但此时他仅仅是跟随英国使节阿礼国（Alcock）和其他英国官员，还只是个旁观者。到了宁波之后，年轻的赫德因故被指定临时负责领事馆事务，抓到一个发挥他潜在领导才能的宝贵机会，有缘被推荐给后来的驻华公使普鲁斯。

英国军队在第二次鸦片战争初期占领广州和拘捕叶名琛后，赫德被派往广州担任占领军委员会的秘书，成为巴夏礼的属下。赫德一开始就显示了与这位英国早期中国通的不同之处。赫德在中国先后只有过两名英国人的上司，巴夏礼和李泰国，他们都是德国传教士郭士立的学徒，没有受过正规学校教育，在英国著名大学优等生赫德的眼里，自然粗俗不堪，再加上他们依仗英国背景和中文技巧在中国蛮横欺压，更令赫德不安和厌恶，自认日后一定不能与这些人物行为举止相同。[①]在广州，赫德亲眼目睹了大权在握的巴夏礼是如何粗暴对待仍然留驻广州的清朝官员，用中文而不是用英文去羞辱或嘲笑那些毫无抵抗力的人。[②]这不

---

① *Robert Hart and China's Early Modernisation,* p26.

② Bredon, Juliet, *Sir Robert Hart, the Romance of a Great Career,* Told by His Niece Juliet Bredon, London, Hutchinson, 1909, pp47-50.

仅是巴夏礼人生第一次尝到无限权力的滋味，也是年轻的赫德对西方人在华特权的早期体验，他们在中国似乎可以做任何事情，肆意妄为，这对个人和国家无疑都是个巨大的诱惑。日后赫德经常在这种权力诱惑下挣扎，在很多事情上折中于中英两方利益之间。

证之于日后的仕途进程，戈登与赫德之所以能够在中国取得各自领域内的成功，获得清朝政府的信任，主要在于他们在来华之前，就已经在英国接受过良好教育，出身于著名军校或正式大学，因此初步具备了指挥施政的必要素质，而不像巴夏礼、李泰国那样从小失学，缺乏正规教育，完全靠个人搏命取巧而险获成功。

赫德很快就离开了广州的联军占领委员会，成为广州领事阿礼国的正式翻译，不再负责当地英国军队的事务，而直接与广州官府平等打交道。广东巡抚劳崇光看中了赫德的沉稳圆通而又能干，既然广东十三行的旧例不再可行，他希望赫德能够帮助广东官府，按照当时上海海关的模式，建立广州新海关，征收关税。劳崇光自然不会去请求巴夏礼，一是那位英国人在华恶名已盛，不值得信任，二是他不通海关事务，也不会稍许认真地替他十分鄙视的广东官府服务。赫德在华资历甚浅，同样不通海关事务，但劳崇光深信他对赫德的个人印象，值得信任和托付。赫德接受这一任务之后，主动联系当时负责中国海关的李泰国（Lay），以获得建立海关的基本规则和有关知识。李泰国本人原先也是中文翻译，并不精通海关事务，跟随威妥玛和其他国家领事临时组凑上海海关，初见成效。李泰国无法分身，也不愿离开上海，所以立即指派赫德为驻广州的新海关副税务司。这对赫德具有极大的诱惑力，因此他向英国领事提出辞职，转投中国海关。

作出这一重要改变并不容易，一般在华英国人的普遍愿望，就是出任驻华外事官员，成为正式的英国公务员，再转派世界其他地区，然后进入英国外交部高层，这本来也是赫德自英国赴华时的最初期望。中国海关当时只是个新设机构，任务繁杂，未来难测，而在那里工作的英国人实质上转身变为替清朝政府工作，成为下属，这对当时一向骄傲自负的英国人来说，是个难以接受的转职，职业前景也不确定。李泰国之所以同意出任海关总税务司，是他着眼于特许权力和优厚待遇，外籍海关官员的收入普遍比英国在华外交官员为高，又有暗中收取利益的机会。海关初建期间并不清廉，各关口官员利用权力敲诈索贿商人的机会甚多，而又不必对任何政府负责。

虽然赫德已经决定接受广州海关的职位，但作为英国外事官员，他必须得到英国外交部和他的上司离职批准。眼下这个外事职务是赫德的起家之地，他十分感激当年能够得到这个宝贵机会，进入英国外交系统。英国外交部十分抗拒驻外官员出于利益和其他原因被挖走，流失人才，同当年英国海军对美国人华尔招收英军雇佣兵的态度十分相似，英国外交部也对自己培养出来的外交人员改换职业、投奔他处十分反感，特别是赫德这样的优等人才。经过反复争取，特别是驻华公使普鲁斯的大力推荐，英国外交部总算放赫德离职，条件是他进入中国海关工作之后，既不再被视为英国外交人员，也不可能再回外交部担任任何职务，包括驻华职务，也就是说，赫德一旦离开，就无回头之路。

在这样的条件之下，赫德获得劳崇光、普鲁斯和李泰国的信任支持，毅然决定离开英国外交系统，于1859年7月1日转到中国海关工作，正式为清朝政府服务。从英国驻外人员，转身为中国政府工作，对赫德来说也是个巨大的转变，但这一新近开通的途径始于李泰国，海关事务日益繁重，赫德只有做下去，再没有从中脱身。

李泰国在他的上司威妥玛自动退出之后，正式出任清政府设立的全国性的海关总税务司。好勇斗狠的他大权独揽，对付千方百计逃避交付关税的国内外商人很有一套，不辞辛苦，不怕麻烦，因此得以为清政府征收到巨额关税，受到朝廷的赞赏，海关税务司走向正常运转的轨道。但李泰国的狂妄野心不止于海关，而是掌控清朝政府，成为决定中国命运走向的关键人物，近似白齐文在中国打出自己一片天下的狂妄想法。他的野心在李泰国—阿思本舰队丑闻中表露无遗，过于激进，反而落败。总理衙门和恭亲王再也无法委信于他，在好不容易了结舰队事件之后，他的名声已然败坏，就此被免除了在中国海关的首席职务。

总理衙门和恭亲王必须寻找李泰国的继任者，虽然仍要雇用英国人，但在确定人选上决心不再犯同样的错误。在1859到1861年之间，赫德专心忙于广东海关的业务，勤于事务，进展顺利，又与巡抚（后总督）劳崇光关系紧密，深受赏识，令官府和他的上司李泰国都非常满意。这是赫德独立管理的一个实权机构，从那时起就建立起廉洁高效的声誉，为之后的仕途发展奠定了良好基础，否则他可能就此止步，游离于官僚系统的中下层。他在广州取得的成功非常重要，使他处于一个得以升至高层的有利位置。

早在阿思本舰队丑闻之前，李泰国偶然被袭受伤，被迫回英国长期休养，海关需要任命代理总税务司。广州的赫德和上海的费茨罗伊都在被考虑之列，后者从海关业务来讲也许更为合适，但他却不通中文，而赫德既通中文，又管理着广州、武汉两大地方海关，同时在清朝官府圈内享有极佳名声，更容易为总理衙门所接受。在脾气暴烈、不易控制的李泰国之后，赫德是完全不同的一类英国人。

作为代理总税务司，赫德必须前往北京，面见总理衙门官员，也是让那些官员对这位身负重任的年轻英国人有个基本的印象。赫德于1861年6月生平第一次抵达北京，住在公使普鲁斯处，由于一次轻易外出到本地居民聚集地区，还受到普鲁斯的友好警告。赫德先见文祥，经安排后面见恭亲王奕䜣，用流利的汉语介绍自己和所从事的工作。承之前受过高等教育之利，赫德举止谦恭有礼，谈吐大方而又无冲撞之举，不复李泰国等人的狂妄神态，也大有异于恭亲王和其他清朝官员见惯不怪的那些行为粗鄙的在华英国人，军官水手或商人。赫德由此被恭亲王看中，特别是他的谦恭态度和主动提出朝廷急需的建议，给恭亲王留下深刻印象。这次北京之行事关赫德的前途，清廷初建的总理衙门骤然发现了一位可以平等打交道、语言沟通无碍而又热心的英国人，改变了避洋人唯恐不及的习惯，也令当时不到三十岁的恭亲王放下对洋人的深度戒心和他皇族亲贵惯有的架子，决定拉拢赫德为清朝政府服务，使赫德随之成为在恰当的时间内的一位杰出历史人物。

在代理总税务司期间，赫德自行制定了有关《通商口岸章程》，为日后整个海关系统的正常自动运作打下基础。这些活动也向总理衙门证明，尽管李泰国创建了西式海关，中国海关却并非离开他不可，更有能人代之。李泰国1863年5月从英国归来，赫德的代理职务结束，随即被恭亲王任命为江海关税务司，派驻上海，管理沿长江通商口岸的海关，权力很大，基本上接近于李泰国当时尚在担任的总税务司。设置这一特殊职位，正是总理衙门开始为赫德接替李泰国预作准备。

李泰国咄咄逼人的个性，强蛮跋扈的作风，不仅让中国人感到厌腻，就连外国同事们也对他敬而远之。他在阿思本舰队一事中颇招非议，浪费资源，推迟装备舰队，包括英国驻华公使普鲁斯，都对李泰国在此事中的表现感到惭愧，牵连到英国政府的声誉，认同总理衙门和恭亲王的对应处置。[1]清朝政府好不容易才将此事结案，故此再也没有兴趣和理由雇用李泰国。前有戈登请辞之例，总理衙门正好借此丑闻提供的绝好机会，辞退李泰国，令其归国，给以慷慨的遣散费，但就此坚决地将李泰国赶出中国，不会再于中国政府的任何机构中任职。

李泰国后日生活境况不佳时，多次请求赫德帮助，赫德念旧情自掏腰包给以资助，因为当年李泰国对他人态度恶劣粗暴，却对年轻的赫德提携良多。直到李泰国1898年去世前的一个月，他还在写信向赫德求援，借用一千五百英镑，虽然赫德早已认为他无力偿还。[2]赫德认为自己曾经倡议从英国购买一支舰队，也负有一定责任，但清朝政府最不满意的是李泰国在具体过程中的处理方式，因此要李泰国为这一失败的计划负全责。谦恭灵活的赫德则获得总理衙门和恭亲王的信任，于1863年11月15日被任命为总税务司，之后一直做到20世纪初，到其1908年退休时为止，未再换人。

赫德娴熟掌握与中国人打交道时的必需技巧，耐心而注重细节，自幼就以容忍态度闻名，作为总税务司，这些素质尤其重要。[3]他于1864年以海关总税务司的身份回到上海时，巴夏礼同时也从英国休养后回到上海出任英国领事。当时的赫德仍然是一个不引人注目、看起来非常友善的年轻英国人，小心低调，与巴夏礼截然相反。巴夏礼1856年从英国回来之后不久就在香港惹出颇大争端，导致中英两国战争。赫德对巴夏礼过去的鲁莽行为感到担心，此时自然不愿重复巴夏礼的错误，特别是引发冲突和战争。[4]

尽管当时南京尚未失陷，镇压太平天国的战争仍未结束，总理衙门已经将中国海关的经营和收入托付给年轻的赫德，时年二十八岁。在管

[1] Wilson, Andrew, *The Ever-Victorious Army: a History of the Chinese Campaign under Lieutenant Colonel Gordon and of the Suppression of the Taiping Rebellion*, William Blackwood, Edinburgh, 1868, p262.

[2] *The I. G. in Peking*, Letter 187, p255, 17 November, 1877; vol. 2, Letter 1105, p1162, 8 May, 1898.

[3] Bredon, Juliet, *Sir Robert Hart, the Romance of a Great Career, Told by His Niece Juliet Bredon*, London, Hutchinson, 1909, p74.

[4] *Robert Hart and China's Early Modernisation*, p25.

理海关的过程中，每个地方海关都由西方籍雇员负责，所收关税进入清政府的账户，由中方道台签收，海关并不经手，只照例向北京中央政府提供每季各口岸收税和支付的数目。[1]由此而来，海关人士并不直接处置金钱，也就降低了他们插手而私下获益的机会。总税务司的营运经费由总理衙门固定拨汇过来，如1875年出于对赫德和海关的工作甚为满意，朝廷就将经费总额从七十五万两提高到一百一十万两。[2]

赫德对待中国的态度不同于当时在中国的大部分外国人，他深入学习中国人的语言文化，更自认为是清政府的官员之一，服务于清政府，而不是大英帝国的驻华代表之一，因此常常与北京外交使团的意见不一致。对税务司中的洋人雇员，赫德制定条款，训导他们认清自己的位置，不得对清政府和官员表示不敬，机智能干而不好强争辩。这在当时的在华外国人中是极为少见的。为了达到这一目的，赫德尽量在英国本地招收海关雇员，由海关驻英办事处的金登干负责，择优录取，并非凡是英国人就可前来中国海关任职，不少英国大学毕业生和与赫德等人有私人关系的英国人也会被淘汰掉。由此而来，赫德得以在中国对新雇员进行规管，重新塑造，提高海关人员的素质和业务水平。

赫德着力整顿和扩大税务司管理范围，在各口岸向外商征税，于1870年在全国推行了《中国海关管理章程》。各种中西不平等条约之后，中国的海关税率已被压到世界范围内的最低点，为5%甚至更低，但在赫德的有效管理之下，海关收入反而迅速大幅增加，为清政府保证了每年两千余万两白银的固定资金，汇进中央财库，关税由此成了清廷最稳定、最可靠的财源，以致"同治年间新政的经费，十九取之于此"。[3]这种认真的工作态度赢得清中央政府，特别是恭亲王和文祥的信任和褒奖，给予他赏穿官服顶戴的回报。

总税务司由上海搬回到北京之后，赫德的办公室设在使馆区内，但他除了处理与海关有关的大量事务之外，实际上更多时间花在总理衙门中，成为各王公大臣们的主要外国顾问。赫德几乎每天都到总理衙门上班，并且随叫随到，在办公室内与文祥等总理大臣坐下一谈就是几个小

---

① *Robert Hart and China's Early Modernisation*, p15.

② *The I. G. in Peking*, p207.

③ 郭廷以：《近代中国史纲》（上册），第199页。

时，事无巨细，中文交谈方便无碍，拉近了相互关系。总理大臣章京等在许多对外关系问题上都主动征求他的意见，甚至允许他参与撰写和修改正式报告，都习惯了让当时仍属年轻人的赫德替他们做事，不以外人视之。赫德也经常在自己的日记和信件中掺加汉字标注，成为最早期的双语混用文件。至春节等重大节日，赫德也随满汉大臣们一起团拜饮酒，在恭亲王府邸聚会。利用与王公总理大臣们的密切关系，赫德促成了清朝第一次使团之旅，出于对他的极大信任，斌椿得以成行，为后来的正式使团出访打开通路。赫德还是中国派往1878年巴黎博览会的委员会主席。

赫德在华声望日隆，又被视为直通朝廷的外国人，所以1885年英国外交部有意召回赫德，任命他出任下任英国公使，补上己去世的巴夏礼的空缺，就此打破了当年赫德离职时定下的严苛规矩。作为英国人，赫德颇受这一职位的诱惑，深感荣耀，一度复信英国外相格兰维尔勋爵（Granville），同意出任该职。①此事引起总理衙门的关注，不希望这位朝廷的得力助手和洋务运动的顾问，此时离开。赫德也担心他离职后，会引发海关系统内部混乱，因为他注意到下一任总税务司可能不再是英国人，而是李鸿章手下的德国人德璀琳（Detring），那位他于1865年招进来的下属，他当时对德璀琳的印象就是机智讨人喜欢，但讲中文总是带着口音。②赫德的最大担心，还是由德国人控制清朝政府的海关，之后降低英国的影响力。因此在他的公使任命已经刊布官报之后，又婉拒出任，让不少英国人感到不爽。虽然赫德后来多少有些后悔，未能正式为英国政府服务，自己的工作又未如公使馆那般轻松，上年纪后感到吃力，但仍然坚持了下去，直到彻底退休。③

由于掌控了洋务运动中诸多新建项目的主要财源，赫德进而利用他的知识和影响提供重要建议供清政府采纳，包括外交、军事工业、海陆军、铁路邮电等。他与总理衙门和地方督抚合作，对新建项目的完成起

① Bredon, Juliet, *Sir Robert Hart, the Romance of a Great Career, Told by His Niece Juliet Bredon*, London, Hutchinson, 1909, p176.

② *Robert Hart and China's Early Modernisation*, 22 August, 1865, p327.

③ *Sir Robert Hart Diaries,* August 1885−February 1887, Special Collections and Archives, Queen's University Belfast, vol. 31, p129.

了重要作用。与洋枪队统领戈登中校当年专注于军事作战和枪炮武器不同，赫德面对的现实更为复杂，领域更为宽广，需要更为宏观的视野，同时又与清朝政府的行为方式有着紧密的关系，所涉事宜既烦琐又详细具体，由不得西方有关人士任意冲动，完全按照自己的意志行事。

为了勾画洋务运动的基本构架，赫德将他平时考虑的一些内政外交中存在的主要问题，用中文撰写成《局外旁观论》（下称《旁观论》），以图推进官方改革。当然此时他还没有上折资格，但他把此文呈给董洵、宝鋆等总理大臣先行看过，由于建议书来自赫德，这些大臣并没有觉得意外或犯上，而是集体讨论，加以修改，然后才呈送恭亲王，直至两宫太后。之后朝廷传旨各主要督抚，对《旁观论》提出评价建言。这是西方人在中国难以享受到的待遇。每当清朝政府在某些方面出现微小的进展，赫德都极为兴奋。一向嫉妒亲兄恭亲王而又以对外强硬著称的醇亲王（俗称七爷），竟然同文祥一道前往校兵场检阅西式枪械装备的新练步兵，对《操练手册》非常感兴趣，赫德为此在自己的日记中连呼三声"万岁！"[1]1877年1月，李鸿章在天津的家里装上了煤气，总理衙门允许在台湾基隆开采煤矿，而外国人在吴淞安装的短途铁路也开始运行，赫德突然觉得过去一年中同时发生不少的进步现象，感到中国真正开始往前走了，他终于熬到了这一天。[2]

赫德并非英国在华利益的正式代言人，食禄于清朝政府，位于总顾问之席，最后也以清朝官员身份退休，再也没有在英国驻华、外交或任何政府机构中任过职。连北京外交使团和其他外国人都表示不信任被视为服务于清中央政府的赫德，公开表示讨厌态度，认为他过于倾向清政府，无助于甚至有损于各国的在华利益，因此当义和团运动中赫德也被迫避入东交民巷的使馆区后，备受外交使团和其他人的冷落，处境孤寂。[3]在《烟台条约》的谈判过程中，赫德站在总理衙门和李鸿章一边，而英国驻华公使威妥玛更倾向于采取巴夏礼式的手法，以战争相威胁。赫德原先作为居中调停人，却难免与威妥玛对立，结果两人原来十分热络、每日交谈的密切关系，走向冷淡甚至恶化，之后两人见面，只有礼

① *Robert Hart and China's Early Modernisation*, p151.

② *Robert Hart and China's Early Modernisation*, p233.

③ Seagrave, S., *Dragon Lady: the Life and Legend of the Last Empress of China*, Alfred A. Knopf, New York, 1992, p353.

貌性地打招呼。①

作为清朝政府的主要外国顾问，赫德对洋务运动始终参与其中，在中国的影响可以比及恭亲王和李鸿章，在近代中国史上占有一个十分特殊的地位，毁誉不一。在20世纪的中文著述中，赫德一般是作为西方帝国主义在华扩张势力的代表而出现的，认为他把持了中国的新财源，极有可能扼制中国经济的生命线，出卖中国的利益。纵观赫德在中国几十年的生涯和作为，这一评价显然并不符合19世纪的现实。海关总税务司由外国人掌管经营，是当时各个不平等条约种下的恶果，赫德作为经理人，在此客观限制之内向清政府提供了大量资金，表现了他诚实勤谨的工作特点，对洋务运动和其他近代化措施的推行，起了正面积极的作用，与当时大批到中国冒险和淘金的外国人相比，是很难得的。赫德作为一个英国人（爱尔兰人），首先在观念上有别于他人，经过在中国的数十年的生活，产生了对中国文化的景仰和希望，并致力于推动中国稳定地向良性发展转化。这与西方传教士和一些激进活动家执意改变中国的企图，有着相当大的区别。

六、近代工业企业

洋务运动的第二阶段逐渐离开枪炮军舰，转向工业制造和当时西方国家已经存在的各项近代新兴事业，即兴建关系国计民生的新型企业，如轮船招商局、开平煤矿、汉阳铁厂、铁路、电信、邮政等。之后再由官办企业逐步扩散到民用工业企业，带上了洋务加求富的特征。它们既有官督商办的内容，又有商业利润的作用，进一步促进了新型企业在中国的扩展和普及，为小型和地方民办企业作出示范。

兴办这些事业的另一目的，是不至于让中国市场全部落入外国资本手中，它们在一定程度上与当时称霸全球的外国商业入侵相抗衡，抵制了后者对中国市场和资源的垄断和剥夺。李鸿章等实力大臣预见到在通商口岸开放之后，又借低关税和免厘金之利，外国资本必将大力侵入中国，中国必须开始自行开发，既增加国家的经济实力，又可维持中国自营企业在整个工业体系中的份额。于是，继军火工业起步之后，曾左李

---

① *The I. G. in Peking*, p223–224, p228.

张等进步督抚都积极筹备资金，在各自辖制省份相继建立了一批民用企业，如左宗棠到西北后，设立的兰州机器局，或张之洞设立的湖北织造局，逐渐成为日后中国民族工业的骨干。此外还有山东巡抚丁宝桢建立的山东机器局，以及他日后转任四川时建立的四川制造局。

轮船招商局的创立，是李鸿章指定的朱其昂，草拟《轮船招商章程》并最早真正实施，意图从其原先从事的沙船业，转向近代蒸汽轮船运输业。轮船招商局计划采用官商合办方式，召集股份，与外商经营的轮船公司竞争。在李鸿章的支持下，又变为官督商办，由官府出面集资，以解决根本问题。1872年，轮船招商局在上海正式成立，开始购买轮船，以经营长江航线的业务。次年，1873年，即日本明治维新后的第五年，改组后由唐廷枢和徐润主持的轮船招商局，走入正轨，公司的运行很快分夺了外国航运公司盘踞的长江航运业和其他航线的经营，至1876年，轮船招商局已拥有12艘船。

航运业中居垄断地位的外国公司中有美国的旗昌公司，大股东就是从广州鸦片贸易起家的福布斯家族，日后出任美国国务卿的克里，也是这一美国望族的一员，另外则是英国的太古公司和怡和公司，都来自香港。这三大航运公司均视招商局的出现为巨大威胁，采用了多种打压排斥手段，特别是压低运费。这一恶意竞争手段其实对它们自己的业务也是个沉重打击，分薄利润，以致经营亏损，而它们丧失垄断地位之后，直接令中国商家得益。经营压力之下，旗昌公司被迫让步，破产清盘，由招商局于1877年将其吞并，出售名下资产，就此退出长江航运业。这是中国第一次由本土公司在商业竞争中击败西方公司，赢得洋人心服口服，结束西方势力一统近代内河航运业的局面，唐廷枢功不可没，而李鸿章等也随之增强了开发其他近代企业的信心。

收购旗昌之后，招商局的整体实力已经超过剩下两家英国航运公司中的任何一家。基于这一现实，太古、怡和多次与招商局达成运价协议，以免陷入旗昌的境地，因竞争和杀价而自身严重受损。同1860年代以前曾国藩、胡林翼等望洋船逆行长江空自感叹的情况相比，形势已然大为不同了。盛宣怀接手后，招商局进入又一个阶段，经营业务多样化，扩展到铁厂、保险等，开启了招商局综合性集团公司的局面，由此拥有了与英商太古、怡和集团相等的经济实力。至十九世纪末，在上海至武汉的航线上，招商局拥有4艘蒸汽商船；在武汉至宜昌的航线上，4艘蒸汽商船中，招商局占2艘。①即使在甲午战争之后，日商大阪公司借机大力进入中国市场，招商局仍然在吨位上居于长江航运四大公司之首。在海外航运方面，招商局轮船也作出尝试，"近来（1880年）该局和众、美富两船，已往旧金山、檀香山等埠"。②由此一直延续到21世纪，招商局保持了中国头等大型企业的领先地位而不坠。

在开发煤矿方面，清朝政府开始意识到英法美等国勘测和开发地下资源与他们国家经济实力之间的紧密联系，所以尽管中国企业起步较晚，也逐步投入到采矿业中。即便如江南制造局和福州船政局，也要从外洋进口煤铁，生产过程和成本受到外部的影响。受总理衙门的委托，赫德于1874年开始寻找富有经验的英国矿业工程师，作出基本规划和筹措资金，目的是开发台湾基隆的煤矿。③该地区煤矿早有民窑，1878年正式由台湾矿务局管理官办煤矿，出煤供福州船政局使用，兼及其他外国轮船。

而在北方，直隶唐山的开平煤矿是整个产业的重点。开平煤矿的矿藏丰富，"品质之佳，甲于各处"，招来国内外商人的觊觎。李鸿章不愿让全利于外商，主张自主开发，因此命唐廷枢主持这一重大事业，出任总办，于1878年组建开平矿务局，是中国近代最早进行机器采掘的大型煤矿，于1881年开始出煤，"南北洋兵轮大半用之，视洋媒尤胜"。④虽然矿务局招聘洋人工程师参与指导开矿活动，但局务由中国官府商人主持，产量逐年上升，1881年每日出产为五六百吨，⑤占有市场份额持续加大，为中国各企业的生产提供了基本的燃料，19世纪末，已经达到年产五十万吨。开平矿务局日后成为中国重要煤炭企业，是洋务运动第二阶段的

---

① Lord Charles Beresford, *The Break-up of China, with an Account of its Present Commerce, Currency, Waterways, Armie, Railways, Politics, and Future Prospects,* Harper and Brothers, London, 1899, p152. 贝瑞斯福勋爵是英国退役海军上将，于1898年受英国商业联合会之请，到中国、日本考察商务和市场，作了很多实地调查。

② 《议复梅启照条陈折》，《李文忠公选集》，光绪六年十二月十一日。

③ *The I. G. in Peking*, p182.

④ 薛福成：《出使英法意比四国日记》，岳麓书社，钟楚河主编，1985，第483页。

⑤ 《请减出口煤税片》，《李文忠公选集》，光绪七年四月二十三日。

主要成就之一。

虽然中国政府商人主导的开平矿务局经营顺利，生意兴隆，但在清末政治大乱局中，却被外资恶意吞并。开平矿务局招聘的洋人工程师之一，是一位名为胡佛（Herbert Hoover）的美国年轻人，斯坦福大学毕业，1899年24岁时来到中国唐山的煤矿工作，本来只是远赴海外冒险淘金的众多西方人之一，但他遇到1900年的义和团运动和八国联军入侵，抓住了一个少有的发财机会。在战乱之中，开平煤矿也受到影响，被联军抓捕的督办张翼，在天津海关税务司德璀琳的帮助下获得释放，后者借此向张翼施加压力，"自认曾以各种恫喝之词恐吓张燕谋君"，以安全保矿的名义把德璀琳改命为总办，得到煤矿的控制权，"据1901年3月27日苛华（胡佛）君所作之书，即可知彼以势力强夺产业之契据也"。[①]

这一非法劫夺行为，并没有得到李鸿章或矿务局的授权，但在当时北方京畿大乱的情况下，政府权威崩溃，无人可管。随后德璀琳又与胡佛合谋，以合资之名私下把矿权转给胡佛所属的英国墨林公司，加上张翼的签字，以符合法律上的手续。胡佛得到整个矿厂，以矿务总经理的名义给自己签发了大量免费公司股票。

这一事件的前因后果，可见于后任直隶总督袁世凯所上奏折：

"直隶开平煤矿采办多年，规模宏大，在东亚各矿中殆亦首屈一指。光绪二十七年五月间（义和团运动期间），经侍郎臣张翼奏明，将该局加招洋股，改为中外合办公司，原为保全中国矿产起见。乃上年十月间，开平局员候补道杨善庆及地方官认为中外合办公司因在该局悬挂中国龙旗，与英旗相对并峙，而英使萨道义（Satow）函致外务部，诘责此事，请饬查办。驻津英总领事金璋亦函请护督，饬将龙旗落下。

"适臣销假回津道，出上海，邀晤萨使，以勒下国旗、损辱国体，曾向理论，语以中外合办公司，何以不许悬挂龙旗？该使谓，开平矿公司前已卖与洋商胡华（Hoover），在英国挂号，现为英国公司，非中国合办公司，断不准悬挂龙旗。臣以与张翼奏案两歧，再三驳论，该使

谓，确有凭据，存在天津领事署。当饬该领事钞送核阅，便知始末。

"……经臣饬译核阅，其移交合同第一款之二节内载，所有自胥各庄至芦台之运煤河道河地，及开平局他处之运河并该局所有在通州口岸或他处之地亩院宇各项，均行移交，由接理人永远执守各等语。……惟秦皇岛地亩码头产业，计一万三千五百英亩，以华亩计之，不下八万亩……

"臣忝膺疆寄，职在守土，河道口岸列入移交，自不得不彻查补救。迭向张翼一再诘询，仍称系中外合办公司，并未卖与英人公司，已遣讼师赴英国控诉，正月内必有头绪。而现届二月十四，尚无消息。日前问德璀琳，亦一味支吾。上月十六日，英署使焘纳理来津，复由臣反复诘论，该署使复坚称开平矿局现实为英国公司，并非中外合办公司，无论如何断不能改，亦非讼师所能挽回，纵使讼能得直，亦不过将红股酌量断减等语……

"昨复招英公司总办英人威英来署，谆切诘论，该英人呈验出卖移交各合同，与英署总领事所送各件文义相符，并称张翼、德璀琳已将开平矿局全数卖给本公司，所以合同内载地亩河道及秦皇岛若干地段，均归本公司收执管理。臣诘以出卖合同系德璀琳签订，并非张翼书诺，应不足为据。答称，张翼曾发给德璀琳的确合例代理凭据，即与张翼签订无异，况嗣后张翼又签订移交合同各件，更不能饰词抵赖。又诘以凡交易买卖，须有价值，开平矿局并未收价，何得称为出卖。答称，旧股票每股只值英金十一镑，计银百两，本公司增为二十五镑，计银二百余两，已加价过半。上年十一月间由本公司墨林经手送给矿局英金五万镑，计银五十万上下，兹有收条呈验，并有英领事作证，此即出卖之价值等语。

"臣查，矿地乃国家产业，股资乃商人血本，口岸河道土地乃圣朝疆域，岂能任凭一二人，未经奏准，私相授受。在张翼等，情急思救，不得不支吾拖延，外人正可乘我拖延，从容布置，朦混愈深，所有口岸河道土地矿产，恐终无规复之日。且庚子之乱，环球兵兴向我，尚未损失土地，又岂能凭片纸私约，侵我疆域？臣自去冬以来，诘查数月，辩论多次，几于舌敝唇焦，而两造各执一词，迄无办法，如再含混拖延，日深一日，恐人之占据愈久，即我之办法更穷。

"应请饬下外务部，迅速照会英使，切实声明，谓开平矿局系经前直督李鸿章筹集官商股本，奏准开办，远近中外，靡不共知，而胡华私约，并未奏明我政府，断不承认，亦断不能作为英国公司，尤不能以我口岸河道土地多交该公司管理。"[①]

　　在这一离奇案件中，洋务运动以来的重要庞大工业项目之一，经在华美国人胡佛私下操作，骤然消失，全然不是中国公司，让接任直隶总督的袁世凯承担不起这一责任，不得不尽力追讨，并以儆效尤，"张翼当日不过一局员，而胡华者仅一外国之商旅耳，以国家之上地产业，如听其私相授受，而朝廷无如之何，则群起效尤，尚复何所顾忌？"。[②]

　　劫后余生的清朝廷注意到这一国家资源流失和私相授受的情况，按照法律程序在英国伦敦赢得法庭官司，但未能拿回矿务局实际股权，只将张翼贬斥，"世凯参ича私鬻开平矿产解职，涉讼英廷二年，怏怏归，遂一蹶不起"。[③]在洋务运动中诞生、扩展和屹立不倒的开平矿务局，却在清末乱局中落入外资之手，直到抗战胜利之后才被完全收回。

　　虽然招商局同样采取了托洋商代为保管的方式，但战乱过后，原价买回所属轮船资产，并无资产流失现象。相比之下，年仅二十多岁的美国人胡佛，明显居心叵测，在托管工程中大作手脚，骗取中国特大企业的产权，导致官民合股资产流失，几乎令清朝政府无法索回。[④]借助于在开平矿务局诈骗到手的公司股票，年轻的胡佛获利匪浅，拿到资金后转回澳洲和美国发展，成为富翁。早年特大国际诈骗案的涉案人胡佛，在美国社会中公认的名声，竟然是正直诚实可信，一位杰出伟大的人道主义者，借此资历赢得大选，当上了三十年代大衰退之前的第三十一任美国总统。这位胡佛总统，也是日后竭力洗清日本天皇战犯罪责的主要美国人物之一。[⑤]

---

　　①《直督袁世凯奏英商依据似约侵占开平矿产请饬切实声明以复疆土而保利权折》，《清季外交史料》卷169，光绪二十九年二月十八日。

　　②《直督袁世凯奏英商私卖开平煤矿无意交还张翼支吾拖延迄未收复请饬迅速收回折》，《清季外交史料》卷178，光绪二十九年十月二十六日。

　　③ 胡思敬：《国乘备闻》，《近代稗海》，第一辑，第220页。

　　④ 郭廷以：《近代中国史纲》（上册），第361页。

　　⑤ Seagrave, S., *The Yamato Dynasty: the Secret History of Japan's Imperial Family*, Bantam Press, London, 1999.

铁路的修建一向被认为是中国保守势力强大的突出例证。上海租界的一些洋商于1876年出资修建了吴淞铁路，仅十五公里，但用蒸汽车头牵引，搭载客人货物，为全国之先。此举引发国内舆情震动反弹，洋务派的领袖们受到极大压力。英国商人未经批准就私自建造，开始在中国土地上做商业运营，违背了他们在最初申请土地文件时的承诺，所谓修建道路，并没有明确申报修建的是蒸汽机车运行的铁路，属于非法经营的违法行为。再加上当时英国商人确实在修路过程中不经官府，自行强行征地，引起民众不满。

清政府认为此举有损国家主权，断不允许。早在1865年，总理衙门大臣文祥就对赫德说过，他并不反对修建铁路，只要铁路掌握在中国人手中，如果西方人开始修建铁路，他们很容易借铁路深入内地和招来麻烦。[①]对英国人在吴淞修建的短程铁路，清朝政府最后决定收回，由李鸿章另行派员谈判，同意出资二十六万两购买，迫使英国商人把铁路所有权转回到中国人手中。这段铁路似乎可以就此保全，但由于火车运行时已经压死一名当地人，在舆情压力之下，最后由两江总督兼南洋大臣沈葆桢下令拆毁，收回之后，将铁轨机车等另行处置，循福建巡抚丁日昌之请，运往台湾为日后修建当地铁路之用。

为了此事，郭嵩焘在出使英国期间承受了英国媒体和外交官反复发出的指责抱怨，甚感惭愧，原因之一是史蒂文森爵士（并非英国"铁路之父"的史蒂文森）曾向他推介在中国开办铁路的好处及方法，写出有关的专题报告。郭嵩焘就此认为沈葆桢此举将"致中国永无振兴之望"。[②]相比于1830年曼彻斯特到利物浦的铁路，中国的铁路发展过程确实相当迟缓滞后。原因之一是中国普通百姓对这一新事物持有的怀疑和震惊态度。这并不奇怪，因为火车毕竟比蒸汽轮船与人们的距离更近，又不同于煤矿船厂，集中于一个固定的地方，作为交通干线，铁路是一项长距离大工程，贯通各个地区，对一般人的生活具有更大的冲击力。即使是在英国，火车最早出现时，同样招来当地居民的负面反应，曾纪泽也承认英国"当其初开铁路时，国人亦相于疑阻"。[③]使用铁路

---

① *Robert Hart and China's Early Modernisation*, p304.

② 郭嵩焘：《伦敦与巴黎日记》，第159页，428页；*Railway in China, by Sir MacDonald Stephenson*, Adlard, London, 1864.

③ 薛福成：《出使英法意比四国日记》，岳麓书社，钟叔河主编，1985，第229页。

数十年时间之后，英国人对铁路的广泛用途已不再置疑，其对经济社会的巨大利益在19世纪上半叶已得到充分的证实，从而大力发展，即使是在海外殖民地，也以兴建铁路作为打开地区市场和以武力控制地方势力的主要方式。

铁路在中国的推行还有可能对原先的水路、陆路运输网络造成压力，挤压出早已存在的就业人口，造成地方局势震荡。其他如震动坟墓、切断道路等理由，反映的是普通民众的担忧，持保守观点的人自然会以占用土地、惊动祖坟、劳工失业等为由加以阻止。对于洋务派官员来说，这些并非主要担忧，总理衙门和李鸿章等有力督抚，包括刘铭传、刘坤一等，对这些反对言论均极力批驳，逐条辩正，特别是李鸿章的《妥筹铁路事宜折》，以图使铁路建设成为一个新的洋务实业项目。

朝廷内外的保守派则更多的是在中央政府任职的闲官言官，并不负责具体事务，对总理衙门的影响有限。他们实际上是对于任何洋务派的新举动都会表示反对，不仅是铁路，主要看适当借口和选择时机，但最终要看朝廷中枢的意思和倾向。南洋大臣沈葆桢被迫将该段洋人兴建的短途铁路拆除弃置，这一不智之举是受偶发事件影响而采取的行动，因为时机不合适，使修建铁路的倡议和努力受到一次打击。上海吴淞事件虽然极具象征意义，让郭嵩焘等不少人气馁，但并没有真正阻挡住中国的铁路修建，据薛福成九十年代的记载，早已"风气大开，廷议已准造铁路"。[①]

中国自己建造和拥有的第一条铁路是1881年完成的唐山至胥各庄的铁路，长10公里，作为开平矿务局的附属设施而建，名正言顺，因而整体建造过程相当顺利。李鸿章亲自前往唐山车站主持仪式并视察铁路和乘坐火车，留下珍贵的历史照片。[②]这一良好开端之后，兴建铁路成为不可阻挡之势。中法战争的强烈刺激和朝廷重臣左宗棠遗书中强烈主张修建铁路的言论，增强了总理衙门推动铁路建设的力度，压制住一些常见的反对声音，给以地方官员更多的自行推动的空间。地方官员和民众开始理解铁路对国计民生的重要作用，与国家权利关系甚大，各地（尤其是北方）均有修建，而刘铭传治下的台湾，也在日本割据台湾之前就已

---

① 薛福成：《出使英法意比四国日记》，岳麓书社，钟叔河主编，1985，第466页。

② Kent, P. H.（肯德）：《中国铁路发展史》，李抱宏等译，生活读书新知三联书店，北京，1958，第26页。

经兴建超过100公里的地方铁路。那些空洞无益的反对声音最终被压制下去，清朝中央政府也不再纠缠于惊动祖坟、切断道路之短见，形成了兴办铁路的统一意见。

在地方而言，李鸿章早已在天津成立了"中国铁路公司"，任命伍廷芳主持，后又有唐廷枢为铁路总办，英国人为总工程师，最早修建河北的津沽铁路，美国留学归来的詹天佑也参与其中，至1888年起已完工运营，里程130公里，远超当年史蒂文森修建的著名的曼彻斯特—利物浦铁路（56公里）。总理衙门日后开始规划建设贯通全国南北的大干线，即京广铁路。基于先北后南的原则，最早规划和修建的是东北铁路（以对付沙俄修建的西伯利亚大铁路），和卢沟桥至武汉汉口的"卢汉铁路"，分别由直隶总督和湖广总督负责，在资金缺乏的情况下，至1890年代中才开始实地建造。这一庞大工程远远超过英国国内的任何铁路工程，所以耗时甚长，至20世纪初才完成卢汉铁路，全长1200公里，主持人张之洞仍然在世，亲自于1903年在车站登车，与直隶总督袁世凯共同巡视验收，改名为京汉铁路。

由此可见，某项新兴事业的成功与否，取决于众多因素，李鸿章的不懈努力和巧妙运用实为中国铁路建设的发端和动力，功不可没，使铁路建造成为洋务运动后期的一个重点。19世纪末之前中国修建铁路的热潮不已，从1860年代末的初期倡议到1890年代的大举兴建南北干线铁路，中国在困难形势下由观望不前转到大量投入不遗余力，大约耗时三十年的时间，实际上重复了与英国当年最早开创铁路事业相类似的前后历程，而且规模更大，投入更多，实效明显，意义深远。

在铁矿开采和冶炼制造方面，聚集于湖北的庞大工厂群占有一个特殊的领先地位。原先为朝廷清流名士的张之洞，科考顺利，进士翰林编修，学识深博，几度出任过地方学政，在仕途和学问上类似筹办团练之前的曾国藩。张之洞名声大噪于中俄争端之时，大力抨击丧权辱国的崇厚，以武备为依再启谈判，就此成为朝廷中清流派的主要人物，也被由清朝廷再度请来充当参谋的前洋枪队统领戈登暗中视为主战派。中俄交涉最后由曾纪泽再赴俄国谈判，获得结果优于崇厚所签草约，张之洞一派的言论更得人心和上意，政治威望上升，被视为识大体、通国情之大臣，得到朝廷重用，1881年出任山西巡抚，正式列为督抚，得到真正施展其治国革新才华的宝贵机会。

张之洞原先以名士自居，喜好发表激烈言论，指摘办理洋务实业的地方官员，但他在转到地方任实权职务之后，亲身体验到洋务企业的运营之难，很快变为积极的洋务派官员，实地推行经世致用之说，也曾筹备冶炼局，整顿吏治，编练军队，略有起色。张之洞的仕途升迁多与清末外患有关，做过山西巡抚之后，由于中法军事冲突日趋紧张，张之洞又发表抵抗言论和军事应对策略，朝廷急于用人之际，于1884年任命张之洞为两广总督，以策应对法战事。张之洞在当地谋划以广东机器局为本扩大经营范围，开设铁矿，从英国采购国内最早的冶炼机器设备，其中的原因还包括为自己倡议、即将上马的卢汉铁路提供国内生产的铁轨。

这一计划尚未见成效之时，张之洞就于1889年由两广转任湖广总督，籍以配合当时已经确定的南北铁路大干线工程，由卢沟桥到武汉的铁路先行铺建，而推动这一铁路干线的张之洞经制于武汉，利于处置和统筹。在这一新的正式职务上，张之洞开始认真筹办辖区内的汉阳铁厂和大冶铁矿，借此把广东所购机器器材运往湖北，作为开办汉阳铁厂之用。张之洞继续购买机器，于1893年建成汉阳铁厂，1894年出铁，每日一百吨，为亚洲最大铁厂，远早于日本的八幡制铁所，在亚洲无人可比。汉阳铁厂所附属的大冶铁矿也是张之洞治鄂期间所建，是大型露天铁矿，作为汉阳铁厂的原料基地，但因为大冶铁矿所产矿料不符合前期装置的炼铁炉的要求，被迫更换主要机器设备，之后才得以制造钢轨。两个企业加上江西萍乡煤矿构成一个完整企业集团，是为著名的汉冶萍公司。

张之洞之后因汉阳铁厂而受到一些人的指责，认为铁厂花费达五百万两，产品成本过高，不利于同洋铁竞争，反不如从外购买。与欧洲名厂克虏伯、阿姆斯特朗相比，汉阳铁厂的产品自然不易达到同样水准，但在国内企业中，这是近代制铁业的最早尝试，开创时间尚短，成本自然会高，又处于更为先进的西方企业的强力竞争压力之下，能够生存尚属不易。张之洞的另一过错是疏于考察规划，对钢铁冶炼缺乏知识，采购机器时甚为盲目，以致方法不对，煤铁焦互不相配，最后才取江西萍乡的煤用于炼造，又改换机器设备，平白浪费资源资金，推迟出产合格钢铁产品。

鉴于张之洞知识欠缺而又好大喜功，铁厂管理问题重重，官办企业内耗不停，只好于两年后请来盛宣怀收拾乱局，重新整顿理顺，起而复生，出现转机，令湖北的这一特大型综合企业走入正常运转的阶段，蒸蒸日上。在清晚期中国，盛宣怀确为经营管理人才之首，但没有张之洞在当地的坚持和大力推动，如此一个大型钢铁联合企业势必难以诞生，之后也可能半途而废。汉阳铁厂改进后出产的钢轨被用于卢汉铁路，达到其最初兴建的目的，但该厂日后转为生产枪炮，出产国内著名的汉阳造步枪。

在西方各国均试图在华自行设立电报局的形势之下，李鸿章也意识到电报的重要性，不愿丧失正当权益，也着眼于未来在国内市场的竞争，决心自组公司，以国内商人为主。李鸿章召集自己的得力助手盛宣怀前来主办电报总局。电报的最早使用是1879年在天津到大沽之间设立的电线，特别适用于军事用途，因为用兵之道，贵在神速，依靠电报线传递信息和调动指挥无疑更为方便。更加重要的电报工程是天津、上海之间的电报线，长达1500公里，于1882年铺设完工，打通了南北主要城市之间的联系干线。之后李鸿章指示电报局继续向南铺设沿海电线，沿江苏直下浙江、福建到广东，达至香港、广州，于1884年完成，由此令清朝中央政府更加便于了解和掌握离京城甚为遥远地区的实情，在之后不久发生的中法战争中发挥了重要作用，改变了两次鸦片战争中地方与中央之间完成信息传递过程需花费一两个月时间的不利状况。

基于这一十分明显的优势，电报线的架设工程没有遭受多少阻碍非议，进展迅速，至1890年已在全国建成五条干线。陕西以西的电线线路也已建成，直达嘉峪关，据薛福成所言，1891年全国电报电线长度已达两万六千五百公里。[①]电报局作为营运企业，一直保持正常的规范化运作和固定盈利，于清代末期被并入邮传部。

通商口岸正式开放之后，中国境内出现了各种邮递服务，而赫德的总税务司也建立起了自己的邮政系统，早在1866年，当他属下的海关开始正常运作时，就已经在各主要海关关口设立邮务办事处，以处理各项文件物品的邮递业务。这一海关本身附设的邮政系统，为今后遍及全国

---

① 薛福成：《出使英法意比四国日记》，岳麓书社，钟叔河主编，1985，第291页，379页。

的正式邮政服务开启先端。李鸿章决定与赫德合作，试办中国邮政，由赫德指派李鸿章信任的德璀琳在天津设立邮政机构，依附海关的网络，建立正式的"大清邮政局"，位于天津和平区解放路111号，并于1878年发行了中国最早的一套"大龙"邮票。赫德就此被任命为总邮政司，在他海关总税务司之外的又一中国官职，而他职责烦多，其实很少亲身实施管理，只有另派洋人主持，主要为天津税务司的德璀琳。与电报局相同，日后总税务司兼办的邮政局也被并入邮传部。

银行更是中国近代经济中的重要一节，各样新式企业必须从银行借贷而开展业务，银行自此成为近代工业产业不可或缺的部分。当西方银行大举进入中国推行业务之时，中国原有的钱庄系统尚存，难以与国外的新式银行竞争，因此十分有必要开办中国自己的近代银行，以此方式抗衡西方势力的无情扩展和增强自主金融能力。

在兴办近代银行一事上，远在美国的容闳也参与到其中。他在美国隐居经年，与中国已无甚往来，至甲午战争之后，国内形势混乱，洋务运动之势顿挫，容闳回到国内，试图推出自己建立国家银行的设想。

容闳先是依靠在总理衙门任职的旧识张荫桓，原是李鸿章提拔之人，时任户部左侍郎，容闳借此联系上掌管户部的大学士、总理大臣翁同龢，得以提出美式方案的国家银行组建运行计划。该计划首先需要由户部拨出一千万两白银，作为启动资金，包括兴建制币厂和雇用经理人员，之后政府还需按年投入更多资金，以应付市场上的货币需求。对于刚刚承受了甲午战争重创而被迫支付天文数字赔款的清政府户部来说，绝对是个巨大财政负担，但翁同龢等户部官员似乎倾向于同意进行这一尝试，容闳也由此获得机会，将以某种官方代表身份，去美国作官费取经洽谈之旅。

在容闳开始筹措这一银行计划时，著名的官商盛宣怀早已正式向朝廷争取建立类似的银行，得到地方督抚如张之洞、王文韶、翁同龢等重臣的支持，反复沟通，打通关节，获颁发上谕和总理衙门同意，得到官方正式批准，开始组建中国的第一家本土银行。盛宣怀早已是洋务运动第二阶段中多个重大项目的主持人，成效显著，包括招商局、电报局和汉阳铁厂，他的经商能力无可置疑，拥有足够的经济资金和实力，遍及全国的商业网络，更不用提官方背景和与李鸿章的紧密关系，所以盛宣怀拿到开办银行的许可，并不令人感到意外。

容闳的实力则相对薄弱得太多，本人毫无实际财经运作的经验，没有担当过银行大班一类的职务，更缺少资金储备，连向翁同龢进呈的开办银行规则，都是临时匆忙抄自美国财政部文件和有关国会立法。按照容闳的建议，所有开办和运营资金都来自户部国库，由中央政府拨款，自己无需投入。如果容闳在此事上获得成功，他很有可能迅速变身为国家银行董事局一员，甚至出任总经理，几乎不用付出任何代价，就得以持有一家全国银行的相当部分股权。

盛宣怀于1897年在上海开办了"中国通商银行"，由其下属的两大骨干企业招商局和电报局共投入100万两白银，共募集到资金250万两，一些宁波商人也投资到这一新式企业中。这是第一家国内商办银行，开始发行纸币，进行银行借贷等各项业务，雇用洋人、华人为银行大班，在全国各大省区设立分行，并在上海外滩建造自己拥有的通商银行大楼，与诸多外资银行并列，一直保留至今。作为中国首家非外资银行，通商银行一直延续到20世纪30年代，由于白银风波和挤兑，才为了吸收资金而转让股权，变为官商合办，被后起的其他国内银行如中国、交通等控制。

容闳自己精心筹划的银行计划遭遇挫折，失望之余，武断地把此事视为中国银行业的失败，甚至声称盛宣怀把户部备拨的一千万两白银据为己有。[①]这与事实完全不符，"通商银行"的章程中就明确宣布，"银行不领官本，招集华商股分五百万两"，而且在盛宣怀的调配下，确实由现有洋务运动重点项目的招商局和电报局拨出股本银二百万两，其余由民间商业集团投入。这与容闳提议的完全由户部拨款一千余万两白银的计划恰恰相反，盛宣怀主办的银行稳步进行以致组建，并非如容闳所说的"忽横生枝节"，既有财经实力，又有中央政府的鼎力支持。

容闳再次依靠国内关系拿到中国部分铁路线建造的特许权，但并无实力筹措到最起码的启动资金，只得向西方在华银行兜售该项特许，以图牟利或减少损失，但因为没有官府担保并且确实有动工计划的许可，只是一纸空文，投资风险甚大。容闳在诸事不成之后，心灰意冷，更加痛恨清朝官府的迂腐贪杅，发誓不再为其谋划效力，转向国内外的维新

---

① Yung Wing（容闳），*My Life in China and America*, Henry Holt, New York, 1909,p48,pp235-236.

或革命派别。中国通商银行开自办银行风气之先，最早尝试，盛宣怀功不可没，虽然为时略晚，但必得一试。

七、西化思潮与对外平等关系

同治年间中国人对于西方社会的一般性印象，有好有坏，不过在追求自强、学习西方的洋务运动的全面压力之下，西方整体的正面形象更为突出，否则在中国官僚体系内部就会失去模仿西方的基本动力。始自斌椿、志刚和郭嵩焘，前期的出访者亲眼看到和描述了令人眼花缭乱的西方景象，新鲜事物数不胜数，难以全记。大至国家工厂，小至植物器皿，都被展示在他们面前，长篇论述，难掩推崇之意。如曾经出任驻英公使的郭嵩焘，在英国西欧留驻的时间充裕，因此记载格外详细，对各种机器原理都历数无遗，甚至不厌其烦。对更为复杂难解的西方政治外交，这些早期使节的理解较为直观表面，倾向于将西方19世纪中尚属非常有限的民主政治体制作为它们强盛发达、称霸世界的主要原因。

这些早期外派使节之中最为开放的郭嵩焘，对中西政体方面的差异非常关注和执着，多方描述西方政府的各项机构和高效运作，自叹不如，寄寓无限期望，"西洋一隅为天地之精英所聚，良有由然也"，"西洋立国自有本末，诚得其道，则相辅以致富强，由此而保国千年可也。不得其道，其祸亦反是"。为此郭嵩焘甚感英国"以信义相先，尤重邦交之谊"，虽然"鹰扬虎视，而绝不一逞兵纵暴"，"尤辗转据理争辩，持重而后发"，所以中国当时没有落到"五胡之乱晋，辽金之构宋"，"为其啮噬"的后果，实拜英国有道之福。[①]对于不久前才经历过两次鸦片战争的中国人和各级官员来说，如此形容英国政府的仁厚，甚是出人意外。

在这一基本感受观念之上，郭嵩焘很容易将近代化的西方国家理想化、浪漫化。在他的著述中，很明显的是在仿效和重复英国驻华公使威妥玛在多种场合表达的对中国的不屑看法，而他本人有时又承认威氏过于偏激和焦躁地推动干预中国的事务，在这一明显难解的矛盾中仍然坚持自己在英国萌生的信念，因为当时中英两国的现实差距实在太大。

郭嵩焘初至伦敦，就于无意之中见识了英国人的公正和法律的尊严，"洋人以杖击张锡九（仆人）之首，亦不敢与校也"，如同中国人

① 郭嵩焘，《伦敦与巴黎日记》，第434页；《使西纪程》，第39页。

在广州、上海被西方人随便踢打一般，但"途人怒其无礼，执而交诸巡捕。遂有一绅士至刑院书曰：中国人初至，无故而受欺凌，必得一示惩办。于是刑院拟从重惩"。郭嵩焘对此大感意外和诚服，"此间以礼自处如此，吾甚愧之"，为此"寓书总理，以请免科罪为言"。①

但与此同时，在伦敦繁华的牛津街上，一个英国少年趁乱拉了某个使团随从的辫子，在这一过度行为之后被用伞打了一下而摔倒受轻伤。他的父母就此向英国外交部和中国公使郭嵩焘发出律师信，索取赔偿。使馆参赞英国人马格里认为此事并无多大关碍，但郭嵩焘担心自己的随员袭击英国人，会损害中国使团在那里的声誉，为此亲自写信给外相达比勋爵，表示已经下令尽快在使馆的厨房内处决这位随从。②这令马格里大为震惊，也让英国外交部无以回复。马格里力劝郭嵩焘取消这一决定，不惜恐吓他说，私下处死人会导致英国政府因意外震惊而关闭清朝驻英使馆。这一现实让郭嵩焘冷静了一些，改变主意，决定在遣送随从回中国之后再行处死，那样就不会让按照文明规则和法律行事的英国政府惊诧或为难了。马格里对此实在哭笑不得，无法理解郭嵩焘这么一位被认为是开明清朝官员的人，为何在这一小事上如此固执，非要处死一个按照英国或是中国的法律都绝对罪不至死、甚至完全可被立即判无罪释放的人。郭嵩焘自有他的理由，生怕冒犯英国政府和英国人的心态在此表露无遗，诚惶诚恐，而中国人命一条则无足轻重。

在认同西方这一方面，郭嵩焘甚得西方人的赞赏，不仅有来自英法外交官员的评语鼓励，而且经常受到《泰晤士报》等西方主流媒体的点名赞誉。他们自然希望这位首任公使回去能够促进中国的重大改革，以便英国政府今后在与中国政府打交道时，进展多于阻碍。而在中英双方的冲突问题上，他们的态度就截然不同，令倾向于默认英国做法的郭嵩焘都难以接受，遭受挫败。当郭嵩焘试图以平等态度与英使威妥玛在英国商议条约事项时，被其横加指责，声色俱厉，"詆炽百端，愤气相向"，直不拿他当钦差公使对待，仍然只是总理衙门里威妥玛看不上眼的一个中方僚属。郭嵩焘也只有摇头叹息而已，"真可谓横矣"，以威氏原本就性情暴急、内心又为中国好而自我安慰。③

---

① 郭嵩焘：《伦敦与巴黎日记》，第103–104页。

② Boulger, *The Life of Sir Halliday Macartney*, pp285–286.

③ 郭嵩焘，《伦敦与巴黎日记》，第3页，121页，504页。

威妥玛自命"中国通"，创威氏汉语注音，后出任英国剑桥大学的第一位中国学教授，但他当时更主要的身份是英国在华利益代表，一向横暴和居高临下，是令总理衙门头疼的数一数二的人物。在他与郭嵩焘在英国纠缠不休时，北京的外交圈，包括赫德在内，却都松了口气，因为许多本来不大的外交纠纷，这时就不会由于容易冲动的威妥玛的干预和固执，小事化大，逐步升级到无可挽回、动用武力的地步。[①]

在讨论《烟台条约》专条时，威妥玛的偏激本性大暴露，因为没有达到逼郭嵩焘让步的目的，竟然发出公开威胁，怒言，"且候中国再杀一马嘉里再说！"郭嵩焘原本就是因为马嘉里案而被逼前往英国谢罪，在英国近两年都未谈妥条约结案，威妥玛在此案中表现偏颇固执，高压强硬，中国国内上下均痛恨不齿。他在此等场合竟然再次恫吓，期望发生更多地方惨案，以图再找清朝政府的麻烦，动用军队，通过讹诈为本国大肆攫取额外权益，让郭嵩焘无所适从，"其横如此，他日回中国，议论恐未了也"。[②]郭嵩焘对西方国家愿望良好，印象深刻，因此很难把西方国家的强盛和一些人的个人表现，与它们在中国劫夺的本质和最终目的联系起来，作出客观观察。

赫德对郭嵩焘在面对蛮横的威妥玛时的表现颇有微辞。李鸿章与威妥玛已经在烟台签订了条约，威妥玛自己亲笔签字画押，一旦回到伦敦，英国政府迟迟不予正式批准，而让威妥玛继续纠缠郭嵩焘公使，试图在此作出突破，在通商条款中塞进更多有利于英国的内容。赫德认为郭嵩焘愚蠢地让威妥玛牵着鼻子走，不应该容许威妥玛以枝节问题干扰尽快批准条约的主旨，这是他被派驻伦敦的主要任务。[③]威妥玛和英国外交部提出豁免外商在中国内地应缴纳的厘金，郭嵩焘并无主见，求助于在伦敦为他跑腿的金登干，赫德忍不住提出质疑，跨越远洋为他提出几条可以用来反驳威妥玛的理据，即中国只能在可能的条件下满足欧洲列强在厘金上的要求，但不能立法让外商在不公平的条件下排挤甚至清除本地商人，政府的生存需要金钱，必须考虑自己的人民，因此中国政府对如何处理征收厘金的意见，比西方国家总合一体的意见都更为重要。[④]这些本应该由驻外代表郭嵩焘出来讲的话，赫德基于一般原则的判断，

① The I. G. in Peking, p234.

② 郭嵩焘：《伦敦与巴黎日记》，第672页。

③ The I. G. in Peking, p248.

④ The I. G. in Peking, p274.

情不自禁地发出自己的心声。

长期在西方人士中浸润和承受礼遇，郭嵩焘无意识地几乎全盘地接受主人的思维方式。对英法西欧殖民经营非洲，郭嵩焘认可英国国内普遍的看法，即非洲"终古浑噩，为文教所不及"，"沿海亦稍从西洋之俗，日渐繁富"，[①]明显赞同西方人在那里的经营和其他割据行动，而不思当时的英国人也是同样如此看待中国的，十分不堪，不过是他们世界贸易体系的一小部分。对于阿富汗与英国的冲突，郭嵩焘自认"构衅英国，亦可谓失计也"，"英军分三路进兵，……阿富汗无故自起衅端，所谓其愚不可及也"。[②]阿富汗是中亚重地，又邻英属印度，英国不管阿富汗是否"构衅"，都要征服，并与俄国相抗。郭嵩焘抱着看热闹的心情观察英国对阿富汗动武，跟随英国舆论，全然不顾中国同样是英国谋划和动武的对象。

威妥玛向郭嵩焘建议，"伊犁必以付俄罗斯，所争一旷土而已，何所利而为之？"郭嵩焘漫然答道，"苟其办理得法，弃之可也，设法收回亦可也。其不得法，争之为害，蠲以与之，其害滋深"。[③]他的态度并不坚决，与左宗棠其时正在中国西部领土艰苦征伐平定相比而言，对那块重要领土并不十分在意，比之于他对清朝海防的有限关注，更远远不及。这源于他基本接受了威妥玛等西方人士的观念，以政体变化为先，其他不足为意。另一原因是郭嵩焘长期在曾国藩的湘军总部幕府中，耳濡目染，对另行自立的左宗棠经略国家的方式理念大多不以为然。

纵观郭嵩焘的长篇记叙，他在英国驻留期间作出的一些判断很难说是准确和有远见的，甚至显得偏颇。有英国人曾向他推销水雷武器和专利，郭嵩焘认为在当时的东亚毫无用处，周围皆是友邦，唯一海域相接的日本，以后必然自行研发，所以无需购买。到他要离职回国时，已经军校学成的刘步蟾前来详细讲解水雷功用，对军舰构成极大威胁，已经在英国海军中得到广泛使用，他自己也有机会在实习时接触到这一先进海战武器。[④]郭嵩焘对李鸿章属下创办的招商局抱悲观态度，赞同英国《泰晤士报》对招商局的讥笑嘲讽，认为"深中腠理，相习为欺诈，半

① 郭嵩焘：《伦敦与巴黎日记》，第714页。
② 郭嵩焘：《伦敦与巴黎日记》，第803页。
③ 郭嵩焘：《伦敦与巴黎日记》，第751页。
④ 郭嵩焘：《伦敦与巴黎日记》，第400页，836页。

官半商，无所主名，未见其利，先见其害，终无能求有益处也。阅之叹息而已"。①招商局1872年方才建立，为中方集资企业，与把持长江航运的西方航运公司，特别是美国旗昌公司相对抗，招致西方人的怀疑甚至嫉妒，是完全可以理解的，而郭嵩焘跟随英国人质疑招商局，则有些无主见，招商局日后的业绩，特别是击败外资航运公司的成就，以及在中国经济商业中的一贯重要作用，都是身在伦敦的郭嵩焘所不能明了的。

郭嵩焘在出使英国时期，前有英国昌盛繁华，英国人士的诱导劝诚，后有副使刘锡鸿的监视挑衅，政见恶争，身心疲惫，冷暖加袭。他愧对威妥玛等人对中国的指责，又深恨刘锡鸿言行恶毒，国内洋务诸公愚昧。他虽然广泛记述了西方工业、农业、自然景象等各个方面，包罗万象，却对国内兵备兴作不甚感兴趣，嘲笑李鸿章、沈桂芬、沈葆桢等办理洋务之人，注重枪炮战船，以及铁路留学，均属于本末倒置，自己则一意推崇政体变革，从制度教育上向西方看齐。②

在郭嵩焘的出使记载中，与他共事之人，不少是从被称赞到被指责，不断离他而去，如李凤苞，先为其圈内紧随之人，时常参与私下论事，甚至一道攻击刘锡鸿，而一旦出现错误或产生离意，即在他的记载中被视为不可靠之人。他对使团参赞英国人马格里的印象也由好变坏，责其"专擅"，"直不容恕"。③数次类似经历之后，郭嵩焘的猜疑心加重，对人严苛，唯一可舒缓心情的是不断有英国人士前来拜访安慰。

郭嵩焘与刘锡鸿的海外暗斗，既有政见见识之别，又有个人性格之对，他们两人都接触了西方社会的各个层面，甚至都旁听了英国议会辩论，内斗泛起之后却互相回避，不再共同出现在同一场合，"怀私互讦，不顾大体"。这种严重分歧让位于国内的总理衙门甚感头疼，不好协调处理这些首次外派的使节。郭嵩焘依仗的是洋人的推崇和美誉，《泰晤士报》发表长篇文章为他陈列功绩，令郭嵩焘十分满意，将其收到自己的文集中，更视刘锡鸿为不可理喻的土包子而加以痛贬。刘锡鸿的反击方式是在国内活动，攻击郭嵩焘走得太远，要在中国完全改变体制，以夷变夏，引起保守派人士的强烈反响，令原本支持郭嵩焘的洋务

---

① 郭嵩焘：《伦敦与巴黎日记》，第823页。

② 郭嵩焘：《伦敦与巴黎日记》，第512页，751页。

③ 郭嵩焘：《伦敦与巴黎日记》，第420页。

派领袖都很难施以援手和庇护。郭嵩焘在国内实际上已经没有可依赖的靠山，湘系、淮系均已疏离，手中又无重大洋务项目用以自保，保守派搞倒他的势头难挡。

拖延到最后，总理衙门只得于1878年同时召回郭嵩焘和刘锡鸿，分别以曾纪泽和李凤苞接任英国和德国公使职位，解决了这一难缠局面，使清朝政府的对外工作进入到一个更为平和顺畅的阶段。一旦回到国内，郭嵩焘失势返乡，再未做官，其《使西纪程》也被朝廷申斥绝版。

细读郭嵩焘的出使日记和对西方国家的详细评说，在当时的中国被认为是惊人之语，其实不过是就个人观察到的各类新鲜事物作了一般性的描述，"叹羡西洋国政民风之美"，再加以初步的比较。他参观旁听的那个国会，就是议准派兵到中国进行过两次鸦片战争的政治场所，那些工厂既是暴力开放中国市场的推动者，又可能是英军武器装备的制造者，也完全可能是摧毁中国本土工商业的主要力量。问题的关键不是技术或制度的存在，而是他们完全彻底地服务于大英帝国的整体利益，如果中国的任何活动与这一根本利益发生冲突，那些看来美妙的事物都会被用来制造十分不美妙的摧毁性后果。如曾纪泽所说："郭只是不甚知人，又性情褊急，是其短处。……恨不得中国即刻自强起来，常常与人争论，所以挨骂，总之系一个忠臣"。[①]

但基于郭嵩焘早期外派的经历文字，以及不同历史阶段中的各种政治需要，他日后经常被提出来，作为洋务运动中的一位大思想家，真正的洋务派和西方化的清朝官员，发中国改革的先声，进步事物的代表人物，接近林则徐开眼看世界第一人的突出地位，更是用来贬低其他实地操作并有实效的洋务运动领袖的一位特殊历史人物。

当时赴西洋的中国人似乎一般都对英国的印象极好，特别是其干净卫生程度和井井有条的秩序，如郭嵩焘所盛赞的，"所过灯烛辉煌，光明如昼，近伦敦处尤盛。街市灯如明星万点，车马滔滔，气成烟雾，阛阓之盛，宫室之美，殆无复加矣"，[②]所在环境优越令人感叹，羡慕不已。即便如此，驻外使节们也必然难逃工业化时代西方社会的负面影响。志刚在初访英国时就感触颇深，"英都时至秋冬之间，云来雾去，不见天日，客寓昼夜悬灯，终日暝暝，如小说中鲁智深在赵员外家中

---

① 曾纪泽：《出使英法俄国日记》，《走向世界丛书》，岳麓书社，1984，第115页。

② 郭嵩焘，《使西纪程》，第43页。

住，真个闷煞洒家也"。① 郭嵩焘属意英国，负面评语甚少，但对于英国的雾霾，危及身体出行，无法全盘掩饰，记载中也有几处提及，"黄雾竟日，日赤如血而无光，可以平视"（10月）， "大雾晦冥，居民张灯治事，至巳正（9-10点），乃稍辨屋脊"（1月），"是日大雾，上半日尤甚，至不能辨色，居人举烛治事"， "（多日）从未一见日，终日阴雾"。② 而在法国，张德彝也曾描述过巴黎的情景，"（十月）初三日（1871年11月15日），终朝大雾，远近昏暗，咫尺不见人"。③

在郭嵩焘、曾纪泽之后任公使的薛福成，也为难逃严重雾霾而抱怨不已：

"伦敦唯四月至八月天气较为清朗，九月以后直至三月，几乎无日不阴，无日不雾，虽有时天气稍晴，而日为烟雾所遮，但见红光晃漾，其光不甚明亮。……伦敦五百万烟户之煤烟，又为雾所掩，不能冲宵直上，聚为黄雾。往往白昼晦冥，室中皆燃灯火，方能观书写字，冬春尤甚，每五日中必有两三日昼晦者。……所以英之官绅，每至夏冬，必移居乡间一两月，名为避暑避寒，实则欲换吸新气，谓可却病养身。盖煤炭熏灼之气，与人身脏腑之浊气，惟伦敦为最盛也，此人烟过于稠密之患也。"④

即使是郭嵩焘等人欣赏备至的西方近代体制，在仔细观察之下也会显露出一些附带的弊端。比郭嵩焘更早出使西洋的志刚，已经在他的旅程中体验到西方社会中难免的负面现象。在巴黎出访期间，他恰好遇到相当规模的抗议游行和暴乱，"扰乱于通衢，拆毁房屋，搅扰商旅"，政府派出军队警察"沿街弹压"。起事的原因是议会选举不公，公开行贿，"由于欲举者向各行作厂聚工匠千百人者，或大学馆聚数十人者，备酒肉以犒之，人各酒一瓶，肉一斤，既嘱托其联名具保，而具保者但知其名，不知其人，只图一朝醉饱，遂干国家大政"。⑤ 选票纠纷演变出暴民抗议，法国当时此风甚盛，从法国大革命，直至拿破仑三世下

① 志刚：《初使泰西记》，1877，文海出版社再版，沈云龙主编，1975，第109页。
② 郭嵩焘：《伦敦与巴黎日记》，第311页，421页，431页，477页。
③ 张德彝：《三述奇》卷7。
④ 薛福成：《出使英法意比四国日记》，岳麓书社，钟叔河主编，1985，第238-239页。
⑤ 志刚：《初使泰西记》，1877，文海出版社再版，沈云龙主编，1975，第179页。

台之后，又出现群众性的巴黎公社革命，选举舞弊和群体性抗议活动交替出现，延续两个世纪，仍然是法国民主政治的突出特征。

自斌椿启始的赴洋使节们，都对法国高度发展的文明和工业军事实力印象深刻，在北京八里桥附近大败于法军之手似乎无可争议，但却没有想到一个如此近代化的大国，短期之内就败于军力相近的德国，连皇帝都被掳走，比当年咸丰皇帝的命运还要凄惨。志刚本来赴法商谈条约之事，顺便大力学习引进，但在回程中再赴巴黎时，却发现法国政府各个部门乱成一团，官员如鸟兽散，连礼节拜访都无人接待，更无从谈及具体事宜，只有悻悻而归。[1]法国皇帝被擒和废黜，临时政府手忙脚乱，当然无法以西方大国的高傲姿态接待中国使团，与志刚首次抵达巴黎时的情景，发生了天翻地覆的变化。

亲眼目睹一个焚毁圆明园、令咸丰皇帝战栗不已、名列世界第二的西方大国，瞬间降服在另一西欧国家的脚下，尊严扫地，志刚等使团人员的感受肯定是中国人常说的"世事无常"，对法国的景仰拜服也随之大打折扣。中国人刚刚开始了解的强大西方世界看来依然逃不脱这一规律，依然是普通如常的人类社会，而非神圣国家或天堂所在。可惜的是，志刚和之后赴法谢罪的崇厚，都未能有效利用法国这一最为薄弱乏力的时刻，为国家争回一些利益，因为他们原先确定的外派使命就是学习和降服，根本没有可能想到会面对一个并非强大的西方国家，也就怯于作出格外的努力去争取平等地位。

对西方利用国际约法限制和掠夺中国的手法，较早出使英国的清使志刚已深有体会，"办理交涉事务中最为矫强者，无如本为条约之所无，而指为条约意中之所有之一言。若由此言之，则何事不可牵引，是直欲凭莫须有办事，而条约反成空壳矣。盖其意中，总以有所挟制，则无不可行之事，而情理非所论"。[2]

恭亲王奕䜣也说：

"必重条约者，盖以条约为挟持之具，……但使于彼有益，则必出全力以相争，不载入条约内不止。及至入约之后，字字皆成铁案，稍有出入，即挟持条约，纠缠不已。……或条约中本系明晰，而彼必曲申其

---

① 志刚：《初使泰西记》，1877，文海出版社再版，沈云龙主编，1975，第306-308页。
② 志刚：《初使泰西记》，1877，文海出版社再版，沈云龙主编，1975，第169页。

说；或条约中未臻妥善，而彼必据以为词；极其坚韧性成，得步进步，不独于约内所已载者，稍难更动，且思于约外未载者，更为添增。"①

条约用来限制中国而非劝阻西方国家，这一特有功能逐渐彰显，令洋务运动中的涉外官员困扰不已。

当时并不仅仅是中国人对西方社会漠然不明所以，西方一般人对中国同样是知之甚少，任意猜测，其有限的一些知识，都来自少数在华传教士和本国内寻求海外新奇的媒体，所以极容易受到操纵左右，或者过分乐观，或者极为憎恨蔑视。第一位赴西方国家的使节志刚，就在巴黎遭遇当地法国人的责问，"中国何以残害子女，不但不为抚养，反以之供猪狗嚼啮？" 这样怪异的质问令志刚十分惊讶不解，得知是来自法国在华传教士的信息后，不免叹息"教士太无良也"，为了在本国内向人们募捐而有此举，"何至籍端造谣而反欺哄本国，以剥削桑梓之脂膏耶？" 惟有尽自己之力加以辩驳，而当地人仍然只信教士媒体，对中国使节的解释半信半疑。②

后任公使曾纪泽和薛福成，不再重复首任郭嵩焘的错误，他们并非保守顽固派，心态同样开放，但对西方国家的实力对华政策有了更为深刻的认识，进而主动和针锋相对地尽力维护中国的权益。曾纪泽在英国观察到："西洋各国，不论大小强弱，其于税饷之政，皆由主人自定，颁示海关，一律遵照办理，客虽强而大，不能侵夺主国自主之权。英法税则皆重，闻美国于进口货，乃有征至四分之三者，客商虽非之，然固不能违也"。曾纪泽由此西方通行惯例而意识到，"威公使在华，顾欲以闻税则之轻重，（西方国家）外部亦从而助之，可谓不公之甚"。中国本应在对外条约之外，自行议加税项，即使多加，仍然要比西方各国当时的普遍税率低得多，并非不公歧视之举。曾纪泽为此发出呼吁："加税之权操之在我，固可不问公使，不问外部"。③由此而来，威妥玛等外国使节的操纵阻挠，与清朝政府就征税问题进行的漫长讨论和纠缠，根本就没有法律基础，是应该受到抵制和取消的外部非法干预行为。

这种将在外国获得的知识和见闻直接用于争取国家权益的行动，可收实效，也有利于制止西方国家在华外交官的随意蒙混和强词夺理。薛

① 《筹办夷务本末》，同治朝卷49。

② 志刚：《初使泰西记》，1877，文海出版社再版，沈云龙主编，1975，第155~156页。

③ 曾纪泽：《出使英法俄国日记》，《走向世界丛书》，岳麓书社，1984，第261~262页。

福成曾经论及：

> "西洋各国驻华公使领事，无不任意挟制，遇事生风，余以为洋人
> 性情刚燥，不讲礼义之故。及至欧洲与各国外部交接，始知其应付各事
> 颇有一定准绳，周旋之间彬彬有礼，亦尚能顾友谊。……即如前驻京英
> 使威妥玛，我中国人皆以为妄人也，愚人也，而威妥玛与余交，情文并
> 挚，随时襄助。……然苟再至中国，不能保其不为患也。"①

西方国家在中国有实际利益所在，互相争夺，视中国权益为必食之
物，故而枝节横生，动辄以炮舰相威胁，因此即使在其本国原本素有教
养的人，到了中国也被无边的权力和无限制的行动自由所快速腐蚀，难
免丢弃原本的优良本质，却将其国民性中的最恶劣部分充分显示出来，
身为西方霸权的代表，很快由绅士或中庸的普通职员，堕落变身为贪婪
之徒和举止粗俗的恶棍。包令、额尔金和威妥玛都属于这一类19世纪西
方绅士的突出代表，位列有识之士甚至杰出人物，同时也是在国内海外
两地表现出严重精神人格分裂症状的代表。曾纪泽和薛福成等后期外事
官员已经不再被这些西方列强海外代表的"彬彬有礼"所惑，对西方国
家的真实意图极少抱有幻想。

清政府曾经向美国政府提出抗议，拒绝即将被美国政府任命为新任
驻华公使的前国会议员白来（一译作布雷尔），"碍难接受，盖因其挑
唆美民，不许华工入境，……白来迎合众情，创立新例，禁绝华工，实
与条约命意相悖"。②当时正值美国排华浪潮高涨，政客们极愿卷入其
中捞取政治资本，却没有料到中国政府也拥有对抗这一非理性浪潮的一
些手段。薛福成认为中国此举行之有理，西方各国之间派出使节同样有
选择同意之权，岂有以敌视派驻国之人为使节之理？

薛福成对西方国家丝毫不加掩饰的双重标准又有一段深邃见解：

> "前岁论洋务者，每谓美国自守一洲，并无蚕食邻封之意，其人亦
> 和平公正，愿亲中国，可以结为强援。有非之者曰：彼既但知自守，虽
> 于中国初无恶意，又恶能为我援载？此说是矣。余谓驱逐华民之事，他

① 薛福成：《出使英法意比四国日记》，岳麓书社，钟楚河主编，1985，第579页。
② 薛福成：《出使英法意比四国日记》，岳麓书社，钟楚河主编，1985，第305页。

国之人所顾忌公法而不敢为者，美人独悍然为之，澳洲之人始出而继之，虽曰埃利士人之意，然行其一切新法者，美之政府也。……

"美国之政，惟民是主，其法虽公，而其弊亦有不胜枚举者。即如他国公使，狠愎固多有之，而美之前使西华（George Seward，美国国务卿西华德的外甥），独以黩货著名，每受商民之贿，屡与总理衙门饶舌，甚有驶兵船以肆挟制者。余在浙海关道任内，惟美领事司提文动多挟制，意在助商人以讹索。徐询其故，则因彼国给俸过轻，不能不事搜罗也。客岁教案，惟英法两国教堂多遭焚毁，而美教士之受损者无闻焉，乃彼不惟不自愧其前此迫逐华民之举动，转有派兵船赏问之说。然则谓美国之可亲者，其义果安在哉？夫然后知数十年前，美与中国交涉之情形，或不至如英法之构怨，若至今日，而谓美国可恃为援者，皆耳食之谈也，皮相之识也。"[1]

薛福成这种见识既来自实地对外交往的经验，又洞悉洋人运作方式，实在高于之前郭嵩焘一味推崇西方、而不作深入剖析的那些论述，甚有远见，特别是揭露美国对华政策的本质，有助于打破不少人误以为美国政府和外交官对华格外仁厚公道、与英法日等国截然不同的幻想。薛福成在19世纪末即有针对西方国家特别是美国的真知灼见，非常值得21世纪的中国人学习。

对于近代工业和国家优势的发展趋势，入仕时间较晚的薛福成也在经历更多事件的基础上，作出一些异于洋务运动早期流行思想的评论：

"余遇英士之研精化学者称，英伦三岛煤矿，尚可供一千年之开挖。余诘以英之商务所以甲于地球者，恃煤铁也。若一千年后，恐英之商务竟至衰竭，将并轮船、轮车无以驾驶矣。英士曰：一千年后，驾驶船车似可不必用煤。盖轮车之改用电气，今已有行之者。化学家又研思化水之质，用水之法。若此事通透，将来可激水力以驾舟车，用代火力。夫水，取之不尽，用之不竭，比之开矿挖煤，难易悬殊。以水代火若有把握，实为宇宙间日用民生之大益。"[2]

薛福成并不精通化学矿业等专业知识，但在明了西方强盛与近代工

---

[1] 薛福成：《出使英法意比四国日记》，岳麓书社，钟叔河主编，1985，第510—511页。

[2] 薛福成：《出使英法意比四国日记》，岳麓书社，钟叔河主编，1985，第127页。

业基础之间的关系之后，他至少提出了西方生存所依赖的重要资源煤和铁，皆有可能枯竭的问题，不管是一千年或是五百年，总之是个长期性的忧虑。当时的英国人都把19世纪视为他们的黄金时代和永远不散的盛宴，按照英帝国在全球各个角落占据的广大殖民地计算，它居然是世界上土地面积和人口均为第二位的大国，仅列在俄罗斯之后，美好日子将长久延续下去。再加上蓬勃爆发的科学探索精神，足以改变世界，所以未来必定会以电力取代可能枯竭的煤炭资源，继续大英帝国世界霸主的辉煌。英国人当然没有可能预料到，即便西方社会不久就开始利用电力、内燃机和核能，创新能力实在惊人，但仅仅五十年之后，而不是一千年之后，英国就彻底告别了它在19世纪独步天下的优势，失去全球殖民系统，退回到它欧洲大陆离岸岛国的既定地位，英国人的自信心同时大受打击，每况愈下，不能自拔。

在工业能源技术之外，维多利亚时代的英国人也未曾预料到另一趋势，即落后国家的后来居上，利用现有技术和资源，参与正常公平贸易，进行近代现代工业生产，加入国际竞争，从而剥夺了西方国家以往的独有地位和绝对领先优势。19世纪末年的薛福成自然不会预料到惊人强大的英帝国失势衰落的历史大趋势，但已经有足够的知识和勇气向高峰时期的英国人提出合理疑问，涉及西方近代文明的根本，即利用榨取地球资源的大工业生产。

在鸦片战争和洋务运动之前，中国历史上由外部势力推翻中央王朝，多来自边缘地区发展程度较低的部落族群或地方政权，之后再由新的中央王朝进行平定恢复，这一循环过程似乎证明了中华正统必然会同化和压制野蛮部族，从而增强了中央王朝的信心，似乎本文化具有永久延续性，建立起高于其他文明的优越性，即使短期失败或被攻陷，文明高度未失，信心依然存在。但在19世纪面对一个进化程度明显更高的新文明新政体，而非传统的野蛮外族时，清朝中央政府失去相处对应之法，大不同于之前的传统思路，所以问题成山，无法无力解决，甚至缺少解决的心态。

直到洋务运动肇端，清朝中央政府似乎才找到了一条通路，对付西方列强的巨大威胁和无穷压力，一方面对西方屈服，接受公法和使节，另一方面以西法达到重整更新军队的目的，利用西方现有的技术，铁路、轮船、电报等，以公费支付自强运动的多个项目。经历多年的磨难，洋务运动初见成效，凡是当时所见于西方国家的各项有利于强兵富国的先进行业和企业，都被引进到晚清中国，尝试推广，甚至规模更大，例如铁路、电报线里程，耗资巨大。在对外关系方面，总理衙门和对外官员也逐步调整至基本平衡状态，外派使节和外交谈判，积累了相应经验，不再视西方为外藩，也开始寻求建立国际公平对等关系。整体改进看似缓慢但持续不断，持之有年，功效必将更为显著，甚至达到启动维新的阶段。

即如九十年代初任驻英法各国公使的薛福成所说：

"（光绪十六年六月初五日记-1890年）近听英法官绅议论，多有联络中国之意，不复如昔年一意轻蔑，推其原故，厥有数端。一则越南一役，法人欲索赔偿竟不可得，法人咸咎斐礼之开衅，恨其得不偿失，各国始知中国之不受恫喝也。一则十余年中，冠盖联翩，出驻各国，渐能谙其风俗，审其利弊，情意既洽，邦交益固也。一则中国于海防海军诸要政，逐渐整顿，风声所播，收效无形。且近年出洋学生，试于书院，常列高等，彼亦知华人之才力不后西人也。乘此振兴之际，遇有交涉事件，相机度势，默转潜移，庶几有裨大局。"[1]

薛福成对19世纪末状况的观察应该说是比较贴切的。虽然表面上略显缓慢，洋务运动在中国的推进和各类学习西方活动的延续，已开始对中国自身的进程产生正面影响。中国当时正在推行的众多洋务项目，若集中置于两到三个省的境内，应该相当可观，等于日本、英国或欧洲中等国家的规模，但放在地域广阔的中国，又南北中分散开来，则显得规模有限，似乎微不足道。洋务运动的同治、光绪年间，内外部条件和工业进展基本符合一个近代转型经济的基本特征，事态也并非如后期观察家所表述的那么悲观可叹，但一些格外关键的外部条件，却是当时的洋务运动领袖所没有料到的，即直接暴力的外部干预，特别是由封建领主制快速转向军国主义扩张的近邻日本。历史的偶然性超出了一个庞大帝国实现自强和社会转型的必然性。

---

① 薛福成：《出使英法意比四国日记》，岳麓书社，钟楚河主编，1985，第167页。

第四编 边界争端

一、左宗棠西征新疆

　　洋务运动起始的19世纪60年代初，无论清朝廷中枢如何决定下一步的行动，他们都几乎无力推行任何主要洋务计划。规模宏大的太平天国运动延至1864年中才被平息，而波及中国中部北方的捻军则迟至1868年才被基本扑灭，中国境内主要人口密集地区的残酷战争和破坏过程结束了，但长期的社会动荡和杀戮，给官府和地方经济带来沉重的善后负担，社会经济难以迅速恢复到正常状况。两次鸦片战争中遭遇的失败迫使清朝政府承担对英法国家的巨额赔款，需要一直支付至赔款完毕。当时曾国藩的湘军等地方军队开始依靠厘金收入来支撑手下的部队开支，而通过新近开放的通商口岸征收而来的海关关税，仍然相当不稳定，在19世纪60年代还只有数百万两白银。

　　在当时的西方诸国中，沙俄侵犯中国权益最多且最贪婪，不断向东方推进和掠夺大片领土。趁着英法联军攻入北京并强迫签订《天津条约》和《北京条约》提供的机会，以穆拉维约夫为首的俄方代表强求与清朝政府谈判，推翻康熙年间签订的《尼布楚条约》，将黑龙江以北、乌苏里江以东的大片领土划归沙俄，打通了西伯利亚，从而获得他们迫切需要的太平洋港口。

　　沙俄强迫清政府代表签订的《瑷珲条约》，割去约60万平方公里，只留下江东六十四屯，按照恩格斯所说，沙俄不费吹灰之力，无须动用武力征讨，就顺利拿到大小约等于法国、德国两国面积总和的领土，一条同多瑙河一样长的河流。这在地域狭窄的西欧简直是无法想象的。1871年的普法战争，新兴德国打败法国，所拿到的阿尔萨斯和洛林地区，总共也不过四万多平方公里，与此相比，沙俄大规模吞噬中国领土的野心和胃口实在惊人。更重要的是，东北地区是满清王朝的"龙兴"之地，自其入关掌权后就禁止大批人口进入，留为禁区，地广人稀，现在反而被远道而来的沙俄轻易突入占领，成为防卫最为薄弱的地区，随时都可能被外来势力占领，进而威胁北京。

俄国驻京公使普提雅廷要求清朝政府承认《瑷珲条约》，遭到拒绝，因此以调停促成《天津条约》为借口，倚靠英法政府之力，再次向清朝廷施压。此时咸丰皇帝为避英法联军，已逃往热河，京城被占，毫无谈判议价能力，再也经不起沙俄来自北方的格外威吓，故而早于英法两国，先签订了与沙俄的《天津条约》，也承认了之前的《瑷珲条约》，就此失去东北大片土地，暴露出边防上的巨大弱点，给沙俄以日后进一步在东方割裂中国领土的机会。

此后，国内太平天国运动和捻军起义此起彼伏，英法联军占据天津索取赔款，咸丰皇帝病逝，清朝廷委实自顾不暇，对于沙俄军队在东北及北部的入侵活动毫无制止之力。在西北方面，沙俄也趁机要求划清边界，大举向中国方面推进，强求以清官现驻卡伦地点为新的边界，肆意划去四十余万平方公里的领土，包括斋桑湖附近的大部分土地，位于乌鲁木齐西北和现哈萨克斯坦东北地区。

失去西北大片土地，面对来自沙俄的不断蚕食，西北边境的局势更为不稳，清朝统治削弱和受制于西方势力，使得防卫甚为薄弱，为镇压南方太平军而调兵前往，又导致西安关中地区几乎没有成规模的正式守卫力量，新疆以东等极为广大地区内一些受到外国支持的地方少数民族分裂势力，得以兴起作乱。

在清军、湘军、淮军忙于应付太平军和捻军时，原在陕甘西北的穆斯林教回民群体，原本宗教色彩浓重，进而于1862年在汉回杂居地区大规模起事，其以阿訇为首的主要首领，参与起事的回军首领如白彦虎、马化龙等，早已号召杀"呆迷（汉人）"。回军先大肆屠杀陕甘两地汉民，然后被多隆阿、左宗棠官军出于报复而屠杀、收服和安置。

在大规模的西北起事运动中，居于陕甘地区的数十万回民曾经围攻西安城逾一年，大片地区化为焦土，造成当地经济社会的巨大损失，陕甘两地汉人数量急剧减少，是为数百年来陕西及西北地区最大规模的动乱，进而削弱了清朝政府在陕西以西地区的实际统治。[1]

有鉴于此，在攻打太平军核心地区的紧急时刻，清廷不顾曾国藩、曾国荃的焦急请求，被迫派出部分清军赶赴西北。以多隆阿为首的清军于1862年12月抵达西安，击退规模达数十万众的回军。解围西安之后，清军继续平定地方并准备攻入甘肃，以打击已经基本占有甘肃全境的各部回军，并解陕甘两地回汉大举仇杀的困局。但清军面对回军、捻军的合击，西安再次危急，陕西汉人土匪董福祥等部也在陕北滥为，局势极为不乐观。

太平天国的"天京"被攻破之后，身任闽浙总督的左宗棠，奉命匆忙赶赴西北任陕甘总督，统领当地各军，就此开始了他漫长而艰难的西征历程。左宗棠下狠心采取血腥镇压的手段，打垮同样血腥残忍的叛军，但同时也按照"分良莠，不分汉回"的原则对付当地居民，借以稍为约束多隆阿部队的滥杀。[2] 入陕救急的清军悍将多隆阿，此前已在1864年4月清剿陕西周至地方的回军时，被回军偷袭而身亡，左宗棠只有以自己所带的湘军刘松山部为主力。西捻军长途奔袭北京的战略，令朝廷震动，更给左宗棠添加了无比的压力。直到彻底打败西捻军之后，他才喘过一口气来。

1869年，刘松山的老湘军部队在陕北击败董福祥，迫其率部投降，转身成为清军的一员大将。董福祥之前曾经抵抗过清军，但与回军并不相属，也无建立地方政权的野心，因此在清军压力之下，做出了投降决定，之后的董军三营，成为左宗棠平定西北的可靠力量之一。

左宗棠受朝廷之命，督办军务，总辖西北地区，直到河西走廊、新疆，不以甘肃为止。西部之战的艰苦，难以言尽，最为磨难之处，在于资源财源甚缺，地区贫瘠，获取给养不易，逃亡回民颇不可靠，地方匪徒群起，极难彻底剿灭。左宗棠遇到的问题之一，还来自其手下湘军士兵多不耐西北苦寒贫瘠，诸般生活都不习惯，加上吸收了当地的散兵游勇，规管困难，容易发生兵变。清军在混乱情况之下因兵变而损失了大将高连升，之后又不得不特别注意提供足够的军饷，应怕生变，左宗棠

---

① 马长寿：《同治年间陕西回民起义历史调查记录》。

② 左宗棠：《左文襄公全集》，《奏稿》卷23，第21页。

的许多奏折都与请求拨饷有关。"刘松山一军,军粮由花定运解,程途千数百里,已不免梗阻之虞。……道路遥远,文报往还,动辄两三个月之久,湘军兵食缺乏岌岌可虞,臣日夜焦思,寝食俱废"。[①]

陕西境内的回民起事,在刘松山部的扫荡之下,于一年之内得到平定。左宗棠于1869年进兵甘肃,面对的主要障碍,就是马化龙大力经营的割据堡垒金积堡,"臣于陕境肃清后,率师规陇部各军,北路直逼金积堡,中路直达皋兰,南路直临狄道"。[②]金积堡位于今宁夏地区,马化龙当年起兵,控制陇东、陇西,自称"军机大统领",纠合甘肃境内其他回部,继而聚集了大批西逃的回军。马化龙又背靠沙俄和阿古柏政权,在左宗棠发动的攻势之下,坚持不降。

在惨烈的攻城战中,左宗棠手下大将刘松山在金积堡战死,"刘松山急督各弁丁举薪焚(马五)寨门,策马由寨下督攻益急,忽为寨中飞子洞中左乳坠马,弁丁负入破屋中。谭拔萃等闻统领受伤,齐来省视,刘松山叱令速督所部猛攻,毋庸顾我,乱行列。……刘松山谕以受伤已重,不得复活,尔等杀贼报国,我死不恨,言毕气绝。……刘松山由湘乡勇丁从征,积功涒擢广东陆路提督。……从征伐者,十有八载,仅因募勇归籍一次,家居十余日耳,年已三十有七,聘妇未娶者二十余年"。[③]

最后刘松山的封恤包括"照提督阵亡例从优议恤,加恩予谥入祠京师昭忠祠,并于陕甘等省立功地方建立专祠"。刘松山之侄刘锦棠也在营中效力,虽然年轻仅二十多岁,但才可大用,被左宗棠保荐代领老湘营部众。他顾及破城功在垂成,与其他聚集作战的三万清军官兵不畏伤亡,步步为营,继续围攻,艰难困苦,不亚于曾国荃攻陷重重堡垒的南京城。左宗棠也尽量为前方部队提供新式步枪和克虏伯火炮,以在击破敌军营垒方面保持必要的武器优势。

围城战役延续下去,金积堡弹尽粮绝,出现"人相食"现象,马化龙意图投降。因之前回军将领多次诈降"受抚",降而又起,马化龙也

---

① 《请敕定安等拨济刘松山等军食片》,《左恪靖侯奏稿续编》卷27,同治九年正月二十二日(1870年2月21日),第50—51页。

② 《请调马德昭移驻陕境片》,《左恪靖侯奏稿续编》卷27,同治九年正月初八日,第17页。

③ 《刘松山阵亡现筹办理情形折》,《左恪靖侯奏稿续编》卷27,同治九年正月二十七日,第58—65页。

不例外，反复无常，习惯于施缓兵之计，不弃军械，以向官军乞降而获生机，保存实力之后再反。清军将领早已对其失去信任，担心放虎归山、死灰复燃，所以在1871年1月攻破金积堡、抓住马化龙之后，不再宽恕，处以凌迟。远在英国出任公使的郭嵩焘，对此颇不以为然，认为左宗棠"嗜杀"，屠戮过重。[①]他并不能理解西征平叛战场上拼杀的惨烈及诈降诡计的习以为常，老湘军中将领兵丁伤亡累累，令左宗棠都深感震惊。

由陕西退入甘肃的回军在白彦虎等人的统领下，继续顽抗和向西逃亡，但金积堡战役之后，甘肃境内回军败势更剧，崩溃在际，连续丢失城池，不少部队向左宗棠投降，之后被分散安置在甘肃各个地方，唯再不可以返回陕西境内居住。"回则不然，其与汉民积仇既深，婚姻不同，气类各别，彼此相见，辄起杀机。……除西安城中土著两三万外，余则尽族而行，陕西别无花门遗种。……臣维解散安抚，实办回不可少之。着因于经理屯垦之余，划出荒绝地亩，稍成片断者，以处求抚之陕回"。[②]

所谓的"旌善五旗"，被视为"善回"，由刘锦棠编入清军序列，其首领日后也有因作战获赏而升清朝将官者，而马氏宗族仍然在青海、甘肃保持相当大的影响力，一直延续到民国时期的马家军。数次击败过清军部队的马占鳌部，只是追求保存地方势力，也于1872年明智地选择向左宗棠投降，"察其悔罪输诚，切实可靠，令挑选回勇两营，饬马占鳌督带，马永瑞副之，仍归河州镇总兵沈玉遂统带剿贼立功。……仰恳天恩准给马占鳌花翎五品顶戴"。[③]他日后因积功获授清军提督衔。至1873年，左宗棠基本扑灭了陕甘地区的动乱，"安西、肃州、甘州、凉州一带二千余里，并无回族聚处，实汉唐以来未有之奇"，[④]并为清廷保住关中广大地区和历朝古都西安。

与此同时，新疆及其以西边疆地区局势动荡，受到来自更为西部的外来势力的重大威胁。位于现乌兹别克斯坦的浩罕汗派出手下军官阿古

① 郭嵩焘：《伦敦与巴黎日记》，《走向世界丛书》，岳麓出版社，1984年，第421页。

② 《收抚回民安插耕种片》，《左恪靖侯奏稿续编》卷31，同治九年七月十八日，第21—22页。

③ 《请将回目马占鳌等奖励片》，《左恪靖侯奏稿续编》卷46，同治十二年正月二十七日（1873年2月24日），第7—9页。

④ 《遵旨陈明拟办事宜折》，《左恪靖侯奏稿续编》卷54，同治十二年十二月初十日，第10页。

柏，于1865年侵入新疆。阿古柏并非新疆本地人，却插手中国地方事务，而清朝边境驻防官员被当地回民的起事搞得焦头烂额，根本无力抵抗外来侵扰。虽然阿古柏在各地不断遭遇抵抗和打击，但浩罕汗国受到沙俄军队攻击，不断有浩罕官兵向东逃往阿古柏处寻求生存，意外地成为阿古柏的援兵，因此阿古柏很快占领了南疆北疆大部分地区，形成一个占地面积广大的地方政权，割据于清朝政府之外。

沙俄擅自承认阿古柏的地方政权，提出供给军火、承认其为"东土耳其斯坦"首领、双方互相通商等诱惑条件，以便巩固割据的现实，同时自己趁机于1871年7月占领清朝地方中心伊犁，深入中国西北和新疆，直接威胁到清朝政府任命的伊犁将军。作为伊斯兰教的信奉者，阿古柏与信奉东正教的沙俄之间也存在着深刻矛盾，而沙俄也在与土耳其交战，并占领了浩罕汗的都城塔什干，所以阿古柏不时表现出抗争俄国军事扩张的倾向。在新疆境内，这两种外来力量互相牵制，都以割裂中国疆土为目的，但也顾忌另一方的活动。

英国则一直试图从南方向北推进，也与阿古柏政权联系紧密，派出正式使节与其打交道，提供大量军械装备，用于对抗清军，其根本目的是覆盖西藏，接壤新疆，不仅保护英属印度疆域，而且自印度洋水域，一直打通至北疆，与北方的沙俄相对，并就此从西面切割中国领土，构成中国背后的巨大威胁。

阿古柏已向当时的土耳其表明，愿拜其为宗主国，自居臣属，土耳其则封其为埃米尔，并向阿古柏提供大批军火弹药。早在清朝的志刚使团出访欧洲时，就对这一潜在的幕后联系有所警觉。在一次与土耳其使节见面时，"其人和平历练，有冀与中国交际之意，而从旁赞词者谓，中国回匪变乱多日，土耳其国，实回之根本，若与联属，亦可隐解回匪之势。使者漫听而漫应之，以俟再商"。志刚对此类建议深不以为意，与其交往徒然无益，"淞可引虎拒狼，犹当思，何以待虎？"[①]

这些各种外来势力的干预，辅以西方俄英等大国割裂中国领土的谋划企图，严重考验清朝政府维持西部地区主权和管辖的能力，19世纪70年代无疑是个最为危险困难的时期，清朝中央政府必须就此做出一个重大决定。

面对俄英土三大外国势力，左宗棠积极推动继续向西进军，平定新

---

① 志刚：《初使泰西纪 (1877)》，文海出版社，1975，第122页。

疆，完成西征的最终使命。领土边界限于陕甘，全部放弃新疆，弃之于恶意入侵的阿古柏和沙俄，这是绝对不可以接受的。作为最高决策层的清朝廷中枢，也对西部新疆甚为重视，这其中的原因之一，是他们原本为边疆少数民族，甚为关切也颇为了解边远地区情况要害，毕竟不似很多汉族官僚那样，历来只重视中原核心地区，而对边疆表示轻视，畏惧经营。

二是他们的祖先打下辽阔的边疆领土，道光年间还曾经成功平定张格尔叛乱，恰恰就是当前占据新疆南北的那些部族势力的先祖，为此更加不容他们轻易放弃。当时的局势已然不同于焚毁圆明园之时，并无西方联军进逼京城，无修约丧权之急迫情势，新练淮军等部也已装备与沙俄军队类似的近代武器。此时英俄土等外国势力，尚在边缘地带活动觊觎，还不到军队直接介入、实地占领的地步，中国军队西征平叛为时不晚，又据有收复国土的法理之先，所以可以一战。问题只在选择统帅和筹集资金粮饷。

统帅方面问题不大，已六十余岁的左宗棠自愿请缨出征，作为知兵知将的真正军事家，其在全国的高尚名声毋庸置疑，早已广为传播，久经战阵，仍然不惧沙场和长途奔袭的辛苦。更为重要的是，左宗棠对全国战略大势有着清楚认识，西北新疆万不可丢，否则陕甘受压，边境乱局不止，内地也会受影响，最后东南富庶地区不保，历朝历代多有这种因西部边患压迫而亡的经历。所以左宗棠深怀必保西北的决心信心，如果改派一员怀疑甚至反对"塞防"和收回新疆的将领带队西征，效果必然不佳，后果难测。左宗棠为西征定下具体目标，五年之内可收回新疆，彻底解除后患，不似李鸿章的"海防"战略，漫无目标和进度保证，两者之间，左宗棠更让慈禧太后和朝廷放心，日后果然在仅仅两年时间内便完成大业，说到做到。

在远征所需资金方面，情形则完全不同，最为西征诸事麻烦之首，解决此问题，则左宗棠完成使命的可能性极大。西北荒瘠，难以养军供战，并无铁路，陆路靠畜力运输，路途遥远，陕西以西就路况不佳，前方军队补给常断，后勤问题最大。左宗棠不得已率部下实行就地屯垦，建立营地防地，以军养军，也开通由西安至新疆西域的干线道路，顺便沿途栽种柳树，日后被称为"左公柳"。这一军饷供给的问题成为支持西征派官员的主要弱点，使其在与对立派别辩论时处于下风，几乎危及西征大业，令其半途夭折。

在朝廷中枢的大力支持下，左宗棠获得朝廷指拨实饷，各省酌留的厘金，也请移作西征军饷。户部上奏，决定从各海关六成洋税项下，指拨陕甘军饷一百万两。国内解拨协款不足，收到的海关税项多有它用，左宗棠被迫开始为这一西征计划准备向外借钱，接受官商胡雪岩的建议，向洋商借款，先扣下利息，各省以协饷为凭依，先开借条贷款，然后再由各省以拨到的协饷偿还，最后由左宗棠向清朝廷以西征名义一体报销。左宗棠先从德国银行借款，之后又向其他外国银行借债，均以海关税入担保，所以西征依然是以东南财源来支撑多年征战平乱所需的各项花费支出。

在兵员方面，左宗棠属下的部队，多为湘军余部，近代化装备水平低于李鸿章的淮军，西式枪炮比例低，训练不足，本非最适合于从事西征的主力。此时"剿捻"已经结束，国内并无其他大规模动乱，实力最强的淮军有可能被调动到西部作战。淮军主力刘铭传率领两万精兵，进驻陕西，从属于左宗棠的西征序列。刘部尚未行至甘肃酒泉，就自行止步，基本驻屯于陕西境内。刘铭传本人先行以头部创痛、急需养病为由离开西北，其属下铭字营不服继任将领统领，公开哗变，牵连刘铭传也被革职查办，回籍休养，淮军就此离开西征序列。

这些变动背后的主要原因，是以李鸿章为首的淮军集团对远离东南沿海的边远地区甚不感兴趣，认为以洋人枪炮装备的部队自然应该用在富庶的东南地区，为加强海防服务。但左宗棠经过努力，还是招集到七万军队，刘锦棠部为主力，其他为各省杂牌军，来自河南、四川、安徽等地，唯独没有淮军。即便是伤残兵丁退出兵营，也是由刘锦棠或其他将领返回家乡招集湘籍新兵。他们在左宗棠的统一指挥下，在陕甘地区做足了一年的准备，至1876年才展开西征新疆。

在"塞防""海防"两派的争斗中，"海防"派实际上势力和声势更大，以李鸿章为首，淮军将领占据各省督抚职位的为数甚多，即使被派在西征新疆序列中的部队，也多听从来自李鸿章的指令。李鸿章对西征持反对态度，其理由简明易懂，认为西征徒然糜费军饷，每年挥弃三百万两，财政负担沉重，却最终收益甚微。再联系到新疆的具体情况，与英俄土三国对抗争斗，前景堪忧，不如让英俄土在这片偏远领域去互相争夺，削弱其实力，并重点招纳阿古柏政权，收之为清朝藩属，也不失为一种处置办法。

退一万步讲，即使此时放弃新疆，也无伤中国元气，练兵筹饷之后，可在将来再徐图恢复。如倾向于退让的郭嵩焘所言，"宜从容辨证，何为贸然耀兵力以构衅端，取决廷臣之议论。臣所谓廷臣主战，只是一隅之见者，此也。窃以为国家办理洋务，当以了事为义，不当以生衅构兵为名，名之所驱，积重难返。虽稍知其情状，亦为一时气焰所慑，而不敢有异同"。①

郭嵩焘这一在西域及时收手的观点，也在威妥玛那里得到适当的反响。威妥玛更多的是从英国的角度看待新疆和阿古柏问题，与英国政府在中亚和英属印度的政策相配合，而郭嵩焘则类似李鸿章，视中原加海防远高于边疆，西征徒然无益，再受到威妥玛的影响，认为关系朝廷命运的是洋务边防重点，并不在于这些西部边疆问题究竟处理得如何，边疆城镇是否收复。至于日后能否重新统治新疆，李鸿章的"海防"派对此并无确实把握，不过就此一说，他们所热衷的海军力量在新疆毫无用武之地，而新式装备的陆军也必然会面临左宗棠此时面临的无情现实，长途征伐中前景难测，损兵折将是常事，这些都是淮军将领和封疆大吏一般不愿承担的损失。

李鸿章的淮军集团高层人士自19世纪70年代起，充分发挥了他们的出色营商才能，所以洋务项目经营颇有成就，而在作战征伐上，则明显地日趋保守，随之在国土海疆防卫方面成就欠缺。即使是李鸿章本人，"剿捻"战役结束之后，功成名就，也开始考虑享受仕途顺利、大权在握的成果，负面表现就是怯于或疲于战场和征伐，不再主动投入战场厮杀或情愿承受战争中难以避免的艰难困苦。自鸦片战争时起，中国军队在与西方列强有关的战争中，从未有狨胜甚至惨胜的先例，远在新疆又难免与俄英土三国发生激烈冲突，积极筹办洋务者必然会极力避免陷入这一困局甚至必败之局。由此而来，"海防"派对左宗棠即将经历的西征新疆不仅大力反对，也绝不愿意参与其中。

"海防"派的另一个主要论据，是日本在中国周边海域的冒险活动，此时的中心目标是台湾。清军当时缺乏必要的海岸防卫力量，并无适用于广大海域内的蒸汽战舰，当时活跃于中国沿海的，基本上是外国

①《前兵部侍郎郭嵩焘奏俄人构怨已深遵议补救之方折》，《清季外交史料》卷20，光绪六年四月初五日。

海军如英国、法国、美国等，这些舰队一旦离开，清朝政府对在外洋出现的任何新威胁，将束手无策，无力阻止。当然，"明治维新"之后初期的日本，同样缺乏可真正用于远洋作战和占领岛屿的海军力量，但他们的冒险野心却不受现实条件限制的影响，以往多个世纪的海盗传统和对外扩张的强烈野心，令新日本帝国的首脑人物同过去蹂躏海外岛屿的军阀武士一样，敢于利用一切机会获取海外领土和关键海上基地。

在这种不利情况下，李鸿章作为直隶总督必然十分强调海防和有关海军舰艇的准备工作，担心朝廷中枢和左宗棠主张进行的西征会分走他的海防事业款项，甚至完全挖空政府财库，再无足够资源支撑近代海军建设。因此，日本在台湾琉球进行的一些早期觊觎挑衅活动，虽仍带有试探性质，且尚在中国海域外围，并无威胁海疆口岸，也被李鸿章用来作为例证，支持他自己的论点，以压倒"塞防"和远征新疆派。

从清朝廷中枢的角度看，止步甘肃最明显的坏处在于，新疆很有可能在其他国家经营有年之后，收回完全无望，连藩属国的地位都不能再保，而清朝原先的那些藩属国也将相继弃中国而去。对待新疆，任何"羁縻"、谈判、让步，都远不如实地经制管辖有效。总理衙门尽可以对那些广大地域向外发出外交上的主权声明，但如不以武力收回，声明和谈判的效果同样等于全无。

此时的西部，不仅英俄土三国虎视眈眈，图谋割裂中国领土，而且国际法中的"领土"概念，早已超越了清朝以往固守的藩属观念，实地实施的控制才被认为是近代国家理论上不可剥夺的领土。更何况中国此时的经济实力和近代文明水平绝对缺少感召他族的魅力，新疆当地自行建立的汗国、斯坦国，与清朝政府势不能容，其最终目的是与中国完全隔离开来，并无感化通融、幡然悔悟、自投中华的可能。总理衙门诸大臣在了解了西方近代主权国家的观念之后，对新疆不设防而能顺利回归，已不抱希望。

当时李鸿章尚未成为洋务派的绝对领袖，手头进行的多个洋务项目未见实效，与左宗棠并列朝廷重臣，因此无法一言九鼎，完全以"海防"派压倒"塞防"派或其他派别，在这一次重大战略大辩论中也没有得到朝廷的偏向和全力支持，以致左宗棠得以力排众议，毅然出关，西征新疆最终成行。如果左宗棠此时已经去世，或者李鸿章如同日后一般权倾朝野，其放弃新疆、取消西征的主张必然得逞。

即使是几十年来一向处于弱势的清朝政府，此时也认清了必要时使用武力的明显益处，不再轻信那些"新疆会自然归来"的过于乐观的判断。丢失新疆如此之大的一片领土，毕竟是清廷无法承担的重大损失和难以推卸的罪责。朝臣争辩和廷议的最后结果，是清朝廷于1875年4月做出重大战略决定，以左宗棠为钦差大臣，督办新疆军务，享有西征全权全责。

此时的英国，考虑到本国在西藏、新疆的利益，之前于1874年与阿古柏政权签订了条约，包括通商等条件，正式承认阿古柏为阿米尔苏丹，即军政统帅。有此实在利益，英国政府的官方态度就是竭力阻止清军西征，百般阻挠和恐吓。威妥玛在西征之前就力劝总理衙门不要与阿古柏和沙俄发生冲突，势将不敌，不如主动放弃，以免清军失败后又要割地赔款。清朝政府连续遭遇对外方面的类似挫败，损失惨重，这一警告应该能够达到预期的效果。英国政府之后仍然坚持站在阿古柏一方，不断散布清军失败的消息，又通过威妥玛、郭嵩焘向清朝政府传递信息，允许阿古柏立国，只是奉中国为尊，类似于缅甸等与中国的朝贡关系，清朝政府可以就此收手。①

这些提议完全是为英国利益和阿古柏政权着想，并不现实，因为阿古柏政权已经奉同为伊斯兰教的土耳其为上国，又恃各路叛乱回军聚集新疆，在尚未承受清军沉重打击之前，自然不会听从英国人的建议而与清朝政府认真谈判，再奉中国为宗主国。所以英国政府所要迷惑的真正目标，只能是一个犹豫不定、怯于外事的清朝政府。

但左宗棠坚持进军新疆，并不以英国的威胁为意，也不惧长途远征的艰难处境，积极做出关征西的准备，其先头部队于1874年初即已抵达玉门关，"以策全功，大军应即乘胜出关，速图扫荡，人皆知之，并益以新制连架劈山炮十尊，布洛期二号螺丝后膛炮一尊，七响后膛炮十杆"。②在获得清朝廷正式授权之后，左宗棠于1876年移防，出嘉峪关，大本营扎于肃州，号令刘锦棠为首的清军进兵新疆。

作为乌鲁木齐提督的成禄，却畏缩不进，守于酒泉，放任新疆被占而不清剿，给左宗棠留下巨大困难。作为领军将领而畏战渎职，情节严

---

① 郭廷以：《近代中国史纲》，中文大学出版社，香港，1980，第182页。

② 《官军出关分次第行走折》，《左恪靖侯奏稿续编》卷54，同治十二年十二月初十日，第13—21页。

重，加上在酒泉滥伤无辜，与被左宗棠侦破成禄造成的重大地方冤案，一并处置。在新疆方面，原先在新疆境内的本地各族居民，当年也曾积极抵抗作为外来势力的阿古柏部，即所谓安集延(浩罕汗国)来的人，遭阿古柏军残酷屠杀，被迫屈从，此时也转而支持西征清军，令阿古柏政权内部分裂，堡垒不稳。

阿古柏分派白彦虎和其他回军防守新疆北疆，作为阻挡左宗棠清军的前方防线，分布于乌鲁木齐、玛纳斯一带，拥有两万人左右的兵力。但刘锦棠率领的一万余清军快速奔袭，通过血战，打败回军和阿古柏部的所谓"夷兵"，攻占北路的古牧地镇，直接威胁到南边不远的乌鲁木齐，白彦虎因不在城中而逃避。"被困求救于乌城逆首阿奇木者，其批回言，乌城精壮已悉数遣来，现在三城(乌鲁木齐、迪化州、安集延)防守乏人，南疆之兵不能速至，尔等可守则守，否则退回乌城，并力固守亦可"。刘锦棠军歼灭了这一部敌军后，乌鲁木齐更加空虚，因此乘胜急攻，接连攻下乌鲁木齐和玛纳斯等城，白彦虎和阿古柏部相继南逃。"乌鲁木齐各城自同治三年(1864年)，逆回肇乱戕都统提督，窃踞其中"，至此方才收回。①

刘锦棠在收复北路后，随之在冬季整兵待战，至1877年春天，再次出击，先后收复达坂城和吐鲁番，击败白彦虎部和阿古柏派出北上的援军，新疆北疆基本平定。这些西征中的重大进展沉重打击了阿古柏政权，他们在侵入新疆之后借助于各地地方起事而一度顺利进军，此时突然遭遇清军强力反击，遭遇重大挫折，证明他们并不具备对抗西征清军的实力，而最具军力的沙俄伊犁占领军，此时选择坐地旁观，有时甚至支援清军粮草，令阿古柏更无力支撑。阿古柏于1877年5月在库尔勒去世，据说是饮药自杀，"帕夏(阿古柏)知人心已去，日夜忧泣，四月上半月服毒药死了"。②虽然阿古柏之子海古拉继位，但手下各部属互相攻击，以求夺权，他也只有被迫西窜，退缩至南疆数城以图自保。

此时清军已经逼近沙俄侵占的伊犁，位于清军的正西面，但清朝政府尚未与俄国外交代表取得相关协议，所以刘锦棠先绕路进军南疆，完成收复国土的使命。南疆的白彦虎部，裹挟大批牧民居民西逃，"瞥见

① 《攻打古牧地克复乌鲁木齐迪化州战状折》，《左恪靖侯奏稿续编》卷63，光绪二年八月初一日(1876年9月18日)，第1—8页。

② 《逆酋帕夏仰药自毙折》，《左恪靖侯奏稿续编》卷67，光绪三年六月十六日，第6页。

前面骑步数万，以测微镜瞭之，见持械贼不过千余，其余皆扶老携幼，驱车牵牛，杂众攒集，知为贼胁难民。刘锦棠传令，手持军械者斩，余均不问"。①白彦虎残部接连退出库尔勒、库车、乌什、阿克苏等城，等于是望风而逃，接近穷途末路。新疆民众也起而响应，协助左宗棠、刘锦棠大军，"各地百姓相望于道，军行所至，或为向导，或随同打仗，颇为出力"，也有关闭城门的，拒绝白彦虎部进入躲避。②

刘锦棠率军继续追击，董福祥收复和阗，刘锦棠夺回喀什噶尔。白彦虎之前对清军作战历来善于逃匿，此时也无处藏身，"贼目金山弃马而逸，旋经布鲁特人缚献"，只得率残部千余人向西逃窜，进入俄国人控制地区，受其保护，"俄国边官于新疆交涉各案，屡持异议，此次给与首逆白彦虎等路票，致诸贼深入为寇，戕害我民人，骚扰我台站，劫掠我驼马"。③

白彦虎之后逃往塔什干，即当年浩罕军官阿古柏起兵入侵新疆之起源地，无法追索，左宗棠、刘锦棠等对此都非常遗憾，"自引为大恨"。④清朝政府一直向沙俄政府交涉交回白彦虎，如刘锦棠所奏，"逆酋白彦虎与其党马壮及安夷阿古柏之子胡里等，久为叛逆，关内新疆连被蹂躏，迫大军痛剿，穷窜入俄。……亦未忘致死于我之心，数年来引奸出亡，嗾党入犯之案，层见叠出。其随从窜俄者，亦有思归故土之念，窥隙伺变，起而乘之。……仰恳圣明，仍敕总理衙门与彼国驻京公使执约理论，或令曾纪泽向俄言明，务将白彦虎等解回"。⑤

虽经清朝政府各种交涉，沙俄政府之后仍拒不交出白彦虎，仅允诺"将白逆彦虎禁锢于距离中国边界较远之地，严加管束"，⑥左宗棠、刘锦棠也无可奈何。白彦虎残部在一段时间内不停以小规模部队窜扰新

①《官军连复喀喇沙尔库车进规阿克苏折》，《左恪靖侯奏稿续编》卷67，光绪三年十月十四日，第14-15页。

②陶文钊：《沙俄侵略者与阿古柏》，《近代史研究》，1979年第2期，第192页。

③《陕回逃匿俄境分道寇边截剿净尽折》，《左恪靖侯奏稿续编》卷73，光绪四年十一月初三日，第9-10页。

④何维朴：《刘襄勤史传稿》，湖南湘乡市委办公室藏书复印件，宣统二年，第27页。

⑤《新疆督办刘锦棠奏向俄索交白彦虎折》，《清季外交史料》卷25，光绪七年四月十七日。

⑥《使俄曾纪泽奏白彦虎窜入俄境俄国允加禁锢折》，《清季外交史料》卷27，光绪八年正月十八日。

疆边境地方，被刘锦棠率兵坚决打退，失败之后余部只能限于自保，在逃亡地生存繁衍下去，白彦虎本人于1882年中在沙俄的比什凯克（今吉尔吉斯斯坦）去世。

至1877年底，左宗棠西征已经取得圆满结果，完成既定使命，不负清朝廷和总理衙门所托重负。以刘锦棠为统领的清军在收复新疆的过程中，不畏苦寒，进展神速，战术机动灵活，在大约一年的时间内就收复了新疆全境，各地大致安定，连被阿古柏政权摧残逼迫驱散的土尔扈特族人，也得到及时安置，"设局支给食粮，到喀后收集该部人众，饬由善后局及防营妥为照料，令其照旧在珠尔都斯地方游牧，其贫困不能自存者，酌发赈粮，俾免失所"，①土尔扈特族得以重归旧土游牧生活。

除了沙俄军队占领的伊犁城外，阿古柏侵占十几年的中国疆域，又回到清朝政府手中，重新确定为中国领土。自鸦片战争时起，清军在对外争端中尚未有过获胜机会，只有此次左宗棠领军的西征，既夺回边疆领土，又在军事上沉重打击敌军，在采取对外军事行动时并未示弱，取得战场上少有的胜利大局，非常之难得。

在此之后，左宗棠在新疆部署的清军，实际上已经从三面将沙俄侵占的伊犁地方包围起来，置那块突出军事地带于十分不利的境地，如果清军继续向前推进，有相当把握拿下伊犁。这一明显包围之势和清军之前的辉煌战果，是令沙俄在伊犁不敢轻动的主要原因，也在实力上支撑着清朝政府的对俄谈判。沙俄势力远及中亚中国，与左宗棠、刘锦棠一样，面临劳师远征之苦，作为欧洲较为落后的地区国家，征服和管理中亚陌生的广大地区，资源人力耗费极大。

沙俄于1877年对土耳其宣战，在左宗棠收复新疆之时，正在经历与土耳其的地区争夺战，同时面临着英国等国的抵抗和制约。沙俄在应对伊犁问题时，自然采取了投机取巧的方法，趁机占领，又留下愿意归还的活口，试图以伊犁为抵押物，向中国勒索更多权益，而对于借此机会与清军在新疆大打一场，如同巴夏礼借用"亚罗"号纠纷进攻广州的再演，则未必准备直接军事卷入。

左宗棠的西征不仅清除了西北新疆境内的民族分裂势力，也在客观上成为日后清朝政府修约谈判代表曾纪泽的坚强后盾，有此军事存在，

---

① 《土尔扈特仍归旧土游牧片》，《左恪靖侯奏稿续编》卷73，光绪四年十二月初六日，第15—16页。

在相当大的程度上打消了沙俄不费吹灰之力就拿到伊犁基地并继续向东方内地扩张的念头，同时也阻截了英国冒险势力经由西藏北上的路径。这被视为晚清对外作战唯一胜利，托左宗棠和刘锦棠之战功，众多条件汇合而成，其中清朝廷中枢对西征的坚定支持是必不可少、不容忽视的决定性因素。

在清军立足于新疆的基础上，后面的遗留问题就是新疆善后设省，和从沙俄手中拿回伊犁。这两者是并存共生问题，只有新疆设省，才能彻底确立清朝政府对这片中国领土的主权，不再依靠以往的藩属朝贡关系，打消西方列强利用这一点挑拨民族关系和蚕食边远领土的念头。

身负西征重责的左宗棠，在军事征伐的同时，就在考虑筹划新疆未来大局。光绪三年七月初二日上谕："左宗棠所陈，统筹新疆全局，自为一劳永逸之计。南路地多饶沃，将来全境肃清，经理得宜，军食自可就地取资。该大臣所称地不可弃，兵不可停，非速复腴疆，无从着手等语，不为无见"。①左宗棠至少做到了争取朝廷不要一意偏向"海防"派，轻易放弃新疆和西部国土。新疆西部的善后工作已经开始，"修竣河渠，建筑城堡，广兴屯垦，清丈地亩，厘正赋税，分设义塾，更定货币"，以致普及桑蚕业，"自安西州、敦煌、哈密、吐鲁番、库车，以至阿克苏，各设局授徒，期广浙利于新疆"。②

左宗棠奉诏进京陛见和出任军机大臣后，刘锦棠署理钦差大臣，督办新疆军务，成为西北地区的绝对军政首脑。此时尚属于朝中清流的张之洞，对刘锦棠统筹全局的能力尚有怀疑，"左宗棠内召，刘锦棠素为军锋，该大学士自必荐为西帅，惟是刘锦棠勋绩虽多，资望非左宗棠之比。张曜百战宿将，名位相垺，恐怀觖望之心，致成不相下之势"。③左宗棠则竭力推荐，认为刘锦棠"忠勇罕俦，机神敏速，有谋能断，履险如夷，实一时杰出之材"，④让其接任自己所承担的西部军政职权，将"钦差大臣"的关防交给刘锦棠。其后事实证明，左宗棠的判断是正确的，刘锦棠的韬略足以掌控大局。

① 《左恪靖侯奏稿续编》卷67，第14页。

② 《敬陈新疆善后事宜折》，《左恪靖侯奏稿续编》卷76，光绪六年四月十七日，第11、17页。

③ 《敬陈东防西防事宜片》，《张文襄公奏议》卷3，光绪六年九月十二日。

④ 《攻打古牧地克复乌鲁木齐迪化州战状折》，《左恪靖侯奏稿续编》卷63，光绪二年八月初一日，第8页。

刘锦棠在持续获得军事上的进展之外，进而提出新疆设省的具体全面构想，在此事上最为积极，认识清楚，从当地的实际情况出发，努力彻底扭转内地大臣官僚轻视西部边疆的固有观念，也以自己西征头等功臣、多年办理地方事务的身份，去影响和推动清朝廷中枢，在这一事关国家长远战略利益的问题上，做出正确选择。

刘锦棠得到朝廷重臣左宗棠的大力支持，但在具体勾画中提出了与左宗棠略为不同的建议。左宗棠早先提出在新疆设立总督职位，统管境内西部军政，"设官分职，改设郡县，自可收一劳永逸之效。……新疆形势所在，北路则乌鲁木齐，南路则阿克苏，以其能控制全疆。……谨拟乌鲁木齐为新疆总督治所，阿克苏为新疆巡抚治所"。[①]

刘锦棠并不完全依附左宗棠的意见，提出自己的修改想法，"新疆本秦陇之屏障，燕晋之藩篱。……惟将新疆另为一省，则臣颇以为不然。……各省中郡县之最少者，莫如贵州、广西等处，新疆则尚不能及其一半，其难自成一省情形，亦已明矣。且新疆之与甘肃，形同唇齿。……若将关内外划为两省，以三十余州县，孤悬绝域，其势难以自存"。[②]

刘锦棠的设想，是设新疆巡抚，置于陕甘总督之下，按照新疆的实际地域面积，足以设置管辖一省以上的总督一职，但西部地域人口稀少，不足以供养总督和巡抚双重衙门的庞大官僚机构，而设置巡抚，与内地其他单一省份相同，更有助于明确新建新疆作为从属于中央政府的地方行政独立单位的地位。

权衡之后，刘锦棠建议设立甘肃巡抚，驻乌鲁木齐管理新疆，即哈密以西地域，仍在陕甘总督之下，巡抚之下设各道台提督等官位，加按察使衔，再辅以县厅的基层机构，以管辖新设的新疆。在最后从沙俄那里拿回伊犁之后，各项条件具备，清朝廷最后决定于1881年在新疆设省，按照既定方案，原先散布各地互不统属的地方机构和将军驻地，统一成为日后新疆政府大员下的附属单位，伊犁将军的辖区只限于伊犁附近的防务，权力大减。由于一些伯克曾经私怀野心，招引外来势力，少数民族地区的伯克制度此后也随一些旧日地方官职如参赞大臣等，一道被废除，统统归于新疆省府厅县的管辖之下，整体由特殊的边疆军府性

---

① 《覆陈新疆宜开设郡县折》，《左恪靖侯奏稿续编》卷76，光绪六年四月十八日，第27～29页。

② 《刘锦棠折》，《左恪靖侯奏稿续编》卷76，光绪八年八月，第48～50页。

质，转为正常的地方民政系统，走向与内地行政单位建置的一体化。刘锦棠于1884年奉命首任甘肃新疆巡抚，魏光焘任布政使，开始正式设府经营新疆。

刘锦棠拥有军事才华和施政才能，具备突出的领袖素质，方得以在广阔的西部战场上不断清剿敌军，取而胜之，打垮敌人精神士气，令其望风而逃，作为年轻虎将，战绩超过了当时众多湘淮军名将。之后以封疆大吏身份独当西北边境，长期规划新疆政务，收效显著。作为苦战西北的头等功臣和军政大员，至中日甲午战争时，清朝廷仍召回刘锦棠筹备军务，率军赴东北，但他突遭中风，不得成行，死后谥襄勤。

新疆虽然地域遥远，却不同于内蒙和西藏，属于中央政府直接管理辖制，位列通常所说的大清十九行省之一。这一举措的最关键之处，就在于中央政府深切意识到新疆局势的复杂，毗邻西边中亚诸国和最具吞噬领土野心的沙俄，不设省不足以管制，借以减少沙俄觊觎中国西部领土权益之念，遏制其冲动冒险。

在西征和悉心经营之后，那些一直处心积虑起事、利用地方管理松弛而作乱的各族分裂势力，看到的反而是一个清朝政府辖下的新的省级区域，比之西藏、云南等自治性质仍在的地区，与中国内地联系更加紧密，其维护国家统一、领土完整的历史意义，非同寻常，左宗棠、刘锦棠功不可没，就此开启西部疆域稳定开发之大局。这也是清朝政府在洋务开放阶段内跟随世界上各民族国家和国际惯例而走出的关键一步，在法理上不再给外来颠覆分裂势力以像样的借口，得以名正言顺地规划管理新疆这一占到现代中国国土总面积六分之一的广大疆域。

二、罕有的外交成就——收回伊犁

西征讨伐的顺利进展和军事成就，并未完全解决新疆疆域的问题，还余下最后收回伊犁一事，才算全功。这不是左宗棠个人所能解决的，收回伊犁涉及国际争端和与沙俄的交涉，奉有朝廷命令，左宗棠方才可以动用武力，下令进兵。此事牵涉到对外关系，需由中央政府和总理衙门处理。清朝廷因为通商大臣崇厚之前办过洋务及领队赴西洋谢罪等对外交涉事务，官衔够高，所以于1878年6月派他以钦差大臣身份，赴俄国商谈收回伊犁的安排事宜。

俄国最初进兵占据伊犁时，通过驻华公使这一正式外交渠道，对清朝廷假言只是"代收"，日后清军收回新疆之时，即归还伊犁。实际上他们并不期望清军收回新疆全境，为此多方面支持阿古柏政权，通过给清朝廷制造更多的麻烦而尽量拖延伊犁问题。他们也不相信清军真有收复新疆的能力，会在某一天重返伊犁城下，因此基本上已做侵夺伊犁为东进基地的长远打算。[①]但左宗棠和刘锦棠麾下的部队，虽然不是清朝军队的精锐，却得益于统帅才智，将领身先士卒，不畏艰难，而依靠外国势力的阿古柏政权衰败之快，又超出预想，之前趁乱攘取的领土被清军陆续收回，令俄国政府颇感意外，甚至毫无准备，连占据伊犁的俄军都感受到威胁。沙俄妄想落空，又无意爽快交回伊犁，只有自食其言，赖在伊犁不走，其理亏在先，失去国际信誉，等到清朝政府派出赴俄谈判代表时，才不得已试图通过谈判保住既得利益。

崇厚1878年中抵达彼得堡，交涉归还伊犁之事，未做相应周密准备，只将此作为类似于他之前经历过的法国"谢罪"之行，或者海外游历之旅，因此为俄国代表有意排出的隆重接待所惑，拖延下去，同时由于俄方在会谈中扯进不少其他事项，加进越来越多的无理要求，以致谈判时间接近一年。最后崇厚草签了《交收伊犁条约》（"里瓦几亚条约"），即自行回国复命。崇厚无能受骗，以拿回伊犁为唯一目的，自认完成使命，却在其他方面轻易对俄国政府做出让步，划定新国界，放弃该城西部西北的霍尔果斯河地区，开放多个领事口岸，做出白银赔偿，俄国商人特享免税待遇，松花江航行权，等等。重新划定之后，伊犁城孤立存在，几面被俄国边境包围，"将伊犁南边两山之间一带空地约数百里让给俄人，内有通南八城之路，亦被包阻"，伊犁与南部阿克苏的交通线路被切断，情势十分不利。[②]

对这一明显丧权辱国的条约，总理衙门深感震惊，无法想象崇厚何以为了一座空城而私自放弃如此巨大的利益，将一个简单的交涉事件，演化为两国之间一次涉及广泛的重要条约签订活动。左宗棠最为气愤，担心他和手下将领千辛万苦征战而来的重大成果，被愚蠢的崇厚一纸草约葬送掉了。清朝政府碍于国内激愤的舆情和外交失败而来的巨大羞辱，以崇厚擅自签约、不具全权身份为由，拒不批准，对崇厚革职治以

---

① Boulger, D.C., *The Life of Sir Halliday Macartney*, John Lane Company, London, 1908, p334.

② 《复曾劼刚星使》，《李文忠公全集·朋僚函稿》，光绪五年十二月五日。

重罪。

1880年3月曾纪泽被任命为全权特使，再去俄国重开谈判。李鸿章自认是外交重臣和公认老手，对曾纪泽稍有轻视，"此举殊欠斟酌。……劼刚（曾纪泽）名位视地翁（崇厚）相去远甚。……劼刚则由海外移俄，知其未曾面圣亲授机宜，又英俄猜嫌已深，劼刚与英人交密，俄必疑其与英勾串，更格格不入"。[①]由于李鸿章本人持妥协立场，不愿重议崇厚所签条约，激怒沙俄政府，因此对曾纪泽的使命抱消极态度。

崇厚遭到惩罚，明显是对俄国政府的直接否定，在外交上给其以难堪，令其态度强硬，借此拒绝了清朝政府的修约要求。既然已经迫使崇厚签订一个大有利于俄国的条约，俄国政府自然不愿再有麻烦，若重开谈判，恐怕不会遇到像崇厚这样容易对付的他国外交代表。

英国在阿古柏侵占时期，也曾积极施以援手，鼓励一个外来地方政权与清朝政府对立，对左宗棠西征和收复新疆之顺利神速，英国政府很不适应，连为阿古柏向清朝政府求情保命的时间都不够充分。骤然失去阿古柏之后，英国人原先在新疆地区内享受的优惠待遇，被一笔勾销，只得再回过头来向清朝政府提出通商等要求，他们对伊犁的态度也随之调整。

如果清朝政府与历次外交纠纷中的表现相同，不与沙俄纠缠伊犁问题，仅满足于依靠自己力量收回的新疆大部分领土，则英国没有必要与俄国交锋，这也是英国外交部和威妥玛向郭嵩焘建议主动放弃伊犁的原因；如果清军在收复伊犁问题上与沙俄爆发直接武装冲突，英国政府的立场就变得微妙了：助沙俄打败中国，则俄国在本地域内的势力大增，而协助中国拿回所有权益，则有损于沙俄这一同属欧洲国家的利益，不利于维护英国大国主宰的超然地位。由于清军只剩伊犁这一地区未能独自收回，极有可能通过外交谈判达成某些协议，特别是在中国做出一些让步之后，包括最终放弃伊犁，所以英国对于中俄谈判抱着促进的态度，但并不认为清朝政府能够真正拿回应得权益。

曾纪泽的随员之中，包括英国人马格里和法国人日意格，为曾纪泽提供意见，也间接地向俄国政府表明，其他欧洲大国会密切关注曾纪泽之行，随时折中斡旋。按照马格里的意见，由于俄国原本就正式声明不会占据伊犁，它若为此而动用武力就是不正义的，即使重开谈判，曾纪

---

① 《复丁稚璜制军》，《李文忠公全集·朋僚函稿》，光绪六年三月一日。

泽使团达成协议的可能性也非常大。[1]

沙俄在对土耳其战争中进展顺利，但在英国、法国的干预下，并未完全达到目的，同时战争之后也在休养生息，面临财政困难，广大欧亚大陆上的兵员也不敷分配。沙俄在中亚有重大利益企图，主要应对土耳其，若同时对中国开战，将难以支撑资源人力方面的巨大需求，故此当面对在不到两年时间就收回新疆全境的刘锦棠部时，在新疆大举开打，并不是他们的首选对策。

俄军要进行战备动员和部队调动才可以对华作战，而清军几乎就部署在伊犁城下备战，陕甘等地早已平定，后方通向伊犁前线的通路业已打开，新疆本地顺利恢复正常秩序，在刘锦棠部署之下积极准备新疆设省，边疆地区日益巩固，远非俄军当年趁虚侵占伊犁之日的混乱形势可比。清朝境内整体已无重大叛乱和地方割据政权，1876年之后，清朝廷正在享受近代极为少见的和平时期，太平天国、捻军、陕甘新疆叛乱均已平复，或接近平复，英法海军不再炮轰沿海港口，日本海盗式的骚扰冒险，对中国本土的影响尚微，清朝中央政府得以从全局出发，集中力量对付这一西北方向的边界纠纷。

沙俄用来恐吓清朝政府的惯用伎俩，是派军舰到北方沿海巡弋，或在东北地方制造事端，但沙俄帝国尽管陆军凶悍，却一向并不以海军见长，对清朝廷的威吓力远不如英国海军那般赫然有效。俄国由于发动对土耳其的战争，招致一些忌惮它的西方国家，包括英国，对其实施外交孤立，一旦对华开战，必然不能期望大批欧洲联军前来支援，只有依靠本国军队缠打下去。英国等国的军火商仍然在向中国大量输送武器装备，包括克虏伯大炮和陆军枪炮。所以虽然俄国谈判代表不时以马上开战相威胁，但其中威吓成分为多，劳师远征的欲望并不如恐吓词句中所表达的那么强烈。

尽管如此，针对沙俄发出的武力威胁，清朝廷还是相应地做了必要的准备，以李鸿章督办北方沿海口岸的防务，拱卫京师，老将彭玉麟等复出后巡视长江，由刘坤一等督办南方沿海海防。各种部署之中，最为关键的是左宗棠在西北边疆的军务，临近伊犁，对那里的俄军施加压力，如果两国开战，马上就会直接与俄军交火，所以必须做好必要准备。江南制造局等洋务军火企业加紧生产枪炮，而由英国海军军官琅琊威

---

[1] Boulger, D.C., *The Life of Sir Halliday Macartney*, John Lane Company, London, 1908, p340.

理率领的小舰队已于1879年底抵达大沽水域，拥有四艘新从英国阿姆斯特朗定制的四百吨炮舰，"镇东""镇西""镇南""镇北"，编入新建的北洋水师，李鸿章亲自接收，这一重大举措对由海路来袭的外敌，具有一定震慑作用。

面对恃强蛮横又占有某些先手的俄国政府外交代表，具体进行谈判的曾纪泽自然重任在肩，无可回避。曾纪泽本人的身体状况并不好，虽然是四十多岁的中年，却时常因病头痛，需在家静坐而无法办公，此时远赴俄国，情势又十分不利，压力甚大，特别是要推翻前任的签约，把在纸面上已经失去的领土再从沙俄政府那里要回来，万难之难，近乎无望。"探虎口而索已投之食，障川流而挽既游之波，事之难成，已可逆睹"。①曾纪泽秉承其父曾国藩的"挺功"，坚忍不拔，坚定信念，不为一日之安，听从某些劝和，而遗留后世患害。

早在赴俄之前，曾纪泽就已提前做些准备，"阅中西舆地图良久。因闻崇宫保与俄人订约交还伊犁，颇失要隘，为英法人所窃笑，故披图考察地形"。他对崇厚轻率从事，甚为不满，"本是艰巨之任，然须经由伊犁等处，亲览形势，乃与订约，方为一劳永逸，先难后获，否则恐为所欺。崇公取道海上，径达俄都，事虽神速，暗中不能不小有损失"。②曾纪泽力求有所补救，中俄双方代表前后进行过五十多轮的谈判，对曾纪泽的体力意志都是极大的考验。

曾纪泽首先要促使俄国政府承认确有修约的必要，虽然崇厚已经草签条约，曾纪泽对俄国人的解释是本国并未批准条约，因为崇厚严重违背了朝廷给他的指示，做出无权承诺的其他让步，所以修约和重开谈判势在必行。俄国政府自然不愿承受这一意外麻烦，好不容易蒙骗崇厚签约，再次谈判恐怕不会再次蒙骗成功，颇费周折，因此非常敌视曾纪泽使团，曾经威胁要改到北京去谈判，利用清朝廷害怕外国人在京城闹事的心态，达到回避修约的目的。由于草签的条约得不到正式批准就要作废或重新谈判，俄国政府之后不得不同意与曾纪泽进行谈判。

曾纪泽持续与俄国代表做长时间的口舌之争，刚柔并济，不为对方的大话恐吓所动，将其知识机智发挥到极致，有进有退，坚定而又灵活，既要全部拿回伊犁地区，又在做出相应让步时尽量减轻受损程度，

① 曾纪泽：《致陈兰彬书》，光绪六年二月初三日，巴黎，《近代史资料》，第75号，第153页。
② 曾纪泽：《出使英法俄国日记》，光绪五年九月初五日。

毕其功于一役。曾纪泽也十分注意拉拢英法等国，利用他们与俄国的矛盾，起码要避免这些国家站在俄国一方与中国作对。这些活动不仅令俄国代表头痛，也让他们在动武或无边要价方面有所忌惮。曾纪泽的外语能力无疑对此有所帮助，特别是在与英国驻俄公使达夫林勋爵（Dufferin）的私下沟通中。由于曾纪泽在对俄谈判中坚持原则，俄国人把他列为"强硬派"或"好战鹰派"，明显缘于曾纪泽不同于他们平时所见过的清朝官员，特别是不同于前任崇厚，他不仅充分了解西方社会和国际规则，而且不出于个人私利去随意交换国家利益，难以对付，所以甚不合俄国人的心意。

清朝廷内部对这一事态存在着不同意见，左宗棠和曾纪泽在国内外保持与俄国的对抗立场，以军备为后盾，力争拿回伊犁和新疆全部主权，又不要做出太多让步，而李鸿章等则倾向于达成协议而不愿卷入战争。如同西征时的朝议分歧，对沙俄是战是和，似乎又是两派对立。其实更为好战的是政府内外的清流人士，包括闲散文官张之洞，上奏严惩崇厚，主张公开与沙俄开战，绑架了舆情，得到醇亲王等的支持，令和谈派缩手缩脚。前洋枪队首领英国人戈登，经由赫德发电报请他来华，为朝廷疏解危机。戈登闻讯，辞去英属印度总督秘书的新职，直接赶到天津与当年的同僚李鸿章沟通和谈途径，却没有去北京见赫德，令其感到疑惑不解。[1]

戈登按照他自己的经验和思路，力挺和谈，认定中国不能主动开战，除非有战胜的确定把握。在与醇亲王等朝廷亲贵和总理衙门的会议上，戈登力辩开战不宜，并主动拿出字典找出"愚蠢"（idiocy）一词的中文，让各位王宫大臣传看。[2]戈登来到中国，还引出一些意外事件，德国公使巴兰德（Brandt）在中俄之争中制造混乱，试图联系李鸿章的淮军集团，以戈登为总司令，打到北京推翻满清朝廷。这种筹划等于是成为正在同中国较力的沙俄帮手，戈登原以中国利益为重而来京劝和，对这种恶意企图断然拒绝。[3]

由于戈登以往的战将名声和他提出的详细防务建议，清朝廷对他的强硬表态不以为冒犯，又受各国公使的压力，所以勉强同意李鸿章派的

① *Robert Hart and China's Modernisation*, p329.

② Boulger, *The Life of Gordon*, T. Fisher Unwin, London, 1896, volume 2, chapter4, p57.

③ Boulger, *The Life of Gordon*, T. Fisher Unwin, London, 1896, volume 2, chapter4, p55.

立场，不必求诸于动武，一切都寄望于曾纪泽的谈判努力，同时给予曾纪泽指示，便宜行事，从权在一些具体事项上做出让步，如加大赔款额。出于战和形势胶着不定，一向自愿担当清朝政府外交顾问的赫德也失去了平日的镇定心态，抱怨朝廷和主战派对崇厚一事处理不当，惹怒俄国政府，曾纪泽败坏曾国藩的良好声誉（在处理天津教案中让步），并预期一旦两国开战，俄军必将会闪电般大胜。[①]

在如此压力和变幻莫测的形势之下，沙皇亚历山大二世不愿为伊犁之争再拖下去，当年的冒险推进已经获利不小，不如就此收手。曾纪泽终于挺到了最后。中俄两国于1881年2月底签订《中俄改订条约》（《彼得堡条约》），不仅从俄国人手中收回了伊犁城，而且收回一些崇厚随意出让的权益。

在这一众多不平等条约当中最为不平等，是中国被迫出让了伊犁以西偏西北方的霍尔果斯湖一带的地区，此乃崇厚先前犯下的大错，难以挽回，曾纪泽只有通盘考虑，从其他方面为大清挽回权益。曾纪泽做出了十分明智的选择，以收回领土为先为重，领土长久存在，失去之后则几乎再也难回，为此做出其他适当的赔偿，以弥补崇厚之失。按此策略选择，条约最后约定由崇厚草约时的近三百万两赔款加至五百万两，但中国收回了伊犁南部特克斯河流域几万平方公里的领土和重要的穆扎特关口，伊犁之南不再空虚临敌。其他通商领事等条款也相应修改，包括取消了俄国人在东北松花江的航行权，维持原状。曾纪泽通过力争，迫使俄国代表从最初多方索取的立场大为后退，大幅减少了崇厚盲目签订的条款中权益的平白流失。

中国于1882年收回伊犁，曾纪泽没有把这一艰难使命变为又一次"谢罪"之行，反而以高度智慧和外交手段夺回实质权益和领土，一扫那些针对中国和此次谈判的怀疑悲观情绪，包括来自朝廷外交首脑李鸿章的质疑和不屑。英国驻俄公使达夫林勋爵的话代表了许多西方政府人士和外交家（甚至包括俄国外交代表）对曾纪泽的高度赞许："中国迫使俄国做了一件后者从来没有做过的事情，把已经吞进去的领土再吐出来"，令一向自负而又慎防沙俄的英国人也自叹不如，以曾纪泽为代表的中国形象在西欧国家中大为改善。[②]

---

① *The I.G. in Peking*, p328.

② Boulger, D.C., ***The Life of Sir Halliday Macartney,*** John Lane Company, London, 1908, p355.

曾纪泽远在海外，在谈判桌上争回依靠武力都不一定能够拿回的领土，取得京城朝野都未曾料到的满意结果，不辱使命，成功回朝。他以一直被西方人视为落后衰败国家的代表身份，从西方国家之一的沙俄手中夺回正当权益（常被形容为虎口夺食），完成了西方国家代表也难以确保做到的艰巨任务，成为近代外交史上少见的事例，更是中国鸦片战争以来所仅有。这样的外交佳绩，连李鸿章和左宗棠这样的朝廷重臣都大为赞赏，认为不负其父曾国藩的大名和期望。曾纪泽在负命赴俄谈判时，就普遍被认为是清朝廷可以找到的最佳人选，他最后以实际行动和成就，证明他不负众望，无可置疑地成为日后中国对外交往人员的杰出典范。

前有左宗棠、刘锦棠，后有曾纪泽，清朝廷内这些新起的军事家、外交家，在与沙俄斗争的过程中充分展露他们的杰出才华，造就清朝晚期的一大事业，在幅员广阔的西部建功立业。当时收回伊犁、定约沙俄的直接效果，就是为中国赢得国际声誉，为全国的洋务运动提供空间和一片生机，也令清朝廷在处置西部威胁之后，得以有余力对应来自东部海防的其他外来挑战，不至于东西两面同时受敌，其中重要收益之一，就是沙俄政府在法军侵犯越南和中国南部边境时，也未对西部边陲的伊犁发动武力突袭或摩擦冲突。

用兵和经略中国西部不仅麻烦多多，之后所得收益也一时难以见证，看来荒瘠的西部边疆，面对的是贪婪嗜武的沙俄，长期的边患和财力人力的巨大耗费，达数千万两白银，令人闻之却步，即便是李鸿章这样的领袖人物，也因看重支出而倾向于自愿放弃。但是清军西征、新疆建省的长远战略意义，只有真正的战略家（平心而论，也包括清朝最高决策者）才能看穿迷茫，切实领悟，不仅主动出兵平乱，收回领土，勘定边疆，规避边远祸患逼近腹地之险，更为近现代中国维护国家主权的各项活动，奠定了符合国际法要求的坚实基础，惠及千秋。

三、中国助属国越南抵御法国入侵

中俄交涉结束后不久，即有法国经由越南向北推进，引起与中国的边境外交纠纷，最后导致中法两国之间的局部战争。中国近代晚清的对外关系，颇受原先藩属国之累，由于提供名义上的保护而陷入必战的窘境,反而自身受损,毫无所获,最后一再失去这些所谓的藩属国,无论越南、朝鲜、琉球,都是如此。第二次鸦片战争之后,清朝廷理应了解到这一残酷的现实,即藩属国本不可靠,既容易为外国势力侵入,又会出于私利脱离原宗主国中国,去投靠更为先进强大的外国。

越南在相当长的历史时期内都是中国历代王朝下的郡县,清代自立为属国,连"越南"这个国名,也是嘉庆皇帝在拒绝了阮氏王朝请封的"南越"名称后而另定的。在那块狭长的地域上,阮氏王朝以中部顺化为都城,主要城市北有河内,南有西贡,在名义和传统上都臣属于中国,原无异议,清朝政府也视其为主要朝贡国之一。但鸦片战争之后,中外关系地位的急剧变化同样影响到越南,藩属关系的存在成为一个严重问题。中国当时在北方面对沙俄,东方为日本,南方有英国割据的香港以及远在南亚的印度,是英国遥控东亚的基地。在这些外国势力盘踞地方之间,又有法国插进来施扰,成为边患之一。

法国在欧洲的地位颇为特殊另类,一度占有西欧大部,攻入俄罗斯,之后沦为一般大国,又惨败于普鲁士之手,名声大损,但在英国分裂欧洲的战略性支持下,仍然忝列欧洲大国之位。在殖民扩张方面,法国追随英国的步伐,不论大革命或皇室期间,都不懈图谋割据海外领地,一个颇为典型的例子,就是他们几乎抢在英国人前面,踏足澳洲悉尼港,把这块新大陆置于法国王朝之下。在亚洲方向,法国的运气同样不太好,印度、缅甸等地都被英国占去,日本被美国打开大门,法国只有另打主意,把越南列为自己的主要目标。

法国传教士先渗入越南内地,摸清当地的情况。在英法联军打败清军和支持湘军、淮军镇压太平军的过程中,法国海军深刻意识到,法国在东业缺乏自己的殖民地和港口,给他们的远征带来极大不便。法国然后于1858年起组织武力攻入越南最南端的南圻(法国人称为"Cochin-China"),占据西贡,设立总督,开始经营这一东方法国殖民地和在越南的立足点。法国之后的境地相当尴尬,本国军队在普法战争中大败,几乎亡国,海外法军成为孤军,进退两难,处于随时可能被当地武装力量驱逐的窘境。但越南南圻的总督坚持继续殖民事业,而越南北圻的王朝同天津教案中的清朝政府一样,没有利用普法战争的机会,对南圻法军施加必要的压力,以致法军缓过气来之后,再向北方开拔。

法国在南圻的存在并没有对清朝政府产生震撼性影响,后者也无暇关注。法国总督不断派出军人和所谓的探险家从南圻出发，开赴北方，其中最为积极的是海军军官安邺（Garnier），沿湄公河而上，越过北圻河内，然后进入云南境内，直通中国内地。法国商人的目标自然是中国市场，但必须占领征服北圻，才能保证沿途商路顺畅。早在1873年，安邺就带队重返河内，有意占领北圻。他们之所以敢于在普法战争仅三年后就发兵北上，部分是由于安邺本人的狂热冒险精神（他是一个法国利益至上的沙文主义者），也是出于法国人在占领南圻后养成的高傲心态，轻视他们沿途地方可能遇到的抵抗。

安邺以少量法军士兵在1873年底占领河内，扫除了红河沿岸的越军营地，攻占周围地区。越南武装力量不堪一击，但阮氏皇帝没有彻底投降，继续召集地方力量进行抵抗。北圻接壤云南，对越南的主要援助来自于边境地区的刘永福黑旗军。黑旗军并非官军，起源于太平天国时期起义的"天地会"组织，被清朝地方政府视为非法地方武装，实际上当时正在避难于越南保胜老街地区，"榷税于保胜，借资军粮"，"自据有保胜，岁得货厘十数万金"。①刘永福因其手下实力得到越南千户的官位，面对越南国王的召唤，刘永福积极回应，率黑旗军由根据地老街出发前往河内，与其他越南部队汇合，反攻安邺的法军。

法军首领安邺十分狂傲大意，以百余人的法军，不仅占领河内等大片地区，而且在黑旗军攻打河内西门时，竟然仅带十几名法军士兵就出城反击，试图驱赶围城队伍。出城两公里左右，安邺落单，在纸桥被黑旗军士兵围住击毙，所余法军士兵非死即伤，逃回河内城。失去领队军官后，河内的法军被迫困守。

法国国内对此意外挫败和官兵损失感到格外失望，政府转而采取外交手段，于1874年3月同越南王朝签订《西贡条约》，法军退出北圻，开河内为通商口岸，承认越南为独立国家，暗中隐含割裂越南与中国藩属关系的意图，但北圻地方就此暂时渡过危机。因为击退法军之功，刘永福被越南阮氏国王授予三宣副提督一职，成为越南官员，有实权管理地方，对清朝政府来说，改变了他以往的"叛将"身份，随之也授予他清朝游击武官衔，为日后双方半公开的合作提供了前提条件。

对于安邺擅自占据河内、自作主张地把赴河内处理事端之行变为大

---

① 唐景崧：《请缨日记》卷2，第12页；国家清史编纂委员会编：《薛福成日记》，吉林文史出版社，2004，第456页。

举侵占之举，法国政府表示与其无关，只是安邺本人失去理智和控制的个人行为。时任法国政府原本不愿过度牵扯至中南半岛的纠纷之中，于1873年中训令南圻总督杜布雷（Dupre），不得以任何理由，以法国的名义干预北圻当地事务。①但法国商人打开商路的冒险热望不可遏止，南圻法国殖民地的军队也一直以延续安邺在印度支那的扩张事业，作为号召法军官兵投入作战和发动北伐的口号。②

越南与中国接壤，与远在海外的琉球不同，南部三省都与其有关，法国逼近边境，如同沙俄逼近长城，关系甚大。如唐景崧所言："法人终眈眈于北圻者，实欲撤我中国之屏障，而窥滇与蜀楚之路也"。③广西提督冯子材，曾为清军名将张国梁属下，于1878年底奉命领兵入北圻，代越南国王平定李扬才地方叛乱，在越北群山之中艰难剿灭该部，因此甚为了解中越边境地区的情况，获得越南官府的尊重。清军出于帮助越南政权的目的，经常入境活动，此次平乱后，清军保持在谅山等地驻军。

割据殖民南圻的法国总督认为，中国在北圻的平乱活动和与越南王朝的紧密相互关系是"非法"的，对他们在越南的存在及其理据构成威胁，就此经常通过外交渠道向总理衙门投诉或抗议，要求其只能承认法国19世纪中才侵占的地区权威和统治全越南的法定权力。这对总理衙门来说真是不可思议的言论和逻辑。沙俄占伊犁，尚且承认其原为中国领土，只是在归还问题上借机捞一把，其他西方国家还没有质疑和挑战过清朝政府对藩属国的宗主权。法国不仅后来居上，而且直接侵害中国传统藩属关系的核心，试图一力把中国排除出去，彻底将越南变为自己的远东殖民地。因此清朝政府最初对法交涉，都是以不放弃宗主权为目的，而不是直接与法国交战，或将其驱逐出越南北圻。

纸桥一战之后，越南国王愈益向中国靠拢，而法国政府高层一直向中国派驻英法公使曾纪泽表示，对越南没有任何割占意图。问题的关键是法国已经把越南视为独立国家，不承认其对中国的属国地位，由此可以自己动手摆布，将其置于未来规划的势力范围之内，因此所谓为越南

---

① 龙章：《越南与中法战争》，台湾商务印书馆，1996，第26页。

② Boulger, D.C., *The Life of Sir Halliday Macartney*, John Lane Company, London, 1908, p358.

③ 唐景崧：《请缨日记》卷1，第2页。

求独立的高尚理由，实为殖民掠夺前奏。法国政府的恶意模糊策略，引来曾纪泽于1881年9月代表中国政府的正式表态：中国不承认法国1874年强加于越南的条约，作为宗主国，反对法国在北圻侵犯越南和中国利益的活动图谋。[1]

法国政府的依据是该条约文本已送至总理衙门，恭亲王的回复中并未提出异议，但法国直到数年之后有计划再犯北圻时，才把这个所谓的依据拿出来。曾纪泽对其给以驳斥，指出恭亲王的原文是"安南现在是，过去一直是中国的属国"，[2]中文为"越南自昔为中国藩属"，法国人蓄意把"自昔"改为"昔"，不仅扭曲以往历史，更是特意凸显越南不再归属中国的现实。法国外交部对此辨证质疑无由答复，只有坚持要中国承认1874年的"法越条约"。

越南阮氏王朝的态度与法国的图谋正好相反，更加靠近中国，多次坚持朝贡，贡使到北京后也不入法国公使馆之门，并向中国寻求援助。针对法国以条约文字假造作为依据，越南阮氏国王于1883年3月公开宣布，越南确是中国的属国，这明显是对法国的挑战和对1874年条约的否定，也是对中国几次派兵帮助越南平息地方叛乱的回报。即使按照法国同意的越南为独立国家地位，越南王朝也有理由选择倾向于中国的政策，更何况作为一个属国。

法国人对1873年从河内退败和痛失冒险家安邺，仍然怀恨在心，十年之后，普法战争的阴影已经散去，海外殖民扩张热潮复起，对再次遭受失去安邺这样的干将的意外损失，法国政府的担忧也大为减轻。1880年9月成为总理的茹费里(Ferry)属于共和派，受到一些热衷海外扩张的党派的影响，比之前的政府更为热心于法国在越南的殖民地事业，其中部分原因是法国作为一个天主教国家，对海外传教和征服不"文明"国家，情有独钟，一向不遗余力。另外，法国在欧洲大陆角力争夺遭遇失败之后，海外扩张和攫取经济利益变得更有吸引力，借此弥补在普法战争中的损失。像茹费里这样的法国人发现，他们在获取海外资源、财富和市场方面，已落后于其他一些欧洲国家，急需赶上。此外，德国的态度间接促进法国海外殖民潮的渴望，德国

① Boulger, D.C., *The Life of Sir Halliday Macartney*, John Lane Company, London, 1908, p359.

② Boulger, D.C., *The Life of Sir Halliday Macartney*, John Lane Company, London, 1908, p359.

皇帝和铁血宰相俾斯麦反过来鼓励法国在海外扩张，只要法国不在欧洲大陆对抗新兴德国。

与茹费里相对的左派人物克莱蒙梭，担任过巴黎公社蒙特马高地的市长，以法国本土利益为上。与此相比，茹费里的主张更加符合法国人日益高涨的殖民热望，从而压倒了反对党的抵制。这些政府政策的变化，直接影响了法国军队在越南采取的行动。法国政府认为越南王朝不断公开表示亲华，反而是一个绝好的机会，可以用越南国王违约的名义，重新开始北伐和占领北圻，将越南全境作为法国独有的领地，排除中国影响，再进一步就是威胁云南。

清朝政府内部对法国的图谋也出现分歧，最主要的是不愿法国势力和军队濒临中国边境，如同沙俄那样威胁中国边疆省份，麻烦更多，而法国在第二次鸦片战争中对中国创痛甚深，令清朝大臣和将领对法军仍然存在畏惧之心，如果将法国势力限制在越南境内的缓冲地带，显然是个较好的选择。恭亲王倾向于求和，不愿与法国发生直接冲突，而在传统属国越南境内发生冲突，与内地关系甚远，仍可回避。政府内外的清流派人士受到收复伊犁的鼓舞，对法国在南方肆意侵蚀的趋势，主张采取更为强硬的对策。时任山西巡抚的张之洞，上折献策，直言"今日法越之局，惟有一战。……去年无故据河内，今年无故夺顺化，吞噬不休，残杀无度，而越人仇之。……今日之事，断在不疑。再战计一决，首宜撤使"。[1]

居于最高地位的慈禧太后，则利用这一战与和的机会，摆脱恭亲王，令其离开军机处和总理衙门，而派其他亲王入职，清流派人士张佩纶等获得提拔。这些内政方面的变化影响到对法国政策的变化，令实权派人物李鸿章存在观望之心，只有在方便有利的时刻，才出来施展他擅长的柔性外交谈判方式。这就使清朝政府在越南事务上对抗法国，整体呈现忽战忽和的态势，拥有一定实力时进行武力抵抗，遭遇个别战场失败时集中于谈判解决。而在法国方面，狂热情绪和扩张妄想，主要由茹费里政府推动，滑向在越南的对华战争。

法国政府对法国军事实力充满信心，仍然怀有鸦片战争侵华时的必胜心态，动武是其第一选择，谈判对话以战场上获胜机遇为基准，一旦军事进展受阻甚至败退，则失去对时局的控制，而国内民众在最初被激发起过高期望后，对法军和茹费里的失败变得更加不可容忍，最后回归

---

[1] 《法衅已成敬陈战守事宜折》，《张文襄公奏议》卷7，光绪九年十一月初一日。

到早日达成和平协议的途径，以期结束这场在远东的令人失望的战争。

清朝政府在应对法国侵夺越南一事上，尽量通过边境地区的黑旗军这样的非官方武装力量去牵制法国人，对越南国王提供间接援助。在河内击退安邺法军的战斗中，黑旗军恰恰发挥了这样的作用，让清朝政府看到它的实际效用，之后一向以非正式的方式接济黑旗军，只在必要的时刻才动用云南、广西的官军。清朝政府中的清流派人士、吏部候补主事唐景崧，自主上疏请缨，长途跋涉来到云南，亲身联系刘永福，解除其清朝政府会向其问罪的担忧，并鼓励地方官府尽量帮助支持黑旗军，补给枪炮弹药和兵丁，以牵制和阻截法军。这些都得到了云贵总督岑毓英的默许支持。

1882年初，法军准备再次在北圻发动攻势，调集了陆军、海军部队，威逼河内。越南国王向清朝政府提出请求，最后云南广西的清军进入北圻，驻守要地，以防法军进犯。双方兵力都在聚集，局部战争即将爆发。此时法国政府在刚必达(Gambetta)总理之下，中法双方就越南问题进行了正式谈判，给法国政府以动武之外讨价还价的机会。

李鸿章在天津与法国公使宝海(Bouree)谈判，于1882年11月在上海达成所谓的"李一宝"协议，李鸿章同意从越南撤出清军，法国做出不侵占越南领土的保证，双方划定中国、法国在北圻分别保护的地区，中间隔以几十公里的中立区，开放边境通商口岸。中国就此从保护北圻的立场，后退到保护越南北方，那些接近中国边境省份的地区，其他则弃之于法国去保护管辖。双方在中立区和黑旗军事项上发生一些争执，法国自我约束的承诺也十分空洞，毫无所失，而李鸿章的谈判条件表明了他在原先坚持的越南宗主权问题上，愿意做出适当让步，转而要求划定越南境内属于中国管辖保护的地区，以降低法国侵犯、危及中国边界的程度。

宝海自认为条约有效有利，但法国政府出现一些重大改变，茹费里在一度被赶出内阁后，于1883年2月重新回归，继任总理，抛弃维持现存局面的立场，继续推行殖民扩张政策。新的法国政府认为中国军事实力颇不可惧，"中国将永不成为军事强国，中国之主张将永不发生实际作用，'既无企图，亦无意志，更无权利与闻越南事务'"。[1]基于这一主观判断，茹费里不仅积极增加对华作战军费，又对宝海在条约中所得颇不满意，将其撤换，改派驻日公使脱利古(Tricou)再开谈判。此等情

---

① 龙章：《越南与中法战争》，第124页。

形如同第一次鸦片战争中，英国的帕麦斯顿对义律争来的协议条款不满，将其撤换，改派璞鼎查。不过宝海被撤换并非因为他出卖了法国的重大利益，而是在强迫清朝政府让步方面不够激进，获利不如预期，即全面占领越南，驱逐中国势力。中方已经放弃了遭法国侵占殖民的南部，所坚持的只限于在北圻可以保持中方的存在和越南名义上藩属国的地位。这些有限而毫无攻击力的要求，仍然得不到第二任茹费里政府的认可，令清朝政府在双方纠纷前期武力交锋尚未激烈时，就退无可退。

茹费里撕毁"李—宝"协议，通过议会提案，增加了近百万两银的军费，向越南增派远征军，决意按照法国的计划占领北圻，结束受到中国制约的局面。法国代表脱利古完全不适于同清朝政府谈判，不仅狂妄无知，而且只会虚张声势，开始谈判即以武力相威胁，如不满足诸多要求，如武力驱逐消灭北圻的清军和黑旗军、开放云南蒙自等地，即刻开战。脱利古全面否认中国的宗主权，为此贬损前任宝海承认这一权利的行为，声称中国支持黑旗军就是对法宣战，法军攻击清军是为整体西方世界而战，必胜可期，向中国索取的赔款额都已在计划之中。[1]

连李鸿章都不敢擅自答应脱利古带来的这些无理条件，态度转为强硬，驳回其所提要求，坚持中法划分北圻地域的主张，争取把法国势力范围限制在河内以南。面对清朝廷的拒绝，脱利古的态度又转为缓和，重回宝海中法两国分划北圻地区的建议，确认不会侵犯中国边界。一旦法军在地面攻势中取得进展，脱利古又提出驱逐清军的要求，自然得不到总理衙门的准许。

此时连前法国公使宝海都意外地站在了李鸿章一方，认为他之前所谈妥的条款最适于达成两国之间的和平，既从中国得到北圻地区，又回避了敏感的宗主权问题，双方都可以体面下台而共处。宝海认为是茹费里新政府违约，受到法国商人的鼓动，表现出格外的好战倾向，他反而倾向于中方的立场，愿意回国就中国与越南的长期关系，向法国政府详加解释，"为两国永远和好起见"。[2]

---

① Miller, R.H., *The United States and Vietnam: 1787-1941*, National Defence University Press, Washington D.C., 1990, pp96~97.

② Miller, R.H., *The United States and Vietnam: 1787-1941*, National Defence University Press, Washington D.C., 1990, pp99~100；郭廷以：《近代中国史纲》，中文大学出版社，香港，1980，第243页；龙章：《越南与中法战争》，第126页。

茹费里的悔约，也令原本愿意做出让步的清朝政府得到一个机会，挽回李鸿章之前出让的部分权益。清军停止向边界撤退，继续坚守在谅山北宁等处的驻地，同时要求刘永福的黑旗军防守河内。更为重要的是，进入北圻的清军，正式展示他们原有的军衣，升旗巡游，显示清朝政府已经为法军来犯做好了准备，不再特意遮掩清军的存在，以增强中国维护对越南属国宗主权的力量。

法军上尉李维业(Riviere)不顾法国公使宝海的谈判结果，又受到茹费里政府新近公布的远征计划的鼓励，自行于1883年4月出兵攻占了河内的要塞。刘永福的黑旗军开始反击，挑战李维业的占领军。面对数千黑旗军，李维业于5月19日率领数百名法军出城清剿，刚离城不远就在河西的纸桥陷入黑旗军的埋伏圈，被打回河内城，李维业落在后边，帮助挪动一门陷入泥泞的火炮，黑旗军排枪齐发，当场击毙李维业，法军余部逃回河内。同安邺的命运一样，已近退役年龄的李维业，一意为法国征服越南建功，过于自信，孤军深入，由此导致整支部队败退。刘永福因这次对法作战的局部胜利，被越南王朝授三宣正提督。

此时法军在北圻的兵力严重不足，总数不过三千余人，援兵甚远，局势严峻。[①]但对茹费里的法国政府来说，李维业之死却是激起国内民众复仇情绪的绝好机会，树立起又一个海外征服的英雄形象，为此将夺得越南全部，变成了法国人无法放弃的崇高事业。另外一支法军占领了中部都城顺化，法国军舰炮轰顺化港，最后强迫年幼的新国王签订条约，由法国在当地全面行政，越南为法国保护国，基本上确认了越南的法国殖民地地位，所谓的越南国王成为真正的傀儡。清朝政府坚持不予承认这一"顺化条约"，李鸿章的态度也转为强硬，同时寻求美国政府的协调帮助。[②]茹费里于10月份宣布，法国决定集中以占领河内和红河三角洲地区为目标。法国议会受到李维业阵亡的刺激，迅速批准增加军费，调动更多其他地区法军加入法国在越南的远征军，集结了他们认为足以应对越南战局的部队。

法国政府对即将展开的对华战争充满信心，所求甚多，"所索之款

---

① Miller, R.H., *The United States and Vietnam: 1787-1941,* National Defence University Press, Washington D.C., 1990,pp82-83.

② Miller, R.H., *The United States and Vietnam: 1787-1941,* National Defence University Press, Washington D.C., 1990,p103.

须一千万(英)镑", "和局不成,将取台湾、福州"。[1]法国政府于1883年9月任命海军将领孤拔(Courbet)为驻越南海陆军总司令,于北圻聚集更多陆军部队和海军舰只。法军要从非洲把那里的殖民军队调往越南,包括海外军团和招募的土著非洲人部队,间接影响到他们在阿尔及利亚的军事行动。从孤拔就任时起,法军的对手不再是越南军队或君主,而是清军和地方武装力量,而法军的最大担心也是中国会对越南重施宗主权,为此必须继续向中方提出撤军的要求和展开地面海上攻势。

初到越南的法军首先要适应当地的气候条件,那里只有在冬季即旱季才适于展开地面作战。1883年12月底,孤拔在北圻集结了约一万六千名法军,不再是当年安邺和李维业的连级部队规模,为此特意指派一名将军米乐(Millot)专门指挥陆军,孤拔转为只负责海军。[2]法军的首要目标是夺取河内西边的山西城,被法军征召的本地越南军队也参与了此次行动,而山西当地守军同样包括与黑旗军配合行动的越南官兵。清军和黑旗军在纸桥战役获胜后,分驻山西和北宁,山西城中的清军来自广西,在唐景崧指挥之下,直属于巡视过谅山而驻节境内龙州的广西巡抚徐延旭。

清军的弱点在于官员将领统属混乱,广西巡抚徐延旭驻地后置于边界之内,无法有效控制指挥前线各守军将领,而那些将领又深受清军腐化传统的影响,导致军纪散漫,战斗力存疑。法军顺江而上,先以炮火轰击城门,然后由海外军团士兵攻击登城。清军抵抗两日之后,由随法军而来的越南军队策反了该城内的越南守军,加上本地教民群起,从背后袭击清军,导致城破,唐景崧等文武官员离城而逃,退往北方。清军死伤人数在一至两千之间,黑旗军损失尤重,而法军伤亡四百人,从数字看双方损失比例差距并不太大,但法军就此占领了山西这样一个省城和红河流域上的一个重要关口。

远在英伦的公使曾纪泽,完成赴俄使命后回到英国,继续关注法国在越南的军事行动,不时通过外交文件和媒体舆论,揭露指责法国政府的冒险行动,同时为清朝政府尤其是李鸿章的主和策略而惋惜,"始终误于三字,曰柔,曰刃,曰让。吾华早示刚严,则法人必不敢轻于举

① 《寄译署》,《李文忠公选集》,光绪十年闰五月十八日巳刻。

② Eastman, Lloyd, *Throne and Mandarins: China's Search for a Policy during the Sino-French Controversy, 1880-1885*, Harvard University Press, 1967, pp67~68.

发"。①曾纪泽多次将法国媒体的误导揭诸于众，招致后者相当的尴尬。当法国人为法军占领山西城而大为振奋欢呼时，曾纪泽在报章上刊登评论，指出山西城距离法军已经占领的行政中心河内，不过三四十公里，法军即便获胜，向前推进的速度也只能属于一般而已，并不值得大肆庆祝，似乎法国人收回了被普鲁士割走的梅茨和斯特拉斯堡，其实中国在越南失去山西这一战，远不如法军当年在色当败于普军之惨。此类尖刻言语深深刺痛了高傲自负、小胜即狂的法国人的神经，后者对曾纪泽十分不满。②

法军3月6日再次出发攻打北宁，一个旅的法军官兵大概需要两千多本地苦力，搬运他们所需的各种军需品。广西清军在北宁防守，拥有一些新式步枪和火炮，但训练和军纪较差，构成最大弱点。法军兵临城下时，广西巡抚徐延旭统领无方，手下主要将领无心抵抗，自行撤离，向中国边境溃逃，将北宁拱手交给法军，令其未曾展开攻城战斗就夺取全城。北宁和山西分别扼制河内的东北和西北处，夺取这些重镇，法军顺利扩大河内附近的占领区，涉足三条主要河流。徐延旭和有关将领因此被革职关押，由朝廷调派潘鼎新为广西巡抚，坐镇西南。

失去北宁后，法军开始大举向西北挺进，顺着红河，跟在败退清军后面赶路，侵犯黑旗军基地兴化。此时再次发生战场上清军经常不战而溃的现象，领军将领只顾自己的利益，玩忽职守，空有枪炮兵员，心思却并不放在防务或打击敌军上，遇敌惊慌，自行撤离，放弃了兴化。该地区内的黑旗军首领刘永福对这些逃亡将领极为愤怒，不愿独力承担抵抗重责，无辜受牵连，所以在毁掉军备物资后，将自己的黑旗军也撤到西边的山区地带，躲避法军的进攻。

黑旗军和清军撤到边境山区后，对适于在平地作战的法军来说，更为难攻。法军在北圻作战中已开始操作升到空中百米左右的热气球，用于侦察敌军活动和前方路况等，在越南地形异常平坦的地区，一览无余，热气球上的法军士兵可以清楚地观察到地面上敌军己方的行军、调动和进攻活动，搜查敌人隐藏地点，也被用于在攻城时根据情况快速转

---

① 龙章：《越南与中法战争》，第136页。

② 郭廷以：《近代中国史纲》，中文大学出版社，香港，1980，第244页。

移地面兵力。[1]这种新的侦察工具用在茂密山区，则效率大减，而且越南的天气和潮气也影响法军士兵，在攻占北宁和兴化之后，5月份的越南就不适于正规军的大规模地面作战了。

1884年春季地面战场上的失败失地，令清廷认识到法国作为所谓世界第二军事强国所拥有的真实军事实力，转为同意李鸿章展开和谈，同时调动曾纪泽离开巴黎，只任驻英公使。这样做是为了给双方制造适合谈判的气氛，因为曾纪泽在维护国家利益和揭露法国政府方面，太过主动和成功，令法国人十分不满，认为曾纪泽充满敌意，不能再以他为谈判对手，不撤走不可谈判。

此前，曾纪泽在英国同法国公使见面，提出停战建议，与法国共治红河地区，将河内海防等城让给法国，中国仍然在其他地方保持军事存在。但法国总理茹费里将此建议视为中国在示弱，不惜一切代价求和，所以不允。曾纪泽曾经在给法国外交部的信件中警告，法军在北圻的行动和侵入将导致与中国的利益冲突，与在越南境内的中国军队的冲突将不可避免。法国外交部长于是在1883年8月底写信给曾纪泽，重申尊重中国在北圻的传统利益。时过境迁，这些早期的公文往来和郑重承诺都已不复存在，双方谈判基础已经改变。

曾纪泽作为直接与法国政府打交道的清朝外交官员，颇令法国人头疼，所以他们更加愿意通过法国驻华公使直接与李鸿章接触，在北京或天津达成协议。茹费里于1884年11月在法国议会发言中公开宣布，曾纪泽在协议将成时对国内提供关于法国的错误信息，导致清朝政府改变主意，提出新的无理条件。[2]曾纪泽和马格里随即在英国的《泰晤士报》上对此无端指责提出纠正。茹费里发出此说，本来是对未能及早从中国得到让步而感到懊恼，又要撤除自己和驻越南将领导致战火延续的责任。对于中国来说，正是曾纪泽这样具有维权意识和了解对方实情的外交官，才最为适于应对外交和军事危机，而将其撤离，恰恰证明了本国

---

① Dommen, Arthur J., *The Indochinese Experience of the French and the Americans: Nationalism and Communism in Cambodia, Laos, and Vietnam*, Indiana University Press, 2001, p11；Windrow, Martin, *Our Friends beneath Sands: the Foreign Legion in France's Colonial Conquests, 1870-1935,* Orion Books, London, 2010, chapter 4, "The Year of the Five Kings".

② Boulger, D.C., *The Life of Sir Halliday Macartney,* John Lane Company, London, 1908, p383.

政府怀有的犹疑和退步之心。与崇厚被召回和议处不同，曾纪泽是由于国内政府策略变化而被调离，清朝廷怕与法国政府关系搞僵，也为了给李鸿章即将进行的谈判让位，并非他本人的工作表现不合格。

法军在北圻虽然取得几次攻城夺地的胜利，仍然未能大举推进到远离河内的地方，进入雨季之后被迫停止军事行动，伤兵病号满营。法军力量不足，需要时间继续调动兵力。在此形势下，中法两国有了重开谈判的意愿，只不过这次由法国派出海军"沃尔塔"号（Volta）舰长福禄诺（Fournier），到天津与李鸿章展开谈判。福禄诺本人曾经在之前清朝廷与沙俄的伊犁之争中，向总理衙门通报过俄国军舰在中国近海的活动情况，"有铁甲船四只，兵船十余只，约八九月将封辽海等语，法兵官向极要好，似非诳言"①，得到清朝外事官员的一定信任，视其为中法两国之间沟通的私下渠道。

李鸿章与福禄诺舰长两人私下谈判协商的条款，包括法国获得越南全境，作为自己的保护国，排除了与中国的藩属关系，但假意保证中国南部边境的安全，中国承认过去法国与越南签订的条约，从越南所有城市撤出军队至云南、广西，不退则由法军驱逐。李鸿章谈判所得，是中国不必向法军支付战争赔款，对法国在内部省份通商等具体事宜，需三个月后由全权大臣详细谈判而定。李鸿章为此留下空间，既可试探朝廷中枢是否同意按照这一非正式简约行事，通过大幅度让步结束与法国在越南的纠缠，又将下一步谈判的责任推给他人，即使需要自己再次出来商谈，也要看形势和朝廷旨意而定。按照当时清朝廷迫于北圻形势而急于求和的态度，李鸿章认为他所谈妥的条款能够获得通过，在下一次正式谈判时，他将仍然处于主动地位。

但对法国政府来说，这一"李—福禄诺"简约代表了清朝政府的意思，李鸿章做出了必不可少的让步，法国取得外交胜利，既获得实利，又在欧洲赢得了本国尽一切努力寻求和平的赞誉，所以决定全力执行，不得错过这一扩张的宝贵机会。法国公众舆论也对这一消息欣喜若狂，至少这场耗费巨大资源的战争接近结束了。法国人因此强迫越南国王签订了新的条约，为了显示越南不再是中国属国，法军公开销毁了越南国王一枚重达十三磅的金银制印玺，因为那枚国玺是过去由中国皇帝颁发

① 《总署奏闻俄国将以四铁甲船十余兵船封锁辽海片》，《清季外交史料》卷21，光绪六年六月二十四日。

给越南国王的，是中国宗主权的象征。

福禄诺舰长并不是一个具有丰富经验的外交人员，刚刚与李鸿章达成简约，不管简约是否获得清朝廷正式批准，就飞报驻越南法军总司令米乐将军和茹费里总理，目的自然是主动表功，在几天之内就成功达成了法国驻华公使两年都无法搞定的和平条约，让国人为他自豪。据说福禄诺私下告诉李鸿章中方军队应该退出现有防地的日期，但并没有正式写进简约条款中，李鸿章含糊以对，意思是待三个月后再行商谈，所以这些口头安排日后被证明并不具备法律效力。李鸿章签订的简约远远超出了朝廷授权的指令，特别是要求滇桂两地军队立即撤出越南，让步之大，难以接受，事后这些条款在朝廷内部遭到严厉抨击，被下谕申斥，李鸿章气势一挫，在政府对法事务上的主导地位被削弱，而福禄诺舰长私下定出的时间表，自然得不到朝廷的允许，也未曾通知前线将领，让法国人自行进入占领。

驻越南法军受到"李—福禄诺"简约的鼓舞，没有得到中方的允许，就径自前往谅山接管城市。法军之前只是占领了北宁和西北方向靠近云南的兴化，并没有推进到邻近广西的谅山地区，此时突然得到一个不需攻打就可占领该地区的机会，所以即使越南已在雨季，仍然冒进，急于抢夺地盘。米乐将军于1884年6月13日下令，迅速从北宁出兵一个营900余人，辅以大批民夫，由法军中校迪热纳(Dugenne)率领，开往谅山。他的部队沿途遇雨，行军困难，持续受阻，迟至23日，才开进到谅山南部的北黎（观音桥），在那里遇到广西驻防军队。中国守军将领黄玉贤向焦急不已的法军中校说明，他们至此所收到的指令只是驻守原地，并未准备自愿退出谅山防区。为此，最好双方将领都向各自上级汇报，寻求指示，迪热纳中校应该立即与河内法军总部联系。

迪热纳中校好不容易才爬到北黎，对当场遭到拒绝非常不满，认为清军故意阻挠，因此喝令清军将领，在一个钟头之内给法军让路。[①]桂军提督万重暄亲自前来向他说明，他们正在向广西巡抚潘鼎新请示，以从北京的总理衙门得到恰当指示，然后再作处置，只需约六天时间。如果有撤军命令，他们当然会遵命行动，退出防区，没有必要违背命令去

---

① Windrow, *Our Friends beneath Sands: the Foreign Legion in France's Colonial Conquests, 1870-1935,* chapter 4, "The Year of the Five Kings".

攻击实力并不弱的法军先遣队，招致己方无可避免的战地伤亡。在双方仍在争辩交谈时，清军代表因故离开现场，法军士兵怀疑他们急于返回阵地组织发起进攻，因此做出过度反应，先下手为强，将三名清军代表先后击毙于现场，导致双方进入正式交火阶段。[1]

迪热纳中校在一个钟头之后，断然下令部下向前推进。法军此时很明显急于占领谅山，依照法军在之前几个月的实战经验，发出最后通牒不久，他们就会攻破敌方阵地，大获全胜。在执行法军越南总司令命令这一点上，这支部队已经大为落后于计划，再为延迟，难免影响迪热纳中校的军功和名声。所以他十分不耐烦再拖延时间，面对已知敌军阵地，决定强行通过，以武力打开通道。

法军队伍沿着东北方向的山谷前进，清军的堡垒阵地布置在山谷两边，分别排列开来。原湘军老将王德榜为广西布政使，署广西提督，曾随同左宗棠平定陕甘起事及西征，"现在永州，已招募勇营听调，倘已成军，着左宗棠即敕该藩司迅速赴广西关外扼扎，归徐延旭节制"。[2]

谅山的部队为王德榜属下，号称"定边军"，总数达三千人左右。这些部队装备了一些新式的雷明顿步枪，及时在战场上发挥了作用，加大对法军士兵的杀伤力。作为清流派人士的潘鼎新，来自北京，身为广西巡抚，也在谅山督阵。法军队列向偏西的清军阵营逼近，直接威胁清军部队，继续推进后双方交火，法军先攻占清军右翼阵地，然后在24日又向前挺进了一段距离。

清军在最初的挫败之后，召集了更多后续部队，挡住法军的进军路线，逼迫他们退入防守状态，固守待援，而清军得以从山谷两边向被包围的法军守地进行枪炮轰击，令将火炮遗留在后边的法军处于不利境地。非法籍的随军队伍先已自行溃散，辎重民夫队逃散不见踪影，令迪热纳最后认识到进军无望，下令撤兵，退出北黎，于27日同来自北宁的援军汇合，摆脱了狼狈落败的困境，之后中法双方军队仍在谅山以南处于对峙状态。此次武力冲突中，法军两名军官和二十名士兵毙命，五名

---

[1] Sir Robert Douglas, *Europe and the Far East, 1806-1912*, Cambridge University Press, London, 1913, p385.

[2] 《谕李鸿章左宗棠等法人侵我藩属着力筹防御》，《清季外交史料》卷35，光绪九年九月三十日。

军官和六十三名士兵受伤。[①]中方的广西军所受伤亡也达到三百人左右，但令近千名法军作战部队溃退，完成守卫使命，挫败了法军快速占领谅山的企图，在连续失去数座重要城镇之后，维持住了中国广西以南的防线。

北黎之战暂时遏止了法军大举地面进攻、逼近广西的危险势头，但更为明显的严重后果是在外交方面。法国人对法军连续攻城略地后却突然受挫，难以相信和接受。法国全国上下在媒体的大肆渲染之下，感到又一次受到中国的欺诈和羞辱，必须采取强硬手段，给中国人一个痛切的教训。法国人在操纵媒体舆论方面，无疑占有天然优势，以致欧洲国家都以法国的单方面解释为事件真情，虽然其实际上违背基本事实。法国人故意把这次在北黎的双方交火和法军败退称为"伏击"，以彰显迪热纳中校为首的英勇官兵被拖入恶意圈套，所以在面对清军阵地时不仅没有顺利攻取，反而遭到意外伤亡。法国媒体和政府官员都无法令人信服地解释，如果是所谓的"伏击"，为什么该中校和中方将领之间有相当多的时间花在沟通解释上，文件往来，面对面地交谈，而且法军抢先下令向前推进和发起进攻，很明显法军完全知悉清军在附近的活动和阵地所在，无须特意侦察和防范，只有迪热纳中校无可遏止的莽撞急躁，才造成这次地方性武力冲突。

法国驻华代办谢满禄（Semalle）按照国内政府的指示，就北黎事件向总理衙门提出最强烈抗议，但总理衙门对此强力反驳，中国军队保卫驻地，并没有过错，而是法军违背规定，在双方尚未商谈相关事宜之前，就擅自采取军事行动，招致失败，责任完全在法国一方。在双方的激烈争辩中，法国人才发现，法国代办提出的条约原文中，并无福禄诺所提到的关于中国撤兵时间的相关约定。[②]事实上法国政府本身也没有正式批准这一简约，认为中国仍然让步不够，所以该草约尚且不具备真实法律效力。

更为重要的是，福禄诺本人在李鸿章表示反对的情况下，自行删除了约定撤兵日期的文字，留待后日商谈，但却没有收回发给河内法军总部的日期信息。事后福禄诺拒不承认他划掉了自订的撤兵日期，为此中

---

① Sir Robert Douglas, *Europe and the Far East, 1806-1912,* Cambridge University Press, London, 1913, p233.

② Sir Robert Douglas, *Europe and the Far East, 1806-1912,* Cambridge University Press, London, 1913, , p234.

方出示了他手写加注文件的原件，但这并不妨碍福禄诺坚持是中方违约。[1]迟至1921年，年迈的福禄诺舰长才在回忆文章中公开承认，是他自行删去了自己编列的撤兵日期，并非中国人伪造。[2]事实无可辩驳，引发冲突的责任完全是在冒险冒进的法国人一边。

当年英国政府采用巴夏礼和包令的报告，为这两位外交人员的冒险行动背书，进而被迫扩大在华军事行动规模，虽然包令事后才知道巴夏礼造假，并向英国外交部汇报，但对遏止第二次鸦片战争的爆发已于事无补。法国政府对北黎事件的反应和行为方式与英国人极为相似，前方外交人员和将领犯下严重错误，本国政府极力掩盖，利用这些假造借口鼓动海外战争。数年之后即使事实真相被揭露，也不妨碍法国政府通过扩大战争规模而获利，不再理会和追究如迪热纳中校和福禄诺这样的一些法国人是否对挑起这场战争，负有不可推卸的特定责任。

虽然福禄诺的失误为事实所证明，各国驻华使节皆知，让气势高涨的法国政府和媒体都感到十分泄气，大丢面子，但一向自称擅长外交的法国人并不就此反思和弥补，恼羞成怒的法国政府也不愿在国民对华报复情绪普遍高涨时，骤然刹车转向。法国驻华公使巴德诺（Patenotre），是茹费里的外甥，深知茹费里的意图，因此不顾法方和法军的严重过失，断然向总理衙门提出最后通牒，包括两亿五千万法郎的巨额赔款（约一千二百五十万两白银）和立即从越南撤兵，如一周内不给予满意答复，责任又推回到中方，法国政府可以采取任何行动，即军事行动。在海军、陆军全面动员备战的情况下，茹费里认为胜券在握，乐观地估计中国很快就会屈服，答应法国提出的所有要求。[3]

清朝政府原本等待三个月后由全权代表详议的机会，挽回李鸿章私下许诺法方的部分权益，但北黎事件之后，法国对此反应激烈，正式宣战，启动陆军、海军，明确宣告打击中国军队和各处海陆地点，战争已经无可避免。因此清朝政府也在战和两边采取措施，派时任两江总督曾

---

[1]《寄巴黎李使》，《李文忠公选集》，光绪十年六月二十一日亥刻。

[2] 龙章：《越南与中法战争》，第249页；Sir Robert Douglas, *Europe and the Far East, 1806-1912*, Cambridge University Press, London, 1913,, p385.

[3] Miller, R.H., *The United States and Vietnam: 1787-1941*, National Defence University Press, Washington D.C., 1990,pp119-120.

国荃去与法国公使商谈，双方自然谈不拢。对于巴德诺列出的赔款额，曾国荃在驳斥法国要求的虚伪依据之后，只同意对北黎事件中阵亡的法军官兵给以五十万两的抚恤金，为法国所要求数额的零头。清朝廷上下的一致意见是不谈赔款，也不会支付赔款。法国政府原本也不特意强调赔款事宜，而是以占据殖民地和潜在巨大商业利益为中心目标，军队在武装冲突中败退后，借机大肆要求赔款，构成与清朝官员谈判的僵局。而在巴黎，茹费里与曾纪泽多次单独会谈，唇枪舌剑，反复辩驳，但他自信必胜，妄言法军占领山西之后，再得到三千部队增援，就不必再与曾纪泽等中国外交官们多费口舌了。①

与此同时，清朝廷加强备战，撤换不力将领，左宗棠以钦差大臣身份督办闽海军务，张之洞转任两广总督，以支持越战前线广西。此时恭亲王不再主宰军机处和总理衙门，求和的李鸿章失去后援，有可能在这一重大事件上重复他在与左宗棠西征"海防"大辩论上的挫败。双方谈判最终破裂，法国驻京使节下旗离京，是法国政府大举动用武力的前奏。北黎事件之后法国的激烈反应和放手进攻，促成之前有限的越南地方冲突，在1884年8月之后变为中法两国军队之间的战争。

在这场于越南境内和中国海域抗衡法国的战争中，清军领军将领明显存在着统筹和权威性方面的主要问题。与之前西征新疆不同，东南、西南方向的防务中，缺少真正的军事家和杰出战将，统一指挥各地各类部队以及水师。左宗棠时年已七十二岁，于北黎事件前后入值军机，增强主战派声势后，再转到南方督办军务，但已无力赴前线直接统军作战，体力精力都不符合实战要求。左宗棠毕竟经历多年鏖战，带兵遣将经验犹在，而张之洞以清流派名士起家，前任山西巡抚，初尝地方行政之难苦繁杂，却毫无领军作战的经验，既出任两广总督这一头等封疆大吏之职，又直面强敌法军，统领众多派系不同的部队，非地方行政寻常程序可比，对之前与军旅生涯无关的优秀文人张之洞来说，绝对考验其真正才能毅力。

前方临敌省份的将领多不称职，而实力最强的淮军又基本未参与。李鸿章手下拥有两万五千多名的近代化淮军部队，在京城、天津、河北

---

① 龙章：《越南与中法战争》，第182页。

等地，装备欧式、美式步枪武器，接受德式训练，但是无法及时转运到越南战场，因为法国军舰封锁了近海海域，内陆又没有南北交通大干线以运送军队。[①]李鸿章实际上也不愿意把自己掌握的部队千里迢迢地运到偏远的南部，用于一场与欧洲强国的局部战争，交战的最终结果，完全有可能是中国军队退回到云南、广西境内，在他看来是得不偿失的。

因此，在对抗越南法军的主要战役中，担当主力冲锋陷阵的是清军非精锐部队，甚至是非正规部队，多来自临近越南的南方省份，战术战斗水平相对法军为低，唯靠士气勇气和一些将领的自主行动，才维持了一定的作战能力，与法军对抗。这些匆忙汇集的地方部队，指挥混乱，号令不一，又受到北京中央政府政策变换的影响，不时进退失据。而在海军方面，南方两支水师同样实力偏弱，与法国海军差距较大，更毫无实战经验，舰队统领的避战心理直接影响到全面作战的准备状态和最终结果。

李鸿章在与西方国家外交官们打交道时强烈地感受到，在关键问题上，他们是一路货色，采用基本相同的方式，各国之间选择类似立场。中国在这一常见局势下，是非常孤立的，面对整个西方世界，受到来自各方的压力图谋，非常难以做到一些洋务官员所热切期望的"以夷制夷"。[②]在另一方面，在这一越南局部战争中，虽然法国可以期望其他欧洲国家不会与它直接作对，但仍然会遇到一些次要麻烦。英国对法国独享越南各项权利并不满意，法国的排他性令其他欧洲国家不安，马格里在他的通信中就对法国在越南的领事权提出过疑问，认为并未顾及英国和其他欧洲国家人员的权益，英国反对法国领事对那里的英国人行使权力。[③]此次战争期间，英国外相格兰维尔(Granville)首次向法国公使表示，对法国在越南的冒进感到不安，不愿法国垄断越南，也不愿法国立足于中国的大门口上。[④]英国在此次东亚争端中，没有表示出在第二次鸦

---

① Miller, R.H., *The United States and Vietnam*: 1787-1941, National Defence University Press, Washington D.C., 1990,p99.

② Miller, R.H., *The United States and Vietnam*: 1787-1941, National Defence University Press, Washington D.C., 1990,pp95-96.

③ Boulger, D.C., *The Life of Sir Halliday Macartney*, John Lane Company, London, 1908, pp363-364；龙章：《越南与中法战争》，第49页。

④ 龙章：《越南与中法战争》，第191页。

片战争中对法国的热情和积极支持的态度，使法国未战即失去一个最大的参战盟友。

美国政府对中法争端持调解立场，驻华公使杨约翰(Young)为清朝政府所请，出面调停，同时在巴黎和北京与法国外交官接触。法国在李维业毙命后准备进军北圻时，还担心美国海军会允许官兵自行请假离队，加入到中国军队中充当雇佣兵，如同华尔最早召集的那些"洋枪队"队员，或者太平天国后期在中国各地的外籍雇佣兵。虽然法军在海外扩张时频繁使用自己手中的海外军团的兵力，却对清朝政府也雇用更有经验和纪律的外籍官兵表示担心。美国时任国务卿弗里林海森(Frelinghuysen)立即向法国驻华公使表示，美国政府并没有这样的打算。①其他西方国家表现出来的任何支持中国的迹象或行动，都会引致法国政府的担忧和竭力阻止。

法国海军全面封锁中国海岸几乎是不可能的，"彼知声明开战不独有碍中国，且碍别国，于英尤甚，又知断不能封中国口岸"。②这一极端战时措施将影响英德美等国家的相关利益，美国和欧洲国家会强烈反对和抗议法军封锁中国沿海通商口岸，只因台湾并非重要商业口岸，对西方国家在华贸易活动影响不大，法军军舰之后才得以实施了海面封锁措施，直到战争结束。只有在不公开宣战的情况下，法国在远东活动的军舰才可以继续在英国控制下的香港加煤，继续航行，而宣战之后，由于英国会保持中立，不像在第二次鸦片战争中那样与法军并肩作战，所以法国军舰在缺乏基地的情况下，将遇到补给和燃料困难。

事态发展也确实如此，英国拒绝了法国军舰在香港加煤休息和补给维修，给法军带来一定的困难，同时一些英国商船冒险替清朝政府运送部队，这些都加深了两个欧洲国家之间的矛盾。当法国海军派军舰北上时，更加招来英国、美国的忧虑，因此法国舰队最终并未直扑大沽口、攻击京城，而占领上海、攻进长江流域更不可能，势必招来英国的极力反对，甚至遭到武力阻挡。基于这些限制因素，法国对中国宣战，实际上只能在中国南部进行骚扰，加上兵力不足，军事战略和行动受到极大限制，虽然野心勃勃，但早已隐含着欲罢不能的危险。

---

① Miller, R.H., *The United States and Vietnam: 1787-1941*, National Defence University Press, Washington D.C., 1990, pp84—85.

②《薛福成日记》，引《字林西报》文，第450页。

四、台湾保卫战和福州海战

法国陆军在北黎事件后，进行休整，而一直未能发挥重要作用的海军，此时成为法军对华作战主力。在法国政府宣布两国处于战争状态时，不再限于越南水域，令海军司令孤拔得以开始实施计划，打击中国水师和封锁沿海口岸。法国海军在世界上的排名和名声虽然不及英军，也位于前列，福州船政局的学员在法国学习军事海军科目，获益匪浅。法国海军占据显著优势，特别是他们从事远洋作战的专业素质和实战经验，均在福建水师之上。所以可以说这是一场老师与学生之间的交手，绝不公平，极为适合法军发挥其特有优势，而法国人在实施具体作战计划时，又把这一交手过程演绎得更加不公平。

法军舰队几支分队经过整合之后，组成远东舰队，在司令孤拔的率领下离开越南海域，向东方开拔，试图尽快占领一些中国港口，作为法国政府向清朝政府索取赔款和领土的抵押品。鉴于广州这一南方重要港口邻近英国殖民地香港九龙，法国舰队自然不能因驶入珠江作战而冒犯英国人。下一个选择就是更为偏东的台湾海峡，福州、厦门或台湾，其中厦门和福建沿岸背靠左宗棠督办的大陆武装力量，而偏居孤悬海峡外部、防卫薄弱的台湾岛，应是一个较易攻取的目标。以此为据，孤拔舰队主力驶往台湾，试图迅速拿下法国的第一个"抵押物"。

台湾岛以台湾海峡与大陆隔开，康熙年间的1683年由施琅率水陆两军从郑氏家族集团手中收回，自此不再弃之不顾，设立一府三县，行政上隶属于福建省，由此启动了台湾开发过程。大批漳泉民众移居台湾谋生，落地生根，而台湾行政结构、科举取士、官员升迁等都与内陆府县相同，在社会经济方面也无明显差距，特别是承袭福建闽人传统方式，包括土地买卖租佃制度、契约文书惯例，都与福建地区无异。在台湾开发垦殖方面，清朝地方官府采取了实用策略，逐步推进，区别"生番""熟番"，灵活对待，约束汉人开垦范围，对当地土著少数民族的属地和利益，给以合理考虑，保留了大批土著人部落的区域，而重点发展港口和商业居民中心。[①]

---

① 周力农：《清代台湾的"胎借银"》，《清史论丛》第6辑，1985，第71-87页；《清代台湾的土地制度和租佃关系》，《清史论丛》第7辑，第49-79页；《清代台湾高山族社会的经济发展》，《学习与思考——中国社会科学院研究生院学报》1984年第4期，第74-79页。

台南地区最早出现大型地方行政和商业中心，为台湾首府府衙之地，近两百年持续开发之后，台湾府北部的鸡笼（基隆）变为后起的重要港口城市，洋务运动中已有开采基隆煤矿的计划和行动，在沈葆桢、丁日昌先后治台期间，架设了台南地区内的电报线，便于台湾本地的通讯治理。

在法军舰队开往台湾之前，清朝廷重新起用刘铭传，出任福建巡抚，督办台湾防务。刘铭传任淮军主要将领时毁誉参半，既有战功，又有冒功等麻烦，特别是消极避战，在初剿捻军和西征新疆中都是如此，以致被迫辞职回乡退隐，长达十数年。他的行为方式在这一归隐期间发生重大转变，从粗鲁悍将转为能吏，思想开放而注重洋务事业。张之洞对其大力推荐，"欲激励铭军，惟有用刘铭传，该提督战略素优，闻其羡慕文职，尽人皆知"，[①]目的是调动李鸿章手下最精锐的淮军部队。

奉诏出山时，刘铭传仍不到五十岁，年富力强，适于承担艰难重任。他于1884年6月17日，携军饷银四十万两，急赴台湾，筹划防务，以备法军来侵。考虑到基隆煤矿对维持法军蒸汽战舰动力的重要性，刘铭传下令在基隆港外加筑炮台，"饬封煤窑，不准出售"，[②]以免接济法舰。同时，刘铭传明智地把台南的营兵调往台北，而孤拔选择的首次进攻地点恰恰是在基隆。

8月5日，孤拔属下的一支分舰队来到台湾海域，由其副手利士比（Lespes）将军率领，准备轻松占领孤立无援的台湾岛。刘铭传手中只有福州船政局早期建造的木壳船如"万年青"号运输船，完全不适于海防，无力对阵孤拔拥有巨炮的远洋舰队。清朝福建水师的主力泊于福州港内，不归刘铭传辖制，所以他向朝廷直接请求派出军舰支援台湾，无论来自南洋或北洋舰队均可，但并无结果。法国舰队在利士比将军指挥下，炮轰基隆，法军陆战队士兵登陆，击毁炮台和逼退基隆守军。刘铭传属下损失惨重，遂下令舍弃基隆港，部队后撤至周围群山中，继续坚守基隆附近地区和台北府。法军虽然夺取港口，却无法清除周围地方，兵力严重不足，陷入守军包围之中，难以打开僵局。

孤拔率海军主力的十数艘军舰陆续前来，再次组织攻打基隆和东边

---

① 《法衅已成敬陈战守事宜折》，《张文襄公奏议》卷7，光绪九年十一月初一日。

② 《寄译署》，《李文忠公选集》，光绪十年闰五月二十九日辰刻。

的沪尾(淡水)，夺得基隆港，但湘军系总兵孙开华等前线将领并未闻风而逃，拒绝了刘铭传退至台北府的劝告，而是率部在沪尾埋伏固守，以待法军登陆。10月8日，在舰队炮火支援下，法军陆战队营在"雷诺堡"号(Chateau-Renault)舰长波林奴(Boulineau)带领下，在一名当地英国籍港口引航员(化名本特利)的引导下，于淡水河北岸沙仑滩头登陆。淡水当地的外国人都预期法国人会于当天就成为该城主人。

法军登陆部队在机枪掩护下向前推进，不久就遭遇严阵以待的清军发射的枪炮火力，而另一部分清军则从法军队伍更北部的防线发动袭击，使登陆法军陷入来自东方和北方的交叉火力之下，前进不得。清军随后发起反击，迫使法军向左翼靠拢，每名登陆法军士兵所携带的百发子弹接近耗尽，第一连开始后撤，随后整个登陆营都开始撤退，逃往沙滩，避开清军火力，并登上来时的船只，开往口外军舰。看到登陆行动失败，登陆船只和口外军舰上紧急实施炮火掩护，阻止清军向海滩推进，孙玉华的部队此时承受了最大的损失，大批伤兵被送往城内的外国医院救治。[①]

清军守军的突袭和反击，令法军陆战队营遭受惨重伤亡，仅在撤退海滩上就留下了14具尸体，一连连长方丹(Fontaine)上尉当场阵亡，一些被救回的伤员也随后毙命，包括二连连长德欧特(Dehorter)，以致港口外所有的法国军舰都于次日降半旗志哀。与外国人的悲观预期相反，清军的积极抵抗保住了沪尾，法军败退。总兵孙开华表现尤其英勇，连当地外国人都希望侥幸占领该城的法军之后能够放他一马，给以战场勇将相应的尊严待遇。此战失利后，法军自认兵力远不足以征服台湾北部各地，而中方部队则因一战成功而士气高昂，各地召集的援兵不断涌入。

沪尾滩头登陆的惨败，令法国舰队没有再试，在该水域犹豫徘徊了一段时间，才于22日转移回基隆，以此为基地，类似于香港，用于为军舰加煤休息，以及威慑台湾内陆。即使在孤拔调集了大批陆战部队之后，法国舰队也在沪尾畏缩不前，一些军舰有时离港湾入口处很近，仍不敢轻易派出陆战队冒犯。沪尾防卫稳固，使刘铭传得以专心对付基隆

---

① Dodd, John, *Journal of a Blockaded Resident in North Formosa, during the Franco-Chinese War, 1884-5*, The "Daily Press" Office, Hong Kong, 1888.

法军，甚至抽调沪尾部队前去增援。

利用海军优势，孤拔选择对台湾岛实行封锁，于10月22日生效，其他国家船只不得进入沿岸五海里之内，即使来访的英国军舰也被阻隔或赶走。此举意在割断台湾清军和政府与内地的联系，使其不得接济，也间接令垄断台湾煤和蔗糖生意的英国商人遭受损失。刘铭传接连电寄总理衙门，详述台湾当地抵抗法军的艰难困苦情形，"台局不堪设想，可为痛哭"，李鸿章深为同情老部下的苦求，"阅电，亦为痛哭流涕"。①

清朝廷指令大陆沿海地区，争取一切机会，向空出的东部海岸输送兵员物资，以打破海路封锁，增援岛内清军。龚照瑗和邵友濂在上海负责后方总筹，"当救援路断之时，不敢徒作望洋之叹，竭诚殚虑，缜密妥筹，计自六月至十二月，雇船探信，传递折报，并多方重价购觅商轮、民船，先后十次。昼伏夜行，运送淮军弁勇三千余名、大小后膛钢炮六十余尊、后膛新式洋枪九千余杆、大小枪炮子弹三百万余颗、水雷四十具、电线八十余里、饷银十余万两以及拉火、铜引、火药各项，一一解到，并无丝毫遗失。刘铭传迭次电信：得以保全台北者，实赖有此接济"。②

在法军方面，孤拔不断请求法军总司令部为他加派陆战部队，图谋在拥有足够兵力时再向内陆推进，首先要从基隆出发占领台北府。得到数千法国海外军团的支援后，孤拔于1885年1月再次发动攻势，打算突破基隆周围群山地区的防线，特别是仅十几公里之外的月眉山和暖暖，否则他们在所占据的基隆港内安全难保，随时受袭，包括来自周围高地的炮兵轰击。清军在法军大举进攻之下，有退有进，利用山区地形反复鏖战，在总兵曹志忠等将领督战之下，次第夺回丢给法军的阵地。战事无数次地反复和逆转，法军推进占领山头阵地，然后被清军逼回，令在沪尾城内被围的英国商人社区不断收到互相矛盾的信息，对谁胜谁负深感困惑不已。③总兵聂士成带领八百余淮军队伍在台湾东岸登陆，及时增援，与本地清军汇合，实力大增，最后令进攻基隆外山的法军被迫打

---

① 《寄译署》，《李文忠公选集》，光绪十年九月初七日辰刻。

② 《台湾转运请奖折》，《李文忠公选集》，光绪十一年正月十八日。

③ Dodd, John, *Journal of a Blockaded Resident in North Formosa, during the Franco-Chinese War, 1884-5*, The "Daily Press" Office, Hong Kong, p97.

消了继续缠斗的念头，又退回基隆。

3月初，法军集中三千兵力，再度发动攻势，总算拿下了月眉山，并打败沿线顽强抵抗的清军部队，清军防线面临崩溃，刘铭传增援不及，部下损失惨重。[①]但法军已成强弩之末，弹药接近耗尽，基隆河水大涨，战场获胜的法军只好止步于基隆河，南岸如暖暖等地区仍然在清军手中，基隆港的威胁并未解除。法军在台湾战场上进展极为有限，作战伤亡有增无减，法军将领孤拔感到平白耗费兵力，不得已在封锁台湾海域之外，转而攻击澎湖，取得更为明显的成果，占据该地，取代台湾成为法军在东南沿海的主要基地。

之后中法双方战事趋缓，各自维持自己的防线，法军仅仅占住基隆口岸，刘铭传的清军也无力大举推进，夺回基隆。法军在台湾和澎湖的占领部队遭受各种严重疫病，病号大增，基隆的法军医院因伤病人员过多而条件恶劣，臭不可闻。[②]台湾附近法军部队的战斗力随之大为下降，基本上失去了再次夺取中方重地的能力，台北府虽近，对他们来说却颇为遥远。孤拔将军也难免染病之苦，熬到中法两国停战之日，病逝于澎湖岛屿之上，遗体被军舰运回法国礼葬，法国远东海军阵中这一少有的优秀将领在中国海域去世，令舰队遭受重大挫折。

台湾的危局，受到清朝廷的重视，谕令南方沿海省份竭力援助，利用法军封锁线的漏洞，向台湾输送步枪火炮兵员，接济饷银。广东的张之洞、闽浙总督杨昌浚和两江的曾国荃等，都负有接济台湾的主要责任，最终保证台湾不致孤立作战，保住北部遭法军一度侵入的地方，"目下基隆胜负相当，尚于国体无损"。[③]在法军放缓进攻之势、重点转到其他战场后，台湾清军、地方民团和刘铭传调动的土著民兵勇，不断袭扰反击占据基隆的留守法军，让其深感困扰，即便重新发动攻势，也无法打破离海岸稍远的内陆防线。清朝廷对台湾防务的重视，显然远超过越南战场，多方援助，不轻易予以放弃，其战略目的之一，就是在海峡左右拖住法军主力舰队，令其无法大举进攻上海、北京。这些积极活

---

① Dodd, John, *Journal of a Blockaded Resident in North Formosa, during the Franco-Chinese War, 1884-5*, The "Daily Press" Office, Hong Kong, p118.

② Dodd, John, *Journal of a Blockaded Resident in North Formosa, during the Franco-Chinese War, 1884-5*, The "Daily Press" Office, Hong Kong, pp168-169.

③《曾宫保等致译署》，《李文忠公选集》，光绪十年六月二十三日戌刻。

动的结果，就是台湾非但没有成为法国政府手中的筹码，反而基本钳制住了法国在远东的海军力量，令其进退失据，将大批部队陷于台湾北部的群山之中，陆战进展甚微，海军巨舰大炮也无能为力。

台湾保卫战突出体现了非西方国家武装力量在面对近代西方先进军队时，可以采用的有效应对方式，以地形特点抵消对方巨舰大炮的优势，以官兵牺牲消耗对方兵力，不惜惨重代价换取歼灭少数敌军。虽然台湾战场上法军将领和士兵经常为轻易杀伤清军、甚至火力屠杀而振奋自豪，但同时也为己方伤亡不断增加而担忧失望，从数字上看中方失利，明显得不偿失，但毙敌数量积少成多，直到侵略军感到无法承受伤亡重压而转向退却。刘铭传的部下并非近代军队精兵，只能采用以上两种实用方式来逼退法军的汹汹攻势。

台湾防军的最终表现优于中越战场上的多处地方，关键在于军队首领的意志，有着像刘铭传这样抵抗意志坚强的悍将统帅，才得以成功。刘铭传的长处是没有像其他不少清军将领一样，个别防地或阵地被攻破就投降或逃窜，而是继续沉着抵抗，利用地形特点层层阻延法军的推进，抓住法军舰队炮火凶猛但陆战力量不足的弱点，实施在沪尾和基隆附近地方的长期顽强抵抗，与法军战事胶着，维持台湾全岛不失，作为整个中法战争中确保领土、打退侵略军的一名将领，功不可没。

孤拔手下的法国海军主力，身肩法国政府以海军打破战争僵局的重责，对在基隆、沪尾持续受阻，连台湾北部都无法有效控制，颇为沮丧，不得已实施封锁台湾的消极措施。孤拔舰队的主要攻击目标，自然是福州港内的清军水师。在台湾府遭受法军舰队攻击时，海峡对岸的福建水师，不仅未曾主动出击，与法军舰队交手，反而龟缩港内，处在海岸炮台的保护之下。更有甚者，台湾被袭消息尽人皆知，驻守在一水之隔的福州水师本应有所准备，依照台湾的先例和防守经验，提高战备水准，对远来的法国军队严阵以待。但洋务运动之下的官员和朝廷重臣，已经屈服于所谓的国际惯例，自觉维护外国船只在中国港口任意出入和停泊的特权，即使临近中国的重要军事地域，也自由放任，不予监察。

孤拔充分利用当地官员这一弱点，不提开战，假称加油维修，将主力军舰伪装成商船，骗过防卫意识薄弱的地方官员和水师将领，顺利进入闽江口岸，停泊于马江岸边，逼近锚泊附近的水师舰只，最近者只有几百米远。法军获得这一地区的详细信息，福州船厂由法国人设计建造，船厂、舰队、炮台和水道的任何细节，都已为法国海军所掌握熟悉。孤拔正在召集他分散在各地的军舰，等候更多军舰达到后，形成足够的打击力量。他的目标是马尾的福州造船厂和水师舰只，因此指示法军战舰插入水师舰只的队形之中，将其隔开，自己集中了四艘战舰，置于可以炮轰对面的船厂和东面的水师旗舰"扬武"等舰的水面，以吃水较浅、一千三百吨的"沃尔塔"舰(Volta，前舰长为福禄诺)为旗舰，列为前锋，距离福州水师舰只最近，另外四艘排列于罗星塔以东的闽江入口，逼近其他几艘水师舰只，以最晚抵达的主力铁甲舰，四千五百吨的"凯旋"号(Triomphante)压阵，装备10英寸大炮，其余法舰则扼住闽江下游，以防止水师舰只冲出包围。

在此关键时刻，战和取决于地方军政首脑的决断。福建督抚和船政大臣对法国军舰的来访毫无准备，面临两难局面。一方面对法战争已在越南进行多年，清军损兵失地的消息全国皆知，北黎事件已经发生，作为南方重要舰队基地的福州，理应加紧防卫，进入战备状态。李鸿章曾经建议婉拒法国军舰进入内河，"宜与约定，各船不入口，以免两疑生衅"，①但总理衙门最终没有坚持。从福建地方官府的角度看，朝廷尚未正式宣战，福州法国领事仍在该地办公，所以多一事不如少一事。清朝官员们皆不愿与洋人直接打交道，对以脾气暴躁名声远扬的法国人，更是避之唯恐不及。法国军舰驶近内河，逼近船厂，当地大员和水师首领对此殊不在意，监视追踪不足，一直处在法军炮口之下而不知觉。在当时的情况下，福州官府本应前往法国船只，登船检查，提出交涉，促其尽快离开福州海域。对一支如此庞大的外国船队，未经允许就停泊于军事重地附近，任何官府都应及时表示担忧警觉，更何况是在中法局部战争形势趋于恶化的时期。

在这一紧急而又怪异的事态中，由朝廷新派来的钦差大臣是张佩纶，此人乃清流派首脑，当惯了京官，对地方局势和军情了解甚少，却写过不少有关军事外交的奏折，赢得朝廷内外的盛名。在福州船厂，张佩纶坐视法国军舰驶进珠江，逼近福建水师舰只，申报朝廷又得不到明确指示，受到北京天津等地中法谈判的牵制，故采取放任措施，疏于防备。

水师战舰的火炮装甲吨位都不如法军，但有海防炮台为后盾，装备

---

① 《寄巴黎李使》，《李文忠公选集》，光绪十年闰五月二十四日申刻。

克虏伯大炮，如果按照海军基本要求，摆开战斗序列，提前炮弹上膛，尚且能够一战，福州船政局培训的海军学员，对这些作战条件和程序并不陌生。闽江从入口处到马尾和福州的曲折水道，令法国舰队如同钻入一个口袋，前有水师战舰，两边都是敌舰和炮台，退出闽江之沿途皆可能遇到敌方舰只和陆地炮火的打击，非常难以逃脱，所以孤拔必须部署两艘战舰于闽江入口处，以便在情况不利时掩护舰队撤出。但福建水师轻易放弃这一地利优势，坐而旁观，遵循"不打第一枪"的惯例，把开火的权利让给对方。

法军舰队在马尾水域潜伏超过一个月而不自行离开，也无其他活动，早应引起怀疑，但负责船厂舰队的张佩纶仍未有所行动。法军8月初攻打台湾基隆陷入地面部队对峙，以此消息为据，张佩纶完全有理由通知法国舰只离开福州，特别是不能允许他们与水师炮舰保持如此近的危险距离，如果不服从指示，则应随后展开驱离行动。对于总理衙门的指示，"法舰在内者应设法阻其出口，其未进口者不准再入"，[①]张佩纶也未能切实执行，明显碍于法国及其他西方人在华享受的各种特权，身在前线，不愿挑起纠纷，只有继续任由法国军舰抵近滞留。

此时孤拔已经接近动手的时刻，在法国代办谢满禄下旗离京后，接到国内政府的开火令，要清除水师对法国海军在中国东南海域可能形成的威胁，并摧毁清朝政府的造船业重镇，以杜绝后患。总理衙门也因双方谈判破裂，法国最后通牒到期，于8月20日晚急电告知各省督抚备战，"希速电南洋、闽省、台湾各处，备战事"，并"转电潘(鼎新)岑(毓英)，迅速进兵越南"。[②]在如此紧急的形势之下，闽浙总督何璟与张佩纶都获得通知，又观察到各中立国的军舰开始挪动阵位，避开可能爆发海战的区域，却仍未采取主动行动，自称严备，静待法军前来宣战。

孤拔决心把突袭阴谋隐藏到最后一刻，但为了符合西方世界所谓的文明交战规则，孤拔应该向水师发出正式的宣战通知。之前在攻打基隆港时，他的副手利士比将军向基隆守军发出过这类通知，要求投降，被曹志忠拒绝，同时做好战斗准备，以致次日法国军舰开始炮轰时，清军炮台的几门重炮奋力反击，危及法军主力舰只。此次在马尾，法军舰只

---

① 《译署致闽防张会办》，《李文忠公选集》，光绪十年六月二十八日未刻。

② 《急寄南洋、闽、广各督抚》，《李文忠公选集》，光绪十年六月三十日酉刻。

处在清军战舰和炮台的包围之中，如果后者有了足够的准备时间，即使法军抢先开炮，后果依然难测。孤拔吸取了在基隆港交火的教训，在时间安排上费尽心机，于8月23日向清军将领递交最后通牒，时间定在下午二时，但于该日一早就已事先通知各国驻福州领事，以示法军遵守战争守则，给了对方足够的回应时间。最后通牒发到中方负责官员手中的实际时间却已过中午，加上翻译时间，结果令中方基本上没有任何做战斗准备的时间，法军却得以向世界证明，他们似乎并没有违背交战规则。明知时间不够，中方仍考虑向法军提出延迟到24日，盲目地认为法国人会同意这一请求，但法军并未给沿江水师军舰炮台以任何准备时间。

法军战舰已经升火待发，移除炮衣，火炮装弹，随时投入作战。福州水师舰上的船员观察到法舰上的密集异常活动，有所察觉，而一艘小船也因它故偶然地驶近"沃尔塔"号，在该舰上指挥的孤拔迫不及待，生怕发生意外，在通告时间未到时，就下令开始打击福州水师的行动。法军的鱼雷艇抢先攻击福建水师的旗舰"扬武"号这艘一千四百吨木壳舰，令其最早被击毁，舰上船员奋勇抵抗，但只能用尾炮回击，火力不足，仅击伤数名法军士兵，未对正面相对的"沃尔塔"号造成损害。由于未能及时起锚，一共九艘水师炮舰在十分钟之内就被击沉或失去战斗力，其余逃往福州或下游。

这次中法双方较量甚至称不上是交火，而是一边倒的炮击。马尾海战中这一不利形势和十分奇特的作战方式，在世界军事史上恐怕都是绝无仅有的，只有在中国受到列强条约束缚和官员将领犹豫不决的情况下，才会出现如此被动挨打的局面。假若福建水师得到清政府授权，与法国舰队正面相对，即使不采取主动攻击行动，也至少不会落到如此悲惨的结局。

发生短暂炮击时，美国护卫舰"企业"号正停泊在法国军舰聚集区外围，闽江下游，号称中立，但为受伤的法军官兵及时提供了医疗救治，并为法军同僚的战绩喝彩助威。处在交战水域的法军军舰，在清除清军水面舰只之后，企图攻击福州船厂，因仍有相当数量的清军在船厂区域驻守不退，隐蔽于工事之中，孤拔手下的数百名陆战部队不足以迅速攻破防守，再加上来自罗星塔等处的清军陆地炮台火力，迫使他改为采用舰炮轰击，以摧毁附近清军阵地和炮台，又对厂房船坞和其他设施造成重大损失，包括船政学堂。

由于对岸上清军力量情报不准，畏惧对方兵力聚集，又接受了之前在台湾基隆陆战受损的教训，孤拔生怕在此地再次陷入艰苦的地面作战，将其有限的陆战队员消磨殆尽，所以才在舰炮轰击一天之后，撤离了战场，连乘胜进军福州、据为勒索清朝政府的"抵押物"的计划，都自行放弃。鸦片战争中英军炮舰在省城广州附近任何水路上进退自如、如走家门的场景未能再现，但福州船厂这一由法国人帮助建设起来的新型工业军事基地，前后几任福州船政大臣经手近二十年的重大项目，最终不幸在法国军队手中遭受重大损失。

在法军突然袭击之下，福建官府人士一时惊慌失措，逃离最前方的火线，不顾守土职责，被动地组织了极为有限的抵抗活动。即使前线舰只上的不少官兵确实临危而起，奋勇作战，沉没之前仍然发炮还击，也无济于事。张佩纶本人弃厂逃至安全地带躲避，作为一位著名文人和清流人士，首次听闻枪炮声和目睹建筑炸毁的场面，令他无比震惊，陷入仓皇可以理解。船政大臣何如璋第二天返回该地检查法军炮火破坏情况，其他官员随后归来。与许多其他地方的将领官员相比，福州地方有关官员的表现最为令人失望，为数可观的战舰完全未发挥它们既定的军事作用，在唯一一次海战中几近全军覆没，对整个对法战争造成最为消极的影响，打击士气最甚。

一心期待前方战场传来好消息的清朝廷，对此意外惨败格外震怒，下旨惩处有关官员，被视为近代"马谡"和逃兵的张佩纶遭革职严办，充军关外，一生清名和仕途被毁。虽然其中有他的政敌挟私报复的可能，但张佩纶作为原先的主战派领袖和钦差大臣，书生领兵而无实际才干，对福州船厂水师被毁，绝对脱不了干系，两日前的电寄谕旨也让他无法以"未接到朝廷明确指示"而推托卸责。仅守土有责一项，张佩纶就应被罚，迟疑不决，再以临敌怯阵，更加重其罪责，之后承受的惩处并非过分。他本人的出名才气韬略，均于事无补，与海峡对岸的刘铭传相比，朝廷奖惩自然截然有别。

随后几天，法国舰队尚未完全脱离闽江水域的战场，继续用战舰扫清对方陆上目标，轰击两岸的炮台和剩余清军炮兵阵地。在闽江出口处的金牌和长门炮台，双方发生正式炮战，炮台最后被法军击毁。但法军的损失也在增加，多于马尾之战，其中法国主力舰、四千六百吨的"加拉桑尼尔"号(La Galissonnière)被清军炮弹击中，遭受一定程度的舰体损伤，而法军"威皮尔"号(Vipere)的副舰长被炮台炮火击毙。

清军的步枪射击也能造成法军官兵伤亡，因为在闽江水道上，最窄处仅三百米，两岸士兵使用步枪就能打到撤出闽江的法军战舰上。如果清军正确果断地使用水师舰炮和克虏伯大炮，无疑会造成法军的更多伤亡和舰只损失。负责闽江口两座炮台防卫的是福州将军满人穆图善，因为做出适当反应和回击法军，事后获朝廷提升，帮办福建军务，位于左宗棠副手，与随后接任闽浙总督的杨昌浚并列。

同发生在越南北黎的两军地面冲突相比，孤拔和法国海军在马尾之战中确实实施了狡猾的"伏击"，充分利用当时的中国人畏惧违反国际规则的心态，实施不宣而战的军事行动，而孤拔将军的名将之誉，也被证明是建立在偷袭欺骗之上，胜之不武。福州船厂和福建水师被摧毁之后，清朝廷正式下谕宣布中法两国处于战争状态，因为此时求和不成，已经无法掩盖两军爆发直接冲突的残酷现实。

法国远东舰队在台湾海域港口战中一胜一负，战绩属于一般，之后也未能占领任何陆上基地，仍在海上徘徊游荡，除了封锁台湾之外，收获甚微。法军舰队击毁福州水师大部后，选择迅速退出闽江，而不乘胜向前进攻福州或攻打厦门，原因就在于法军之前在基隆、沪尾的攻势颇为不顺，令孤拔惮于陷入陆地鏖战，损失宝贵的陆战队官兵，远不如利用大炮巨舰击毁敌方军舰阵地保险。事实证明孤拔的选择是正确的，不仅基隆、沪尾防务稳固，而且福建防务也在湘军老将杨昌浚的监督统筹下，又见起色，恢复闽江各重要炮台，遍布水雷，重整军伍，调动江南营队入闽，并按照当年湘军的老传统，在湖南各地招募湘勇，以备战福建。同时，杨昌浚积极组织接济台湾，打破法军封锁，输入饷银、物资和援兵，有力地支持了刘铭传的守台之战。这些紧急准备动员之后，一时获胜的法国海军在同时发动海峡两岸的地面攻势时，绝非胜算在握。

孤拔发动海上突袭的附带后果之一，是在继续利用英国管治的香港船坞和补给方面，遇到当地华人起而抵制所带来的意外困难。"近因中法失和，兵戈从事，凡属华民，莫不情殷敌忾，志切勤王。兹者香港对面红磡船澳（在九龙半岛）之中，内多华人工作，迩闻法事孔亟，倍形愤激。适有法国华路加炮船赴澳修缮，而华人遂集议歇业，悉数停工，共衷于一，无敢或违。此日前之事也。闻日间复有法国水雷炮船一艘赴澳修理，其华人之在澳掌工者，咸欲得而甘心，微有图谋焚毁之意。旋为法人所觉，虽未知真伪，仍恐罹于不测，即于去月29日（1884年9月18日）特发电报来港，当道既有所闻，立调小火船二艘，附载巡差多名，守御通宵，黎明始散"。"兹闻法人在港购煤，屡以重价招工，而挑夫无一往者，于此见我国民心爱戴君上，诚千古未有也"。"无奈华人工匠知为法国敌船，共怀公愤，不与补修。该法人迫不得已，暂着法船各水手权作匠人，勉强支持"。①

香港本地华人的抵制活动，为港英当局带来一些麻烦，起初倾向于镇压，协助法国人，但在香港华人罢工罢市活动的压力之下，又担心清朝廷的官方抗法活动和法军军事行动的后果，最后"听华人不装法货，乃已"，是首次在英国自己统治的地区内选择不站在欧洲基督教国家一边。

基于兵力不足时避开陆战的选择，孤拔主动率一支七艘战舰的分舰队沿海北上，试图截击正在南下福建广东海域、支援台湾守军的中国军舰。1885年2月中，法军舰队在浙江外海附近截住了五艘南洋舰队的炮舰。这些军舰是曾国荃和李鸿章费尽周折调集南北洋舰队而来，其中包括刚从德国赶回来的两千吨新式巡洋舰"南琛""南瑞"号，又在上海经德国海军顾问监督而紧急加装防护钢板和炮位，以备一战，但之后舰队主力的"超勇""扬威"号新式撞击巡洋舰被召回北洋，以应付朝鲜事变，只剩下南洋水师战舰，减弱了援台海军力量。

这支临时支援舰队不仅缺少重型主力战舰，而且十分缺乏近代海军作战基本战术组织技能，这些都令舰队统领总兵吴安康畏惧同法军舰队交战。他本无近代海战经验，对这次中国海军首次从事的相当规模海战行动毫无信心，极为依靠德籍顾问式百龄（Sibelin），在北洋两舰和式百龄离开之后更加消极。在浙江近海遭遇孤拔舰队后，吴安康下令利用大雾逃避。旗舰"开济"号与"南琛"号属同级军舰，这三艘军舰航速

---

① 《1884年香港人民的反英斗争》，《近代史资料》，1957年第17号，第22—23页。

较快，成功后撤，逃往邻近宁波的镇海避险。稍旧缓慢的"驭远"和"澄庆"号逃避不及，只有驶入附近的石浦。法军舰队包括孤拔的旗舰"巴雅"号(Bayard)，为6000吨战列舰，1883年才编入队列服役，还有"凯旋"号等重型铁甲舰。南洋舰队的"驭远"号虽有2800吨和设有最大为八英寸的大炮，但作为木壳舰船，在海战中极易被击沉。在狭窄的石浦港湾内，法军的鱼雷艇得以击沉避战避难的"驭远"号和"澄庆"号，造成极大混乱和恐慌，官兵争相弃船逃命，其战场表现远逊于马尾海战中竭力反击的福州水师士兵。

孤拔的分舰队之后前往镇海，追剿剩余的清军舰只。虽然浙江并未直接遭受法军侵扰，但当地官府仍然积极备战，宁绍台兵备道薛福成、浙江巡抚刘秉璋和浙江提督欧阳利见等大员，尽管"水师无多，其资为守者，全恃陆师"，仍然紧急调集前线后备兵力，增设大炮，加强招宝山和金鸡山炮台的火力和阵地防卫，储备炮弹粮食，操练火炮打靶，"打过六七百炮"，测试地雷，又布设水雷沉船钉桩，加固堤岸，防卫水道。[①]为了应付宁波口岸英美领事的刁难和暗助法军，特别是薛福成认为十分难缠、惯于挟制官府的美国领事司提文，浙江巡抚衙门预先向各领事馆发出正式照会，提醒他们，为了抵御外敌，必须准备沉船封闭海口江口，让他们无可置疑寻衅。

薛福成尤其注重细节，吸取基隆、沪尾防务的教训，采用各种方法阻止外籍引航员为进犯镇海的法军服务。这对北上的孤拔舰队来说，是一计辣招，因为西方近代海军甚为依赖对港口水域的测量导航工作，引航员甚至比当地中国人还要熟悉水路情况，可以为各次登陆作战做细致准备。一旦水路不明，海军即浑然不知如何入港，惮于派出陆战队伍盲目进攻。此次孤拔在镇海港外进退不定，缺少当地洋人引航员的协助是一重要原因。

守备吴杰负责镇海水口南北的招宝山和金鸡山炮台，直接与口外的法国海军对阵。孤拔的旗舰"巴雅"号率其他舰只逼近镇海，按照惯例袭击清军炮台和阵地，实施火力压制。吴杰手下的主要炮台开炮还击，击断"巴雅"号主桅杆，迫使法军战舰急忙撤出口岸，退到安全距离之外。有了这次教训，法国军舰都逗留在较远的水域内，双方舰炮和炮台互相轰击，之后避险于港内的南洋水师三艘军舰上的舰炮，以及清军临

①《薛福成日记》，蔡少卿整理，吉林文史出版社，2004，第479—480页。

时设置的陆军火炮，也加入了炮战，令法国海军一时占不到便宜。"援台三船，依傍炮台，帮同轰击，尚为得力，彼此各开数百炮，战两时之久，各炮台无损"。①双方炮战对峙一直延续到4月，孤拔的这支分舰队没有搭运较多的陆战队伍，在清军炮火网下无法成功实施登陆作战，只靠舰炮又难以摧毁清军炮台，进退两难，最后只有撤离，转而对浙江沿海实施粮食禁运。

在地方官员将领的积极防守努力之下，法国海军再次受挫，如同在基隆、沪尾一样，作战失败，甚至根本无从进行登陆，更谈不上攻城略地，以致败兴而归。除了以鱼雷偷袭方式击沉南洋水师两艘被困炮舰外，孤拔的北上长途巡航几乎毫无收获，其占优势地位的强大海军，官兵战术素养超群，却仍然达不到其既定的战略目的。在台北、镇海均受重挫之后，孤拔几乎没有太多的选择，两国之间业已宣战，再无可能找到一个马尾偷袭而大胜的少有机遇。他曾经建议向中国北方进发，占领威海卫等地，直接威胁京城，但被法国政府阻止。如此大规模的军事活动，必将招致其他西方国家的抵制和干涉，特别是在长江流域和北方有巨大利益的英国、美国，推动他们站在中国一边，对法国和法军有害无益。法国在这次对华战争中，确实是在孤军作战，并无盟军联军，而出于不刺激英国的意愿，法军舰队的行动仅限于南部海域港口，尽量避开东部和北方海域，所以孤拔舰队到达和攻打的最北地方是镇海。此后，孤拔只得满足于夺取澎湖，在那里坐守到停战之日，他手下的强大舰队及法国海军在中法越南战争中的贡献，由马尾突袭的最高点，就此降到了最低点。

沿海各地，薛福成在浙江，左宗棠在福建，张之洞在广东，刘铭传在台湾，均严加戒备，顽强抵抗，令孤拔舰队无隙可乘，左右为难。海军舰只有能力实施海上封锁，切断正常海上运输线，但中国是典型的大陆型经济体，国内市场庞大，通过内陆运输线照样可以维持经济运转，特别是依靠近代兴起的铁路线，有助于更快地疏通各地方市场之间的内陆运输。中国当时并无铁路干线，遇到的运输困难自然相对地要更大一些，调转时间长一些，但远不至于陷入崩溃境地。孤拔的大批军舰对内陆经济影响不大，他对面的浙闽粤三省会感受到一定程度的影响，只有孤悬海外的台湾受影响最甚，但海峡对岸的地方官府仍然努力寻找水上

---

① 《寄译署》，《李文忠公选集》，光绪十一年正月十七日午刻。

路线，维持对台湾官府和军队的接济，令孤拔困死台湾的计划无疾而终。

镇海一战中，进行积极防御的陆军部队，表现远好于水师，具备最起码的交战意识，地方官守土有责，不再一炮即溃，得益于薛福成等人的强烈抵抗精神和事前进行的精心准备。同基隆之战一样，当地清军注意利用地形特点，拒敌于口外，又充分发挥手中近代火炮的作用，对抗法国海军舰炮，使一向开炮即胜的法军无从下手，陷入被动。南洋水师的表现则再次暴露了清军的固有弱点，尽管当时已经拥有蒸汽战舰和大炮，水师将领却颇不称职，畏敌如虎，不思如何作战，轻易退却，望风而逃，令人失望。虽然这支舰队已雇用西方军官顾问在列，但兵员来自传统清军，缺乏专业训练和海战经验，又失去这次正面海战的历练机会，离近代海军的合格标准相差太远。

五、北圻和镇南关之战

海战局势趋缓后，战争中心再度转回到引发这次战争的越南地面战场上。孤拔的海军在两军交锋中尚且有望占据优势，依靠巨舰发动海上攻势，自身损失有限，而在北圻的地面作战中，法军掌握的优势则要脆弱得多，与基隆、沪尾法军陆战队的遭遇相近，有所进展，但在面对桂军、滇军时，伤亡难免，面临残酷的地面争夺战。唯一值得他们庆幸的是，这一地区战争中的清军将领们开始时战意不坚，刚刚接受近代作战方式，率领着非精锐部队进行防守进攻，"法兵每战不过千余，枪炮之利，我军四、五千当之，犹觉吃力"，[1]因此在法军手中承受了重大伤亡。这是他们第一次与西方头等军队的正面交锋，对手不同于太平军和捻军，大异于阿古柏外族部队，也是清军自第二次鸦片战争的八里桥一战后，首次再与法军对阵。战场上两军的各自特点，决定了战局的反复曲折进程。

法国海军打消北上攻城的念头和相关战略之后，再聚集兵力转战北圻，"自十月以来，法屡添新兵来华，大率赴越者三分之二，赴台者三分之一"。[2]而清军的整体战略，是"牵敌以战越为上策，图越以用刘为

---

① 《寄译署》，《李文忠公选集》，光绪十年八月二十五日申刻。

② 《分遣广军规越折》，《张文襄公奏议》卷10，光绪十年十二月二十七日。

实济"，①通过尽力支援地方军队和黑旗军的军事行动，给以地方将领足够的自主执行权力。"今日敌情事势，我不能遽逐法虏以去鸡笼，法亦不能尽破我军而踞台地，惟有力争越南，攻所必救"。②中国南方边境地区陆战情况即使再紧急，也只波及到滇桂两省，至多加上广东，对清朝中央政府来说，仍然属于边患，不致危及中国腹地和中枢，得以更加从容地应对地方局势。

随着清朝廷的正式宣战，北圻界内的黑旗军得到官方承认和支持，刘永福的越南官衔起到作用，又被清朝廷授予记名提督，赏顶戴花翎，黑旗军也被纳入北圻抵抗部队的一部分。清朝廷对刘永福这一南方边境地区的"匪"首，一向心怀戒心，如醇亲王奕谟所言："（黑）旗胜法，于'申报'见之，看来刘（永福）势太盛，日后恐效虬髯"。③但局势迫人，黑旗军尚可一战，转为清朝廷所用。张之洞对刘永福一部十分重视，"刘永福法必不容，然万不可不庇，云南恐不宜安顿，洞意愿招纳之。刘本钦州人，若令率所部精锐归粤，果使为将，既免法吞，且资其力，必有大益"，④因黑旗军基地离云南较近，所以最后处在云贵总督岑毓英滇军之下。黑旗军之前不受重视，常受排挤，在北宁、兴化等战役中被清军将领抛弃，刘永福十分不满，直到此时，黑旗军才得到合适的地位和继续作战的合法权利，以及边境这边地方官府的正式支持。

法军在无望顺利接收谅山后，只有策划组织大规模的攻势，至10月初，法军成功汇聚了近两万名的各种作战部队，由波里耶（Brière）少将代替比较谨慎的米乐将军，出任总司令。法军兵分东西两路，东路向谅山推进，先在郎甲打败广西守军，防守船头一地的署理广西提督苏元春在尽力杀伤敌军后，也被迫撤退。法军继续一路向北推进，但沿途遇到清军抵抗阻挠，同时需要补充兵员物资，直到1885年1月，才推进到谅山附近。广西巡抚潘鼎新惧怕直接军事对抗，主动从谅山撤出，逃往广西境内的龙州驻防。

清朝廷中枢对这一退败十分震惊，"本日奉旨，闻谅山失事，曷胜

① 《致总署》，《张文襄公全集》卷73，《电奏》卷1，光绪十年七月初四日发。

② 《分遣广军规越折》，《张文襄公奏议》卷10。

③ 《复翁同龢函》，光绪九年七月二十三日，《近代史资料》1996年第87号，第44页。

④ 《致总署》，《张文襄公全集》卷73，《电奏》卷1，光绪十年闰五月三十日发。

愤懑，着潘鼎新将情形迅即电奏。该抚与苏元春、冯子材当督军择要稳扎，激励将士迅速进取"。①潘鼎新对此承担最大责任，不过由于前敌情形紧急，需留在广西戴罪立功。中路和西路，有岑毓英、唐景崧等督促滇军和黑旗军，按照朝廷指令向南进攻，一度收复了宣光，但法军在征服西路地区的过程中，夺回宣光，之后在清军的重重包围之下，守住该城，久攻不下，法军增援后该城解围，清军被迫后撤。

在这一阶段的战争中，表面看来，清军落在下风，形势极为不利，法军占有优势上风，在夺回北圻重镇的过程中基本顺利。但法军的总体进展并不算神速，数个月之后还在北圻与清军纠缠不休，战况仍然胶着，离法国政府在北黎冲突之后占据北圻、威胁甚至进入广西、云南境内的乐观预期，相差甚远。法军连续征战的结果，令其补给情况毫不乐观，有心无力。据香港英文《德臣西报》（The China Mail）1885年1月的特派员报道，法军在北圻和中国边境的战斗中损失惨重，由一万数千名作战部队降到了七千，急需补充兵员和做必要休整。法军总司令波里耶只限于守住河内和红河三角区，之前拿下整个越南而凯旋回国的机会渺茫，又面临不适于作战的雨季，道路运输极为困难，伤病人数必然大增。②但法国政府面对着孤拔舰队显然收获有限的不利情况，只得反过来大力推动越南法军司令部，重新发动全面攻势，一举解决北圻问题，并占据中国境内某些要地，以要挟清朝政府，令其在日后和谈中做出更大让步。

清军各部连续挫败，直到退至中越边境的镇南关，才止住退兵之势。"龙州为全军后路，商民惊徙，游勇肆掠，逃军难民蔽江而下，广西全省大震"。③事涉广西，也牵连张之洞，清军在朝廷严令之下，不得再退，因为此时战事已从北圻保卫战，转变为边境保卫战。清朝政府同样希望滇桂军在战场上主动进攻，连续发电，"弟（潘鼎新）与岑（毓英）宜速进兵牵制"，"电催潘抚整军，进图牵制"，④希望夺回失去的

---

① 《总署来电》，《张文襄公全集》卷73，《电奏》卷1，光绪十一年正月初五日到。

② Miller, R.H., *The United States and Vietnam: 1787-1941,* National Defence University Press, Washington D.C., 1990,p135.

③ 《广军会合各军保关克谅撤兵回界折》，《张文襄公奏议》卷10，光绪十一年四月初二日。

④ 《寄龙州潘中丞》，《李文忠公选集》，光绪十年六月三十日亥刻；《寄译署》，光绪十年七月初一日卯刻。

城镇，使法国海军不便大举远征中国北方。清军为此在这一地面战线积极部署，集结了大批军队，补足枪械弹药，致力于边境防卫和反击。如果法军在地面战役中陷入困境，将无力派出大批部队支援孤拔的海军，难以实施机动登陆，夺取台湾全境和其他沿海城市。

中法双方都在筹备作一决战。法军再次发兵北上，于1885年2月13日占领了谅山，然后采取中路突破，清军两翼退守不及，令法军于23日攻到镇南关前，逼走潘鼎新，炸毁关口和清军工事。因兵力给养不足，法军在当地留下占领标志，认为已经打开了随意进入中国内地的门户，然后退向谅山方向。潘鼎新因连续失败而被朝廷革职留任，虽然败于法军属于力不能及，但身为广西巡抚，潘鼎新指挥混乱，因保存实力而怯战，自行退入关内，甚至逃到远离镇南关的龙州。鉴于张佩纶等官员的遭遇，被期望戴罪立功的潘鼎新，不得再作退步的打算。

张之洞已由山西巡抚改任署理两广总督，光绪十年五月二十日（1884年6月13日）到任，接替张树声。[①]这对他本人的仕途来说，是一大提升，得以逐步离开长于空谈的清流派而出掌军政实权，但也被置于直接面对法军地面攻势的局面之上，必须对广东、广西边境内外的局面负责。张之洞为了弥补自己军事经验不足的缺陷，保举推荐七旬老将冯子材出山任帮办。冯子材曾数次由广西率部进入越南平定地方骚乱，熟悉当地情况，此次自告奋勇，受命出征，无意中成为前方主将，统率当地桂军和前来增援的粤军、淮军。在后方基地龙州则有广西布政使李秉衡筹运军粮军需，安置伤兵流散人员，稳定地方。

冯子材以先守住镇南关为首要目标，开始部署各部占据有利地形，加固工事堡垒，构筑长墙屏障，又命王德榜所部三千余人为左翼，辅助守关。王德榜为湘军老将，此时署理广西提督，不受潘鼎新赏识，将失去谅山的责任归于他增援不及，被黜革职。此时潘鼎新本人被革职留任，王德榜在冯子材属下，得到施展才华、再次与法军战场对阵的机会。

谅山法军在整休补充过程中得到来自河内的增援部队，之后在尼格里（Negrier）少将的指挥下，发动对镇南关的攻势。法军先击退试探攻击文渊（同登）的冯子材部前锋，然后于3月23日再次逼近镇南关，试图乘

---

① 《到两广任谢恩折》，《张文襄公奏议》卷9，光绪十年闰五月二十三日。

胜追击，同上次一样顺利攻入关内，打清军一个措手不及。"法谓越人皆冯内应，自以真法兵居前，黑兵次之，西贡洋匪又次之，教匪客匪在后"。包括海外军团在内的数千名法军士兵，跟随猛烈炮轰之后，强攻清军阵地，却意外地遇到冯子材的部队，在事先布置好的炮台长墙工事后进行顽强抵抗。固守阵地的清军士兵在激烈的战斗中坚持还击，事前弹药准备充足，因此得以保持火力强度，步枪对步枪，炮兵对炮兵，消耗了大量军火，"炮声震天，远闻七八十里外山谷皆鸣。枪弹积阵前后者，至寸许"，双方基本上势均力敌，但清军得到苏元春部的增援。期间"王德榜自油隘出军夹击，据文渊之对山，与敌鏖斗数时，互有伤亡。遇贼运军火干粮之驮马无数，逐之，皆返走，法粮械遂不得入关"。[①]

法军于24日利用大雾再度猛攻，趁乱逼近清军阵地，战事紧急，防线将破。冯子材亲临前线，带队冲锋，"冯子材、王孝祺各刃退卒数十人，贼势狂悍致死，已薄长墙，或已越入。冯子材年将七旬，短衣草履，持矛大呼，跃出长墙，率其两子冯相荣、冯相华搏战，将士齐开栅门拥出。诸军睹冯子材如此，无不感奋"。激战双方卷入近战肉搏，清军辅以大批援军，"王德榜之军亦自关外夹击东岭之背，遂将三垒全数夺回"，最终遏止住法军的强攻。[②]

激战之后，法军并未得手，其侧翼策应营队又在大雾中走失，不仅未能合攻，反而被清军截为数段，只得各自逃亡。法军攻势难以为继，弹药将尽，"法鏖战两日，弹码已尽，而后队军火被截，惶惧无措，顷刻之间，炮声顿息，遂大溃"，不得已撤出镇南关。后退法军试图重整队伍之后再度冲关，但冯子材未给他们止步固守的机会，率军继续追击，"初十日，冯子材亲率十营出关，攻文渊州，法匪望风溃遁。……十二日，诸军三路攻谅"。[③]桂军、粤军、楚军进入全面反攻，令法军无法立足，被迫继续败退，丢弃武器辎重，清军乘胜追击，于3月26日收复文渊，迅速向南推进，于28日再度逼近谅山。

清军在镇南关保卫战中有攻有守，苦战退敌，伤亡惨重，但法军同

---

① 《广军会合各军保关克谅撤兵回界折》，《张文襄公奏议》卷10，光绪十一年四月初二日。

② 《广军会合各军保关克谅撤兵回界折》，《张文襄公奏议》卷10，光绪十一年四月初二日。

③ 《广军会合各军保关克谅撤兵回界折》，《张文襄公奏议》卷10，光绪十一年四月初二日。

样承受了以前未曾遭受过的惨痛损失，官兵伤亡数百，尤以进攻中心地带横坡岭的第111营，损失最为惨重。法军在地面战斗中未能如其所愿，便从大举进军转为节节败退，军内上下深感震惊，官兵士气大跌，第一次产生了不能打败清军的无名恐惧。

这次镇南关大捷，是近半年以来清军在地面战场上获得的首次重要胜利，一胜难得，对鼓舞部队士气格外重要，也舒缓了前线将领和清朝政府承受的巨大压力。冯子材守关反击，值得格外褒奖，"十荡十决无当前，一日横驰三百里。闪闪龙旗天上翻，道咸以来无此捷。得如将军十数人，制梃能挞虎狼秦"。①在冯子材的指挥下，广西北圻战场出现重大转机，一举扭转了之前潘鼎新统帅之下狼狈不堪的局面。套用英国首相丘吉尔的话，镇南关一战之前，清军绝难一胜，镇南关大捷之后，清军胜局有望。

进入3月底，中法军队之间的接触战和攻防战进入胶着僵局，法军已不再占有绝对优势，甚至陷入苦苦防守的境地，清军则开始转入局部反击。镇南关大捷震动法国和法军，影响到法国议会内支持茹费里的好战派别，也让北圻法军陷入恐慌状态，生怕漫长防线上某处出现致命漏洞。在此紧张局势之下，法军内部又添麻烦。虽然法军仍有实力守住谅山，让清军在匆忙进攻时遭受重大损失，但法军前方主将尼格里将军在巡视防线时遭遇清军部队袭击，枪击胸部成重伤，被迫将谅山地区的法军指挥权交给副手爱尔明加(Herbinger)中校，自己返回河内疗伤。这一偶然事件不只令法军重要将领缺阵，打乱指挥系统，而且导致接任军官做出不同的判断，改变策略，破坏了法军的守势布防。

清军遍布镇南关至谅山的地区，谅山法军境地危急。爱尔明加中校认为不必遵守尼格里将军之前发布的死守谅山的命令，在击退清军的首次进攻后，即决定率部向南退却，直至河内。法军的匆忙撤退行动始于28日晚，在慌乱中将装有六十万法郎的军饷箱子和一些火炮推入河中，以便逃跑。②撤退过程中触发官兵的恐慌情绪，一退不止，直到退至郎甲一线。爱尔明加中校将放弃谅山一事电告法军总司令波里耶，令他强

---

① 黄遵宪：《冯将军歌》，《中法战争资料》，沈云龙主编，《近代中国史料丛刊第四辑》，台湾文海出版社，1966，第191页。

② Sir Robert Douglas, *Europe and the Far East, 1806-1912,* Cambridge University Press, ondon, 1913, p239.

烈感受到北圻法军全线危急的信息，情急之下，向法国政府发出紧急电报，除非得到大量援助，兵员弹药给养，法军在整个红河三角洲的地盘势将不保。冯子材属下的清军收复谅山之后，向南一直推进到北黎（观音桥），即返回到"李—福禄诺"简约签订前的清军防地，逼近郎甲，才遇到由喘息稍定的法军坚守的阵地。这意味着在法军发动全面攻势将近一年之时，清军已基本收复了之前的失地，"尽复去年官军所驻边界"，双方军事交锋又回到原点。

法国人事后倾向于把法军的这次大溃败，归咎于爱尔明加中校一人的恐慌症发作，将领无能胆怯，导致谅山无端失守，似乎法军仍然足以挺进镇南关和攻入广西。事实上爱尔明加中校当时的判断更为接近战场现实，谅山当地法军孤立无援，给养线被切断，民夫逃散，弹药储备量低，来自河内的援军缓不济急，法军还要对付北圻西线清军的反攻，增援爱尔明加中校的援军数量，并无可靠保障。面对数万名清军的包围，即使法军士兵人人神勇，也难以弥补数量上的巨大差距，更何况这些士兵恰恰就是刚刚从镇南关血战中败退下来的残兵，武器方面并不比桂军、粤军优越多少，而士气则急剧跌落，普通士兵切盼逃离困境之心，仅靠爱尔明加中校或波里耶将军的激励指挥，难以遏止。问题的关键并不在于法军部队是否有能力固守某城，而是清军正在积聚实力展开反攻，令法国政府靠陆战取胜而胁迫清朝廷的希望破灭，最好的结果也是双方相持，而非法军大胜。

在西线的宣光战线上，唐景崧、岑毓英的滇军和刘永福的黑旗军，也陷入艰苦的攻城战中。宣光位于北圻中部，易守难攻，法军的第一旅团在清军的围攻下一直坚守不弃，从1884年10月到1885年3月，围城清军采用各种方法，仍然难以攻下。滇军和黑旗军被迫采用当年攻陷南京太平军防地的原始方法，挖坑道筑堡垒，层层逼近，但仍然受制于法军的强大炮火轰击，清军自己拥有的火炮又不够轰垮城墙，搏命进攻中损失惨重。法军波里耶总司令不断向宣光派出援军，冲破清军的阻截线，在该城聚集了数千兵力，增加了清军破城的难度，城墙久攻不下。与东线的战役相比，宣光争夺战被双方打成了痛苦的消耗战，岑毓英等统兵大员驻军坚城之下，丧失主动，伤亡惨重，却无明显进展可言。

在东线法军进攻镇南关冯子材部的同时，另一支法军部队前往攻打驻守临洮的黑旗军，激战一天，被黑旗军和越南本地兵丁击退，减轻了宣光城外清军的压力。此时，东线战事成为重心，谅山溃败深入影响到北圻法军的战略部署，使其无暇再重点照顾宣光守军，战局也急剧发展到法军东西线俱危的地步。交战双方都不再积极进攻，法国国内和北圻法军内部做出战略调整，转而等待双方政府的和谈过程和结果，直到最终停战之时。

经过艰难苦战，清军终于在北圻达到其基本战略目的，由被逼到边境洞开的险情，转为相持反攻，战局大变。在大约相同的时间内，清军滇桂粤各部推进到正式战争爆发之前的防线，东线从北面越过谅山，王德榜等部已在准备进逼北宁、河内，西线围攻宣光法国守军，收复了之前陷落于法军之手的地方，钳制了大量法军。北圻法军除了河内和红河三角地带，北部、西部都受到重大威胁，即使再搬重兵，也难以打破包围圈，一旦某个局部战役失利，极有可能河内不保，北圻全局皆失。

更为重要的是，此时的清军，包括滇桂粤军和黑旗军，都不再是1884年6月时的部队，从统兵将领、枪械装备到官兵士气，都大为改观，又有了在硬仗中击败法军的宝贵经历，再加上不可或缺的数量优势，因此在下一步的军事行动中，大败于法军的可能性大为降低。虽然法军总司令部仍然豪气不减，积极筹划准备下一阶段攻势，但实际条件限制甚大，雨季即将来临，需要相当长的时间才能补足各项所需，在抽调援军方面格外困难，不得已要再从非洲和南洋转运，对化解清军即将发动的夹击攻势，基本无用。法军的普遍士气也不再如北黎冲突时一般高涨，地面战斗中一再受挫，基隆、沪尾、镇南关，战场伤亡成为家常便饭，令法军士兵胆寒，即使是在以强悍不要命闻名的法国海外军团中，也有逃兵在基隆投向清军一方。[1]法军战无不胜的战场程式现已过时，硬仗血战更为常见，由被赶下海去这一前景而产生的恐惧感，更容易引发部队中不必要的恐慌。

1885年3月的战局实地证明，法军已经失去对清军的全面压倒优势，如果战事延续，最好的结果也只能是相持相耗，陷入僵局，基本上难以再出现当年通州八里桥战役的理想结果。作为并非清军精锐的南方各省地方部队，能够与欧洲强国远征军打成这一局面，实属不易。

---

① Dodd, John, *Journal of a Blockaded Resident in North Formosa, during the Franco-Chinese War, 1884-1885,* The "Daily Press" Office, Hong Kong, p139.

六、逼平法军后的和谈

清朝政府以战求和的总体战略基本成功，远在南方的战事并未让朝廷彻底失望，胶着状态中潜在着和谈的机会。法国政府在预期大获全胜的基础上提出的多项领土利益要求，先后被清朝政府拒绝，得到地方战事进展的支持，台湾被袭而获保全，福建水师被毁而福建全省安全，镇海受袭而不失，镇南关被毁又被夺回。这一系列变化，都令法国政府不再适于坚守其强硬立场，摇摆不定，不愿脱离与清朝政府代表的谈判，必须保持外交渠道畅通。

朝廷内部对战还是和仍然存在分歧争论。北黎冲突后迫于法国的冒犯和擅用武力，清朝政府内主战派自然占了上风，全力支持海岸防卫和北圻军事行动，李鸿章一时退居幕后，但仍然保持与外国使节和淮军将领的紧密联系。如同西征新疆时，西方国家使节一贯视李鸿章为最为开明又掌握实权的领袖人物。之后的时局变化令和谈机会再起。朝廷内外的清流派人物，在负有战争实务责任之后，实际表现远不如预期为佳，清军所获战果都由其他老将力战而来。清流派领袖张佩纶更因为导致清朝海军的唯一惨败，受到朝廷内外的广泛指责和朝廷申斥，这个一时气势高扬的派别，遭受极大消极影响，被迫放弃了一些与实务无关的高谈阔论，使总理衙门和李鸿章获得更多活动空间，加紧进行与法国的谈判，包括通过总税务司赫德的调解活动。作为英国人，赫德当然不愿意看到法国与中国持续交恶，所以加紧通过在英国工作的金登干直接与相关法国外交官取得联系，甚至令其去面见茹费里。

美国驻华公使杨约翰也在李鸿章和法国公使巴德诺之间协调，却被法国人拒绝。法国政府按照1884年底和1885年初法军的战场进展行事，特别是击沉福建水师舰只和夺得基隆港，令其立场强硬，决意以武力让清朝政府屈服，争取更好条件，包括永久占有台湾。[1]在另一方面，法国在这场战争中感受到中国得到一些欧洲国家的暗中鼓励，英国不希望法国进入埃及，德国不希望法国觊觎莱茵河，而俄国有其自己在中国扩张的计划，法国陷入与中国的一场长期局部战争，将令其无心无力旁顾。[2]

---

[1] Miller, R.H., *The United States and Vietnam: 1787-1941,* National Defence University Press, Washington D.C., 1990,p132.

[2] Miller, R.H., *The United States and Vietnam: 1787-1941*, National Defence University Press, Washington D.C., 1990,p132.

因此法国也要通过海陆军的杰出战绩向它的欧洲邻国表明，法国能够独自尽快击溃中国的抵抗，军事解决越南问题。

法国政府本应该早就战争结局做了一断，但出于贪婪、自信实力和扩张野心，茹费里实在不愿意在战场上并未真正见分晓、海陆军方面有得有失时，就放弃诸多要求，因此在和战之间反复无常，一拖再拖。法国政府所要求的赔款额，经常随战场局势变化和法国人的胃口而改变，一度高达一千多万两，又曾降到四百万两可了结，在各方谈判代表的提议中摇摆不定。①虽然曾纪泽已被召回英国，不再负责法国使馆的工作，但他仍积极在英国进行外交活动，通过马格里从英国外相格兰维尔那里得到支持和赞许，于1884年12月初草拟了另一份条约草稿，特别强调了中国的宗主权、无战争赔款和法军退出台湾。此草稿得到清朝廷批准后，经由英国政府正式向法国驻英公使提出，却未被后者接受。②

曾纪泽于1885年2月份在伦敦继续与法国公使交换草稿，而焦急的赫德则通过伦敦的金登干与法国外交部谈判，同时李鸿章在北京与法国公使、茹费里的外甥巴德诺会谈。几方谈判的结果，达成停战草约条款，基本与曾纪泽的早期草约内容相同，但赫德指使的金登干得到与法国外交部谈判和签约的特权。其时法军在北圻地面战场仍然占据上风，一时处于弱势的总理衙门自然倾向于接受协议，逃脱战场败局的困扰。至3月份，法军尼格里将军正在领军展开向镇南关的攻势，极有希望成功，从而强有力地支持茹费里政府对总理衙门的强硬立场。而在签约之后两日，法军却从镇南关败退，再六日后又放弃谅山，北圻军事形势大逆转，法国政府落入逆境，甚至一时失去讨价还价的资格。

镇南关溃败和波里耶将军发回巴黎的恐慌电报，在法国引发政治和舆论风暴，支持茹费里的政治派别弃他而去，令茹费里于3月30日失去议会多数，导致他的政府迅速倒台。法国人已经厌倦了对外征伐的惨痛经历、官兵伤亡和巨大耗费。克莱蒙梭等政治人物在议会里对茹费里大肆声讨谴责，茹费里已经被与卖国贼相提并论，他推出的最后一个议案包括增拨两亿法郎军费，以报复包围谅山的清军，也被议会搁置，无可奈何，他只得向法国总统提出辞任总理一职。茹费里在议会外遭遇愤怒的法国公众的连续示威活动，个人名声扫地，而由他开启的海外扩张狂潮，也

①《寄上海曾、陈、许三钦差》，《李文忠公选集》，光绪十年六月十九日卯刻。

② Boulger, D.C., *The Life of Sir Halliday Macartney*, pp381-382.

失去公众号召力，被迫偃旗息鼓了数年，以致1885年底由克莱蒙梭提出的法国退出北圻的议案，几乎就在法国议会获得通过，仅差四票。

在如此混乱的情况下，法国看守政府自然大幅度转向，不再提出新的要求和条款，指示外交部官员毕乐（Billot）代表法国于4月4日同金登干签订草约。此后双方军队进入停战状态，而由李鸿章和巴德诺于1885年6月9日正式签订了《中法天津条约》，结束战争。法国最终得到北圻和整个越南为其保护国，保证永不侵犯中国边界，双方颁发护照以利两边人民往来，设通商口岸，中国可征关税和在北圻设领事馆，中国从越南撤军，法军海军于一个月内撤离台湾和澎湖，中国不向法国支付任何战争赔款，最后只是以赔偿在谅山事件中被击毙的法军士兵的名义，象征性地向法国政府支付了十六万英镑的款项。[①]

中法两军按照条约交换了俘虏，将法军官兵交还给越南境内的法国驻军一事，主要由时为广西布政使的李秉衡负责。[②]越南境内的滇桂粤军按照命令退回边界，"自三月十四日起，广桂楚鄂诸军连环卷札，至二十日皆撤入边。……法房自谓入中国以来，未有如此次之受巨创者"。[③]而刘永福的黑旗军则担忧在原基地保胜的安全，经过南方各督抚的大力劝解、协调和担保，最终退入中国境内，刘永福不再是朝廷逆臣，任广东南澳镇总兵，其黑旗军余部在当地得到安置，避免了被法军聚歼于保胜的命运。

中法停战条约的最后内容与"李—福禄诺"简约相比，对中国并无明显收益可言，在大举兴兵、转入反攻之后，仍然不求修订一些条款，甚至以"战胜国"身份签订一个条约，失去索取战争赔款的机会，这令清朝政府一时成为众矢之的，当时遭到前方将领的激烈反对，后世也被视为无能昏庸，不败而败，轻易放弃国家利益。清朝廷无疑是倾向于息事宁人的，期望早些结束与法国之间这场烦心的局部战争，在主战的清流派失势、战事无显著好转时，朝廷中枢更加愿意以妥协方式达成一个失去权益不致太多的条约。在之前签订的各项对外条约中，清朝廷基本上没有成功的经验，时刻担心对方强求难以负担的巨额战争赔款，即使是由曾纪泽奋力争回西部领土的《伊犁新约》，也不免要向沙俄支付数百万两白银的赔款，

---

① Boulger, D.C., *The Life of Sir Halliday Macartney*, p393.

② 《译署来电》，《李文忠公选集》，光绪十一年四月二十八日酉刻到。

③ 《广军会合各军保关克谅撤兵回界折》，《张文襄公奏议》卷10，光绪十一年四月初二日。

尚未付完。在法国政府狂妄索取一千二百五十万两白银赔偿的前提下，赫德一度谈成遽降到四百万两就可以了事。[①] 而到了三四月份时，清朝政府以北圻局部胜利求和，最后能够做到赔款分文不付，已经被清朝廷视为可以接受的条款，进了一大步。法国虽然事后获得北圻，但庞大军费开支之后，赔款方面毫无所得，沉重财政负担和战争借款仍旧要由在位政府和全体法国人承担。

求和谈判本身并没有错，即便如曾纪泽这样的杰出外交官，也在竭力达成协议，早日结束敌对状态。错在未能随机应变，乘胜增加对己有利的条款。事关李鸿章等人进行谈判时，谅山已在法军手中，就此认为收回不易。清军尚未有迹象进行反攻，守住现有地方都是个严重问题，因此当时谈判的条件条款，都以减少对法国政府做出的让步为第一要务，而非提出反要求。镇南关、谅山获胜后，好战派的法国政府又迅速垮台，形势转而有利于中国，此时即使双方授权的代表签订了草约，也完全有可能利用金登干草约和"李鸿章—巴德诺"正式条约之间两个月的时间空隙，做出适当修正。清朝政府可以与法国继任政府展开正式谈判，不再通过中介人士，提出附加条件，特别是把清军全部退回中国境内，改为在谅山或其他邻近边境地方驻军，保持缓冲区，其他条件可以不变，以拿回一些权益，作为对清军部队在北圻血战抵抗的补偿。

清朝廷的求和时机不好，败局时谈判定议，清军收回失地、转入反攻时，已经草签协议，令清朝廷陷入两难取舍之中。国际条约都以正式条约为准，草约特别是草签文件并不能作准和具有法律效力，所以李鸿章在一定时间内有理由对在巴黎由他人代签的草约提出适当修正，而不必在4月份就下令清军后撤。当年茹费里就曾自行撕毁"李鸿章—宝海"协议，再派脱利古重开谈判，清朝政府对此并未提出异议。不过决策者最难做到的是掌控局面，不致失控或过度。清朝廷这一次明显不愿再重复"李—福禄诺"草约和北黎事件的旧辙，在修约一事上招致更多外交纠纷，既然草约条件已被认为基本可以接受，就不得再给法国以延续战争的借口。

清军当时已在北圻夺得有利地位，有助于加强清朝政府在和谈中的地位，但是否足够令中国以"战胜国"身份重开谈判，显然不以清朝政府的意愿为依归。即使茹费里任总理的政府倒台，在海外战争并未结束的情况下，继任法国政府和国内民众也只能选择继续支持他们在海外作

---

① 《寄上海曾、陈、许三钦差》，《李文忠公选集》，光绪十年六月十九日卯刻。

战的军队，特别是增援困于北圻、即将被歼或败退的法军。在20世纪50年代，法国政府有可能因为打不下去而主动求和撤兵，但在19世纪的殖民时代，包括法国在内的欧洲国家都在大力扩张殖民地，即使遭遇局部挫折，也不会轻易向被殖民地区的政权和军队投降。法军已在年底向越南增兵，"法国另增陆兵七千名、大快船两艘、炮船七艘"，其他援军还在路上。[①]此外，法军在谅山败退也出于偶然原因，法军内部信息指挥混乱，爱尔明加中校过分紧张慌乱，导致溃退，但法军总部仍在调动部队，计划经过整备后，再反攻周围清军。法国议会通过增加军费的法案之后，北圻法军必然尽力支撑，实在不行，尚且可以调动守在澎湖、一无所用的法军前往增援，坚守到大批援军到达之时。

与此同时，包围河内等地的清军在长达数月的防守进攻中伤亡惨重，需要修整补充，在攻打法军固守的阵地时，将会遇到极大困难。紧接在西征新疆之后，清朝政府在这次中法之间数年战争中的军饷开支，同样数额庞大，至停战时已达数千万两，被迫以赫德经管的海关收入作为抵押，对外大举借债，令清朝政府财政压力剧增，也影响到众多洋务运动项目和近代舰队建设。因此，预期清军在北圻必胜甚至远攻南圻的看法，过于盲目乐观，如果战事再起、僵持和反复，其负面影响绝对不限于越南局部战场上的失利。

在国际形势方面，法国至此仍然是在孤军作战，欧洲各国并未对其施以援手，加入对华战争，即使贪婪觊觎中国领土的沙俄，也只是待机而动，而不是与法国同时展开对华军事行动。如果法军境况急剧恶化，西方各国的态度极可能发生根本转变。总理衙门一向担心另有一西方国家加入战阵，如英法联军重演，"若再有他国，密谋暗助，大局将不可收拾"。[②]

英国本身并不愿意看到一个欧洲强国被清军击败，或者长期无所进展，有可能站出来给以协助，从促和到军援到直接介入，恢复到第二次鸦片战争时并肩作战的状态，也不愿看到白人军队被殖民地军队彻底歼灭和血洗。中国先在伊犁逼平了俄国，此次再击退头等强国法国，欧洲国家在华声誉威望将严重受损，清朝政府之后必然受到鼓励，在对外关系中更加自信和态度强硬，从而危及西方国家在华特权和巨大实际利益，鸦片战争以来侵入中国的远大事业发生显著退步，几十年的努力趋于白费，而一个

①《寄译署》，《李文忠公选集》，光绪十年九月十九日午刻。

②《寄译署》，《李文忠公选集》，光绪十年九月十九日午刻。

像日本一样强硬尚武的庞大中华帝国，更是西方国家的噩梦。英国等国的对策是加紧促和，多渠道谈判，以终止对交战双方来说都是折磨的胶着状态，如果法国确实陷入惨败，不能完全排除其他西方国家插手的可能。清军在谅山获胜之后，正是求和的好时机，通过武力收复地方展示实力，清朝政府就此收手，不愿再增兵和继续地面攻势，以免形势逆转。

清朝政府一直需要考虑的重要问题，就是为越南全力而战究竟是否值得。中国在那里争的只是虚有无用、只具形式的宗主权，等于是面子之争。越南政权十分衰弱，内乱不断，时常更换国王，"即无夷难，亦几无以自存"。唐景崧曾经南行至顺化面见越南官员，认为"官不成官，民不成民，兵不成兵，则其君可知也，实不足以立国"，"环北各省均如人为墙蔽"，①军力十分孱弱，完全无力抵抗法国军队。法国人又精于操纵，扶植亲法派别，尤其是新近皈依基督教的越南民众派别。所以越南一直在中国和法国之间摇摆不定。法国已经强迫在顺化的越南王朝签订了一系列条约，正式承认法国的保护国地位，将清朝政府排除在外，还在争取中国支持的，只是一些对法国不满的逃亡王室成员和大臣，将边境附近的清军牵扯进来。

清朝政府对越南的影响力，只剩下一个没有多少实际意义的藩属国身份，已远不如以前那般受到越南方面的尊重在意。如醇亲王奕譞所虑，"伊果服法（国），我何必强为保护……不幸战败，越必向法乞怜。刘如鼓勇，我仍力助；设竟溃散，只剩我代人受祸。……我岂肯以二十余年和局为彼败于一旦，又岂肯以中国财力护此无信无义之邦？"②软弱摇摆的越南王朝投向法国之势，已不可逆转。

清朝廷奋力扛起北圻之事，最后可能吃力不讨好，并没有任何实质性利益。更有甚者，越南方面执意依靠法国，转而不再善待中国。这在北圻地区的几次战役中已有充分征兆，法国在当地组建越南伪军，编入对清军、黑旗军的作战序列，而当地基督教民更是全力为法军和殖民政府服务，山西之失就有该地教民的功劳在内。这些都是清军守卫北圻和进军越南时遇到的反抗力量，增加了他们的作战困难和阻力，也令清政府意识到越南民众并不可靠，随时可能转向敌对一方。

事到最后，清朝政府愿意承担失去越南这一有限风险，无论从哪一

---

① 唐景崧：《请缨日记》卷1，第4、27、28页。

② 《奕譞致翁同龢函稿》，光绪九年十一月二十九日，《近代史资料》，1996年第87号，第62页。

方面考虑，越南并不值得中央政府去全力争取和动用国内的有限资源，"中国不肯因一隅而牵动天下"。[1]清朝政府所能做的，也是李鸿章、曾纪泽所设想的，就是在北圻划分界限，建立缓冲区，不与法国直接对抗，也抵御法国进入中国内地的强烈企图。滇、桂等军受命进入北圻与法军作战，其中一个重要考虑就是在那里牵制住法军陆战主力，令其无暇无力大举转移，进攻台湾。巴德诺下旗离京，李鸿章即电寄潘鼎新、岑毓英立即进军，以阻止河内法军登船赴台。[2]总体而言，清朝廷的最好对策，就是通过地方军队和在越南的地方武装，给法国人造成最大的麻烦不便，而显示中国影响地方事务的实力。所以在1885年3月的一些地面战役获胜后，清朝廷的选择，就是最后放弃越南这片在清代并非朝廷管辖的地区，交易越南，以获得其他一些更为重要的求和条件，例如台湾解围和不付战争赔款。

清朝政府为了保卫台湾，做出了最大努力，包括派出一定数量的淮军部队登陆台湾，增援刘铭传，甚至下谕动用南洋水师前来解围，明显体现出对台湾和越南两个战场的不同军事策略。中法之间发生有限战争，引入海军，就直接威胁到中国本土和根本利益，至此也只有一战。在战争期间的重心取舍，孰轻孰重，并不难判断，越南实际上远远不能同清朝廷刚刚收复的新疆相比，朝鲜靠近京城，急需经略，而台湾作为清朝政府明确管辖的地区，相对而言更为重要。

这些都是清朝廷在与法国的军事外交抗争角力当中，最终放弃越南的主要原因。清朝政府在中法战争期间对本国建设的关键方面有所警觉，特别是东南沿海的安全保障，注意到台湾扼制南洋的重要性，因势利导，于1885年决定在台湾建省，以刘铭传为首任台湾巡抚，下设七县两府，开始大力开发台湾，为日后抵抗日本侵略、发展本省经济奠定基础，是为中法战争的一个间接积极后果。

当时签订对法条约的一个次要考虑因素，就是如果同法国的战争长期延续不决，李鸿章就无法取回困在德国造船厂中的两艘最新型重铁甲舰"定远"和"镇远"号，装备北洋舰队。德国为了不刺激同为欧洲国家的法国，采取各种借口拖延交货时间，使这两艘军舰建造完工之后仍然不能驶往中国，"今德国定购铁舰，既为公法所阻，急切不能驶回"。[3]直到1885年春中法

---

① 唐景崧：《请缨日记》卷2，第14页。

② 《寄龙州潘中丞》，《李文忠公选集》，光绪十年六月三十日辰刻。

③ 《派船援闽拟用洋将折》，《李文忠公选集》，光绪十年九月二十六日。

接近达成新的和谈协议时，才得以开行。[①]如果这两艘装有十二英寸大炮的巨舰提前一年到达中国水师手中，法国舰队将会丧失它在中国南海、东海拥有的绝对火力优势。为了对付日本在中国海域和朝鲜的挑衅冒进，李鸿章急需接收这些巨舰，而视南方边界的冲突为次要和亟需了结的外务事项。

清朝政府在这场战争中损失的福州船厂和福建水师，加上少数南洋水师船只，一般被认为是清朝政府无知地卷入这场战争所遭到的无谓损失，如果早些接受"李—福禄诺"简约，双方交战谈判的后果会大致相同，却可以免除福建水师和福州船厂的毁灭命运。但是出现这些灾难性的损失，责任在福州战场领兵和指挥的官员将领们，犯下致命错误，无论朝廷中枢或者其他督抚，事前都未能预料及此，普遍预期至少可以一战，即便不能击败在台湾海峡耀武扬威的法国舰队，也会击沉击伤部分敌舰，挫其锐气。福建水师一直龟缩闽江，未能发挥其应有作用，再因疏忽无备而遭惨重损失，这些令人失望的表现，证明即便这些舰只逃过马尾之战而幸存下来，以后也将遭遇败阵，难以期望其将领会表现得更好。马尾事件最为不幸的损失是福州船厂部分毁坏，那些造船业必须具备的基础设施和制造工厂，而福建水师在这场偷袭中损失的木壳炮舰，本来只适合于近海巡视而非海战，在19世纪80年代中已显落后，正在被铁甲重型舰所取代。之后中国海军舰队的建设，转为以购买德国、英国铁甲战舰为主。

清朝政府必然要依赖军事外交方面的人才，才得以维持中法战争至终结。作为主战派领袖的左宗棠，负责福建防务，积极督军备战，保住东南沿海地区，但作用影响已不及西征新疆之时，徒唤奈何，于1885年9月5日因病和激愤而逝于福州，不仅朝廷失去中兴重臣，而且在主战派中，真正具有实战远征功勋和折人威望的统帅，自此缺位，令以李鸿章淮系集团为根基的主和派由此占据上风，左右朝廷和战大局，几无与之抗衡的力量。

对法战争中前方军事将领的表现差强人意，直到1884年中正式开战之后，才逐渐有所改进，出现了刘铭传、薛福成、冯子材、王德榜等干将，如唐景崧所言，创"不朽之勋、不世之业"。[②]而刘永福的黑旗军也在一败再败之后，有机会反攻和围困法军。有了这些前方将领的坚持，战场局势才有可能出现根本转机。清朝军队此次战争的意外之获，

① Eberspaecher, C., Arming the Beiyang Navy.

② 唐景崧：《请缨日记》卷2，第13页。

是剔除了一些作战不力、甚至望风而逃的将领，一些地方部队在与法军对阵中亲身体验近代战争，积累实战经验，提高部队作战能力。清军不再像之前的鸦片战争中，遇敌即溃，充满畏惧之心，在一些具有竞争精神和勇气的将领统领之下，出现奋力抵抗、拦截、反击、强攻和追击等作战方式。清军也通过武器装备、弹药方面的改进，增强了实际战斗力，如在镇南关一战中，清军能够坚持守住工事的一个重要原因，就是事前储备了大量弹药，所以猛烈枪击进犯之敌后，两天之间火力一直不减，没有因缺乏弹药而被法军乘虚而入。

在北圻战场上，清军终于熬到摆脱被动挨打和退却局面的时刻，在协作调动上渐入佳境，从几个方向同时向前推进，令一万多法军防不胜防，东奔西忙。但清军也暴露了与西方近代军队之间的明显差距，遇胜不歼，遇败溃退，杀敌数量偏低，不足以对敌方构成真正威胁和心理压力。在整个战争期间，法军官兵都抱有击败清军的强烈信心，并未在后期的战场失败中出现根本的改变，这些专业军事素养和指挥协调能力，是初次从事正规作战的清军地方部队所无法比拟的。对清军的更大打击，是在获胜迹象开始浮现、士气正高时，被清朝政府以战事之外的因素勒令停止，使他们丧失了一个尝到战场胜利的宝贵机会，十分可惜。如果能在对欧洲头等军事大国的局部战争中取得首次大胜，势必可以鼓舞士气，对未来意义深远，在许多方面影响到洋务运动进程和清代晚期的历史走向。

在外交方面，领袖人物李鸿章基本抽身于军事战略和海陆攻势之外，而专注于外交谈判，先后同宝海、福禄诺、巴德诺等法国使节打交道，同时利用赫德、德璀琳等外籍官员的渠道多方与外界联系，还频繁接触外国使节，请求斡旋，所以清朝政府在外交方面大多倚仗李鸿章为中坚，掌握几乎唯一的对外发言权。由于谈判的最终结果是中国放弃在越南的既有利益，李鸿章的高超周旋技巧和国际威望，似乎成效不佳，被视为外交挫折甚至失败。但总理衙门在此次中外外交角力当中，竭力通过外交渠道争取国际支持，谴责反击屡次毁约的法国政府——"一面会商，一面攫取基隆，中外无此办法""一切应惟法国是问"，交各国"秉公评论"，作为主管外事机构，绝非一向被认为的惯常性屈辱退让。[①]

清朝廷的另一战略选择是在越南做出与法国相同的努力，主动使用军力，在北圻划出自己的明确势力范围，取代有名无实的藩属关系。既

---

① 龙章：《越南与中法战争》，第227页。

然清朝政府无意走那么远，唯一的替代方案就是维护边界安全，避免法国大举进入中国西南省份。这种保守消极态度贯穿于以战求和的过程，是李鸿章施展外交技巧所无法弥补和掩饰的。

曾纪泽在英法两国积极进行外交活动，更在正常外交事务之外，与西方舆论媒体针锋相对，维护国体国格，但又频繁联系各国使节，力争以战求和，达成清朝廷可以接受的协议。如果曾纪泽身在国内与宝海等法国代表展开谈判，鉴于他在俄国的表现，必然会在一些条款上坚守要点，如平分北圻和不放弃谅山。由于清朝政府此时对法外交已有多条渠道，曾纪泽未能被授承任全权，不同于之前的赴俄国修约之行，所以前后数次未能涉闻关键谈判，难免会对公布出来的条约内容表示一定的失望之情。

曾纪泽在中法条约签订之后，于1886年底被召回国，一度据说要进入军机处，以他的父荫、名望、才干和卓越功绩，有望成为权力极大的政治外交人物，取代李鸿章的作用。[1]但之后曾纪泽只进入海军衙门帮办，兼一些侍郎职位，未能尽力施展其才。因身体长期不适，曾纪泽于1890年五十一岁时去世。清朝廷授其太子太保衔，谥惠敏，以表彰他在海外数年内的外交工作，不仅在英法西欧建立起近代中国的良好声誉，而且在与欧洲列强的两次重大外交事件中，做出了无可替代的杰出贡献。至此，清朝政府内再也没有能同李鸿章并列的大外交家和对外事务权威人物。

关于这次战争，法国人当年做出的诸多预测，最终都没有实现，比如刘永福并不可靠，随时出卖清军，法国占领中国某个港口，就可以迫使中国政府屈服，或者法国派出来自阿尔及利亚的非洲军人到甘肃、云南去帮助当地穆斯林，引发全国性的圣战，等等。[2]这些都是他们的臆想，在法国有能力发动对华全面战争时，或许有可能出现这些现象，但在越南和中国南方的局部战争中却并未发生。法国政府全力动用的陆军、海军，兵员总数超过当年攻破京城的英法联军规模，孤拔统帅的庞大舰队，远超法国本土舰队规模，倾其海军精锐，都未能做到这一点，对中国心腹重地的影响极为有限。战争结局自然也完全出乎清朝廷的预料，本来就是且战且和，以战求和，视战局形势而变，谁知居然在局部战役中获胜或者战平，原先预计难以支撑的台湾、福建海域战事，以及

---

① *Sir Robert Hart Diary,* December 12, 1886, p145.

② Chapuis, Oscar, *The Last Emperors of Vietnam: from Tu Duc to Bao Dai,* Greenwood Press, Westport, CT., 2000, p68.

滇桂两省受法军波及荼毒，也成功挺住敌方多轮的攻击波，"胜负互见"（李鸿章语），而未崩溃一发不可收拾，反而令法军因伤损不止而进退两难，敌国政府倒台，本国则政局稳固，是为清朝近代对外战争以来的少有的战局结果。

从被公认必败无疑，到事实上战平欧洲强国法国，这一意外转变适当地帮助改善了中国的国际形象，"越南一役，法人欲索赔偿竟不可得，法人咸咎斐礼之开衅，恨其得不偿失，各国始知中国之不受恫吓也"，欧美诸国对中国"不复如昔年一意轻藐"。①所以战争之后，法国在亚洲的威望受损，国内政治混乱，虽然征服了中南半岛的一些小国，却不再对中国拥有足够有效的影响力，双方已经交过手了，法国不过如此，形近色厉内荏，让中国人、政府和军队将其看低。法国受此一挫之后，走了下坡路，在八国联军中不占主力，在第一次、第二次世界大战中的表现，同样无可称许，日趋衰弱的法国在亚洲的影响力急剧下降，令殖民地的地方武装力量更加敢于起义反抗。

中法之间于1884年发生的战争，是19世纪西方列强以吞并中国属国为由，侵犯中国主权的一个典型事例。法军一早进入作战状态，全力以赴，跟随征服殖民地的惯用程序，以图扩张得逞。法军陆上积极进攻越南北部和打击清朝援军，海上派舰队封锁中国港口和台湾，摧毁福建水师和法国人建造的福州船厂。这些战争行动最清楚无误地解说了近代西方列强对中国作用影响的两面性，既在有意无意之间向中国提供了一定的方式指导和技术支持，又必然反复破坏中国的经济国防建设过程。中法战争的结果，中国虽然避免了向法国支付巨额赔款的命运，但近代工业和海陆防务在外来打击之下，难免遭受严重损失，急需经费的洋务运动再遇挫折。

---

① 薛福成：《出使英法意比四国日记》，第167页。

第五编 日本为患中国

一、由近代前到明治维新的日本

日本是中国近代转型的最大灾害之源，不仅因为日本像沙俄一样粗暴贪婪，像英法一样依仗武力和条约束缚中国和推动权益外流，而且更在于日本从近代国家发萌起始，就以占据大陆地区为首要目标和帝国崛起的必要条件，实现其数百年来称霸东亚的愿望，大陆中国自然落入日本海外扩张的最近范围圈内，而日本的崛起和掠夺反过来最大限度地挫退近代中国的发展历程。概而言之，日本利用中国的缓进演变实现其自身的加速蜕变，并跟随西方列强的殖民趋势，反过来造成中国的停滞和临近崩溃。

日本"国土孤悬，无所附着"（何如璋语），近代日本立国和外侵战略的最终目的和最大心愿，就是占据海外领土，包括朝鲜和中国，将日本这一孤立岛国变为大陆国家，才能永久消除其根深蒂固的不安全感。中国的"普天之下，莫非王土"，只涉及大陆范围内实地疆域，而日本所谓的"八纮一宇"，本岛之外周边茫茫海域，只有占据邻近陆地，才有帝国创建和施政的可能。保有一片坚实陆地，对近代日本的重要性不言自明，日本公认国土的本土四岛，只有约38万平方公里，岛上空间狭窄，无可再扩，而中国东三省的官方面积是78万平方公里。因此到了20世纪30年代日本全面占据东三省时，它从中国夺去的领土已经大大超过了日本本土四岛的面积，那几个省份实质上沦为日本帝国的大陆部分，通过官方组织的移民运动，开发垦殖，让更多的日本人盘踞在

"新"日本的土地上。这些掠夺而来的土地，成为日本进行侵华和太平洋战争的庞大基地，在苏联不加干预的情况下，即使日军在东边太平洋方向和南边东南亚海陆疆域均败于美国，日本仍然手握亚洲大陆上的可观领土，作为最终退路。

基于这一最基本的地理政治前提，无论条件方式如何变化，日本数百年来都在谋求占得一片大陆之地，更无可避免地在近代新兴国家阶段，把邻近的大陆国家中国视为最重要目标，中国无论实现近代化与否，都面临着来自日本侵扰、蚕食和征服的威胁。中国可以不靠日本而自立为亚洲大国，日本则要依靠地理自然资源条件之外的方式去争取这一大国地位，之后才能自称为亚洲强国。

在被迫对外开放之前，日本国内的政治经济条件，并不比清朝后期为佳，作为典型的农业社会和封建经济体，发展迟滞缓慢，政治结构不稳定。德川幕府之下的日本获得一定的平缓时期，农业之外的商业贸易活动增多，城镇规模得以扩大，以致一些西方经济史家将此视为日本进入近代社会的有利条件，是西欧国家之外的一个特例，甚至有可能像英国等西方国家一样，自行进入长期深度经济增长的轨道。[1]但当时出现的这些地方性商业贸易新现象，实际上并不足以推动日本发生根本性质的蜕变，整体而言，日本仍然维持着亚洲大型农业社会的格局，在规模上尚且不如清代中国的市场经济构成和商业网络。

日本虽然是一个四面临海的岛国经济，却比清代中国更加努力决绝地实行"锁国"政策（sakoku），呈现极端的特性，并不比明清时期的中国更为开放和变通。自康熙解除海禁之后，中国商人与东南亚各国保持着稳定的贸易关系，遇到灾荒年景，时常有商人从南洋运回大批米谷到中国大陆，而与西方各国的大宗贸易产品，茶丝瓷器，更是世界闻名，批量庞大。日本自行封闭的社会名副其实，由来已久，对外贸易中又缺少那些中国拥有的大量出口的名牌产品，因此自闭特点更为显著，"盖德川氏专以锁港为国是，长崎通商，惟许中国与荷兰，他皆禁绝也"。[2]对于一个以海运和海盗闻名的岛国来说，日本的锁国政策比中国更为彻底严格，背后的

---

① Jones, E. L., *The European Miracle: Environment, Economies and Geopolitics in the History of Europe and Asia*, Cambridge University Press, New York, 1981, chapter 8; Growth Recurring, Economic Change in World History, Oxford University Press, 1988, chapter 9, "Japan".

② 萧一山：《清代通史》卷3，商务印书馆，台北，1964，第715页。

政治考虑就是幕府对各藩的控制，而实际作用则是把日本与他国的往来交流降到最低点，海外贸易维持在以不影响幕府大名的利益为限。一旦锁国政策因政体改变而遭放弃，日本人对海外产品资源和市场的渴求即喷涌而出，对外扩张成为岛内政权的既定国策。

日本于19世纪中叶发生的实质转型和崛起，具有其众多的有利条件。首先，西方列强向东方扩张时，它们的注意力集中在主要目标中国之上，日本偏远的地理位置和狭小有限的内部市场，对欧洲国家缺少吸引力，最多将其作为中国边缘的附带市场，以致来自英国的马戛尔尼使团在它的中国使命基本失败之后，也对日本之行意兴阑珊，随之取消了有所准备的日本之旅。日本因为这一地理条件而在西方列强的早期冲击东方的浪潮中，受恶劣影响更轻。中英第一次鸦片战争恰当其时地成为位于中国东边方向的日本的前车之鉴，既然传统大国中国已被西方人击败，岛国日本被强力开放的命运也不可避免，将步中国后尘。这就使日本人有相当长的时间酝酿准备必要的应对措施。从客观条件上讲，日本迟于中国被迫对外开放，成为它更为顺利转型的有利条件之一。

日本国内的政治社会结构大异于中国，更为接近于前期的封建时代，在特殊历史背景下，反而成为近代社会转型中的某些有利因素。日本不仅小国寡民，而且四分五裂，藩国林立，江户时期存在着将军之外近三百个藩府，某些大名领主占有土地面积十分有限。日本德川幕府连北海道的虾夷都尚未征服，日本国的整个领土实际上只限于其他三个主岛之上。这些地方藩府与所谓的天皇朝廷处于既对立又依赖的复杂关系形态之中，只有强势的幕府，依靠武力征服、收买和结伙击弱，才能够切实号令各藩和统领国政。所谓的日本天皇，只具有名义上的皇权，在过去与幕府的争权过程中，手中无兵，自然连续遭遇失败。从12世纪起的镰仓幕府时代，也发生过虚位天皇谋求夺权，鼓励策划倒幕运动，成功地终结了镰仓幕府，但之后再有室町幕府，续有德川幕府，幕府时代延续将近千年。在如此长的时间之内，天皇都只是个空洞符号，名义上地位崇高的国家首脑，被置于无谓闲散的地位，不为将军大名所看重，被圈在京都，失去皇位必要的尊严，一切都由位于江户（东京）的将军幕府决断。

这一畸形的封建分权结构，而非中央集权结构，令激进积极的地方藩府有可能在发生政治巨变的时刻，打出尊王攘夷的口号，起而反抗甚至推翻幕府，至少令德川幕府行政无效，进而较为顺利地演变为新的政治体制。进入近代时期，德川幕府更加难以制止某些地方藩府脱离传统、接触西方各国的行动，特别是偏远藩府好勇斗狠，桀骜难驯，外向倾向促使他们受到西欧近代早期知识的影响，至少是早期荷兰人传播的西方文化，出现所谓"兰学"，开始打开"锁国"政策的缺口。

即使是在西方由著名中国学家和日本学家合著的权威性著述，在比较中日两国时也充满着倾向性的描述表达，相类似的现象在日本是进步的动力，在中国则是停滞的原因，某些论述显得缺乏说服力，显示出区别对待中日现象的矛盾态度。①西方学者用来抨击中国社会的两个论点，社会结构僵化与闭关锁国，毋宁说更适用于当时的日本。例如"士农工商"的四个分类，常被用来指责僵化的中国社会缺乏活力。其实中国近代前的生活具有相当的内部活力和空间，除了手工业者多守祖传技艺外，其他三个阶层内的成员都是可以互相转化的，阶层界限十分模糊，其根本原因就是中国发明了一套世界独一的文官考试制度，历经年久，跨越阶层界限的现象最常出现在士和农之间，维持了中国社会的稳定和朝代的兴盛。商民阶层虽然受到仕途的某些限制，但是中国商税历来极低，致富容易，商人从中得到相当大的实际利益，并可通过买官途径而获得低级官员职位。如美国在华传教士丁韪良说："中国社会没有不可改变的阶层划分，除了满洲人之外，也没有享有世袭特权的社会阶层。……这是中国体制的一个民主性特点，它在理论上鼓励向所有人提供平等的机会，在促进教育和维持效忠方面，具有令人难以置信的影响"。②

日本日后被西方人视为亚洲的英国，在19世纪中是备受推崇赞誉的。当丁汝昌远赴英国接收巡洋舰时，英国人马格里建议曾纪泽在对日本公使的祝酒辞中，称赞日本为"远东的英格兰"，结果令在场的日本使节喜出望外，以致电告国内政府，日本媒体对此广为报道。③基于这些

---

① John Fairbank, Edwin Reischauer, and Albert Craig, *East Asia: Tradition and Transformation*, Wadsworth Publishing, revised edition, 1989.

② W.A.P. Martin (丁韪良), *A Cycle of Cathay, or China, South and North, with Personal Reminiscences*, Fleming H. Revell Company, New York, 1900, p329.

③ Boulger, *The Life of Sir Halliday Macartney*, John Lane Company, London, 1908, p324.

日本更像欧洲的普遍印象和偏斜的观察角度，西方国家政府和社会难免对日本的崛起和军事行动抱着容忍和偏向的态度，从而在中日争端中基本上不会站在中国一边。

德川幕府晚期的统治阶层同样受到西方势力的直接威胁和侵犯，鸦片战争之后，往来于美国、中国之间的美国舰只，不断前来要求开放口岸通商，终于在1853年由美国政府派出由海军准将佩里（Perry）率领的舰队。德川幕府把美国人推向日本唯一的对外港口长崎，但佩里不予理睬，将几艘军舰直接开往幕府大本营的东京，向日本人现场展示了黑色蒸汽船和新式火炮的威力，令人震惊。虽然当时的美国远远不是西方列强之中的强者霸者，但他们已经拥有不次于英法的武器装备和舰只，优于当地日本人的战船，又掌握近代海军远洋作战的基本要素。美国军舰趁英法等国尚未动手之际，先行闯入东京湾，如同英军炮舰闯入广州一样，强迫当地官府答应所提条件，签订开埠通商、最惠国待遇等条款的条约，依照的是西方国家在世界其他地区签订通商条约的常见格式。

佩里将军在其遍及东亚的航程中，还最早地实地勘测了台湾的基隆煤产地，建议美国政府出兵占据该地，以利美国商人在远东的贸易活动。虽然当时的美国政府没有积极回应，在美洲大陆上自顾不暇，但佩里的积极活动和窥探，却成为日后美国人大力鼓动日本去占领台湾的起源。

日本国民对来自西方的外力侵入，同样持有强烈的抵制态度，所谓的"仇外"情绪并不仅限于中国人民，日本各地均发生袭击洋人、杀死传教士的事件，招来西方国家军队的报复。1862年9月，英国人罗宾森在萨摩藩境内被武士杀害，英国舰队开入鹿儿岛港，炮轰日本舰船和建筑，让桀骜不驯的萨摩藩主改变了强硬态度。美国赴日本签约的特使哈里森的荷兰籍翻译，也被日本人在江户杀死，而激进的年轻武士刺杀了在幕府中掌权的"大老"井伊直弼，因他是与美国特使哈里森签约的日本政府代表。[①]1863年，第二次鸦片战争之后，清朝廷已经公开屈服于西方列强势力，而长州藩的日本人又与西方人发生冲突，招来西方联合舰队的轰击。这些骚乱构成对外国商人的严重威胁，以致西方各国都在商埠横滨派驻武装警卫，巡街查防，直到新的明治政权稳固之后才撤离。[②]

---

① Perkins, Dorothy, *Japan Goes to War: a Chronology of Japanese Military Expansion from the Meiji Era to the Attack on Pearl Harbour (1868-1941),* Diane Publishing, 1997, p34, p36.

② Daniels, Gordon, *Sir Harry Parkes, British Representative in Japan, 1865-83,* Japan Library,1996, p90.

这些新型外来武力发起的攻击事件，让日本全国上下充分意识到外国势力入侵的严重性，狂热的民族思潮和卫国情绪极易为一些新起的日本政治人物所利用。外力的侵入是日本当时变化的一个主要导因，图谋起事的藩府利用民众抵抗西方列强的民族主义情绪，攻击幕府的妥协"卖国"政策，获得较为广泛的支持，借此达到改变权力结构的政治目的。长州、萨摩等地方藩府强烈谴责将军幕府屈服于西方武力，声称要把西方人驱逐出日本，而19世纪中期，德川幕府正在失去对地方藩府的控制，实力虚弱，更甚于道光朝廷，引发了藩府群起觊觎朝权、进而起事的野心。

德川幕府于1862年改变了制服藩府的重要手段，不再要求大名们住在江户作为人质，地方藩府更加肆无忌惮。处于日本西南边远各藩，以萨摩藩、长州藩为主，由一些地方新兴领袖先取得地方藩邦的权力，再聚集其他各藩的武装力量，成为德川幕府无法控制的地方实力集团，充分利用了日本当时政治结构的分散特性，与位于江户的幕府将军相对抗。在西方驻日公使的暗助之下，这些藩府试图在日本国内的政治变革中借助西方势力，大力采用西方新式武器，以西式方法训练属下部属，用来对抗名义上的中央政权的幕府军队。在这种相互利用的微妙形势下，日本人滋生了与西方接触和进行模仿的强烈愿望，出现西化的趋势。

1868年为庆应四年，适值孝明天皇去世，十五岁的明治天皇继位，与地方藩府勾结，鼓励倒幕运动。以西乡隆盛的萨摩藩为首，西南诸藩的倒幕运动实力壮大，在京都附近的决定性战役中，击败前来镇压的幕府军队，再反攻到幕府中心的东京，德川幕府失败倒台。但地方藩府的新军，并未建立一个新的幕府，而是在西方民族国家思想的影响下，继续"尊王攘夷"的口号，推出了久无实权、渴望复位的天皇，把庆应年号改为"明治"，使久居京都的天皇第一次进入新日本的都城东京，夺下前幕府的城堡，作为新的皇宫。

这些地方藩府以政变的方式制造了所谓的"明治维新"，完成所谓的大政奉还。长达两个半世纪的德川幕府，以及长达近千年的幕府时代，至1868年（清朝同治七年）终结，天皇权威重建，由绝对的虚位变成日本人的神，对之后的一切事务变化负有最高最终的责任，绝无推托逃避的可能。按照时任英国驻日本公使巴夏礼的判断，日本至此才最终成为一个国家，而不再是一个由各个王子贵族们组成的联盟。[①]

明治天皇夺回政治权力的过程中，完全借助西部、南部一些藩府的支持，以他们为主力结束了武将专权的幕府时代，作为回报，拥护天皇的藩邦获得新政权内的主要行政权力，萨摩藩、长州藩的起事首脑占据中枢要职，主掌国家机构。这一新旧转型中的国家政权，内部仍然问题重重。武力叛变起事并未结束，政治人物仍然习惯于以武力解决事端。所以在维新已近十年的1877年，起事领袖之一的西乡隆盛，返回他的发家地萨摩藩，召集地方势力，原先推动倒幕运动的一些不安分藩士武士，再次起事，讨伐东京天皇属下的全国性政权。地方势力冀望于群起反抗推翻一个尚未稳固的政权，重演之前倒幕运动中地方战胜中央的过程，打败东京政权而变更中央政府，但此时的维新政府已经掌握控制了比推翻德川幕府时更为强大的武装力量，全国性的政权实力令萨摩藩孤单的地方力量难以匹敌。西乡隆盛的起事最终失败，但确实给维新政府造成极大的财政军事困难，给当时应对日本觊觎台湾问题的清朝政府以一个沉重打击日本的少有机会。

日本明治维新的成功，在很大程度上归结于其政治结构由封建分藩向中央集权转化的过程。在历史上，这一过程一般都能带来勃兴和持久的活力，繁荣的经济和稳定的政治结构，近代前的英国是如此，而与日本最为贴近的例子是中国两千年前的统一和秦汉王朝。日本人不仅采用了中国的"战国时代"这一历史名称，而且在维新之后施行的政治措施也与中国的过去大同小异。1871年明治政府废藩置县，废除各地大名封建领主的庄园，幕府时代的这一中间统治阶层不复存在，一切归于天皇治下的帝国，而领土则被划分为三府七十二县；地方军队被解散，成立了由中央政府统一控制的军队，采用征兵制，取消武士阶层从事战争的特权，而将之前的武士们赶到外边从事各种合法非法活动，甚至变为"浪人"和海外闹事最烈的殖民先锋。中央政府设立内阁和六部，建立起全国性的税收制度，充实中央库藏。

稍微了解中国历史，特别是秦汉史的人，无疑都会对这些措施感到

---

① Daniels, Gordon, *Sir Harry Parkes, British Representative in Japan, 1865-1883,* Japan Library, 1996, p90.

十分熟悉，在两千年前的中国就已经被推行过了，而出现开明领袖，具有社会凝聚力和商业活力强等特点，都毫不奇怪，所不同的仅是，日本由封建到集权的变革，发生在大机器工业生产的19世纪，日本人自然转而采用西方已有的最新技术，重视发展工业，而不像中国的秦汉时代那样，以农业生产的迅速发展为主要特征。

无论是"尊王攘夷"还是驱逐西方人，那些获得新政权实权的政治人物自然要沿用过去的那些爱国口号，激发国内民众的民族主义甚至是种族主义情绪，并采取各种措施增强原本并不充实的日本实力，推动对外扩张。日本呈现强烈对外扩张性的原因之一，是在维新变革过程中改革了日本的武士传统，之前只有武士能够携带武器，而到了明治时期，武士的特权被废除，日本政府转而把整个国家军事化，用于战争目的。这一变化的积极后果是日本尽快达到强兵目的，消极方面是大批武士藩士从此失去他们原有的社会地位，无所供养，在狭小的日本本土经济体内无法得到安置，最简单的解决办法，就是鼓励和放任他们从事海外探险和征服，如同英帝国之下的苏格兰和爱尔兰人那样，在海外异域为母国建功立业。因此这些日本武士"浪人"活跃于海外，骚扰和进攻像朝鲜这样的国家，并侵犯中国的领土台湾。这些冒进的武士们充当各种形式的奸细密探，并亲身挑起日本与他国的冲突，最终为日本争得巨大利益，

日本国内并不平静，国内地方性起义动乱频繁。[1]原本来自长州的反德川幕府的军事人士，日本早期军队改革的重要人物，大村益次郎被他家乡的武士刺杀。紧接着天皇复位，就发生"戊辰之战"，以平定德川幕府的剩余抵抗力量。1871年，对现实和明治政府不满的萨摩藩武士在东京袭击了两名政府雇用、外出寻欢作乐的英国人，迫使巴夏礼出面干预。[2]1874年江藤新平发起的"佐贺之乱"，那些来自九州的武士起而反对明治政府，被政府军队镇压。国内情况的混乱，导致日本庞大的海外巡游使团——岩仓使团都受到影响，该团中的政府高层人物如大久保利通和木户孝允，都被提前召回日本，早于流连海外的其他使团成员，以应对国内的紧张局势。[3]

---

① 井上清：《日本军国主义》，第二册，商务印书馆，北京，1985，第99-100页。

② Daniels, Gordon, *Sir Harry Parkes, British Representative in Japan, 1865-83*, Japan Library, 1996, p113.

③ 井上清，《日本军国主义》，第二册，商务印书馆，北京，1985，第101页。

1877年又发生西乡隆盛领导的萨摩藩叛乱，所谓的"西南战争"，获得为数不少的武士支持，其他地方也有引发麻烦的倾向。战争延续长达八个月之久，动员了全国可用的水陆兵力，伤亡数万人，耗费巨大，达五千余万日元，超出该年财政总预算甚多。[1]明治政府甚至被迫通过驻华领事池田，向清朝政府请求军火弹药方面的支援，李鸿章允其所请："论救灾恤邻之谊，虽不能允借百万（子弹）之多，姑以十万应之，以示敦睦，似系交际中应有之义"。[2]在之前日本侵台、李鸿章深恶日使狡黠、不胜其烦的情况下，作出这些善意表示，凸显他和清朝政府对这个行为诡异不测的邻国日本"以德报怨"的基本取向。

这一国内政治混乱的因素之外，日本的经济模式也令新的明治政权的对外扩张倾向转趋强烈。在幕府的锁国和近代前农业的结构之下，资源的缺乏尚不足为虑，一旦变为中央集权和维新运动之后，开始走向近代工业建设和大力从事工业生产，特别是与对外扩张紧密相关而又耗费巨大的军工生产，日本人立即发现，日本本土资源缺乏确实是一个极为严重的危及本国生存的问题，经济能否发展甚至存在，都属于未定之数。他们由此比传统的日本更加注重向外扩张，被视为立国之本，涌现出不顾一切地冒险掠夺的巨大动力。

古代日本人只在三大本岛的土地上活动，政权所辖不覆盖北海道的虾夷人居住区，谈不上北方治理，直到1868年明治维新之后，才在急于扩张的势头下，将基本无力管理的北海道并入日本国土。明治政府的首要目标就是把平定北海道作为全国平乱的一个主要部分，加大推行所谓的开拓的力度，即把大批日本人推到北海道岛上，从事各种占据垦殖活动，之后才得以于1886年改设北海道厅，与日本其他大区同级，在时间上甚至要晚于琉球王国被日本入侵和改为冲绳县的时间（1879年）。

日本作为四面环海的岛国，故自维新立国之始就格外强调水上力量，重点建立海军，"海军之事为当务之急，应从速奠定基础"（1868年天皇谕令）。[3]自幕府末期的西南藩府起，即开始向欧洲国家采购可用于作战的蒸汽舰船。日本海军早期拥有的"龙镶号"，是一艘

---

① 何如璋：《使东纪略》，载于《早期日本游记五种》，湖南人民出版社，1983，第51页。

② 《论日本借用镪子并论烟台条约》，《李文忠公选集》，光绪三年三月二十日。

③ 外山三郎：《日本海军史》，解放军出版社，龚建国、方希和译，1988，第6页。

三桅风帆蒸汽装甲船，经由当地英国商人撮合，达成交易，由英国的阿伯丁造船厂制造，两千五百吨，日后转交给明治政权的海军。这类初级蒸汽战舰，很快被证明只能满足日本的内海和沿海防卫之要，若用于日本大力图谋的远洋征服，甚至征服朝鲜，都面临相当程度的困难，在面对具有一定实力的其他国家海军时，则更显薄弱。这些缺陷导致日本明治政权尽早建立了海军省，从事扩大海军的庞大计划。但由于日本明治早期，国内武装冲突不断，国家安定为先，所以政府被迫先装备陆军，大量购买后膛枪和开花炮，军费支出相对较小，而平定叛乱、稳定国家政治根基的效果，短期内明显更佳。

由于组建近代海军所需的财政开支实在浩大，明治初期的政府高层尽管雄心勃勃，但国家仍然贫困，依靠传统税收，财政资源有限，"岁入五千余万金，地租为巨，关税次之，……宫省府县各经费度之，恒苦匮乏"。[1]政府财政承受不起，被迫放弃了一些格外离谱的海军建设计划。1870年，日本的兵部省提出规划，在二十年内要拥有至少五十艘铁甲舰在内的庞大舰队，需耗费四千五百万日元。维新领袖和官僚们的野心过大，脱离国情和财政现实，等于把当时日本一年的全国财政收入都投入到海军建设中。日本政府的海军省被迫修改计划，在每年实际预算费用仅为五十万日元的情况下，缩小预期达到的海军规模，设立更为符合实际的目标。日本近代舰队的真正建立和成形，实际上还是在受到清朝洋务运动中北洋水师巨舰大炮的刺激震撼，才走上正轨，拼全国之力，购买新舰，加快了赶上欧美海军的步伐。

日本明治维新以后的两个突出特点，一是西方国家的良性导向，一是对外扩张为基本国策。日本开始执行开放政策，着力向西方学习，其中既有本国政府的大力推进，全盘西化，依靠日本一向善于学习其他文化的传统，更有西方国家自始施以援手和积极导向的决定性因素。日本并无丰富自然资源可以随意掠夺，西方国家无大利可图，因此帮助日本建设和进行正当贸易成为唯一的选择。

更为重要的是，最先开放日本的是美国，它在当时西方群体中和在中国领土上，尚且算不上一个主要强国，本国还没有进入海外殖民的阶段，它自己不久前才脱离了英国的殖民统治，因此难免对他们号称的独有平等自由精神十分自豪，转而视日本为它本国在远东的主要势力范

① 何如璋：《使东纪略》卷3，载于《早期日本游记五种》，湖南人民出版社，1983，第831页。

围，对待日本自然不如老牌强国英国在中国的殖民主义做法那么重商化和横暴，而是以劝导和示范为主，极力促进日本与美国的交流，以向日本展示走向近代化的益处和优势。"英人之对华政策，名曰开放，实等劫夺，故不能与美之开放日本，获得相同之效果"。①美国人绝对不会想到日后攻击美国领土的唯一国家，就是这个他们当年大力扶植的日本。

美国强迫日本开放之后，即在外交等方面尽力以日本的代表自居，推动日本向西方世界证明自己的价值，这一点与西方列强在中国的所作所为，形成鲜明的对比。美国率先于1878年11月同日本政府谈判，主动放弃治外法权等条件，同意日本提出的各项要求。②条约中的一个附加条件，是当其他西方国家采取同样行动时，这一条约方才有效，这就等于号召那些西方国家随后跟从美国对待日本的榜样。

日本的外交努力由美国策划，日本争取国际平等承认的谈判，由美国人作为主要代表和顾问。1877年，"日本派有专使一员来英会议，谋另定立条约，而所派者为美国人，为能通知各个律法，可以据事论争也"。③巴夏礼作为英国驻日公使，对德川幕府处决和驱逐天主教士教民的行动，基本上是束手旁观的，让法国人发出威胁言论，却不再以动武施压，与他在广州"亚罗"号事件中的激烈反应截然不同，也不同于英国使节在中国教民被害时频繁施压总理衙门的常景。④李鸿章也意识到英日双方之间诡秘的默契，"巴夏礼与该国（日本）情好最密，代为虚张声势，亦在意中"。⑤

在19世纪七八十年代，实际情况是，中日可以说不分先后。人们常常引用的日本急于学习西方，专派使团到西方国家考察的例子，其实日本派往英国的第一个使团是在明治维新之前，英国当时的驻日公使阿礼国鉴于日本抵制外力的运动声势浩大，因而安排了几十名日本人于1860年到英国商讨暂缓开放口岸之事，附带其他有利条件，日本人自然欣然从命，不愿放过这一中国从未得到过的机会。由于该使团到英国后

---

① 萧一山：《清代通史》卷3，第831页。

② Daniels, Gordon, *Sir Harry Parkes, British Representative in Japan, 1865-1883*, Japan Library, 1996, p177.

③ 郭嵩焘：《伦敦与巴黎日记》，第412页。

④ Daniels, Gordon, *Sir Harry Parkes, British Representative in Japan, 1865-1883*, Japan Library, 1996, p88.

⑤《论日本派兵赴台湾》，《李文忠公选集》，同治十三年三月十三日。

需等待阿礼国自日本抵英，他们顺便参观了英国的城市和工厂，留下深刻印象。[①]这种友好参观团并非为学习西方而去的，而是着眼于英国主动给以日本的实际利益。

明治维新之后，日本政府确实于1871年派出规模庞大的"岩仓使团"赶赴欧美各国，其主要目的是修改西方列强原先与日本签订的条约，改善日本的国际地位。但是在英德等国使节的警告劝导之下，岩仓使团最后到达英国时，早已打消了与西方国家争取修约的念头，转而四处观光浏览，基本上没有进行过认真的会谈。巴夏礼在盛情款待日本使团之后，仍然在唯一一次正式会面中，严拒日本人的要求。[②]畅游全世界、大肆宣扬而传名后世的岩仓使团，其出使所获其实极为有限，西方列强尚且不愿放弃已经在日本取得的利益，因此该使团基本上没有达到其最初设定的使命。[③]

这一大规模的外派使团毕竟得到一些附带收获，使团成员在英国各地巡游观光，长达四个月的时间，回国后向日本明治政府汇报了在西欧国家的观感和印象，目睹大工业生产的规模效率，"工厂的兴盛，远远超出过去的传闻，到处黑烟冲天"，[④]故而坦承日本的落后。这些观感或许有助于提高日本人学习西方的兴趣，更加明了西方的标准规则，但却不是该次使团的主要任务和目的。与岩仓使团相比，清朝政府早于1868年派出的志刚使团，在修改条约方面获得了更为显著的成果。

西方国家基本追随美国的引导方式，与日本进行正当的外交合作，这一主要区别在中日两国近代化的过程中具有深远深刻的意义。洋务运动期间中国在学习西方的过程中实际上取得了相当成就，并不亚于日本，但西方当时和日后的观察家们都喜作夸张之语，特别是日本在19世纪末打败中国军队之后，更加趋向于突出日本的优点，使日本优先优越的印象更加牢固确立。

另一个原因，是当时的西方国家尚未受到日本的直接威胁和侵夺，不了解日本以小搏大的进攻性，因此并无切肤之痛，反而乐意将日本的

---

① Sir Hugh Cortazzi, *The Japanese Achievement,* Sidgwick and Jackson, 1990, p180.

② Daniels, Gordon, ***Sir Harry Parkes, British Representative in Japan, 1865-83***, Japan Library, 1996, pp133-134.

③ Sir Hugh Cortazzi, *The Japanese Achievement,* Sidgwick and Jackson, 1990, p187.

④ 井上清：《日本军国主义》，商务印书馆，北京，1985，第98页。

人力和地理优势用于他们对中国的侵夺，共享在华利益，"各国虽讥日兵妄动，而实幸其成功"，"英、美实暗助日本，冀他日得地分肥"。[①]他们由此往往对日本的侵略行径轻轻一笔带过。直到20世纪中期，欧美国家实地感受到日本的侵略骄狂的本性，他们的观察角度和语调才略微有所转变，更为客观少许。

在日本与中国发生的冲突背后，都有美国人的影子，美国势力的参与和支持，并且不时以代表日本利益的斡旋人出现，避免不利于日本的危机成真。日本本土受到美国军队的坚决保护，中国和朝鲜等国均不以海外扩张和战争为国策，即使日本肆意挑起的武装冲突遭到失败，也不会受到毁灭性的惩罚和报复，如割地赔款等。这一单方向出击的独特优势，极大地助长了日本政府和国民利用海外扩张增强日本经济的意图和信心，使日本受益匪浅，并且加速了日本国内的改革和经济增长。

二、新兴日本对中国的早期威胁

新兴的明治政府对外扩张的主要目标就是中国，在初步自保之后就开始大力向外推进。早期维新领袖如吉田松阴，已然暗存海外大举征服之心，在其"幽室文库"中发布了日本最早的扩张纲领，"收满洲逼俄国，并朝鲜窥清国，取南洲袭印度。宜择三者之中易为者而先为之。此乃天下万世、代代相承之大业矣"。日本政府为此展开全面西征，从最近最为富庶的地区着手，构成环大陆包围圈，变置为孤岛日本的后方基地和东亚势力范围，非此则大日本帝国仅为笑谈。

变革后的明治政府与清朝政府的首次正式外交往来，就企图签订一个对日本有利的条约，借用西方国家之前强迫中国签订的不平等条约的版式，加进中国给以西方国家的最惠国待遇。日本试图以此突出本国脱胎换骨，不再是全面模仿中国的属国地位，而是与西方国家并列的近代国家。美国也在背后推动鼓励，期望日本新政权在与中国的相互关系中获得最惠国待遇，借以提高日本的国际地位。总理衙门看到日方柳原前光交来的条约文稿后，甚为不满，因为日本人提出的条款，完全照抄西方国家强加于中国的条约文本，尽管实力远不及人，却俨然以大国自

---

① 《复沈幼丹节帅》，《李文忠公选集》，同治十三年五月二十四日；《采集台事众议》，《李文忠公选集》，同治十三年八月二十日。

居，视中国为弱国，谋求在华各项特权，又巧言日中友好、同心合力。李鸿章初时为其言语所惑，预图联络，设想联日以共同对付西方，但很快识破日本人的伎俩，断然不允，加以辩驳，不可照英法美俄的前例办理。

李鸿章此时深感清朝政府之前与英国、法国所签条约，"被其迫胁，兼受蒙蔽，所定条款，吃亏过巨"，①在条约中的最惠国待遇等条款上，失去利益太多，因时局恶劣而不得已而为，因此在面对远未达致强盛的日本时，断不会写入这一类条款，平白损失权益。根据经常与日本人打交道的经验，李鸿章慨言，"弟与周旋最久，其人外貌煦煦恭谨，性情狙诈深险，变幻百端，与西洋人迥异"，而柳原前光"年二十余，无书不读"，更是"狡狯异常"。②中日双方之后签订的《修好通商条约》，包括互不侵犯，享受权利对等，关税也照各自国家准则等，并未给日本以最惠国待遇。李鸿章于1871年9月所草签的条约，基本上是个平等条约。

正因为总理衙门和李鸿章努力达成签订双方平等条约，日本政府极不满意，认为错过了一个享有与西方国家相同的在华特权的机会，如治外法权和最惠国待遇，为此甚至撤换了来华谈判的大藏卿伊达宗城。之后又费尽周折，再派特使来华谈判，借正式换约的机会修约，试图加入最惠国待遇等条款。对日本人的企图，李鸿章观之甚明，联日愿望渐消，严词拒绝，只谈换约，不再修约，拖至1873年4月，日本在征台方面已做好各项准备，决心以实际行动代替条约文字，就此同意签订中日两国之间近代时期的首次正式条约。

日本对清代中国发起的最早纠纷在琉球群岛上的中山国，在西方国家之外向中国传统藩属体系发出新的一轮挑战冲击。琉球臣属于中国的明清王朝达五百年，其国王接受中国皇帝的册封敕印，诏封中山王，一向对华朝贡积极，"间岁一贡，罔敢愆期"，为周边藩属国中最为频繁忠诚者，盖因其茫茫大海中的特殊位置，令其产生对邻近大陆王朝的天然依附倾向。

日本的侵占割据活动，始于明治建国的最初时期，将之前西南藩府对琉球部分地区的私下占据和征服，转为明治国家的正式海外领土。日

---

① 《妥筹球案折》，《李文忠公选集》，光绪六年十月初九日。

② 《复沈幼丹节帅》，《李文忠公选集》，同治十三年四月十八日。

本西南萨摩藩主已将琉球北部置于自己的影响之下，私自划分奄美五岛直接管辖，但这只属于日本地方军阀单方面的占据之举，不令清朝政府知之，也无法制止中山王国继续向清朝廷派出的朝贡之举。新起的明治全国政权将琉球"两属"和萨摩藩武力夺取的现实，视为完全占领吞并琉球的机会。日本原本并未完全控制琉球王国，其内政外交实际上仍然完全自主，日本政府无处下手，只能利用偶然事件，为被自己视为必然选择的海外扩张寻找借口。

琉球岛国中的宫古岛位于台湾以东，距离很近，1871年，那里的一艘船只因飓风漂流到台湾屏东县附近，毁船上岸，琉球人先受到当地生番族民的招待，由于语言不通，后在试图逃走时被追杀，54人死亡，12名幸存者逃到汉民居住区，被转送到台北府，又被当地官员送到海峡对岸、设在福州的琉球常驻机构——琉球馆，福建巡抚王凯泰在奏准朝廷后，于次年七月将他们乘船送返琉球那霸。这是当时台湾地方官府处理附近水域船难事件的惯常方式，对来自琉球的遇难船民，则在给以抚恤后由琉球使节遣送回原地。这些都与日本人和政府没有任何关系，因本地生番风俗习惯的原因而不作更多处置，琉球官员和王国对此也未提出任何异议。

此时日本政府已在全国废藩置县的过程中，私下将琉球设在鹿儿岛（即萨摩藩）之下。为了向清朝政府表明此时琉球已属于日本，明治政府决定借用琉球船民在台湾遇难一事，大加宣扬。虽然此时仅是明治天皇复位后的第四年，日本权臣已经对展开海外扩张，表现得急不可耐。日本国内大量武士失业，无事可做，在征伐朝鲜的计划暂时遇挫时，自然把注意力转到琉球、台湾，寻找新的突破口。"外征是替士族（武士）寻求生路和实行士族军事独裁的唯一出路"。[1]新政府内来自萨摩藩的政府首脑，如大久保利通，作为推动天皇复位和维新的功臣，自行决定以萨摩藩势力为主体，利用琉球船民遇难事件，出征台湾，雄踞琉球，一举两得，加上借机扩大日本自身的海军力量，因此对于征伐台湾之举，格外积极。

日本对台湾的觊觎和积极筹备，背后的主要推手是法裔美国人李仙得（Le Gendre）。李仙得作为法国人，参与了美国内战，因功获授美国驻厦门领事。李仙得本人是个天生的海外冒险家，与美国人华尔有很

———

① 井上清，《日本军国主义》，商务印书馆，北京，1985，第88页。

多相似之处，曾借美国商船失事、被台湾生番杀害事件，深入台湾内地，直接与生番族人打交道，成为台湾通。尽管李仙得明知台湾地方官府完备，却借口大片生番属地不受地方官衙直接管辖，就此产生法律上为"无主地"的印象，衍生为侵占割据台湾领土的理由。

持中立态度的美国驻华公使镂斐迪（Frederick Low）对李仙得肆意挑起纠纷的活动，甚为反感，也了解台湾府属于中国的现实，因此回避刺激清朝政府，但李仙得获得美国时任总统格兰特（Grant）的大力支持，为其升官为驻阿根廷公使。在他赴任之前，日本侵台之役正在紧张准备之中，李仙得觉得他大展身手的时候终于到了，因此放弃赴阿根廷上任，接受美国驻日公使德朗（De Long）的请求，出而为日本海外征伐服务。

李仙得提出侵犯占领台湾的整体规划，法律上建议利用"无主地"的概念，为日本侵台找到理据，进而提出原先根本不存在的"台湾地位未定论"。李仙得和德朗向日本人表明，虽然美国不宜不愿亲自占领台湾，但支持日本前去占领。日本人原本的图谋是利用征台解决琉球归属问题，在李仙得的鼓励诱惑之下，开始做出一些长驻长占的准备工作，如开垦种植器具。李仙得对日本军国主义的贡献，就在于最早提出日本全面占领殖民台湾的主张，符合日本帝国扩张的总体大计，包括将台湾作为日本帝国最南端的国土。李仙得并向日本政府提供了关于台湾的全面情报，包括港口物产等等，特别是台湾清军力量薄弱，日军无需出兵太多，就可顺利登陆占领，这对担忧遇到清军抵抗而下不来台的日本政府来说，是个重大的利好消息。

鉴于李仙得的贡献，日本政府向其提出高薪聘请，令其放弃美国公职，转而变为本国政府的"准二等出仕"，正式受雇。李仙得作为日本政府的顾问，尽心尽力，提出数十件备忘录，而且在外交关系方面提出建议，扭转日本政府之后遇到的危机。

日本军方先派出桦山资纪少校，作为高级密探远赴台湾，侦查探测各方面情况，特别是军事情报和港口水情，费时近一年，才返回日本汇报，带回台湾详细地图，为征台一役做充分准备。日本在明治维新前后的军队和战役规模都比较小，如关系幕府倒台、天皇复位的鸟羽—伏见关键一战中，双方参战人数相加起来也不过两万人。武士制度之下，日本明治政府初建时，新式军队兵力不足，靠1873年实施的征兵制，才逐渐扩大了军队规模。由于明治政府此时不敢对台湾公然出兵，最后只有最为激烈冒进的萨摩藩首领西乡隆盛，支持其弟西乡从道中将，率领三千六百名武士前往台湾。这一数字也是在李仙得提供情报的基础上进行的调动部署。西乡从道对侵犯台湾颇有信心，自言"征讨费有五十万就足够了，如果超过，愿意引咎切腹"。[①]

李仙得为日本政府设计的征台和制服中国的计划十分宏大，预计如果清朝政府反对日本侵占台湾，日本应该调动万余人的兵力，既占领台湾，又横跨台海，占领厦门，以此向清朝中央政府施压，勒索赔款和其他权益。

1873年3月，副岛种臣前往北京与李鸿章签订前已谈妥的通商条约，借此提出台湾生番问题，为日军出征作最后的法理准备。李仙得随行，主要在使团之外活动于西方各国使节之间，为日本谋取外交方面的地位提升，其中之一就是成功令日本使节与其他外国使节一道觐见同治皇帝。由于日本已擅自将琉球列为本国各地府县之一，受内务省管辖，自认为确立了吞并琉球的法律基础，此次副岛种臣来京一行，目的只是试探清朝政府是否会对失去琉球做出强烈反应。日本使团为此只由副使柳原前光到总理衙门拜访，略略提到台湾生番杀琉球人一事，准备派人去查看，故意语焉不详，放出烟幕弹，并不详谈和尽力论争。

总理衙门的毛昶熙、董恂两大臣，对此边远之事，并未特别在意，据实回答，"此岛民有生熟两种。熟番逐渐服从我王化，但生番我朝实莫可奈何。由于乃化外之野蛮，故极难治理"。该地方事端所涉两地人民都属中国，并无日本国民在内，中国可自行查办裁决，按例给以抚恤，与日本无关。犯事生番为"化外之民"，出地方官府处置，但不便穷治。日本特使获知此言，即离开北京，当时并未再就此提出异议，回国后的报告中却称向清朝政府提过自行到台处置，故意为日后留下扭曲清朝政府本意和狡赖的空间，以这两位大臣的非正式回答，作为他们侵占台湾琉球的理据。如果日本使节继续就此事与总理衙门交涉纠缠，将导致两国之间公文往来，而清朝政府必然正式表态，不会留下让日本任意解释的空间和自行侵占台湾的可用借口。

---

① 井上清，《日本军国主义》，商务印书馆，北京，1985，第116页。

总理衙门的两位大臣自然对日本人拜访的背后深度原因，懵然不知，只按对外交往的准则直言不讳，所谓的"生番化外之民"，只就文化文明程度而言，国内边疆地区的少数民族都具有其各自不同的风俗习惯，即便是台湾岛内常见的"生番""熟番"之称呼，也只是就他们汉化程度和习俗而作的粗略区分，并不涉及他们的属地管辖权，台湾全岛都在台湾府的辖制之下，"生番"的招抚归化过程，一直在持续进行。就此而言，总理衙门两位大臣的答复，并无过错，并非愚颟，道出的是台湾地方管制的实情。

但日本人虽然深悉中国文化文字，并非不理解此言的真实性，却故意将"化外"解释为政权管辖之意，就此提出毫无理据的"生番"地不属中国之论，因此有理由提出进兵台湾的要求。如果按照日本对台湾"生番"地的理解，清朝政府完全同样可以对北海道的虾夷地区，采用相同策略对待，进兵北海道割据施政，因为日本明治政府尚未对那一广大地区进行全面有效的管辖，根本比不上清朝政府长期对台湾府内领土的辖制程度。总理大臣毛昶熙在回答柳原时，确实提到日本自己的这一事例，以帮助日本人理解台湾现状，但居心叵测的日本使节对此完全回避，一意强调对台湾土著发动惩罚行动的必要性。

日本政府至1874年4月做好了出征的准备。日本政府之前被迫暂停"征韩"，因为日本连年贸易逆差，欠下巨额英国债务，生怕破产毁约而招致英国干涉惩罚，而日本国内产业离自造近代军队所需武器的目标相差甚远，对外征伐必须大量进口军火，将大幅增加政府所欠外债。[①]因此大久保利通反对1873年征韩，即使侵犯台湾的军事行动，也被限制在力所能及的规模内。

1874年出征时，以萨摩藩人为主的兵力只有三千余人，海军方面动用了"春日"号和"龙骧"号，前者是艘木壳明轮蒸汽炮船，六十年代末英国制造，一千二百吨，六门火炮，"龙骧"号二千五百吨，海军属下的其他军舰都是几百吨的近海炮船，不适于远征台湾。日本政府不得不雇用西方舰船运送军队到台湾，包括英国的"约克郡"号和美国的"纽约"号。由于李仙得是美国人，他出面预定的自然包括美国船只，此外弹药、翻译等方面也由美国人代理筹措，日本政府计划在日军占领

---

① 井上清，《日本军国主义》，商务印书馆，北京，1985，第98—99页。

台湾之后，授予李仙得治理台湾的重任。

李鸿章在天津获悉日本侵台的活动后，筹划反应措施，首先是依照与美国政府签订的条约第一款，从美方下手，釜底抽薪，"若美国遵照公法撤回李让礼（李仙得）等，严禁商船不准应雇装载弁兵，计日本兵船无多，其谋当渐寝息，此为第一要义"。①清朝政府就此向美国公使提出正式抗议。日本政府密集从事的这些冒险活动也引起西方国家使节的注意，连巴夏礼都声明，"中国必生异议，按之公法，必无此举"。②英国担心日军远征会影响英国在华贸易，英国将保持中立，责任将在日本。

对李仙得和日本政府打击最重的，是大力支持李仙得和日本侵台的德朗公使，被宾翰（Bingham，又称平安）替代，美国驻日新公使对日本侵台和李仙得的非法活动，不再无条件支持，顾及日本的军事行动会危及美国与中国的正式外交关系，因此改为采取中立立场。宾翰通知日本政府，美国承认台湾为中国所属，反对日本侵台，为此而禁止美国人士参与任何日本对台军事行动。美国驻天津副领事（建馆领事）毕德格（Pethick）通知李鸿章，"接东洋信，纽约船先雇装兵，驻日本之美公使名平安，以违悖公法不准，是美国或无再雇船接济之举"。③当年七月份，在李仙得到厦门活动时，美国驻厦门领事下令水兵逮捕李仙得，不让其参与日本的军事行动，后由于日本政府的强烈反对，替李仙得出头出保金，指李仙得已为日本政府雇员，才于稍后时间将其保释释放。

这些来自西方国家的反应，特别是一向支持鼓动日本的美国官方的临时变化，令日本政府措手不及，打乱了他们的原定计划，被迫紧急应付，宣布暂缓出兵台湾，并由大久保利通赶赴长崎，阻止日军开拔，但西乡从道以登船在即、官兵士气高昂为理由，加以拒绝，大久保利通只有交待，"勿妄交兵，以待后命"，实际上默许了西乡从道出行，派出包括美国军官在内的先遣部队，挤在一艘日本船只中匆忙前往台湾，于五月份抵达台湾南部，开始侵略行动，令东京政权的正式命令变为无效。

---

① 《论日本图攻台湾》，《李文忠公选集》，同治十三年三月二十五日。

② 黄遵宪：《日本国志》卷6，"邻交志"，"上三，华夏"。

③ 《论布置台湾》，《李文忠公选集》，同治十三年四月初二日。

　　日军在台湾官府毫无准备的情况下，侵入台湾南部，在琅峤的牡丹社地方登陆，烧毁附近村社，迫使牡丹社土著向其投降，日军在那里建立起最初的兵营防地。日军与当地土著的冲突很快结束，装备后膛枪和钢炮的日军在那里并未遇到像样的抵抗，之后却更多地受到疾病困扰，无法向前推进，整体战局僵持不下。日本在那里遇到了之前美国舰只试图占领台湾岛时的情形，登陆容易，但击溃岛内抵抗难。之后的事态发展集中在台湾战场之外。

　　日军在台南登陆，等于向清朝政府不宣而战，总理衙门被迫对这一突发事件做出反应。总理衙门和闽浙总督何璟分别向日本提出正式外交抗议照会，朝廷派出福州船政大臣沈葆桢任台湾事务钦差大臣，乘坐兵船从马尾赴台督战。李鸿章调拨了北洋陆军三千和南洋陆军二千，由驻徐州记名提督唐定奎率领，携带装备粮饷，坐招商局轮船赶赴台湾，作为沈葆桢卫台使命的武力支持，以备争端不解时以武力驱逐日军。[1]按李鸿章的评估，"日兵即甚强狠，不过三四千人，以中国兵将之众，断不至畏彼三四千人"。[2]奉命从徐州赶赴台湾的淮军装备了洋枪洋炮，实力与明治初年的日军不相上下，并且拥有在西北征战的经历。增援清军陆续赶到台湾驻扎，对峙日军，福建巡抚王凯泰更募集当地兵勇渡海赴台，使清军人数大比例压倒西乡从道所率侵台日军。

　　日军在偷袭占领台湾的半年时间内，因疾疫而病亡五百余人，虽然日本政府宣称在本土聚集了两三万兵力，既可用于进攻天津，又可增援台湾日军，但仅仅是虚声恫吓而已，由于英美轮船都被禁止参与运输，仅靠日本船只的运力，远不足以装载大批日军前往台湾增援。清军海陆部队到达台湾则要方便得多，早在日军主力到达琅峤之时，两艘清军护卫舰和炮艇就在赶往该地途中，就近监视，福州船厂所造的1500吨"万年清"号炮舰，也频繁往返于台湾大陆之间，而以"扬武"号为首的多艘福建水师军舰，按照沈葆桢的命令聚集于台湾南部的澎湖，随时可战。[3]日本派出了五艘战舰和三艘运输船支援陆军，均是幕府末期的老旧

---

①《复李雨亭制军、张振轩中丞》，《李文忠公选集》，同治十三年六月初五日；
《轮船招商请奖折》，《李文忠公选集》，光绪元年二月二十七日。

②《与美使艾忻敏问答节略》，《李文忠公选集》，同治十三年九月初十、十一、十二日。

③ House, Edward H., *The Expedition to Formosa,* Tokio, 1875, p75.

舰只，自认不能与清军水师相匹敌。[①]并非中国水师战舰此时已经分外强大，而是现有船只支援台湾更为容易，日军手中的军舰完全无力阻止。因此，已在台湾的日军面临着难以为继、终被驱逐的局面。

沈葆桢派出福建布政使潘霨和台湾道夏献纶，辅以日意格和另一位法国人斯恭塞格（Segonzac），出面与侵台的西乡从道接触和呈递公文，劝其退兵，而西乡从道却强调需要获得兵费才肯退出台湾，而获得兵费只有在北京的清朝廷与日本政府谈判之后，才会有眉目，所以西乡从道一问三不知，只道等候国内政府指令。[②]此时，侵台日军在台湾的处境已经非常困难，不仅行动完全非法，而且战场获胜机会渺茫，侥幸一战而夺得台湾全岛的计划严重受阻，只在寻求退路。

在侵台行动中，美国记者豪斯（House）成为日本政府的主要对外宣传人士，作为侵犯台湾的日军随军记者，为日本政府的行动作出辩解，夸赞日军司令西乡从道机智专业，在其征台记载中将被害琉球人称为"日本人"，指责保持中立的美国外交官员，等等，其辩解方式也与当年推崇鸦片贸易和战争的英国人士相同。豪斯之后在日本政府的财政和实质支持下，创办了"东京时报"（Tokyo Times），向英语和西方世界推介日本，正式为日本的扩张和战争利益服务。[③]

与他相对的，是上海、香港等地的英文报纸，质疑日本侵台的合法理据，影响到海外西方国家的媒体舆论。身在北京的赫德，也对日本明目张胆的侵略行为感到不安，知道日军在台湾已经因各种原因而停止了军事行动，急于退出，他们的访华使节又提出了一百万英镑的赔偿要求。按赫德的预测，中国可能会像过去一样屈服让步，但日本将会因为它的愚蠢行动而遭受各方的嘲笑。[④]更为重要的是，西方政府包括美国政府都公开承认中国对台湾的主权，"从前历办各国及日本和约，均载明台湾系中国所属地方。各国亦皆认定台湾全境系中国所属地方"，[⑤]日本

① 外山三郎：《日本海军史》，解放军出版社，龚建国、方希和译，1988，第12~13页。

② House, Edward H., *The Expedition to Formosa,* Tokio, 1875, p169.

③ Daniels, Gordon, Sir Harry Parkes, *British Representative in Japan, 1865-1883,* Japan Library, 1996, p169; House, Edward H., *The Expedition to Formosa*, Tokio, 1875, p10.

④ *The I. G. in Peking*, vol. 1, p175, Letter 175, 25 July 1874.

⑤《与美使艾忻敏问答节略》，《李文忠公选集》。

为侵犯台湾辩护的理由普遍得不到支持，特别是在动用武力偷袭台湾之后，更承担着破坏东亚和平与贸易的罪名。

在这些绝非有利的军事外交形势之下，日本政府只有转而进行与中国的外交谈判，从之前拒绝通知清朝政府即自行贸然采取军事行动，变为以外交渠道来改变战场上的不利局面。此时美国政府看到之前对日本的支持令其失去控制，造成眼下的台湾难题，因此也急于达成和议，令日本得以全身而退。美国驻华公使艾维斯和副领事毕德格都积极与清朝政府周旋，向李鸿章保证美国在此事件中会考虑到中日双方的利益，力求能和，"各国似台湾番地情形者甚多，万国公法并无准他国硬占强争之说。到那时，我便出头代中国与之争论"。①

为了收拾残局，日本政府派出重臣大久保利通于九月初动身亲赴北京，李仙得随行，只做幕后顾问。日本使团坚持惩罚台湾"生番"之行合理，与总理衙门纠缠不休，力求挽回在战场上失去的先手。如果日本在明治维新之后进行的首次大规模军事行动中一无所获，甚至失败而归，维新领袖们将大感挫折，丧失信心士气，遭遇严重的政治民望危机，尤其是危及日后谋划的其他海外扩张行动，图谋中国时，更不得不谨慎小心行事。出于怯于首战遇败的原因，大久保利通和其他日本使节决不轻易退缩，死缠烂打，期望清朝政府因某种原因而接受他们的苛刻无理条件。

李鸿章接到日本使团来访的消息时，已经认定，"台湾生番一案，尤觉离奇。日人力小谋大，可为切近之患"，故此坚持与日本使节抗辩的立场。②特别值得注意的是，日本是施害的一方，却来讨要赔偿，令总理衙门不满，"因念该国违约称兵，复一面遣使通好，意存藐视"。③李鸿章在过去应对各位日本使节的经验之上，"深知若辈伎俩，又恨其行径诡变，不得不嘻笑怒骂，厉声诘责"。④日本诸位维新领袖，虽然洗心革面，全盘西化，貌似文明，但强词夺理的技巧仍在，已经超出了他们对殖民帝国时代国际法的理解程度。李鸿章曾经当面教训过日本驻华公使柳原前光，日本"一面发兵到我境内，一面叫人来通好，口说和好之

---

① 《与美使艾忻敏问答节略》，《李文忠公选集》。

② 《复李雨亭制军》，《李文忠公选集》，同治十二年五月十四日。

③ 《论柳原入京》，《李文忠公选集》，同治十三年六月十四日。

④ 《述柳原辩难》，《李文忠公选集》，同治十三年六月十一日。

话，不做和好之事，除非有两日本国，一发兵、一通好也"，令对方无言以对。①

此次再遇日本重臣大久保利通，李鸿章充分意识到未来谈判之艰难。"东使大久保狡辨异常，必要番地设施官兵、政教实据。及以台湾府志、户部征册示之，又称不足为凭，硬派为无主野蛮，任伊攻踞"。②日本人受到美国人李仙得的蛊惑，本以为清朝政府并无管制台湾的切实证据，不料台湾府管辖本岛的规制体系设置和溯源历程，文书档案，统统具备无遗，即使是那些所谓的"生番"部族，也接受官府的管治，一个台湾土地开发经营的历史，本身就是"生番"接受汉族和官府教化而逐渐转化为"熟番"的前后过程，那些所谓的"熟番"并非凭空而来。日本使节所能做的，就是在自己的原点上一再纠缠狡赖，喋喋不休，"总署已管秃唇焦"，磨难不已，只有硬撑。③总体而言，清朝政府在对待来自日本政权的挑衅和无理纠缠时，并未退缩，坚持立场，寸步不让，与之前面对英法西方强国使节谈判时的习惯性让步，形成鲜明对比。

这些外交折冲往来、口谈笔谈，费时绵长，"大久保在京狡辩月余，忽折落到兵费一层，开口便要二百万，荒谬无耻，令人喷饭"。④尽管"东使大久保力持台湾番地非中国管辖之说，呶呶不休"，总理衙门已经意识到日本人的窘境，"无非为占地索费张本"，所求都在赔偿之上，以得到从台湾退兵而顺利下台阶的借口。⑤出于这个原因，日本使节所要求的赔款额逐步减少，从最初的四五百万两，降到由清朝政府给个数目即可。但总理衙门坚持不予允准，因为日本出兵所花军费，与清朝政府无关，双方军队未曾交战，清军围困日军，也无胜负，谈不上赔付问题。按照国际惯例，清朝政府本应就日军侵入台湾领土而要求日本支付赔款，而自认精通国际法而又进入"文明"社会的日本人，对此不应有所异议，他们所依赖的由美国海外冒险家提供的"无主地"等理据，已经被美国政府自己否定了，令其无所措手足。

---

① 《与东使柳原前光、郑永宁问答节略》，《李文忠公选集》，同治十三年六月十一日。

② 《复宋雪帆侍郎》，《李文忠公选集》，同治十三年八月二十八日。

③ 《复王补帆中丞》，《李文忠公选集》，同治十三年九月二十日。

④ 《复彭雪琴宫保》，《李文忠公选集》，同治十三年九月十五日。

⑤ 《述美使商论东事》，《李文忠公选集》，同治十三年九月十二日。

　　多次会谈之后，双方的谈判陷入僵局，互不相让，至十月初，大久保利通以五日为期，谈不成就与驻华公使柳原前光共同启程回国，以离京和开战相威胁，但总理衙门依然不予理会，无新议题可作多谈。日本使团恐吓不成，进退不得，只好转为请求英国驻华公使威妥玛出面斡旋。威妥玛或许认为由日本军队保护台湾海峡航运更为可靠，因此转为日方出力，同意他们提出的要求，向中方提出修改过的条件，将数额定在至少五十万两。清朝政府在对日谈判中坚持一段时间之后，依然倾向于息事宁人，因此接受了威妥玛的调停，批准李鸿章建议的抚恤方案，即不承认日本的"无主地"声称，也不赔偿任何兵费，仅以抚恤被害琉球日本灾民的名义，给以一定的款项，只限于十万两。这与清朝政府历次对外交涉中的赔款支付数额相比，微不足道，因此朝廷认为可以接受。

　　但之后威妥玛又为日本提出附加款项，即日本在退出侵占台地时，留下了一些设施、器具、道路等，需要给以补偿。对一个国家来说，这一额外要求确实属于十分无赖之举，如果大久保利通仅拿到十万两银，形同随意施舍，大伤日本政府面子，回去不好交待，而抚恤以往受难者之意，仍然是中国对属国之民的呵护优待含义，让急于吞并琉球的日本人难以接受。所以日本使团再向威妥玛纠缠乞求，加上各项在台开支费用，以增加支付总额，总之要在面子上好看一些。

　　事到如此，日本使节已经将谈判目标定在具体数目之上，之前惩罚"生番"、瓜分台湾领地等要求，都不再提及，被总理衙门批驳之后，无法再自认正确合理。从起初狮子大张口的四五百万两银，到低于五十万两，日本使团已经自招其辱，勉强能够难堪离场。连威妥玛都认为情甚可悯，"该国太形吃亏"，替日本人向总理衙门求情，五十万两本来也是他自己预估的赔偿数目，比他之前经手的中西交涉案中的赔偿额少了不少。

　　总理衙门认为所加不多，不必为此招致谈判完全破裂，以致两国再开战，迫于威妥玛的反复施压恫吓，"允以从优给恤银"，酌情给以五十万两银子了事。①日本使团在最后谈判失败的边缘，已经绝望，但经英美等使节的出面斡旋，达到了他们前来北京的最低目的，虽说并非喜出望外，但起码可以回国交差了，尚属满意，"大久保利通于定约之夕，即走谢威妥玛"。②更让日本使节满意的，是威妥玛在其拟定的协议

　　①《复沈幼丹节帅》，《李文忠公选集》，同治十三年九月二十日。

　　②黄遵宪：《日本国志》卷6，"邻交志"，"上三，华夏"。

文字中，偏向日本，删去了总理衙门要求的日本承认台湾藩地为中国领土、清朝廷施以恩典抚恤的文字，却加上了日军侵台是"保民义举"，"不以为不是"，以及向日本"属民"家属付款的字眼，有利于日本政府日后扭曲狡辩。

总理衙门和李鸿章之一时失误，在于并未坚持在这些文字上面的争执，只关注于双方就数目方面达成的协议。如果日本不在协议字面上获得"保民"一类的评价，其征台行动即为国际公认的侵略行径，应当受到惩罚，连乞求赔偿的资格都没有。如果最终加入总理衙门所要求的字眼，日本侵台和图谋琉球之举，都将完全失去法律基础，日本政府借机将琉球完全置于本国治下的企图，也将得不到西方各国的正式认可。威妥玛作为操弄条约文字的老手，特意在这些方面替日本埋卜伏笔，暗中向日本输送利益，比替日本乞求一定数量的赔偿银两的实际作用更大，意义更为深远。从这一点上看，英国人威妥玛是日本侵华夺地的最早帮凶之一。

实际上即使在所谓日本"保民义举"的字面上，清朝政府当时就已申明，所谓的"民"，"一则曰日本从前被害难民之家，再则曰日本国属民，并无预琉球"，[①]并不含有承认琉球从属日本之意，日后清朝政府驻日公使即以此反驳日本政府的恶意引申。

侵台日军于1874年底按约撤出了台湾，放弃了在那里长期盘踞的打算，登船而逃。清朝政府应对日本侵台一事，与鸦片战争以来的历次灾难相比，表面上损失不显，以最小付出结束平息了一场国际纠纷，避免战端延续，由于未同日军接战，没有遭受部队伤亡，沿海各处仍然享受和平环境。平息台湾纠纷的直接后果，就是左宗棠的西征之举得以顺利进行，不受干扰，令清朝廷得以先行处置西部边境的陆上危机，之后很长一段时间内未曾再现严重分裂、割让领土的威胁。解除日本一手造成的台湾危机的间接后果，是清朝政府同意在台北府和淡水之间，以及淡水和福州之间架设电报线，以加强闽台两地之间的联络和政府对台湾的控制，令一直积极促进洋务运动的赫德甚感意外。[②]

另外，李鸿章利用这一事件向清朝廷强调"海防"的重要，"西师

①《何子峨来函》，《李文忠公选集》，光绪五年六月二十四日。

② *The I. G. in Peking*, p176, Letter 110, 25 July 1874。

不撤，断无力量兼谋东南"，[①]以为自己的提议加分，但此战确实证明，海军建设已经不可或缺，必须付出巨额款项购买近代铁甲舰和在本土建造军舰。如果清军拥有一支英美等级的舰队，即便相差一个等级，日军就根本无法展开侵台之举。李鸿章同意签订向日本付款的协议，部分原因就是避免目下纠纷，争取时间购买军舰，建立起一支相当规模的舰队。"东南海防太空，不得不将就息事，此后当再筹实力自强之法，以杜觊觎"。[②]此次台海危机爆发，也极大地促进了地方开发，沈葆桢赴台后，在军务之外，积极筹措善后和各方面建设，之后赴台的丁日昌延续其势头，不断改进增修，有所建树，令台湾在十年之后的对法战争中，得以不失，顽强抵抗占据优势的法国海军和陆战部队，见到成效。

日本为此次远征侵略台湾，前后耗费七百七十余万日元，[③]按1894年之前的通常兑换比价，约为一百九十万两白银，向清朝政府讨要的款项仅可略作补充，得不偿失。侵台部队因疫病而来的损失出乎意料，病亡人数达登陆兵员总数的七分之一，病倒士兵人数过多，导致侵台部队实际上丧失了战斗力，自身难保。日本政府原本预计清朝廷不会出兵台湾备战，所以日军战意高涨而征台，但遭遇清军围堵，被困于偏隅之地，最终又并未如预期般地压倒或战胜清军，在沈葆桢属下部队大批抵达之时，已经处于守势，尽管拒绝了清军的退兵要求，已在急于寻找体面退路，而非主动出战征伐。这些意外损失和不佳表现，令日本政府非常失望，势穷力尽，侥幸下台阶而退，实属幸运，日本国内舆论不乏征台失败之议，既损国威，又招致他国非议。日本明治政权，虽然初起时即雄心勃勃，四面出击，但就如马戛尔尼时代的英国，虽然开始看低鄙视清朝，却并无绝对把握独力吞并中国领土，力所不逮。所以日本选择在台湾暂时退却，全力图谋琉球、朝鲜，强行据为己有。

日本在与总理衙门的对阵中，百般狡赖，逞口舌之便而最终迫使对方作出一定妥协，这一意外结局的消极后果，就是在国际间形成清朝政府并未尽力争取权益的印象，中国"向全世界登出广告，说这里有一个

① 《复刘仲良中丞》，《朋僚函稿》卷17，光绪元年正月八日。

② 《复邵汴生中丞》，《李文忠公选集》，同治十三年十月初九日。

③ 井上清：《日本军国主义》，第二册，商务印书馆，北京，1985，第118页。

愿意付款但不愿意战争的富裕帝国"。①这对美国这样的后起西方强国，发出某种提示，由原先尚能顾及中国利益和与中国的双边关系，转而全力支持庇护日本，看中的就是日本全力向外的决心和随之争取到的巨大收益。

此次日本侵台之举，实为美日两国共同策划实施，美国背后支持和谋划，让日本打前锋，作美国占台湾、巡东亚的代理人，只是由于李仙得过于急进，侵略台湾之役进行得并不顺利，又受到其他西方国家的不断质疑，美国政府碍于国际法的约束，内部出现不同意见，难以独断强硬，因此选择从原先立场后退，转为以保全日本为首要目的。李仙得所作所为，代表了美国的实质利益和长期企图，所以并没有为他公然侵略他国领土的行为受到应有处罚。李仙得未能成为台湾总督或者比肩中国的戈登，但其发动战争的罪行逃脱了中美两国的惩罚，之后自然令觊觎中国权益的西方政府和人士蠢蠢欲动。

三、日本扩张战略和割占琉球

日本侵台一役之后，中日两国各自追求自己的强军和地理政治目标。对总理衙门来说，该事件明白无误地证实，日本正在成为一个近在眼前的现实威胁。"文祥虑及日本距闽、浙太近，难保必无后患，目前惟防日本为尤急，洵属老成远见"，"其势日张，其志不小。故敢称雄东土，藐视中国，有窥犯台湾之举。泰西虽强，尚在七万里以外，日本则近在户闼，伺我虚实，诚为中国永远大患。今虽勉强就范，而其深心积虑，觊觎我物产人民之丰盛"。②李鸿章对海军建设极为关注，积极建议采购铁甲军舰，情态甚为急迫，"若能添购两号，纵不足以敌西洋，当可与日本角胜于海上"。③

这些计划中的强兵努力，不可避免地要依靠西方人的支持，李鸿章等也经常向赫德和威妥玛作出相关咨询。总理衙门明知英国公使威妥玛一向居心不正，动辄咆哮公堂，居高临下，颇有训人取乐之嫌，更在各项条约谈判中，蛮横无理，需索无度，"华洋各商洋土各货，皆准请半

---

① 井上清：《日本军国主义》，第二册，商务印书馆，北京，1985，第119-120页。

② 《筹办铁甲兼请遣使片》，《李文忠公选集》，同治十三年十一月初二日。

③ 《复沈幼丹制军》，《李文忠公选集》，光绪元年正月二十六日。

税，单本口及沿途别项税厘，均不重征，可谓一网打尽，赫德尤谓一二分可望成议，威（妥玛）之大欲可知。时事至此，真堪痛哭"。①

依仗英国强盛国力和洋务领袖们依赖外援的无可奈何，威妥玛自视甚高，目空一切，"该使哑然大笑，谓英廷于华事，皆倚重我，我不请停，谁能救停？譬如中国有使臣在英，未有不询商使臣而定计者"，自认环顾中国，也无人可对其施加约束。②在中日谈判的最后阶段，威妥玛对总理衙门逼压尤甚尤急，公开援手日本，自中国索取让步。即便如此，李鸿章等人为洋务大业计，仍然屈尊，反复恳求脾气暴躁的威妥玛在英国购买中国所需军舰机器，引进各种专才，对其形成依赖关系，却之不得。③

日本同样深切感受到海军实力的缺失，当时对外征伐仍然要依靠幕府末期入役的军舰，包括"龙骧"号，急需从西方获得新式战舰。侵台之役收尾后，才向英国紧急订购三艘蒸汽铁甲舰，为时已晚，鉴于日本当时可用海军舰只的情况，最终选择未同清军正面开战。开往台湾和驻守当地的日舰，周围常有清军舰只巡航，遵从李鸿章的指令，不衅自我开，只是备战。日军对与清军进行海战，并无绝对获胜信心，甚至自认不敌，以致战后紧急大力投入扩张海军的计划。

1870年日本兵部省提出庞大的海军扩军计划，期望拥有200艘各类军舰，长远目标是超越英国海军。此项计划太不实际，自然被明治政府否决。海军卿胜海舟又于1873年提出扩军的第二次计划，为期18年，但军舰数量减半，仍然由于财政原因而被政府否决，1882年海军省再次提出的五年计划，仍无下文，海军经费反而缩减，大规模扩军的希望渺茫。④

日本于1875年预订的同一级别的三艘英国军舰，至1878年返回日本，早期日本留学学员东乡平八郎，跟随其中的"比睿"号巡洋舰回国，他虽然未有机会进入英国海军学校学习，只能在商船上实习，也成为日后日本海军的舰长人选。⑤"比睿"号为两千余吨的木壳铁肋装甲战舰，

---

① 《致沈幼丹制军》，《朋僚函稿》卷18，光绪二年闰五月二十日。

② 《致沈幼丹制军》，《朋僚函稿》卷18，光绪二年七月二十七日。

③ 《复沈幼丹节帅》，《李文忠公选集》，同治十三年九月二十日。

④ 外山三郎：《日本海军史》，解放军出版社，龚建国、方希和译，1988，第12-13页。

⑤ 外山三郎：《日本海军史》，解放军出版社，龚建国、方希和译，1988，第7页。

实为架设风帆的蒸汽船，最大火炮口径170毫米，对清朝海军是个较大的威胁。但此时日本仍然完全依赖采买自英国的军舰来装备本国海军，自身造船能力严重不足。即使是日本最主要造船基地的横须贺船厂，也仅能于1876年造出本土产第一艘装甲快速炮舰"清辉"号。"清辉"号是艘排水量不过900吨的三桅风帆蒸汽炮舰，但是它的下水却被看作是日本海军历史上的里程碑式事件之一，日本人据此认为开始具备为本国海军自造近代军舰的能力。

在清朝中国方面，福州船厂于1868年初就造出"万年清"号，排水量1500吨，航速12节，布置了六门火炮。"清辉"号造型与"万年清"号类似，都出于法国军舰的模式，但"万年清"号造成下水时间早于"清辉"号六年，排水量几乎翻倍。江南制造局也于1868年就造出了四百吨的明轮蒸汽炮船"恬吉"号，到1873年，该局更制出暗轮的"海安"号，载重量达到2800吨，马力1800匹，装配26门火炮，载兵500人，足以用于实战。

单以造舰能力来说，无论是福州船厂，还是江南制造局，都不弱于日本的早期造船厂，清朝政府前期的造舰努力开始见效。"海安"号已经多次远航至日本，首任中国驻日公使、钦差大臣何如璋，就是乘坐"海安"号于1877年赴日上任，该舰在驶入日本长崎、横滨等港口时，都受到停泊于彼的日本和西方军舰给予同行的施放礼炮的常规待遇。[1]另一艘福建水师的旗舰"扬武"号，日本侵台之前的1872年由福州船厂自造，是1500吨的木壳风帆蒸汽轻巡洋舰，但携带11门火炮，之前曾经巡洋至日本，获得好评，令李鸿章甚感鼓舞，建议让"扬武"号继续巡航其他水域，以壮国威。[2]位于台湾对面福建水域的"扬武"舰和其他水师军舰，足以对日本侵台部队拥有的舰只造成极大伤害。

无论海军的真实实力究竟如何，日本政府依然按照既定方针向外扩张，暂时放手台湾，因为该处在这一轮争端中已被公认为中国领土，难以再次发动军事行动，所以转为觊觎割占中国的属国，返回到最初的霸

---

① 何如璋：《使东纪略》，载于《早期日本游记五种》，湖南人民出版社，1983，第48—49页。

② 《复沈幼丹制军》，《李文忠公选集》，光绪二年正月十二日。

占琉球和征韩规划。日本将琉球视为本国的台湾，西南海域的屏障，到达台湾和中国东南沿海的通道关口，志在夺取。日本于1875年正式吞并琉球，派兵进入岛内，全面切断琉球与中国的属国关系，不许入贡，只能向日本天皇进贡，改明治年号。美国驻日公使早于1872年就率先承认了琉球是日本的属国和领土。①

琉球王国至此才意识到之前屈从于日本武力的恶劣后果，之后必将成为日本的一部分。当时的琉球王国尚未完全愿意放弃与中国的传统属国关系，虽然与越南不同，中国历朝并未实地占领或实施管辖，但作为海中群岛的中山国，西面大陆的全国政权是他们认定的稳固依靠，通过频繁的朝贡关系维持着正式的联系。

对于日本近年来的吞并企图，琉球王国无力抵抗，国民人数太少，虽然与日本国民同样属于岛民，但它的属民远不如日本武士阶层一般地好战善战。所以在日本藩府和中央政权的不断施压和侵犯之下，琉球国已经被迫放弃了一些北部岛屿，由日本直接管辖，并被迫接受了日本所封的"藩王"称号。对此双重身份，琉球国未对清朝廷及早坦白，反而配合萨摩藩和日本政府蒙混过关，在中国使节抵达琉球巡视时，日本官吏"潜匿他处"，在当地尽力遮掩日本官方标志，君臣上下均不透露任何向日本朝贡的信息，走后才恢复原状。②这些日本、琉球双方实施的欺骗手法，导致柳原前光首次向总理衙门质询琉球船民之事时，令总理大臣们大感意外，闻所未闻。

到了1875年，两属状态已无法维持，即将与中国切断关系的最后时刻，琉球国王和官员才开始直接向清朝政府求救，由向德宏等奉琉球尚泰王之命，秘密出航，先到福建督抚处，再转报到朝廷中枢。闽浙总督管辖福建、台湾，与琉球国关系最近，对此重大变故最为关注，但之后如何应对日本政府，则由北京的总理衙门和外交官员负责。与此同时，在日本的琉球官员也向刚到日本的中国首任公使何如璋提出紧急请求，让其明晰日本人的真实企图并不在阻贡，而是全面吞并，日本琉球两方之间进行了相当长一段时间的互动，只是瞒住中国而已。

李鸿章早已认为中国应派使节驻日，便于在日本同政府和各界直接打

---

① 井上清：《日本军国主义》，商务印书馆，北京，1985，第36页。

② Hus, *The Rise of Modern China*, 1970, p379;《何子峨来函》，《李文忠公选集》，光绪五年六月二十四日到。

交道，不必事事都由日本人到北京的总理衙门去纠缠不休，况且日本已经派出驻华公使，中国根据对等原则也应派驻。经过李鸿章和总理衙门的努力，派驻日本公使一事获得批准。公使人选原为许钤身，官宦家庭出身，参与洋务外交甚久，为李鸿章的得力副手，已被派驻英国副使，因与郭嵩焘不和，转派驻日公使。许钤身本为合适人选，既经历洋务谈判，又曾冒险秘密前往日本探查情形，为当时清朝官员中少有的知日之人。

许钤身因故未能上任，转赴福州船政局任职，副使何如璋继而升为正使。何如璋是进士出身，翰林院侍讲，出使前加二品顶戴，成为近代中国首位实任驻日公使。何如璋又推荐了他的同乡黄遵宪出任参赞，合作共事。黄遵宪虽然资历仅为举人，却是晚清洋务事业中的杰出人物，何、黄两人赴任，加上同为洋务先驱、学贯中西的驻日副使张斯桂，令驻日公使馆成为中国驻外机构中最为人才聚集之地。李鸿章对此安排甚为满意，"日本有仲韬（许钤身）、子峨（何如璋）两星使开春前往，或可挡得一阵"。[1]

何如璋乘坐水师的"海安"号抵达日本上任。日本之前曾经多方阻挠中国在日本设立领事馆，包括由森有礼在天津竭力劝阻李鸿章，"尤不便自行管束华民，恐于两国睦谊有碍"，令李鸿章有所犹豫，"恐有未便操切者，已密属子峨到彼后相机妥办，勿致因此决裂为要"。[2]但何如璋抵达之后，仍然成功争取到在横滨、神户和长崎这些华人为数不少的日本城市设立了领事馆。经过一段时间接触了解日本国情和军政政策之后，何如璋对日本侵犯中国利益的强烈倾向有了更为清楚的认识。

在日本吞并琉球一事上，何如璋表现出他态度强硬的一面，经常与日本政府相关官员处于对立局面。国内政府和李鸿章开始都对琉球事态的恶化作消极反应，考虑到左宗棠大举西征而来的沉重财政负担，总理衙门和李鸿章在面对日本时始终面临后力不足之忧，因此在日本侵台一役之后不久，不愿再与日本发生直接军事冲突。何如璋虽然并不精通军务，未曾领军作战，但基于对日本国内情形的深入了解，认为此时不应对日本轻易让步。清朝廷之前处置天津教案时，恰逢法国惨败于普鲁士，却错过了来自国外的准确信息，在谈判中损失良多。在日本吞并琉球一事上，清朝政府同样需要来自日本的信息，而何如璋正在扮演这样

① 《复丁雨生中丞》，《李文忠公选集》，光绪二年十二月初一日。
② 《复周筱棠卿》，《朋僚函稿》卷19，光绪三年八月二十四日。

一个重要角色。

柳原前光之后，日本驻华公使于1875年由森有礼出任，任职到1878年。森有礼发迹于主导倒幕运动的萨摩藩，官派往英国伦敦大学学习理科课程，回国后负责对外事务，前来北京进行关于朝鲜的谈判，时年仅二十九岁，意气风发正当年，代表着新兴日本，深受西方强权至上思想的影响，崇尚西式扩张殖民精神，深刻理解当时国际实力政治和强霸规则，所以对不具实力的平等谈判不屑一顾。森有礼于1876年1月在保定面见李鸿章，后者年已五十三岁，掌握军政大权多年，熟悉官场，处世和外交手段圆滑。李鸿章与各国驻华使节相交甚久，谈判技巧成熟，甚得信任，以致后日中法战争当中，即使李—福禄诺协议破产，福禄诺仍然私下善意提醒李鸿章，不要在公开咨文和谕旨中，提到滇军进驻保胜和沿江地区之事，以免与两人协议中清军撤往边界的条款相背，为茹费里的法国政府提供借口。[①]

但是在这场中日双方的重要对谈中，在居心叵测的日本使节面前，李鸿章的外交技巧和成熟经验显然效果有限，暴露了双方两种观念和政策之间的鲜明对比：

> 森使云："据我看来，和约没甚用处。（李）答云：两国和好，全凭条约，如何说没用？森使云：和约不过为通商事可以照办，至国家举事，祇看谁强，不必尽依着条约。答云：此是谬论，强违约，万国公法所不许。森使云：万国公法亦可不用。答云：叛约背公法，将为万国公法所不容。……森使云：自来和约，立约之人去了，便靠不住。……也有在约内的，也有在约外的，不变通如何办得去？"[②]

此时距日本明治政变成功尚不足十年，森有礼不过是日本新领袖群中的年轻一辈，日后最多担任过文部大臣，而非国家重臣。这些内容严肃的谈话清晰无误地证明，日本政府和精英阶层明确表现出依仗实力扩张的强烈倾向，决心以任何手段将各种条约化为己用，只为己用，也并不忌惮在必要时采取违约行动。森有礼本人也在遍学西方之后，变身为

---

①《复岑彦卿宫保》，《李文忠公选集》，光绪十年五月初五日。

②《日本使臣森有礼、署使郑永宁来署晤谈节略》，《李文忠公选集》，光绪元年十二月二十八日。

激烈的国家主义者，即奉行天皇至上的军国主义。由此可见，所谓近代日本走向文明之说，不过是个以往的武士道精神加上近代西方列强炮舰外交的怪异混合物而已。

这些日本精英的出格言论，令李鸿章震惊不已。虽然他早已被动地接受了西方国家设置的近代国际规则，作为外交大员接触过各类桀骜不驯的外国使节，但这位日本年轻使节的公开强硬表态和其所代表的日本国策，仍然出乎其预料。这类攫取利益的条约和修约，只能适用于实力强大的国家对外扩张的需要，日本政府运用起来已经得心应手，得其精髓，不再单纯依赖国际约法的效力，毫无愧意，令人恐惧。一心希望实现近代化的洋务派领袖们，对此实在不能迅速领悟和加以应用，从而导致外交失败和权益丧失。这类事例不胜枚举。同法国在越南、广西、台海的军事冲突，清朝政府于战场上局部获胜之时，因顾忌欧洲列强的干预而自动停止，转而议和。对日本觊觎台湾之举，清朝政府虽然始终加以拒绝，但是未能利用自身尚存的军事优势，及时进行直接打击驱逐，仍然只以谈判方式与日本纠缠。

琉球一事，加上同时发生的朝鲜事件，作为上国的中国不能不问，总理衙门和李鸿章继续与日本使节谈判，在这一过程中进一步地领教了日本人达到既定目的不惜一切的坚执秉性。森有礼以朝鲜不接纳日本使节作为炮击朝鲜地方的理据，李鸿章随手举例反驳道，"遣使不纳，古亦有之，元时两次遣使至日本，日本不纳。北条时宗并将元使杀了。森使不答"。[①]日本军国化扩张主义的逻辑，荒谬无比，让本来熟习汉学儒学的日本人感到为难，日本最为出色的外交家，同样难以回答这一合理的质疑，但却完全跟足西方国家惯常采用的扩张逻辑，甚至更加无理，所以日本各个对外使节对此都遵循不悖。

由当时驻日公使何如璋传回国内的大量汇报文件，令李鸿章意识到日本国内财政的窘迫，支持对外战争感觉吃力，以此劝森有礼和解缓进，"贵国如今甚是财乏，以致举债欧洲"。森有礼对此劝告置之不顾，自认举债并非坏事，反而向李鸿章推荐举债，作为改善政府财政的良途益法。[②]在第一次会谈的后段，李鸿章生怕他的意思在翻译中失去

① 《日本使臣森有礼、署使郑永宁来署晤谈节略》，《李文忠公选集》，光绪元年十二月二十八日。

② 《1876年李鸿章与森有礼保定会谈记录》，《近代史资料》，总126号，王元崇整理翻译，第146—147页。

准确含义，不被对方切实理解，知道森有礼深通汉语，急切之中，亲笔写下"徒伤和气，毫无利益"，赠予森有礼。

森有礼及其背后的日本政府不断以不免要打仗来威胁李鸿章，无论在琉球和朝鲜问题上，都以武力为背景，虚张声势，令清朝政府有所顾忌，放弃与日本侵犯活动的对抗之举。而清朝政府因受藩属关系之累，并未像对待台湾府那样全力以赴，有所保留，又恰值西北动乱和西征新疆，所以先缓一步，通过外交途径交涉。

何如璋在日本格外焦急，"来东数月，旁观目击，渐悉情伪"，洞若观火，不再受海外各种关于日本的传闻所惑。何如璋形象地描述了日本侵犯琉球的行径，"数年以来逐渐经营，譬如穿窬小盗，穴门得入，方欲为肤箧探囊之计，及事主既觉，乃不得不反而拒捕，其初心固欲窃而有之，非敢为劫也"。[1]在黄遵宪的积极辅助之下，何如璋向国内总理衙门和李鸿章发回大量情报和奏折，建议采取更为强硬的对策。

国内主战求和的主流派可能囿于信息所限，认为日本军力强大，如同英法德俄等强国，清军抵抗不住。何如璋在赴日之初就了解到，日本"比年多事，币多凭虚以造"，[2]因此通货膨胀不止，又大举借债于国内国外，内乱贫困问题严重。他认为此时的日本其实并不如国内官员所设想般的强大，变法后国力仍然疲弱，即使日本军队，也属色厉内荏，与中国整体国力相比，并不足以全力一战，"中土虽弱，尤胜日本"。此时正是中国对新兴日本仍然拥有实力优势之时，如借机强力对抗，凭借现有军力，据理力争，有望消弭未来冲突于初起阶段。日本遭受首次失败后，或许会知难而退，或者推迟日本大举侵犯的时间，而"一日纵敌，数世之患，非所宜也"。[3]

何如璋在给总理衙门的报告中明白陈述道：

"不知日本国小而贫，自防不暇，何暇谋人？ 该国债逾二亿，因去年萨乱，民心不靖，复议减租，国用益绌。近复下令借民债一千二百万，

---

[1] 何如璋：《与出使英法国大臣曾袭侯书》，温廷敬辑，《茶阳三家文钞》，卷二，补读书庐，1925年本。

[2] 何如璋：《使东纪略》，载于《早期日本游记五种》，湖南人民出版社，1983，第57页。

[3] 何如璋，《与总署总办论球事书》，温廷敬辑，《茶阳三家文钞》，卷二，补读书庐，1925年本。

而应者寥寥，所赖以敷衍者，纸币耳。然苟一兴师，则军械枪火皆购之外国，非现金不可。陆军常备额止三万二千人，海军止四千人，轮舰止十五号，多朽败不可用者，议由英厂购船，以费绌始来一号，名为铁甲，实铁皮耳。近仿德制，寓兵于农，征役练兵，三年为期，彼盖知全国濒海，时势艰危，图自守耳。若倾国劳师，常额不敷，必役番休，废藩旧族，意多怨望，又恐内乱将作。彼执政如岩仓、大久保，皆非轻躁喜事之流，此种情形无可掩饰，其不敢开边衅者必矣。"①

李鸿章未尝不知道日本国内的"西南战争"对时下日本国力的负面影响，"前副岛种臣徒步来访，据称该国恐有内难，似尚无暇力征经营"。②日本图谋吞并琉球之时，也是国内内乱爆发之时，穷于应付，被迫向清军借用弹药，为此不得不对外虚张声势，以避开内外危机并发。何如璋对日本冒进的反应过于积极，与国内政府和李鸿章的取态不太合拍，后者最终没有接受何如璋"一面辩论，一面遣兵舶"的主动性极强的建议，不取这一"上策"。

何如璋的强硬表态令日本人大为不快，认为阻碍了他们顺利侵吞海外领土。何如璋按照国内朝廷的指示，在面见日本官员之后，向日本政府提交了正式的外交照会，措辞严厉强硬，表达了中方的立场，日本所为违背了过去数百年的传统、中日关系条约文件，以及国际法准则。这些抗议文件令日本人很难给以正面应对，故把何如璋的照会文字，称为"暴言"，不能接受，以此反过来向总理衙门施压。在李鸿章和美国代表的反复驳斥之下，日本外务省才勉强承认，何如璋所发照会并无不妥。

日本政府既承袭西方列强的实力政策，又保留中华文明的礼节面子规矩，避开涉及那些直接侵犯中国权益的行动，而喋喋借口于公使何如璋的文字语气，真意是以此细节掩饰其违法侵略之实质，将中日失和的罪责推到何如璋身上，为自己争得一些被清朝政府欺压的印象和同情。日本这一实力掠夺侵害他人而又力争表面礼貌相待的传统，一直延续至今，所谓的"暴言"，也成为日本政府舆论应付中国正当抗议的惯常借口，同样贯穿之后百年而舍不得放弃。

何如璋在日本驻节期间认识到，之前的征台、征韩的活动主要是来

① 《何子峨来函》，《李文忠公选集》，光绪四年四月二十八日到。

② 《复丁雨生中丞》，《李文忠公选集》，光绪二年十二月初一日。

自萨摩藩等地的好战人物所为，"庶萨人之焰日衰，中东之交可固"，从而寄希望于似乎更为理性的明治中央政府。但日本政府在艰难地平定了国内西乡隆盛领导的西南萨摩藩叛乱之后，并未止步，继续其吞并琉球的计划，于1879年4月初正式"废球为县"。此时日本海军订购的英国制造风帆蒸汽木壳装甲舰"比睿"号和"金刚"号，以及手中唯一的一艘铁甲舰、近四千吨的"扶桑"号，均已返国，[①]令日本政府更加有信心在东海海域横行其事。

中方采取任何实质性对应措施为时已晚，何如璋建议如果与日本使节谈判不成，"亟欲下旗回国"，以示强烈抗议和向日本施压。何如璋的强硬态度未在国内得到总理衙门的全力支持。李鸿章虽然深恶日本之侵略行径，"其无情无理，不受条约，不顾公法，实为地球各国所未有，殊堪痛恨"，[②]但在1879年中国边缘地区危机环伺的形势下，趋向于"息事宁人"，在日本并未退步的情况下，自行退步，因此在复何如璋函中稍作辩解道，日本"所购铁甲船，闻甲有四寸，似非铁皮五六分厚者可比"。

更为重要的是："琉球朝贡，本无大利，若受其贡而不能保其国，固为诸国所轻；若专恃笔舌与之理论，而近今日本举动，诚如来书所谓，无赖之横、瘰狗之狂，恐未必就我范围。若以威力相角，争小国区区之贡，务虚名而勤远略，非惟不暇，亦且无谓"。[③]清政府的对策继续以外交交涉为主，完全置武力的后备和运用于不顾，在不展示真实实力的情况下，对日本政府的遏制作用必然极为有限。

驻日公使何如璋对中日较量的长远前景和利害关系却有不同见解：

"阻贡不已，必灭琉球，琉球既灭，行及朝鲜，……边衅究不能免，欲寻嫌隙，不患无端；日人苟横，奚必藉此？又况琉球迫近台湾，我苟弃之，日人改为郡县，练民兵，球人因我拒绝，甘心从敌，彼皆习劳苦、耐风涛之人，他时，日本一强，资以船炮，扰我边陲，台澎之间将求一夕之安不可得。是为台湾计，今日争之患犹纡，今日弃之患更深也，……失此不言，日人既灭琉球，练之为兵，驱之为寇，转恐

① 外山三郎：《日本海军史》，解放军出版社，龚建国、方希和译，1988，第13页。

② 薛福成：《庸庵文别集》，上海古籍出版社，1985年，第121页。

③ 《复覆何子峨》，《李文忠公选集》，光绪四年四月二十九日。

边患无已时，斯又度时审势，反复踌躇，而以为不得不言者也。闽中来函，极言恐开边衅，欲罢此事，如璋谨据其所见，函呈总署"[①]

何如璋作为驻外使节，既了解驻在国实情，又能向本国政府提出相应的建议，洞察虚实，预料先机，尽到了外交官应尽的本责，十分称职。21世纪初，有中国学者在日本史料档案中找到两页文书，以此引申证明何如璋是日本间谍，为日本政府提供秘密情报。这一指控后来被其他学者证伪，属于误读，不足为据，更是冤枉。[②]鉴于何如璋在对日谈判交涉琉球一事中的立场态度和表现，他在两三年之后就转为暗中为日本效劳的可能性，应当为零，与中国士人在甲午战争之前对日本的普遍态度相逆，不合逻辑。

何如璋在七十年代末就对日本侵犯威胁中国领土的渐次行动程序，有所预见，后日无不一一应验，几乎没有差错。当日清朝政府若能采取果断措施，外交军事并用，极有可能挫折日本最初的锐气，令其进退失据，丧失维新之后生存发展的可怜基础，对日本种族主义和海外扩张的趋势给以最早的打击，不至危害亚洲各国。这些当然只是无法证实的预测，但清政府最初的犹豫不决和有意退却，确实令仍然虚弱但并不胆怯的日本，尝到了冒进和投机取巧的甜头，虽然整体实力远不如开展洋务运动的中国，但看穿了中国这个东方大国的保守懦弱本质，无力无意利用现有武备进行自卫，强力竞争，抵御外辱。

当时主管外交的李鸿章拒绝了何如璋的建议，实际上还是顾虑国际约法的束缚和列强对日本的偏袒回护，不敢做出决断，以琉球这一边远无关属国，去交换一时的局面缓和，包括极具战略意义的抗衡沙俄的西部远征，以及专注于重要属国朝鲜的事态发展，从而在琉球争端上放任日本的加速扩张和实地占领。

总理衙门多方请求各国使节调解，"连日会晤德国巴使、义大里新使德路嘉及各国领事，并无一语提及，似皆袖手旁观"。英国公使威妥玛更将调解琉球一事，与英国、德国在华通商优惠条款的谈判混在一

---

① 《何子峨来函》，《李文忠公选集》，光绪四年四月二十八日到。

② 孔祥吉、村田雄二郎：《罕为人知的中日结盟及其他——晚清中日关系史新探》，巴蜀书社，2004；刘晓峰：《何如璋是否曾出卖国家机密？——与孔祥吉先生商榷》，《历史研究》，2006年第3期；王宝平：《何如璋为日本间谍吗？》，《日本思想文化研究》，2007年第1期。

起，清朝廷若不予批准，英国就不愿出面，形近勒索挟制，趁火打劫。何如璋和李鸿章决定邀请美国卸任总统格兰特出面调处，"窃揣格前总统语意，其于球事甚相关切，尚无推诿。日本能否听从，固未可知"。[①]这位调停人就是之前提拔李仙得为驻外使节的那位前总统。之前在日本侵台一事上，经过总理衙门交涉，美国外交官出面约束李仙得和其他受雇美军军官，阻止了美国轮船参与日军行动，对日本政府的侵台计划负面影响甚大，此次由美国高层出面，或许仍然会有收获。但格兰特作为卸任总统，并无实际行政权力，去调动美国外交人员或舰队，只能调和双方争端，能否成功，完全取决于争端双方的各自反应。

日本在琉球诸岛已然在握时，自然不愿放手，反而竭力试图改变格兰特对此事的态度，以亲日的英国香港总督轩尼诗（Hennessy）前来日本协助交涉，轩尼诗建议两国公举另一国出来调解，意在英国或美国，不为日本所接受。日本侵夺琉球的行径一旦在国际调解中公开出来，必然会被认定违背西方奉行的国际约法，大不利于日本人非常在意的所谓文明进步形象。日本政府又通过格兰特所信任的美国前驻天津领事德尼（Denny），去影响格兰特对琉球争端的看法。

美国前驻天津副领事毕德格和格兰特幕友杨约翰（John Russell Young）则更为认可中方的立场，"若西国遇有此事，必早动兵，凡天下有约各国，遇有大事不先商议者，必致失和"。[②]杨约翰本人为记者出身，此时尚未正式为美国政府工作，处事仍属公正平和，"更觉中国实在有理"，为之积极多方斡旋沟通，驳回日本政府的各种指责谬论，包括日本以何如璋所谓"暴言"的无理借口，拒绝总理衙门关于琉球问题的正式文件，出来为何如璋辩白。"杨约翰即统领（格兰特）随行之人，而刊布新闻乃全指日本为不是，闻日官见此新闻，多为不平也"。[③]

杨约翰也向中方提出善意建议，"中国如愿真心与日本和好，不在条约，而在自强，盖条约可不照办，自强则不敢生心矣"。[④]他的这一倡言，确实精辟地概括了之后一百多年中日双边关系的主流，中国不强，

---

① 《论争琉球、宜固台防》，《李文忠公选集》，光绪五年闰三月十六日。

② 《译美前总统幕友杨副将来函》，《李文忠公选集》，光绪五年六月十一日到。

③ 何如璋：《上李伯相论球事办法书》，温廷敬辑，《茶阳三家文钞》，卷二，补读书庐，1925年本。

④ 《译美前总统幕友杨副将来函》，《李文忠公选集》。

绝无友好可言。

但杨约翰、毕德格当时所做的多方努力，均未能达到阻止日本单方面行动的目的。李鸿章最后也认识到，格兰特虽然起初向日本政府完整地转述了中方的意见，但逐渐接受了日本对吞并琉球的解说，转向祖护日本，对日本强用武力的问题实质，避而不顾，也置国际约法本意于不顾。这是美国对日基本政策所致，扶持保护，格兰特本人出来私下调处中日争端，必不会以损害日本利益为目的，对日本明目张胆的侵略灭国行动，最终不置一词。

这一谈判调解过程中的怪异之处，是格兰特或其他西方使节，只在中日之间周旋，却从来都没有直接询问过身陷事端当中的琉球人的意见，他们对日本侵占琉球全境的反应。英国驻日公使巴夏礼在事后也承认，日本人占据吞并琉球是毫无道理的，他们假装是为了防止欧洲国家前去占领，又愚蠢地相信他们应该占领从新加坡到阿穆尔之间的任何岛屿。[①]西方国家默许日本对琉球的公开侵略行为，基于他们一般倾向于庇护日本的立场，也是出于当时的战略需要，即对抗沙俄，利用新起的日本去阻挡沙俄在东北亚快速推进的步伐，一些个别地区，与其让沙俄占领，还不如由他们属意的日本去占领，所以他们更为关注日本在它的北部面对的威胁，而不是中国等国家正在面对的日本威胁。

格兰特最后提出一个妥协方案，三分琉球，中部留给琉球王国复国。日本政府在格兰特离开日本之后，按自己的设想将其方案改为两分处理，留给中国荒瘠无益的南部数岛，却谎称"亦可以琉球之宫古岛、八重山岛定为中国所辖，度其员幅，殆琉球全部之半，实为东洋门户之所存，今以属人，于我国（日本）为至难之事"。[②]日本企图以此骗局交换清朝政府对其灭亡琉球的正式承认，又允许日本人在中国享受通商、最惠国待遇等特权，多方得利。李鸿章和总理衙门在明了日本拙劣的欺骗伎俩之后，对两者挂钩的建议不再予以理会，毫无意义，日本使节离京返国。[③]

无论日本提出的两分方案能否通过，琉球复国的希望已被彻底断绝。琉球尚存使节在北京、天津的官府求情时久，请求中国出兵救援，

---

① Boulger, *The Life of Sir Halliday MacCartney*, pp320-321.

② 《日本竹添进一说帖》，《李文忠公选集》，光绪六年二月十六日到。

③ Boulger, *The Life of Sir Halliday MacCartney,* p320.

"琉球使臣屡次哀吁，冀中国力加保护，藉支危局"，[1] "本月初四日据琉球国陪臣，…… 赴部呈递禀词，…… 该国遭日本陵虐，盼望天威以复藩邦。…… 日本苛政日甚一日，阖国人民苦其暴行"。[2]虽然日后琉球使节出于绝望而最终放弃，仍然"生不愿为日国属人，死不愿为日国属鬼"。[3]日本政府于1879年改琉球为所谓的冲绳县，成为进攻中国本土的最前沿基地，琉球王国至此消失，日本政府之后一向都在试图消除有关被他们强行吞并的琉球国的痕迹。

清朝政府并未因此而就正式承认日本对琉球的占领，继续进行外交交涉，黎庶昌继何如璋之后出任驻日公使后，继续讨论复国继祀问题，强调要给琉球国王保留都城首里和故宫宗庙。对此象征性的复国建议，日本外相井上馨一口拒绝，立意灭绝琉球王国的宗祀。[4]黎庶昌与日本政府之间交涉不绝，但一直未有结果。

清军在1882年平定朝鲜事变中，表现超出预期，力压驻朝日军，朝廷中不免出现议论，借机以水师远航的方式，向日本示威。给事中邓承修提议，"宜乘此声威，特派知兵大臣，驻扎烟台，相机调度，厚集南北洋战舰，分拨出洋，…… 责日本以擅灭琉球、肆行要挟之罪，日人必有所惮，球案易于转圜"。[5]对于如此格外进取大胆的对策，正在平息朝鲜叛乱事件的李鸿章不敢遽然答应，作为实际处理对外交涉事宜的枢臣，他列举了中日两军之间各种对比和不利因素，而国内各地掌管水师兵舰的督抚们又各自推托，最终清军未能对外出兵。

尽管清朝政府并未诉诸武力，但为已被日本强行攫夺而去的琉球争取复国，总理衙门、李鸿章、何如璋、黎庶昌等是尽了力的，一直要求在中部给琉球国王留下足够面积的领土，包括旧城首里，使琉球"不绝其祀"，自始至终都不是为自己分占琉球领土而与日本谈判。面对日本官员和军队业已进占琉球的情况下，这些外交活动自然无所进展，毫无

---

① 《复覆何子峨》，《李文忠公选集》，光绪四年四月二十九日。

② 《礼部奏据琉球官员禀称国灭主辱请复藩邦折》，《清季外交史料》卷37，光绪九年十一月十一日。

③ 《琉球国紫巾官向德宏初次禀稿》，《李文忠公选集》，光绪五年五月十四日。

④ 戴东阳：《甲申事变前后黎庶昌的琉球策略》，《历史研究》，2007年第2期，第88—107页。

⑤ 《议复邓承修驻军烟台折》，《李文忠公奏稿》卷44，光绪八年八月十六日。

实效。清朝政府一度趋向于同日本略作妥协，集中对付沙俄在中国西部的紧急威胁，而日本政府和驻华使节借机"多方催迫，谓我欺诳，不过趁中、俄事急，乘机要盟，借此鼓弄耳"，[①]双方草签了关于分岛而治的相关条约款项。

但随后左宗棠西征的辉煌军功和曾纪泽的外交成功，解除了一度引爆中俄战争的伊犁危机，增强了清朝政府的信心。同时朝廷内部又不断有官员疆臣上奏反对琉球案结，"中国意在兴灭继绝，尚未可义始而利终，……此分割琉球之说，断不可从者也，……伏乞一面救下总理衙门与日本使臣暂缓定议"。[②]"日人多所要求，允之则大受其损，拒之则多树一敌，惟有用延宕之一法。……中岛物产较多，南岛贫瘠僻隘，不能自立，……函商总理衙门，谓此事可缓则缓，冀免后悔"。[③]"琉球一案与中日通商如风马牛之不相及，彼既虏球君县球土，因中国责言，始以无足轻重之两小岛来相搪塞"。[④]虽然此时强硬应对琉球问题的时机已过，清朝政府仍然以兴灭继绝、琉球复国立祀为中心目的，拒绝正式承认日本占据琉球现状的方案。

这个中日两国之间悬而未决的问题，直到日本取得甲午战争的胜利，从中国夺得台湾等地，才实质确定了日本之前几十年内持续侵犯掠夺琉球的成果。但从中国历届政府的立场而言，琉球复国仍然是个持续存在的议题，视为悬案，从未承认过日本对琉球的占领和主权所有。

四、中国助属国朝鲜抵御日本

清朝政府继续面对来自日本的新挑战，由于日本选择多方出击，中方不得不被动应付一个又一个的地区危机。清朝政府不仅作出清军西征

---

① 何如璋：《复总署论球案暂缓办理书》，温廷敬辑，《茶阳三家文钞》，卷二，补读书庐，1925本。

② 《右庶子陈宝琛奏琉案日约不宜遽订折》，《清季外交史料》卷23，光绪六年九月二十五日。

③ 《直督李鸿章奏日本议结琉球案牵涉改约暂宜缓允折》，《清季外交史料》卷24，光绪六年十月初九日。

④ 《粤督张树声等奏球案不必急议日约未便牵连折》，《清季外交史料》卷24，光绪六年十一月二十五日。

的战略选择和承受随之而来的沉重财政负担，而且日军在台湾、琉球方向的不断骚扰侵犯活动，同样影响总理衙门在朝鲜方面的反应和举措。事实上，清朝政府在琉球问题上表现的犹豫不决，部分原因恰恰是出于日本政府同时在朝鲜生事，模仿西方列强一贯的强行开放手法。与琉球相比，清朝政府更为关注朝鲜方面的事态发展，中国的另一个属国正在陷入日本军国主义扩张狂潮之中。

日本政府内外不断发出征韩论，以及征台、征琉球论，一个重要出发点就是转移国内矛盾，那些心怀不满的前武士，甚至放肆地袭击一些政府官员，即如曾经率团出使和巡游世界的岩仓具视，也被袭受伤。日本政府其实并不患兵少，而患兵多，众多武士们若置之无用，不加妥善安排，内乱肇端不止。明治政府领袖们尽力把国内武士的精力动能引向国外，特别是用在居于近处的朝鲜，远比在东北方向与沙俄相争库页岛，更为有效。[①]对于势弱保守的朝鲜，日本政府决定采用美国佩里准将当年采用的武力手段，并不愿意将本国历史上长期觊觎的朝鲜，拱手让给西方各国，特别是正在从北方南下的沙俄。

日本政府和舆论为了征韩，一直特意把日本形容为那个蛮横不讲理的朝鲜的受害者，朝鲜人肆意排日侮日，甚至可能把在朝鲜生活的日本人饿死，从而给日本政府以保护侨民的"合理"借口。[②]朝鲜之前以中国属国为由，拒绝了英法美等国开放签约的要求，又利用易于防守的海岸地理条件，居然击退了那些西方国家进行武力试探的炮舰。此时日本来访要求签约，朝鲜王国自然如同对待西方国家一样，加以拒绝。日本幕府时期的丰臣秀吉曾经挥兵入侵朝鲜，大肆烧杀，日本人之后甚至为此在京都建立了保存入侵朝鲜时割取的大批朝鲜和明朝士兵肢体的"耳鼻冢"，人类史上最为恐怖的战争纪念遗址，令朝鲜人厌恶痛恨，加上朝鲜上层反感日本跟随欧美而开放，故此断然拒绝了日使的要求。对于朝鲜国王不愿接受日本国书一事，李鸿章在与日本使节森有礼会谈时，已经明确指出，日本兴师问罪的借口，图谋强迫朝鲜开放，十分荒谬。

与此同时，日本政府也开始派遣日军军官桂太郎为首的十名军官，于1879年到中国进行间谍活动，以摸清中国军队近代化改革的进展和洋务运动情况。次年日本军部发布了桂太郎收集的调查报告，充满关于清

---

① 井上清：《日本军国主义》，商务印书馆，北京，1985，第57页。

② 井上清：《日本军国主义》，商务印书馆，北京，1985，第71页。

军的详细情报，认为中国正在积极进行洋务强兵活动，引进西方军事装备。①这些情报更加增强了日本政府在清朝中国实现中兴、有实力打击日本之前，加快周边海域侵占吞并活动的决心。

针对日本在朝鲜的密集试探活动和冒险图谋，身在北京的赫德十分关注，预感不测，因此格外希望早日拿到他之前在英国订购的四艘炮舰，虽然吨位不大，但炮火威力足够，如果当时清军已经拥有这些炮舰，就不必惧怕日本派往朝鲜的军舰了。②基于在中国为清朝廷服务和对日本走向的怀疑，赫德对日本的态度一向不够友善和偏向，所以日后一些日本史学论者对赫德的评价就比较不利，对他在中国的作用提出不少质疑，特别是推出赫德掌握中国财政资源、把持对外谈判而负面影响不小等论点。③

日本与中国不同，四面环海的岛国，不必十分担心割让土地的问题，在近代期间，只有强大的海军才有可能长途渡海，登上岛国日本实施惩罚，而当时横行亚洲的海军强国，只有英法美，俄国即使拥有压倒日本的海军，也受到西方国家的牵制和制衡。所以外国海军不仅在日本开放之后不对日本造成威胁，反而如美国一般地对其施加保护，以致其他国家如中国，即使击败入侵领土的日军，也无力出海惩罚日本，必然为英美舰队所制止。因此日本的多番对外冒险活动，一般都不会考虑本国受到打击的后果，而仅仅是担心远征的日军是否可能遭受损失甚至惨败，由此而乐于擅自进行海外动武。

日本政府一早制定的"大陆政策"，即以朝鲜、中国为主要征服占领的目标，出于地理位置的关系和近代前日本的征伐传统，日本对仅隔对马海峡而望的朝鲜一直居心叵测，被视为日本踏足大陆的最佳迈进台阶，而"征韩"论一直在政府中拥有相当市场和普遍认可，一旦时机成熟和存在具体需要，就会付诸实施。之前日本政府对台湾和琉球的侵犯占领，暂时转移了他们的注意力，担心清朝政府会做出何等反应，同时也试探清朝廷的外交军务重点。

日本明治政府在1875年派出"春日"等舰赶往朝鲜仁川附近汉江入

---

① Perkins, *Japan Goes to War*, pp49-50.

② *The I. G. in Peking*, p212, Letter 142, 26 January 1876.

③ 杨秀云：《赫德与晚清中外约章研究综述》，《西南大学学报》（社会科学版），2013年7月。

口的江华岛,假作测量水情,为日后的军事行动做准备,也是贴近朝鲜炮台以挑起争端。日军的活动引来守军鸣炮警告,日舰借机开始炮轰和登陆,摧毁守军炮台,烧杀抢掠,形同当年的倭寇行为,就此引发了"江华岛"事件。

日本海军已在征台之役中尝到清军水师的实力,不容轻视,但即便凭仗着幕府末期和明治初年的木壳炮舰,他们就敢于实施对朝鲜的登陆侵犯活动。最先挑起事端的"云扬"号,仅不到三百吨的排水量,炮数有限,"第二丁卯"号更只有二百余吨,入侵江华岛的主力舰"春日"号为木壳明轮炮舰,仅一千吨排水量,在70年代中已属落后,远不如清军水师已经拥有的"海安"号或"扬武"号。但与拥有更佳军舰却谨慎保守的清军不同,日军将这些小型炮舰和古董轮船,用于主动击破朝鲜海防,以手中威力有限的炮舰,达到了本国政府特定的海外扩张的政治目的,物有所用所值。虽然日军之后退出战场,但日方代表黑田清隆率军舰重返朝鲜,逼迫朝鲜王国于1876年2月签订了《江华条约》。

这是日本在朝鲜动武的初试,几艘幕府末期的小型军舰,就令虚弱的朝鲜王廷屈服,让日本走出了吞并朝鲜的危险的第一步。日本借助这一条约,伺机推翻朝鲜的清朝属国地位,写下朝鲜为"自主之邦"的文字,以为朝鲜争取独立国家地位的虚伪名义,抢先否定中国的宗主国地位,为之后同日本扩张的最大的障碍——清政府交涉,事先打下伏笔。其他通商、开放、治外法权等常见条款,也在条约之中,俨然把日本置于多年前美国强迫日本开放的地位,也是间接地把在美国那里丢掉的面子,从朝鲜这里找回来。

按照英国的亚洲权威外交官寇松勋爵(Lord Curzon)的说法,日本对西方列强们强加于日本本国的条约,极为敏感,为国家严重受辱受损而大力抗议,却将类似的条约加于虚弱不幸的朝鲜之上,作为第一个签约国,以飞扬跋扈的无情态度对待朝鲜,依据这些条约对朝鲜极尽榨取,日本的这两种令人感到可笑的态度之间,形成鲜明的对比。[①]

日本开始支持朝鲜国内的亲日政治派别,扶植了一个主要政党"开化党",那些朝鲜人抄袭来自日本的"维新"名义,选择支持宫内的闵妃派,在政府中排挤居于摄政王地位的大院君派,改变政府施政,令双

---

① Paine, *The Sino-Japanese War of 1894-1895*, p43.

方的各种对抗达到高峰，直到大院君一派发动政变。在1882年，也称"壬午"年，执政的闵妃一派贪婪无忌，肆意挥霍，造成财政困难，更拖欠兵饷达十四个月之久，国内形势极为危急。大院君一派利用民众和士兵的不满，发动政变，称为"壬午军乱"，将闵妃派的官员从政府中清除出去，扶出大院君全面掌权，在混乱中也杀死了朝鲜新军的日本教官堀本礼造中尉等人。

这一汉城宫廷政变，给了日本足够的借口进行干预，包括日本使馆在内乱中被烧毁的理由，虽然属于偶然事件，日本人也不愿放弃这一极好机会，随后派出军队进入汉城，有趁乱全面夺权的企图，"日人兵舰，先抵仁川港口，其使臣花房义质带兵径入王都，意存叵测"。[①]

但这一次，日本在朝鲜的势力扩张首次遇到来自中国的主动积极对抗。总理衙门和李鸿章对朝鲜政局早有所警觉，洞察日本海外征服的强烈野心。当时的清朝廷已经大致解决了与西方国家的通商问题和与沙俄的边界纠纷，琉球被吞并也属于并非至关重要的次要议题，所以总理衙门得以集中精力应对，按照以往朝鲜有事的模式，收到请求就前往派兵应对，比在越南和琉球问题上达成出兵决定要主动容易得多。朝鲜距京城距离有限，临近清朝"龙兴"重地的辽东，属国身份又历来受到重视，朝廷对其关注程度，自然与对远在南方边界之外的越南完全不同。

李鸿章等对朝鲜国王提出的诚意劝告，是朝鲜尽早与西方强国达成协议，这样在日本图谋朝鲜时，根据平等条约的内容，西方各国就有可能出来干预，逼退日本。朝鲜国王对此犹豫不决，一直到日本炮舰轰击江华岛炮台时，才作出反应，被迫与日本签订条约，随后与美国、英国、德国等国签约。

尽管如此，清朝政府仍然对朝鲜事务保持着关键性的发言权，而且事先对必要时的干预行动做出准备，即以布置在北方的淮军部队作为派往朝鲜的预备队。"壬午事变"之时，正值李鸿章因母亲去世丁忧，张树声署理直隶总督。接替何如璋的驻日公使黎庶昌传递出朝鲜事变的消息，逃亡中的闵妃也向清朝廷求援，张树声随之按照事情的紧急程度，做出快速反应，先由海军炮舰开到朝鲜水域增援，"丁汝昌、马建忠督

----

① 《援护朝鲜请奖折》，《李文忠公奏稿》卷44，光绪八年八月二十九日。

带北洋兵船，驶抵仁川，不动声色，与日人相持，使之有所顾忌"。日军的"金刚"号已抵达朝鲜，是1878年由英国制造的风帆蒸汽木壳装甲舰，两千余吨，炮数不少，在吞并琉球时发挥了威慑作用，但此时面对清军的钢甲舰"超勇"号、"扬威"号，加练习舰"威远"号，日军仍然不敢轻举妄动。

在清军战舰的掩护下，张树声派出三千名配备新式枪炮的淮军部队在朝鲜仁川登陆，由淮军老将吴长庆率领，授朝鲜事务大臣之衔，幕友袁世凯和张謇同行。兵贵神速，"迅抵王都"后，吴长庆果断处理，在庆军营务处会办袁世凯的辅助下，逮捕了被认为是此次动乱罪魁祸首的大院君，抓获处置了他的党羽和兵变士兵，平定了汉城局面。淮军之后迅速将大院君送出朝境，上了丁汝昌手下的兵舰，运返国内，拘留在直隶总督所在的保定府。之前逃亡的闵妃，在清军的护送下返回汉城，在国王李熙之下重掌朝鲜国政。老将张树声此次应变及时，甚少畏缩，获得对日行动的先手，"树声知其（吴长庆）可任，飞函令部署出师，调集兵商各轮，由登州横海而东一日夜，吴长庆率所部三千人齐达仁川，直入朝鲜国都，去李昰应送天津，先后十日，国中大定，日本大将海军乡屯兵海口，相顾错愕，狡谋不敢发，皆树声策也"。[1]

淮军并未与赶来的日军交战，但由于先于对方平定了京城骚乱，又抓获了作乱首脑，就没有给后续开进朝鲜的日军以按照日本使节的方案部署新政权的机会，日军自然也就没有理由继续驻扎在朝鲜。日本对中国占据先手分外怨愤，无法趁火打劫，但也无可奈何，[2]"日人见中国赴机迅速，因应咸宜，其谋顿沮"。[3]

日本只有通过谈判方式压制朝鲜王国，迫其签下《济物浦条约》，要求朝鲜赔款五十万日元，派大臣到日本谢罪，允许日军派兵保护驻朝鲜使馆，和其他有利于日本的条款。由于之前的《江华条约》和朝鲜与其他国家条约的限制，总理衙门和李鸿章无法禁止闵妃政府与日本谈判，特别是对被害日军军官的赔偿。李鸿章所能做的，是与朝鲜政府另外签订条约，重申朝鲜的属国地位，以保护中国在朝鲜的利益。由于闵妃的宫室集团被淮军官兵推回到政权中心，其下的政府逐渐转向亲华。

---

① 《为张树声请恤折》，《张文襄公奏议》卷9，光绪十年九月十六日。

② Paine, *The Sino-Japanese War of 1894-1895*, p55.

③ 《援护朝鲜请奖折》，《李文忠公奏稿》卷44，光绪八年八月二十九日。

总理衙门和李鸿章以真实军力为背景，在朝鲜重新树立起中国的威望，获得了处理朝鲜事务的良好机遇。总理衙门多加筹措，指派总办朝鲜各口商务委员，设立海关，并且帮助朝鲜王国教练新军，委派袁世凯为操练新兵的主管，监管千余名兵丁，又特意从国内的天津机器局调拨开花炮十门，英式来复枪一千支，以及大量炮弹、子弹、弹药，运往仁川，交付给朝鲜政府，以示支持。①训练和掌握另一国家的新军，是在当地树立权威和扩张实力的关键一环和捷径，有利于培养倾向于自己一方的派别，这也是日本竭力企图训练"别技营"、"士官生徒"等朝鲜新军队列的目的。袁世凯自然深明此理，认真执行在朝鲜训练新军的任务，这一宝贵经验，同时对日后袁世凯精心培植自己的亲信军队派系和军阀集团，具有格外重要的意义。

朝廷内部也在讨论解决朝鲜日本问题的各种方案，态度颇为积极。正在推进洋务运动的清朝大臣，对朝鲜的局势并不乐观，"该国士大夫囿于见闻，昧于时势，墨守成法，闭拒忠谋，虽口即于危弱而不顾此，殆有气运主之，非人力所能为者"。②在这种情况下让清军为其全力而战，必然令人怀疑是否值得。张謇、张佩纶等朝臣为此提出更为激进的设想，将朝鲜转为郡县制，由清朝政府直接管辖，从而避免传统藩属国关系之下萌生的各种难题，包括彻底排除日本可以利用的侵入朝鲜的借口。驻日公使黎庶昌也一度建议，"仿英人处印度之例，直废其王而郡之"。③本身处于外部多国势力逼迫之下的清朝政府，自然没有这种魄力和远见，担心如此积极进取的政策将会招来不良国际反应和巨大压力，退而求其次，致力于维持清朝中国在朝鲜的权利和影响力。

袁世凯被授予"通商大臣"之名义，成为清军在朝鲜的实际负责人。袁世凯跟随吴长庆、张謇前来朝鲜，虽只是临时随员，并无职衔功名，却表现出色，颇有治军才能，办事干练，对吴长庆和张謇帮助甚大，圆满完成平叛任务，出乎他的长辈吴长庆的意料。吴长庆为此向李鸿章推荐，袁世凯从一位普通军营员吏，升为同知，实为朝鲜当地事务的主管，又深得朝鲜国王李熙的敬重。袁世凯时年仅二十四岁，但已展示出其独特的领导才能及军事外交手段。对于朝鲜局势和日本人的图

① 《拔协朝鲜炮弹片》，《李文忠公奏稿》卷45，光绪八年九月二十九日。

② 《李文忠公奏稿》，卷三十八，"妥筹朝鲜武备折"，光绪六年九月初四日。

③ 戴东阳：《甲申事变前后黎庶昌的琉球策略》，《历史研究》，2007年第2期。

谋，袁世凯也颇为担心：

"朝鲜君臣为日人播弄，执迷不悟，每浸润于王，王亦深被其惑，欲离中国，更思他图。探其本源，由法人有事，料中国兵力难分，不惟不能加兵朝鲜，更不能启衅俄人，乘此时机，引强邻自卫，即可称雄自主，并驾齐驱，不受制中国，并不俯首他人。此等意见，举国之有权势者，半皆如是。独金允植、尹泰骏、闵泳翊意见稍歧，大拂王意。王浸疏远。似此情形，窃思三数年后，形迹必彰。……

"卑职谬膺重任，日思维系，不避艰险，竭力图维。初犹譬喻可悟，自中法兵端既开，人心渐歧，举止渐异，虽百计诱导，似格格难入。日夕焦灼，寝兴俱废。大局所关，不敢壅于宪听。近闻福州、台湾同时告警，东洋讹传最多，韩人不久必有新闻。鬼蜮之谋，益难设想。外署虽与日人不睦，而王之左右咸用其谋，不知伊于胡底也。竹添进一郎带兵换防，八九日内必到。嗣有所闻，再当密禀。"①

日本在朝鲜获得了驻兵权，以保护使馆的名义，与清军在朝鲜并存。日本更加深入地渗透朝鲜，继续支持他们大力培植的开化党，试图推翻现存的朝鲜国王和政府，在朝鲜这一东北亚的必争之地，排除清朝中国的影响，为此不惜通过政变而赶走清军。开化党领袖金玉均为朝鲜贵族背景，又是占据政府高层职位的年轻精英，长居日本与当地各界往来，与其他开化党中的亲日派人士一起，跟随日本武士的榜样，图谋在朝鲜推行维新，因此同日本驻汉城使节竹添进一郎紧密联络，谋划政变，之后背靠日本，在全国施政。

至1884年（光绪十年），正值中国与法国冲突战争之时，越南法军于当年年底连续击败桂军、滇军和黑旗军，逼近谅山，地面作战进展顺利。按照以往中外交锋的经验推断，法军在得到茹费里政府的支持和资金援助之下，有可能大举全面进攻，不仅在越南、云南、广西攻城略地，而且进逼北方和京城，招致清朝政府垮台。如此一来，日本与清朝政府在朝鲜的对峙僵局就会迎刃而解，日军将不会遇到当地清军的抵抗，可以独自行事，不受约束。部分驻扎朝鲜的淮军已在吴长庆的率领下，被迫调动出朝境，以备法军进犯天津、北京，驻朝鲜淮军余部被置

① 《袁世凯来禀》，《李文忠公选集》，光绪十年九月二十五日到。

于袁世凯的实际统辖之下。

受此极为有利形势的鼓舞，日本使节竹添进一郎在朝鲜加紧策动开化党人，以清朝中国即将崩溃为由，鼓励他们尽早采取行动，以免错过引发国内事变的最佳时机。开化党以金玉均为首，准备借助于驻扎汉城的日军发动政变，推翻国王李熙，由开化党人建立新政府执政。政变之后，当地清军自然无所依归，或向日军投降，或被迫完全撤离朝鲜，将这一中国传统属国交于日本处置。开化党人如金玉均，固然为国家革新不遗余力，却对日本强权的巨大阴谋不加考虑，积极投靠，自视为爱国志士，却为日本干预朝鲜事务提供借口，最终引狼入室，危害朝鲜全局。

闵妃集团重返政权中心，并未解决朝鲜内部的多重社会矛盾，导致各地起义和骚乱，于1884年带来更为严重的社会危机。经过紧张准备之后，金玉均等接近于发起政变之时。12月4日，朝鲜汉城邮政局正式建立，政府人士邀请各国使节前往参加庆祝晚会，国王亲临参加。开化党人借此机会，试图杀死所有使节将领，绑架国王，以开创新政权。洪英植本为推动设置邮局之人，职位是邮政局总办，却利用这一方便条件，试图将政府内亲华派人物一网打尽。日本使节竹添进一郎故意避不出席，于幕后部署日军的作战准备。袁世凯对朝鲜此时的微妙局势十分警觉，也托故不出，在兵营加紧防备。

洪英植手下的开化党人发起攻击，杀死参加晚会的政府人士，砍伤守旧派大臣闵泳翊，各国使节四处逃散，避过一劫。开化党人又冲入王宫纵火，谎称清军作乱，矫诏召日兵入宫，日本使节亲率日军占领了王宫，全面启动政变，日本人扶植的开化党人上台，处死闵允镐多名政府大臣，并盗用国王李熙的名义，公告全国，新政权已经开始执政，指派大臣人选。到第二大，新政权至少在汉城处于上风，所谓的"甲申政变"基本成功。

12月4日的叛乱爆发之后，袁世凯得讯，立即号令部分淮军，出发至邮局营救清朝使节，随后准备应对措施。身在汉城的清军将领面对一个艰难选择，风险不小，因为此时开化党的新政权已经初步确立，表面上得到国王李熙的许可，日本、英国、美国、德国的使节也已晋见国王，似乎及时地承认了新政权的合法性。如果清军入宫挽救局面的行动失败，很有可能被朝鲜人视为师出无名的盲目行动。如果按兵不动，等候来自国内的命令，则无论最后出战与否，都将错过重大时机，让政变者和日本人获得至少一周左右的时间，去稳固他们的政权基础，造成既成事实。再加上来自国内的指令很可能仍然是观望退让，更有利于以政变上台的开化党人占据上风，甚至有可能正式获得合法授权，在日军的帮助下开始驱逐驻扎朝鲜的清军。

袁世凯洞察危机在际，清军命运堪忧。当时清军只能靠轮船或军舰传递信息，无直达国内电报线可用，所以袁世凯在向直隶总督作出请示的同时，当机立断，力排众议，于政变的第三天，决定自行采取行动。他果断地抓住了最宝贵的时机，在开化党和日军立足未稳之际，及时率领手下淮军余部展开反击，攻入宫城，与日军和开化党人展开激战，双方均有伤亡，但清军逐步占了上风，夺回王宫。"日兵死三十三人，日军大尉矶林真三死于乱军之中"。①在混乱当中闵妃和国王李熙都顺利逃脱劫持，先后被清军救出。他们逃离开化党和日本人的控制后，新政权首脑人物即无法立足，政治基础趋于瓦解，清军的主动出击打乱了叛乱发起者的计划，扭转了汉城的整体形势。

日本公使竹添进一郎率领的日军被袁世凯的清军击退，政变完全失败，虽然日本人事后声称面对着至少一比七的劣势，②但袁世凯仅选三营淮军中的两营前往王宫，一营留在军营，而日军在汉城内外约有数百人，加上矫诏而辖制的新练朝军营队，双方兵力实际上差距不大。竹添进一郎在朝鲜完全继承了日本武士的传统，不吝赌博，得胜即为本国英雄，落败就必须承担责任。因此竹添进一郎在形势逆转时，不免恐慌失望，寻找退路，置逃窜中的国王李熙于不顾，主动带领日军撤离，并自行焚烧日本使馆。之后城内日军由于公开参与政变和攻进王宫，担心受到朝鲜政府和民众的报复围困，被迫退出汉城，撤往仁川。参与政变的开化党首领失去政变势头和日本人的保护，无法立足，被迫随日本人撤退，其首脑金玉均等都逃往日本避难，但洪金植和另外一些同党被清军和当地民众击毙。国王李熙重新发出诏谕，再组政府，整个开化党和日本人谋划的这次突发政变被完全平息。

年轻气盛的袁世凯，不守陈规，敢于冒险和承担责任，以汉城王宫一战而成名，不负李鸿章和吴长庆的期望，"八年、十年两次遣兵定

① 王芸生编著：《六十年来中国与日本》，生活·读书·新知三联书店，北京，2005年版，第一卷，第六章，第222页。

② Paine, *The Sino-Japanese War of 1894-1895*, p58.

乱，袁世凯均在行间，……苦心毅力，尤为卓越"。①他在汉城军事政治双管齐下，手腕灵活，既亲自领兵冲锋，又联系朝鲜君臣，名正言顺地扭转了重大事变，避免落入承担兵变叛乱罪责的境地。袁世凯以少数兵力在海外建功，关键在于他对日本人的企图和应付他们的正确方法有所洞见，"示以必战，则和局可成；示以必和，则战事必开"。②袁世凯在汉城平乱中大胆采用的这一对策，兵威辅以外交，是中国防范日本侵犯挑衅的主要策略。年轻的袁世凯有机会及早体验，融会贯通，在对付日本武士精神的方面，甚至比他的主要提携人李鸿章还要略胜一筹。

袁世凯武力平息汉城"甲申"叛乱，解除了李鸿章对北方防务和日本借机在朝鲜驱逐中国势力的忧虑，清朝政府得以继续全力对付与法国的军事冲突。淮军在与日军的这次直接交锋中获得胜利，袁世凯手下的淮军官兵不负众望，作战积极，获得清军对日作战的首胜，一扫之前在台湾和琉球事件中惧怕日军的常态，意义格外重大。

清朝政府本可以用这一事变的有利后果向日本追究责任，即日本驻朝鲜使节亲身深度参与在汉城的政变，意图窃国。对这一超过吞并琉球的罪责，清朝政府在事变之后的处置上，避而不问日本的邪恶作用，虽然嘉奖袁世凯等人在朝鲜创下的军功，但在外交方面没有与军事实力相互配合，有所作为。这是形势所然，1884年是中国的多事之年，近年来外患最为危急的一年，境况仍然堪忧，清朝政府忙于多方应付。总理衙门和各地督抚的全副精力都集中在对法作战上，越南北部的状况在当年年底并未好转，却在恶化，基本上看不到获胜的前景，台湾似乎同样难保，如果法军全面封锁中国沿海，或集中兵力攻打京津，清朝廷将极少有可能再兼顾和关注朝鲜。总理衙门为此只得把发生在朝鲜、已被袁世凯平息的叛乱一事放在次要地位，不愿因为追究日本在朝鲜鼓动叛乱，而在北方再启对外战争，导致南北并乱的危险局面。

日本政府和军部则没有这样的顾虑，国内"膺惩清国"的舆论高涨，西方国家尤其是法国也在背后鼓动，因此颇有就此大举动武的意愿，相继调兵至仁川。但竹添进一郎的激进冒险行动，之前并没有得到日本政府的正式批准，又遭遇意外逆转和挫败，所以一时不敢轻举妄

① 《奏保袁世凯折》，《李文忠公奏稿》卷74，光绪十八年闰六月初八日。
② 《朝鲜档》，"李鸿章致总署函"，光绪十年十一月十一日，见林明德，《袁世凯与朝鲜》，台湾中央研究院近代史研究所专刊，卷26，1970，第63页。

动，伊藤博文、井上馨等务实派领袖尽力约束住力主大战的派别。如果日军大举侵入朝鲜和波及中国北方，已对法国军事行动干扰商业利益表示担忧的英国，难免被迫出面干预和向日本施压。在日军向朝鲜调集部队时，总理衙门也作出适当反应，以致将原本调派台湾海峡增援刘铭传的两艘千余吨的战舰"超勇""扬威"号，调回北方，以支援袁世凯在朝鲜的驻军，"已饬统领水师丁汝昌，派该两船轮替赴朝鲜之仁川口，暂驻梭巡，稍作声援"。①清朝政府一度有意派这两艘军舰巡航到日本水域，以示军威，后转为镇守京津重地。

对败于袁世凯麾下的淮军，日军上下颇出意外，深感耻辱，怀恨在心，一意报复。"日人最贪小利，自同治十三年台湾之案，优给恤银，此次该国在朝兵民损失甚多，且被我军攻逐，有伤体面，积惭生忿"。②对日本政府来说，最好的选择是利用法国对华战争牵制中国的宝贵机会，从朝鲜方面得到最大的利益。因此日本政府对清朝政府和清军在朝鲜的存在避而不理，而与政变后国王李熙重组的政府直接谈判，要求赔偿和其他条件，包括不再追究掀起政变的朝鲜人。朝鲜王国本身自然无力独自惩办兴风作乱的日本人，双方再次签订条约，朝鲜将对日本人员伤亡和使馆被毁，作出赔偿谢罪，就此遮掩住日本在他国策动指挥武装政变的实质。

1885年春（光绪十一年），日本政府特意派出重臣、于当年年底出任日本首相的伊藤博文来京与李鸿章谈判。伊藤博文身高一米六，在日本人当中也算普通高度，而李鸿章身高一米八多，双方身高相差甚远，当时日本与中国的真实实力对比，也无明显优势，但李鸿章明白明治之后的日本惯于"力小搏大"，野心无限，不得不小心应对。

以往一些中文论著将伊藤博文描述为中国杰出留学生严复在英国的同学，两人学业均为头等，但事实绝非如此。伊藤博文到达英国后去了伦敦大学，但英语太差，无法同英国人交流，只得先在预备学校学习英语，寄宿在当地英国人家中，以便熟悉西方社会和生活，其间又花了不少时间在伦敦城内各处游览观光，包括大英博物馆和英国国会。约半年之后，他就因关注西方舰队对日本长州藩的武力威胁，匆忙返回日本，白白浪费了英国驻日本使节和怡和洋行在当地的外籍经理为他提供的赴

---

① 《快船难拨赴台片》，《李文忠公选集》，光绪十一年七月初二日。

② 《述日使议办各节》，《李文忠公选集》，光绪十一年二月十九日。

英学习机会。①

伊藤博文本人并未真正亲身经历西方近代文明文化，更没有接受过英国大学的教育和获得大学学位，以往广泛传播的严复或者从伦敦大学国王学院毕业的罗丰禄，曾是伊藤博文的同学一事，连西方人都有耳闻，却纯属编造。②这些故意散播的传言，在日本人方面是为了佐证伊藤博文的学识渊博，学贯中西，在中国人方面，则有罗丰禄于马关谈判时，对骄横自大的伊藤博文特意示弱之举，似乎对方贵为战胜国首相，自己却只是李鸿章的一名翻译，愧对同学。③后来文名满天下的严复，本是福州船政学院派往英国海军学院深造的留学生，不在牛津大学学习，也被与从未在英国上过大学的伊藤博文扯上了牛津同窗的关系，即便伊藤博文抵达伦敦求学时，严复才只有十岁。这一类民间传闻，被用来突出中日海外留学人员回国后经历的天差地别，影射中日两国历史分途，中方用人不当，以示自惭自愧，其本意应该是为了鞭挞时政，却纯属不实随意引申。

鉴于日军败退，而清军仍在朝鲜居于主导地位，来华与李鸿章会谈的伊藤博文特意要求清军撤出，为日军的溃败挽回一些面子和实际利益。出于对袁世凯带兵击败日军的极大怨愤，伊藤博文竟然提出"议处统将"的要求。李鸿章自信，"我军入宫保护，名正言顺，不可不坚拒力持，虽议至决裂，亦所弗计"。④清朝廷也对此项要求坚不同意，特下谕旨，"前据徐承祖（驻日公使）电称，日人欲我惩办在朝武弁，断不能曲徇其请，着李鸿章等设法坚拒"。⑤李鸿章亦知日本人"深以此事为耻，群情汹汹，齐动公愤，欲图报复"，但整个事变之所以发生，均出于日本人的图谋，"此次乘中法交讧之会，借朝鲜兵争之事，寻衅而来，冀收渔人之利。其愿望未尝不奢"，⑥日军战败是咎由自取。

经过与伊藤博文的反复辩驳，议处袁世凯等人的内容并没有纳入条

---

① 久米正雄：《伊藤博文传》，梁修慈译，商务印书馆，1935，第39—40页。

② Sir Edmund Robert Fremantle, *The Navy as I Have Known It, 1849-1899*, Cassell, London, 1904, p400.

③ Paine, *The Sino-Japanese War of 1894-1895*, p310.

④《述日使议办各节》，《李文忠公选集》，光绪十一年二月十九日。

⑤《日本议立专条折》，《李文忠公选集》，光绪十一年三月初五日。

⑥《述日使议办各节》，《李文忠公选集》，光绪十一年二月十九日。

约文本，仅限于由李鸿章私下给以"戒敕"，不了了之，保住了一度成为众矢之的的袁世凯。同时，中方要求惩处身为政变主谋的竹添进一郎，也被日方拒绝，逃亡叛乱首脑不予过问，"金玉均逃日，井上虽允协挈，未肯载明约内，照公法，则必不拏交，如俄之庇匿白彦虎是也"。[1]李鸿章毕竟没有胆气或必要，坚持追究日本使节和日军整体掀起朝鲜政变的公开罪行，日本人得以轻易过关，依然处在向清朝政府追究讨要的地位。

　　李鸿章在本国军队已经占据优势时，做出了适当的让步，中日双方于4月签订了"天津会议专条"，中日两军都于平定突发事变之后的四个月内撤离，其中日本要撤出在朝鲜护卫使馆的部队，之后若因有事要向朝鲜派兵，双方应事先相互行文通知，也如同此次一样处理，事定之后都需撤回，不得驻军留守。中日之间结束了就汉城政变善后所做的交涉。

　　一般研究和评论都认为，清朝政府在这一与日本签订的协议中，过于大意地失去了以往拥有的宗主国地位，给予日本派兵权，被迫共享对朝鲜事务的干预权，日本取得外交上的巨大胜利，而李鸿章属于失误退让，或者说是其愚昧软弱的表现。但是李鸿章与日本谈判朝鲜事务的本意，也在于放弃70年代中已形同于无的传统藩属关系，在之前处置台湾、琉球问题时，总理衙门和李鸿章就赫然发现，这一中国以往朝代中固守不变的制度，对维护中国权益和说服西方各国，并无实益实效。李鸿章为此劝说朝鲜签订与他国的条约，中国此时本身也已签订了各项对外条约，所以与其以口舌争辩宗主国的特殊地位，不如获得派兵权利的实效。撤出朝鲜的庆军，留驻旅顺，只要朝鲜发生事变，或得到朝鲜政权请求，不管是以属国的身份，还是以平定内乱的名义，辽东一带的清军随时可以调动入朝，比只靠跨海调兵入侵的日军，总是方便得多。

　　李鸿章所关注的，是在不与日军再次交火的前提下，让已在朝鲜的日军自行退出，日本"不欲中国干预，其所注意，不在暂时之撤防，而在永远之铩戍"，"今乘其来请，正可趁此机会，令彼撤兵，以杜其并吞之计"。伊藤博文坚持"嗣后两国均不得在朝鲜国内派兵设营"，忌惮清军在朝鲜的存在，会成为他们日后采取行动的阻碍，而李鸿章又担心这一永不派兵的条款，会束缚清军在朝鲜国内发生突发事变和叛乱时

---

　　① 《复吴清卿副宪》，《朋僚函稿》卷24，光绪十年十二月六日。

的反应行动，特别是某些亲日政权的叛华活动，"中国即复不能过问"，因此加上"互相知照"的字样，让清军可为紧急事端预做准备。[①]

既然威胁极大的日军准备退出朝鲜，清军就已拿回了日本之前从朝鲜夺走的权利，包括取消了日军之前享受的在驻朝鲜使馆派驻防军的特权，自己处于可进可退的地步。清朝中国继续承担起朝鲜防务的责任，这在清军力量足够强大时，给以清朝政府采取行动应对朝鲜事变的自由。当然日本也由此获得向朝鲜派兵的权力，但具体事态发展则视双方实力对比而变。在以往藩属关系之下，名义上只有中国有权派兵，尽管如此，日本德川幕府时期和明治政权的70年代，日本仍然会依靠实力，选择时机侵犯朝鲜，江华岛事件已经是个明显的警示，而汉城的清军在袁世凯的指挥下，完全有能力平定叛乱和遏制日军的侵略。在这种情况下，是否名义上拥有出兵的权力，已显得不再重要，即使正式删除这一条，也不能借此就能阻止日后日军寻机前来挑衅，而本国军力足够强大和善战，日军是否介入，仍然不能独自决定朝鲜的事态发展。

不管李鸿章是否同意日本拥有派兵权，朝鲜今后依然极有可能是清军和日军相对的战场，条约文字并无真正的约束力。所以李鸿章在口头或字面上所表示的让步，属于承认现实之举，注重于在实力之上做出选择。日后俄国与日本在1896年签订的协议，也包括双方派兵的条文，因为俄国刚刚强迫日本归还辽东，因此获得在两国都派兵的情况下，出兵保卫朝鲜国王的权利，[②]这与李鸿章—伊藤条约的内容和实力背景都极为相似。中国在朝鲜的实际地位和影响，完全取决于清军的实力和清朝廷进行干预的决心，而不是文字定义的宗主国名义。

在李鸿章的力劝之下，朝鲜和美国、英国、德国等国分别签订了条约，建立外交关系，与日本同等，在一定程度上冲淡了日本对朝鲜的单一压力。西方各国所签的条约中都未提及朝鲜与中国的特殊属国关系，他们在鸦片战争之后就以平等国家对待中国，不再承认那些属国，英国在缅甸，法国在越南，已经开了头，中国对琉球的宗主国地位也失于日本，传统属国关系丧失实际意义。所以那些西方国家在朝鲜事端上跟随日本，相继承认朝鲜的独立国家地位，包括美国在朝鲜设立公使馆，间接帮助日本确立进入朝鲜进行活动的合法性。在此情况下，李鸿章明确

① 《李文忠公奏稿》卷53，《日本议立专条折》，光绪十一年三月初五日。

② Paine, *The Sino-Japanese War of 1894-1895*, p307.

了清军入朝的权利和义务，可按实际情况自己决定，挽回了一些西方各国相继承认朝鲜为独立国家之后业已失去的影响力。

清军在越南之战面对法军时，已经展示了足够的战力，与法军基本上战成平手，出于局部战场上苦战获胜的实例，避免了以往一旦开战即付战争赔款的命运。虽然在法军偷袭之下，清军损失了福建水师的一些战舰，但停战之后海军实力反而大增，更新换代，从近海木壳战舰过渡到重型铁甲舰。德国"伏尔锵"船厂制造的"定远""镇远"两艘主力舰，为7400吨的重型铁甲舰，最终被德国政府放行，加上2400吨的装甲巡洋舰"济远"号，都于中法战争后的1885年驶回中国，泊入大沽，并在大沽和旅顺之间往返巡航验船成功。①这些重型军舰都不再需要风帆辅助动力，是为真正的近代远洋蒸汽战舰，编入北洋水师，装备火力强大的克虏伯大炮，其真实实力足以摧毁当时中国海域内的其他国家军舰。即使是当时横行台湾海峡和南方海域的法国远东海军的主力舰"凯旋"号，或最新服役的6000吨旗舰"巴雅"号，也难以匹敌。这些重型军舰到达中国北方，加上之前已从英国采购、在中法战争中被召回北方增强海防的"超勇""扬威"号巡洋舰，令80年代中的李鸿章信心大增，并不至于畏惧日军在朝鲜卷土重来。

在陆军方面，淮军同样拥有英国、德国兵工厂制造的近代枪炮，也有机会投入实战，在有力将领率领之下，与法军在一些地面战役中战况胶着，攻防都有，因此也完全有机会和把握击败作战水平大体相当的日军，汉城两军冲突的结果，是为清军作战力并不弱的证明，反令日军深以为耻。中日双方的评价大同小异，如果当时的日军径自在朝鲜采取大规模军事行动，面对入朝清军，注定不足以一战而胜，日本在80年代的整体军事实力，也实难确保其顺利达到侵占朝鲜和侵略中国的目的。所以李鸿章当时同意签约，并非昧于世界大势，而是争取以近代国家的常用方式解决争端，以实力为基础，而不是单单依靠某个条约的约束力。

中日双方所签这一协议，并没有改变现实中已经发生的重大变化，即清军依靠其挽救朝鲜国王而确立了该国国内由亲华派主政的局面，对华绝对有利。日本虽然通过与朝鲜新政府另签的条约确认了某些额外利益，但依然在政变过程之中和之后遭受沉重损失，精心策划的政变未能

① 《验收铁甲快船折》，《李文忠公选集》，光绪十一年十月十八日。

把他们大力培植的亲日开化党人扶上权位，反而令那些激进冒险的日本武士类的朝鲜人，成为举国公认的叛臣和逃犯，包括金玉均和他的同党，在朝鲜本国已无法立足，只得在日本寻求庇护，以难民身份徘徊流窜于日本本土，成为日本的负担，令日本人通过这些代理人出面统治朝鲜的计划，完全落空。日本人在朝鲜的名声也大为跌落，远不如平定政变、救出国王的清军，与中国相比，日本对朝鲜的影响力在这次政变后，不进反退。[1]

由于中国的抵制，日本被迫在与中国的条约中允许由第三国的人担任朝鲜新军的教官，也就是俄国人，这对于急于独霸朝鲜的日本人来说，无疑又增加了一个强大竞争对手。最为重要的改变则是，原先亲日的开化党极为仇华，几乎掌握了朝鲜行政大权，即将把朝鲜引入日本之手，中国本来无法抵御这一失控趋向，但日本人和开化党求诸于政变屠杀的急躁妄为，遭到袁世凯率军迎头打击，兼且击败日军，日本和朝鲜仇华势力由之前全力顺畅进取的势头，转到竭力维持现状，大受挫折，败后难以迅速再建亲日党派和日本威望，令日本全面控制朝鲜的时机大为推迟，不得已给了中国逾十年的缓和期。

袁世凯在平定叛乱之后，由五品同知升为同三品道员，被正式赋予管制朝鲜的大权，名为通商专员，代表清朝政府常驻朝鲜，位在原先领兵赴朝的淮军将领之上，统一事权，形同驻外总督和朝鲜监国，时年二十八岁。由于中法战争后清朝政府再无其他重大边患忧虑，对朝鲜的经营也更为积极，袁世凯就是处于中心地位的实际执行人。

在李鸿章的支持下，袁世凯积极干涉朝政，扩大清朝政府在朝鲜的势力和影响，增强中国宗主国之实。华商在朝鲜业务量快速增长，蚕食日商经营范围，所占贸易额比例大力赶上，终结了日商之前在朝鲜享受的经济垄断地位。招商局轮船航班固定往来于上海和仁川，并架设了汉城与沈阳（奉天）、天津相联接的电报线，此举也是为了保持驻朝清军与本国政府和军事首脑之间的顺畅联系，改变之前以船递信的被动局面。日本政府之前曾经私下与朝鲜政府签约，由他们独办揽朝鲜的电报线路，现在这些都被袁世凯主持控制的工程所取代，特别是由清朝电报局管理的汉城—釜山主干线，连日本人也不得不用，被迫以这一线路连接日本长崎，维持日本本国和朝鲜的通讯渠道，否则他们只能使用经

---

① Paine, *The Sino-Japanese War of 1894-1895*, p59.

由上海、天津，再转接到朝鲜汉城的迂回长途线路。①

对待日本势力，袁世凯态度强硬，对待朝鲜，既圆滑多面，又霸道独断。袁世凯在朝鲜并无强大军队为靠山，因为协议规定中日两军都需退出朝鲜，所以袁世凯只能靠中国的威望和自己的军事政治手段，应对当时的局面，阻截日本在朝势力的渗透和扩展，"内戢藩服之僭踰，外杜强邻之窥伺"，最终未让日本势力在他驻节期间获得显著进展，一力维持了近十年的和局，为此深得李鸿章的赞赏和支持，一直不变。②虽然袁世凯本人热切期望回国进入中国官场，但他在朝鲜所负责任过于重要，"东藩介居强大之间，事会方殷，必须有情形熟悉、物望素孚之大员，坐镇维持，未便骤易生手"，难以找到像他这样敢于和善于对付日本的清朝官员，所以一直未被调回，"仍准留，俟第三次差满，届时察看情形再行奏明"。③

自1884年的甲申政变，日本政府和军队一直伺机报复，但他们同时也明白，即使在弱国朝鲜，他们也要在军事上做好充分准备，才有可能压倒援朝清军，占据上风。因此之后很长一段时间内，日本都既缺少合适的朝鲜代理人，又无法确认本国军事上的可靠优势，所以未能在朝鲜成功起事篡权。

1884年到1885年之间，清朝廷顺利渡过了与法国的地面和海域战争，外患焦虑大减。当时甚有亡国之虑，紧张应对，和战不定，最难者是决定开战之后，前线战况转而不利，接连败退，被迫求和。在这一危急阶段，其他无关事项和纠纷都不再重要，必须有所取舍，只有在渡过危机之后，才有余力经营朝鲜一类的境外事务。

日本人的活动，遭到朝鲜社会整体的谴责和唾弃，一度前景极佳、代表开放潮流的开化党遭受挫折，失去政治影响力，被极度边缘化，连带着日本也受影响，难以在朝鲜发起新的挑战，长期以来排斥中国势力的巨大努力，事与愿违，极难成功。出于朝鲜"甲申"政变失败的原因，日本的积极"大陆政策"，被迫改为所谓的"退婴"政策，即退居守势和暂时收敛。直至1893年，中国的势力持续扩张，全面覆盖朝鲜，

---

① Paine, *The Sino-Japanese War of 1894-1895*, p95.

② 吴汝纶编：《李文忠公全集》，《译署函稿》卷19，"议留袁世凯驻韩"，光绪十四年十一月十六日。

③ 《奏留袁世凯片》，《李文忠公奏稿》卷76，光绪十九年四月十五日。

袁世凯成为朝鲜最有权力的人。[1]

从长远来看，清朝政府未能彻底解决朝鲜问题的症结，自己的属国相继被外部势力夺走，却仍过于顾念与朝鲜这一传统属国的亲睦关系，回避张佩纶等改设郡县的建议，不忍朝鲜变为行省，从而失去占据先手的最后机会，给一直觊觎朝鲜的日本明治政权留下日后谋划侵占的余地，并危及自身。

日本国内连续面对1889年的米荒和骚动，1890年的小麦荒和经济危机，形势并不如外界人们想象般的乐观。[2]日本政府采取的对策，仍然是对外扩张和殖民，转移国内矛盾，借海外战争以解决国内问题。而对清朝政府来说，迄至80年代的对日外交应对，由退让失势，到达成均势，略占上风，十分之不容易，经历了曲折反复，在认清日本威胁的严重性之后，受到强烈刺激，终于走出了强军和近代化的第一步。

与法国、日本两国都达成相关协议之后，中国少见地享受了多年的平静边界和安全环境，法国不再骚扰中国本土，日本在朝鲜的势力已被清朝政府压倒。这也是清朝政府在谈判口舌之争之外，适当地使用武力，先后对付两国，海陆备战，南北调兵，属于开启洋务运动之后最早的近代战争动员。自日军征台时起，清朝政府就采用西方式国际约法和外交手段，对应新兴的日本明治政府，即使在台湾召集了一定数量的淮军准备作战，也侧重于外交谈判，对琉球一事更是纯粹笔战和追求调解，自然毫无所获。而在朝鲜事务上，清朝政府则两次主动用兵，第一次先声夺人，以进兵气势压倒日本，第二次由袁世凯推动，首次率领清军直接与日军作战（使馆驻军通常为一国海军陆战队精兵），展示其出人的胆略，也为清军海外作战积累了宝贵经验。

清军在汉城一战中的表现，应该是在一定程度上受到中法战争的影响，虽然滇桂粤诸军在南方作战不利，但初步近代化的清军毕竟开始向西方大国之一的法军开火，包括在观音桥和镇南关击退敌军。一般来说，近千人的法军足以横扫在各方面都明显落后的大批清军部队，他们

---

[1] Hus, *The Rise of Modern China*, p402. 徐中约认为是日本有意让袁世凯在朝鲜坐大和增强中国势力，排斥俄国，之后再由自己取而代之。这一推断难以被证实，也很难想象日本会自行退让忍耐长达十年之久，然后幡然而起，推翻现状。更为可能的是，日本的退却缘于其自力所不及，又畏惧英俄势力，故此默认清朝政府在朝鲜的一时强势，出现"退婴"取向。

[2] 井上清：《日本军国主义》，商务印书馆，北京，1985，第129页。

在1860年的八里桥之战中就曾大胜而归，但此次在越南战场上，虽然清军失利次数依然不少，却不妨碍他们取得个别军事冲突中的胜利，最终由临近崩溃转向反攻。

南方战场的经历和启示对袁世凯所率淮军十分有益，他们在整体上更胜于在南方与法国人作战的中国地方部队，对日军的恐惧感又不如对法军，既然那些地方部队能够与法军在另一个属国战场上奋力抗衡，那么淮军在朝鲜面对新起而从未交过锋的日军，尽力一战就是必然的了，结果顺从人愿，获得对日第一战的小胜。日军当时气焰十分嚣张，自认已与英美法军不相上下，其实明治政府上台后，日军并未与西方国家军队交过手，却在同清军冲突中不免一败，令日本新兴政府在陷入失望后，适度收手，承认不利局面并同意退出朝鲜，加紧自整自强，以备再战。这就为清朝中国赢得了一个时间不短的缓冲期，至少为期十年。李鸿章等洋务大臣也由此看到对外用兵的益处，值得一试。

自左宗棠西征起，清朝政府对外数次用兵，基本上保持重大权益不失，虽然外患不断令清朝廷首尾难顾，焦急不已，但几番周折之后，终于迎来一个相对和平时期，不仅大致理顺了与西方国家的外交关系，通过让步抹平了通商条约中的纠结之处，了结争端，同时也在几度军事冲突中维系了国体，锻炼了新军，真正开始国防建设和大规模军事行动，在外交、军事两方面都渡过了鸦片战争迄今最为艰难的时期。

第六编 甲午巨变

一、中日战前对局

清代中国的洋务运动之下，一直在发展和积聚经济和防务力量，应对来自西方的前所未有的挑战，但是中国最终所受到的最大灾害不是来自西方，而是来自刚刚脱离封建社会形态、自己也在自强过程之中的日本，结果一个政体的转型成功造成另一个转型社会的失败，这两者之间是互相关联的、密不可分的，而以甲午战争为转战点，划分了清末中国近代化的两个截然不同的阶段。

洋务运动开启后的二十年中，中国与日本同时向西方学习，按其在海外的外交和其他表现来看，中国并不显得格外落后和蹒跚。曾纪泽在赴俄国谈判伊犁处置时赴俄皇廷拜见，"日本使亦稗各官，礼官漠不相应，相待殊有轩轾，不解何故，似因柳原前光不能作英法语，故各官无由与谈，又不欲屡呼译官也。日本使至栈，与余谈良久，余作英语，而日本使之翻译学生以英语传焉"。① 日本人以善学西方闻名，柳原前光为维新之后日本政府内有代表性的杰出人物，曾经在保定与李鸿章大开舌战，又重点负责日本对外关系，却尚且不如曾纪泽能与西方人士正常对谈交流。

又如90年代初任驻英法各国公使的薛福成所说：

"近听英法官绅议论，多有联络中国之意，不复如昔年一意轻藐，推

① 曾纪泽：《出使英法俄国日记》，《走向世界丛书》，岳麓书社，1984，第363页，光绪六年七月十七日。

其原告，厥有数端。一则越南一役，法人欲索赔偿竟不可得，法人咸咎斐礼之开衅，恨其得不偿失，各国始知中国之不受恫喝也。一则十余年中冠盖联翩，出驻各国，渐能谙其风俗，审其利弊，情意既洽，邦交益固也。一则中国于海防海军诸要政逐渐整顿，风声所播，收效无形。且近年出洋学生，试于书院，常列高等，彼亦知华人之才力不后西人也。乘此振兴之际，遇有交涉事件，相机度势，默转潜移，庶几有裨大局。"[①]

薛福成当时的这一观察应该说是很贴切的，洋务运动在中国的推进和学习西方活动的延续已经正面影响到中国自身的进程。

当时的日本虽然脱离了封建体制，又拥有各种外部有利条件，仍然难以称为顺利进步和实力强大的国家。如曾纪泽所述：

"使日本修政教、整兵戎，内固疆围，外通贸易，遂臻英国今日之盛。然中国沿海数省，犹足以屹然自立，如今日德、法诸国之势，等而下之，亦将有瑞典、挪威、丹麦、比利时之势，非日本所能肆志也。倭人始效西洋之法，制战舰数艘，练新兵数队，遽曰：吾之武备非华人之所能敌也，器小易盈，徒供一噱。子兴言：倭人之骄，由于西洋新报时时誉之，誉之者，各船厂炮厂，布扬议论，以广贸易。有购军械者，辄誉其国，以为无敌于天下，盖有意造言，殊非事实，倭人信之，亦自以谓无敌耳。其论深中肯矣。"[②]

在外交、军事、学习西方等各个方面，中国与日本实际上各有进展，步骤相同，日本在工业生产和军工建造方面的优势，仍然十分有限，身居国外的人们通常能作出较为中肯的评价。即使到了90年代末，甲午战争之后，日本已然成为亚洲唯一军事强国，但据外国人观察，在日本东京的兵工厂中，"大部分机器和工具为英国制造，其他为德国和美国制造"，大阪兵工厂的机器全部从英国进口，而京都电厂则是全套美国设备，连雇用工人达数千之众的大型棉纺厂的机器，也都是来自英国。[③]

即使在这些比较先进的大型企业中，也有不少是依靠吞噬对华战争

---

① 薛福成：《出使英法意比四国日记》，岳麓书社，钟叔河主编，1985，第167页。

② 曾纪泽：《出使英法俄国日记》，《走向世界丛书》，岳麓书社，1984，第297页。子兴即左秉隆，十五岁入同文馆，随曾纪泽使团任英文翻译，数年后出任驻新加坡领事，颇有建树。

③ Lord Beresford, *The Break-up of China*, Harper & Brothers, 1899, p421, p424, p427.

红利，才得以建成的，如日本最大的钢铁厂"八幡制铁所"，是后日"新日本制铁公司"的遥远前身，起始就是官立企业，更甚于张之洞的汉阳铁厂，由日本政府拨款一千九百多万日元出资建立，其款项全部来自中国支付的甲午战争赔款，而日本人需要进口全套德国设备，才得以于1901年建成这一庞大重工业项目，转过头来用于更大规模的对外战争。日本政府于1880年建成的东京炮兵工厂，有能力成批制造步枪，[①]但清朝政府之下的江南制造局，在70年代末即能每年制造西式后膛步枪数千支，加上洋炮，供淮军部队所用，包括袁世凯在朝鲜统领的部队。1882年"壬午事变"后，李鸿章免费赠送武器给朝鲜国王李熙，其中就有天津机器局制造的英式来复枪一千支，供朝鲜训练新军士兵之用。[②]

即使到了19世纪90年代，日本已经建立起一定工业基础，仍然依赖于对外贸易和势力扩张所带来的巨大利益，"日本每遇歉收之年，即需大量进口米谷。为了支付这些进口物，日本必须出口。中国是最近的市场，日本要求他们出口到中国的货物不要受到关税的有害影响"，所以，"日本人认为他们的未来福利，主要寄托在中国维持'开放'的政策之上"。[③]

若就军事实力而言，中国的北洋舰队、陆军及其后备军火工业，显然已经能与当时的日本相匹敌，差距并不明显。在1882年、1884年的朝鲜冲突中，清军都有机会显示其战斗力和装备水平，令日本军队深以为耻。1885年中，清朝政府和李鸿章接收了德国制造的重型铁甲舰"定远""镇远"，近代海军建设已初具规模，军舰数量可观，因此特意派出数艘军舰到访日本。这对严重依赖海上力量的日本人和日本政府，是个巨大的打击。

日本之前依靠三艘从英国买来的较新式军舰，不断对外施压和维护日本利益，在1879年侵占琉球时就发挥了适当的威慑作用，让李鸿章不敢采取出动兵舰的果断行动。但至80年代中，这些外购军舰都已过时，在"定远""镇远"两舰面前，甚至在同为德国造的"济远"舰面前，都已不占任何优势，日军的海上力量明显地被北洋水师和清军海军压倒。借此时机，清朝政府派出综合舰队，由两艘主力舰，加"济远""威远"舰，巡

① 吕万和著：《简明日本近代史》，天津人民出版社，1984，第74页。

②《拔协朝鲜炮弹片》，《李文忠公奏稿》卷45，光绪八年九月二十九日。

③ Lord Beresford, *The Break-up of China*, Harper & Brothers, 1899, p422.

航海外，抵达日本，形同示威。事实也确实如此，如果在一年之前的"甲申"事变时，清军能够派出"定远""镇远"舰赴朝，而不是稍为老旧的"超勇""扬威"号，那么在增援袁世凯之外，必能力压日本海军，将其逼退。再若当时在朝鲜爆发两军的直接冲突，初建成师的北洋舰队将会全歼日本海军所拥有的舰只，提早终结日本对朝鲜的觊觎侵占和对中国的威胁。

清军那些出于海防目的而定购的真正近代战舰，未能赶上对法战争，又在朝鲜重大事变发生之后才抵达中国，发挥作用十分有限，而随着时间的推延进入下一轮军事对抗中，又已略显过时，是为清朝海军时运不佳的见证。但海军力量是否切实可用，更在于政治军事首脑的决断，而非简单地由武器装备水准而定。日本在侵犯朝鲜的"江华岛事件"中，依靠几艘完全不具备真正战力的古董级蒸汽炮舰，达到了本国政府所追求的政治目的。而拥有当时亚洲最大吨位的北洋舰队，它的军事统领是否真有作战决心和具有军事指挥能力，恰当有效地使用这支强大武力，还未得到实例的证明。中国与日本在近代化方面的主要区别，在于国策不同，中国为保守和防卫型，而日本则是进攻和扩张型，为侵夺他方而不顾一切。

袁世凯在朝鲜主持当地大政，擅加干涉，独断独行，监国如同国王，甚伤自尊，朝鲜君臣对此表示强烈不满，视其为比日本人还要危险的人物，不免趋向于近在北方、又未曾直接介入朝鲜的强大俄国。被清朝政府派来协助朝鲜政府的美国人德尼，即是在中日琉球之争中站在日本一边的美国前驻天津领事，此时在朝鲜也与袁世凯不和，借"中韩论"一文攻击袁世凯，塑造袁世凯在朝鲜飞扬跋扈和越权的形象，影响着朝鲜国内的舆论，令双方互不信任，关系紧张，最终李鸿章通过施压驻华使节而于1888年底将其辞退。[①] 袁世凯也对朝鲜的政局感到失望，认为它比国内官场更为愚顽和负面。朝鲜国王李熙一度过于亲俄，几乎招致李鸿章和袁世凯准备废立之事，最后劝告国王继续依靠中国而进行内政改革。在传统和现实藩属关系之下，清朝政府无法直接在朝鲜采取必要行动，只能间接地影响推动，在对方表现消极甚至叛逆时，形同隔山打牛，无处着力。

在这数年中，清朝中国在朝鲜行政顺利，其中与意外地获得英国方

---

① 贾熟村：《李鸿章与朝鲜》，《安徽史学》，1999年第四期，第31-35页。

面的支持合作有关。英国长期以来就着眼于在中国抗衡北方的沙俄，霸权互制，而对日本冒险图谋朝鲜和大陆，并不以为意，认为中国、朝鲜之间的关系稳固，就可相安无事。英国前驻日公使巴夏礼属于亲日派，连前来调解中日琉球纠纷的前美国总统格兰特，都特意避开他，缘于其在背后阴险挑唆，只能坏事。①巴夏礼一度回到北京出任驻华公使，但已于1885年病逝，继任公使如华尔身（Walsham）等，与总理衙门协作顺畅，不似威妥玛一般，百般刁难，喋喋不休。此时中英之间的诸多症结已经打通，无重大交涉事件，郭嵩焘、曾纪泽、薛福成先后赴伦敦任驻英公使，对改善中英关系和中国在英形象，贡献良多，两国交往渠道颇多，不再只由威妥玛一人霸住中英外交管道。

中英之间的往来增多了利益交换的成分，中国分量上升，在李鸿章看来是"以夷制夷"，在英国方面则于己无损。中法战争期间，英国出于自身在华利益，回绝了法国资助他们军事行动的要求，切实保持中立，包括不许法国军舰在香港加煤维修等等，迫使法国舰队使用台湾基隆已被刘铭传下令破坏的煤井，十分不便，要长途调运挖掘机器，在基隆进行开矿作业。②英国进而施加了必要压力，阻止法军扩大战区到北方，英属轮船继续运送清兵，英国政府并为中法双方之间的谈判提供条件地点，倡议撮合。中国至80年代中的军事实力增长，也让英国刮目相看，在与法国进行军事对抗中，清军逐步打成平局，让法国政府难以逞强，以武力胁迫中国就范。而在西部与沙俄的直接对抗中，清朝政府通过文武两手，最终挽回必要权益，出乎一向防范沙俄的英国的意料，随而认为值得与中国合作。

在1885年英军占据朝鲜巨文岛的事件中，李鸿章和清朝外交官对英国此举表示理解，认为这是出于制衡沙俄的目的，之后由于担心事态扩大，各国都可能找到借口占据朝鲜港口岛屿，特别是沙俄和日本，将损害中国的实际宗主国地位，才与英国交涉从巨文岛撤兵事宜。清朝政府与英国相互配合，在此事件中调和各方利益，最后从俄国得到永不占据朝鲜领土的承诺，达到了英国最初挥兵占领巨文岛的预期目标，得以于次年解决了两个西方大国在东北亚的国际争端。由于袁世凯在朝鲜的实际控制和英国驻京公使华尔身的协调，英国认为朝鲜失于俄国之手的威

①《密论何子峨》，《李文忠公选集》，光绪五年七月二十二日。

②《寄译署》，《李文忠公选集》，光绪十年八月二十日戌刻。

胁并非现实，因此在中国的帮助下做出妥协。在中国完成多边交涉之后，英国达到防俄的目的，中国维持对属国朝鲜的管控，包括为其处置对外交涉事项，中英两方各自满意。这一共同对俄的背景，令英国政府倾向于支持清朝政府在朝鲜的维权行动。

维护有利可图的商业关系，也是英国政府的一个重要考虑因素。清军是英国造船厂、兵工厂的一大客户，中国的稳定和发展，就意味着英国得以在正常贸易之外增加对华军火出口，是个不错的选择。赫德掌管的中国海关，也配合英国对华政策，随着清军稳固在朝鲜的地位，清朝海关在朝鲜设立分支机构，例征关税，将朝鲜视为自己全国关口系统的一部分，与当地重要实权政治人物袁世凯合作。①赫德尽力在关税率和其他方面突出朝鲜对中国的属国地位，不将出口中国的朝鲜货物作为外国货对待。②

在朝鲜宫廷以海关抵押去借外债的问题上，中方和英方行动一致，英国使节和赫德与总理衙门通力合作，共抗外来压力。曾经积极推动规划日本侵台的美国人李仙得，居然也前往朝鲜，谋求出任海关高职，与美国人德尼合力，借机鼓动朝鲜国王将海关自立于中国海关之外，以破坏藩属关系为目的，再次替日本人牟利。袁世凯就此深悉朝鲜宫廷的抵触态度，"韩前延用李仙得，曾导日兵攻台湾，韩又欲延用，殊失藩体"，"李本著名无赖，好出大言"，"然韩既知李曾犯华，而故用之，殊狡险"。③赫德与袁世凯意见相同，得到英国使节的支持，拒绝李仙得以及朝鲜国王推介的其他人选出任该国税务司。

李仙得又假朝鲜王国的名义四处借款，遍及日、美、德，托词以朝鲜海关税收作为担保，此举更遭总税务司严拒，"（赫德）昨奉覆，已商明总署，无论何人来索，关税概不交付，各口亦不许韩派一人。遇事务与袁妥商，听其指示等语"，从而击败日本、美国暗中的多方图谋。④总理衙门与此相配合，公开对外发布通告，朝鲜向外借债，无力偿还，若擅自以朝鲜海关税入作为贷款担保，清朝政府绝不允许。外国使节对此

---

① 郭廷以：《近代中国史纲》，中文大学出版社，香港，1980，第267页。

② 林明德：《袁世凯与朝鲜》，中央研究院近代史研究所专刊，第26期，台北，1984年再版，第181页。

③ 《寄译署》，《李文忠公选集》，光绪十六年二月十六日酉刻，二月二十日申刻。

④ 《寄译署》，《李文忠公选集》，光绪十六年二月二十二日巳刻。

均予以谅解，只有日本出来反对，并通过李仙得借出贷款，但未能达成相关协议。[①]清朝政府的这些明确表示，加上驻外使节对有意借贷的外资银行的大力劝阻，令朝鲜政府滥借外债、投靠日本的企图未能得逞，其中中英双方的合作最为关键。英国当时的做法与一向挺日、意在开放朝鲜的美国大不相同，出于共同利益，间接地支持了中国在朝鲜行使宗主国权力，侧面辅助袁世凯实施有效控制的努力。

综合以上几方面的因素，袁世凯首次赴朝后的整个一个年代中，再现了中国宗主国地位的加强稳固，虽然不再有朝鲜国王形式上的朝贡之举，各国使节与"监国"袁世凯同在，但对朝鲜野心和兴趣最大的日本和俄国，都被置于中国宗主国势力的覆盖之下，即使"征韩"论不绝于耳的日本，一时也无处下手，无力启动大规模军事行动。对于清朝政府来说，维持现状就是最佳成效，中朝宗藩关系此时反而处在最强固的阶段，若就清朝全国整体而言，这也是同治中兴以来最好的一个十年。

二、日本疯狂扩军

明治日本政府和军界对真实实力和预期目标的态度，倾向于冒险外扩，极度担忧在残酷无情的近代竞争中失败，宁愿以西方对中国、日本的居高临下的态度转而对待邻国，推行充满野心的扩军计划，以小搏大，孤注一掷，不惜倾全国之力维持一战。日本名为维新，实为武士治国，再走向军国，不给清末中国的洋务运动以证实其真实价值和取得实质性进展的机会，进而打断中国近代化的历史性进程。

中日签订《天津条约》之后，日本已经难以找到直接侵入朝鲜的正当理由，朝鲜境内大致平静，亲日派不再挑事，日本出兵借口不再，只有等待。但自日本侵台以来，与中国的对立态势并未改变，对华开战的负面阴影一直未曾消除，加紧军备扩充，认定中国为其北上的主要障碍。

1885年底，日本政府结构改变为内阁制，伊藤博文出任首位内阁首相。至1889年，日本正式颁布了宪法，以法律的形式确定了帝国政府系统和军国主义基础。伊藤博文等政府领袖以这一方式巩固了明治变革以

① 林明德：《袁世凯与朝鲜》，中央研究院近代史研究所专刊，第26期，台北，1984年再版，第210-211页。

来的政治成果和中央政府的权力，把整个国家确立在现存秩序之上。他们决定采用德式体制入本国宪法，认为英国、西欧国家的君主立宪和虚君体制绝对不适于在日本控制武士群体和地方势力，因此在第一部宪法中首先要极力拔高天皇的地位至绝对权威，作为政府执政的最高权力来源。在之前多个世纪的幕府统治之下，日本民众只知将军幕府，对一直蜗居在京都的天皇宫廷知之甚少，天皇只不过是将军的傀儡和玩物，推翻德川幕府之后，经伊藤博文等人之手，重新界定天皇，进行全面神化。[①]

这一大力造神过程，对明治及其后的政府极为重要。明治初年发生的爆炸性变化，推出了一些拥立天皇的强权人物，执掌国家权力，但仍然有可能再出现幕府一类的政权，西乡隆盛的行动和走向就是明证，令东京政权动用全国之力，再加上挟天子以令诸侯的优势，才镇压下去，几乎失守。镇压"西南"战争耗费了数千万日元，伤亡数万人，之后的日本政府再也不能容许发生类似规模的国内动乱。早期维新领袖的大久保利通，也在1878年被刺身死，他被何如璋视为"非轻躁喜事之流"，因为他倾向于采用外交手段，而有意制约日本国内急于对外动武的武士类人物，如西乡隆盛和西乡从道。至1880年代，这些略为谨慎从事的政治领袖，已被曾经做过天皇英文翻译的长州武士伊藤博文、山县有朋等人所取代，依靠实力而崇尚对外扩张，要把日本提升到比肩西方国家的强势地位。

在天皇绝对权威之下，至少名义上无人敢于反抗，由天皇指定的政府内阁和首相就拥有全国行政的法定权力，政治党派再无力推翻中央政府，他们之间的角色纲领变化，以及政治派别和人物之间的争斗不断，也不会危及政府机构的管辖施政。日本政治中所谓的"超然主义"，即是日本政府独立于国内任何政党，直接向天皇负责，高于党派聚集和群起竞争的国会。另外一个重要国家机器也在天皇直接掌控之下，军事统帅权不属于国务范围，由参谋本部等军事机构在天皇授意之下做出决定，国家军队直属天皇，即所谓的"皇军"，军人必须服从天皇的"军人敕谕"。[②]近代日本在模仿德国帝国模式之外，加上日本特有的天皇武

---

① Seagrave, Sterling, *The Yamato Dynasty: the Secret History of Japan's Imperial Family*, Bantam Press, London, 1999, pp33–34, p51.

② 安冈昭男：《日本近代史》，中国社会科学出版社，北京，1996，第111，191页。

士道因素，所以表现出格外暴力专断的倾向。

在近代文明中常设的政治架构上，日本的宪法毕竟规定了设置国会机构，借以容纳国内新起的一些党派和利益集团。在日本当时四千余万人口的情况下，按照这一宪法规定的资格限制条件，拥有土地和交税至少十五日元的人，才拥有国会议员（"代议士"）的选举权和被选举权，1890年第一次大选时的日本，约有四十五万男士符合资格，选举基础十分狭窄。①日本之后陷入政治乱局，国会内党派纷争，几乎每年都需大选，而在天皇指定的内阁和选举而出的国会之间，纠纷不断，无可避免地要解散国会，再次大选。

政府和国会之间争论的焦点之一，就是在军国主义趋向下，扩充军备必然是政府最重大责任和中心任务，每年必须拨出巨额军费，整军经武。说日本是穷兵黩武，绝不夸张，在经济发展动力仍然非常虚弱的情况下，国家预算的至少百分之三十要用于军备费用，常有超出。②举世也没有如此疯狂的方式行为，完全属于赌博式的统治模式，集体式疯狂冒险，也证明日本自维新开始就具备了军国主义的国家基本性质，即使对照正在海外殖民的西方国家的常见近代经济发展模式，也没有可比性。

在何如璋出任驻日本公使的数年当中，日本政府财政收入为五千多万日元，"日本一岛国耳，国家岁入之款，至五六千万元，府县之费，又数百万。供之国者，征敛之重不待言"。③而到了日本挑起甲午战争时，政府财政预算为八千余万元，实为赤字，靠发债、借债弥补。且按八千万日元计算，在十五年之内，年平均增加约为两百万日元，年均百分之四的开支增速可观，但并不证明日本政府的财力大增，经济实力及其增长率并非格外令人惊奇。为了应付庞大的扩军计划，明治政府必须对外借贷，而森有礼曾向李鸿章推荐借债发展的方法，在出兵吞并琉球时，日本政府也被迫大举借债以支付军费。

在面临政治难局时，尤其是在扩张军备热潮中，内阁需要依靠天皇颁布的诏令打开政治、财政等方面的僵局。第一次国会把内阁提出的八千余万日元的预算，削减了近一千万日元，之后内阁通过各种手段强

---

① 安冈昭男：《日本近代史》，中国社会科学出版社，北京，1996，第192、199页。

② 井上清：《日本军国主义》，商务印书馆，北京，1985页，第124页。

③ 黄遵宪：《日本国志》卷16，食货志二。

迫国会通过。① 为了防止这些阻止扩军计划、意图削减军费的现象再演，天皇内阁更倾向于解散国会，渡过难关。1892年的第四次内阁在伊藤博文首相之下，企图彻底打败国会内削减军费的派别，双方争执不下，造成政治僵局。国会内有党派要求取消全部造舰费用，在日本海军全力造舰的热潮中，这是绝对不可能的，参谋总部和海军对此更加不能容忍。但伊藤博文内阁难以通过预算，为此直接请求天皇干预。

明治天皇在1893年初宣布，今后六年内每年从宫内拨出三十万日元，用于补充军费。天皇拥有的货币财产，不算土地田野，在1887年就已达到八百万日元，大部分投入到日本大企业和银行中，收益丰厚。② 日本天皇在1887年就已经采用过类似策略，从皇宫内库中拿出三十万日元作为自己的奉献，但同时通过伊藤博文的鼓动，从其他富贵人等那里收到了一百多万日元的捐献，以支持海军防务开支。③ 三十万日元对天皇来说数额并不算大，在1892年，皇命又让政府官僚都交出百分之十以上的薪俸，作为自己付出的补偿。天皇的本意并不完全在于征集这些额外供奉，而是以这种强势手段，督促国会通过内阁提出的预算，包括六年一千八百万日元的海军造舰费用。面对天皇的诏令和内外捐献，国会不敢违抗，预算强行通过，最终让伊藤博文内阁在即将发动对外战争的关键时刻，拿到了集中购舰造舰的财政拨款。④ 利用天皇的绝对权威和解散国会的强硬方式，日本内阁不再受到国会和党派的约束和干预，在皇权之下可以自行其是，包括对外展开侵略性军事行动。

在竭力聚集财力之后，日本政府大力扩充海军，侵占琉球时购进的英国造三艘军舰，"扶桑""金刚"和"比睿"号，早已不敷所用，既落后而又数量不足，日本海军谋求大举增加军舰数量和增添真正的铁甲舰。为此，日本政府于朝鲜"甲申"政变后的1886年，发行海军特别国券，达一千七百万日元，计划增加54艘军舰。⑤

为了对付已于1885年抵达中国的"定远""镇远"重型铁甲舰，日本海军急于求成，采用法国专家贝尔顿的新式设计，赶造了三艘大型军舰，"严

---

① 安岗昭男：《日本近代史》，中国社会科学出版社，北京，1996，第200页。

② 吕万和著：《简明日本近代史》，天津人民出版社，1984，第115-116页。

③ 外山三郎：《日本海军史》，解放军出版社，龚建国、方希和译，1988，第14页。

④ 安岗昭男：《日本近代史》，中国社会科学出版社，北京，1996，第202页。

⑤ 外山三郎：《日本海军史》，解放军出版社，龚建国、方希和译，1988，第14页。

岛""松岛"和"桥立"号，被称为"三景舰"。[①]"三景舰"排水量逾四千吨，各自装配了一门十三吋巨炮，以与"定远""镇远"舰上的同口径巨炮相抗衡，但它们舰体偏轻，动力和装甲保护不足，等于是扛着一门大炮的中型炮艇，怪异设计中问题不小。"三景舰"实际上做不到厂家所宣称的十八节航速，它们的锅炉不适于做高速航行，为了降低建造费用和追求速度，又大幅度地牺牲了装甲保护，铁甲最厚处不到三英寸，而"定远"舰是十四吋，即使是"经远"号、"来远"号的护甲厚度也达九吋余。"三景舰"上的一门法国造主炮，发射炮速缓慢（重炮的天然缺点），为此只有以新式中口径速射炮加以弥补，主炮开始转动时，会影响船体重心左右偏动，难以保持平衡，大炮发射炮弹时，整艘船都会颤抖后挫，引发各种机械故障，所以该重炮基本上不可用。[②]如果一些后人发表的评论认为，清军订购"定远"两舰是为德国伏尔锵造船厂作了试验品的话，那么日本海军急于订造"三景舰"，同样是给了法国船厂和贝尔顿本人试验新异设计的宝贵机会，而且事后证明极不成功，反不如"定远"两舰的实用实效。

"三景舰"又急于赶工，法国制造的两船于1892年完工，返回日本，横须贺船厂建造的"桥立"号则于1894年才完工，毫无实战考验甚至战备巡航经历，特别是在面对巨炮厚甲的"定远""镇远"舰时，战斗力可疑，但日本海军得到"三景舰"后，毕竟松了一口气，感觉不再对北洋水师处于明显劣势。日本海军得到的另一艘重要战舰是"吉野"号巡洋舰，原为英国替北洋水师建造，因经费问题而放弃，转手到日本，逾四千多吨，却无重炮，主炮仅为六英寸口径，虽能速射，但击沉对方巨舰的机会甚微。"吉野"号巡洋舰的特点是速射炮多，最高航速超过22节，适合于突袭冲击骚扰，在日本舰队中不算主力舰。

在伊藤博文内阁强制通过军费预算之后，日本海军又订购了两艘一万两千吨的重型战舰"富士"号和"八岛"号，由英国制造，但都没有赶上日本贸然发动的甲午战争。所以日本海军赖以进行海外侵略的舰队中，实力仍然不足，不得已还要依靠早期的铁甲舰"扶桑"号。依据

---

① 外山三郎：《日本海军史》，解放军出版社，龚建国、方希和译，1988，第14页。

② Evans and Peattie, *Kaigun: Strategy, Tactics, and Technology in the Imperial Japanese Navy*, 1887–1941, Naval Institute Press, Annapolis, 1997, pp16–17；Hisahiko Okazaki (岗崎久彦), *Mutsu Munemitsu and His Age*, The Okazaki Institute, 2002, Chapter 17, "Easy Victory for the Japanese Troops: China Indulged in Strategy, Japan in Fighting", p9.

一些编辑而成的资料，据说是来自当年英国远东舰队司令佛里曼特将军（Fremantle）的评论，有当代的论史者就认为日本舰队比北洋水师的优越之处，就在于其战舰吨位分布平均，由四千吨到两千多吨，战力差距不大，易于调动，而北洋水师是从七千吨级战舰，经三千吨再到一千多吨，似乎按此标准评价，作战表现自然要劣于日方。[1]这类看法无疑是按照战争结果而来的反推，不及其余，因为如果战后两年入役的"富士""八岛"号被考虑在内，日本舰队就是从一万两千吨级，骤然下降到四千吨级，舰队内各作战单位之间的实力就更不平均了，势必令人难以依据这一不甚可靠的所谓标准，作为评价舰队实力的合理理据。

自1883年至1893年的十年间，日本海军采购和建造了二十四艘军舰，其中由法国建造的三千六百吨的"亩傍"号巡洋舰，是1892年"三景舰"出世之前日本海军接收的三艘逾三千吨军舰之一（另两艘为"浪速"号和"高千穗"号），却在返国途中沉没。这些新服役舰只中的主力舰，都来自英国、法国的造船厂，日本自造者均为辅助舰只，大者不超过1800吨，甚至只有几百吨，身负大名的"大和"号和"武藏"号，都是不到一千五百吨、中口径炮两门的所谓"巡洋舰"，日本本国的军舰建造能力，其实不足为道。[2]

日本几次扩张海军的庞大计划，都因财力不足而作罢，国家实力欠缺，捉襟见肘，发债为生，"自维新以来，仅十年间，负债之巨，至于如此。考明治十二年六月（1879年），除偿还外，仍有二亿五千二百三十五万二千五十九元，可谓夥矣"。[3]只有在受到北洋水师拥有"定远""镇远"号重型战舰的强烈刺激之后，生怕再败于清军之手，才举全国之力加皇室助手，建造大致等同于北洋巨舰的舰只，勉强成军。日本政府决策人物为了扩军和战争，拉出天皇，尽积财力，也要勒紧腰带，以天皇坐拥几百万日元的货币资产，却编造出天皇每日节食甚至忍受饥饿的神话，对外广泛传播，让百姓被迫捐献，日军官兵遥呼万岁，最终达到大肆扩军的目的。日本人扩张意识强烈无比，即使以仅及北洋水师的实力，不计中国其他舰队，也要拼死一搏，挽回之前在海陆两方

---

[1] 林乐知（Young John Allen）、蔡尔康：《中东战纪本末》，图书集成局印，1896年，见《台湾文献汇编》，九州出版社、厦门大学出版社再版，卷七，"英菲利曼特而水师提督语录"。

[2] 外山三郎：《日本海军史》，解放军出版社，龚建国、方希和译，1988，第17页。

[3] 黄遵宪：《日本国志》卷18，"食货志四"。

面均败于清军的耻辱。这一点是保守自满的清政府和自恃国际约法公平性的洋务派领袖，事前所未能料到的，因轻视而致错判。

日本政府的另一重要举措，就是与欧美国家进行的外交谈判，以改善提高日本的国家地位。日本通过修改国内法规，以符合西方国家的要求，辅以盛情招待外国贵宾的"鹿鸣馆外交"，再次争取取消日本之前条约中的不平等之处，如治外法权、最惠国待遇、关税自主等款。日本从墨西哥开始，签订了基本平等的条约，由外相陆奥宗光签字画约。之后的其他条约修改，得到美国人的协助，包括提供法律专业服务，于1889年初与日本签订新条约，作为表率，带动德国和俄国于同年和日本签订了类似的平等条约。[1]日本继续做最为重要的英国的工作，经历多次反复和提出不同的方案，最后终于在1894年7月签订了《日英通商航海条约》，取消了最惠国待遇和治外法权，夺回部分关税自主权，等于视日本为平等国家，就此改变了日本自佩里准将开埠起在外交上承受的被动局面，日本政府认为就此扫除了以往多年的不平等地位的阴影。平等条约的签订中也有英国在远东对抗俄国的意图，而对日本来说，获得英国的平等对待，在法律上承认日本新的国际地位，意味着日本在对华外交中占了上风，如日后事态进展所示，英国善意对待日本和暗中支持，更容许日军放肆推动和扩大战争。

到了80年代，日本敢于对外用兵和侵犯邻国领土，强迫施压而签订类同西方国家形式内容的"通商"条约，这些行为都受到西方国家的理解和赞赏，认为日本更加接近于西方对当年国际关系和约法的使用，正在走上所谓的"文明"之路，因此对于给以日本平等地位，态度更为积极。这对日本在甲午战争中和其后，为其侵略行动辩解，塑造为"文明"对"野蛮"之战，消解西方干预念头，起到了关键作用。西方国家不再公开支持或协助中国，仅限于有限的调解斡旋，形同与无，反而延误清军的抵抗调动。在海军舰只和外交地位这两个关键领域中，日本政府和日军完成了大部分的准备工作，终于赶在甲午战争之前基本就绪。

三、北洋水师

中日《天津条约》之后，清朝中国面临着一个较为平和的外部环

---

[1] 安岗昭男：《日本近代史》，中国社会科学出版社，北京，1996，第198页。

境，虽有个别事端纠纷，但武力入侵和战争不再，失去属国的危险也暂时消退。这一个十年实际上是非常值得详细研究的十年，但由于其间外患不显，并无重大丧失权益事件，反而在关于清晚期的史论中少占篇幅，大多被一略而过，向前急推到甲午战争阶段。在这近十年的平和环境中，清朝政府的强兵活动不断，一时占据上风，解决了与西方国家的主要纠纷之后，清朝政府得到来自西方的实质性帮助，新式军舰来自英国、德国，新式枪炮来自英美德等，财政状况改善的清朝政府，成为西欧各大兵工厂的一个主要客户。朝廷大员李鸿章自1878年出任直隶总督之后，出于各种原因，尤其是他与执掌中枢的恭亲王的紧密盟友关系，并未遵循清朝中国政坛的惯例，定期轮换更迁，换任其他辖区，而是一直在直隶担任总督和北洋大臣，长达23年，就此建立起强大而覆盖广泛的北洋军阀集团，成为洋务运动的项目中心和强兵活动效果最显之地。

李鸿章并不专任清朝政府的外交部长，又不在总理衙门任职，本身职务是直隶总督，所以李鸿章在一般总督（俗称制军）的统军责任之外，必须处理许多传统地方督抚工作职责范围内的事项，如河工、赈济、农产、税收、治安剿匪、官员升迁等等，日常行政工作量极大，奏疏不断。除此之外，李鸿章还要应付两个领域内的重要工作，一是临时发生的外务交涉事件，一是历史性的洋务运动规划实施，特别是其中的强兵部分。虽然军事外交危机不时逼到眼前，突然爆发，但洋务运动中的各个项目需要经历较长时间，才可见效，每步都需筹划细致，不时督促监察。李鸿章在这一应付处置过程中，也获得对各国武器的深入知识，不期然之间成为枪炮专家，在疏奏文稿中经常进行详细的比较，为淮军进口和装备合用的枪械。①

来自日本的威胁，是李鸿章主持外交事务期间的最大挑战，竭尽谋略和技巧，特别是在和战之间做出艰难选择。日本吞并琉球和朝鲜"壬午"事变，深度刺激清朝宫廷朝臣，萌发出各种如何对付日本的争论，来自强硬派官员的提议不在少数。翰林院编修陆廷黻早已请求东征，"臣愚以为今日之事，有不可不征者五而有可征者三"，除了属国被吞对宗主国的负面影响外，更是出于担忧"东南数省，遭害必同明代"，"日本若发难，台湾而外必及宁波财赋之区，实其所艳"，"此不可不

---

① 《论购办西洋枪弹船炮》，《李文忠公选集》，同治十三年八月二十一日；《筹议海防折》，《李文忠公选集》，十一月初二日。

征者", "今闻俄事将有成议，可纾西北之忧"，建议调用已在各海口防卫的清军，做出征日本的准备。[①]鉴于完成西征的浩大费用，清朝政府自然没有立即转向东海方面发动远征的意愿和财力。

给事中邓承修主张，"宜乘此（平定朝鲜）声威，特派知兵大臣，驻扎烟台，相机调度，厚集南北洋战舰，分拨出洋梭巡，……驻朝鲜水陆各军，暂缓撤回，以为掎角，责日本以擅灭琉球肆行要挟之罪，日人必有所惮"。[②]邓承修尚未直接提出远征日本的建议，但以武力为靠硬对日本的含意显露无遗。张佩纶认为日本"专意辱慢上国，蚕食藩封"，因此必须强硬对应，为此而发出"征东（日本）"之说，"（日本）贪淋无厌，今日之事，宜因二国（琉球、朝鲜）为名，令南、北洋大臣简练水师，广造战船，台湾、山东两处宜治兵蓄舰，与南北洋犄角，沿海各督抚迅练水陆各军，以备进规日本"。[③]这些来自朝内清流派的激进倡议，朝廷认为"所奏不为无见"，"颇为切要"，但具体实施还要看重臣李鸿章的意见。

何如璋基于他对日本的深刻了解，不赞成尽快发动远征之举，"论中国今日之势，必谓长驾远驭，直攻日本，往成琉球，非惟不必，亦且不能"。[④]但日本当时一些西化的现象，他认为仍然属于表象，"日本年来交结外人，如英之港督、德之王孙等，要结无所不至。西人喜其学己，喜其媚己，每称其富强。而中国新闻得之西人者，辄铺张扬厉，其实言过其实也"，[⑤]可见舆论宣传巧加利用的益处。对付日本的方法，还是他一向主张的武力为依靠的主动谈判交涉，"一面辩论，一面遣兵舶"，"必敢言兵，而后可用兵，是严修边备一著"。[⑥]此论与之后袁世凯的"示以必战，则和局可成；示以必和，则战事必开"，有着异曲同工的妙处。

李鸿章对这些激进议论，有自己的见解和对应方法，在基本利益方

① 《编修陆廷黻奏请征日本以张国威折》，《清光绪朝中日交涉史料选辑》，光绪七年二月三十日。

② 《议覆邓承修驻军烟台折》，《李文忠公奏稿》卷44，光绪八年八月十六日。

③ 《议覆张佩纶靖藩服折》，《李文忠公选集》，光绪八年八月二十二日。

④ 何如璋：《复总署总办论争球书》，温廷敬辑，《茶阳三家文钞》，补读书庐，1925年本。

⑤ 何如璋：《上李伯相论球事办法书》，温廷敬辑，《茶阳三家文钞》，补读书庐，1925年本。

⑥ 何如璋：《复总署总办论争球事书》，温廷敬辑，《茶阳三家文钞》，补读书庐，1925年本。

面尽力争取，但不愿按照那些言官的思路，贸然做出兵讨日本的决定。在朝鲜问题上，李鸿章视为涉及中国重大利益的事务，不同于其他藩属国，出兵捍卫平乱是必要合理的措施。他曾经向巴夏礼明确表达过，朝鲜与越南、琉球都不同，中国必然要干预。[①]但对不断挑衅中国的日本，李鸿章的选择则非常谨慎，以巧妙而审慎的解释回应了言官们东征日本的倡议。清军从来没有进行过跨海作战，对远在东海之外的日本，清军的陆战部队鞭长莫及。即使在之前郑和下西洋的旅途中，也未对日本各岛构成威胁，在19世纪末，对日本的任何讨伐都要依靠为数不少的近代蒸汽战舰，80年代初的清军显然不具备发起远征日本的真实实力。

李鸿章在奏折中详细列举了手中拥有的军舰，之前通过赫德采购的蚊子船，只够守海口，毫无出海作战能力，"专备扼守海口，难以决战大洋"，"惟北洋之超勇、扬威两快船，南洋之超武、扬武、澄庆等船，较为得力。此中国战舰之大略也"。[②]"超勇""扬威"两舰已经参加过平定朝鲜"壬午"事变，对付日本的"金刚"号尚且有余，但与日本四千吨的真正铁甲舰"扶桑"号对阵时，必然处于下风，而不扫除"扶桑"号，即难以展开东征之旅。清军水上力量当时的窘迫状态，在两年后的中法战争期间面对法国远东舰队时，暴露无遗。

李鸿章还指出，中国各地现有舰船，还要负责保护各地主要口岸，特别是长江流域，如果日军反击，攻至中国沿海，清军可能调动不及，顾此失彼，各地军舰也不服从统一指令，因此极难做到所谓的"厚集战舰"，反而军力单薄。李鸿章极有可能受朝廷委派，领军出征，在这些具体实际条件之下，他担心"万一中东（日本）有事，胜负之数，尚难逆料"，"不能服远，惟恐损威"，"此臣等所不能不踌躇审顾者也"。[③]

一味退缩，自然不能符合朝廷之意，因此李鸿章详细解释中国当时和日后当做之事，即避免"虚声相恫喝"，采取务实态度，"以船械未齐，水师未练，姑稍含忍"。日本在"壬午"事变之后，也在防备中国，"初议募债洋银二千万圆，添购船舰"，以现有清军舰只出征，必

① 林明德：《袁世凯与朝鲜》，中央研究院近代史研究所专刊，第26期，台北，1984年再版，第93页。

② 《议覆邓承修驻军烟台折》，《李文忠公奏稿》卷44，光绪八年八月十六日。

③ 《议覆邓承修驻军烟台折》，《李文忠公奏稿》卷44，光绪八年八月十六日。

然难以速胜，极易落入陷阱。李鸿章提出切实御侮之道，是暂时搁置东征之议，"东征之事不必有，东征之志不可无"。李鸿章趁此机会突出重点，向朝廷要求财政支援，"务足原拨（每年）四百万两之数。如此，则五年之后，南、北洋水师两支，当可有成"。此时李鸿章正在等待从德国伏尔铿船厂订购的"定远""镇远"两艘铁甲舰，一两年内即可到达中国（后被中法战争耽误），"庶水师乃有成局，海外乃可用兵。军实益搜，威声自播。傥能不战屈人，使彼帖然就范，固为最善。若犹嚣张不靖，则声罪致讨，诸路并进，较有实际"。①

李鸿章在驳回朝内清流派人士的东征言论之时，预计基本达到他预想的强兵状态，要在五年之后，这一筹划的前提，则是日本成为中国大患，要在十年以后，从1882年算起，中国尚有一定回旋筹措的时间。李鸿章的谋划自然十分务实，不发虚招，最后也为朝廷所接受，当时未曾盲动东征，但从日后事态发展来看，李鸿章未必真有兵惩日本之意。既然朝廷上下已经达成共识，日本必为中国大患，而清朝海军力量近期将会大为改观，却在1888年建成亚洲最强舰队、实力全面压倒日本之时，仍然回避采取主动行动，让伊藤博文等日本维新领袖再度获得宝贵的时间空隙，疯狂扩充军力，日后为患中国巨甚。

日本政府尚知晚打不如早打，在"扶桑"等舰仍能效力时，曾经试图利用中法战争中清军福建水师遭受重挫的机会，与法国共谋中国，对法军的攻台之役，"日本船接济川流不息，必有狡谋"。②但清军意外地挺住了法军猛攻，以平局结束战争，令日本政府无由侵犯。时过境迁，当李鸿章和清朝廷掌握海上优势时，却疏于适当利用相对平稳的机遇和北洋水师战力，重创日本，即使在长崎事件，也惧怕对日"开衅"，由此反观李鸿章当年作出的分析解释和保证，内涵不无空洞，并非真心。

北洋水师的建设，最受日本吞并琉球的事实所刺激。日军所依仗的不过是购自英国的三艘军舰而已，却大得实效。李鸿章多方筹划，调拨款项，为北洋水师筹备战舰。由于海关总税务司赫德为英国的爱尔兰人，偏向英国国家利益，因此经常为英国的阿姆斯特朗及其他船厂争取

---

① 《议覆邓承修驻军烟台折》，《李文忠公奏稿》卷44；《议覆张佩纶靖藩服折》，《李文忠公奏稿》卷44，光绪八年八月二十二日。

② 《南洋大臣来电》，《清光绪朝中日交涉史料选辑》，光绪十年十一月初四夜到。

来自中国的造舰订单，以致引导清朝海防战略走过一段弯路。在赫德的建议下，总理衙门向英国订造所谓的"蚊船"，即炮艇，多为三四百吨，"总税务司赫德在英厂先后订购大炮蚊子船八只"。①赫德自认为这些炮船守护北方海口有余，无必要购买新型铁甲舰，而反复遭受日本、法国军舰骚扰的总理衙门，则痛感现有炮艇不足以保持近海防御，"蚊子船炮大船小"，"似不宜于大洋"，为此而对赫德提供的咨询采购服务产生怀疑。在向英国定制大型铁甲舰时，更遇到相当严重的延误和挫折。总理衙门曾经通过赫德的代理人金登干向英国商议转购原先销往土耳其的两艘铁甲舰，李鸿章几经周折，基本筹措到购舰资金，但英国竟因担心受到正与左宗棠争斗的俄国的责备，遽然毁约，拒绝出售，让清朝政府措手不及，甚感不满。②

李鸿章为此而转寻他路，不再独靠英国，通过驻德公使李凤苞，找到德国的造船厂，主要是伏尔铿厂，向其订购了"定远""镇远"两大重型铁甲舰，前所未有的大手笔订单，每艘约需两百万两。③德国军工产业对此喜出望外，提供了最好的服务和技术质量保证。李鸿章海防战略的中心，就是这两艘重型铁甲舰，其他南洋福建两广舰队，则主要依靠北洋接收之后的余舰、恢复重建后的福州造船厂造舰，以及自行购买的舰只，充实队列。清朝海军的重心是北洋水师，全国财政拨款支撑，中国海军海防御口的重任，李鸿章自然责无旁贷。

北洋水师最重要的铁甲舰"定远""镇远"和"济远"舰，于1885年驶返中国，年末进入大沽港，"陆续换挂中国龙旗，升炮如仪。华洋弁兵，欢呼称贺"。④北洋水师中，"定远""镇远"两主力舰，每艘各项费用，"约合库平银一百五十六万两。此舰之炮，可穿敌人东犯铁甲；此舰之甲，可御敌人东犯之巨炮"，专用于打击外海的敌对水面力量。李鸿章对此两舰极为重视和满意，"以臣十数年来所建议经营，合数省之财力，糜数百万之金钱，始克有此巨舰"。⑤当时英国远东舰队旗舰"独断（Imperieuse）"号，1883下水，比"定远"舰

① 《筹议购船选将折》，《李文忠公选集》，光绪五年十月二十八日。
② 《定造铁甲船折》，《李文忠公选集》，光绪六年六月初三日。
③ 《议覆梅启照条陈折》，《李文忠公选集》，光绪六年十二月十一日。
④ 《验收铁甲快船折》，《李文忠公选集》，光绪十一年十月十八日。
⑤ 《筹议购船》，《李文忠公选集》，光绪十一年六月十九日。

多一千吨，但只装备有九吋大炮，打击火力甚至不如"定远""镇远"两舰。直到一万吨级的"百夫长"号（Centurion）于1894年中加入远东舰队，英国军舰才在火力上与北洋水师齐平，在吨位上甩开后者。

北洋水师中的其他舰只，包括三千吨级的"来远""经远"号装甲巡洋舰，是来自德国伏尔铿船厂的姐妹舰，曾经是俾斯麦首相非常关注的军火项目，1887年完工回国，装配八吋双联前主炮。另外两艘姐妹舰"致远""靖远"巡洋舰，两千余吨，虽然排水量较小，但航速更快，装配三门八吋主炮，双联前主炮加舰尾单炮，火力同样强大。这两艘巡洋舰由英国政府和赫德争取而来，缘于德国为清朝海军承造了"定远"等主力舰后，总理衙门为了平衡英国、德国两大供应商的利益，在续下四艘巡洋舰的订单中，两国平分，"致远""靖远"由英国阿姆斯特朗船厂承造，"经远""来远"则由德国的伏尔铿船厂承造。①德国还为中国制造了"济远"号，因经费有限而没有成为"定远"的同级巨舰，降格为两千余吨的巡洋舰，装配八吋双联前主炮，航速较快，也于1885年回国。

另外，北洋水师还拥有国产钢甲巡洋舰"平远"号，由福州船厂制造，代表中国当时的造舰水平，也是福州船厂在遭受法国海军轰击、恢复重整之后出产的军舰，由福州船政学堂出身的魏瀚等华员设计监制，无洋匠参与，1889年完工，满载排水量达两千六百吨，装配十吋克虏伯前主炮。该舰虽然不受李鸿章之下以外购军舰为主的北洋水师的重视，但各项技术性能和官兵素质均符合近海防御的要求，受到琅威理和丁汝昌的肯定，并不逊色。原已在北方服役的早期巡洋舰"超勇""扬威"号仍在队列之中，在舰队整体中发挥其特定作用。辅以"镇"字排列的小型炮船，以数字排列的鱼雷艇，以及辅助船只，北洋水帅拥有约二十余艘军舰，于1888年正式建立成军，"（光绪）十四年，海军成，为船二十有八舰"。②

作为中国军事自强的最大成就，北洋水师于80年代末变身为威力强大、火力无敌的庞大舰队，李鸿章自可以心满意足，因为这早已超过了60年代中曾国藩、胡林翼等洋务先行者的期望，80年代末90年代初的如

---

① Eberspaecher, C., "Arming the Beiyang Navy: Sino-German Naval Cooperation, 1879-1895", *International Journal of Naval History,* Volume 8, Number 1, April 2009.

② 《国史本传》，《李文忠公选集》。

此强大舰队，在形式上达到了"强兵"的目的，傲视东亚，如果使用得当，确实令中国海军可以与海上传统强国的英法美舰队相媲美了。

李鸿章等并提议仿照西方国家和日本的体制，统一海防事权，设立海军衙门。[1]统管税务司的赫德此时对海军衙门深感兴趣，一度试图被朝廷任命为海军衙门总办，不仅执掌海军大权，而且有助于英国造船厂的订单生意。赫德的试探遭到李鸿章、薛福成等人的反对，尽管总理衙门仍然十分信任赫德，但海军衙门这一类的国家国防机构，不能由外国人担任或插手。再加上之前赫德在购买英国蚊子船过程中出现的一些过失，包括英制舰只来华后被发现的一些毛病，难辞其咎，令李鸿章和总理衙门更加担忧赫德的擅权会带来不可控制的后果。清朝廷之后任命醇亲王奕譞亲自担任海军衙门总理，李鸿章为会办。

丁汝昌被任命为北洋海军提督，统辖北洋水师。作为淮军老将，丁汝昌自然主要拥有统领陆军的经验，前为天津镇总兵，提升为水师提督，资历有余，但于海军毫无经验。丁汝昌比其他淮军将领的长处，在于他曾有统领清朝传统水师的一些经验，在中法战争和朝鲜历次军事冲突中，均有各处地方请求丁汝昌率船增援，刘铭传就因台湾地方紧急军情，"急盼丁汝昌到"。[2]丁汝昌与近代海军的关系，是在日本侵占琉球之后，在北洋淮军集团中出任相关职务，并率官兵到英国接收为中国建造的早期巡洋舰"超勇""扬威"号回国。

丁汝昌之下，李鸿章指定曾赴英国学习的刘步蟾领旗舰"定远"舰，林泰增领"镇远"舰，广东人邓世昌领"致远"舰，留学英国的方伯谦领"济远"舰，林永升领"经远"舰，邱宝仁领"来远"舰，叶祖珪领"靖远"舰，李和领"平远"舰。在装备了当时最为强大的水面打击力量之后，这些北洋水师骨干的个人表现，就决定了舰队的成败和中国海防的成效。

缺乏近代海军经验的丁汝昌，在北洋水师中必然分外依赖海军总教习，由李鸿章亲自选定的现役英国海军舰长琅威理（Lane），平日操练都由琅威理负责。琅威理获得丁汝昌的佳评，"洋员之在水师最得实益者，琅总查为第一，……人品亦以琅为最。平日认真训练，……后来者

---

①《请设海部兼筹海军》，《李文忠公选集》，光绪十年二月十三日。

②《台抚刘爵帅来电》，《李文忠公选集》，光绪十四年七月十九日戌刻到。

万不能逮"。①琅威理的专业素质和敬业精神是无可置疑的，视北洋水师为自己服役的舰队，忠于职守。他在英国海军担任舰长和率领清朝政府购买的"埃普西隆"（Epsilon）炮舰小舰队由英国回国的经历，也使他具备指挥整支舰队的能力，这在当时的北洋水师和其他舰队中都是非常欠缺的。即使如刘步蟾等在英国学习和在舰只上实习过的军官，也只能承担驾舰任务，而不能指挥聚集多艘军舰的舰队，这在中法战争中南洋水师增援福建、台湾的小舰队的表现，足以证明，其统领吴安康总兵的过失，不仅表明当时中法两支舰队在装备上的明显差距，更暴露出清军水师将领在指挥近代舰队方面的显著差距。琅威理的到来，无疑大有助于北洋水师在舰只装备成型后，在舰队布阵协调和整体作战方面，大幅提高专业水平。

北洋水师在琅威理之外，还聘请了众多有关洋员，做教习和直接在舰上服务，如辅助管带（舰长）、操作火炮或轮机等专业岗位，有些人日后亲身参加了对日海战。但在北洋水师内，琅威理还是得不到他最想得到的全面指挥权和人事权。在甲午战争前期，琅威理收到邀请回中国再度服务，为此提出条件，"须由皇帝以玺书颁给海军最高职衔"，②可以佐证琅威理一直认为，应该由他全权负责北洋水师事务，丁汝昌仅为名义尊崇首脑。福州船政学堂为清朝海军培养了众多中上级军官，包括统舰的管带（舰长），以刘步蟾、林泰增等人为首，但北洋水师中"军官多闽人"，容易滋生指挥权和派系等问题，琅威理为此建议，"兵船管驾，不应专用闽人"，打破地域局限，扩大军官来源，也更为方便自己在北洋水师施行指挥训练。这无疑不利于来自福州船政的海军军官派别，导致双方矛盾寻机爆发。

琅威理建师有功，又在丁汝昌之次，管理水师事务责无旁贷，自视有统辖他人的权力。1890年，北洋水师主力南下巡航，并在香港休整。鉴于北方港口冬季冻结，水师南下避寒及巡航已成惯例。丁汝昌率部分舰只继续巡航南海，留"定远""镇远"等舰在香港。如果此两主力舰随丁汝昌离港外航，大概就不会发生之后的"撤旗"事件，因为琅威理总教习对其他舰长的权威明显，但自认仍为丁汝昌下属，而已被升为总兵衔的刘步蟾、林泰增，则不再视教官琅威理为直属上级，拒绝完全认

① 《北洋海军资料汇编》（上），第56—57页。

② 戚其章：《琅威理与北洋海军》，《近代史研究》，1998年第6期，第53—72页。

同和听命于他。

丁汝昌率舰离开后，刘步蟾等数日后降下提督旗，升起镇台（总兵）旗，原因是琅威理在丁汝昌之下，与其他管带平级，而琅威理则认为自己不仅于1886年由朝廷赏加给他"提督"衔，又时常在丁汝昌不在时代行事务，因此对此时发生的"冒犯"行为，感到格外愤怒，直接电询李鸿章，希望换升提督旗，被李鸿章拒绝，返回北方后直接与李鸿章交涉，也不得结果。

琅威理原先就担心自己在北洋水师中的实际地位和权威，怀疑受到排挤，心存去意，借此机会，于1890年中辞职以示抗议，海军衙门没有挽留，事件无法挽回。英国海军听信琅威理在中国水师中受辱的汇报，认为等同英国受辱，为此做出报复，召回一些在北洋水师服务的英国海军军官，又称英国海军院校不再接纳中国留学生，将琅威理个人遭遇演变为外交事件。英国人认为北洋水师有中英两提督，而在北洋章程中只有一名提督，琅威理的"提督"衔只是无实缺的名誉虚衔，李鸿章在此事件中只能支持刘步蟾，北洋水师毕竟不是琅威理的舰队，海军衙门也十分在意，要尽力避免当年李—阿思本事件的重演。琅威理回国之后，境遇并不好，升迁极慢，1898年在海军准将的职位上退休。这是他个人的损失，也是北洋水师的损失，之后由严格治军转为散漫敷衍，维持现状，在专业水平和严格管理方面的落差尤其明显。

近代史论中常以琅威理在北洋水师的遭遇与英国海军顾问在日本的待遇相比，认为琅威理服役时间短，又被排挤出局，是北洋水师和李鸿章的过错，更是舰队日后遭遇失败的主要原因。日本海军早期寻求英国的帮助，由海军少校道格拉斯（Douglas）于1873年率顾问团到日本，主要在海军学校里任教训练，至1890年，也就是琅威理辞职的同一年，道格拉斯顾问团的使命结束，撤离日本，由日本军官接手。在陆军方面，来自德国的梅克尔少校（Meckel），在日本陆军参谋学校教书，全面引进德国陆军体制和军事战略，令日军高层佩服不已，日后基本遵循不悖，但他也仅作为教习三年，绝无参与和指挥日本陆军的意图和机会。被日本人推崇备至、据说当作本国贵族对待的英国舰长英格斯（Captain Ingles），居于类似于日本海军总教习的尊位，在日本新设的海军参谋学院教书，期间曾经建议日本海军取消以风帆为动力的战舰，全用蒸汽动力。^①这在八十年代末的海军界内，应该不能算是富有创意的新主张。英格斯只管理论教学和实施培训，教出了几批日本海军后日的骨干学员，是为其最大贡献，但他绝不干预日本舰队的指挥和实际运作，并不掌握日本舰队操作作战之权，在随舰训导和指挥远航方面，甚至不如琅威理的权力之大。

英格斯于1882年被升为英国海军舰长衔，比琅威理早两年。英格斯自1887年至1893年任教，与琅威理在华"总查"北洋水师的时间长短相近，随后离去，日本人在基本掌握英国海军规则范例后，自行操作训练。英格斯所获日本政府重赏，同样属于荣誉虚衔，尊崇而已，与琅威理所获提督衔的性质大同小异，并无直接指挥日本任何舰队的权力和机会，而且琅威理如果不负气离开北洋舰队，继续服役任职，按照戈登和赫德的先例，他将获得的奖励荣誉，绝不会比英格斯的逊色。琅威理如果在日本长崎事件中如己所愿发动炮击，指挥"定远"两舰击毁日本所有现役军舰，无疑将远超作为教书匠的同胞英格斯，成为比肩美国海军准将佩里的历史军事人物。

英格斯以及之前赴日的道格拉斯，在日本就职期间都谨言慎行，严守教习职责，无逾规之举，为日本人尽心服务。1886年日本从英国购来的"浪速"号和"高千穗"号两艘巡洋舰，排水量三千六百吨，却装配了两门十吋大炮，英格斯因此把它们称为当时世界上最好的战舰。^②这固然是英格斯在自愿地为本国造船厂扬名推销，也是为了满足日本人的自豪心理需要而发声，虽然此两舰完全不能与同期在琅威理指挥下的"定远"两舰对阵。

琅威理的个人性格习惯，无疑基本上决定了他的从军仕途，与其脾气和野心关系甚大，敏感苛刻，为争一事痛快，而负气离开北洋水师，令对其苦劝、力图保留的丁汝昌大为失望，赫德也对其任性而为、"以小失大"，提出批评。^③问题的关键，是北洋水师将官自己的军事素养、视野和纪律，与日本海军官士之间存在差距，而海军衙门一直没有

---

① Evans and Peattie, *Kaigun: Strategy, Tactics, and Technology in the Imperial Japanese Navy, 1887-1941,* Naval Institute Press, Annapolis, 1997, p13.

② Evans and Peattie, *Kaigun: Strategy, Tactics, and Technology in the Imperial Japanese Navy, 1887-1941,* Naval Institute Press, Annapolis, 1997, p15.

③戚其章：《琅威理与北洋海军》，《近代史研究》，1998年第6期。

找到接替琅威理的合适人选，意外地受到英国海军的抵制，也属失误，令本国海军被这一偶然事件拖累不已。后人作出的评价，断定清朝政府薄待琅威理，不如日本人之优待英格斯，这更多地是从双方战争结果出发的反推和特意强调，省己羡人，其实并不符合当时的实际情况。

李鸿章原本对建设北洋水师定下的明确目标，"严防东洋"，"长崎距中国口岸不过三、四日程，日本狡焉思逞，更甚于西洋诸国。今之所以谋创水师不遗余力者，大半为制驭日本起见"。①在德国定制了"定远""镇远"两铁甲舰后，李鸿章自认足以抵御日本已经拥有的三艘英制军舰，"中国战舰足用，统驭得人，则日本自服，（琉）球案亦易结矣"。②北洋水师舰船平时需要南北调动，"每年春夏秋三季，沿海操巡，周历奉天直隶山东朝鲜各洋面，东北至于日俄各岛，冬令驶往南洋江浙闽广沿海要隘，西南至于英荷属埠"。③与日本海军相比，北洋水师在远洋出航训练的范围方面，仍显不足，日本自造的九百吨"清辉"号，1878年就曾远航至欧洲，令舰上实习的海军官兵积累了相关的实地经验。同期的两千吨"筑波"号多次远航至美国、澳大利亚和南美洲。④

在北洋水师方面，一方面为海军训练所需，另一方面意在试探日本虚实，在初具规模时就召集主要舰只，出海巡航，远赴日本。1886年8月，丁汝昌率四舰舰队到访日本，"定远""镇远""济远"舰和福州船政所造练习舰"威远"号，在长崎停泊，水兵按惯例上岸休息游玩取乐，与当地日人发生冲突。这其中无疑有两方面的原因，一是在一年前的朝鲜"甲申"政变中，日本使节和日军受挫败退，令日本人对此愤恨不已，二是中国舰队所带三艘新式巨舰来临，日本人前所未见，本国现有舰只更无法相比，其中所产生的巨大压抑感，需要发泄。在北洋水兵第二次上岸时，按照丁汝昌的命令，不得携带武器，而当地日本人则早有准备，聚集数百警察，从两边将水师水兵堵在狭窄街道中，发起攻击，大群水兵手中并无兵器，形同路人，被砍死五人，负伤多人，在这

---

① 《台抚刘爵帅来电》，《李文忠公选集》，光绪十四年七月十九日戌刻到。

② 《议覆邓承修驻军烟台折》，《李文忠公选集》，光绪八年八月十六日。

③ 《办理海军请奖折》，《李文忠公奏稿》卷73，光绪十七年九月初六日。

④ 外山三郎：《日本海军史》，解放军出版社，龚建国、方希和译，1988，第8，9页。

次非战斗行动中损失惨重。

随舰队赴日本的总教习琅威理闻讯后勃然震怒，对此作出正当反应，下令军舰开火，除去炮衣，准备发起攻击。这是西方舰队在遭遇敌对行动的典型反应方式，在中国、日本都施展如仪，特别是在自身军舰占压倒优势时，基本不需要再考虑其他方式或另做努力，坚决即时反击。当时日本尚无可以威胁到"定远""镇远"的重型战舰和巨炮，手中只有"扶桑"等三艘老式战舰，最早的"三景舰"要在六年之后的1892年才能返国，为此而甚感狼狈。双方如果交火，清军战舰应当坚不可摧，以强大火力扫除附近日舰，既施以惩罚，又全身而退，再现当年美国海军佩里准将打开日本门户时的情景。此时不仅在日本，即使在整个东亚，这几艘北洋军舰的威力都可以说是无人可比，是否恰当使用这一强大武力，在乎统军将领的决定，由他们在事发现场当机立断。琅威理从英国海军的传统出发，选择了他所习惯的反应方式，加上对自己舰队的威力充满自信，准备强硬对付日方的恶意挑衅。琅威理发动军事反击的客观效果，将是把刚刚起步紧追的日本海军打回原点，不再形成对中国以至朝鲜的现实威胁。

丁汝昌未受近代海军传统的深刻影响，本人又谨小慎微，此时面对突发事件，并未及时反击，反而严令约束属下，不得擅动，舰队撤离日本海域，因此错过打击日本气势的第一机会。李鸿章和总理衙门也求助于外交交涉，采取谈判方式解决这一流血纠纷。考虑到刚刚结束的中法战争和朝鲜政变，清朝政府自然无意在此时间挑起对外冲突，即使对方是吞并琉球和在朝鲜侵犯中国的日本，仍然采取息事宁人的对策，将在对方国门边的庞大舰队弃而不用，形同军事仪仗队，却通过收效最微的谈判方式，去向狡诈难缠的日本政府求得共识。这一策略转变自行放弃了平息日本威胁的最好机会，也背离了李鸿章建立北洋水师的初衷，即令"日本自服"。

清朝政府通过驻日公使徐承祖与日本外务部门谈判，又请出律师依照国际法规范走法律程序，但失去武力的依靠，进程格外艰难，狡顽的日本人断难屈服认理，几度中断。拖到1887年初，才接受了德国驻日使节提出的和解方案，各自支付善后款项，照顾伤亡人员。虽然在这一地方性冲突中，清朝政府最后似乎损失不大，付出有限，却无实质性收获，仍然在既占理又实力压人时，得不到理想的结果。日本政府受到北洋水师的刺激，迅速通过了海军扩充计划，开始筹备"三景舰"的订购建造。

何如璋之后，驻日使节对日本的判断出现一些偏差。日本在对华事态中一度受挫，冒进趋势有所缓和，在中国的南北中部都试过，效果不一，琉球到手，但台湾和朝鲜都试而退出，又无其他合适目标，因此有所收敛，这对一些所谓知日的中方人士产生一定蒙骗性。如黎庶昌在1891年元旦的奏折中所言，"自我与法人构难以来，其（日本）心愈益不敢轻视；又于其时乘势谋夺朝鲜，事终无成，盖亦知难而退。……今则朝野上下，似悟既往之失，渐有亲我之心，与（黎庶昌）初至时迥然不同矣"。为此，联日抗俄之说不绝于耳，"其国人与臣往还者，又多以亚洲大局为言"，"似宜因彼有响善之诚，随势利导，与为连络"，[①]为此而提出缔结中日盟约的建议。

从徐承祖到黎庶昌，都认为日本不致为患，对日本在中俄压力之下奋力强军的巨大动力和全力筹办，不以为意。日本1887年的海军扩充计划，以"定远""镇远"为既定目标，订购"三景舰"，理应足以引起驻外使节和国内海军衙门的警惕。尤其是日本在1993年推出的添造万吨级铁甲舰的庞大海军计划，更值得自1892年起任驻日公使的汪凤藻给以特别关注，及时提醒国内政府。增强装备后的日本正在对中国海防构成巨大威胁，其重点打造的重型战舰"富士"号、"八岛"号，达到一万两千吨，已经超过英国远东舰队当时拥有的最大战舰，1894年才入役的一万吨重的"百夫长"号（Centurion），北洋水师的"定远""镇远"舰必然会处于劣势而不敌。即使日本这些新造巨舰离投入服役的时间相差还远，清军仍然需要及时掌握日本海军正在进行大规模扩充行动的情报，以做出适当反应，特别是催促本国政府增加投入，更换或增加作战舰只。何如璋之后出任日本公使的黎庶昌，是文化友好外交的典范，频繁与日本文人交往，情谊深厚，诗词往来，著述丰富，人望甚高，他离任时日方送行人士络绎不绝。这些都与日本海军建设和进犯中国的整体战略关系不大。情报搜集和传递紧急信息是驻外使节们最重要的职责，而不是友情联络各方人士和翻译著述。

---

① 《出使日本大臣黎庶昌密陈日本近日情形片》光绪十六年十一月二十一日，《清光绪朝中日交涉史料选辑》，故宫博物院文献馆编印，1932。

1891年6月，李鸿章又派丁汝昌率领"定远""镇远"等舰驶往日本访问，以"远"字命名的北洋军舰几乎都参与了此次远航，形同大军压境。此时日本整军备战尚未见成效，日本海军还没有做亚洲第一的资格，从法国订购的两艘"三景舰"要次年才能返回日本，日本政府决心再耐心地等待一年，在未做好准备之前，特意避免挑动战力仍然令日本人感到恐怖的"定远""镇远"舰。1891年还不是对华开战的时刻，日本政府为此而对北洋水师的访问态度极为谨慎，外交重臣陆奥光宗声言"日清友好"，北洋众舰访问横滨、长崎、东京，也未再发生日本民众群起挑衅动武的意外，从天皇到众大臣都给丁汝昌等将领以礼遇，为必然要发动的对华战争做最后的遮掩功夫。

带队访日的丁汝昌按照国际惯例，在泊于横滨的"定远"舰上招待答谢日方，会讲英语的军官引导受到邀请的日本人登上军舰四处参观，令日本军政人士亲眼就近看到"定远"的巨炮厚甲。由于日本"三景舰"中的"松岛""严岛"号此时刚刚在法国船厂完工，日本人未能亲眼目睹他们自己战舰的风姿，因此北洋主力舰所展示出的攻防强势，依然给日本参观者留下惊人印象，丁汝昌遵从李鸿章借此次访问向日本示威的指令，此举收到了预期效果。震撼之后的日本政府自然更加坚定不移地推进其全力造舰的计划，不甘落后于中国，更不甘遭受轻视。

以往一些有关论述特别提到当时参观了"定远"舰的东乡平八郎所作出的评价，据说他看到北洋水兵随意在炮体上晾晒衣衫，自己又摸到主炮管里面充满油垢，以此确认北洋水师训练水平低下，军纪涣散，名不副实。但19世纪末的战舰内，居住条件均甚为恶劣，煤烟污染，无衣服烘干机器，只能在无作战任务时利用天然阳光晾晒水兵衣衫，实际上也是各国军舰远航中的惯例，只是不在炮体上晾晒，而是利用栏杆等方便易搭之处。按照日本报纸参观水师舰只之后的报道，此次招待参观，丁汝昌明显有所准备，当时"定远"舰上各处整洁干净，并无随意乱挂衣衫的现象。

至于东乡平八郎摸到炮口内的油垢一说，也存在着诸多疑点，由于十二时主炮的炮口高扬，离主甲板距离高达三米，很难想象身高约一米六的东乡平八郎，是如何做到这一点的。更可质疑的是，当时职务仅为日本海军吴镇守府参谋长的东乡平八郎，远驻濑户内海的广岛地区，是否有资格获得中方的邀请，然后赶到在横滨的"定远"舰上参加那场仅此一次的官方招待会。这一类晾衣油垢的记载，更有可能是在北洋水师战败之后，由一些后人在记载论述中加进去的，既有意夸大，又并非史实。[1]此时距离琅威理离任回国已有一年，北洋水师内的散漫趋势已萌，但尚未成势，舰上官兵的表现与1886年访日时相比，并未大幅退步，也并不差于当时的日本海军。

丁汝昌和北洋水师的其他将领对此次访问做了充分准备，不似1886年那般对冲突爆发一时犹豫无措，但即使他们在北洋水师全盛时有意耀威和压制日本，日本人也没有给他们展示强硬和开火的借口，以日本式的礼节虚与周旋，避免在仍处下风时遭到攻击。北洋水师从优势地位出发摧毁日本海军的最后机会就此消失了，清朝政府置如此强大的近代海军舰队于无用武之地，无助于解决悬留的琉球纠纷，或了断朝鲜僵局，之后不仅将面对战力接近的对手，而且坐视局势逆转。

在日本这一缓和蛰伏的十年中，清朝政府一直未能找到反击日本的合适借口，双方争端甚少，日本方面甚至经常发出表面友善的言论，频繁提及联华制俄和亚洲国家共抗欧洲列强，以此误导和迷惑清朝政府，至少令其感到自满而减弱对日敌意，间接后果就是令强大的北洋水师也无用武之地。日本一直等到"三景舰"的最后一艘"桥立"号装甲巡洋舰于1894年6月完工，才确认日军已经具备了发动对华战争的基本条件。

这一为期约十年的缓和局势，对北洋水师的负面影响日后逐步显现。醇亲王奕譞和李鸿章在1886年和1891年先后两次举行海军大操校阅之后，都向朝廷上奏汇报海防稳固的好消息，近海防御已无问题，达到了最初倡议筹划近代海军的中心目的。无论海军衙门还是李鸿章，都无意愿切实按照西方强国甚至日本的惯例行事，积极对外使用这支强大舰队，消除外患和获得实际海外利益。在这一中式保守海防战略之下，北洋水师除了例常南北洋巡航训练之外，别无实际军事任务，也未曾与他国舰队交火。长期任户部尚书而又属于"帝党"清流的翁同龢，以及其他一些朝廷大臣，认为北洋水师至此所积聚挥霍的巨大费用，已经达到预期，内外兵事无多，无需再为海军支付更多款项。虽然清朝政府的财政状况此时尚未极端恶化，海关税和厘金等成为常项稳定收入，翁同龢掌控的户部仍然以节约财政经费的理由，从1891年起，下令两年内不再

---

[1] 陈悦：《谎言如何成真：北洋海军主炮晾衣实为谣传》，《文史参考》，第11期，2010。

为海军经费大举拨款，暂停全国各处水师增购军舰、枪炮和机器，所拨费用仅够维持海军日常所用。

由于军机大臣翁同龢主掌户部，他的提议为朝廷所通过，即使北洋水师丁汝昌紧急上奏，"请及时增购船炮，以备防御"，[①]也不被接受。为此，翁同龢在中日战争萌发之时，颇受李鸿章的揶揄抨击，"同龢见鸿章，即询北洋兵舰。鸿章怒目相视，半晌无一语，徐掉头曰：'师傅总理度支，平时请款辄驳语，临事而问兵舰，兵舰果可恃乎？'同龢曰：'计臣以搏节为尽职。事诚急，何不复请？'鸿章曰：'政府疑我跋扈，台谏参我贪婪，我再哓哓不已，今日尚有李鸿章乎？'同龢语塞，归乃不敢言战"。[②]

即使作为北洋水师的日常维护支出，也不是个小数目，"北洋海军经费，系由海军衙门，按常年额支之款，核定指拨，以供计授要需"。[③]按照李鸿章每次报销账册计算，包括水师舰只器材炮台人员杂费，仍"共开出银二百五十九万四千八百三十两零"，或"共开出银二百九十四万七千七百四十六两零"。[④]这些常用款项都由各省厘金和海关税收入，按照指定额数拨款，弥补开支中的缺口，每年按次造册报销。维持一支海军的款项甚为繁巨，李鸿章等难免经常面对开支难题，"岁拨之款，仅足供额支之用，如遇必须添购要件、添建要工，不在岁拨数内者，苟可就款匀筹，自当由外酌办，傥实无可腾挪，再行查照奏定海军章程，随时咨商海军衙门妥筹核办"。[⑤]例常开支之外的重要项目，就是采购军舰，必须额外拨款，另辟筹款途径。

清朝晚期的海军衙门和北洋水师，无可避免地要同三海工程和颐和园工程联系起来，源于论史者大多习惯于把海军衙门经费与慈禧太后的寿典工程联系起来，按照翁同龢的说法，以昆明（湖）易渤海，以万寿山换滦阳（避暑山庄），就此把这些修建工程列为导致财政困难和海军

---

① 池仲祜：《丁军门禹廷事略》，《海军实纪》，1918。

② 胡思敬：《国闻备乘》，《近代稗海》，第一辑，第231页。

③《海军经费报销折》，《李文忠公奏稿》卷76，光绪十九年五月二十八日。

④《海防报销折》，《李文忠公选集》，光绪十七年二月十六日；《海防收支清册折》，《李文忠公选集》，光绪十五年正月二十一日。

⑤《海防报销折》，《李文忠公选集》。

经费奇缺的主要原因。事实上，停拨经费这一说法并不准确，不仅各地舰队的例常经费得到维持，如李鸿章上述奏折所示，而且宫廷修建工程与海军经费之间的关系，也并非如以往众多史论所概述的那样简单直接。

三海兴修工程由光绪十一年（1885年）中至光绪十六年十月（1890年底），从宫廷内各部门拨款支应，从海军衙门拨出银两为八十万。基本工程完成之后，海军衙门拨用于三海工程续修的数额，共银147万余两，基本上是先由海军衙门垫付，然后从各省土药税厘中得以偿还，[①]海军衙门的作用类似于二传手，但却承受了来自朝论和后代评论的大部分指责。在海军衙门之下，海防专项经费按照廷议谕旨，每年由各省关税厘金拨给四百万两，经常不足额，实际拿到的一般不到三百万两。此外海军衙门还经手来自其他途径的款项，如海防捐、出使费或练兵费，从捐输到户部转款，都由海军衙门收纳转输，而海防经费因已有固定用途和去处，报销注册即可，尚有保障。

清朝政府和海军衙门至1888年北洋水师成军时，连购买各类军舰、炮台船坞设施等项，前后所费超过千万两银，更不计枪炮维修薪费。[②]颐和园的修建工程，为了消弭朝廷内外的反对，利用了海军衙门的名义，向外借款，1883年从德国银行借了五百万马克，约近百万两银，用于营造工程，逐年返还。1888年之后，发布了"造园上谕"，造园经费途径拓宽，海军衙门每年拨款三十万两银，又有从各省督抚捐献而来的二百六十万两巨额筹款，存在天津洋行，本银生息，息款四十万两用于园苑工程，但同时息银也会因国内意外事故而拨往他处。新设的海防捐款中，也有部分"挪垫"，用于修建工程，事后由其他拨款项下归还。1891年后，颐和园的常年经费被定在数万两之数上。[③]整个颐和园的修建费用，比较合理的估计是在五六百万两银。[④]

至于说为慈禧太后万寿庆典所建颐和园，花费了海军经费数千万两白银，其实是其他人事后出于政治目的而特意编造而广为传播的，其中

① 陈先松：《也谈三海工程与海军衙门经费》，《近代史研究》，2010年第4期，第157、159页。

② 王道成：《颐和园修建经费新探》，《清史研究》，1993年第1期，第86页。

③ 王道成：《颐和园修建经费新探》，《清史研究》，1993年第1期，第90-91页。

④ 王道成：《颐和园修建经费新探》，《清史研究》，1993年第1期，第94页。

就有康有为随口放言，"铁路三千万，海军三千万，皆提为修颐和园"，也就是六千万两，"致国弱民穷，皆由于此"。[①]联系到康有为等人在戊戌变法期间，随意勾画出外筹数亿两白银的复兴计划，可知他们对数字一向不讲求精确，只为说明强调某事而用。

人们追究三海和颐和园的经费开支，并非出于对皇室宫廷修建的兴趣，而是另有所指。由于当时已非清朝盛世，经费时常面临困绌境况，按照儒家道德治国的宗旨，大兴土木绝对不合时宜，朝廷对此也有所顾忌，因此借用海军衙门这一通路，拆东墙补西墙，最终完成这一庞大园林馆堂工程。但在名义上动用挪用海军经费去修建宫殿庭园，毕竟犯了大忌，违反洋务运动的强兵初衷，加上日后毕竟遭遇战争失败，清朝廷和慈禧太后为此必须承担起应负的责任。大举修建颐和园是最适合于用来说明，为什么这支年久失修的北洋水师会被新近变得强大的日本舰队所打败。

这一点在日后被广泛用于政治宣传目的，但如前所述，北洋水师增购军舰，特别是购自英德等国的铁甲舰，款项来源众多，海防捐、盐商捐报、招商局转款、洋行借款、户部特别拨款，等等。而能够大举借款拨款的原因，就在于清朝政府批准以各省海关税和厘金逐年归返偿还。有此国家基本稳定财源，对外借款和户部拨款垫用，都有切实担保，有助于资金周转和支付特别款项。以户部每年八千多万两的收入水平，应该具有相当的支付能力，而很多时候在不同地方和机构发生的资金短缺状况，多是出于资金周转问题，如海关税或厘金的征收和转移不及，以致地方官员甚至李鸿章等大员都东挪西借，或者由户部垫支，承诺那两项主要财源征收转移到位之后，将按照规定返还报销。修建颐和园的工程，延续多年，东挪西用的现象自然也绵延不绝，加上各个地方报效朝廷的巨款，应该足以支付该工程前后数百万两的建园费用。而历年用于维持清朝海军现有舰队所需巨款，则来自按年划拨的海防经费项下资金，两百万至三百万两，虽然时有短缺，但自有其稳定进款来源。

在颐和园等修建工程被判定为清朝海防溃烂的主要原因之外，后代评论进而不时倾向于以日本天皇拿出内帑助建海军的例子，进行直接对比和演绎。且不说日本天皇1887年第一次捐出三十万日元时，其数额本

---

① 康有为：《戊戌与李提摩太书》，《戊戌变法》，第一册，第414页。

身对造舰努力助益微小，而第二次公开承诺捐资，已是1893年，同样对海军造舰运动和次年发起的对华海上战争，无直接影响，其更重要的作用是表态支持伊藤博文，强迫议会通过近两千万日元的海军扩张财政预算，以国库公款购买军舰。如果按照修建颐和园的五六百万两白银的实际支出计算，李鸿章大概可以用这些钱去购买"定远"级战舰二至三艘，或"吉野"级巡洋舰四艘，略微改善北洋水师的舰队组成，淘汰掉几艘一两千吨的旧舰。

北洋水师于1887年获得"来远""经远"两艘巡洋舰，然后外购军舰暂停，1889年又由南洋水师抽调福州船政出产的"平远"舰，转到北洋水师服役，这些就是北洋水师在甲午战争前得到的新增战舰，由于多年未经战事，所以暂时缩减购舰经费，维持现状，是清朝政府认为可以接受的。慈禧太后六十大寿盛典之后，北洋水师恢复购舰造舰，也不无可能，没有任何人能够事先预定会在1894年对外开战，即使专意以羞辱清朝为务的日本政府高层，可能会特意借中国国内盛典之机前来挑衅，但日本海军自身也未完全做好准备，连赶带催，"这简直像一个上气不接下气奔跑的人，好容易才赶到日清战争这个目的地一样"。①

外购为主的主力舰只，即以"远"字编列的战舰，至甲午战争时，服役都不超过十年，在保养充分、训练积极和职业海军将领指挥之下，并非不可一战，老旧不是借口。如英国远东舰队的旗舰"独断"号，1883年下水，比"定远"舰还要老，仍然是英国海军手中的利器，压制中国、日本舰队的主力，也足以击败当时的日本军舰。比"定远"舰还重一千吨的"独断"号，同样在香港船坞进行维修保养，巡航远东至1894年，之后继续作为英国太平洋舰队的旗舰，直到1899年，而作为水面作战舰只服役，一直延续到20世纪初。"定远""镇远"两舰，仍然掌握海上优势不变，海上战事证明，日本海军紧急购置的几艘主力舰只，并不是北洋水师两艘主力舰的对手，在弹药充足、阵形稳定的情况下，只需这两只重型铁甲舰，就足以摧毁日本舰队中的军舰。问题不在于是否添置了某些新舰，如多加一两艘"吉野"级快速舰，而是舰队自身的真正作战能力，以及海军统帅发动海上军事攻击的坚定决心。

---

① 外山三郎：《日本海军史》，解放军出版社，龚建国、方希和译，1988，第16页。

四、朝鲜事变再起

日本在大力加强军备的同时，向中国派出大批间谍，在华的各类日本人士，都在积极搜集各方面的情报，事无巨细，尤其是水路港口情况，极大地方便了日军日后在大陆重要港口进行登陆作战。早期的曾根俊虎，自副岛种臣访华时起就从事间谍活动，长期驻在上海，公开出版的有《北中国纪行》，内部谍报和精密绘图，则专为军用。后期的宗方小太郎，在日本参谋本部派出的荒尾精中尉的指挥下，甲午战前的十年内一直潜伏在中国，"穿中国衣服，操中国话，表面上作杂货买卖，暗中作探险调查"，不露痕迹地遍游多省，详细汇报中国内地经济军情，甲午战争期间更是亲身前往清军要地探测，包括烟台、威海卫和旅顺，后在福建办《闽报》，主要目的也是为了策应日据台湾当局对福建地区的渗透扩张。[①]

其他进入中国的日本间谍不计其数，全方位搜集被本国政府确认为未来敌国的中国有关情报。[②]日本海军首脑川上操六中将，在发动侵朝战役之前的一年内，特意到中国各地刺探军情，尤其是港口登陆的情况。日本间谍绘制了大量的朝鲜、中国地图，详细到单个村庄和小溪。与此相比，清朝驻日使节则一向所获甚少，主要从事文化交流，结识日本汉学深厚的人士，诗词往来不绝，既不以日本为既定对手去特意搜集相关国情军情，更无影响日本明治政府政治人物的能力，中日双方在信息和策略方面存在着严重的不对称，不平衡。[③]

曾任驻日参赞的黄遵宪搜集了日本的有关情况，自力撰写了《日本国志》，1887年完稿，但此书在国内未得推广，1895年才正式刊行。《日本国志》的体例不离中国历代史书循例，包括通常都有的各类志别，如"职官志"、"食货志"，和占据大量篇幅的"礼俗志"，真正

---

① 张家凤：《中山先生与国际人士》（下），《中山学术文化基金会丛书》，台北，2010，第183—184页。

② 李扬帆：《走出晚清：涉外人物及中国的世界观念之研究》，下编第四章，第二版，北京大学出版社，2013。

③ Paine, *The Sino-Japanese War of 1894-1895: Perceptions, Power, and Primacy*, Cambridge University Press, 2005, p127.

具有近代特色和针对性的部分，是在"兵志"内列举的一些内容，尤其是海军设置和拥有舰只情况。不过黄遵宪著书时间略早，日本尚未真正拥有能够压倒中国水师的近代海军，"为日尚浅，明治十年悉索诸赋，购扶桑、金刚、比睿三舰于英国，稍能成军"。[①]黄遵宪未及赶上北洋水师建军的盛况，更错过了日本大肆扩张海军的90年代，其传统方式的著书，并非时政策论，故而对中国国防和海军猛醒而起、急筹应对日本之策，并无多大助益。

黄遵宪在对日外交中发挥积极作用的时刻，是在应对琉球危机之时，协助何如璋提出了各项建议。黄遵宪于1882年就转任驻美国旧金山总领事，不再经手日本事务，错过了日本在朝鲜方向的逆动挑衅，处置日本事项由后任驻日使节徐承祖、黎庶昌和汪凤藻主持。《日本国志》中介绍日本维新体制的那些部分，类似于之前已为数不少的清朝外派使节所著笔记，无所不涉。黄遵宪或许本意在于强调日本正在变得强大，中国士人以往对这个岛国的认识已不再适用，但他对于日本政府和媒体舆论中急剧高涨的军国主义倾向和对外扩张的军事准备，仅有极少涉及。《日本国志》最后仍然像一本全面介绍日本的史书，确为中国人中研究近代日本的开创之作，但这一研究式著述无缘涉及90年代中日本的重大变化，入侵朝鲜、中国的战略，不顾一切地军备大扩张，在天皇绝对权威下的有限近代宪制，以及在北洋水师压制下无可遏制的强烈报复心理，等等。无论如何，黄遵宪个人的综合性著书评论，是完全不能与日本人目的明确的有组织间谍活动、全面细致地搜集中国情报的努力相比的。

虽然西方人和日本政治人物习惯于把沙俄的潜在威胁列为他们必须入侵朝鲜的理据，但日本维新人物的征韩论早已盛行日本政界和商界，不管沙俄是否向前推进，夺得朝鲜都是日本大陆政策的核心，而进攻中国大陆则是下一步的考虑，日本作为理据的沙俄因素只是借口。如柳原前光1870年7月的内部言论，"朝鲜国北联满洲，西接鞑清之地，绥服此地，实为保全皇国之基础，成为今后经略万国之基石"，"以大张神州（日本）之威"，"倘被他人占先，国事休矣"。[②]在19世纪末，没有

①黄遵宪：《日本国志》卷25，"兵志五"，"海军"。
②井上清：《日本军国主义》，第二册，商务印书馆，北京，1985，第53，55页。

殖民地的帝国都不被认为是"文明"的帝国，西方国家如此思维行事，日本自然不甘示弱被弃，不吝跟随，在之前征韩论的基础上，进一步提出"利益线"政策，最早由山县有朋提出，把朝鲜和中国东北视为日本必须劫夺和占有的地盘。

日本当时在台湾、朝鲜方面均无进展，又加上俄国的持续推进，日本政府在外务方面倍感压力。在朝鲜闵氏集团一度亲俄的事态下，日本更加担心不仅会输给传统宗主国中国，也将败于日后南下的俄国。虽然日本真实实力仅够对付清朝中国，却特意把对抗俄国的责任也揽在身上，以争取美国、英国的支持。出于这一国际关系的原因，日本把俄国修建西伯利亚铁路一事，作为它采取海外军事行动的借口，以确认英美等国不会对它提出责备。

沙皇亚历山大三世朝内，由俄国政府财政部长维特（Witte）推动开建这条大铁路，1891年才正式动工和进入亚洲，1898年抵达贝加尔湖，与中国东北和符拉迪沃斯托克距离还远，铁路迟至1916年才延伸到达阿穆尔河。但日本政府特意把这一铁路工程，视为俄国对东北亚采取全面行动的起点，一个可能的结果，就是导致日本再也无法侵占朝鲜，至少是无机会独占朝鲜，导致日本夺得一块邻近本国的大陆地区的最大野心，希望成空，日本将最终只能保持一个岛国的地位。欧洲的俄国与法国此时构成同盟，法国当时正以越南为基地，试图得到老挝，又与泰国发生边界冲突，在中南半岛上与占据缅甸的英国纠缠不休，顾不上中国，由此基本遵守了之前与中国签订的协议，也未插手中日之间的冲突。[①]借助跨西伯利亚大铁路改变远东地区平衡这一借口，日本加强了它在外交方面的资源使用，更紧地拉住英国这一西方头等强国，作为日本的盟友，包括付出相当的努力，说服英国与日本于1894年7月签订了基本平等的通商条约。为了与欧洲俄国—法国同盟相对抗，英国也把东方的日本视为准同盟伙伴。[②]

日本人对他们曾经力推和资助的朝鲜新政府人选金玉均，感到格外亲切和认可，对他在清军手下遭遇失败，深为惋惜，为此在金玉均逃亡

---

① *The I.G. in Peking*, Letter 895, p937, 9, July, 1893, note 1.

② Paine, *The Sino-Japanese War of 1894-1895: Perceptions, Power, and Primacy*, Cambridge University Press, 2005, p100.

至日本后给以庇护，伊藤博文和井上馨不仅拒绝朝鲜王室引渡叛国首脑的要求，而且为他在日本的避难生活提供了足够资金，外游到过美国。[①]
日本媒体都对金玉均大唱赞歌，把他捧为朝鲜唯一有希望的"改革者"，既然煽动谋划政变的竹添进一郎不受处罚，身体力行政变谋杀、亲日崇日的金玉均自然仍然是他们为朝鲜选定的未来领袖，坚韧不拔，虽然已逃难十年，日后将有机会再登朝鲜，领导一个亲日仿日的新政府。

朝鲜王室一直没有放弃追杀政变首脑金玉均，最后由李逸植、洪钟宇在日本联系到金玉均，花费功夫与其为友，长达两年，终于在1894年3月将金玉均引到上海，为了避嫌而在日商的旅店中采取行动，将其枪击而死。当地是英国租界，英国人将被捕的朝鲜人洪钟宇转交给中方，之后洪钟宇带着金玉均的尸体，乘南洋水师的老旧炮舰"威靖"号回朝鲜交差。刺客洪钟宇被封为义士而接受厚赏，金玉均则被再次判受剐刑，斩首后示众。

日本政客媒体对金玉均被抓捕和处死，感到格外悲伤，受到极大刺激，自己大力扶植的代理人被斩首示众，等于间接地谴责日本政客参与阴谋和卷入政变，甚丢面子。日本人为金玉均举办盛大葬礼，许多议员出席，有关报道连篇累牍，持续数周占据报刊头条，以表示支持他的所谓日本民意。日后日本政府也充分利用了这一点，鼓励日本人和军队"征韩"，为所谓的文明而战。[②]

日本媒体舆论对激起民众对朝鲜、中国的敌意，起了重要作用，连所谓的自由派思想家、评论家福泽谕吉，都大加谴责。他早前提出有名的"脱亚论"，即日本实在不愿意也不应该与"野蛮"的亚洲邻国为伍，要"入欧"入西，向西方国家靠拢，按照西方国家的方式解决与邻国的纠纷，包括武力手段。福泽谕吉利用其所主办的《时事新报》，此时在金玉均一事上大发议论，其寓意就在于把内政困难的矛盾转移到国外，"大力进行东洋政略，使国内人心转向国外"。[③]福泽谕吉倡导的

---

① Paine, *The Sino-Japanese War of 1894-1895: Perceptions, Power, and Primacy*, Cambridge University Press, 2005, pp96-97.

② Paine, *The Sino-Japanese War of 1894-1895: Perceptions, Power, and Primacy*, Cambridge University Press, 2005, p98, p100.

③ 吕万和著：《简明日本近代史》，天津人民出版社，1984，第124页。

"脱亚论",就是日本式的"白人负担"论,成为日后半个多世纪中日本侵略亚洲各国的理论基础和常用借口,也是日本人至21世纪都不愿承认对外侵略罪行的根本思想源头。福泽谕吉提出新论点的直接后果,就是鼓动对朝鲜出兵的舆论,催促政府采取强硬对策,把之前的"退婴"策略,转变为积极干预以致侵略政策,并借此舆论高潮,对付国会内的反对派。

日本媒体的引导和福泽谕吉一类的好战言论,不仅激发了日本国内征韩报复的高昂意气,而且公开地向西方国家献媚,以"文明"的表象,求得西方国家的谅解,遮掩日后发动的侵略行动和战争暴行。迷恋于帝国殖民时代的西方国家,本身作为也并非文明,在对待东方国家时的强暴蛮横不比日本逊色,不过有时被掩盖在所谓的国际法之下,因此他们非常理解日本相类似的所作所为,也愿意给以谅解,对其自称"文明"的表现,不吝大为赞赏。

日本国内的局势并未因为宪制内阁选举而大为好转,反而受到军费大增和公营企业垄断而出现波动,日本国内也陷入党派恶斗,各种派别争权夺利,党派众多,但早期的政治人物倾向于利用天皇的威力,强调国内团结,因此从西洋留学归来的森有礼,最后变成国家主义者,皇权至上,实际上还是利用天皇来招架国内矛盾,以天皇的绝对权力压制各方势力,包括因政局困难而解散议会。此外经济形势恶化,朝鲜的"防谷令"也影响到日本普通人的生活,各地骚乱不断,"米骚动"波及多处地方。日本政府几经周折,并求李鸿章、袁世凯斡旋调解,才从朝鲜政府拿到少量补偿,由此可见日本这一段时间内在朝鲜的影响力之弱,势力缩减。[1]

同时,日本在遵循西方经济模式和竭力加强军备之后,遭遇了明治年代以来的第一次经济危机,本来就面对西方进口产品的竞争,国内主要工业行业——纺织业被迫关闭工厂,出现大批失业工人,激化国内社会矛盾。经济形势恶化之下,政治局势也变得不稳,日本在四年内召开六次议会,解散三次,而政治党派为了稳定局面提出的"休养民力"、"节约政费"政策,与伊藤博文大举扩军、购买建造军舰的庞大计划,发生不可协调的矛盾。军事预算无法通过,伊藤博文内阁遭遇不信任

———

① 林明德:《袁世凯与朝鲜》,中央研究院近代史研究所专刊,第26期,台北,1984年再版,第308页。

案，最终由天皇出面，在甲午战争爆发前的1894年中，解散议会，给日军入侵朝鲜开了绿灯。[①]

90年代中期的中国并不对日本构成威胁，双方无重大纠纷，清朝政府也缺乏向外扩张的意愿，而俄国铁路贯通到西伯利亚，为期长久才得以实现。日本认为俄国在萨哈林方向造成的威胁，通过1875年的条约，以俄国拥有萨哈林交换千岛群岛，解决了这一纠纷热点。[②]如果没有英国舰队占领巨文岛，日本在东北方向面对着极其有限的威胁。因此，90年代初的日本本来并无特别急迫的原因对外发动战争，入侵朝鲜和中国，理应按照议会内一些党派的提议，休养生息，发展民营企业，减低公营企业在行业内的份额集中程度。但伊藤博文内阁急于有所表现，增加军费，要求更多拨款，以向外输出武士武力的方式，转移国内矛盾。在伊藤博文和山县有朋的主导下，日本政府早已划出日本必须保护的所谓的"利益线"，中国大陆、朝鲜、台湾都在其中，这一长期规划与90年代初的国内矛盾相结合，以致伊藤博文内阁不顾议会反对和国力有限的约束，冒险而行。

李鸿章一个不在意中的过错，就是放年老的大院君返回朝鲜，本为协调朝鲜王室之善举，但朝鲜宫廷中的内部争斗激烈，掌权的闵妃集团嫉恨大院君的所作所为，进而认为放回大院君是清朝政府在抛弃他们，与清朝政府和袁世凯的紧密合作不再，转而采取亲俄或亲日策略，诱导操纵国王李熙，寻求外部支持。虽然清朝政府和李鸿章压制住这一趋向，朝鲜当权派内部与中国离心的走向开始增强，令仅居宗主国之位、而非直接控制的清朝政府，在约束施压时，效果参差可疑。袁世凯在朝鲜也难以找到真正的亲华派政府首脑，因为之前把大院君放回朝鲜，影响到国内的闵妃派，转到与袁世凯对立的立场上，力图让清朝廷将其撤换，委任另外人选。[③]

日本政府打破国内国外多重僵局的行动，是利用朝鲜1894年左右爆

---

① 吕万和著：《简明日本近代史》，天津人民出版社，1984，第122-124页。

② Paine, *The Sino-Japanese War of 1894-1895: Perceptions, Power, and Primacy*, Cambridge University Press, 2005,p90.

③《译署函稿》卷19，第55页，见贾熟村，"李鸿章与朝鲜"，《安徽史学》，1999年第4期；林明德：《袁世凯与朝鲜》，中央研究院近代史研究所专刊，第26期，台北，1984年再版，第二编，第四章，第三节，"宫廷政争的调处——袁与韩廷的不睦"。

发的东学党起义。东学党既称"逐灭倭夷"，又以地方农民起义的方式冲击朝鲜现政权，朝鲜国王关系所系，不可以旁观或借机利用，必须加以剿灭。1894年5月，东学党占据了南部的全州，官军屡败，迫使朝鲜王廷向清朝政府求救，派兵平乱，如同1884年"甲申"政变时所为。

袁世凯认为之前《天津条约》所定，只是中日出兵平乱时互相通知即可，并非规定某一方出兵，另一方必须出兵，因此即使清军入朝平叛，日本也无理由同时进兵朝鲜。[①]虽然给对方发出通知即可，但以日本人的外侵本性和一贯图谋而言，必然是以出兵为上，不会仅限于被动接受中国通知而已。按照中国作为宗主国的意识，出兵平叛后自然会按约退兵，而日本人若开进朝鲜，必然极难退出，之前"甲申"政变中未大力发兵，实为整体军力所限，前线实力也不如已在朝鲜的清军。日本十年大力扩军后，至1894年已拥有七个师团的兵力，自认足以一战。袁世凯则对日本人可能投入的兵力估计不足，以为将会同"甲申"政变时，派出几百使馆卫兵而已。[②]考虑到这些情况汇报，清朝政府同意袁世凯的判断，接受朝鲜国王的请求，做出兵平叛的准备。

袁世凯当时毕竟是个地方官员，更多考虑本地的事务和安定，朝鲜动乱，隐为宗主国的中国自然难以退而不理，即便当时拒不出兵，躲过一时，后日朝鲜大乱崩溃，外部各方势力仍然会借机进入干预。如果朝鲜政权自力或依靠其他外力平定动乱，对中国的地位威望打击更甚，将被迫退出朝鲜，甚至成为敌国。而对一直期盼为十年前受挫进行报复的日本来说，绝不会因为袁世凯犹豫不为，就主动放弃对朝鲜的图谋，置部署已久的本国大军于不顾。接到通知之后，在陪同日本公使大鸟返回朝鲜的所谓卫队的后面，大批日本正规军部队正在紧急调动前来，秘而不宣。

与精细准备对朝鲜、中国战争的日本庞大间谍系统相比，中方依据日本使节的一些假意表态，信以为真，本身就处在劣势地位，直接影响到清朝廷，怠于就两国交战的前景，做出必要的战略准备。对于日本的侵略欺瞒险恶用心，中方缺乏清醒的估计和必要的防备，对此固然无异

---

① 林明德：《袁世凯与朝鲜》，"中央研究院"近代史研究所专刊，第26期，台北，1984年再版，第347—348页。

② 林明德：《袁世凯与朝鲜》，"中央研究院"近代史研究所专刊，第26期，台北，1984年再版，第348页。

议，但历史证明，并非只有中国人轻易落入其圈套，此后数十年中，俄国、英国、美国也相继失手于狡诈阴险的日本人，遭遇惨败，说明日本军国主义政权的欺诈性，内外不一，深入政客精英的骨髓，只是由于这些国家的真实实力与近代中国不同，他们反击日本的力度自然也大为不同。

李鸿章指挥此次战争失败的核心是误事误国，其他比他更为保守无为、虚扬声气的朝内人物，误国更甚。在最高领导层方面，基本上"无备战之心"，忽视朝鲜事变中日方的精心准备和占领之心，反应自然迟缓少序。清朝政府根本没有可能预见到，此次对外战争会引发严重后果和巨大危机，开始时只以普通边患视之，前有"壬午""甲申"先例，预期按例出兵即可平定事端，因此当事态演变日益严重之后，自然应对失当，和战不定，瞻前顾后，甚至不惜付出一定代价后尽早脱身，与一意动武、目标明确、计划周密的日本政府相比，必然经常处于下风。

在统军将帅方面，李鸿章等人"以夷克夷"，"避战保船"，退缩之态影响到海军整体，妨碍其发挥应有的防卫反击作用，而在具体执行军事计划、从事征战的前线将领方面，同样存在战争准备极度欠缺、仓促上阵的情况，虽然清军进入多年来首次实战时，士气并不弱，但对日本海军、陆军的实力准备预计不足，陆军方面更因为经年不战而存在着严重的惰气。作为此次对日战争的总统领，李鸿章本人年已七十二岁，手下淮军集团势力强大，"李本人能力精神依然不错，但他被许多很值得怀疑的人物所包围，他们才能有余，却既不诚实也不可靠"。[1]李鸿章和他的将领们，长久未经战阵，中法战争起的历次军务战事，李鸿章已经主要周旋于外国使节之间，依靠属下将领执行各项前方作战任务，无疑遥不及力，甚至对前线战况和将领汇报，时常失于察辨。朝廷内的其他大臣督抚，也无统筹战争全局的能力威望，非统帅主将之才，刘坤一、张之洞等人也推却不及，朝廷上下只有依靠李鸿章，而以李鸿章盘踞北洋、独断经手军事外交多年的地位，此时用帅一时，更无退路，只有勉强上阵，不免仓促和先输底气。

李鸿章一向以西方国家调解为主要纠纷解决方式，以致影响到中方的军事计划和反应行动。在决定派出赴朝增援部队时，清军先以两艘军

---

[1] *The I.G. in Peking,* Letter 985, p1031, 25 August 1895.

舰护航，之后接到来自长崎的秘密信息，日本舰队已全部从佐世保海军基地消失，显然开往朝鲜和中国海域从事海战，这样一来朝鲜清军和增援船队将遭遇危险。李鸿章随即下令北洋水师的主力舰只开行，由丁汝昌亲自率领，巡航外海，如果当时的巡航舰队遇到阻击清军运兵船队的日本第一游击队，日本军舰将会遭遇首次沉重打击。但李鸿章随后接到外国调解有望的消息，抱有一线的希望，不愿与日军大打真打，破坏谈判气氛，因此取消了水师主力外航的命令，结果随增援清军船队航行的只剩下一只主力舰"济远"。

日本政府严密注意朝鲜国内的动向和东学党的发展，既然这些地方起事组织以反抗西学为意，强调复兴东学传统，因此更被日本视为他们扶植亲日派和所谓的改革派的障碍，应极力消除。日本在朝鲜本已处于劣势，不被接纳，中国不出兵也在朝鲜保持优越地位，清军再度应邀进入朝鲜后，中国的势力无疑将更为大张。日本方面实际上已经派出各类人物，包括"黑龙会"和推动征韩的团体，进入朝鲜，鼓动地方骚乱，加剧紧张局势，为日本出兵准备合适理据。[1]日本政府和媒体绝不愿意按照所签条约的文字行事，接到中方通知不是他们的目的，而是立即出兵，至少与中国一道进兵朝鲜。日本政府在1894年6月5日设立了大本营，汇集海陆军后勤各兵种的负责人物，全面准备协调入侵朝鲜的军事行动。日军在仁川登陆的少数先遣部队，甚至早于被朝鲜王廷正式邀请赴朝的清军进入朝境，叶志超属下的两营于10日登陆，日本已有近一个营的部队于9日登陆，到12日，来自日本广岛的第五师团所部到达朝鲜。[2]

清军的派兵出征之举，并不算过于缓慢，太原镇总兵聂士成，率首批清军近一千人先行，他的上级、直隶提督叶志超率另外一千余人随后于12日登陆，至25日，清军在朝鲜的驻军已达两千五百人，并由丁汝昌之下的数艘水师舰只伴随，其中"济远"舰作为先锋，实力不弱。[3]在应对"壬午"、"甲申"事变当中，这样规模的一支清军部队，有能力

①安冈昭男：《日本近代史》，中国社会科学出版社，北京，1996，第210页；吕万和著：《简明日本近代史》，天津人民出版社，1984，第130页

②安冈昭男：《日本近代史》，中国社会科学出版社，北京，1996，第211页。

③戚其章：《甲午战争史》，上海人民出版社，2005，第15-16页。

应对朝鲜国内的局势变化。

赴朝清军前线将领聂士成，与朝鲜政府一道施行招抚，东学党起义军转向，与政府签订了《全州和约》，双方停战，政府承诺革除劣政，此后动乱平息。清军此时只驻扎于沿海的牙山，提督叶志超尚未下令进军内地平乱，朝鲜国内政局已变，清军入朝的目的已经达到。下一步或是退兵，或是挥兵入京都汉城，前者过于匆忙，立足未稳即退，部队调动匆忙而且行动目标不明，后者过于鲁莽。前两次清军进入汉城，理据都是当地宫廷内乱，此次面对朝鲜农民起事，被政府镇压下去，清军没有理由动手或改换政权。清军将领在牙山进退不定，聂士成建议速速撤兵回国，结束此行军事任务。他的意图是以迅速撤兵，换取日本停止向朝鲜派兵，即以理服人，清军不在朝鲜，日本人会自知理屈，而将他们已在朝鲜的先遣部队也撤回日本，双方都按条约行事，不伤和气。

如果日军还在路上，数天后才到，清军及时撤离朝鲜，或许还有一线希望，让日本人自惭而退，但日军于6月2日就已决定向朝鲜先派出一个混成旅团，远大于清军规模，聂士成提出撤兵建议时，日本混成旅团在大岛义昌少将率领下，于仁川建立起自己的临时司令部，其旅团的前锋部队也进入汉城，自然不会做退出打算。

执行聂士成方案最为可能的直接后果，就是日本后续部队大举开进，接收清军主动撤出的所有地方，全面占据朝鲜。清军无论是再次返回朝鲜与日军抗争，或干脆全部撤回本国驻扎，都是败局已定。虽然清军撤出可以避免不必要的伤亡，又有望获得各国使节赞赏清朝政府严守条约规定，让名义上违约的赴朝日军承受一定程度的外交压力，但朝鲜必将落入日军的全面统辖之下，靠外交谴责自然无法无力阻止日本执行他们侵占朝鲜的长期计划。

日本此时的海军力量尚且不足，"大和"等舰均不超过一千五百吨，不能与"济远"舰对敌，日本主力舰队仍在后方，甚至远在福州附近，探测中国东南沿海海防，接大本营令后急驶北方。问题在于日本方面不断增兵，运兵船不断，主力军舰包括四千多吨的"松岛"号，两千余吨的"千代田"号，很快在兵力和舰只总数上超过清军。日军按照本国政府和大本营的既定方案行事，格外进取，与清军不同，完全不以平息朝鲜国内动乱为目的。没有东学党起事，日本政府也会找到其他在

1894年开战的借口，而日军在清朝政府通知清军即将入朝之前，就已做好了战争准备。[1]叶志超和李鸿章都举棋不定，最终未能从牙山等地撤兵，但并不能就此把挑起整场战争责任放在他们身上，似乎是清军在朝鲜的停留存在，铸成了历史性大错。

日本派兵的借口是护使、护商、护侨，但东学党徒众已在《全州合约》之后同意停止起义，朝鲜局势趋于稳定，日本出兵的理由已被消除，不复存在。这样清军和日军都应撤出朝鲜。此时朝鲜政府的外务参议，竟然是美国人李仙得，其一贯亲日助日的态度，只能有利于日本政府在朝鲜的进展。日军开进汉城，令其政府陷入外交被动，各国驻朝使节施加了一定压力，日本驻朝公使大鸟圭介一度感到难以强抗，于理无据，发急电回国，向外相陆奥宗光请求解化之法，或开始撤兵。[2]中方此时也提出双方军队按照条约规定，各自退兵回国，在袁世凯和大鸟圭介之间达成了口头协议。假设按此趋势发展下去，1894年中清军与日军在朝鲜的军事冲突，很有可能不过是重演1884年的情景，再签订一个双方妥协、各自可以接受的条约。[3]这也许正是李鸿章决定派兵入朝和与日方进行谈判的初衷。

但历经十年积蓄扩军的日本，早已不满足于同清朝政府再打文字交道，维持数十年间的现状，而是要借机翻盘，独占朝鲜，为此大军陆续赶往朝鲜，根本无意撤兵，"外交被动，军事主动"。无论清军是否表示诚意，自愿撤兵，日本政府和大本营并无取消既定军事计划之意。身处前线和外交压力之下的大鸟圭介，不够了解日本政府的战争决心，目睹平壤等地平静如常，确无必要驻兵，故此与袁世凯达成口头撤兵协议，并向本国政府汇报。外相陆奥宗光断然拒绝了大鸟圭介做出的让步建议，紧急指令拒不撤兵。[4]在日本政府、军队和外交官的共同努力之下，与袁世凯的撤军谈判虽然接近于签字，但进行这一过程的唯一目的，却是给清政府和清军制造一个双方共同撤兵在即的假象，以尽量拖

① 井上清：《日本军国主义》，商务印书馆，北京，1985，第137页。

② 安冈昭男：《日本近代史》，中国社会科学出版社，北京，1996，第211页。

③ 井上清：《日本军国主义》，商务印书馆，北京，1985，第134页。

④ 林明德：《袁世凯与朝鲜》，中央研究院近代史研究所专刊，第26期，台北，1984年再版，第356-357页。

延清军对牙山驻军的增援。[1]由此可见，真正破坏和局、挑起战端的，是早已谋划扩大争端、侵略朝鲜的日本政府，而不是按照条约及现实国情行事的袁世凯。

五、日本对华开战

日本政府下一步的行动，就是为继续在朝鲜屯兵找到一个看似过得去的借口，伊藤博文和陆奥宗光设计出"共同改革朝鲜内政"，作为不撤兵的理由，朝鲜政府不完成他们认可的"改革"，就可以不撤兵。这一借口明显违背伊藤博文与李鸿章签订的《天津条约》，该约规定通报出兵的行动，只在发生叛乱和朝鲜提出请求时，才可实施，而非内政改革这样空泛和强行干预的理由。日本政府提出这一借口，基本上表明了日军长期驻军的意向，因为只要日本使节和政府认为朝鲜改革仍不达标，就不必撤兵。日本政府认定改革的最低目标，就是在日军的强大压力下，迫使朝鲜国王推出亲日政权，排除亲华大臣，继续扶植金玉均一类的人物作为代理人，进而完全驱逐中国在当地的势力和影响。

驻于牙山的清军，既不再获得部队增援，又受限于总理衙门和李鸿章注重外交调停，处于日渐危险的境地。李鸿章此时仍令驻朝清军固守，但并非待援，惧怕清军的任何活动，被日本和英俄等所谓调停之国指为破坏和平以及干预朝鲜，引发国际谴责，因此暂不考虑增援，以致日军肆意无忌地大举增援部署，而清军则止步牙山，毫无所为。李鸿章在6月25日电令聂士成，"暂驻全（州），相机妥办，日兵来牙（山）窥探，可置不理，彼断不能无故开战，且勿自我先挑衅，移军阳城，距牙十里，电报易通否？祈妥酌办，仍坚忍，勿张皇"。[2]

清军的守态，正是日本愿意与中国和各国进行外交周旋的原因，为日军争取到更多积聚优势兵力的时间。袁世凯处于两国争端前沿，甚为着急，袁世凯早在6月11日就得到消息，日军大队随后即到，"日人现已备

---

[1] Hisahiko Okazaki (岗崎久彦), *Mutsu Munemitsu and His Age*, Chapter 14, "Eve of the First Sino-Japanese War: Unwavering Determination", p4.

[2] 吴汝纶编：《李文忠公全集》，文海出版社，台湾，1980 "电稿"，卷十五，"覆聂军门"，光绪二十年五月二十二日申刻

船驳兵上岸，初闻日兵八千陆续来韩云"。①丁汝昌也提出北洋水师应即时出征，"愚见水陆添兵，必须大举，若零星调往，有损无益。现拟仍申前请，将三船（'镇远''济远''广丙'）调回，与在威（海卫）各舰齐作整备，俟陆兵大队调齐，电到即率直往，并力拼战，决一雌雄"。②

向李鸿章提出的增兵建议，并无回应，袁世凯在朝鲜继续侦查日军动向，紧急汇报，如7月5日一电：

"日兵万人，分守汉城四路各要害及我陆来路，均置炮埋雷，每日由水陆运弹丸雷械甚多，兵帐马厩，架备多处，观其举动，不但无撤兵息事意，似将有大兵续至。日蓄谋已久，志甚奢，倘俄英以力勒令，或可听，如只调处，恐无益，徒误我军机。日虽允不先开衅，然削我属体，夺韩内政，自难坐视，阻之即衅自我开，日狡，以大兵来，讵肯空返，欲寻衅，何患无隙？叶军居牙，难接济，日再加兵，显露无忌，应迅派兵商船，全载往鸭绿或平壤下，以待大举。"③

前方临敌将领呈报的紧急情况，并未影响李鸿章的危机处置方式。日本政府提出的"政治改革"借口，遭到清朝政府的拒绝，转而委托俄国、英国出面调停和达成双方撤兵。在俄国做出某些对日威胁之后，日本的反应仅在于某些空洞的承诺，包括不会独吞朝鲜。依靠英美等国的支持，日本的外交手段使俄国无法做出更为直接和实际的干预，只限于外交文件往来，实际上放弃了对清朝政府的支持。鉴于之前朝鲜政府亲俄的走向遭到袁世凯和中国势力的阻遏，俄国此时出全力保存中国在朝鲜的权益，几乎是不可能的。李鸿章仍存不小期望，甚至根据谣传而设想过，"俄拟派兵驱倭，我军前往会办"。④这纯属猜测，俄国当然不会干预如此之深，以致为中国、朝鲜亲自上阵。

---

①《李文忠公全集》，文海出版社，台湾，1980，"袁道来电"，光绪二十年五月初八日酉刻到。

②《李文忠公全集》，文海出版社，台湾，1980"电稿"，卷十五，"丁军门来电"，光绪二十年五月二十七日辰刻到。

③《李文忠公全集》，文海出版社，台湾，1980"电稿"，卷十六，"寄译署"，光绪二十年六月初三日酉刻。

④《军机处奏会拟办理倭事数节并寄李鸿章电信一道呈览片》光绪二十年六月二十一日，《清光绪朝中日交涉史料选辑》，台湾故宫博物院辑，台湾大通书局，1995。

　　就英国政府来说，之前数年中已然走向与日本结盟，朝鲜事务不在英国的核心利益之中，日本主持朝鲜大政，英国、美国等正可以按照最惠国条款同享相关利益，反比在中国控制之下经常受阻的境况，更为可取，必有所得。英国政府于七月中同日本正式签署了新的两国通商条约，以平等国家待之，通过这一最为明确无误的方式向日本政府表明，不会干预和阻碍日本侵入朝鲜，为伊藤博文的军事行动和战争赌博做出实质性的保证，等于向日本发出正式开战的通行证。

　　李鸿章在焦急等待西方大国调停的结果，希望依照外交和条约的力量，迫使日本人按照常理行事，如同他在面对森有礼时的思路，把万国公法置于最高地位，力压日本，保全和局。得到各个大国均调停无效的消息之后，李鸿章自然措手不及，失望不已，对俄英的意图略有醒悟警觉，"俄以日不听劝，意在动兵，其力固足制日，然谓非欲收渔利，其谁信之？此时俄若派兵驱日，我固未能阻止，但不可倚以为助，致事后别生枝节"。[1]更为严重的是，这些所谓的外交调停活动，前后浪费了一个多月的时间，清朝廷毫无所得，不仅以和求和的希望随之落空，而且各国最后暴露出他们偏向日本的取态，中国毕竟要独力对付日本。当年袁世凯式的应对外患方式，再次应验，"示以必和，则战事必开"。李鸿章力主避战，慎用武力，等待各国调停，因此拒绝了袁世凯、丁汝昌等将领之前向朝鲜增派部队军舰的多次紧急建议，不免落在下风，最后还要靠手中实力来挽回局面。

　　清军在朝鲜的兵力一直限于已在牙山的驻军，而日本在所谓各国调停期间，与李鸿章的策略相反，持续动员轮船，大批运兵增援。仅在6月16日，混成旅团之下的日军就达到四千人，加上其他部队和数艘军舰上的水兵。[2]至7月2日，"日甚坚持，其驻韩已一万人，恐非空言所能勒退"。[3]日军所输入的军需物资，"以万人计之，可敷年余，现运仍不已，恐无撤兵意"。[4]更何况清军蹐于牙山一角，日军占据汉城，形势

①《李文忠公全集》，文海出版社，台湾，1980 "电稿"，卷十六，"寄译署"，光绪二十年六月二十一日戌刻到。

②戚其章：《甲午战争史》，上海人民出版社，2005，第26页。

③《李文忠公全集》，文海出版社，台湾，1980 "电稿"，卷十五，"寄译署"，光绪二十年五月二十九日未刻。

④《李文忠公全集》，文海出版社，台湾，1980 "电稿"，卷十六，："寄译署"，光绪二十年六月十二日巳刻。

高下明断。日军屯兵越多，就越不会轻易撤兵，即使面临俄国、英国的象征性外交压力，也必定要达到目的。

大力输送兵员之后，日军已经拥有压倒清军、独力侵犯朝鲜政权的实力和优势，以此实力为坚强后盾，日本外相陆奥宗光于7月14日向清朝政府发出所谓的"第二次绝交书"，两国谈判交往断绝，进入准战争状态。在年轻的光绪皇帝的催促之下，对调停感到失望的李鸿章才开始着手向朝鲜增兵。

日本政府试图单独在朝鲜实行所谓"政治改革"，于7月20日发出最后通牒，这一高压方式遭到朝鲜宫廷拒绝后，日本政府悍然动用武力，于23日派兵攻入王宫，解除朝鲜军队武装，囚禁了国王李熙，全面接管朝鲜政府，扶持大院君当政。大院君虽然不是金玉均一类的亲日派，却是闵氏集团的死对头，对依靠日本人重返朝廷中枢并不抗拒，自认傀儡角色。大院君政权的第一举动，就是按照日本人的意图，宣布朝鲜独立，与中国的藩属关系不再，随之请求日军采取行动驱逐驻朝清军。这一行动与"甲申"政变时的过程极为相似，但此时在朝日军占据兵员优势和行动先手，本为受邀平叛而来的清军，反而处在十分被动的地位。

清朝廷中的"帝党"拥护年轻的光绪皇帝，由于慈禧太后六十大寿，居于退隐之地颐和园，光绪皇帝拥有了指点朝政的机会，对李鸿章的举措十分不满，特别是他在面临战争危局时，才上奏朝廷，点明海陆两军均不可恃，不足一战，"总之中国新式得力兵轮，实不如日本之多，临事再东抽西拨，必如往年法越故事，徒滋贻矣"。①这一严酷现实迫使清朝廷紧急拨款三百万两，以备战事所需。

李鸿章此举颇为类似临阵勒索，不满足特定要求就不出兵，暗含回击报复之前"帝党"领袖翁同龢压迫北洋和李鸿章势力之意。李鸿章手下着力办理的北洋水师兴建有成之际，翁同龢获得准奏，自1891年起停买西洋枪炮、军舰和机器两年，令李鸿章激愤不已，"正在筹办胶州澳，已见部中裁勇及停购船械之议，适与诏书整顿海军之意相违。宋人有言：'枢密方议增兵，三司已云节饷。'军国大事，岂真如此各行其

---

① 《李文忠公全集》，文海出版社，台湾，1980 "电稿"，卷十六，"寄伯兄粤督"，光绪二十年六月初八日申刻。

事而不相谋"。①值此对外征战、军情紧急之时，李鸿章施展手段，强迫翁同龢主掌的户部，拿出数百万两白银，补充物资和用于时下军费，当然已为时过晚，仅在日军大举动手之前十数日。②

六、大东沟海战

北洋水师原本并无战斗任务，也未曾计划通过远途征袭日本本土以解朝鲜之危，清军营队在朝鲜面对优势日军的进攻之后，北洋水师不得已承担了为赴朝鲜增援的清军船队护航的任务。北洋水师在1894年5月底才进行了又一次海军大校阅，舰队各舰进行水上操演射击，李鸿章并坐船出海，巡视了旅顺、大连、威海卫、烟台、营口等海军基地，向朝廷上奏汇报无事。③随后不久就发生朝鲜战事和海上危情，令李鸿章和丁汝昌的北洋水师都措手不及。

丁汝昌虽然之前派出军舰赴朝鲜口岸，但主要用于巡查监视，对驻牙山清军帮助不大，日军舰只部队持续涌入仁川，前往汉城，也不受北洋舰只阻拦，令清军失去了在海上阻截日军运输船队这一最为有效的制敌战术的机会。虽然丁汝昌曾经建议聚集北洋舰只，赴朝一战，但被驳回，加上外交优先，中日并未进入战争状态，任务指令不明，无所适从，难免懈怠，一度遭到李鸿章训斥，"汝拟初十内带八船操巡汉江大同江一带，五六日即回，此不过摆架子耳。诸船派仁牙两旬，竟不敢分一船往进大同江。据袁道电闻，有日兵船常巡驻，确否？大同江是我将来进兵要口，既往巡，即须在彼妥酌布置，备护陆军，同去同回，有何益处？人皆谓我海军弱，汝自问不弱否？"④仁川卡住汉城通路，大同江口卡住平壤水路，对日后清军在朝鲜的战事十分重要，而北洋军舰在这一带的存在和强力巡航，对日军海陆两部，无疑都是严重的威胁。

日本政府发出"第二次绝交书"和攻占汉城王宫后，李鸿章已别无选择，只有做出增兵决定，援救驻朝清军，北洋水师的作战使命更为明

---

① 《复云负制台王爱石》，《李文忠公尺牍》第19册。

② 范书义：《李鸿章传（修订版）》，人民出版社，2004，第375页。

③ 《校阅海军竣事折》，《李文忠公奏稿》卷78，光绪二十年四月二十五日。

④ 《李文忠公全集》，文海出版社，台湾，1980 "电稿"，卷十六，"覆丁提督"，光绪二十年六月初二日申刻。

确。此时丁汝昌率队出海，北洋舰队的"远"字系军舰，都在队列之中。一些一直在北洋水师中服役的洋员也随队出征，参与了清朝军队的海上战事。这里面德国雇员汉纳根最为突出。冯·汉纳根（von Henneken）出身德国贵族之家，与德皇威廉二世都有一点亲戚关系，按照德国军人传统，年轻时就入陆军学校学习，毕业后得到普鲁士军队的少尉军衔，后升为上尉，他更遵循汉纳根家族的军事传统，专门学习炮台要塞工程知识。汉纳根于1879年前来中国，他叔叔德璀琳时任海关副税务司，又驻节天津，受李鸿章重用，无形中与英国人赫德出现暗中竞争局面。汉纳根利用这一亲戚关系和德国陆军军官的背景，接受李鸿章的高薪聘用，先在李鸿章于1880年建立的北洋水师学堂中任军事教官，兼任北洋武备学堂教官，该处的外籍教官都为德国军人，他的学生包括黎元洪、段祺瑞等早期完全德式军规教练之下出来的中国军官，与李鸿章掌握的现有新式淮军队伍又有不同。

获得李鸿章的信任之后，再加上自己独有的专业工程知识，汉纳根开始负责监督修建旅顺的港口船坞炮台设施，以容纳北洋水师买回来的德制铁甲巨舰"定远""镇远"号。汉纳根受此重用，格外努力，工作勤谨，颇受好评，特别是在建造近代化的港口炮台方面，完全不同于传统的中国防御工事和港湾，在一片荒地的旅顺修建起混凝土的坚固炮台，装置克虏伯大炮，其间克服了无数困难，包括撤除了借庞大工程贪污牟利的中方总办黄瑞兰。[①]汉纳根转而与袁世凯的叔父袁保龄合作，"前派洋员汉纳根协同局员，创建该口（旅顺）黄金山顶炮台一座，仿照德国新式，坚大玲珑，实为各路炮台未有之式，现甫就竣"。[②]旅顺炮台的建造，及时地赶上阻吓法国孤拔舰队，防止法舰北上、经过渤海海域侵犯京津地区。汉纳根充分发挥了德国工程技术的优势和他自己家族的修建传统，以德国人特有的认真态度，尽心尽力，才得以在1890年最终完成旅顺军港的整体工程和庞大配套系统设施，为以后在东北土地上出现一个全新的大连市奠定基础。

汉纳根为此早在1886年就获朝廷赏赐三品顶戴，旅顺港、威海卫（1888-1890）等处工程都完工后，他在华服务时间已长达十年，决定回

① 《黄瑞兰不堪任用片》，《李文忠公奏稿》卷51，光绪九月二十六日。
② 《旅顺筹防费难预估片》，《李文忠公奏稿》卷46，光绪九年二月初八日。

国，李鸿章在挽回无望后，再次为汉纳根争取合乎他劳绩的奖赏。

"该洋员感激图报，近年监造威海卫，日垒炮台营房药库等工，仿照西洋新式，将一切做法不惮烦难，逐细讲求，悉心指授，俾在工员弁匠役皆知，则伤实兼总司教习之功，于海防颇有裨助。现在差满回国，著有成劳，自应优加奖励，……俯准将汉纳根比照总教习，赏给二等第三宝星，以资观感。"①

汉纳根满载荣誉和财富而归，在家乡休闲数年，再受邀返回中国厦门，修建胡里山炮台，装备了世界最大口径的克虏伯后膛海防大炮，达二十八吋。日军在朝鲜对华展开军事行动之时，琅威理早已因一时意气愤而辞职，李鸿章商调汉纳根从厦门北上，协助北洋水师应对日军。此时战事已经开启，是为清军服役打击日军，还是止步于南方更为安全的厦门，汉纳根很快决定重返李鸿章门下，不可避免地亲身投入到对日海战中。

同时在北洋水师中服役的，还有美国人马吉芬（Philo Norton McGiffin），时年三十三岁。马吉芬军官家庭出身，进入美国著名的安纳波利斯海军学院学习，但四年学习和两年舰上实习后，他1884年毕业时不巧遭遇美国国会裁减军费。美国海军规模并不大，接纳不了那么多的海军学院毕业生，马吉芬日后在天津指挥过的一艘战舰，状况甚至好过当时美国舰队中的任何一只。马吉芬未能进入毕业班的头十二名，被迫离开美国，到中国碰运气。年轻的马吉芬本来准备受雇参加中国对法战争，但乘船到达天津登岸时，中法两国已经签订了停战条约。马吉芬非常失望，几乎身无分文，但碰到美国的天津领事毕德格（Pethick），曾在中日琉球争端中倾心协助李鸿章，此时愿意推荐马吉芬。马吉芬又主动随船长前往会见李鸿章，争取到了一个少有的面试机会，经受住了李鸿章的盘问测试。李鸿章当然不知道这个远道而来的美国年轻人的背景和能耐，但还是当场给他提供了一个在天津水师学堂任教的职务，马吉芬通过学堂总办进行的全面测验之后，就开始正式为中国政府和军队服务，令时年二十四岁的马吉芬终身不忘。②

马吉芬成为汉纳根等外籍教官的同事，他所学到的正规美国海军知

---

① 《请奖汉纳根片》，《李文忠公奏稿》卷75，光绪十八年十一月二十五日。

② Davis, Richard Harding, *Six Who Dared: The Lives of Six Great Soldiers of Fortune*, "Captain Philo Norton McGiffin", Charles Scribner's Sons, New York, 1906.

识有了用武之地，为学堂学员教授所有与海军有关的课程，并带领他们乘舰在海上实习。马吉芬日后又担任过威海水师学堂的总教习。在日本入侵朝鲜的1894年，马吉芬已经在中国海军机构中服役十年，得到李鸿章的批准开始休假，但收到战争临近的消息后，马吉芬没有退避或返回美国，而是主动撤回申请，请求在北洋舰只上服务，被调派到"镇远"舰上作林泰增的副手。同德国人汉纳根一样，美国人马吉芬选择了在他曾经服务十年的北洋水师中参加海上战斗。

英国远东舰队司令佛里曼特将军（Fremantle）频繁往来于中日之间，实地观察到日本的积极军事准备活动，因此早在6月21日就从横滨给英国海军大臣发回电报，预期东北亚地区很快就会爆发战争，却没有人给以重视。[1]英国人正在深受日本政府的近代宪政内阁制等"文明"进步所鼓舞，展开日本人要求的修约谈判，图谋以英日结盟抗衡俄法结盟，决定给予日本近代"文明"国家的平等待遇，对于同样一个日本迅即发动侵略战争的迹象和走向，大不以为意。

汉纳根从李鸿章那里得到的第一个任务，就是从大沽出发，随船运送清军赶赴朝鲜，增援在那里驻扎的叶志超部。清军乘租用英国人拥有的轮船"高升"号，船长为高惠悌（Galsworthy），此行获得英国领事馆和公使馆的同意。汉纳根也在船上，"以非官方的身份前往朝鲜前线实地探查军情"。[2]方伯谦为管带的"济远"舰，带同"威远""广乙"船，护送"高升"号等船前往朝鲜仁川。

巡游朝鲜海面的少数日本舰只，一直在监视附近的清军舰只，由于北洋水师只保留"济远"等三舰，日本军舰在数量和吨位上很快超过了清军，形成包围态势，给其他日本军舰足够的时间从各处赶往朝鲜，以及加快主要舰只在日本本国船坞中的修理速度，包括"三景舰"中的"严岛""桥立"号。[3]如果北洋水师主力的"远"字号军舰在五月底完成海军大校阅后，于六月初展开长途奔袭至日本，其国内甚至可能没有足够的海军舰只进行有意义的抵抗。日本大本营建立之后，下令紧急抢修为数众多的军舰，让其尽快回复到适于海上航行作战的状态。李鸿

---

① Sir Edmund Robert Fremantle, *The Navy as I Have Known It, 1849-1899*, Cassell, London, 1904, p428.

② *The I.G. in Peking*, Letter 937, p979, 27 July 1894.

③ 戚其章：《甲午战争史》，上海人民出版社，2005，第42页。

章在汉城和北京进行的外交调停活动，长达一个多月，恰好为日本海军腾出时间，释放出相当数量的军舰，组成两支舰队，对华开战。海军中将伊东祐亨被任命为联合舰队司令，有权指挥两支舰队进行海外作战，也得到授权可以袭击朝鲜附近海域的中国军舰。由于海上接触之时，附近并无两国外交官出来接触和化解冲突，完全视舰队将领做出判断和自行处理，所以在紧张局势下交火概率极高，伊东祐亨所获授权和保证，实际上给予他对清军舰只随意开战的权力。

根据日本人关于中国正在从大沽经海路向朝鲜运兵的谍报，日本联合舰队于7月23日离开佐世堡基地，开往朝鲜，以打击该海域内的北洋水师军舰，配合在汉城攻打王宫的日本陆军部队。"济远"管带方伯谦已在仁川港完成护送运兵船的任务，两营增援牙山清军的部队完成登岸，但卸载军需的速度很慢。为防被日舰伏击，方伯谦先遣"威远"号返回大沽，"济远""广乙"留后。丁汝昌原先制定的舰队主力出巡的计划，被李鸿章取消，导致此时只有两艘北洋弱舰冒险执行海上任务，又无日本舰队主力大举前来的信息警告，因此如在雾中茫然行动。

日本联合舰队的主力仍在朝鲜南部，出现在仁川口外丰岛海域的，是第一游击队的"吉野"舰和"秋津洲""浪速"号。"吉野"舰高速航行的特点，正适于执行侦测截击的任务，"济远"舰于7月25日凌晨刚刚驶出仁川港，就遭到"吉野"舰阻截西行的退路，开炮轰击。"吉野"舰的主炮口径只及六吋，难以击沉吨位稍大的军舰，日本第一游击队里只有英国制造的"浪速"号拥有十吋大炮，威力强于"济远"舰上的八吋大炮。"吉野"和"秋津洲"舰完全依靠速射炮形成的弹雨，压制住"济远"舰和击伤只有一千吨的"广乙"舰，而"济远"舰的大炮对日本军舰的威胁极大。水师两舰上的水师官兵在首次海上作战中，积极性甚高，在三艘日本主力舰的围攻下，奋战不退，"三船聚攻济远，密如雨点，望台炮架三舵机，均受伤阵亡弁勇，初甚失势，济、乙炮力不及，敌远还炮不却，追敌以一船横截广乙，济只剩十五生一炮，猛击命中敌二船，始折回"。[①]"济远"舰依靠主炮与日舰周旋，

---

① 《李文忠公全集》，文海出版社，台湾，1980 "电稿"，卷十六，"丁提督来电"，光绪二十年六月二十八日午刻。

连续击中"吉野""浪速",致敌伤亡,稍微挽回战场劣势。"广乙"号只是一艘中型炮舰,在管带林国祥指挥下,随后加入战阵,侧面接应,独力冲击,遭到三艘日舰回击,死伤惨重,舰体受损,被迫退出走避至朝鲜沿海岸边,舰上幸存官兵只为原部的六分之一,"广乙"号被自毁。

"济远"舰苦战日本三艘军舰,以一艘两千余吨的军舰对抗三艘四千吨左右的敌舰,虽然击中日舰令其遭到损毁,但敌方火力仍然猛烈,只得转向往西疾驶逃避。航速最快的"吉野"在后紧追不舍,遭到"济远"用六吋的后主炮回击,"('吉野''秋津洲')连追不止,济停炮诈敌,彼驶近,拟检我船,济即猝发后炮,一弹飞其将台,二弹毁其船头,三弹中其船中,黑烟冒起,吉野乃移逃,四弹炮力已不及矣。查却敌保船,全恃此炮水手李仕茂、王国成为功魁,余帮放送药送弹之人,亦称奋勇"。[①]一发炮弹实际上打穿了敌舰甲板,落入轮机房,如果之后发生爆炸,"吉野"舰肯定会沉没,或者至少很长一段时间不能在海上服役。"济远"舰虽然成功逃遁,躲过日舰追剿,但官兵伤亡惨重,军舰伤毁严重,中弹数百发,舰体遍体鳞伤,甲板上惨不忍睹,回港之后必须对舰体大加修复。紧急抢修之后,于8月7日恢复了出航能力。[②]本来以两千多吨的老舰"济远"舰,击伤日本最新快舰"吉野",并不吃亏,是为此次遭遇战的意外收获之一,若北洋水师主力及时出击,将会遇到一个实力减弱的日本联合舰队。事件之后管带方伯谦与"广乙"号船员之间,就责任、升白旗和弃友逃跑等争论不休,令其他军舰官兵对方伯谦产生懦弱不堪、避战乞命的印象。

"济远"舰逃走后,日本军舰俘获了"操江"号运输舰,追赶"济远"的日舰又截住了独自开往牙山的"高升"号。船长高惠悌自恃英船英人,不及早向岸边靠拢,反而听从日舰命令,原地停住,以致随船清军官兵之后无从登岸或登岛逃命,溺死甚多。[③]"浪速"号舰长东乡平

---

①《李文忠公全集》,文海出版社,台湾,1980"电稿",卷十六,"丁提督来电",光绪二十年六月二十八日午刻。

② Sir William Laird-Clowes, "The Naval War between China and Japan", in Lord Thomas Allnutt Brassey, *The Naval Annual 1895,* Chapter 5, J. Griffin and Co., Portsmouth, 1895.

③ Sir William Laird-Clowes, "The Naval War between China and Japan", in Lord Thomas Allnutt Brassey, *The Naval Annual 1895,* Chapter 5, J. Griffin and Co., Portsmouth, 1895.

八郎和"高升"号的船长高惠悌和大副汤姆林（Tomplin），其实是老相识，他们都曾经在英国泰晤士河畔商船学校的"沃斯特"号训练船上实习过。①东乡平八郎当时未能进入英国海军学校学习，只得转到商船学校去实习。现在东乡平八郎是"浪速"号舰长，虽然能够与英国船长沟通，仍然不愿意放走船上的清军官兵，下令发射水雷和开放排炮，将"高升"号击沉，拒绝投降的清军士兵只能以手中的步枪回击，大部殉难。船沉之后，东乡平八郎下令只搭救洋人船员，继续枪炮开火，集中剿杀，企图全歼落水清军部队（约两营）。

无论中日之间是否已经宣战，东乡平八郎下令枪杀落水和已在救生艇上的船员士兵，而不加施救，都是战争屠杀罪行，他应该是日本军国主义崛起过程中，日军里面最早的一个符合西方国家法规定义的战争罪犯，是历次日本对外侵略冒出来的数不胜数的战争罪犯的先驱。只不过19世纪的西方国家尚未普遍通行搭救行为，实施者被视为"文明"之举，不搭救者也可过关，对于所谓的落后民族更是无所谓之事。但日本军舰在东乡平八郎指挥下特意射杀落水士兵，即使是极力赞赏日本政治军事神奇进步的英国人和其他西方人，也无法把这一野蛮行为视为"文明"之举。

日军军舰主动击沉归怡和洋行所有的英国轮船"高升"号，上面飘扬着英国国旗，按照巴夏礼在广州敲诈叶名琛时的逻辑，这是对英国国家荣誉的直接攻击，势必不能容忍，当时驻扎远东的英国远东舰队理应按照英国政府的指令开赴日本，打击日本舰队或港口，以示警告。英军舰队司令佛里曼特将军当时确实也做出快速反应，派出军舰搜寻沉船和追踪东乡平八郎的舰只。汉纳根凭借其良好的水性，泅游数个小时，才逃离危险，游到附近岸边，然后直接向美国领事控诉日本海军的野蛮行径，为英美等国官员追究日本政府责任作供，再几经艰难，返回天津向李鸿章复命。

佛里曼特将军手下的英国军舰赶到"高升"号沉没海域，已经找不到日本舰队的踪迹，几艘外国舰只在途径交战海域时，救起不少幸存清军士兵，汉纳根之后又尽力组织其他船只参加营救：

"法国利安门（Lion，'狮子'号）兵船行至该处，从高升船桅顶及漂流舢板中，救出兵勇四十二人，及高升舵工升火三人。当船沉时，泅水

---

① Sir Edmund Robert Fremantle, *The Navy as I Have Known It, 1849-1899*, Cassell, London, 1904, p432.

逃入海岛各弃兵，经德员汉纳根送信停泊仁川之德国伊力达斯兵船，驶赴该岛，载回兵勇一百一十二人，并高升水手升火八名。汉纳根又于烟台会同德兵船主，商之英国播布斯兵船（Porpoise），再往该岛，载回弃勇八十七名，先后送至烟台，均经妥为抚恤，分起回营。查此次法德英三国兵船，先后救回二百五十二人，急难仗义，深可嘉尚。前经电达总理各国事务衙门，向驻京各国公使致谢，所有法国兵船主高格德、德国船主世袭伯爵副将宝瑞森、英国船主参将斐理三员，德国驻津领事官司良德，帮同照料联络，深明大义，……俯准均赏给二等第三宝星。"①

英国远东舰队司令佛里曼特将军按照通常海上交战规则，认为日本军方应该为这一战争罪行，立即逮捕东乡平八郎，将其解职。佛里曼特将军随之下令，派出在中国北方的英国军舰为英国船只护航，以免遭受日本军舰的骚扰和攻击。但英国政府和海军部在日本政府的压力下，取消了佛里曼特将军的命令。②日本政府和媒体对佛里曼特将军的反应行动和他发表的直率评论，十分不满，不仅在国内报纸中攻击他亲华仇日，而且向英国政府和海军施压，不再允许佛里曼特将军自行采取行动和发表有关言论。日本对来自西方人的赞誉看得很重，欣然接受，颇为得意，而对一些洋人发表的揭露事实的客观评论，则十分反感，极力压制，这一敏感讳言的传统一直延续到今日，并无些许改变。

英国在已经决定与日本结盟的情况下，对这一击沉英国商船的严重事件轻描淡写，站在日本一边，不再予以应有的重视。英国国内舆论一度大哗，毕竟"高升"号事件中有五名英国人丧生，无可隐瞒。但在本国政府引导之下，负面舆论逐渐销声匿迹，英国人普遍接受了日本"文明"之战和民意拥戴的解释。英国著名的诗人和评论家阿诺德爵士（Arnold），从一开始就声称，"日本毫无疑问是进步、正义和国际发展的杰出代表，那些反对日本的派别，不仅有些愚蠢，而且不可容忍"。③这些英国人忽视了一个重要事实，即日本所谓的"文明"国会

① 《倭击高升轮船片》，《李文忠公奏稿》卷78，光绪二十年七月十三日。

② Sir Edmund Robert Fremantle, *The Navy as I Have Known It, 1849-1899,* Cassell, London, 1904, p430.

③ Paine, *The Sino-Japanese War of 1894-1895: Perceptions, Power, and Primacy*, Cambridge University Press, 2005, p130.

在天皇权威和帝国政府面前软弱无力，根本无从制止甚至减缓日本政府和参谋总部发动的对外战争。许多西方人当时形成的观点就是，日本发动攻势打击甚至打败中国军队，对他们在中国和东亚的利益将是件好事。[1]西方国家和人士对日本的自强能力和强硬姿态，同情、赞赏、崇尚以致鼓励，对中国则怀有其自鸦片战争以来一以贯之的幸灾乐祸心理。这一心理扭曲所带来的偏执态度，直到20世纪中叶才略有改变，1942年9月发生于舟山群岛海域附近的"里斯本丸"事件，日本海军士兵大肆屠杀被困在船上的近千名被俘英军官兵，就十分类似于近五十年前的"高升"号事件。

日本政府在击沉"高升"号事件最初的惊慌失措之后，逐步摸清了英国政府不予追究的底线，再紧急展开对外宣传公关战，至少争取把英国保持在中立立场上。日本政府在媒体攻势中，试图向西方人表明，他们的对华战争是一场圣战，为了向野蛮黑暗的中国传播基督教之光，这让西方人听起来格外亲切合意，再加上一些日本收买西方媒体的传言，大有助于日本政府减弱西方舆论中的敌意。[2]日本政府又按照西方国家通用的方式，请出一些英国专家，为日本政府提供了所谓的法律意见，在事发时中日两军是否处于战争状态上尽力狡辩，硬指日军攻占朝鲜王宫，就是中日战争开始之时。不仅佛里曼特将军受到英国政府的约束，无缘干预，而且英国法律专家的意见也发挥了作用，导致英国法院日后作出判定，东乡平八郎下令击沉运输船并无违反国际法，所有损失应由中方赔偿。李鸿章等洋务派大员至此应该能够充分了解英国的立场，不仅其半心半意的调停，被偏向日本的主流所冲淡至无，而且在国际公法面前，也宁愿放过对外侵略性极强的日本。

汉纳根在死里逃生之后，再见到李鸿章，领取新的任务。"是时，李中堂问余，君愿入海军，代为指教，以助丁汝昌乎？丁汝昌业已受命，将率诸舰出寻东（日）舰，倘东舰闯入北直隶海界，应即迎头截击。君诚愿往，老夫之心安矣。余慨然许之"。[3]汉纳根于8月23日被李

---

① Paine, *The Sino-Japanese War of 1894-1895: Perceptions, Power, and Primacy*, Cambridge University Press, 2005, p118.

② Paine, *The Sino-Japanese War of 1894-1895: Perceptions, Power, and Primacy*, Cambridge University Press, 2005, p163.

③《中东战纪本末》，林乐知、蔡尔康，卷七，"德汉纳根军门语录"。

鸿章任命为北洋水师总查，就是之前琅威理的职务，在丁汝昌之次。琅威理是海军军官，汉纳根是陆军出身，专业领域不同，但他决心效力清军，对日本作战，又受李鸿章信任，在当时是无可取代的人选。汉纳根登上了旗舰"定远"，与丁汝昌一道指挥水师。美国人马吉芬在"镇远"舰上，为林泰增之副，北洋水师的两艘主力铁甲巨舰，都有洋员服役，参与战斗。应该说马吉芬更适合于在丁汝昌之侧的指挥位置，符合他的海军经验和资历，但他一向所任教习职务，在舰队中不显突出，受李鸿章信任的程度也与汉纳根有异，"镇远"舰上的重要职务对他来说已是足够。

北洋水师的高级军官，都受过正规海军军校培训，管带一级军官都能讲英语，舰队内和舰只之间的命令传递和通信往来都跟随西方国家的规则，使用英语。[1]这虽然显示了中高层军官的近代西方教育背景和军事素质，但造成一个潜在的问题，就是北洋水师提督丁汝昌不讲英语，治军靠资历经验和协调能力，身在其他因通晓英语和受过海军培养而略显骄傲的军官当中，处于一种稍有些尴尬的境地，在琅威理离开而又未有其他外籍顾问协助时，很多时候要依靠在英国受训、英语流利的刘步蟾，人事和上下级关系变得复杂了一些。[2]

日军深受海陆战事进展的鼓舞，由伊藤博文提出宣战诏文，让日本天皇于8月1日对华宣战，赢得国内舆论和公众的一片欢呼和支持，全国掀起战争狂潮，报名参军的申请书像雪片一般地飞达参谋总部。[3]惩罚朝鲜和打败中国，自"甲申"政变时起就从政客思谋，变为一般日本国民的强烈愿望，热衷于海外征服，爱国忠君情绪此时大爆发。在中国方面，发生了丰岛惨案和日军攻占朝鲜王宫这样的重大事件，都不能招致西方各国的正式公开谴责，更何谈以武力强硬对待日本，西方意图已经明确，势必纵容日本强压中国，从而打破了朝廷内外求和避战派人士的最后幻想。

---

[1] Sir Edmund Robert Fremantle, *The Navy as I Have Known It, 1849-1899*, Cassell, London, 1904, p443.

[2] Sir Edmund Robert Fremantle, *The Navy as I Have Known It, 1849-1899*, Cassell, London, 1904, p422.

[3] Paine, *The Sino-Japanese War of 1894-1895: Perceptions, Power, and Primacy*, Cambridge University Press, 2005, p135.

　　李鸿章之前已接到光绪皇帝的严词申斥，"奉旨，现在日韩情事，已将决裂，如势不可挽，朝廷一意主战，李鸿章身膺重寄，熟谙兵事，断不可意存畏葸，著凛尊前旨，将布置进兵一切事宜，迅筹覆奏，若顾虑不前，徒事延宕，驯致贻误事机，定惟该大臣是问，钦此"。①光绪皇帝也在8月1日以上谕方式对日宣战，朝廷由此转向主战，催促前敌统帅李鸿章有所作为，实力备战，李鸿章再也无可敷衍塞责。此时全国上下对日军下手动武、击沉"高升"号义愤填膺，对与日本交战，并不担忧，如赫德所言，"百分之九十九点九的中国人，都相信大中华能够击败小日本，只有百分之零点一的人看法不同"。赫德与在华西方人的观点没有如此乐观。②

　　丰岛海战之后，中国方面出动北洋水师势在必行，不能再做旁观者。它的作用不仅是支援驻朝清军，也为对抗大举前来的日本海军，"已敕海军提督丁汝昌，统带铁快各船，驰赴朝鲜洋面，相机迎击，续在驰报"。③尽管如此，丁汝昌手下的舰队主力，仍在北洋两个重要基地之间徘徊，时而旅顺，时而威海卫，不敢远离。按照李鸿章的指示，北洋水师的巡航重点，与日本联合舰队相反，一直在朝鲜海域港口的清军船队，保守防御，从来不曾主动袭击过日军来自本国的长途运输船队，不与日本海军主力交战，更非远征日本，威胁敌方重要关键地区。能够驶往日本的，至少包括1891年曾经赴日的六艘"远"字系主力舰，与日本联合舰队的主力舰基本相当，况且重型铁甲舰"定远""镇远"两舰，对付日本主力舰只，应无问题，其他"远"字系军舰只需辅助即可。如此规模的一支近代海军可以发挥的战略作用，却被北洋水师将领和李鸿章搁置一旁，当时的基本设想，是以渤海两边旅顺和威海卫的炮台基地，加上往返巡航的北洋舰只，构成京津地区外部防御的安全三角区。由汉纳根监造的旅顺和威海卫坚固炮台，确实取得事先设定的效果，当伊东佑亨的舰队前往威海卫试探海防和示威时，遭到炮台守军发炮反击，日本海军并未占到便宜。④但按照这

<hr>

①《李文忠公全集》，文海出版社，台湾，1980，"电稿"，卷十六，"译署来电"，光绪二十年六月十四日申刻到。

② The I.G. in Peking, Letter 937, p979, 27 July 1894.

③《李文忠公全集》，文海出版社，台湾，1980，"电稿"，卷十六，"寄译署"，光绪二十年六月二十五日辰刻。

④ Sir William Laird-Clowes；Sir Edmund Robert Fremantle, *The Navy as I Have Known It, 1849-1899*, Cassell, London, 1904, p434.

一设计和策略行事，北洋水师等同于两大固定炮台之间的流动炮台，最多是护航舰队，退守之势彰显，对日本舰队在朝鲜、中国海域的骚扰和大举运兵活动，毫无牵制和威胁作用。

清军在朝鲜的地面战役中节节败退，急需增援，一直徘徊不定、避敌舰队的北洋水师，最终接到命令，9月16日出发，为清军运输船队护航，前往中朝边境济州附近的大东沟登陆。此次运送兵力大增，达到十营四千名，所以丁汝昌不敢怠慢，害怕重演丰岛沉船的悲剧，亲率水师主力出航，包括所有"远"字系军舰和其他老旧舰只如"超勇""扬威"。水师官兵进行了战前准备，丁汝昌紧急要求补充十二吋主炮炮弹供应"定远""镇远"两主力舰，旅顺、威海卫两大基地原先储有一百五十多枚开花炮弹，装上军舰，其他各类口径大炮的炮弹，由天津机器局制造提供，储存在基地中，若用于一次出航中发生的海战，供应大致充足。[1]问题是炮弹供应中开花弹和实心弹混杂使用，不能保证击中敌舰后即时爆炸，影响到击伤击沉敌舰的比例。丰岛海战中的"济远"舰和"广乙"船都曾命中"吉野"和"浪速"号的重要部位，因炮弹未炸而造成伤亡甚少。[2]

备战中的北洋水师官兵吸取了之前不久发生的丰岛海战的教训，拆除了容易伤人的主炮防护甲板，换上沙袋和装煤的口袋，堆成保护圈，避免炮弹爆炸碎片伤人，也拆除了交战时容易着火的一些次要部位的木材器物。鉴于之前发生的丰岛惨剧，水师官兵将舢板一类救生器材全部抛弃，深知在对日海战中一旦落水，日本海军一定不予施救，故此只有死战不降，不留余地。由于东乡平八郎和日军枪杀落水清军士兵，水师官兵也决心不对落水日军士兵施救，丁汝昌更下令，如若遇到日舰升起白旗，一概不理，必以击沉为目的。在丰岛海战中遭到初次挫折之后，北洋水师上下均渴望加入对日战斗。[3]

---

[1] 潘向明：《甲午黄海之役北洋海军缺乏炮弹说质疑——兼论其失利原因问题》，《清史研究》，2009年2月第1期，第83-93页。

[2] Suzuki, S, *The Surgical History of the Naval War between Japan and China during 1894-95,* Tokio Printing Co., Tokio, 1900, republished by Forgotten Books, 2014, p1, p2.（Suzuki, 铃木，是甲午战争期间日本海军医院和舰队部的副总监）

[3] McGiffin, P.N., "The Battle of the Yalu: Personal Recollections by the Commander of the Chinese Ironclad 'Chen Yuen'", *The Century Magazine,* August, 1895, pp585-605.

　　清军部队及其军需在仁川全部登陆之后，北洋水师即完成了护送运兵船队至大东沟的任务，丁汝昌决定舰队返回旅顺的基地，或许他们将承担下一次的护航任务，或者重复东西方向的水上巡航任务，但显然不是直接寻找日本舰队进行交战。北洋水师的使命未变，还是在中国内海和朝鲜海域活动，只是一旦遭遇日本舰只，可以主动发起攻击。9月17日清晨，水师军舰进行例常枪炮操练活动，准备吃完午饭后离开大东沟水域。中午时分，水师瞭望哨发现了远处的烟柱，发出来敌警报，大约在十二公里处。丁汝昌下令紧急起锚，准备战斗，因此各舰快速启动锅炉，强压通风，加大火力，升起黑烟。①这样做是为了尽快升火开动，进入战斗位置，而不是如一般史论所述，由于北洋舰只的锅炉烧煤质量比日舰差，因此被日舰因黑烟而提前发现了北洋水师的位置。"平远"舰和"广丙"船继续留在大东沟外，警戒护卫登陆部队，而"超勇""扬威"号因老旧航速原因，落后于舰队主力舰只，移向舰队阵形的右后侧翼。

　　丁汝昌在旗舰"定远"舰上与刘步蟾和汉纳根商定，采用犄角雁行小队阵，为了充分发挥北洋主力舰巨炮的优势，始终以舰首向敌，随敌舰行动而转向。由于北洋舰只的航速相对较低，绝不适于靠舰速去冲击和冲散对方阵列，对他们来说，以两艘巨舰聚集其他舰只而整体转向移动，是最好的选择，避免单舰因脱离阵队而被击毁。这是根据自己舰队实际情况和优缺点而制定执行的对敌战术，而日本联合舰队利用的则是第一游击队的速度优势，试图拉开敌阵，虽然极其希望抢先击沉北洋水师主力两舰，却尽量避免直接面对它们的强大炮火。这些都是各自舰队将领的临阵决定，符合客观实况，而非伊东祐亨施行的战法格外高超。

　　中午时分，北洋水师的舰只排成人字形的阵列，两艘巨舰直对日军的旗舰"松岛"号，力图先击毁领队敌舰。日本联合舰队的伊东祐亨，为避开北洋舰只巨炮的直接打击，下令以"吉野"舰为首的第一游击队向左方紧急转向迂回，以本队的"三景"舰吸引北洋中坚主力。如此一来，日本联合舰队的走向变成向左延绵伸展的长蛇阵，而北洋水师以两艘主力舰构成弧形队列，向右方移动，坚持炮口指向"松岛"等主力舰。从战阵图形上看，似乎是日舰依次从北洋各舰的前方，陆续向右行

---

　　① McGiffin, P.N., "The Battle of the Yalu: Personal Recollections by the Commander of the Chinese Ironclad 'Chen Yuen'", *The Century Magazine*, August, 1895, p593.

驶，放开舰身右侧让北洋炮火轰击。如此以日舰侧面炮火对抗北洋诸舰的舰首主炮，战阵形势对日本联合舰队并不有利。

日舰依靠的是速度，由第一游击队的舰只快速左转前插，开进到能够打击北洋右侧翼弱舰的位置，实际上也冒了很大风险，因为"定远"两舰的主炮射程远于日舰火炮，在日舰迂回右转时仍然可以实施打击。接近下午一点钟，"定远"在有利于自己的五公里左右射程内，打出第一炮，意在抢在日舰进入他们的火炮射程之前就进行打击。可惜这一炮未能击中日舰，落在离"吉野"舰很近的水域。之后"镇远"舰和其他各舰都开始发炮轰击，打开海战开端。此时在这个距离上，"吉野"等日舰是根本无法回击的，伊东祐亨别无选择，只有提高航速，尽快进入自己军舰可以发炮的距离之内。过了五分钟后，日舰开到离北洋舰队三点五公里距离内，他们才开始跟随旗舰"松岛"开炮，双方进入互射炮战。北洋舰只中，"致远""靖远"舰上各有哈斯乞斯两吋以上口径的速射炮八门，"经远""来远"各有两吋左右的速射炮八门，"济远"也有两门。它们当然不能同日舰"吉野"等上面装配的六吋速射炮相提并论，但仍然加入持续射击大战。[1]

开战约两个钟头后，位于左翼的"济远"舰遭受炮击，在管带方伯谦的命令下，自行后撤，从舰队后面迂回向右，穿过舰队后部，向旅顺开驶，并带动"广甲"船随后逃跑。"济远"舰是之前唯一参加过对日海战的"远"字舰，遭受过日舰炮火轰击的洗礼，经过紧急修理，才能随队出航。这一经历也许对方伯谦造成的心理影响甚大，再战时恐惧情绪难遏。"济远"舰全速开回旅顺后，经过工程人员查看，证明舰上只有一门尾炮受损，其他舰炮均在良好发射状态，方伯谦所说因炮均被毁而选择撤出的理由，是不存在的，那门被损的舰炮也明显是在匆忙撤退时被日军舰炮击中的。[2]

日本第一游击队的"吉野""浪速"等舰，在开至北洋水师右翼后，主动进攻落后而偏向外方的北洋老舰"超勇""扬威"号，两舰均为一千五百吨，木壳加铁肋，海战时十分吃亏，只相当于日军所拥有

① McGiffin, P.N., "The Battle of the Yalu: Personal Recollections by the Commander of the Chinese Ironclad 'Chen Yuen'", *The Century Magazine*, August, 1895, p595.

② McGiffin, P.N., "The Battle of the Yalu: Personal Recollections by the Commander of the Chinese Ironclad 'Chen Yuen'", *The Century Magazine*, August, 1895, p596.

"扶桑"三舰的七八十年代。两舰处在数艘日舰的速射炮轰击下，但它们拥有的十吋大炮仍然具有相当威力，发射的炮弹先后打中"吉野""秋津洲"和"高千穗"号，"秋津洲"号的五号炮台中弹后，大尉永田廉平被击毙，还有炮手等四人，另有近十人负伤。打到"高千穗"号的炮弹引发火灾，造成至少一死一伤。[1]速度最快的"吉野"舰也同样中弹，引发舰上弹药爆炸，"海军少尉浅尾重行及一名水兵毙命，伤九名，并引起火灾"。[2]"浪速"号舰体被炮弹部分打穿，开始漏水，属于受损最轻者。但"超勇""扬威"号炮速慢，遭受四艘日本快舰的速射炮集中轰击，很快中弹起火，丧失战斗力，被迫向海岸线撤退，"扬威"舰管带林履中在看到船沉无望后，跳海自尽，以身殉职，"超勇"舰管带黄建勋也在战斗过程中落水殉难。

日军的"西京丸"号，本是商船改装的炮舰，约三千吨，用来当作日本海军首脑桦山资纪观战的座船，但它此时发现一个击沉败退中水师舰只的机会，所以贸然前冲，却落入"定远"两舰的炮火之中，主桅杆被打掉，迫使正在攻击其他水师舰只的"吉野"等舰前来救援。清军的"福龙"号鱼雷艇此时冲向"西京丸"，是这次海战中两军唯一使用鱼雷的船只，发射了三枚鱼雷，直对"西京丸"舰体，但发射距离太近，鱼雷从敌舰船底穿过，让"西京丸"上的日军官兵，包括桦山资纪中将，都出了一身冷汗，死里逃生，之后快速撤离。

日本舰队继续向北洋水师的右侧行驶，落在队尾的"比睿"号，是两千三百吨的老式炮舰，速度最慢，有近二十年的舰龄，属于主舰队中的弱舰，难以与"三景舰"相比。在"比睿"号跟随主队的过程中，它逐渐落单，又落在北洋主力舰的火力网之下，急不择路，竟然试图从"定远"两舰中间穿过。几艘"远"字舰上的火力集中打击这艘独行日舰，使它成为日本舰队中受毁最重的一只。[3]"比睿"号右舷遭受十二吋炮弹轰击，舰体后部的上层设施全部被毁，"大军医三宅贞造，大主

---

[1] McGiffin, P.N., "The Battle of the Yalu: Personal Recollections by the Commander of the Chinese Ironclad 'Chen Yuen'", *The Century Magazine,* August, 1895, p36.

[2] 日本海军军令部编，《二十七八年海战史》，东京水交社版，1905年，上卷，第六章，"黄海战纪"，第171页。

[3] McGiffin, P.N., "The Battle of the Yalu: Personal Recollections by the Commander of the Chinese Ironclad 'Chen Yuen'", *The Century Magazine*, August, 1895, p598.

计石冢铸太，军医村越千代吉，及下士卒十七名战死。海军大尉高岛万太郎，海军少尉田中行尚，同小川水路，及下士卒三十二人负伤"。[①]火灾甚重的"比睿"号侥幸逃出火网，逃离交战海域，加速向平壤逃去。

此时原先固守海口的"平远"舰，没有坐而旁观，或跟随"济远"舰逃走，而是在管带李和的率领下，前来助战，"广丙"船随后。原先不受重视的"平远"舰，主动接替了因起火而退向岸边的"超勇""扬威"号，向前挺进，投入到抵抗第一游击队和攻击位置落后的"赤城"号的战斗中。"赤城"号在遭受同样猛烈的清军炮火之后，损失惨重，也在"来远"舰的追踪下，加速逃出交战海域。

在激烈的海战中，日舰速度较快，第一游击队攻击北洋右翼之后，本队舰只又穿插到北洋各舰之间，试图各个围攻，战场上出现混战局面。但在这一整个过程之中，"定远"两舰始终是北洋水师的中坚和火力核心。提督丁汝昌在开战后不久被巨炮发射时的炮风带倒跌落，又在日舰炮击之下，遭受弹片之伤，左脚流血，但坚持留在舰上亲身坐镇。这一战场事故，日后却留下"定远"舰年久失修、舰桥在战时竟然老朽不堪、轰然崩溃的谣传。

这类谣传的来源之一是身在"定远"舰上的洋员泰莱（Tyler），也收在《中东战纪本末》的"朝警记"中。泰莱原为英国海军后备役少尉（军校毕业生最低军衔），在赫德管下的清朝海关中任缉私船长，于丰岛海战后的八月来到北洋水师就任，上了"定远"舰任副管驾李鼎新的助手。泰莱本人自视甚高，与早前的阿斯本有类似之处，希望掌管中国舰队或主力舰只，本来认为自己适合继任琅威理的职务，但最后的实际职务，远在刘步蟾之下，只限于协助李鼎新，而同时上舰的德国人汉纳根，却是提督丁汝昌的顾问，等同琅威理，泰莱对此自然内心甚为不满。[②]实际上泰莱长期在海关服务，与海军无关，只是为了替英国海军提供海战实例而来，而汉纳根则已在北洋水师炮台要塞建造服务多年，功劳卓著，两人实在不能相比，登舰目的更是大为不同。

---

① 日本海军军令部编，《二十七八年海战史》，东京水交社版，1905年，上卷，第六章，"黄海战纪"，第181页。

② 潘向明：《甲午黄海之役北洋海军缺乏炮弹说质疑》，《清史研究》，2009年2月第1期。

泰莱在甲午战争多年之后，于1929年出版了他的回忆录，对此次海战的陈述不免包含针对一些人事的责难。泰莱书中基本性错漏为数不少，如将十二吋炮径写为十吋、某些事件时间错乱等，又自抬身价，列为"定远"副舰长，虚假而令人质疑之处甚多，又是三十余年之后出版的作品，可信度自然偏低。更为严重的是，此书中的许多描述论断，出于个人目的，难免挟私报复，信口不实，影响到多年后论史者对北洋水师的客观评价。"定远"舰桥崩塌即为一例，在泰莱书中，是在舰桥上并立的丁汝昌和泰莱被"震飞"，"掷于空中"三十余尺，再"坠甲板上"，十分夸张，又暗示泰莱确为丁汝昌副手。位在丁汝昌之侧的汉纳根目击了事发过程，及时补上丁汝昌的空位，同刘步蟾一道指挥之后长达几个小时的海战，如果舰桥初战即已崩塌，此两人依理同样不能留在原地坚守岗位。

日本联合舰队在交战两个钟头之后，已经分为两部，第一游击队的"吉野"等带速射炮的快速舰只，继续打击另外几只"远"字舰，而本队的五艘日本主力舰（"三景舰"和"扶桑"、"千代田"）包围了"定远""镇远"两舰，使其不得火力支援右翼受围的友舰。此时如"定远"舰上的马吉芬所述，北洋水师阵型变乱，开始落到下风，作战艰苦而孤立，完全依靠各个舰只管带的指挥和毅力。[①]

中日两军各自面临自身的可忧境况，日本第一游击队对其他"远"字舰时占了上风，因为北洋舰只的防护装甲效用有限，面对"吉野"等舰的众多六时速射炮，必然以挨打为多，反击乏力。但日本舰队本队的境况却不太好，"三景舰"面对着"定远""镇远"两舰，十分吃力，难以一击成功。"定远""镇远"两舰未被冲散，一直保持队形，随日本舰队本队而向右旋转，始终以舰首巨炮炮火指向正前方的日本主力舰，十二时大炮在数分钟内连续击中旗舰"松岛"号，迫使其加速左转回避。"桥立"号早前于一点十分就已经承受过十二时炮弹一击，"海军大尉高桥义笃，同濑之口觉四郎，及下士一名被击毙，负伤七名"。[②]"平远"舰的五公分口径炮也曾击中"严岛"号，打中"前甲板下左舷

---

① McGiffin, P.N., "The Battle of the Yalu: Personal Recollections by the Commander of the Chinese Ironclad 'Chen Yuen'", *The Century Magazine*, August, 1895, p598.

② 日本海军军令部编，《二十七八年海战史》，东京水交社版，1905年，上卷，第六章，"黄海战纪"，第179页。

窗户，再打上甲板，……又一弹打中三十二毫米厚的炮台中部，主帐、水兵、火夫、厨夫十名亡，又火灾起，即时扑灭"。[①]至此时，"定远"舰上的刘步蟾和汉纳根，"镇远"舰上的林泰曾和马吉芬，坚持指挥各自舰只奋勇作战，又互相配合，并肩苦战不退，在"济远"舰逃走后，没有再出现精神崩溃或者胆怯撤退的现象。

在真实海战中，充分证明了日本海军拼尽全力购进的簇新战舰"三景舰"，仍然不是北洋水师80年代重型铁甲巨舰的对手，炮火威力或许相差不多，但最初购进"三景舰"时的急功近利，此时充分显露出来，法国人巨炮轻甲的新颖怪异设计，最终没有打败巨炮厚甲的"远"字舰。"定远""镇远"两舰的十二吋大炮，日军任何舰只都无力抵御，炮弹爆炸后极有可能造成重创，被迫退出战斗，或者干脆沉没。轻舰体的"三景舰"自然害怕遭受十二吋一炮，而它们拥有的巨炮，战时作用很小，基本上没有希望击穿"定远"两舰的厚重装甲。"三景舰"之外，第一游击队的领头舰"吉野"号同样装甲甚薄，不超过五吋，以致"济远"舰在丰岛海战中的一发八吋炮弹，都可以打穿"吉野"的甲板，直达轮机房。

日舰拥有的航速优势在前半段时有所表现，即插入北洋水师的偏翼，寻找弱势敌舰发动攻击，但在双方军舰陷入混战之际，航速再快也无法避免日舰冲入中间后，落入两面遭受炮击的情况，炮火火力和射速更为重要。航速快的另一个优势就是可以尽快从战场撤退，逃避炮火打击，但是在大口径舰炮射程达数公里以上的情况下，如无掩护或混乱战局，伤毁舰只势难轻易逃遁。

当两军分为两个组群厮杀时，"致远"舰在邓世昌的指挥下，经"定远""镇远"两舰之后，从左翼转到右翼，既屏障"定远"，又支援"来远""靖远"和"平远"，抵抗日本第一游击队，为此自身陷入"吉野"等舰和日本本队舰只的炮火之中，舰体倾斜。"致远"舰炮弹已尽，邓世昌在最后时刻提高航速，开足马力，尝试全力撞沉"吉野"或附近的日舰，但即使在"致远"舰完好无损的时候，它的航速（十八节）也不及"吉野"（二十三节），此时受创，航速更慢，"吉野"在避开时速射炮齐开，使"致远"舰在疾驶之中船身下沉，全舰官

---

① 日本海军军令部编，《二十七八年海战史》，东京水交社版，1905年，上卷，第六章，"黄海战纪"，第214—215页。

兵大部遇难，包括一直在轮机房里勤恳工作的管轮英国人余锡尔（Purvis）。如果邓世昌在"致远"舰丧失战斗力后，通知旗舰自己必须撤离战场，日后也许还有机会修复和重新装配枪炮，再出航行，但在当时的紧急战事之中，作为主力舰之一，邓世昌击沉敌舰心迫，大概没有时间考虑撤出海战这一艰难选择。

北洋水师的右翼情况告急，"致远"舰沉没，"来远""靖远"起火，损毁严重，"济远"已不见踪迹，三千吨的"经远"，一舰独立对抗日本第一游击队的四艘快舰，力战不退，管带林永升之后，舰上高级军官相继阵亡，在乏人指挥的情况下，"经远"舰仍然发炮回击日舰，避至浅水区，日本第一游击队的舰只紧追，"经远"舰坚持到整个海战的最后阶段，在对方速射炮的密集轰击下，爆炸沉没，船员几乎全部殉难。

此时北洋水师处于以四舰对九舰的绝对劣势，但各舰将领坚持不懈，拒不投降或逃跑，连续发炮回击，令已占优势的日舰仍然无法结束战局。损毁严重的"来远""靖远"两舰，在邱宝仁、叶祖珪的指挥下，组合作战，且战且退，撤到大鹿岛附近的临岸地带，占据有利地形，转身以舰首主炮面对追踪而来的第一游击队各舰。由于背靠岸边，日舰无法靠左右偷袭成功，生怕搁浅，也难以利用自己军舰侧面的多炮齐射，无形中减低了炮火威力，而北洋两舰以四门八时前主炮射击，抵消了对方中口径速射炮的打击力量。在此双方对峙之时，北洋两舰得以继续扑灭舰上一直不息的大火，"在轮机舱内，通风设备已坏，机师们在一片漆黑中接收舰上传下来的命令，但他们都坚守岗位，在华氏二百度的环境里连续工作达数小时。舰上大火被扑灭后，这些勇敢的人不少终生目盲，每个人都严重烧伤，甚至残肢。舰上没有手术师，所以这些人在海战中和返回旅顺途中，受尽身体剧痛的折磨"。[①]"来远""靖远"舰又紧急堵塞船体漏洞，恢复动力，使两舰仍然有望投入战斗。但它们能否幸存，在很大程度上取决于"定远""镇远"两舰的作战情况，如果那两舰失利，"来远""靖远"两舰几乎可以肯定全无生望。

只要"定远""镇远"两舰不投降或不沉没，北洋水师就有希望。

---

① McGiffin, P.N., "The Battle of the Yalu: Personal Recollections by the Commander of the Chinese Ironclad 'Chen Yuen'", *The Century Magazine*, August, 1895, p602.

经过一段时间的战斗，"定远""镇远"两舰上的官兵情绪逐渐稳定下来，虽然舰体损毁严重，人员伤亡惨重，但巨舰仍然不沉，敌舰火力不再如初期之可怕骇人，己方的火力也多次成功打击日军各舰，因此作为北洋水师的核心，"定远""镇远"两舰必然坚持下去。无法击沉眼前已经承受重大打击的敌舰，确实令日本官兵感到沮丧，不知发射了多少发炮弹，而且连续击中，却仍不见敌舰爆炸或沉没，大伤日军官兵的士气。无奈之下，日本舰队本队试图召回第一游击队，加入对"定远""镇远"两舰的围击。它们被迫离开正在顽强抵抗的"来远""靖远"两舰，让后者逃过一劫，有机会紧急修复和救伤整顿。

日本旗舰"松岛"号的情况实际上并不乐观，中方弱舰"平远"号之前就对其造成伤害，它打出的十时炮弹"击中十三时巨炮的炮座台，至其破裂，并手笃行少尉和四名船员受伤，三名鱼雷操作员死亡"，因炮弹没有爆炸而未能造成更大伤害。[1]至三点半钟，"镇远"舰打出的两发十二时炮弹又打中"松岛"，"炮弹爆炸弹片，或舰上火药被引爆，或是其他飞舞的物体碎片，导致舰上不少官兵非死即伤，仅这一次交锋，就有三十人当场死亡，另有七十人受伤"。[2]"松岛"号上，"舰体倾仄，白烟暴腾，四边朦胧，舰内火灾起，五时炮多数亦损害，炮具、附属具及发射电池、电缆等，破坏粉飞，海军大尉志摩清直，海军少尉伊东满嘉记以下，二十八人战死，舰队军医长海军军医大监河村丰洲，海军少尉岗千代松，海军少尉候补生大石馨以下，六十八人负伤"。[3]

"松岛"舰仅未漏水下沉而已，急需紧急灭火修补，及补充舰上战斗人员。更为严重的是，这艘"三景舰"上的唯一一门十三时巨炮，已经因炮台破裂而无法操作，之前特意设计的火炮威力大减，旗舰与普通炮舰无异，只有被动挨打，击沉"定远""镇远"两舰的机会更为渺茫。在双方主力舰拼力互搏的过程中，"松岛"号首先不支，伊东祐亨

① Suzuki, S, *The Surgical History of the Naval War between Japan and China during 1894-1895*, Tokio Printing Co., Tokio, 1900, republished by Forgotten Books, 2014, p6.

② Suzuki, S, *The Surgical History of the Naval War between Japan and China during 1894-1895*, Tokio Printing Co., Tokio, 1900, republished by Forgotten Books, 2014, p6, p7.

③ 日本海军军令部编，《二十七八年海战史》，东京水交社版，1905年，上卷，第六章，"黄海战纪"，第206页。

被迫发出"各舰随意行动"的信号，让"桥立"号承担起旗舰责任，于四点钟之后脱离战场，其他舰只尾随。

在日本联合舰队已经放弃交战时，北洋水师的"定远""镇远"两舰仍然拥有作战能力，实属幸运，但刘步蟾等将领不甘就此罢手，迄今尚未真正击沉敌舰一艘，因此展开追逐，虽然速度不及，还是紧随日舰之后。行驶三海里后，"松岛"舰看到摆脱不掉，又调转舰首，再召集在外的第一游击队，与"定远""镇远"两舰再次交火。此时"定远""镇远"两舰尚有主炮炮弹，各约二十余弹，可供一战，但交战半点钟后，六时口径的火炮基本用尽炮弹，陷入哑火。"定远""镇远"两舰的十二时主炮，只能间隙性地发炮，节省炮弹，而且都是穿甲钢弹，开花弹已经用尽，因此只够勉强周旋，无法再重创日舰。[①]灭火堵漏后的"来远""靖远"和"平远"，虽然遍体鳞伤，仍然不畏作战，此时主动来与旗舰会合，"修竣归队"，加上尚存的鱼雷艇，前来参加下一阶段的战斗。

双方舰只互射，战到五点过后，"松岛"号上的伊东祐亨确认始终无法击沉"定远""镇远"两舰中的任何一艘，徒费功夫，只得召集其他日舰，再次转向，于五点四十分，向第一游击队发出了"复归本队"的信号，显示战事结束，退出战区。[②]日舰向南方驶去，充分利用舰只航速，最终摆脱了北洋水师的缠扰。"定远""镇远"两舰在长达五个小时的激烈海战中，战到各炮炮管都已打空，每舰只剩三发十二时大弹，马吉芬等不敢轻易发射，一旦无效，这两艘钢铁巨舰将如同空手平民，任人宰割。[③]

结束这一艰难惨烈的海战，"为地球各国海战向来罕有之事"，北洋水师幸存各舰，在旗舰率领下，聚集鸭绿江口的余船，成队列驶回旅顺港口基地，沿途时有零星日舰骚扰，但再无被敌人偷袭或聚歼的危险，因为日本联合舰队也已战至无力可战，到第二日才回到交战海面，趁机发射鱼雷，将已经搁浅烧残的"扬威"号彻底击毁，以防清军之后有机会拖救修复。返回旅顺之后，北洋水师需要一定时间修复备受敌人

---

① McGiffin, P.N., "The Battle of the Yalu: Personal Recollections by the Commander of the Chinese Ironclad 'Chen Yuen'", *The Century Magazine,* August, 1895, p601.

② 日本海军军令部编，《二十七八年海战史》，东京水交社版，1905年，上卷，第六章，"黄海战纪"，第219页。

③ McGiffin, P.N., "The Battle of the Yalu: Personal Recollections by the Commander of the Chinese Ironclad 'Chen Yuen'", *The Century Magazine*, August, 1895, p601.

炮火蹂躏的残存舰只。"来远"舰返回港口时，舰上甲板已被炮火扫空无存，船的后半部在屡遭大火之后，暴露出底下无数的梁柱，看似正在建造中的新船龙骨架，难以立足。在如此严重的损毁状态下，它的船员竟能坚持将船自行驶回港口，令人对他们的坚毅顽强感佩不已。"镇远"舰的照片，则显示了舰体上如同蜂窝一般的炮弹弹孔和深洞，竟然没有打穿。旅顺港内的修复工作，预计"定远"舰要用八日时间，"镇远"二十日，"济远"十日，"靖远"八日，"平远"六日，而"来远"用了两个月。①

大东沟海战当时战平，但日本联合舰队报告本国政府，获得大胜，击沉北洋水师主力舰只四艘，重创其他舰只，伤亡千人，而自己一舰未失，按一般标准判断，日军大胜无疑。而海战真实情况，是两支舰队均无法取胜，最后各自离开战场。日军各舰本来损毁伤亡不少，但他们更加善于掩饰，尽快修复，如遭受重创、已无作战能力的旗舰"松岛"号，被伊东祐亨放弃，指挥台人员全部转到充任旗舰的"桥立"号上，下令"松岛"号尽快驶回东港抢修。②马吉芬也认为，"可以肯定的说，日方损失远比他们所声称的要大得多。他们尽可能以最快的速度修补受损的舰体，用涂色的帆布挡住弹孔，巧妙地避免向外国人展示最严重的损伤之处，以致人们无法准确评估日舰的战损情况。与此相反，中方舰只在旅顺港进行维修的时候，允许众多外国人前来随意参观检视"。③

北洋水师被击沉的"超勇""扬威"两舰，本来就属于被置于二线、巡弋近海或被淘汰的舰只，不算重大损失，但速度最快的"致远"舰因沉没海中而无缘修复再战，三千吨的"经远"舰被击沉，对大东沟海战后的北洋水师影响最大，"定远"两舰因此而缺乏侧翼保护，出航时面临着敌舰逼近炮击和鱼雷施放的严重威胁，因此畏于出海再战。之前一向被轻视的"平远"舰，在管带李和的指挥下，表现出色，连续打击"三景舰"各舰，充分发挥了护卫主舰、助攻敌舰的预定作用，减轻"定远""镇远"两舰的压力。北洋水师需要数艘这一类型的中等战

---

① 日本海军军令部编，《二十七八年海战史》，东京水交社版，1905年，上卷，第六章，"黄海战纪"，第258-292页。

② 戚其章：《甲午战争史》，上海人民出版社，2005，第144页。

③ McGiffin, P.N., "The Battle of the Yalu: Personal Recollections by the Commander of the Chinese Ironclad 'Chen Yuen'", *The Century Magazine,* August, 1895, p603.

舰，但失去"致远""经远"舰后，舰队构成变得更加困难。本来这一近代最大规模的海战，充分展示了"定远""镇远"两舰厚甲巨炮的强大威力，打掉日本人之前对"三景舰"抱有的强烈信心，两主力舰对日本舰队的威胁，同1886年和1891年时相比，并未稍减，但北洋水师舰只数量的减少，令其凑不起舰队基本战力所需规模，对这两只巨舰来说，相当不利，也让李鸿章和丁汝昌更加不愿轻易将它们放出外海，与日军再在海上交锋。

李鸿章在海战之后，紧急寻求获得更多战舰，补充北洋水师。早在正式开战之前，李鸿章就秘密电告清朝驻英国公使龚照瑗，"海军快船速率过少，英厂如有制成新式快船，多置快炮，行二十三四迈，望密访议购价若干，趁未决裂前，送华，迟则无及"。[1]此时李鸿章已从朝廷拿到大笔拨款，但确实已为时过晚。李鸿章之后向佛里曼特将军询问，英国远东舰队旗舰"百夫长"号售价几何，如果卖给清朝北洋水师，佛里曼特将军是否愿意一同过渡，继续指挥该舰，参加同日本舰队作战。佛里曼特将军对此深感意外，无以回复，作为英国海军将领，只听从英国政府的命令，并无受雇于外国政府的意向。在场的英国领事事后向佛里曼特将军证实，李鸿章并非开玩笑，对此事非常认真，也许是试图重现当年雇用英国军官戈登的前例，再加上当时英国远东舰队最好最新的万吨军舰"百夫长"号，方有可能打破日本舰队的海上优势。[2]

这些紧急关头的努力，难收实效，西方各国以中立为名，禁售军舰至华，加入对日战争。

"龚使虞电，瑗以办船屡议不成，奉旨申饬，不胜惶恐，欧洲各国守局外，例示禁买卖兵轮后，南美国如阿坚廷、智利，屡议售兵轮，临画押毁议，……已购阿轮，议定借旗包送华，适日购兵轮，于英未出禁示前开行，行至亚丁，被英扣留，凡兵轮出口，英查甚严。包送阿轮，行主毁前保约，……至今仍未开行。……现办船事，系违欧洲禁例，出卖包送各主，朝议夕毁，无从理论"。[3]

---

[1]《李文忠公全集》，"电稿"，卷十六，"寄伦敦龚使"，光绪二十年六月十四日午刻。

[2] Sir Edmund Robert Fremantle, *The Navy as I Have Known It, 1849-1899*, Cassell, London, 1904, pp423-424.

[3]《李文忠公全集》，文海出版社，台湾，1980 "电稿"，卷十八，"寄译署"，光绪二十年九月初九日巳刻。

由此看来，佛里曼特将军拒绝李鸿章的请求，就不是偶然的了。

北洋水师首次参加近代海战，损失惨重，却并非全败，"诸华舰颇能如余之意，直至药弹罄尽，日舰亦已无弹可系"，双方各自发挥了最佳作战水准。[①]水师官兵普遍奋勇参战，视伤亡如归，"当时船上弟兄们劲头很足，都想跟日本人拼一下，没有一个孬种"。[②]北洋各舰官兵之作战勇敢情形，马吉芬以其亲身经历提供了具体实例。"'镇远'舰上一门十二吋巨炮的炮长，正在瞄准敌舰时，一发炮弹削去他的头颅，头骨碎片波及其他炮员，他们并不为所动，最近一人镇静如常地接住炮长的尸体，转给身后之人，迈前一步，递补死去的战友，抓紧火炮拉火绳，重新瞄准，发射火炮"。"'镇远舰'上一名炮员的弟弟，还是个孩子，被他从威海卫的家乡带到舰上。开战后，他在炮台后面以擦拭等各种方式尽力帮忙，他的中尉哥哥受伤之后，他帮助船员把哥哥搬到下舱，包扎伤处，自己又回到炮位上，继续工作。海战结束后，这个孩子很幸运地没有受伤"。"'镇远'舰的前甲板上发生大火，一名军官召唤船员随他出前灭火，当时'镇远'舰正处在三艘日舰速射炮的密集炮火弹雨之下，去前甲板灭火几乎等于送死，但船员们积极响应，随该名军官出外执行灭火任务，回来时无人不受弹伤"。[③]马吉芬客观公正地指出，虽然日舰官兵作战同样勇敢，受到西方人的称赞，但他们的作战条件决然不同，日舰遭受轰击和发生大火的比例更低，如果处在北洋舰只官兵身临速射炮和大炮弹如雨下的作战环境中，日军官兵的作战效率和坚守岗位的勇气才会真正受到考验。

马吉芬以他的亲身战场经历，表达了与许多西方人不同的对清朝海军的看法。他在此战中遭受的主要伤处，是严重脑震荡和头部的一块弹片，所以战后照片中他的头部几乎被绷带包满，日后回到美国也必须做复杂的脑部手术，但变成盲人和神经疼痛不可遏制，令其无法忍受，

① 林乐知（Young John Allen）、蔡尔康：《中东战纪本末》，图书集成局印，1896年，见《台湾文献汇编》，九州出版社、厦门大学出版社再版，卷七，"德汉纳根军门语录"，第226页。

② 戚其章：《北洋水兵忆甲午海战：日舰逃走，我舰追之不及》，《北洋舰队》，山东人民出版社，1981，"来远"舰水兵陈学海口述。

③ McGiffin, P.N., "The Battle of the Yalu: Personal Recollections by the Commander of the Chinese Ironclad 'Chen Yuen'", *The Century Magazine*, August, 1895, p602.

最终用手枪自杀。①

大东沟海战之后，李鸿章按例向清朝廷汇报，并对参战水师将领处以奖罚，"拟请旨将邓世昌、林永升照提督例，陈金揆（"致远"大副）照总兵例，交部从优议恤。……'超勇'管带黄建勋，'扬威'管带林履中力战捐躯，同堪悯恻，拟请旨各照原官升衔，交部从优议恤"。②与此同时，北洋水师对在其舰只上服役的洋员做出特别处理，以酬报这些与中国海军官兵共同苦战的西方人士：

"总理衙门电开：本日奉旨：洋员汉纳根在海军当差，教练有方，此次大东沟之战，奋勇效力，深堪嘉奖，加恩赏给二等第一宝星，以示鼓励，钦此。……此次海战，洋员在船者共有八人，阵亡二员，受伤四员。该洋员等，以异域兵官，为中国效力，不惜身命，奋勇争先，洵属忠于所事，深明大义，较之中国人员，尤为难得……

"兹据丁汝昌及汉纳根开单呈请具奏前来，臣复加查核，所有单开之阵亡之定远管炮洋弁尼格路士（Nicholls）、余锡尔（Purvis）二员，拟请按照西国章程，给予三年薪俸，以示体恤。其力战受伤之总管镇远炮务德员哈卜们（Heckman），拟请以水师参将用。帮办定远副管驾英员泰莱（Tyler）、帮办定远总管轮德员阿璧成（Albrecht）、帮办镇远管带美员马吉芬，均拟请以水师游击用。该四员并请赏戴花翎，给予三等第一宝星。……

"汉纳根本有花翎总兵衔，此次在船督战，尤为出力，可否并请赏加提督衔，以示优异。……以上洋员所请奖恤，如蒙俞允，应请特旨宣示，愈足坚其效力用命之忱。"③

马吉芬在大东沟海战后，伤势过重，头上包满绷带，严重脑震荡，失去视力，但短期恢复之后，他仍然尽力协助丁汝昌和北洋水师，积极出外探测敌情，并陪同丁汝昌将舰队撤至威海卫。"马吉芬于十一日带北河英旗船，往旅探信鸿，强而后可，现尚未回，该船主

① 林乐知（Young John Allen）、蔡尔康：《中东战纪本末》，图书集成局印，1896年，见《台湾文献汇编》，九州出版社、厦门大学出版社再版，卷七，第229-230页；照片见：McGiffin, P.N., "The Battle of the Yalu: Personal Recollections by the Commander of the Chinese Ironclad 'Chen Yuen'", *The Century Magazine,* August, 1895, p598.

② 《大东沟战状折》，《李文忠公全集》卷79，光绪二十年九月初七日。

③ 《海战请奖恤西员片》，《李文忠公全集》卷79，光绪二十年九月二十三日。

胆气尚好"。① "据美教习马吉芬禀，该国水师官函告，倭前数日派雷艇在烟台宁海州之间量水，有拟于此处进兵之说"。②

毕竟马吉芬的身体状况正在恶化，已经无法再上舰服役，接受清朝政府的嘉奖之后，他被迫离开了北洋水师和中国，返回美国疗伤，在纽约住了两年左右。直到他的生命最后时刻，马吉芬都自认是中国海军的一员，特意提到之前北洋水师将领先后在战败后自尽的例子，包括他所敬仰的水师提督丁汝昌，并自嘲不会向中国人学习，但他最终决定自绝离世，看来还是受到自己曾在中国海军服役十年的潜在影响。③

对于北洋水师竟然在大东沟海战中损失多舰，中外人士多有评论，而认为他们败于弹药不足的，不在少数，其中以英国人泰莱（Tyler）的解释最为奇特，据他说出战舰只上的十二吋巨炮，只有三枚大弹可用，其余均是练习弹，外加各中口径炮弹，巨炮无用，因此无法击沉日舰而战败。④由于这一海战持续了五个小时之长，"定远"两舰的十二吋巨炮久不发射，基本上是不可能的，没有它们的火力支持，北洋其他各舰理应都没有存活的机会。如果按照泰莱所说，那么在"定远""镇远"舰发射海战首炮时，就已打出一发，加以校正后再次发射，已是两发，此后一艘巨舰只剩下一发大口径炮弹，之后的海战过程中应该完全不可能再行开炮，这实在是不可想象的情形，绝不可能符合战场事实。

按照日本人战后搜集的记录，仅"西京丸"号和"赤城"号在清军阵中乱窜时，就承受了中方舰只发射的五枚十二吋巨弹的打击。⑤由英国有关机构1895年发表的《海军年鉴》所提供的数字，"定远"两舰一共发射了六吋炮弹268枚，十二吋炮弹197枚，若加上保留到最后一刻的三乘二枚，每艘巨舰上原应保有大弹各一百枚。⑥最后三发十二吋大弹，大概就是不负指挥责任的泰莱所指的"三发大弹"，但这已是海战

---

① 《寄译署督办军务处》，《李文忠公全集》卷18，光绪二十年十月十三日巳刻。

② 《寄译署》，《李文忠公全集》，光绪二十年十月二十日戌刻。

③ "Captain McGiffin's Suicide", *The New York Times*, February, 12, 1897.

④ 潘向明：《甲午黄海之役北洋海军缺乏炮弹说质疑》，《清史研究》，2009年2月第1期。

⑤ 日本海军军令部编，《二十七八年海战史》，东京水交社版，1905年，上卷，第六章，"黄海战纪"，第191—192页。

⑥ 日本海军军令部编，《二十七八年海战史》，东京水交社版，1905年，别卷，第一章，"英国人评论部"，第136页。

五个小时之后的情形，情有可原，并不奇怪，马吉芬的原意是在海战临近终结时，防备日舰再行折返和反扑，以免在危急之时手无寸铁。只因日后指责北洋水师腐败、将领无能的议论颇多，炮弹严重缺乏到每舰只带三发大弹出海一事，就被视为导致海战失败的一个主要原因。

围绕大东沟海战，身为英国远东舰队司令的佛里曼特将军，时常被当作最直接的当事者，对这一海战作出专业评价。佛里曼特将军实际上并没有亲自率领舰队，前往旁观中日海军在大东沟发生的海战，他自己一直在芝罘（烟台）和朝鲜济物浦（即仁川）之间乘船往来巡查，听说9月17日发生大东沟战役，立即驱船赶往济物浦，所得到的信息都是传言。整个英国远东舰队都不在中日海军交战的海域，其中最接近开战海域的是炮舰"红雀"号，只是在18日才遇到结束作战而归的日本军舰，随后向佛里曼特将军报告，日本舰队刚刚进行了一次海上军事行动。所以佛里曼特将军本人根本没有可能就近实地观察大东沟海战，他自己也承认，没有任何一只他手下的英舰在现场目击了中日海战过程。[1]

佛里曼特将军本人没有可能对战役进程作出详细描述和准确评价，他只是根据交战之后的各种汇报和战果而发表自己的议论。后来所谓的"英斐利曼特而水师提督语录"，据说是外国记者战后采访这位回国的将军，汇总概而言之，再由美国传教士林乐知和华人报人蔡尔康编译，列在《中东战纪本末》一书中，似乎更多地是为了配合战后时期促进国内变法活动的需要。《中东战纪本末》里面的信息，大多来自《万国公报》这一教会性质刊物的报道，内容相当庞杂混搭。该书的大量篇幅用在林、蔡两人自撰的时政讨论上，即使如所谓"英琅威理军门语录"，同样是由林乐知"口说"，等于是他为琅威理写的小传，史料价值有限。虽然佛里曼特将军赞赏日本军队的职业化、战场纪律和忍耐力，但他直率地认为，日本毫无疑问的是这场战争中的侵略者。对于伊东祐亨最初采用的战阵，佛里曼特将军认为基本上就决定了整个战役的走向和日本舰队的胜算，但同时也承认，日军根本没有想到他们所有的军舰都对"定远"两舰毫无办法，只得强行苦战，否则早已大获全胜。[2]

① Sir Edmund Robert Fremantle, *The Navy as I Have Known It, 1849-1899*, Cassell, London, 1904, p436.

② Sir Edmund Robert Fremantle, *The Navy as I Have Known It, 1849-1899*, Cassell, London, 1904, p427, p437.

　　北洋舰队在这一充满偶然性的海战中，与日本联合舰队战成平手，虽然损失了几艘战舰，但在保持主力舰的同时，重创数艘日舰，几乎有可能获胜。速射炮和巨炮重甲的作用，在这一大规模海战中充分显示出来。战事发展确定无疑地证实，北洋水师基本上依靠主力重型铁甲舰"定远""镇远"，只要炮弹充足，指挥不乱，即可击沉日本联合舰队的大部分舰只，不需其他舰只的支援和加入。这两只主力战列舰坚持作战到最后，即使舰体中日军大弹约四百发，速射炮中小弹无数，却并无致命损害，无碍其作战和反击，依靠重甲和巨炮逼退敌军，充分展示了清朝廷赋予其"定""镇"称号的使命，保住北洋舰队不致一败涂地。

　　日后西方各国从此次海战和"定远""镇远"的突出表现中得到重要启示。即便北洋水师遭遇挫折，损失舰只，但制造"定远"两舰的德国人，却感到无比振奋，因为德国驻日公使收到日本海军的战役报告，其中对他们的大炮打不沉的、由德国人制造的重型装甲舰，评价极高。[①]事实证明，新兴工业军事大国德国制造的巨型战舰，胜过了中国、日本舰队中的英造、法造战舰，无可比拟。日本之前尽全国之力建造的"三景舰"，以中等吨位的战舰承载与"定远"舰相同的巨炮，证明并非对手。其实当时的法国设计师也趋向于以巨舰装甲配巨炮，只是日本海军经费不济，连试验巨炮的火药量都受到限制，所以法国人只得修改为以中型舰配巨炮来对付，结果吃亏在装甲上。

　　所有日舰火炮发射的炮弹，都只能在"定远"两舰十四吋的厚甲上，打到五吋深度，再也无缘击穿。[②]日舰打到这两艘巨舰水线部的两百枚炮弹，它们的装甲带都承受住了，日本人和英国人日后总结出的重要经验，就是装甲保护的必要性。[③]虽然战后两舰均千疮百孔，仍然浮于水面，行动自如，安全返回港口基地。"定远""镇远"久击不沉，令同样顽强奋战的日本海军官兵懊恼不解，近十年以来击沉"定远""镇远"的强烈愿望落空，十分丧气。最后伊东祐亨下令撤退，也是因

　　① Eberspaecher, C., "Arming the Beiyang Navy: Sino-German Naval Cooperation, 1879-1895", *International Journal of Naval History,* Volume 8, Number 1, April 2009.

　　② Rawlinson, John, *China's Struggle for Naval Development, 1839-1895,* Harvard University Press, 1967, p185.

　　③ 日本海军军令部编，《二十七八年海战史》，东京水交社版，1905年，别卷，第一章，"英国人评论部"，第152页。

为看到几个小时的轰击，都无损"定远""镇远"两舰，"松岛"失去作战能力后，其他"三景舰"或快速战舰更加不是北洋两艘主力舰的对手，空耗炮弹，拖下去自己的舰队还可能遭受意外损失，就此收手为上。

19世纪末的海军海战权威，"海权论"的作者马汉（Mahan），对中日大东沟海战作出了客观专业的评价。[1]进攻仍然是最好的防御，速射炮的作用是有效压制和打击船上人员，令其难以正常操作和反击。日本五艘军舰的数十门速射炮，在与两艘北洋舰的八门十二吋巨炮的对抗中，占了上风，因为后者没有速射炮的支持，承受着人员伤亡和火灾损坏的巨大压力。即使是最勇敢的士兵，在枪林弹雨之下，也难于达到平常训练时的战斗水准。但与此同时，速射炮是无法击穿巨舰装甲的，而"三景舰"上特意装配的十三吋巨炮，发挥作用有限，最后结果是两艘巨舰胜过五艘军舰。由此而来，速射炮对付船员有效，而巨炮仍然对付舰只有效，两者合理搭配，才有获胜希望，避免更大的损失。按照马汉得出的这一结论类推，北洋水师应该采取的更为有效的办法，就是在"定远"类的厚甲重炮舰上，加装新式速射炮，原有的四门两吋速射炮，因老旧而射速不够，杀伤力也大不如日舰上的五六吋炮，需要更换，让它们起到压制对方炮火和杀伤敌舰官兵的目的，而由重炮去发挥击沉敌舰的关键作用。速射炮与大口径主炮的关系，相当于轻型护卫舰同航空母舰的组合功用。

马汉认为大东沟海战并不是一场日军获得的决定性胜利，因为北洋水师毕竟完成了它的主要作战任务，将四五千人的清军部队输送到朝鲜战场，支援陆军将领。遭遇战之后，北洋主力舰犹存，沉没的那些军舰对舰队整体来说无关大局，水师最后的失败仅在于事后因误判而失去了对海域的控制。衡量了攻防两边的各种因素，马汉仍然认为炮弹未能击穿"定远""镇远"两舰的厚重装甲，是最值得关注的海战经验，在战场上，装甲的实际保护作用，远远超过来自训练场上的测试结果所示，而火炮穿透力的正式公布数据，一般都得不到实战结果的证实。在真实的大东沟海战中，两艘共一万五千吨的装甲舰只，成功地抵抗住了五艘合共两万吨的半装甲舰只，最后还是装甲击败了火炮，不管是速射炮或是重炮。[2]

汲取这些宝贵的首次蒸汽装甲舰海战的实战经验之后，西方列强海

---

① Mahan, A.T., "Lessons from the Yalu Fight", *The Century Magazine*, August 1895, pp629–663.

② Mahan, A.T., "Lessons from the Yalu Fight", *The Century Magazine*, August 1895, pp629–663.

军逐渐放弃了对快速小吨位舰只的追求，如英国海军元帅费舍尔，就非常推崇和极力推行"大炮巨舰主义"（all big gun battleship）。[①]英国等国海军趋向于建造配备大炮的巨舰，加大排水量和主炮口径，加厚装甲，以维持海上不沉的堡垒。英国在面对日本一万两千吨的"富士""八岛"舰时，随即投入了"胜利"号（Victorious）战列舰，排水量达到一万五千吨，1898年来到远东，取代"独断"号，成为英国舰队的新旗舰。它同"定远"舰一样，装配四门十二吋巨炮，指挥塔和炮位的保护装甲达十四吋厚，三十六公分。"胜利"号战列舰属于英国的"君王"级（Majestic），同级战舰英国人一口气造了九艘，借此称霸各洲大洋，直到第一次世界大战结束时才略显过时。这可以证明，巨炮厚甲的海军传统，在大东沟海战之后，由各国海军继续保持，并且一力发扬光大下去，直到航空母舰的出现。

七、北洋水师在威海卫覆灭

北洋水师仍然有能力再战，最低限度有能力护卫渤海门户。丁汝昌在大东沟海战后，受海战失败的消极影响，更加跟随李鸿章的"保船"策略，据守各个港口基地，避开与日本舰队的直接对阵。[②]更为不幸的是，北洋势力集团的首脑李鸿章在此役之后丧失战意，试图保持实力，下令让北洋舰队退缩在旅顺港和威海卫港内，不再发挥海军在战争中的重要作用，坐视日本船队将大批日军运往朝鲜和辽东的战场，多达数万人，未加阻止，从而间接地增强了日本陆军的攻击力，击溃清朝陆军的有限抵抗，之后北洋舰队也难逃坐以待毙的命运。甲午战争归根结底败在军事决策和战役指挥上，丧失了洋务运动后期艰难积累起来的清朝军队实力。

幸存的北洋水师舰只在旅顺港内修理整顿，北洋水师在大东沟海战后，恢复生机的机会，就是在旅顺港修复和加装武器，以利再战。但日军很快组织了第二军，陆军大臣大山岩大将亲自担任军长，计划在辽东半岛庄河附近的花园口登陆，以占领北洋重镇旅顺，以往十几年来重点

① Smith, C. and Wise, M., *Energy and Empire: a Biographic Study of Lord Kelvin*, Cambridge University Press, 1989, p793.

② 范书义：《李鸿章传（修订版）》，人民出版社，2004，第386页。

经营的军港，也是北洋水师有望复生再战的地点。最初北洋水师舰只，要到香港甚至日本长崎入港维修，英军远东舰队一万吨的旗舰"决断"号，也在香港船坞维修，"定远""镇远"两巨舰必要时也在那里使用船坞港口设施。旅顺军港建成后，北洋水师的这两艘巨舰可以就近在旅顺修理、改装加装武器。所以这是一个重要的军事目标，也是日军在朝鲜战事初见眉目时，就有意夺取的地方。旅顺军港防卫的重要性不言而喻，但它的缺点是离中朝边境太近，容易受到朝鲜战事的影响，在日本第一军已经攻占平壤和逼近中朝边境时，旅顺军港要塞的后路威胁迅速加大，令北洋水师背后受敌，而北洋陆军方面的抵抗力已经不足为恃。

　　日军依靠运输船队于9月24日将第二军运送到花园口附近准备登陆，由于北洋水师舰只在修，日军四十多艘的船队不受干扰地航行到目的地。登陆地点大致在大连市和中朝边境的丹东市中间，选择地点合理，等于将辽东半岛切为两半。这里正好位于边境地区清军的背后，离金州和旅顺军港又不太远，当地防卫能力极其薄弱，并无成规模清军驻守，因此日军旁若无人地进行登陆活动，一周之内第二军的作战部队登陆完毕。日军此时开始掌握到近代海军打击力量的精髓，自己选择登陆和作战地点，对方地面部队无法处处设防，攻方优势明显，特别是在北洋水师整修和避战的情况下，日军的长途奔袭和登陆行动，类似于英法联军直接北上攻打大沽天津的战例。

　　李鸿章对旅顺面临的危局，曾于日军登陆当日，详细电令指示丁汝昌，"平远、广丙、济远、靖远四船，务于十日内修好，在威旅附近游巡，不然日知我无船，随意派数船深入，到处窥伺，若再护运兵船长驱直入，大局遂不可问，切勿迟误。四'镇'炮船无伤，应令同两大雷艇在口外附近巡探，略壮声势，未便置之不问"。[①]"定远""镇远"两舰当时还在整修中，为水师第一要务，只得以其他舰只出巡，对辽东半岛中部日军的登陆行动，并无甚至是间接的威胁。军舰修复是当务之急，"汉纳根、马船主及管轮洋人皆谓，定镇择要修理，如炮台等，其木板舱房各件可缓，则数日便能出海，此二船暂往来威旅间。日运兵二万，或旅顺左右各岛，或山海关一带，上岸滋扰。若刘步蟾等借修理为

---

　　①《李文忠公全集》，"电稿"，卷十七，"寄旅顺丁提督龚道"，光绪二十年八月二十五日巳刻。

宕缓，误我大计，定行严参"。①李鸿章强调的是海军，修复之后有望骚扰截击日本舰队船队，以此减轻日军登陆的威胁。

北洋陆军各部在朝鲜战场和边境各场对敌，连续失利，令李鸿章对他们不再抱太大信心，退败之后调兵更为捉襟见肘。"迭接龚使照瑷电称，英法水师屡电，日欲由大连湾旁登岸，抄袭旅顺，而大连湾仅有赵怀业六营镇扎刘盛休原防，殊嫌单薄，因救正定镇总兵徐邦道，添募三营，合之原带马队炮队各一营，乘轮船东渡，会同赵怀业妥为布置。盖大连湾尤为旅顺紧要后路，互相掎角，湾防不守，则旅防可危，不得并力于此，实无余力分扼他处"。②对于日军在花园口登陆，李鸿章采取行动已为时过晚，只有退居守势，期望陆军各部能够至少迟缓日军的地面进攻，"各国探报均称，日派大队分路北犯，尤注意金州各岛左右，欲窜旅后路，毁我船坞，实在意中，各炮台需昼夜分班瞭望严守。宋帅前所布置长墙土炮台，令姜、程分队设守，一面督新勇勤操枪炮手法准线，以备急用。目下无队可添，惟赖诸将同心努力"。③

对于这些指示和提醒，旅顺和辽东半岛驻防清军实在无法认真执行，各地防务形同虚设，兵力严重不足，既然李鸿章已点明增兵无望，离他们最近的盛京将军府下，也无兵可调，这些地方将官只图自保，主动退居紧邻大连的金州，令登陆后拥兵两万五千余人的日本第二军长驱直入，大举推进，11月2日前锋抵达金州北方。

此时由天津调来旅顺驻防的正定镇总兵徐邦道，四川涪陵人，在援军无望的情况下，率所部拱卫营和其他匆忙募集的两营，由旅顺防地前出到卡住旅顺、大连狭窄入口处的金州，防守石门子，组成抵御日军的第一道防线。11月2日双方发生首次前哨战，旅团长乃木希典随后亲自率队发起进攻，清军利用地形工事和现有枪炮，顽强拒守，将其击退。然后日军转攻台山等地，用炮火猛轰，激战到6日，清军面临退路截断的危险，被迫放弃山头阵地和金州城，退回旅顺。徐邦道的金州防卫之战，仅得到辽东半岛其他驻军的有限协助，连紧挨金州的大连湾守将赵

① 《李文忠公全集》，"电稿"，卷十八，"寄旅顺丁提督龚道"，光绪二十年九月初四日午刻。

② 《李文忠公全集》，"电稿"，卷十八，"覆译署"，光绪二十年九月十七日辰刻。

③ 《李文忠公全集》，"电稿"，卷十八，"寄旅顺黄张姜程各统将并丁提督"，光绪二十年九月初一日已刻。

怀业，都只派少量部队（二百人）前赴金州的徐邦道属下，而手中为数不少的大炮却无所用处。[①]失去金州，旅顺军港就此后路大开，11月8日，丁汝昌按照李鸿章的命令，准备起航，13日开始率北洋剩余舰只驶离旅顺港，前往威海卫，形同避难，而不是去增援陆军和阻击日本海军。

威海卫在中日开战之后，聚集了李鸿章属下能够调集的军队，达十六营，[②]保卫威海卫和北洋水师舰只的责任和将领表现好坏，也在李鸿章的权力之下，都属于淮军系统，虽然防地在山东省，但只听李鸿章的指挥调动。威海卫的炮台系统，复杂精密，有机相连，互相掩护，部署克虏伯和阿姆斯特朗大炮，威力可观，由汉纳根当年精心设计施工而成，再加上水面布雷，防御来自港外的敌方力量，力量足够强大。"当时威海两个口子把守得很严实，都拦上了铁链木排，上有浮雷，下有沉雷，要是没有人引路，日本人插翅膀也别想飞进来"。连后日英国远东舰队司令佛里曼特将军的下属进港面见丁汝昌时，都要由水师的"镇北"船引航。[③]但汉纳根早已对威海卫的后路表示担心，炮台后面的防御设施，即由淮军陆上部队控制的周边山脉和防地，不属于水师管辖，非港内炮台和舰只人员可以掌握。因此北洋水师的生存与否，在于周围的守卫部队。

按照李鸿章"保船制敌"的策略和指示，丁汝昌将北洋水师的剩余舰只由旅顺移往渤海对面的威海卫，包括已经修复的"定远""镇远"两舰，以避开日本第二军即将发动的南下攻势。这两艘日本海军的主要击沉目标，不再对日军构成威胁，水师余舰停在威海卫港口中，局势无望，危机恶化。

汉纳根在大东沟海战后，不再愿意在舰上服役，留在李鸿章身边充任顾问。他与清朝政府的矛盾益见加深，提出的要求建言得不到满足，其中整顿清军水师、购买新船快炮，建立十万新军等，战时极难做到，甚至缓不济急，因得不到朝中和承办官员的支持而作罢。另外，汉纳根本人的待遇也成为一个问题，"据德（璀琳）税司称，汉纳根为人信服，惟以船上无用弁兵甚多，极为难处，非奏派汉以提督衔，任海军副

---

① 王彦威纂辑：《清季外交史料》，书目文献出版社，北京，1987，卷一〇一，第十三、第1737页，"盛京将军裕禄奏"，光绪二十年十一月初七日。

② 戚其章：《甲午战争史》，上海人民出版社，2005，第293页。

③ 戚其章：《北洋水兵忆甲午海战》，"来远"舰水兵陈学海口述。

提督，赏穿黄马褂，不肯再上船。大鹿岛之战，虽赖汉出力，特旨已赏二等第一宝星，未便再奏"。①

北洋水师实在找不到洋员出任水师总查这一重要职位，惶急之下，李鸿章选择甚少，不免任命非人，将略有海上行船经验的英国人马格禄（Mclure）摆到海军总教习位上，"顷札派马格禄帮办北洋海军提督，帮同认真办事，若遇海战，务奋勇御敌，月薪三百两，战时加倍，受伤阵亡，照各洋员一律。明日乘北河赴威，即传谕各管驾以下员弁，谨受指挥"。②此举十分草率，因为马格禄本人是个酒鬼，对海军事务所知甚少，又无在英国或中国海军服役的经验，能够提供的帮助十分有限，只会坏事。但在英国海军因琅威理事件实施对华报复制裁之后，加上英国在这场战争中保持所谓的中立，李鸿章很难找到来自英国、德国的海军顾问，急不择路，受骗难免。

在北洋水师内部，丁汝昌仍然力疾尽职，但最重要的一步是惩处败逃将领。"总署电，本日奉旨，李鸿章电奏，查明海军接仗详细情形，本月十八日开战时，自'致远'冲锋击沉后，'济远'管带副将方伯谦，首先逃走，致令船伍牵乱，实属临阵退缩，著即行正法，广甲管带守备吴敬容随济远退至中途搁礁，著革职留营，以观后效，钦此"。③虽然日后有视方伯谦为蒙受冤案者，作为两次对日海战的参与者，方伯谦的胆怯似乎也有一定道理，但在当时北洋水师内，这已成为公论，对战时正法并无异议，回到旅顺港后，只有"济远"舰单独停泊在码头西边，受到其他舰只船员的鄙视，将方伯谦执行正法的命令也得到水师官兵的广泛欢迎。④

丁汝昌不仅遭遇海上首战失败，之后灾难依然不断，包括失去朝廷的信任，屡遭申斥，"本日奉旨，……定远各船，前奏三十五日修好，嗣又称起椗机器未全，已久逾前限，不意今日来电，仍云尚未配妥，来

---

① 《李文忠公全集》，"电稿"，卷十八，"寄旅顺丁提督"，光绪二十年九月十五日辰刻。

② 《李文忠公全集》，"电稿"，卷十八，"寄丁提督"，光绪二十年十月十八日未刻。

③ 《李文忠公全集》，"电稿"，卷十七，"寄丁提督刘镇"，光绪二十年八月二十四日亥刻。

④ McGiffin, P.N., "The Battle of the Yalu: Personal Recollections by the Commander of the Chinese Ironclad 'Chen Yuen'", *The Century Magazine*, August, 1895, p603；戚其章：《北洋水兵忆甲午海战》，"来远"舰陈学海口述。

远亦只修一半，不知两月以来丁汝昌所司何事，殊堪痛恨。定远为该军制胜利器，今据称水道狭隘，不能转动，似与来远，均尚在坞中未出。著丁汝昌即日前往旅顺，将两船带出，倘两船有失，即将丁汝昌军前正法，李鸿章当懔遵谕旨办理，谅亦无从再为捏饰"。①

朝廷同时希望北洋水师再次出战，不令日本海陆军大肆无忌地采取军事行动，因此不断要求丁汝昌早日整备，提早出战，但之后发生的重大事故，基本上令朝廷的希望报销。"镇远"舰在返回威海卫的过程中，跟随"定远"舰进港，行进中走偏，受狂风影响，操作不当，船边触石，之后紧急召集威海机器局的技师前来修理，仍然不能令"镇远"舰基本恢复航行功能，持续搁浅后，失去出航作战能力，令这一巨舰基本作废，比在大东沟海战中遭受的损失更为惨重，之后只能当作固定炮台使用，同时也是日军炮击的固定目标。

11月16日，丁汝昌紧急电告李鸿章，"左翼总兵林泰曾以时棘船损，痛不欲生，卯刻服毒，辰刻身故，现派副官驾杨用霖，暂行护理，赶速抽水补塞，以便出海"。②这对北洋水师来说，等于是大东沟海战后的又一重大灾难，在朝廷中也掀起轩然大波，电令李鸿章、丁汝昌调查内情，甚至担心"奸细勾通用计损坏"。李鸿章急于在外患临头时，平息内部变乱，事后向朝廷汇报，"林泰曾本闽厂学生出色之人，……今夏派赴朝鲜巡防，有人议其胆小，鸿章曾加训斥记过，迨大鹿岛之战，询其同船洋弁，云该镇临敌，并未退缩，方冀其历练有成，不料竟因船被擦漏轻生，尚为有耻之将"。③丁汝昌随后也据实禀报，"严询该船员弁，据称该镇素日谨慎，今因海军首重铁舰，时局方棘，镇船受伤，辜负国恩，难对上宪，又恐外人不察，动谓畏葸，故伤退缩，规避罪重名恶，故痛不欲生，服毒自尽，救护不及，并无他故"。④如此高阶军官因行船事故而去世，确实令北洋水师迭遭重大打击，日后只剩下丁汝昌、刘步蟾勉力操持军务。

关于代理管带，丁汝昌曾经考虑过在杨用霖和李和之间选择，杨用霖大副自然是合适人选，作战勇敢，受到官兵拥戴。李和是个意料之外

---

① 《李文忠公全集》，"电稿"，卷十八，"译署来电"，光绪二十年十月十三日戌刻到。

② 《李文忠公全集》，"电稿"，卷十八，"寄译署"，光绪二十年十月十九日亥刻。

③ 《李文忠公全集》，"电稿"，卷十八，"寄丁提督"，光绪二十年十月二十四日巳刻。

④ 《李文忠公全集》，"电稿"，卷十八，"寄译署"，光绪二十年十月二十六日。

的人选，一匹黑马，"平远"舰在北洋水师中一向被视为二线舰只，远不如"镇远"，但李和指挥下的"平远"舰在大东沟海战的表现，远超预期，勇于攻击三艘"三景舰"，居然起到了"定远"舰一样的作用，令人刮目相看。丁汝昌曾经考虑过这一因素，"'平远'管驾李和，闻尚奋勇，容俟悉心察看，审酌具奏云，李和是否能胜'镇远'管带之任，较杨用霖孰优"。①为了"镇远"舰上船员队伍的稳定，丁汝昌最后指定杨用霖代理管带。虽然后者极为得力称职，但失去主力铁甲舰"镇远"和优秀管带林泰曾，北洋水师在双重打击之下，无缘恢复，更失去出海对敌日本舰队的最后机会。

戴宗骞作为督办威海防务道员，原为文人，后因参与经营威海卫要塞工程，转为统领炮台附近六营官兵。由他负责威海卫后防，确实有些勉为其难，特别是在防守兵力原本不足的情况下，与港内北洋水师的作战配合成为绝大问题。他的"先发制人"策略，被丁汝昌认为存在着相当的危险性，担心这些有限的地面部队远离港口基地，一旦被日军击败，水师背后将空虚无防。水陆主将不和，互不相让，为防务细节相争不已，令李鸿章在这些地方将领之上难以决断。实际情况是，戴宗骞及其属下，可以离开丁汝昌，自主行事，打不过就跑，撤退到山东内陆，但丁汝昌的舰队离不开威海卫军港，若不顾北方战局和京畿防务，北洋水师余舰尚可驶出威海卫，前往南方口岸避难。但这是不可能出现的情况，特别是在李鸿章当时正在请求南洋水师拨出舰只北上的时候，所以北洋舰只的唯一选择，是守在军港内等待最后时刻，依赖有限地面部队提供后路保护。

朝廷指派名吏李秉衡，在中日开战后接任山东巡抚，正履时艰，急当重任。经过李秉衡的积极努力，威海卫防军扩充到十六个营，但据他自报，只有两营旧伍，即老兵，其他均为新近招募的弁勇，训练极少，威海卫港之外的布防区域东西南北广达二三百里，不宜防守，与当年台北基隆的战役地形不同。②

这一段时间内，日本舰队一直在海上活动，未展开进攻威海卫的行动，在攻占旅顺港的过程中也作为辅助力量，未与北洋余舰直接交火。日本大本营计划派出重组后的第二军和联合舰队，在山东半岛进行登陆

---

① 《李文忠公全集》，"电稿"，卷十八，"寄丁提督"，光绪二十年十月二十四日已刻。

② 戚其章：《甲午战争史》，上海人民出版社，2005，第314页。

作战，因此日本舰队要等待原第二军完成旅顺战役，直到11月底。日军在旅顺战役中让北洋水师余舰逃走，对他们仍然是个潜在的威胁，所以下一步必然是进攻威海卫，以图全歼北洋水师。日本舰只一直在探测威海卫附近和山东半岛沿岸的水情，以选择合适的登陆地点，并让李鸿章等大臣不时感到风声鹤唳，捉摸不定。山东半岛南北部确实存在着不少的口岸和港湾，令李秉衡难以确定日军的主攻方向，只能大致猜测在北洋水师基地的威海卫港附近。威海卫偏南部的荣成湾，是一个登陆和进攻威海卫的理想位置，距离不远，而威海卫西部的烟台也是一个不错的选择，直到更为西部的莱州湾地区。李秉衡驻节在烟台，但必须关注西至莱州湾、南至半岛南部的青岛地区，任务繁重艰难，不仅新练兵勇不敷分配，缺乏战斗力，又无法判断日军的主攻地点。

英国远东舰队的佛里曼特将军，担心活动于中国北方的日军在攻占旅顺后，转头向南，进攻上海和江南制造局，因此率舰南下，以图在日军之前，占据有利之地，驻防舟山，阻止日军侵犯英国在中国的巨大利益。证实日军无意威胁长江流域后，佛里曼特将军于新年之后，率舰再次北上，返回烟台附近。英军军舰在荣成附近就近监视，观察到日军在雪中登陆，雇用了大批本地"苦力"，用两轮车搬运日军军需。英军军官与日军频繁联络，也赞赏日军官兵作战时表现出来的纪律性和忍受力。[1]

日军在1894年底做好准备，包括从本土增派部队和详细无遗的军情侦查，于1895年1月21日启动在山东荣成湾的登陆行动，采取了与攻打旅顺港相同的策略，意图从后路攻下威海卫港。日军利用军舰主动移动的优势，在烟台以东的登州发动佯攻，却集中舰队主力和登陆部队乘坐的船队，前往荣成湾偷袭。

威海卫后部署的新近募集营队，基本上是少有训练的民夫，武器也极为欠缺，作战力低下，在清军部队普遍败于日军的情况下，没有可能击退早已准备妥当的日军实施登陆。日军进行长时间的炮轰以清除可能存在的滩头抵抗，但同在辽东半岛的花园口一样，日军未遇防军的有效抵抗，大摇大摆地跟随先遣侦查队登陆，大批运输船随即装载陆军部队涌入。清军方面，地方官逃窜，有限兵力初战即溃，日军占领荣成县

---

① Sir Edmund Robert Fremantle, *The Navy as I Have Known It, 1849-1899*, Cassell, London, 1904, pp442-443.

城，建立起基地，于一周之内，将第二军的两个师团输送到山东地界上，站住了脚，再准备向北方的威海卫进军。

荣成周围地方的清军只能作出被动反应，"昨刘超佩凛，带千二百人赴荣城一带迎击，闻日兵甚众，均陆续登岸，我军太少，势不能敌。……现倭势趋重南路，则北岸稍松，戴（宗骞）应酌拨两三营，速赴南岸，帮同扼要截击"。[①]在未能防止日军登陆之后，清军的唯一选择就是增援威海卫，防堵后路上的漏洞，包括在荣成和威海卫之间的短距离行程内阻击日军，其防守方式也与旅顺战役中保住金州大连湾类似。此时清军在威海卫以西到莱州湾之间，尚有驻防清军二十余营的力量，但分散各地，各有指定负责的海岸防界。面对兵力集中、目标明确的两个师团的日军，威海卫以西一万至两万之众的清军，却在分散各处、调动迟缓的状态中。

日军在占领荣成县城后，即分两路向七十里之外的威海卫后方防地进军。先后赶往威海卫的清军，大多略做交战即退回原地，因各部不相统属，并无坚决抵抗之意，与大连湾守将赵怀业相似。最后威海卫的防务，还要依靠戴宗骞原先在威海卫港附近掌握的部队。

日军于1月30日逼近南帮炮台，仰攻摩天岭，遭到清军炮台和港内军舰舰炮的合击，损失惨重，但最后击败守军一营，拿下摩天岭炮台。威海卫陆军营队和北洋余舰的炮火恰好击中组织发动攻势的第六旅团长大寺安纯少将，击毙旅顺之战和大屠杀的日军主将。佛里曼特将军在威海卫港外的英舰上观察战斗过程，看到港口内的"镇远"舰虽然已不能动，但官兵们作战勇敢，用十二时舰炮轰击已被日军占领的南帮炮台，击毁了一门火炮。[②]水师舰炮现在能够用于打击地面目标，稍微挽回被动局面，"据英国水师官正月初五日在威海观战回述，是日华倭战状，南岸赵北嘴炮台于午时十二点钟零十分，先为贼据，经海军派敢死之士上岸将火药轰发，全台轰坏。鹿角嘴炮台于午时十二点钟零二十五分为倭所据，亦经轰坏。龙庙嘴之战，相持甚久，至甲正四点钟方陷。其台既为倭据，倭即以台炮扰我海军，并刘公岛各台，海军即将'定远'铁

① 《李文忠公全集》，"电稿"，卷十九，"寄威海丁提督戴刘张各统领"，光绪二十年十二月二十六日。

② Sir Edmund Robert Fremantle, *The Navy as I Have Known It, 1849-1899*, Cassell, London, 1904, p442.

舰驶近炮台，发炮轰击约半点钟，炮台全坏。此为是日恶战中之一大壮观也。倭寇惟有过山炮，并无巨炮，故彼此交战，势必相持甚久"。[1]

尽管如此，原先由汉纳根设计建造的炮台群，至此显然没有发挥预期的防卫作用，最先落入敌手。之后清军的北炮台群与日军占领的南炮台群展开炮战，但地面作战连续失利，基层官兵奋勇作战，坚守炮台阵地，得不到实质性支持，总兵刘超佩更因受伤而放弃阵地，躲入海军提督衙门所在的刘公岛。日军逐一夺取南岸和北岸的炮台，最后逼近皂埠嘴炮台，其中装置的二十八时克虏伯大炮，口径和威力超过中日所有军舰的舰炮。守军大部战死后，皂埠嘴这一重要炮台落入日军之手，但丁汝昌事先已经安排好的水兵，按照命令，提前炸毁了炮台。

日军占据威海卫背后的炮台群，从此置威海卫港湾内的水师舰只于直接火力打击之下。当时北洋水师还有一定机会全力冲出，前往烟台或南下至上海。这样做当然必须放弃搁浅的"镇远"舰和一些小型船只，只有六艘主力舰有能力参与这一冒险行动。在李秉衡等调动兵力增援荣城和威海卫时，李鸿章未及时做出决定，犹豫不定，"届时察看，刘镇如能死守，如何设法帮助，若彼不支，密令台上各炮，拔去横闩，弃入海旁，若水师至力不能支时，不如出海拼战，即战不胜，或能留铁舰等，退往烟台"。[2]所谓的"刘镇"，即总兵刘超佩，并不能死守，自行退入刘公岛，再逃往烟台，因逃逸战场而遭到处罚，"惊悉刘超佩往何处，应遵旨就地正法"。[3]这些寄望和拖延，导致水师最后陷入死守的境地，畏于群聚港口外布阵的日舰，害怕损失，决定留在威海卫。

失去炮台的陆军各营余部，都向西部退去，留下港口内的水师舰只和刘公岛的水师衙门在后自保。北岸炮台群至此再无掩护部队，势必陷落，为此丁汝昌下令主动将炮台炸毁，不留火炮弹药于日军。水师舰只和刘公岛防守部队，此时仍有足够弹药储备，全赖于被封锁之前的解送，"查津河未冻之先，已分批解足威防军火，……仍需接济，岁除日已敕粮台，雇长车由陆路解送哈乞开思毛瑟枪子六十万，炮弹二千

① 《李文忠公全集》，"电稿"，卷二十，"寄译署"，光绪二十一年正月十一日辰刻。

② 《李文忠公全集》，"电稿"，卷十九，"寄刘公岛丁提督"，光绪二十年十二月二十八日午刻。

③ 《李文忠公全集》，"电稿"，卷十九，"覆丁提督张镇"，光绪二十一年正月初五日酉刻。

余，仍设法续解济用"。①日军占领南炮台群后形成的封锁局面，令水师舰炮在一定时间内得以保持炮轰周边日军手中的炮台，但弹药只会急剧减少。

对于恶化中的劣势，李鸿章发给丁汝昌的指示，对他做出选择并无帮助，"只要口岛守住水雷拦坝得力，倭船必不敢深入。汝应竭力督救妥办，勿避嫌怨。万一刘岛不保，能挟数舰冲出，或烟台，或吴淞，勿被倭全灭，稍赎重愆，否则事急时将船凿沉，亦不贻后患"。②做何取舍，完全在于丁汝昌自定自裁。

丁汝昌对他属下所处境地十分明了，主力五舰虽然有能力驶往南方，但首先需冲破日本舰队的封锁，特别是鱼雷艇的威胁，而长江流域或上海并无水师专用的码头船坞，江南制造局早已不造船只，转为枪炮生产，福州船厂则远不可及，威海卫成为他们唯一的选择。"除死守外，无别策。……海军如败，万无退烟之理，惟有船没人尽而已。旨屡催出口决战，惟出则陆军将士心寒，大局更难设想。威防如能支，尚须曹军门及吴宏洛来援，他军恐难靠"。③那些陆军营队，远在半岛西部，坐等指示，大致观望，威海卫的防卫，已经不可指望于他们。原本有命增援威海卫的聂士成部，也因华北京津局势危急，而被调走，"威海南北岸炮台俱失，水师万不能保，津沽以北必有警信，奉旨敕聂提督回驻芦台，以备北塘滦乐一带援剿，聂在孔家屯岭防所部，仅八营"。④

丁汝昌集中仍然可以作战的港内军舰，用于支援刘公岛炮台和防范港外敌舰。与此同时，日本联合舰队已经逼近威海卫港，试图与日据炮台群构成交叉火力，击毁残余水师舰只。自二月初起，双方炮战延续多日，除"镇远"舰外，水师舰只尚能移动，他们的舰炮发射无碍，威力仍在，数次击退港外日舰。"上海电局洋匠电，据英国兵轮称，过威海时，见'定远'开炮轰南北岸炮台，地雷炸发，炮台坍坏，毙贼无算，

① 《李文忠公全集》，"电稿"，卷二十，"寄译署"，光绪二十一年正月初三日巳刻。

② 《李文忠公全集》，"电稿"，卷十九，"覆丁提督张镇"，光绪二十一年正月初五日酉刻。

③ 《李文忠公全集》，"电稿"，卷十九，"丁提督来电"，光绪二十年十二月二十九日申刻到。

④ 《李文忠公全集》，"电稿"，卷十九，"寄宋吴两帮办"，光绪二十一年正月初十日戌刻。

并打坏倭鱼雷艇一只云"。①

日本舰队之后采取鱼雷艇夜间偷袭，损失数艘，但侥幸在港内击中"定远"舰体，导致倾斜，丁汝昌等被迫移往搁浅的"镇远"舰驻节。日本鱼雷艇之所以能够渗入港内，与英国军舰在附近海域的活动，大有关系，佛里曼特将军的坐船进入港内时，是由水师船"镇北"号引入的，穿过了布雷区和拦索，等于是为之后的日舰指出入港路径，"英国提督的差船叫'拉格兑'（Alacrity），三根桅，是我去领进港的，……'拉格兑'停在铁码头前，英国提督上了岸，就去提督衙门见丁统领。原来英国提督进港，是为日本人效劳的，……'拉格兑'离港的当天夜里，月亮快落时，日本鱼雷艇就来偷袭"。②佛里曼特将军本人并没有进入威海卫港，是由他的部下代表他去见丁汝昌和转交日本海军的劝降书，但英舰驶入威海卫港，无形中划明了布防雷区的位置。

利用已被打开的港口防卫缺口，日军鱼雷艇又混入港内，击伤"来远""威远"等舰，大伤水师士气，加深恐慌气氛。虽然至2月7日时，港外日舰的挑衅连续被击退，但港内官兵一致抵抗的意志受挫，丁汝昌的指挥权威也受到怀疑和挑战。形势已经很明确，剩下的水师官兵已被彻底困住，受创的"定远""镇远"两舰，无法带领其他舰只冲出港口，只有坐以待毙，战死或向日军投降。水师余舰竭力抵抗，连续击中日军主力舰"松岛"等，日本舰队仍然无法驶入港内，但当王平率领鱼雷艇和小型船只企图趁乱逃往烟台时，日本舰队派出第一游击队的快速战舰，追上那些逃窜出港的船只，在威海卫到烟台的途中将它们击沉或俘获。这些鱼雷艇本来是袭击大型舰只的利器，原本受命于丁汝昌，出港发动鱼雷艇攻势，却在军官带领下自行弃守逃亡，难逃一败。

连番受挫后，部分剩余水师和陆军士兵开始拒绝执行命令，不愿再战，向丁汝昌等高官施压，让他们自行解散和离开刘公岛战区。丁汝昌别无选择，决定沉毁军舰，不以资敌。"定远"舰按照计划被用火药炸毁，水兵再发射鱼雷击毁"靖远"号，但在试图炸毁搁浅的"镇远"舰时，在一些清军军官和水师洋员的鼓动下，已无人听从命令，只有放弃。刘步蟾跟随林泰曾的前例和在英国学到的海军传统，作为舰长，于"定远"舰沉没后，选择自尽。

---

① 《李文忠公全集》，"电稿"，卷二十，"寄译署"，光绪二十一年正月十三日辰刻。

② 戚其章：《北洋水兵忆甲午海战》，"镇北"船水手苗秀山口述。

丁汝昌既无力抵抗日军，压服兵丁，又无法凿沉余舰，大势已去，只有以死报国，于2月12日服毒自尽。"镇远"舰署理管带杨用霖同样以自杀了结，陆军中的总兵戴宗骞之前已在退入刘公岛后服毒自尽。泰莱等洋员随后会同威海营务处候补道牛昶昞，草拟降书，派"广丙"管带程璧光出港，交给日本舰队司令伊东祐亨，正式投降。幸存水师军官得到允许前往烟台，水师"远"字舰，还剩三艘，"镇远"残舰，急需大修，"济远""平远"状况尚可，加上其他非主力舰，一共十艘，均由日军接受，编入舰队序列，1888年正式建军的北洋水师就此整体消失。

北洋水师曾经是清朝中国唯一一支近代化程度接近当时世界水平的部队，革新转化的深度远甚于其他清军单位，耗资巨大，武器装备（包括炮台设施）在八九十年代仍然属于一流，至少要强于在邻近海域游弋的美国舰队分队。如此强大的一支海上力量，却终结于海港之内，实为海防战略和误用海军功效之过，唯一一次正式海战之后，保船避战，才落到困守港湾、靠屏弱步兵营队保命的地步。在海上正面交锋之中，北洋水师仍能重创日军，即使在威海卫炮战中，水师舰炮也屡中日本"三景舰"等主力舰，因此击沉日舰的实力仍在。当时日本舰队主力也是购自西方船厂的军舰，沉一艘就少一艘，除了仿制法国的"桥立"号之外，其他日本船厂以往十年内制造的军舰，都不如水师"平远"舰的吨位和火炮，来自英国的万吨级军舰要到1897年才能服役，所以日本舰队同样害怕丧失军舰，稍有战损就撤离战场，紧急修复。

清朝海军败于陆军之手，受连累甚大。本来旅顺和威海卫的炮台群，足以封锁渤海入口和抵御西来舰队的攻击，这在日本联合舰队的试探活动中已经得到证实，所以北洋水师理应可以远赴外海大洋执行战略任务，将后方防卫交由这两大炮台以及大沽炮台承担。但李鸿章和朝廷的基本战略已经决定了这支舰队的活动海域有限，使有效的海上打击力量变为海防炮台，近代海军肩负的特殊使命已失。聚集起来的陆军部队，不但安于被动防守，又忽略三十多年前英法联军攻入天津北京的教训。当时虽然经过加强的炮台成功地打击和击退英国何伯将军率领的舰队，但次年英法联军再来时，采取迂回战术，不再直攻大沽，而是由防守薄弱而被忽视的北塘登陆，然后经由陆上线路，从背后攻击大沽炮台，逼使大沽炮台投降。如今在旅顺和威海卫，同样的情况再现，早年装配的克虏伯大炮令日本海军舰只不敢过分靠近，但日军最后经由陆上通路，击溃数量有限的清军守军，甚至长驱直入，然后利用炮台大炮或自行设置大炮，转过来从陆上炮轰港口内的军舰，交叉炮火令其几乎躲无可躲。水师最后的失败瓦解，在于其命运掌握在思维保守的高层和不听其统一调动指挥的陆军营队的手中。

丁汝昌治军不严，师从李鸿章，指挥不力，在各方面的牵制之下举棋不定，不敢秉持主见和做必要决断，错失时机，仅凭个人毅力执着，坚持抗争到最后，战败后以身殉职，符合其尽忠职守之个性，对北洋水师的失败承担其应付责任。即使在极难绝望境地之下，丁汝昌还是拒绝了日本海军高层精心写就的劝降书，虽然其中言辞恳切中听，设身处地，不乏吹捧，但丁汝昌以职责为重，别无他求，更不能在其他自尽将领和正法方伯谦之后，自行投降，当时有些清军武将望风而逃的恶习更令丁汝昌耻于为伍。日本侵华战争的重大罪行，决然不是劝降书中的几句美言就可以敷衍遮盖而过的。

北洋水师的消失，把海上控制权完全交给日军，联合舰队随时可以攻打北方各地和京畿附近，再无顾忌，对清朝廷威胁最大，无论陆上作战胜败如何，这一来自海上的敌方力量，伺机威吓渤海，对逼迫清朝政府求和与最终签订战败条约，关系最为重大。

八、辽东陆上保卫战

此次对日战争中，李鸿章手下无疑缺少强悍将领，"十年以来，宿将上选所存无多，其次者暮气已及，积习已深，将领以克扣为故常，以应酬为能事，其自爱者亦仅能约束不扰而已，至于忠义奋发、训练精强、锐意灭贼者，则实罕见"。[1]刘铭传"驭军有法，卓著勋劳"，虽然"特旨启用"，但"复因疾未能赴召"。曾经赴朝平乱的吴长庆，1884年"甲申"事变后就已去世，令李鸿章徒唤"统帅乏人"。[2]

袁世凯在居留朝鲜十年后，于战争开始时托病离职回国，因他在朝

① 《吁请修备储才折》，《张文襄公奏议》卷37，光绪二十一年闰五月二十七日。

② 《李文忠公全集》，"电稿"，卷十八，"寄庐州电局专足送六安刘爵帅"，光绪二十年九月初六日巳刻。

鲜已无所作为，又绝不愿意落入日本人之手，只有屡次请求离开。"总署午电，本日奉旨，袁世凯著准其调回，钦此，希将经手各事交唐守绍仪代办，即回津"。[①]袁世凯于7月19日搭乘水师舰只返回天津。即若袁世凯继续留在朝鲜战场，他本人并不直接掌握任何作战部队，本人不算武将，当地战场至此已被李鸿章派入朝鲜作战的另外一批武将所占据，叶志超、聂士成、卫汝贵、左宝贵和马玉崑等，其中许多人早已在清军中的传统习俗中深度腐化，又长期未经受战场上的实地考验，与北洋水师的素质和战斗精神相比，相差极大。

派往叶志超孤军所在地牙山的清军援兵，自7月中开拔，丰岛海战时抵达中朝边界的义州。此时前方并无日军阻挡，陆路线路畅通，清军因此由北方南下，前行至平壤驻扎。另外一支援兵乘船经水路前往牙山，增援叶志超部。卫汝贵等部清军的准备时间，不可说不充分，但到达平壤后，受李鸿章指令，停滞不前。他们的真实意图并非南下与叶志超部会合，而是出于害怕日军在朝鲜西海岸选择地方登陆，将入朝清军堵在南部而不得回撤。此时北洋水师尚未受挫，理应能够在护送陆军方面承担重要责任，但护航使命一次在丰岛海域损失大部分精锐部队，又一次虽然获得成功，却令北洋水师在大东沟海战受损。由此而来，驻朝清军陷入单方面的地面战役中。

中日宣战之后，日军畏惧北洋水师的重型军舰，尽力避开预想中的敌方舰队阻截，派送增援部队时，先从朝鲜中部东岸的元山，或者选择离日本本土更近的釜山登陆，然后长途跋涉北上，沿途因疾病等损员不少。这本来应该给以清军足够的时间增援牙山或从鸭绿江南下，但这段时间正是北洋水师在旅顺和威海卫之间徘徊之际，把朝鲜海域让给日军，在丰岛海战中损失陆军战斗部队，并能主动截击和击沉日军的运输船队，或对日军战略调动造成影响。之后日军舰队主力到达，信心增强，为了减少非战斗减员，日军决定冒险继续在偏北部的仁川登陆。[②]

北洋水师一直未对在仁川登陆的日军构成威胁，日军顺利增兵至万余人，加上充足物资给养，而日军海上力量则集中打击清军经水路的增援部队，仅在丰岛遭遇战中就消灭两营以上的清军，并造成以后输送部

---

① 《李文忠公全集》，"电稿"，卷十六，"寄朝鲜袁道"，光绪二十年六月十六日申刻

② Paine, *The Sino-Japanese War of 1894-1895: Perceptions, Power, and Primacy,* Cambridge University Press, 2005, p157.

队过程中的惧怕心态，远不如中法战争中增援台湾时的积极态度和战场实效。在大东沟海战之后，日军控制了海上，经水路增援朝鲜清军的机会几乎完全消失。

清军的一个主要阵地战的方向，是在朝鲜北方抵抗日军北上，进行防卫战和保护边境。即使没有水师由海路运输兵力增援驻朝鲜陆军，仍有陆路支援路线，尚不至孤立无援。参照日后抗美援朝战争的进程，中方并没有海军协助和运送增援部队，仍然在连续地面战役中苦战不退，进入战略相持阶段。甲午战争中间，在朝清军同样靠陆路线路，却遭受陆战连续失利。

宁夏镇总兵卫汝贵的淮军系统，约六千人，和其他各部进入朝鲜的部队，军纪败坏，抢劫成风，即使在溃败后也到处抢劫，并多有兵丁逃散，南下清军的真实军力不及纸上数目，而且对远在汉城附近、早期入朝的两三千名清军毫无帮助。日军首先攻打牙山清军阵地，聂士成部进行了最初的抵抗，兵败撤离，经过长途迂折路径，返回到北方的清军地区。叶志超等部逃至平壤停留，谎报军情，以败为胜，李鸿章信以为真，指派逃亡将军叶志超统领聚集在平壤各部清军，位在盛京将军属下的高州镇总兵左宝贵、副督统丰升阿等战将之上，这必然加剧清军士气低落和组织混乱。

日军在全面占领汉城、挟持朝鲜王朝之后，扩大战争规模，追击败退清军，第一军北上，于9月15日直逼到平壤，与增援清军直接交战。双方总兵力相若，清军亦有相当数量的陆战火炮，但平壤城约万人清军部队，被兵力略多的日军包围。日军第九混成旅团最初发起对船桥里的进攻，受到城南卫汝贵、马玉崑部的顽强阻击抵抗，清军炮火持续回击，调动兵力增援前沿阵地，令日军遭受初创，战至下午，日本官兵弹药已尽，进展无多，被迫止兵退回。日军军官死伤众多，连旅团长大岛义昌都受枪伤。清军战绩最好的这一次实战交锋，受到平壤西边战场的牵制而放弃进攻，未能抓住这一打击日军的好机会。

来自奉军的左宝贵率部力战，在猛烈炮火之下，挡住正面进攻平壤北门玄武门的日军，"忠勇异常，带病督率开炮"，[①]直至战死。日军攻破玄武门后，弹药补给将尽，难于再攻。经过一整日在各个战场上的攻

①《李文忠公全集》，"电稿"，卷十七，"寄译署"，光绪二十年八月二十三日申刻。

守争夺，中日两军实际上处于休战的状态，日军在一日冲锋之后，进展有限，正在担心本军弹药补给是否能够支撑次日发起的攻势。

从牙山溃败而来的叶志超则怯于再战，意图弃城逃跑，此时左宝贵已战死，他不再受到主将之一的阻止，逃跑终于得逞。胆怯的叶志超惧怕北门失守后无法向北撤退，此时临敌退缩，不但不做连夜调动防卫反击的准备，反而决定趁日军暂停攻势时，乘夜而逃。之前战意不弱、曾经顽强抵抗日军的清军部队，此时转而悬挂白旗，自行撤退，将平壤让给日军。因各部清军急于出城，秩序大乱，如惊弓之鸟，四处游荡。失去武器、指挥和战意的部队，与徒手平民无异，典型的兵败（其实未败）如山倒，一发不可遏止，不断遭到日军伏击，损失惨重，超过前日战事之失。

叶志超等将领在撤退开始之后，竟然不再筹备沿途防务，如同漏网之鱼，急奔直至中朝边境城市九连城，才稍稍止步。"不意轻将平壤退让，出城时反被倭贼狭路邀击，死伤弁兵甚众。迨至安州，其地本有险要可守，复不驻防，直退至五百里外之九连城，似此既失地势，又弱军威。……一败即退让数百里，实古今所未有"。①这一数百里狼狈奔逃的结果，就是放弃仍能据守的安州和定州，裹带当地清军守军一同奔逃，将中朝边境和本国领土直接暴露在日军的打击之下。

连一向放任部下的李鸿章，也对这一混乱无序的溃败状况格外不满，在给卫汝贵的电报中指责道，"闻讲官台谏联衔奏参，汝军心不服，约束不严，到处骚扰，平壤之役，不战而溃，并劾我庇纵，不肯参办，朝廷恨汝切齿，交宋帅严查。……天津官场将士，皆谓前敌逃勇回，痛骂盛军，虽多而不能战，能当此恶名否"。②"闻各军溃勇逃兵紊乱异常，竟有多人绕后路逃走，到处滋扰，该统将等所司何事？务即严整营规"。③但李鸿章仍然寄望于叶志超，希图他整顿败局，将责任推到其他前线将领身上。"卫镇（汝贵）是否已过江，闻盛军溃勇无人收集，……其无用无能至此，……中外论者皆谓该镇不得军心，朝廷

---

① 徐庆璋：《辽阳防守日记》，《近代史资料》，第28号，1962，第7页。

② 《李文忠公全集》，"电稿"，卷十八，"寄九连城送沙河卫镇"，光绪二十年九月初九日午刻。

③ 《李文忠公全集》，"电稿"，卷十七，"寄卫镇马提督丰副都统聂镇桂林"，光绪二十年八月二十五日辰刻。

深恶其人，平壤军溃，上谕不知如何处分，……非汝我所能保全之也"。①叶志超本人就是带头弃守溃逃之将，自然无从整饬军纪和有效抵抗。对法战争后的十年整备时期，都被清军主力的淮军浪费掉，时隔多年，改进有限。

日军攻打平壤的部队，兵力规模仅略占优势，后继补给却极为困难，如果清军坚守城池，采取消耗战术，时过多日，日军必然会因弹药粮食不继而难以支持。但日军前线部队，以有限兵力给养冒险尽力一击，居然在一日内破城，溃散清军一路北逃，日军顺利接受了清军遗留下来的大批军火辎重，无意中解决了本身已陷危急的补给问题，得以继续北上作战。

清军陆地作战能力之差，不堪一击，将领无坚守决心，士气随之低落，在平壤一役中表露无遗。平壤战役中，日兵多有使用单发铳枪者，而不少清军士兵使用七铳甚至十三铳连发毛瑟枪，无疑占有优势，击敌效果更好，在火炮方面清军也与日军炮兵部队威力相当，加上炮弹充足，经常能够压制进攻当中的日军。清军的战场败退当然不是武器上的缺陷落差所致，而是勇敢悍将一失，部队表现骤然逆转。

清军素无在异域作战的经验和决心，对卷入朝鲜战役，容易产生意志动摇，以逃回本土为首选，但这些初期败绩和溃逃，加上失去大片战区，直接影响到之后的战况，滋生前线将领的恐日心态，军心不稳，更易连续溃败。叶志超为首的淮军将领因朝鲜败绩和恶劣表现，事后被清朝廷查出，处以拘禁处死，"总署咸电传旨，叶志超、卫汝贵均著先行撤去统领，听候查办，聂士成向来带兵尚属勇往，叶志超、卫汝贵所部各军，即著宋庆传旨，派令聂士成统带，以专责成，钦此"。②但他们率领的清军部队，已一路溃逃至鸭绿江边才止步，沿路几百公里的地域，弃而不守，丢失阵地战场再也无法夺回，基本上让日军在开战后就一举拿下朝鲜全境，失去了清军最早赴朝平乱和干预的意义。如此重大损失和惨烈败局，是战前李鸿章和朝廷内主和、主战两派人物都无法想象到的，震惊之后，淮军主帅李鸿章在朝廷内外人士的眼中，威信大跌，备受指责压力，后期作战更加举措彷徨，指挥失当。

---

① 《李文忠公全集》，"电稿"，"寄义州叶提督"，光绪二十年八月二十五日酉刻。

② 《李文忠公全集》，"电稿"，卷十八，"寄译署"，光绪二十年九月二十一日辰刻。

　　日军逼近鸭绿江边境地区，日本政府不愿止步，决意扩大战争，在夺得朝鲜后进而觊觎中国东北领土，因此指示日军第一军跨过鸭绿江，占领境内城市，另外调动国内兵力，组建第二军，利用北洋水师的弱势，在辽东半岛登陆，由此两军对东北境内的清军形成夹击之势。

　　日本政府在战争期间掌握了中方的电报密码，驻日公使汪凤藻与本国政府的电报通信，都在日本人搜集的信息之中。他们获得中方密码的方法非常简单，先向清朝使节提供中文版的公文原稿，由清朝使节发回国内，再以原稿对照所接收到的电讯信号，就拿到了清朝官员与国内政府联系所用密码。①日本奸细遍布各地，中方几乎不防，水师重地津、沽、旅、威的日本奸细最多，水师舰只出港信息，都被日本奸细贴近观察和汇报本国政府。"上年六月初，礼和洋商连纳告知，有日本奸细十余人在大沽、山海关一带，绘图侦伺，当即回明，北洋大臣敕各营查访，六月下旬，洋务随员陈季同函知，有华服粤音之日本人石川五一，在各营局署窥探，当禀北洋大臣敕辑，……于七月初四日晚间擎获"。②北洋水师的另一重镇威海卫，也是日军奸细的侦查重点，"刘公岛上有奸细。……正月十六日夜里，站岗的还发现东瞳善茔地里有亮光，一闪一闪的，像是打信号，就报告了提督衙门。……这天夜里，一共抓了七个日本奸细。这伙人已经活动了好几个晚上，他们在坟后挖个洞，打开棺材，把尸首拖走，白天藏在里面，夜间出来活动。这七个日本奸细当天就处死了"。③清政府和清军在战争中遭受挫败后，才更为注意清除有关地区内的日本间谍。

　　日军第二军在花园口登陆后，挥军南下占领金州，逼近大连湾，已将旅顺港握在掌中。金州南部的大连湾是守住旅顺军港的下一关口，原有驻军十一营，一万四千人，但大部分已被丁汝昌护航的船队运送到大东沟登陆，由淮系赵怀业的部队填补，再除去徐邦道防守金州的部队，因此在徐邦道余部退回旅顺时，大连湾的守军只剩下三四千人。此时乃木希典率第一旅团再攻大连湾，加第二旅团，分三路夹击。辽东各地驻

---

① 吕万和著：《简明日本近代史》，天津人民出版社，1984，第134页；Paine, *The Sino-Japanese War of 1894-1895: Perceptions, Power, and Primacy,* Cambridge University Press, 2005,p194.

② 《查讯张士珩参款拟议惩办折》，《张文襄公奏议》卷39，光绪二十一年九月初九日。

③ 戚其章：《北洋水兵忆甲午海战》，"陈学海口述"。

防清军互不协助，来自大陆的援军也迟迟不到，李鸿章早已指示，"金州大连湾不守，则旅更危"，必然难保，因此"望督队兼程前进到金（州）"。①尽管如此，旅大清军更加趋向于退守旅顺港，实际上是退到陆地之角，将退无可退。

赵怀业面对兵力占优、士气正高的敌军，心生怯意，放弃之前汉纳根精心建造的大连湾炮台要塞，不战而退，逃回旅顺要塞，让日军兵不血刃，一路无阻，于11月7日顺利开进大连湾。作为旅大防军的主力，赵怀业自行放弃大连湾，对防军士气打击甚大，恶果难以挽回。如同平壤的情形，赵怀业遗留下来不用的大量军火，移送给日军，包括数百万枚炮弹，枪弹三千多万颗，大炮枪支无数。如此充足的军火储备，远超过日本船队自本国长途输送供应给第二军的军火量，却毫无所用，足够日军继续征战之用。②赵怀业为其怯懦私逃的行为受到惩处，"旨，总兵赵怀业不肯救援旅顺，以致城陷，着即革职，交宋庆查办，所部兵勇交徐邦道管带"。③在甄别徐赵两将的战场表现优劣上，朝廷和李鸿章总算没有再犯在叶志超一案中的严重错误。

借助清军留下的军火枪械，日本第二军在大连湾补充休整了十天，准备对旅顺军港发起最后的总攻。11月17日，日军开始行动，旅顺军港内一万余的清军部队，并非不能一战，但各部统官莫衷一是，旅顺驻军各自为战，消极固守，甚至将领带头闻风逃逸，令防线漏洞百出，连出力抵抗的部队也无法继续固守，被日军各个击破。徐邦道率部继续实施主动阻击，与卫汝成部一道，在土城子一带击退日军前哨部队。其他清军部队仍然以固守为上。

11月21日，日军总攻旅顺后路炮台，姜桂题等将多番抵抗后，顶不住日军的疯狂炮轰和冲锋，旅顺军火库也被击中爆炸，他们因此在炸毁炮台后撤出。徐邦道等将领率残部趁乱返回金州，然后北上，避免了被全歼，再逃到偏西部的盖州。原先花费巨资设计建造的黄金山炮台，被认为格外坚固，但意外的是，失去后路炮台之后，黄金山守将之一的黄

---

① 《李文忠公全集》，"电稿"，卷十八，"覆营口程提督"，光绪二十年十月初一日辰刻。

② 戚其章：《甲午战争史》，上海人民出版社，2005，第189页。

③ 《清季外交史料》卷一百，第一一，页1725，《守丰升阿聂桂林畏葸无能旅顺城陷赵怀业不肯救援均革职电》，光绪二十年十月二十五日。

仕林不放一炮而逃，只剩西炮台的张光前独力支撑至次日。整个旅顺炮台系统全部失于日军之手，清朝政府费力经营的旅顺海军基地，变为日军的坚固据点，也是日后攻击威海卫军港的出发地。日本海军由此直攻西边方向的塘沽口岸，十分方便。

日军进入无人防守的旅顺口，大肆屠杀，实施各种残忍手段，将当地居民和未能逃走的清军士兵，杀戮尽绝，全城只剩下三十六人用于掩埋尸体和一些躲在西方人住所内的难民，"据说，到最后城里只有36个中国人活了下来，他们之所以能够幸免，只是因为需要用他们来掩埋其死去的同胞。他们每个人的帽子上都粘着一张纸条，作为护身符，上面写着：'此人不杀'"。①

在之前在华和在日本的西方人对中日战争所作的新闻报道中，都包括了日军在战争过程中善待被俘清军官兵的内容，尤其是在平壤之战后，日军俘获了大批清军士兵，给了他们一个极好的公关机会，在指定的医院里进行救治，等同于对待日军官兵，让西方人参观采访，以致他们普遍认为，日本人确实遵守了1864年的《日内瓦公约》，善待战俘，又建立起红十字会，似乎进入了与西方国家一样的"文明"社会，值得赞扬和平等对待。②但战地医院摆拍之外的战场杀戮例子，却不受西方记者和报刊的重视，而之后旅顺大屠杀的震撼，同样未能改变19世纪末的西方人视日军为"文明"之师的既定看法。

英国远东舰队司令佛里曼特将军在旅顺陷落的两天后进入该地巡视，虽然日本人已经尽力把堆积遍地的尸体移开主要通道，杀戮现场仍然历历在目，证明西方报纸的一些有关文章并没有说错，那里无疑发生了一场惨绝人寰的大屠杀，以致佛里曼特将军本人在这个原本两万余人的城市里，没有见到一个当地中国人。佛里曼特将军按照日本人和一些报章的解释，认为日本将军没有控制住局面，另外就是为了报复中方杀了几个日本兵和奸细，对此一带而过，对隆重礼待他的日军将领们不便深究。

日本政府本来在战争期间实施严格的新闻封锁，只是在平壤和大东

①《旅顺大屠杀》，《近代史资料》，第101号，2001，第65页。

② Paine, *The Sino-Japanese War of 1894-1895: Perceptions, Power, and Primacy*, Cambridge University Press, 2005, p175, p177.

沟战役之后，才允许西方国家媒体记者随同日军行动。[①]这无意中给了这些本来前来报道日军胜利进军过程的西方记者，以目击和报道旅顺大屠杀的机会。身在战区的西方记者受到日军的胁迫和新闻检查制度的限制，又有一些亲日媒体默不作声，因此西方世界对涉及数万人的大屠杀一无所知，直到美国随军记者克里曼（Creelman）于12月12日（二十多天后），在由普立策创办的《纽约世界报》上率先登出头版文章，其他原本在旅顺派有记者的西方国家报纸才跟随发表他们的目击报道。[②]"英国泰晤士新闻纸刊有报章云，日本攻取旅顺时戕戮百姓四日，非理杀伐，甚为惨伤。……日本士卒行径残暴，若此督兵之员，不能临时禁止，恐为终身之玷云"。[③]

克里曼记录下日军在旅顺口的非人类暴行，当时的场景惨不忍睹，过于血腥，令其战栗不安，战场报道内容恐怖。[④]克里曼认为如此毫无意义和毫无必要地滥杀平民，令他所认同的西方文明世界震惊，日本战场上获得的连续胜利由此变得黯然失色，"日本在世人面前丢尽了脸面。它破坏了《日内瓦公约》，玷污了红十字并使它蒙受耻辱，消除了其内阁的人道和恻隐之心。胜利和新的统治欲望，已经使它变成了疯子"，"日本从骨子里是个野蛮的民族，尚不配对文明人的生命财产拥有最高权力"。[⑤]"面对大屠杀和手脚不全的尸体，欧洲武官和特约记者们恶心得要吐，却又无力阻止"。[⑥]克里曼在潜意识里还是把日军视为"文明"之师的，只是很失望地发现，在旅顺的血腥屠杀给日本人抹上了污点而已，这是因为之前发生的"高升"号事件，不被西方人视为屠杀，东乡平八郎未因日军最早的战争罪行受审，而日军向他们展示的照顾清军战俘和动用红十字会的做法，也颇具迷惑力。

---

① Paine, *The Sino-Japanese War of 1894-1895: Perceptions, Power, and Primacy*, Cambridge University Press, 2005, p189.

② Paine, *The Sino-Japanese War of 1894-1895: Perceptions, Power, and Primacy*, Cambridge University Press, 2005, pp213-214.

③ 《李文忠公全集》，"电稿"，卷十九，"寄译署"，光绪二十年十二月十五日申刻。

④ James Creelman, *On the Great Highway, the Wanderings and Adventures of a Special Correspondent*, Lothrop Publishing Company, Boston, 1901, chapter 5, "Battle and Massacre of Port Arthur".

⑤ 《旅顺大屠杀》，《近代史资料》，第101号，2001，第38页。

⑥ 《旅顺大屠杀》，《近代史资料》，第101号，2001，第65页。

不管是否有个别日军士兵受虐的先例作为借口，或者被害人数中是否包括日本人声称的伪装平民的士兵，克里曼的报道中都清楚表明，他和其他西方人并没有看到任何抵抗和武器，而他所目睹和报道的大规模屠杀情景和虐杀方式，足以证明当时在场行凶的日军官兵已经实施了真正的兽行，构成超越人类社会所能接受界限的犯罪行为。正是由于克里曼所揭露的日军兽行过于野蛮，令人震惊，日本国内的政府也无法公开表示接受和为之辩护，为此被迫借用日本媒体和一些西方记者之口，攻击克里曼作假或者夸大。在西方报刊逐步接受克里曼的报道、承认旅顺发生了大肆屠杀平民以致屠城的事实之后，日本外相陆奥宗光仍然直接致信《纽约世界报》，进行官式辩解，把责任推到所谓袭击日军的清军身上。伊藤博文最后决定不予回应，让大屠杀事件沉下去，以战场上的胜利证明日本军队和人民的"文明"和"进步"。

西方国家依照"高升"号被击沉的前例，继续偏袒日本，再出于东亚民族互相残杀并不关其事的基本态度，不予正式干预，无意中鼓励了日本海外侵略的进程。西方媒体的报道范围极小，而且很快转向，结果令旅顺大屠杀这一19世纪末近代社会的重大战争罪行，成为一个沉寂下去的历史记载。没有受到惩罚和国际舆论的一致谴责，日本仍被西方国家视为亚洲"进步"的代表和盟友，导致日后日本军队肆意妄行，杀戮不断，绝不悔过，文饰屠杀，成为日本社会既定和根深蒂固的独特传统。

在日本第二军全力南进、进攻半岛之角的旅顺时，如果由内陆来援的清军确如李鸿章早已所说的"厚集兵力"，也以南下为目标，从背后攻击日本第二军，不排除有可能将日军逼进这一死角。但日本第一军于10月20日已由东线跨越国境，渡过鸭绿江，侵入中国领土，占领了义州，也就掐断了清军进入辽东半岛、背击日本第二军的路径。

日军渡江后攻打清军聚集的九连城，进逼摩天岭，威胁辽阳，一路攻陷清军阵地，直到凤凰城西部和海城，才遇到有组织和显示决心的抵抗。此时中日地面战争进入到辽东战役阶段，对中国来说不再具有援助属国和抗衡日本扩张的意义，变为保卫国土的战争。作为清朝军队精锐的淮军，在朝鲜战役中损失惨重，在意志和指挥的较量中轻易败下阵来，故此军威大损。之后的国土保卫之战，只能依靠临时召集的其他地方营队，让他们更多地参与战斗，抵抗意志和力度也随之转强。满族将领没有出现在朝鲜战役中，但他们手下的多支部队却参与了辽东战役，如吉林将军长顺，隶满洲正白旗，黑龙江将军依克唐阿，隶满洲镶黄旗。此时日军攻入了东北，进入他们的辖地，虽然并非李鸿章用于军事行动的主力，仍然卷入防御战斗。

原先驻扎在旅顺的宋庆部，受命增援中朝边境，此时因叶志超等被朝廷"孥问"革职惩处，被派为指挥辽东境内各军的统帅，手下包括重回前线的聂士成、丰升阿、黑龙江将军依克唐阿等原驻东北当地的旗人将领，也包括辽阳州知州徐庆璋在本地紧急招募编练的镇东十三营，外有地方勇团。袁世凯自从朝鲜返国后，被派随李鸿章得力助手周馥，赴东北地区执行任务，出山海关，至沈阳，专办前敌粮台，筹备军需，"日久军粮若何接济，祈与玉山（周馥）安筹"，如同他以前在吴长庆帐下的工作。[①]他在辽东战役中仅担任协调传递等职责，手下无兵，无战地直接指挥权力，个人所能发挥的作用有限。加上战局急剧恶化，袁世凯无所适从，"实无从谈起，全是跑局，……悲愤亦无可说"，最后返回山海关，于两江总督刘坤一帐下报到。鉴于亲身体验朝鲜事变和战争失败，袁世凯深刻反思后，萌生从根本上练兵整军之计。[②]

这些地方部队和残余清军在辽阳以东的摩天岭防线，自11月17日起，在天寒地冻的条件下进行防御战，与日军争夺各地要点。清军在本地作战，后勤方面占有优势，徐庆璋不断筹集军饷、枪支、军粮运到前敌地方，而李鸿章以下也尽力提供军需补给。"已属周桌可速派大车二三十辆，带子弹前往盛军及聂士成，留守大高岭（摩天岭），籍以整顿"。[③]在海路已被日本舰队封锁的情况下，关内支援主要依靠陆路维持。

聂士成新近由总兵升为直隶提督，战意甚强，也不再如之前受叶志超的约束压制，有机会发挥其指挥潜力，率领手下淮军部队，与依克唐阿率领的镇边军等部联手，担当抵抗反击的主力。聂士成更提出积极骚扰日军后方的建议，"倭寇退至雪里站，岭防照旧严密。查沿海一带，

<hr>

① 《李文忠公全集》，"电稿"，卷十八，"覆辽阳袁道"，光绪二十年十月初九日午刻。

② 林明德：《袁世凯与朝鲜》，中央研究院近代史研究所专刊，第26期，台北，1984年再版，第378—379页。

③ 《清季外交史料》，卷九十九，第十四，页1715，《提督宋庆致军务处闻敌至凤凰城边门已敕宋马等军趱进并令吕本元挑马队随庆前往电》，光绪二十年十月初十日。

皆敌后路所在，士成拟即亲率马小队，及夏青云马队内，禀请由盛军挑选马队六百人，即派盛军营务处领之，其约马队八百，沿海而行，潜出敌后，或径截中路贼股，凡敌粮价军实所在，均可往扰，惊其巢穴，截其运道，利则进剿，不利则暂避，使敌心渐怯，首尾难顾，必无进志，而内贼自变，大军从而攻之，定可得手"。①考虑到日军维持辽东地面攻势时的补给困难问题，敌后骚扰活动必然容易见效，虽然实施不易，后为李鸿章、宋庆所否决，仍属聂士成首倡，一改清军以往自居守势、静待日军调整完备之后来攻的放任心态。

在11月25日之后攻打分水岭的战役中，聂士成和依克唐阿两部清军对日军采取了攻势，而非自朝鲜牙山防卫以来一贯的被动守势，小有战果，之后又收复宽甸，造成日军伤亡损失，迫使日军回守凤凰城、九连城。清军得以据守辽阳一线至1895年2月底，以立见尚文少将为首的日军第一军第十旅团无力向前推进，由朝鲜边境向西进军的企图严重受挫。这些地方战役非常重要，"聂吕（本元）固守，非宋帅调，勿轻退，缘摩岭西至辽阳仅一百二十里，辽至沈一百二十里，若摩岭不守，则辽沈难守"，②守住摩天岭一带，辽阳危局获解。

侵入中国境内作战之后，日军竭力扩大人力资源，征用当地民众，作为苦力队，为日军提供各种后勤服务。"据密探回报，日人。……到皮子窝，各处掳壮年百姓，将脸涂黑，剪去头发，改伊国装束，为打头敌挡地雷炮子之用，并有高丽人数百，持夹把刀在前行走"。③日军此时已开始想尽办法挖掘朝鲜、辽东地方的人力资源，用于之后的军事行动，以弥补日本本身作战部队的兵力不足，甚至动用投降清军。"寄李鸿章，有人奏，日军半系卫汝成、叶志超溃卒，有记名提督龙殿扬之侄为之分统，又汇丰银行买办吴懋鼎以米接济日军，并偕日人往绘山海关路径等语"。④

摩天岭偏南方向，桂太郎为首的日军第三师团于12月13日占领海

---

① 《李文忠公全集》，"电稿"，卷十九，"聂提督来电"，光绪二十年十二月初八日亥刻到。

② 《李文忠公全集》，"电稿"，卷十九，"寄译署"，光绪二十年十一月二十三日午刻。

③ 《李文忠公全集》，"电稿"，卷十八，"寄译署"，光绪二十年十月初二日辰刻。

④ 《清季外交史料》，卷九十九，第六，页1711，"旨寄李鸿章着查覆龙殿扬之侄为日分统及买办吴懋鼎以米济弟事电"，光绪二十年十月初四日。

城，丰升阿等部溃退，将辽阳暴露在日军兵锋之下，沈阳（奉天）也受间接威胁。为此，统领辽东清军的宋庆先后组织了四次反攻海城之战。日军第三师团孤军轻率冒进，多面被围，如果清军坚决猛攻，此部日军势难抵挡。参与作战的总兵刘盛休、宋得胜之下的铭军，于19日在海城附近的缸瓦寨与日军师团主力激战终日，双方都尽力依仗枪炮火力，最后战成平局，伤亡人数略同，只是清军在不断增援的日军压力之下，主动撤退。①战况证明，清军陆军并非不能一战，只要将领果断指挥、积极调动协调和弹药充足。

缸瓦寨攻防战后，日军第三师团仍然处在孤军深入的境地，属下部队的阵地过于向西突出，在周围清军部队围伺之下采取守势，官兵战况不佳，"前当冰雪载途，倭人手足皲瘃，不耐严寒，闻有相率投环者，有泣向乡民求救者"。②因前突不利，日军态度并不十分积极，"近日凤城倭贼，不满六百，贼督大鸟（圭介），赴九连城，惟陆续往凤城搬运器械食物，意在图沈"，③后路不稳，位于前锋的海城日军，处境堪危。如果北部的摩天岭和南部的盖平清军有所动作，有可能在海城日军的背后，切断第三师团的联络线，堵住海城日军的退路。日军大本营有鉴于此，被迫考虑动用南部已经占领旅顺的第二军，拨出部队北上，紧急进攻盖平方向，以解除海城第三师团的困境。在日军两大主力军的部队走向联手之时，作为清军统领的宋庆可以选择动用手下的数万清军，先解决和歼灭驻守海城的日军。但清军行动缓慢，在19日和年底之前的时间内处于休整状态，并未再对海城发起进攻。

对于集中兵力先击破日军一部的激进战略，清军内部存在十分强烈的避险情绪，袁世凯的上司、督办军务处周馥，对此选项疑虑甚重：

"臬司周馥元电，近宋帅主剿而不主守，然以盖平居中扼要而不能离，须俟敌来攻，始合驻军痛击，仍是守局。章高元欲趁此寇未整备时，先行进攻，亦恐攻不及远，伤敌元气。……军本杂凑，而心不齐，今复逗留不前，恐倭人大队到盖，宋部难以久敌。大约倭来，断不止一股，轻快炮必多，倘宋部再败，全奉俱震。近日摩天岭以北难严防，而

---

① 戚其章：《甲午战争史》，上海人民出版社，2005，第242页。

② 徐庆璋：《辽阳防守日记》，《近代史资料》，第28号，1962，第35页。

③ 徐庆璋：《辽阳防守日记》，《近代史资料》，第28号，1962，第6-7页。

中路马金叙蒋希夷等军，究嫌兵单，丰（升阿）聂（桂林）闻风即溃，骚扰不堪，前蒋马来信谓，此军有不如无。……倘析木城一带，如被寇抄，则宋部南北受敌，守且不易，请催唐（仁廉）吴（凤柱）李（光久）仍遵旨速来，为宋后路援应。"①

此一看似谨慎的策略，颇为符合当时清军将领生恐有失的心态。清军未能大举进犯日军侧翼和后方，主动出击，关键在于两军开战以来，地面作战一向不利，即使全力准备防守，坐等日军来攻，也时常失败溃退。对于战略性的进攻围击，他们最为担心的就是一击不中，后方和侧翼反为日军击破，自信心十分不足，因此筹划攻势极少，除了反击凤凰城和收复宽甸外，基本上落入防守思维的陷阱。如徐庆璋所论，"大军退后，决不敢先行攻取，必待贼从容布置，养精蓄锐，大股来寇，各军始勉强应敌，或见影而逃，或闻风而退。似此军情，中外闻之，殊堪耻笑"。②如聂士成和章高元这些前线战将的主动出击建议，在清军将领中颇不受欢迎，处于少数，对日军影响极小。虽然徐庆璋认为"若不趁此时进剿，后恐难以取胜"，结果仍让日军一如往常地从容部署部队，进行补给增援。

基于这些因素，宋庆属下的清军在海城和盖州之间徘徊不定，而日本第二军的混成旅团，在乃木希典率领下，于1895年1月初开始向盖平进军，威胁辽北各地，牵制和扰乱了清军的部署，也可以说是清军已经错过了战场上出现的集中兵力击破敌军一部的机会。

盖平防守战中，曾在旅顺防守金州和炮台的徐邦道加入其中，收集散兵，历经整编成军。"帮办军务宋庆奏，旅顺冲出各官，惟徐邦道前在金州连战两日夜，毙贼甚多，身受数枪，幸未穿透，因无援应，不能支持。今见其精神勃发，胆识俱优，庆到金界，百姓亦均交口颂之。现敕其收集原队赵怀业、卫汝成两军溃勇，徐原部马步五营，再成十营，即就赵卫原饷，自成一枝，必能竭力报效"。③而在中法战争中，于台北淡水港击退法军陆战队的章高元，此时也从山东调来，进入辽东战

---

① 《李文忠公全集》，"电稿"，卷十九，"寄译署"，光绪二十年十一月十四巳刻。

② 徐庆璋：《辽阳防守日记》，《近代史资料》，第28号，1962，第7页。

③ 《清季外交史料》，卷一〇一，第十二，页1736，"帮办军务宋庆奏"，光绪二十年十一月初五日。

场，受命重点防守盖平，"宋庆屡电奏，令其（总兵张光前）收集庆军溃勇四营四哨，派令会同章高元徐邦道等，扼守盖平"。①

日军于1月10日开始进攻盖平，一度被宋庆调往海城的徐邦道，此时又受命赶回盖平增援，在攻东保南两个方向的调动中平白浪费了时间，章高元几乎是独力率毅军兵丁进行抵抗，因之前弹药兵力准备充足，未让日军即时进攻得逞。后因左翼张光前部防守失利，盖平县城被日军攻占，章高元手下部将在血战中伤亡甚多，虽然杀伤日军官兵不少，但前后遭受夹击，被迫退走，与前来增援的徐邦道部会合。"袁世凯电，日大股扑盖平，章军力战，自辰至午，未稍却，殄敌数百，分统杨寿山中炮亡，盖平遂陷"。②

尽管日军占领盖平，与营口距离甚近，也有机会与海城的日军联手，但毕竟还需通过持续地面战役和不断向前推进，才可以达到目的，所以北部的清军仍然对盘踞海城的日军第三师团构成实质性的威胁。宋庆继续组织对海城的围攻，但因为防范盖平日军扑向营口，颇受牵制，被迫主要依靠北部摩天岭附近的清军，实力有限，所以海城日军最为危险的东方后路，未受直接威胁。

在吉林将军长顺和依克唐阿的指挥下，清军前后发动数次攻打海城的战斗，徐邦道部随后加入，2月21日的第四次进攻，汇集了必要兵力，但仍不得要领，攻而不下，即行撤退。日军第三师团决心固守，加上炮火密集，屡次打断清军攻势。依克唐阿鉴于日军防守严密，炮火猛烈，提出转而打击海城东部、南部地方的建议，以避免在攻坚战中遭受重大损失。如同之前的情况，清军长期以来一直未能向日军施加足够压力，将领们一向担心日军反击，在运动战中大意失去城池，畏首畏尾，又受朝廷严令，必须拿下海城，因此发动了多次进攻海城之战，效果自然不彰。正如李鸿章之前所预料，"海城守甚固，非毅豫等营所能克"，③"我军散扎各处，恐力不支，只能相机雕剿，稳慎妥办。若敌势太众，似不妨扼要退扎一路，或与辽阳各军会合。电旨催战甚急，但

①《李文忠公全集》，"电稿"，卷十九，"寄译署"，光绪二十年十一月二十五日巳刻。

②《清季外交史料》，卷一〇三，第八，页1759，"直督李鸿章致军务处"，光绪二十年十二月十六日。

③《李文忠公全集》，"电稿"，卷十九，"覆周臬司"，光绪二十年十二月十一日辰刻。

阃外事关大局,须挈定主意"。^①除了反复进攻海城外,辽东清军似乎选择不多。

日军第三师团在基本保持与军部和后方联系的情况下,武器弹药不匮,士兵隐蔽于防守工事之中,战场伤亡不多,得以持续战斗,在一个月内挫败了清军发动的多次进攻。清军部队久攻不下,自然影响士气,进而打击朝廷对军事局势的信心。无论如何,四攻海城是清军发动的唯一重要攻势,加上之前的反攻凤凰城,清军陆军在这场抗日战争中的主要进攻行动,都发生在辽东战场。[2]这与朝鲜战役、旅顺金州等战役均大为不同,清军地方部队采取战场主动,虽然策略有误,但与日军部队对等作战,在一定程度上纠正了外人,包括日本人,认为清军畏于发动攻势、清军士兵从来不向日军阵地发起冲锋等等的错觉。[3]

与此同时,马玉崑所率部队在盖平、营口附近的太平山抵御日军乃木希典的第一旅团,于2月24日激战一天,日军士兵几乎弹尽,动用了所有的预备队,才将顽强抵抗的马玉崑部赶出太平山一地。此役之后,日军第三师团成功与北上的第一师团联手,双方兵力相加互补,清军攻陷海城的机会已失,避实击虚、切断海城后援的可能不再。日军渡过这一困境,海城之围被解,开始整备军力,从盖平海城一线出击,原先围攻海城的清军在日军两个师团的进攻之下,退向辽阳方向。

日军于3月4日进攻海城偏西北的牛庄市,魏光焘(后曾出任两江总督)所属湘军部队实施顽强抵抗,甚至少见地进行巷战和逐屋争夺战,最终放弃撤离。此后海滨城市、通商口岸营口的清军,面临南部盖平、北部海城和牛庄的日军包围,势必难支,守城及炮台的清军因此稍战即退,令营口于3月7日陷落。宋庆最后会聚当地兵力,防守营口西北部的田台庄,而日军在第一第二两军会合之后,动用了接近一个整军的兵力展开进攻,排列火炮超过百门,迫使清军退回辽河以西固守。营口于1895年3月7日陷落,表明辽东战役基本结束了。[4]

① 《李文忠公全集》,"电稿",卷十九,"寄宋宫保",光绪二十年十二月二十六日巳刻。

② Paine, *The Sino-Japanese War of 1894-1895: Perceptions, Power, and Primacy*, Cambridge University Press, 2005, p224.

③ Hisahiko Okazaki (冈崎久彦), *Mutsu Munemitsu and His Age*, Chapter 17, pp4-5.

④ Paine, *The Sino-Japanese War of 1894-1895: Perceptions, Power, and Primacy*, Cambridge University Press, 2005, p225.

日军自1894年10月底侵入中国境内，至3月初拿下营口牛庄，近五个月的时间内，其第一军、第二军集中在辽南地区作战，虽然攻陷了旅顺口等要塞和地区城市，但所占地域依然狭小，居于辽东半岛一带，未过辽河，周围继续受到残余清军部队的阻挡隔断，而在山东地界，日军所据，仅为烟台以东地区。特别是在辽东战役中，清军陆军部队在北洋水师失利、日军运输补给无碍的情况下，继续进行境内领土的防御战，屡败屡战，利用地形特点，进行艰难的冬季作战，围困冒险突进的日军师团，使日本陆军主力的两个军，卷入辽东一隅的地面战役之中，没有出现赫德一度预期的日军会于1894年10月底攻入北京的最坏结果。[1]虽然清军本身损失消耗极大，但徐庆璋主要依靠地方民团坚守辽阳两月有余，聂士成、依克唐阿等部直至中日两国正式和谈期间，仍然保持住北方战线和辽沈安全，两军战事由1894年秋季，延续到1895年的春季，至威海卫陷落之后近一月的时间。这一段时间内辽东清军的作战状况，远好于在朝鲜境内的一溃数百里，主帅宋庆明显优于前帅叶志超。

以往史论分外关注北洋水师及与其有关的地面战役，旅顺口和威海卫地方的陆战情况为此而受到格外重视，而基本上由清军地方部队进行了数个月之久的诸多辽东战役战况，则少受注意，给人以一路败溃的印象。而实际情况则是，清军地方部队与日军在那里卷入反复的战场对峙和要地争夺，持续围困敌军一个完整师团，令日军第一和第二军陷入较长时期内的消耗战。

日军下一步的动作，或者完全占领中国的一个省份，如辽宁、山东，或者直接进攻京津塘地区，进行所谓的直隶平原大战。这对日军作战部队和军队整体来说，仍然是个十分艰巨的任务。日军进行全国后备兵力总动员，最多可招募到二十万余作战部队。[2]此外日本各项资源已近匮乏，在八个月的战争之后，人力、物力、财力已经接近枯竭，国内外债务沉重，"国内海陆军备殆已空虚，而去年来维持长期间战斗之我军队人员军需，固已皆告疲劳缺乏"。[3]为了支撑海外战役，日本国内十分空虚，全部野战师团的十七万至十八万作战部队，都已被派往中国、朝

---

① *The I.G. in Peking*, Letter 946, p989, 30, September, 1894.

② 吕万和著：《简明日本近代史》，天津人民出版社，1984，第152页

③ 陆奥宗光（日）：《蹇蹇录》，台湾"国防研究院"，台北，1978，第142页。

鲜，本土留守为六万至七万，可战之兵搜刮殆尽。[①]日本完全依靠美国的一力保护和其他西方国家的纵容，才避免本土受到袭击、被乘虚而入的后顾之忧。日本国内状况不稳，继续作战已经十分困难，体制的改革和某些方面的优越性并不能决定一切，日本当时实际上心有余而力不足。

此时清朝中国的整体财力和兵源并未得到充分利用，加以动员后尚可坚持作战。清政府手下例常拥有三十五万左右的非"八旗""绿营"的改编部队，包括防军、练军，战争爆发前后又紧急征练数十万兵勇。前一部分部队机动性稍强，散布各地，先后被李鸿章、刘坤一派往朝鲜、辽东和山东，投入防卫战役，损失惨重。后一部分兵勇的主要问题是缺乏训练和作战技能，临时被驱赶上战场，战斗力存疑，溃逃可期，前线将领难以依靠他们去取得战场主动权。无论如何，在进行总体动员的情况下，这些充裕兵力无疑可供辽宁、直隶和山东等地的局部战役之用。至双方停火之时，清军在山海关内外尚有二十余万各类部队，屯驻于日军可能进犯关内和京津的路线上。

在整个战争期间，军事行动集中于北方东北的三省部分地区，中国中部和南部多数省份内的主要活动，就是加强地方防务，阻止日本军队侵袭中南部的企图。其实在英国和日本之间，已经存在默契，日军不得去攻打西方国家拥有巨大利益的上海和长江流域。[②]当时的日本海军，实力刚刚能够与中国持平，须集中全力进行海战，防止北洋水师回击，无暇他顾。日本海军每次采取行动，周围都有西方国家舰队围观监视，英国、美国、法国、俄国、德国舰只俱在，其实力不容忽视，所以日本舰队根本没有可能在与北洋水师交战时，大规模南下，乘虚进攻江南水域，侵犯西方国家的利益。

这一西方国家和日本之间相互牵制的局势，其实令中国中南部地区有余力派出部队，北上参与对日战争，增强清朝政府持续作战的实力。但南方自保倾向已经萌发，中南部并没有做出更多的增援北方的努力，主战派的张之洞等，都不愿大力支援，或者说不愿在李鸿章的北方淮军派系下加入对日战争。身为署南洋大臣的张之洞，在朝廷压力下和军情

①《中国近代战争史》，军事科学院，军事科学出版社，1984年版，第二册，第十章，第72、111页。

② Sir Edmund Robert Fremantle, *The Navy as I Have Known It, 1849-1899,* Cassell, London, 1904, pp440-441.

紧急之时，允诺向北洋派出船只增援，但听闻旅顺口失守后，害怕遭到损失，转而不派，让北洋水师独力承担战败后果。这类表现，再次证实了李鸿章保留实力为上的判断，对以北洋一力对抗日本，甚为不甘。[①]

李鸿章的淮军将领所属部队遭遇连续失败，在朝廷内备受指责，导致他失去一贯的统帅地位，朝廷指派刘坤一取代李鸿章，"着授为钦差大臣，所有关内外各军均归节制"，前赴山海关驻扎总部。[②]更多的湘军部队北调，开进辽东补充淮军部队的地盘，如魏光焘、吴大澂等部。跟随淮军将领的战场失败，湘军的表现同样不尽如人意，其多年前血战得来的声誉和军事实力俱失，常年不受政府重视，军队近代化的程度原本就低于淮军，并不可靠，事到临头，名不副实，即使有奋战之举，作战效率并不高。在这些消极因素之上，统帅刘坤一本人就怯于前线作战，回避前往北方战线，屡次向朝廷称病，十分勉强，即便应命到京，又迟迟不去山海关总部，远离前线，间接影响湘军的最终战绩。[③]

这些内部矛盾和协调困难，令清朝中国直到战争后期，都未能进行适当的全国战争动员，清朝廷不仅行动迟缓，而且面临地方呼应不灵不及的局面，为此而自认已无战争潜力可挖，对抵御全力一战的日本，产生怀疑和恐惧。犹豫贻误的结果，就是日本在清朝廷未能全面动用本国资源之前，未能达到三分之一的程度，就迫使后者进入求和谈判，避免自己陷入长期痛苦的地面消耗战，对方决策者和高层的退让态度在此起了关键作用，在甲午战争和之后的日俄战争中，令日本恰到好处地赢得这两场艰难的对外战争。[④]

虽然日军在辽东和山东地方据有要地，后续增援正在途中，但重大决定如进攻天津、北京，绝不是军团级的前线将领所能做出的，必须经过大本营和本国政府的同意。这不仅因为那一中心地区聚集清军甚多，而且即使成功攻入京城，如同之前日军进入朝鲜的汉城，日本无疑即将遭受西方列强的外交干预和相关军事反应，成为日本政府在发动重大攻

---

① 戚其章：《甲午战争史》，上海人民出版社，2005，第301页。

②《清季外交史料》，卷一〇三，第三，"旨授刘坤一钦差大臣"，光绪二十年十二月初一日。

③ Paine, *The Sino-Japanese War of 1894-1895: Perceptions, Power, and Primacy*, Cambridge University Press, 2005,p226.

④ Hisahiko Okazaki (岗崎久彦), *Mutsu Munemitsu and His Age*, Chapter 17, pp16-17.

势之前，必须郑重考虑的外部限制条件，一旦失误，后果难以预料。此次第一次中日战争中，日本政府对完全推翻清朝政府的全国统治，并没有做好相应准备，一向以夺得中国一些地方作为日后谈判勒索时的有利条件。正因为如此，日本对清政府一度发出的求和信息，倾向于加以拒绝，"伦敦电或云日本不允各国议和，其意俟旅顺占据后，再行举议"。[①]因为如果当时休兵，北洋水师犹存，旅顺军港尤在，日军所获不多，展开谈判后所能得到的回报，将只会是得到已在手中的朝鲜，以及由清朝赔偿的一部分军费，远不如开战之前的预期。

如果清朝廷在日军攻势下轰然崩溃，就此瓦解，英国等西方国家之前与清朝廷签订的所有通商开放条约，都将作废，只能与继任政权重新谈判。如若日本政府支持下的新政权确立一定行政权威，西方国家必然随之处于日本强大势力的影响之下，双方地位逆转，意味着日本将居于西方国家之上。为此，在日军取得重大海陆战役的胜利之后，如何阻止他们攻陷北京和击溃清朝政权，成为英国等西方国家的外交难题，既要支持"文明""进步"的日本打败中国，又要避免东亚政治格局发生不利于他们地位权益的巨变。

在八个月的战争之后，日本政府正在面临人力、财力资源枯竭的局面，在此情况下准备发动下一步指向华北和京城的重大战役，同样是个艰难的决定。日本政府内主战和挑起战争的外相陆奥宗光也承认，"内外形势，早已不许继续交战"。[②]日本至此的战争费用达到二亿五千万日元，为日本政府经常财政收入的三倍以上，约需发行一亿多日元的公债和向英美国家的银行大量借款，才得以勉强应付过去。[③]如果之后展开华北攻势，军费无疑会继续大幅上升，再若陷入更大地域内的消耗战中，财政赤字和压力不可预期。占领旅顺、威海卫和辽东等地后，日本政府认为已经具备了压服清朝政府投降的必要条件，期望以此避免无可预期的大规模地面战役。因此日本政府急需美国等友邦出来调停，恫吓诱惑，希望清政府主动求和。

如果清朝政府当时选择继续抗战，持续消耗日本军队和资源，战争的最后结局将会大为不同。按照当时的剩余部队部署和进一步兵力动员

---

① 《李文忠公全集》，"电稿"，卷十八，"寄译署"，光绪二十年十月十九日辰刻。

② 戚其章：《甲午战争史》，上海人民出版社，2005，第331页。

③ 井上清：《日本军国主义》，商务印书馆，北京，1985，第143页。

的潜力，将战争拖下去，并不是不可能的。赫德自开战以来的一贯看法，就是日军会最初获胜，但时间拖得越长越好，中国的资源条件和承受耐力，会战胜日本人的冲劲和组织训练能力。[1]即使在日军侵入辽东之后，赫德仍然抱有些许希望，期望中国继续作战，令日军在征服战争中耗尽资源，直至大局发生转变。[2]

但此时其他原因发挥了更大作用。东北、山东两地邻近京畿，不同于当年中法战争兵锋波及的边陲之地，与朝廷中枢关系太近，因此在这场中日战争中，清朝廷受此地理位置因素的牵制甚重，比在中法战争中还要难于做出战和决定。出于十分明显的原因，清朝廷不愿离开北京，空出皇城，很可能之后被日本人长期占据，并导致整个满族朝廷在一个汉族国家中的边缘化和消失。如若固守京城，日军已经占领的辽东半岛，距离京城明显太近，太无安全感。即使左右两翼辽东、山东的清军能够阻挡日军陆军快速向京城推进，日本海军控制了渤海海域和重要要塞，大批运送兵力在津塘等地登陆，也是极为可能的。

在这场中日之间的第一次直接对抗和战争中，日本决心孤注一掷，全力压倒中国，而清政府又面临类似第二次鸦片战争中的局面，一旦敌军逼近京城，即以社稷为上的理由转而求和。清朝廷受到战役失败和京畿震动的威胁，不愿再如当年在英法联军压逼之下的狼狈逃亡，又对日军和日本政府自身的真实困境少有了解，信息不明确，迫于日方的军事高压和虚张声势的外交伎俩，终于决定求诸于和谈，以签订投降条约的方式，摆脱自己的困境，将巨大利益拱手交给日本，实际上同时解脱了日本面临的困境，让其避免了长期作战耗尽资源的结局。只是到了20世纪的中国抗日战争时期，日本才最终陷入这一境地而不得自拔。

九、求和而来的《马关条约》

连续遭受战场失败后，李鸿章的淮军系统声望大跌，其治军以不严出名，放任纵容，最终难逃责任。李鸿章的军事指挥权已失，新近调动的湘军部队以及其他部队都已处在刘坤一的权威之下，李鸿章被迫转回到外交方面，专力负责与日本的谈判事宜。作为军事统帅，李鸿章自始

---

[1] *The I.G. in Peking*, Letter 938, p980, 5 August 1894.

[2] *The I.G. in Peking*, Letter 959, p1004, 6 January 1895.

属于主和派，于朝鲜事件初起就尽全力避免与日本发生战争，①李鸿章的外交政策不是真正与日本对抗，更非军事冲突，而是集中在借用西方列强进行干预或调解，劝服日本和解。②李鸿章对国际干预抱有巨大期望，以致期待过久，清军的军事调动、增援和部署都受到牵连而被推迟。赫德一向对李鸿章的这一倾向表示异议，认为他收到了太多的外来建议，而西方列强们那些在利益遭受触动时会进行干预的表态，必须加以谨慎对待，不能信以为真。③

即使在清朝廷和日本政府都已正式宣战之后，李鸿章仍然忙于应付战场失败和补救措施，寻求向日本求和，并几乎全部寄望于俄国的干预和对日施压。"今要讲和，非允赔兵费不可，鸿谓与其赔兵费，不如留此费用兵，断难依允，……如日侵我界，俄兵必力堵剿，否则暂守局外，如中日议和，以后日人仍久踞朝鲜，俄廷必有办法，不容伊独自占据。惟中日战争不已，伤损必多，终必议和，不若乘此敌未入境之先，先速商停战之法"。④考虑到日后清军的重大伤亡和日本政府的强求赔偿，李鸿章争取此时收手，减少损失，不失为选项之一。但李鸿章在对日、对俄的判断上错失甚大，日本政府和日军的野心膨胀，早已不限于朝鲜权益，李鸿章所能提供的求和条件，已然不能满足日方的胃口，而俄国在中日对立上的立场，并不在中国一方，俄军出兵抗日的传言早被证明纯属中方臆测，俄国倾向于在中日两方发生冲突之后的一段时间再介入，为本国利益扩张寻求最好的时机。

清政府的求和企图在遭遇战场失败后，变得更加频繁紧迫，而日本政府却刻意回避中方的停战要求，直到美国人愿意出面劝告中方投降。"伦敦电，美国前任外部大臣福士达，中国请其助理中日和约事宜，日廷业已允许云"，⑤而日本政府也坚持，"与日本接触的途径，是美国驻华或驻日公使"，即以自己最为信任的盟友甚至靠山，出而为己牟

---

① Paine, *The Sino-Japanese War of 1894-1895: Perceptions, Power, and Primacy*, Cambridge University Press, 2005, p117, p125.

② Paine, *The Sino-Japanese War of 1894-1895: Perceptions, Power, and Primacy*, Cambridge University Press, 2005, p117.

③ *The I.G. in Peking*, Letter 965, p1010, 24, February, 1895.

④《李文忠公全集》，"译署函稿"，卷二十，"述商议和停战"，光绪二十年九月十四日。

⑤《李文忠公全集》，"电稿"，卷十九，"寄译署"，光绪二十年十二月初六日巳刻。

利。[1]前美国国务卿福士德（Foster，又称科士达）前来北京，作为李鸿章对日谈判的顾问。福士德本人原是亲日派和为日本服务的美国人，日本外相陆奥宗光的旧交，而美国政府是西方列强中对日本侵朝侵华提供最坚定支持的国家，对日战争借款的主要提供者之一，美日关系十分紧密，以致甲午战争后大山岩将军收到的国外贺信，大多来自美国、英国。[2]从官方立场和私人关系来说，福士德出任中国使团顾问，令美国基本上控制了甲午战争两方的互动与会谈过程，颇有助于推进日本政府取得自己认可的谈判结果。

尽管美国人出面劝和，日本政府一直以战场上的进展决定谈判的进行与否，为此采用各种借口拒绝清政府前后派出的各种代表，德璀琳被拒的理由是一位西方人无法正式代表清政府，而张荫桓、邵友濂资格不够，不负全权责任，实际上是因为清政府对这两位钦差的授权不足，不许割让土地，赔款数额有限，只许放弃朝鲜，等等。日本政府认为这些限制远远不能满足他们的需要，故此刁难和蛮横拒绝，却又使用全权不足等虚构借口，滥作文字游戏，贬斥中方的合理申辩，让身处局外、昧于日本政府破坏和谈的阴谋企图的西方人，都以为是缘于清政府的求和诚意不足，不懂国际谈判代表资格的基本规矩。[3]

日本政府最后迫使清政府派出七十老翁李鸿章为正式全权代表，赴日谈和。1895年3月20日开始谈判，其过程只是为了满足日本政府提出的各项要求，而非由李鸿章与伊藤博文商谈停战。伊藤博文首先拒绝了李鸿章先战场停火的要求，日军仍在前往台湾的路上，未曾在台湾登陆，或与清军交战，连澎湖都未拿下，按照一般规则，台湾一地在双方谈判中就不得作为战胜方派兵进驻的地点，所以伊藤博文在为日军争取更多的时间。李鸿章则希望早些拿到日方的赔偿条件，确认是否超过清朝廷对他的授权。日本政府确实狮子大张口，聚合国内各方的要求，向李鸿章提出和约内容，包含了清朝政府内外人士从来没有预想过的苛刻条件。

---

① *The I.G. in Peking,* Letter 953, p997, 25 November 1894.

② Paine, *The Sino-Japanese War of 1894-1895: Perceptions, Power, and Primacy,* Cambridge University Press, 2005, pp292-293

③ Paine, *The Sino-Japanese War of 1894-1895: Perceptions, Power, and Primacy,* Cambridge University Press, 2005, pp253-256 .

清朝政府对日方可能提出的战争赔偿条件，准备不足，条件中的永久割地条件包括日军已经占据的辽南地区和并未抵达的台湾澎湖，已经令人震惊，对日方提出的赔款额，清政府更是缺乏准备。预计赔款额估计过低，是清政府当时同意派出李鸿章赴日求和的原因之一，认为按照鸦片战争以来的前例，日方提出的赔款额，清朝国库财政应该可以承受。之前对英法联军的赔款共一千六百万两，对俄国赔款五百万两，都没有超过两千万两白银，所以清朝廷预期对日本赔款，有几千万两白银就可了结。

清朝廷和李鸿章都没有想到，日方在多项割地要求之外，向李鸿章提出了三亿两这一令人无法想象的天文数字，据说还是在约束了日本一些人物提出来的四亿两款额之后的中和数额。赫德闻之条约的条款后，称其为能致华死命。[①]日本不同于已经进入近代经济发展轨道逾一个世纪之久的西方国家，正处于极为饥渴的阶段，包括资本和政府收入方面，在近代化过程中面临着一个关口，败则全毁，国民经济难以承受，只有一搏，胜则大赢。这充分反映出日本政府的贪婪和赌博得胜后的疯狂，迫不及待地要求在最短的时间内，攫取最大的利益，以充实日本并不强大的经济。

法国同样全歼福建水师，占领台北基隆港，又在北宁大败清军，有能力封锁和打击中国沿海。即便如此，法国政府最为狂妄的赔款要求，大约为五千万两，直接遭到清政府的拒绝，之后不再提起，分文未得。而日本对华战争战果与法国基本相同，连交战时间都相差不多，却大肆勒索至三亿两白银，纯属赌徒行为，远远超出清朝廷和李鸿章为战败而有意接受的赔款额，即与之前西方国家索取额具有可比性的数额。

李鸿章此时才体会到日本政府的勃勃野心，深感震惊，明知日本贪欲超出常理，在谈判中已无法退出，因为伊藤博文威胁他，一旦不同意这些条件，离开日本，日军将立即向北京进军。李鸿章进退两难，无法在三亿两这一空前勒索性赔款额上做更有力的争执，只有乞求略减。此时发生李鸿章被刺事件，日本政府遭遇意外尴尬，伊藤博文借此假作让步，将故意夸大的三亿两降到两亿两，以示再无可减，强迫李鸿章就此签字订约。李鸿章无法，"贪横悍然不顾，实非情理能喻，……鸿力竭计穷"。[②]李鸿章连自己的人身安全都随时受到日本人的威胁，压力难

① *The I.G. in Peking*, Letter 968, p1014, 7, April, 1895.

②《李文忠公全集》，"电稿"，卷二十，"寄译署"，光绪二十一年三月十六日亥刻。

抵，只做口头抗辩道，"如此口紧手辣，将来必当记及"。正占据绝对上风的伊藤博文，对此不屑一顾。①李鸿章在日本仅做口舌之争，外交手段无实力战况支撑，无可着力，费尽心机，曲节示弱，面对最后通牒，无所作为。1895年4月17日，李鸿章与伊藤博文签订了《马关条约》，其丧权辱国的程度范围空前未有。

条约签订之后，日本政府急于将各项条文落实，特别是登上日军当时并未踏足的台湾，因此催促李鸿章派员共往，协助日军收台。李鸿章不仅对割让台湾深感痛楚，也知道没有清朝官员愿意执行这一屈辱任务，因此以办理不易回应。"李云，头绪纷繁，两月方宽，办事较妥，贵国何必急急？台湾已是口中之物。伊云：尚未下咽，饥甚。李云，两万万足可疗饥"。②自认文明绅士的伊藤博文在侵略冒险成功之后，已经不再在意表露其贪婪粗鄙的真实本性内涵。这也暴露了日本一向将中国视为资源和财力来源以富强本国的意图，如若首次侵略并不如意，则后事难料，生怕发生意外事变，夜长梦多，令已到口中之物逃逸，或是清朝廷清醒之后变卦，或某个西方列强不识时务地出来搅和干预。

《马关条约》的内容条款，在中国国内掀起轩然大波，引来排山倒海的抗议浪潮，包括为数众多的中级官员和举人的奏折，其中最符合民意的主张，就是中国与其外送如此巨大的赔款利益，不如当时继续抵抗，将钱财用于备战调兵，并调动尚未触及的国内潜力，令日本无法罢休。朝廷私下征求两位重臣的意见，刘坤一和王文韶，刘坤一本已是败军之师，手下湘军部队继淮军之后再败，即使他仍然力主再战，不签条约，但同样缺乏抵抗信心，也希望别人代替指挥。王文韶署理直隶总督，位于战争前线，依靠聂士成的部队维持辽东的守局，自然不敢轻言获胜，两位重臣都令朝廷失望。事前主战但扼制李鸿章洋务强兵经费的翁同龢，身为文人，军事外交知识手段自称阙如，此

---

① 林乐知（Young John Allen）、蔡尔康：《中东战纪本末》，图书集成局印，1896年，见《台湾文献汇编》，九州出版社、厦门大学出版社再版，卷五，"续问答节略"。

② 林乐知（Young John Allen）、蔡尔康：《中东战纪本末》，图书集成局印，1896年，见《台湾文献汇编》，九州出版社、厦门大学出版社再版，卷五，"续问答节略"。

时更无发言权。中枢内的主战大臣屡遭战场挫败，续战信心不足，空喊无益。另外，清朝政府一向请求的各国调停已为时甚久，此时颇难面对多国促和的压力，特别是来自站在日本身后的美国的压力，更不愿承担破坏和谈、重起战端的责任，只有停战和谈了事，批准了对日《马关条约》：

"奉硃笔：近自和约定议，廷臣交章论奏，谓地不可弃，费不可偿，仍行废约决战，以冀维系人心，支撑危局。其言固出于忠愤，而于朕办此事熟筹审处，不获已之苦衷，有未深悉者。自去岁仓猝开衅，征兵调饷，不遗余力，而将少宿选，兵非素练，纷纷招集，不殊乌合，以至水陆交绥，战无一胜。近日关内外情事更迫，北则迳偪辽沈，南则直犯畿疆，皆现前意中之事。沈阳为陵寝重地，京师则宗社攸关，……战守更难措手。是用宵旰旁皇，临朝痛哭，将一和一战两害兼权，而幡然定计，其万分为难情事，言者章奏所未及详，而天下臣民皆当共谅者也。兹将批准定约，特将先后办理缘由明白宣示，嗣后我君臣上下，惟期坚苦一心，痛除积弊，于练兵筹饷两大端，实力研求，亟筹兴革，毋生懈志，毋骛虚名，毋忽远图，毋沿积习，务期事事核实，以收自强之效，朕于内外诸臣有厚望焉"。[1]

《马关条约》中定下的巨大赔款额之外，在割地条款中，日本政府同样逼迫过度，先是要求进占当时日军被挡在界外的辽阳、沈阳，之后仍然把辽南置于日本治下，被俄国政府视为严重忽视了俄国的利益，因此引发之后的"三国干涉还辽"。俄国自然是干预主力，并有海军、陆军部队可以就近动用，加上从地中海舰队抽调的舰只，以致《马关条约》签订时，俄军在太平洋水域拥有三十艘左右的战舰，六万五千余名俄国陆军也早已在海参崴集结待命。[2]俄军甚至在日本本土的港口中都

---

① 《李文忠公全集》，"电稿"，卷二十，"译署来电"，光绪二十一年四月十四日未刻到。

② Paine, *The Sino-Japanese War of 1894-1895: Perceptions, Power, and Primacy,* Cambridge University Press, 2005,p286；The I.G. in Peking, Letter 971, p1017, 5 May 1895.

停泊有战舰，是之前作为中立国而获得的例行权利，如同当年法国舰队停泊于福州港内，福建水师军舰旁边，因此一旦俄国政府下令，这些俄军舰队随时都可以打击日本港口和国土。俄国为了给三国干涉提供理由，按照财政大臣威特的说法，日本入侵朝鲜，可归因于日本一直对俄国的防备和抵制，因此在日本大举推进时，俄国应该出来干涉。①

法国现已成为俄国在欧洲的盟友，在东亚地区只在中国西南方向具有一定影响力，基本依循当年中法战争后签订的条约，并在中南半岛与英国常有纠纷，因此与英国支持日本的立场对立。法国其实也害怕日本在东南亚扩张太快，影响侵犯法国的地区势力范围，实际上预测了第二次世界大战中将会发生的现象。德国军力已超过其他欧洲国家，急于在亚洲占有一席之地，一个军港或租界。年轻的德皇威廉二世与沙皇尼古拉二世是亲戚关系，在为中国崩溃时割据一方提前做准备，此时出面与俄国联手，视"干涉还辽"为显示其亚洲存在的极好机会。

日本对此无力抵抗，其国力、军力都已在侵华战争中消耗大半，此时若刺激俄国、德国、法国加入战局，乘虚而入，几乎是不堪一击，即使单独对抗俄国，也毫无把握，如果对抗失败，日本必然会失去刚从《马关条约》获取的巨大权益，连日本本土都在直接威胁之下。日本政府急忙寻求英国、美国的支持，反应不如预期，两个西方英语系国家均无意实质性地保护日本安全，所以日本被迫对干涉三国作出让步。日本政府仍然试图让出部分地方，但保持旅顺港和大连，以确保日军在中国东北和渤海的重要基地，但俄国坚持日军必须全部退出辽东各地，为日后俄国势力的扩张让出地盘。当日本政府决定为失去辽东，从中国方面勒索更多赔款补偿时，俄国坚持将日本提出的五千万两额外赔款，降到两千万，最后在法国的协调下降为三千万两。日本政府此时面对着之前肆意逼迫李鸿章时的情景，不过角色转换，在外来压力、武力之下，连略加拖延的机会都没有，别无选择，只能退步，在11月的又一附加条约中让出

---

① Paine, *The Sino-Japanese War of 1894-1895: Perceptions, Power, and Primacy,* Cambridge University Press, 2005,pp103-104.

从中国攫取的部分利益。本在对华谈判中大获全胜之后，突然面对三国"干涉还辽"，明确要求日本放弃辽东。

日本通过《马关条约》条款得到台湾，是他们一贯的要求和发动战争的目的之一，如果是完全出于担心俄国的威胁推进而战，日本应该是更多地坚持夺得辽东地方，划分一定区域，而不是向南夺取台湾。正是因为日军首次征台宣告失败，才会计划在甲午战场获胜后掠取台湾。日本国内的"征韩论"和"征台论"，都是明治政权建立后几年内就大肆泛滥的思潮，此上彼下，但长期同时存在，远早于俄国在东部边疆的发展和修建西伯利亚大铁路。明治日本政府看到北方的俄国，英国在中国，和法国在西南，都据有殖民地，有心起而仿效。但日本与一度攻打台湾的法国不同，法国的重心是越南和中南半岛，占领台湾，是为了从中国勒索权益和强迫清朝政府终止战争，并作为越南战场外的基地，所以在战后按照与清朝政府签订的条约，退出了台湾附近的海域。而日本自始就以夺取台湾为海外远征的目标之一，不过是以俄国扩张为借口，为自己的海外军事行动和侵略行径辩解，让本国民众信服追随，也让那些暗中担心俄国顺利扩张的西方国家，为欧洲的战略平衡而容忍和纵容日本，并在日后的分析研究中，把俄国威胁当作日本侵略中国的真实理由，似乎情有可原。

日军在《马关条约》签订后，侵入台湾，企图利用中方官员一同接收，以避免当地出现的麻烦。李鸿章无奈，派其子李经方前往，美国人福士德随同监督，勉强完成交接过程。但台湾之前已经建省，经营多年，本地反抗日军入侵的活动，"誓不从倭"，并没有因为官方交接而结束。台湾省内的政治势力和士绅，不甘被割让，清军和地方机构撤出后，在邱逢甲等地方官员和势力集团的支持下，成立了"台湾民主国"，年号"永清"，以前署理巡抚唐景崧为总统。唐景崧曾经以只身南下、劝说刘永福北圻抗法而著称，有抵御外敌的经历，再有原先驻扎滇桂的黑旗军，在刘永福率领下，被调入台湾，以武力支持，因此被推为台湾守护领袖。这些地方人物日后也撤出了台湾，被日本殖民机构所取代。遗留在后的黑旗军和当地土著番社，成为抵抗日军入侵的主力。

　　如果《马关条约》中没有正式割让台湾，日军在侵犯台湾时，对面的福建等沿岸省份就有理由，同当年的对法战争一样，采用各种方法支援台湾当地的抵抗活动，加大日军试图占领全台时的困难和损失。欧洲三国"干涉还辽"，日军若在台湾再无法压服"民主国"，日本经此次侵略战争从中国获得的领土将变得对他们毫无意义。在无大陆支持的情况下，台湾各地的抵抗力量，利用地形地利，连续苦战，坚持了近半年之久，长过清军在朝鲜、辽东和威海卫的地区战役时间。刘永福、王德榜统领的黑旗军和其他义勇在地域狭小的台湾，作战异常勇敢，一直独力坚持到1895年底。日军动用了数万名正规部队，伤亡人数也超过之前的征华战争，连近卫师团长北白川宫能久亲王、旅团长山根信成等高级将领，都病死战死在台湾，远非日军最初设想的官方交接之后唾手可得，情形颇为艰难。

　　如有来自大陆的各类支持，日军在征服统治的过程中，将会遇到更大的困难。清政府通过条约方式，不加抵抗地预先放弃台湾一省，即无法以公开或隐蔽的方式继续对台湾的政治和军事过程进行干预，沿海地区对台湾的自发支援，都遭到日本政府的抗议，并通过其他西方国家警告清政府，要其自行约束，结果不仅支援不成，适得其反，中央政府直接受到外交压力。"前奉旨接济台饷五十万及军火各节，已拨三十万，现改自为民主之国，以后饷械等项，自未便再为接济，以免枝节，请电奏陈明。五月初四日奉旨，电张之洞，台事无从过问，所有饷械，自不宜再解，致生枝节"。[①]日本侵占台湾和之后的日据时代，酝酿滋长了台湾岛上的台独活动，是为当年日本挑起甲午战争后，为中国设置的又一主要发展障碍。

---

　　① 《清季外交史料》，卷一一三，第五，"署江督张之洞致总署"，光绪二十一年五月初四日。

十、甲午战争的长期恶果

日本在《马关条约》中获得超出常规的赔款额，狮子大开口，趁战争时机大捞一把，以加快本国尚未完成的工业化和近代化进程，发展本国经济。对日本来说，这一新财源无疑是一次巨大的推动，日本官员坦承："在这笔赔款之前，日本财政部门根本料不到会有好几亿的日元。全部收入只有八千万日元，所以，一想到现在有三亿五千万日元（两亿两白银）滚滚而来，无论政府或私人都顿觉无比的富裕"。[①]日本从而有充裕的资本兴建更多近代工业，加强军备和推行全民义务教育。依靠来自中国的战争赔款，日本实行了金本位制，就此与强盛的西方大国并肩，有能力支撑对外兑换和发行具有信用的债券。[②]日本1895年的小学入学率还不到百分之六十，而至1900年的数年之中，即跃升到逾百分之九十。[③]

通常史论视北洋舰队的失败为必然，因为没有雄厚工业实力的支撑，就如日后太平洋战争中美国海军最终击败日本海军所证明的。但是甲午战前的日本，其实仍然缺乏能够支撑海军长期作战的重工业和军火工业，依靠从英国、法国购买主要战舰，沉没一艘少一艘，而特别预定的万吨级军舰"富士""八岛"号，更非日本船厂所能制造。只是由于日本军购时间较晚，战舰较北洋舰队为新，所以占据一定优势。日本海军的真正大发展，以及日本整体工业实力的大增长，还是靠甲午战胜之后的赔款收益，一次大赌博之后的收获。中国赔款的百分之六十多，即二亿二千万日元，被立即转为用于扩充军备。[④]日军开始庞大扩军计划，预计在1903年陆军可动用部队达到五十万以上，海军舰只

① 丁名楠等：《帝国主义侵华史》，人民出版社，1961，第一卷，第369页，引用日本外相井上馨语。

② 井上清：《日本军国主义》，商务印书馆，北京，1985，第147页。

③ E.W.F. Tomlin, *Japan,* Thames and Hudson, London, 1973, p85.

④ 井上清：《日本军国主义》，商务印书馆，北京，1985，第161页。

总吨位达到二十五万吨以上，足以在亚洲海域抗衡当时称霸的英国皇家海军。[①]

日本最大的新造钢铁厂，"八幡制铁所"，甲午战争之前历次国会讨论，都因缺乏经费而不了了之，之后完全是用甲午战争赔款，从1896年到1901年，耗时多年才建成投产，之后出产日本全国百分之八十以上的钢材。[②]日本通过对华战争中还得到其他无数利益，一个例子就是北洋舰队的剩余舰只为日本所掳获，其中最大的"镇远"舰和其他两艘战舰在日本横滨得到维修后，加入到日本舰队服役。[③]日本海军以俘获北洋军舰只，将自己的舰只总吨位增加了四分之一以上。[④]中国的铁路建设于90年代已经逐步展开，先后购买进口了大批器材，其中就有存放在旅顺港口的六千多吨铁轨，被日本人运回本国后投入到那里的铁路建设。[⑤]初次海外作战获胜的日军，极其注重财产掠夺，在驻守旅顺期间，"所有炮台之炮全行拆去，各库屋门窗地板径行拆去"。[⑥]

甲午战争赔款的两亿三千万两白银，为当时中国清政府三年财政收入的总额，这对举步维艰的政府财政不异于雪上加霜。外力的侵入和剥夺，至此导致清朝财政的彻底崩溃。之前的最大动乱太平天国运动，至1864年才结束，善后负担和两次鸦片战争赔款，耗费巨大。其后左宗棠奉命率军西征平叛，耗资巨大，超过千万两白银，与沙俄的争端又造成五百万两的赔偿。之后是法国

---

① Paine, *The Sino-Japanese War of 1894-1895: Perceptions, Power, and Primacy*, Cambridge University Press, 2005,p327.

② 井上清：《日本军国主义》，商务印书馆，北京，1985，第145-146页。

③ Lord Beresford, *The Break-up of China*, Harper & Brothers, 1899, 422；井上清：《日本军国主义》，商务印书馆，北京，1985，第152页。

④ Paine, *The Sino-Japanese War of 1894-1895: Perceptions, Power, and Primacy*, Cambridge University Press, 2005,p326.

⑤ 肯德（P.H. Kent, 英）：《中国铁路发展史》，李抱宏等译，生活·读书·新知三联书店，北京，1958，第26页。

⑥ 翁同龢：《随手记》（下），《近代史资料》，第98期，1999。

在中国南方的侵扰和挑起的争端，涉及中国对越南的保护藩属关系，结果由左宗棠、沈葆桢支持建立、法国人日意格监督完成的福州船厂，在法国军舰突袭之下，几乎被夷为平地，南洋舰队也损失惨重。战后虽然未向法国赔款，是为历次外强入侵的唯一一次，但之前二十余年的近代工业建设和投资都被一扫而空，需从头做起。这些损失当然无法同日本攫取的巨大利益相提并论，《马关条约》规定的赔款额，远远超过以往英法对华战争后强加的赔款总额，由此可见日本断然采取军事行动背后以图一逞的动机和扩张性。

中日甲午之战前，中国所负外债无几，与日本政府国家负债经营和备战的情形，完全不同，[①]所获得的经济增长和财政收入，都为实务，而不是靠债务支撑起来的虚浮数字。据不完全统计，从1853年到1893年的四十年间，清政府共借外债四十三次，总金额为库平银四千五百多万两。这些借款数量少，期限短，随借随还，也有能力偿还，因此对中国总体财政状况影响有限。[②]

甲午战争爆发之后，清朝政府才先后向英国借贷了四千万两，战后为了支付对日赔款，被逼开始大举借债，从此一发不可收拾，积重难返。由马格里联系的英国银行愿意出借三百万英镑，赫德通过在伦敦的金登干联系了其他银行，准备六千万英镑的巨额借贷，以应付对日赔款支付。[③]1895年7月，清朝政府对俄国借贷一亿两，以关税担保。这类的大生意，是欧洲银行梦寐以求的，为此西欧各国互相之间激烈竞争，又对清政府施加各种压力，动辄以问罪为言威胁。第二次于1896年向英国、德国借贷一亿两，第三次1898年两国再借入一亿两。[④]之后由于金价的急剧上升，按照新汇率计算，中国以白银支付，应付债款数额大增。赫德为此格外担心，各地海

---

① Paine, *The Sino-Japanese War of 1894-1895: Perceptions, Power, and Primacy*, Cambridge University Press, 2005,p302.

② 丁名楠等：《帝国主义侵华史》，第二卷，绪言，人民出版社，1986年。

③ *The I.G. in Peking*, Letter 967, p1012, 24 March 1895, note 5.

④ 郭廷以：《近代中国史纲》（上册），中文大学出版社，香港，1980，第288页。

关费尽精力征收而来的关税，全部支付赔款都不够。[①]清政府虽然按约还清对日本的赔款，却欠下数亿两的对外债务，一改之前的轻债状况，之后几十年内必须向出借国和债权银行还本付息，负担史无前例的沉重，洋务运动自然无望，国家崩溃也在期不远。

另一后续严重后果，就是清中央政府不得不强制增税，以支付战争赔款和巨额利息，令政府财政和经济状况必然快速恶化，在征收税收方面也更为急迫，加重国内民众的负担，恢复乏力，投资萎缩，对近代企业兴起构成更大阻碍，国民经济的各方面均受赔款债务的因素影响，更加受到压抑而丧失生机。由此而下，外患转为内患，国内社会矛盾加深激化，造成各地各类反抗势力崛起，政治危机萌生和恶化。日本从中国掠夺的利益之大无法形容，进一步加大了双方力量对比的不平衡，两国经济发展的趋势也愈益分离。如果说清代中国在19世纪七八十年代还存在着经济稳步发展和转型的可能性的话，中日甲午战争的打击则成为中国经济开始走下坡路的重大转折点。

日本通过《马关条约》获得的特权还包括与西方列强一样，享有在中国通商关税投资市场等方面的特权，把日本提高到近代列强的同等地位，增加了又一个中国必须面对的外来势力威胁，而且凶狠异常，为争夺亚洲领袖地位不遗余力。李鸿章在《马关条约》的谈判中，曾经非常真诚地劝告过对手伊藤博文，从中日两国的长期关系考虑，诚心修好，在战争赔偿割地问题上，就不要做得太绝，"索债太狠，虽和不诚"，潜意识中让其参考英国对付中国的方式。伊藤博文当时对日军所取得的巨大胜利得意忘形，见识不及于此，对战败一方李鸿章的劝告弃之不顾，一意通过一次性最大限度的掠夺，达到日本快速强盛的目的。这一短期性行为出于日本政治人物中普遍的羞辱中国的强烈情绪，全然不顾大国的反弹，近代民族国家由此起始的民气聚集，导致军国主义成为中日两国之间的世代冤仇之源，延续到21世纪仍是难解之结。伊藤博文虽是日本近代的历史性人物，一时称雄，并号称是自由派首领，与专靠武力的山县有朋相对，却在

---

① *The I.G. in Peking,* Letter 1079, p1134, 5 September 1897.

本人的权欲和日本领导层普遍的短视狂妄之下，将日本引向军国主义积重难返的历史歧途。

李鸿章因谈判签字《马关条约》，当时受到举国谴责，名望大损，四分之一世纪内的绝顶权力，被朝廷借故分切剥夺，后世也多以李鸿章为近代出卖国家权益的代表人物。另一方面，时有为他鸣不平和作平衡评价的尝试，因其作为洋务运动的领袖人物，贡献不虚，自身又无法改变国家制度传统，因此属于代人受过，或者如赫德所说，只是签字人和替罪羊，[①]实际上完全是腐败昏庸的清朝廷的过错，难逃日后必垮的命运。

李鸿章是个非常复杂的历史人物，承担多方面的官方和非官方职责，但从甲午战争的进程来看，李鸿章毕竟负有无可推卸的责任。他所统领的淮军系统，接受最近代化的装备和训练，包括外籍教官，海军配备了当时最具威力的战舰，陆军装备近代枪炮，均为全国精锐，又被部署在京畿附近要地，因此战争一旦开启，无从逃避卸责，推到其他地方军队身上，只有勉力参战，却在临战之时，发现"舰队、要塞、大炮和部队，都与李所吹嘘的不同，低于之前预期的完备程度"。[②]这些缺陷只能归咎于统军将领的过失。李鸿章自淮军初起时起，就素以治军不严著称，八九十年代的他已经更多地卷入到外交事务和洋务项目当中，血性不显，不再适合作为统军主帅，对手下将领也难望指挥得力。清朝陆军表现恶劣，军官惧战避战，部队溃散成风，死战将领不多，少见冯子材一类不畏血战恶战的老将。[③]原淮系将领们已经失去当年袁世凯镇压朝鲜内乱时的锐气，地面战役中最为出名的，反而是逃亡将军叶志超，却

---

① *The I.G. in Peking,* Letter 965, p1010, 24, February, 1895.

② *The I.G. in Peking,* Letter 942, p984, 2, September, 1894.

③ 老将冯子材再次出战，时年七十六岁，云南提督衔，募集兵勇由钦州北上，抵达江苏，奉署两江总督张之洞之命，"海州（今连云港）之水陆各营，……一并敕归臣子材节制调遣"，实际镇江以北地域均属于冯子材部的防区。（《张文襄公奏议》，卷三十六，"荤军到江折"，光绪二十一年四月初四日）"闻该提督到江，士气皆形振奋，驻镇将及一年，纪律严明，操练认真，官民悦服，……该提督系奉旨办理，防务之员，与寻常统领不同，兹当全军遣撤回粤，……朱批：冯子材仍著督办钦廉防务"。（《张文襄公奏议》，卷四十二，"冯子材撤防回粤片"，光绪二十一年十二月二十九日）。

屡获重用。在各次地面战役中，清军枪炮弹药供应基本充足，有时士兵拥有的连发步枪，甚至优于阵地对面日军的单发步枪，清军武器落后，不再是个能够为将领们的溃败卸责的借口。即便李鸿章不必承受"卖国"之名，但前线战败、丢失领土之责，李鸿章势难推卸，"误国"无疑。

甲午战争中海陆军遭遇失败，原因之一是投入作战的部队人员，缺乏近代战争经验，不惯于坚持作战，在辽东战场上的不少战例中，日军是在多次强攻不下之后，做最后一击，才打败之前固守的清军，如果清军坚持连续作战和适当增援，战局将会大不相同。清军在之前年代中稍作抵抗即退的习惯，甲午战争中并未杜绝，也证明清军将领平日训练不当，指挥水平更为初级。比较突出的顽强抵抗之例，是"定远""镇远"舰上的水师官兵，死战不退，战到几乎弹尽，但海上作战与陆地不同，除非全舰撤离，舰上官兵无路可退，只有死战，由此可以鉴证北洋水师当时参与指挥的将领的作战意志是否坚定。

此次战争中的绝大部分战役，都是由汉人将领率领指挥的，先后来自淮军和湘军系统，前线后方将领主要是汉人，旗人如依克唐阿和长顺等，仅统领地方部队，都是在日军攻入国境、侵犯其辖地时，才在朝廷命令之下加入战斗，被置于清军将领之下进行防守，在辽阳等地的围攻防御方面，表现尚且不错。在远离东三省的山东半岛上的威海卫战役中，自然没有八旗将领和部队参战，淮军是绝对主力，各参战部队的表现大失水准，"当之辄靡"，溃散不前，让实力尚存的北洋水师困死港中。因此甲午战争中清军将领的战地表现，基本上是汉人将领水准的表现。

清朝廷在拨出军费款项、对外宣战之后，战争的进程胜败、进攻防卫，都是前线将领们的责任，也就是李鸿章统帅之下淮军系统将领部队的责任，包括承担战败的责任，绝无借故推托的理由。特别是那些未被卷入战争的中南地区的部队，地方督抚借故敷衍朝廷的调动，怯于参战，乐于旁观，就连北京的清朝廷都无可奈何。前线战败的现实，清朝廷也只有接受，即使皇帝督战，湘淮军都已败退，朝廷大臣和领军统帅无心再战，畏惧日军，唯一的选择就是求和。虽然《马关条约》内容招来广泛的义愤喧哗，一旦战事再起，即便清宫廷迁出京城"春狩"，那些败军之将极大可能是延续败势，进行长久抗战的机会甚微。有关清朝宫廷和慈禧太后因大肆贺寿、挪用海军军费，导致清军海陆全线战败的看法，来自于日后政治运动中出现的编造和故意夸大，目的自然是指向最后同意求和的清朝廷，而不是那些本应出全力保卫国土、却能战不战的统军将领的责任。

历时三十余年的洋务运动，至甲午战败时结束。考察洋务运动的得失，与日本的关系和对比是一个重要因素。尽管19世纪的西方人经常指责清政府不按国际公约和惯例办事，是为"落后"的一种表现，但若具体考察当时的事件，可以说清政府对外政策的推行实际上已经充分地、甚至是过分地按照当时殖民时代的国际公约办事，反而铸成大错，丧失机会。洋务派首领们在观念转变之后，即已变得过分依赖国际公约的效力，在对外交涉中与西方国家在纸上争辩，盲目相信国际公约的约束力，认为西方国家会依约办事，重视承诺，倚仗"以夷制夷"的策略过甚。清政府的外交政策实际上已经走到另一个极端，被迫开放之后则一切以西方为准，空自抱有良好的愿望，很少意识到19世纪强权政治和外交的特点，及增强本国实力对外交的决定性作用。因此，不仅办洋务的官员不断对西方国家的不合作态度和高压手法感到失望和不解，而且政府高层，尤其是李鸿章，出于期待列强干预而犹豫不决，在国家争端中束手束脚，使中国军队失去不少消除挑战和抢先获胜的良好机会。

清后期的中国实际上与明治维新后的日本交过手，海陆军都有，在台湾迫退日本西乡从道率领的海陆军入侵，在朝鲜由袁世凯击退过日本陆军对王室的围攻和叛乱企图。但中国方面自认日本为邻邦，忽视其野心，认识不到日本对中国的严重威胁，又由于都在洋务维新的过程中，相信日本或许会变得更为文明，遵守国际条约。虽然李鸿章对日本特使森有礼的实力胜于公法的言论颇感惊诧，但中国当时并未对日本的挑衅和侵略行为做出更多反应，以现有超过日本的实力武力，清政府和洋务派领袖均倾向于保守自满。清朝洋务运动的这些早期成就刺激了日本，一意以压倒中国为对外扩张的第一目标，令清朝廷为其轻视和失误承担严重后果，并在向日本输送巨大利益之后，继续落后于日本。

如果对洋务运动作一客观的历史考察，应该承认，它的展开为中国社会的转型和发展提供了必要的机会和动力，作为中国最初的自强努力，打破了以往的格局，其间进展相对平稳，绝非静止和停滞，但是这一运动存在着领导和经营等问题，特别是受到资金短缺和外力侵夺这两大消极因素的影响，转型过程最终被强力打断。日本的同期起动是使洋务运动受挫的主要外部因素，日本全力加入对中国的掠夺，不仅增加了洋务运动实行过程中的压力，而且通过武力的使用完成了日本自身的近代化，结果是让后期的人们视日本为发展的固定正常模式，随之忽略洋务运动期间已有根基和规模的渐变趋势。上个世纪末中国在甲午战争中不幸失败，人们均认为洋务运动并无实效，而今日我们再看洋务运动，则更需要特别注意这一运动的长期性作用，尤其是那些多种不利因素的影响，去客观地评价历史活动和演变进程。

19世纪下半叶是帝国殖民的时代，一个国家如果没有境外海外殖民地，都没有资格被称为强国，甚至是"文明"国家，因为拥有殖民地意味着远洋运输能力、贸易网络和海军力量外延，更是拯救启蒙"落后"民族的必要之举。日本明治政府刚刚拥有初级工业能力和近代军队，就迫不及待地以占领殖民地的方式展示它的"文明"程度。[①]这自然为西方世界欣然接受，把与它们类同的侵略掠夺权益之举，视为走向"文明"的必要行动，因此他们所谓的调停促和，都不会对日本政府的军事行动产生任何影响，绝不会实际干预，甚至轻轻放过几次明确无疑的大屠杀罪行。清朝政府所恪守的并非谋求殖民地策略，守势彰显，以致手中相当规模的海军力量不为所用，在国土防御方面陷入被动，加上军队长期守旧自满，将领了无战意，战场表现恶劣，又倾向于以他国

---

① Paine, *The Sino-Japanese War of 1894-1895: Perceptions, Power, and Primacy*, Cambridge University Press, 2005, p325.

干涉消灾，更为西方国家视为落后愚昧的代表，撤回对华支持甚至舆论同情。这些现象对比，表现出的是19世纪殖民时代社会达尔文主义的思维逻辑，日本的暴力维新恰逢其时，被英美等西方国家树为亚洲法治容忍理性的典范，容忍日本分享和保护西方在亚洲的利益，直到日本反过来威胁到他们自身的根本利益，西方国家才有些猛醒，出力打击日本，但仍然难免日后为日本的"文明"所惑，再次走上轻信、纵容日本的老路。